Lehr- und Handbücher zu Tourismus, Verkehr und Freizeit

Herausgegeben von
Universitätsprofessor Dr. Walter Freyer

Bisher erschienene Werke:

Althof, Incoming-Tourismus
Bieger, Management von Destinationen und Tourismusorganisationen, 2. Auflage
Dreyer · Krüger (Hrsg.), Sporttourismus
Dreyer (Hrsg.), Kulturtourismus
Freyer, Tourismus, 5. Auflage
Freyer, Tourismus-Marketing
Pompl · Lieb (Hrsg.), Qualitätsmanagement im Tourismus
Sterzenbach, Luftverkehr

Qualitätsmanagement im Tourismus

Herausgegeben von

Prof. Dr. Wilhelm Pompl

und

Prof. Dr. Manfred G. Lieb

in Zusammenarbeit mit

Prof. Dr. Axel Dreyer, Klaus Fidlschuster, Dipl.-Soz. Klaus Finger M.A., Prof. Dr. Walter Freyer, Karl Großmann, Norbert Haart, Dipl.-Ing. Axel Haug, Dipl.-Geogr. Peter Herrmann, Dr. Reinhold Huber, Dipl.-Betriebsw. (FH) Gerhard J. Hurst, Barbara Kamm-Essig, Heike Mönch-Kowalewski, Prof. Dr. Heiner Monheim, Dr. Horst Martin Müllenmeister, Dr. Werner Müller, Prof. Dr. Rüdiger Nagel, Prof. Dr. Elke Platz-Waury, Ortrud Schellhoß, Dr. Marie-Louise Schmeer-Sturm

R. Oldenbourg Verlag München Wien

Die Deutsche Bibliothek - CIP-Einheitsaufnahme

Qualitätsmanagement im Tourismus / hrsg. von Wilhelm Pompl und Manfred G. Lieb. In Zusammenarbeit mit Axel Dreyer ... - München ; Wien : Oldenbourg, 1997
(Lehr- und Handbücher zu Tourismus, Verkehr und Freizeit)
ISBN 3-486-23704-7
NE: Pompl, Wilhelm [Hrsg.]; Dreyer, Axel

Rosenheimer Straße 145, D-81671 München
Telefon: (089) 45051-0, Internet: http://www.oldenbourg.de

Gedruckt auf säure- und chlorfreiem Papier
Druck: Hofmann Druck Augsburg GmbH, Augsburg
Bindung: R. Oldenbourg Graphische Betriebe GmbH, München

ISBN 3-486-23704-7

Inhaltsübersicht

Teil 1: Theoretische Grundlagen des Qualitätsmanagements

Teil 2: Ausgewählte Probleme des Qualitätsmanagements im Tourismus

Teil 3: Qualitätsmanagement in Tourismusunternehmen

Inhaltsübersicht

Inhaltsverzeichnis

Abbildungsverzeichnis

Abkürzungsverzeichnis

ABI	Aktion Bildungsinformation e.V.
ARELS	Association of Recognized English Language Schools
ASQC	American Society for Quality Control
AUMA	Ausstellungs- u. Messe-Ausschuß der Deutschen Wirtschaft e. V.
BASCELT	British Association of State Colleges in English Language Teaching
BAT	Bundesangestelltentarif
BIBB	Bundesinstitut für Berufsbildung
BRD	Bundesrepublik Deutschland
BSI	British Standards Insitute
BVGD	Bundesverband der Gästeführer in Deutschland e.V.
CDC	Carl-Duisberg-Centrum
CD-ROM	Compact Disc Read Only Memory
CIT	Critical Incident Technique
DB	Deutsche Bahn AG
DDR	Deutsche Demokratische Republik
DeHoGa	Deutscher Hotel- und Gaststättenverband
DEKRA	Deutscher Kraftfahrzeug-Überwachungsverein
DER	Deutsches Reisebüro GmbH
DFV	Deutscher Fremdenverkehrsverband e. V.
DGQ	Deutsche Gesellschaft für Qualität
DIHT	Deutscher Industrie- und Handelstag
DIN	Deutsche Industrie Normen
DOC	Department of Commerce
DRV	Deutscher Reisebüro Verband e. V.
DSF	Deutsches Seminar für Fremdenverkehr e. V.
ECU	European Currency Unit
EFQM	European Foundation for Quality Management

EG	Europäische Gemeinschaft
EN	Europäische Norm
EOQ	European Organization for Quality
EQA	European Quality Award
EU	Europäische Union
e. V.	eingetragener Verein
EWG	Europäische Wirtschaftsgemeinschaft
FAA	Federal Aviation Authority
FAMAB	Fachverband Messe- und Austellungsbau e. V.
FDSV	Fachverband Deutscher Sprachreise-Veranstalter e. V.
FEG	Fédération Européenne des Associations des Guides Touristiques
FKM	Gesellschaft zur freiwilligen Kontrolle von Messe- und Austellungszahlen
FMEA	Fehlermöglichkeiten- und Einflußanalyse
FRAP	Frequenz-Relevanz-Analyse von Problemen
FVW	Fremdenverkehrswirtschaft International
gbk	Gütegemeinschaft Buskomfort e. V.
GCB	German Convention Bureau (Deutsches Kongreßbüro)
GmbH	Gesellschaft mit beschränkter Haftung
IATA	International Aircraft Transport Association
IC	Inter City
ICE	Inter City Express
IG	Interessengemeinschaft
IHK	Industrie- und Handelskammer
IR	Inter Regio
ISO	International Standardisation Organisation
IST	Internationale Sprach- und Studienreisen
JAA	Joint Aviation Authority
JAR-OPS	Joint Aviation Regulation-Operations
JUSE	Japan Union of Scientists and Engineers
LH	Deutsche Lufthansa AG

LTU	Lufttransport-Unternehmen GmbH & Co. KG
MBNQA	Malcolm Baldridge National Quality Award
MbO	Management by Objectives
MS	Mystery Shopping
NIST	National Institute of Standards and Technology
NUR	NUR Touristic GmbH
ÖPNV	Öffentlicher Personennahverkehr
PCO	Professional Congress Organizer
PIMS	Profit Impact of Market Strategy
QM	Qualitätsmanagement
RAL	Reichsausschuß für Lieferbedingungen; heute: Deutsches Institut für Gütesicherung und Kennzeichnung
RDA	Internationaler Bustouristik Verband e. V.; früher Reise-Ring Deutscher Autobusunternehmen e. V. international
SAS	Scandinavian Airlines System
SBB	Schweizerische Bundesbahn
START	START-Datentechnik für Reise und Touristik GmbH; früher: Studiengesellschaft zur Automatisierung für Reise und Touristik GmbH
TQM	Total Quality Management
TOMA	Tour Operator Maske in START
TUI	Touristik Union International
TÜV	Technischer Überwachungsverein e.V.
UaBW	Urlaub auf Bauern- und Winzerhöfen
UIA	Union of International Assiciation Brüssel
USA	United Sates of Amerika
VDSM	Verband der Stadt-, Sport- und Mehrzweckhallen
VLF	Verein für landwirtschaftliche Fachschulabsolventen Trier e. V.
WBO	Verband Baden-Württembergischer Omnibusunternehmer e. V.
WTO	World Tourism Organization
ZAK	Zielgebiets-Abhilfe und Kompensation

Vorwort

Qualitätsmanagement zählt zu den Themen, die in der betriebwirtschaftlichen Literatur in den letzten Jahren verstärkt behandelt wurden. Dies war auch einer der Gründe, warum wir uns entschlossen haben, ein Buch über Qualitätsmanagement im Tourismus zusammenzustellen und herauszugeben. Allerdings muß auch und gerade in Zeiten der Hochkonjunktur eines Themas ein deutlicher Wettbewerbsvorteil für ein Produkt erkennbar sein. Der Wettbewerbsvorteil dieses Buches liegt zunächst darin, daß hier erstmals ausführlich über die Übertragung der Ansätze des Qualitätsmanagements auf die Touristik berichtet wird. Er besteht zudem in der konzeptionellen Anlage des Buches, die sowohl auf theoretischen Basisaufsätzen als auch auf Berichten zur Implementierung des Qualitätsmanagements in den wichtigsten Bereichen der Branche beruht. Wir sind der Überzeugung, damit nicht nur Lücken schließen zu können, sondern sowohl dem Praktiker als auch dem theoretisch interessierten Leser eine breite und tiefe Behandlung des Themas zugleich anbieten zu können.

Daß Qualitätsmanagement in der derzeitigen Wettbewerbssituation ein hohe Bedeutung in allen Branchen hat, liegt auf der Hand. Was ist jedoch unter dem vielschichtigen Begriff Qualitätsmanagement zu verstehen, welche speziellen Probleme hat die Tourismusbranche damit, und wie sind diese Probleme konkret darstellbar und lösbar? Diese Fragen waren handlungsleitend für die Konzeption des vorliegenden Buches. Wir haben versucht, in der Gesamtgliederung eine logische Struktur zu erhalten, allerdings haben wir damit auch Redundanzen in Kauf genommen. Die Abgeschlossenheit der einzelnen Beiträge erscheint uns dies wert. Leserinnen und Leser haben damit die Möglichkeit, eine selektive Reise durch das Buch zu unternehmen. Dementsprechend ist das gesamte Buch in drei unterschiedliche Teile gegliedert:

Im **ersten Teil** werden nach einer einführenden Darstellung der Dienstleistungsqualität die Möglichkeiten von Qualitätsmanagementstrategien und das Problem der Messung von Dienstleistungsqualität behandelt.

Im **zweiten Teil** haben wir uns auf die Besonderheiten des Dienstleistungsmarketings konzentriert. Kundenintegration, Markenpolitik, Human-Resources-Management und Interkulturelle Kooperationen sind dienstleistungsrelevante Bereiche von Qualitätsmanagement im Tourismus. Dienstleistungen lassen eine Herstellung von Spitzenqualität nur bei entsprechendem Verhalten der Mitarbeiter zu. Die Bedeutung von Qualifikation, Motivation und Schulung der Mitarbeiter soll hier besonders hervorgehoben werden. Nur mit entsprechend qualifiziertem Personal lassen sich Dienstleistungen als Markenartikel etablieren. Darüber hinaus sind einerseits kulturelle Besonderheiten in der Kooperation zu berücksichtigen und andererseits können und müssen die Kunden in den Dienstleistungserstellungsprozeß eingebunden werden.

Im **dritten Teil** wird, vorwiegend von Autoren aus der Praxis, differenziert auf die unterschiedlichen Bereiche der Tourismusbranche eingegangen. Hier ist besonders hervorzuheben, daß die branchenabhängigen Besonderheiten und die unterschiedliche Herangehensweise an Qualitätsmanagement in der praktischen Umsetzung eine große Spannweite der Darstellungen bewirkt haben.

Dieser **Themen- und Autorenmix** erscheint uns aus verschiedenen Blickwinkeln fruchtbar. Zwar gibt es eine ganze Reihe allgemeiner Ansätze zum Qualitätsmanagement, die speziellen Probleme einer Branche aber werden von diesen generalisierenden Darstellungen in der Regel nur unvollständig erfaßt. Gleichzeitig wollen wir innerhalb des Buches bewußt den Unterschied zwischen **theoretischen Darstellungen** und **praktischen Umsetzungen** dokumentieren. Die Autoren aus der Praxis kennen nicht nur die Qualitätspolitik ihrer Unternehmen sondern auch den Stand des Qualitätsmanagements in ihrer Branche. Wenn sich daher mitunter erhebliche Diskrepanzen zwischen den theoretischen Anforderungen und den dargestellten Aktivitäten ergeben, dann spiegelt dies vor allem den gegenwärtigen Stand der Praxis wider.

Bei der Suche nach Autoren aus der Touristikbranche machten wir eine recht eigenartige Erfahrung: Wenn man einen gestandenen und erfolgreichen Manager verunsichern will, dann braucht man nur nach dem Qualitätsmanagement in seinem Unternehmen zu fragen. Vom mitleidigen Blick für den hoffnungslosen Theoretiker über eine pauschale Negation der Nützlichkeit solcher Anstrengungen bis hin zu verbalen Aggressionen reichen die Reaktionen. Dies ist die eine Seite. Legt man aber auf der anderen Seite die Ergebnisse des Deutschen Kundenbarometers zugrunde, dann gehören Reiseveranstalter und Fremdenverkehrsorte zu den Branchen mit der höchsten Kundenzufriedenheit. Betrachtet man die anspruchsvollen Kunden in diesem Markt, dann kann ein solches Ergebnis kein Zufall sein. Offensichtlich wird hier doch in erheblichem Ausmaß Qualitätspolitik betrieben und diese Anstrengungen werden von den Kunden bemerkt und honoriert.

Grundsätzlich ist davon auszugehen, daß sich alle Unternehmen in irgendeiner Form um Qualität kümmern und natürlich sind viele Marketingaktivitäten vom Gesichtspunkt der Qualität geprägt. Produkt- und Kommunikationspolitik erfordern zwingend die Festlegung von Qualitätskriterien. Ob dies allerdings den sich entwickelnden Marktbedingungen gerecht wird, bleibt dahingestellt. Tatsächlich läßt sich nachweisen, daß Unternehmen mit Spitzenqualitäten langfristige Wettbewerbsvorteile haben. Märkte sind unter dem Aspekt ihrer Entwicklung zu betrachten, d.h. was heute Bestleistung ist, kann morgen nur noch Standard sein, und was heute Standard ist, kann morgen nicht mehr marktfähig sein. Deshalb ist es eine Kernaufgabe jedes Unternehmens, durch Qualität Kundenzufriedenheit zu sichern. Diese Tatsache ist eines der zentralen Ziele des Marketings. Damit wird Qualitätsmanagement zur einer Marketingaufgabe des Unternehmens und zu einem Instrument im Wettbewerb. Insoweit dürfen auch zufriedenstellende Ergebnisse, wie z. B. beim Deutschen Kundenbarometer, nicht zu einem Nachlassen der Anstrengungen führen.

Als Herausgeber danken wir allen beteiligten Autoren für ihr Engagement und hoffen, daß die Lektüre der Beiträge einen Erkenntnisgewinn vermitteln kann. Wir wünschen uns, daß dieser Erkenntnisgewinn für die Leserinnen und Leser so groß sein wird, wie er für uns bei der Herausgabe des vorliegenden Buches war. Und nicht zuletzt bedanken wir uns bei Frau Christiane Müller, Frau Annette Himmerman und Frau Elisabeth Pfetsch für die Bearbeitung der Manuskripte.

Wilhelm Pompl
Manfred Lieb

Teil 1: Theoretische Grundlagen des Qualitätsmanagements

1 Qualität touristischer Dienstleistungen

von Dr. Wilhelm Pompl, Professor für Touristikbetriebswirtschaftslehre

1.1 Einleitung

Das Ziel dieses einleitenden Aufsatzes besteht darin, den Leser mit der Komplexität von Begriffen und Erscheinungsformen der Dienstleistungsqualität vertraut zu machen. Er beginnt daher mit einer Darstellung der in der Literatur verwendeten Qualitätsbegriffe. Dabei wird Qualität nicht nur in seiner Funktion als Instrument zur Gewinnmaximierung gesehen, da ein Unternehmen nicht nur isoliert die Interessen der Eigentümer verfolgen kann, sondern auch noch anderen Anspruchsgruppen verpflichtet ist. Es wird daher ein umfassender Qualitätsbegriff im Sinne einer Total Service Quality vertreten, der neben den Kunden auch die Bewohner touristischer Zielgebiete und die Mitarbeiter einschließt. Denn gerade die Ansprüche an die natürliche und soziale Umweltqualität ebenso wie die an die Mitarbeiterzufriedenheit steigen kontinuierlich an und bestimmen in zunehmendem Maße den Handlungsrahmen von Tourismusunternehmen.

Da Qualität ein mehrdimensionales Phänomen ist, wird versucht, diese Vielschichtigkeit anhand der

- inhaltlichen,
- zeitlichen und
- formalen

Qualitätsdimensionen zu analysieren und deren Komponenten (Subdimensionen) zu erklären. Dabei werden die wichtigsten theoretischen Ansätze der nationalen und internationalen Literatur, die sich bisher jeweils nur auf Teilaspekte der Qualität beziehen, in ein Gesamtkonzept integriert.

1.2 Qualitätsbegriffe

1.2.1 Merkmale von Qualität

Qualität ist eine komplexe Erscheinung: Sie ist multiattributiv, ein bipolares Kontinuum, relativistisch, mehrdimensional und dynamisch.

Qualität ist ein **multiattributives** Phänomen, sie ergibt sich aus der „Gesamtheit von Merkmalen" der DIN ISO Norm oder der Attributslisten. Qualitätsattribute eines Fluges sind z. B. Sicherheit, Pünktlichkeit, Zügigkeit der Abfertigung am Boden, Bequemlichkeit an Bord, Freundlichkeit des Service etc.

Qualität ist keine dichotome Eigenschaft im Sinne von vorhanden/nicht vorhanden, sondern ein **bipolares Kontinuum** mit den Endpunkten absolut hohe Qualität („Begeisterungsqualität") und absolut schlechte Qualität. So unterscheidet beispielsweise *Grönroos* (*1990, S. 56*) zwischen

- overquality (= too good quality to be justified for economic reasons)
- positively confirmed quality (= good quality)
- confirmed quality (= acceptable quality)
- negatively confirmed quality (= bad quality).

Qualität ist **„relativistisch"** im Sinne einer Alternativen-, Personen- und Situationsabhängigkeit (*vgl. Hentschel 1992, S. 35*). Die Bewertung eines Gutes hängt danach davon ab,

- welche alternativen Produkte zur Verfügung stehen,
- welche Person die Qualitätsbewertung vornimmt, und
- in welcher Situation das Produkt in Anspruch genommen wird.

Qualität ist **mehrdimensional**. Sie hat eine inhaltliche Dimension bezüglich Leistungsumfang und Leistungsniveau, eine zeitliche Dimension der Qualitätswahrnehmung vor, während und nach der Inanspruchnahme der Leistung und eine formale Dimension bezüglich Wahrnehmbarkeit und Meßbarkeit.

Qualität ist in dem Sinne **dynamisch**, daß sich sowohl die Qualität der Produkte als auch die Qualitätsansprüche der Kunden im Zeitablauf verändern. Qualität wird daher auch als ein „running target" bezeichnet.

1.2.2 Qualitätsdefinitionen

Eine Sichtung der relevanten Literatur zum Thema Qualität durch *Garvin* (*1984*) ergab, daß die **vielfältige Verwendung** dieses Begriffes in fünf Kategorien eingeteilt werden kann:

1. Absoluter Qualitätsbegriff: Qualität wird als absolute (oder transzendente) Qualität bezeichnet, d. h. als das Beste, Einzigartige, das auf dem Markt zu haben ist, daran wird dann die reale Qualität der anderen Produkte gemessen.
2. Produktbezogener Qualitätsbegriff: Qualität wird als die Summe der vorhandenen Eigenschaften eines Produkts definiert; Qualitätsunterschiede ergeben sich aus den Differenzen der Eigenschaften unterschiedlicher Produkte.
3. Kundenbezogener Qualitätsbegriff: Qualität ergibt sich durch die Beurteilung des Nutzers, also durch dessen subjektive Wahrnehmung und Bewertung.
4. Herstellungsorientierter Qualitätsbegriff: Qualität wird durch die Einhaltung produktionsseitig vorgegebener Spezifikationen gemessen.
5. Wertbezogener Qualitätsbegriff: Qualität bezieht sich auf die kundenseitige Einschätzung des Preis-Leistungsverhältnisses.

Die *International Standard Organization* (*ISO*) hat in der Norm ISO 8402 versucht, eine **allgemeingültige Definition** von Qualität zu finden und Qualität als die „Gesamtheit von Merkmalen einer Einheit bezüglich ihrer Eignung, festgelegte und vorausgesetzte Erfordernisse zu erfüllen" definiert. Der Anspruch an die universelle Gültigkeit endet in einer abstrakten Definition, die weder erläutert, was mit „Erfordernissen" gemeint ist und wie sie gemessen (operationalisiert) werden können, noch festlegt, wer die Eignung feststellt (*vgl. die kritische Betrachtung bei Scharitzer 1994, S. 72 f.*).

Der genau entgegengesetzte Weg zur Definition von Qualität wird durch die Festlegung von **Merkmalskatalogen** gegangen. An die Stelle analytischer Abstraktion tritt die Auflistung von Kriterien, die nach Meinung der jeweiligen Autoren relevant sind. So versucht *Öss* (*1993, S. 37 - 55*) Qualität durch folgende „zwölf in der Praxis vorherrschende und daher wesentliche Merkmale" (*a. a. O., S. 37*) zu beschreiben: Gebrauchstauglichkeit, Funktionstüchtigkeit oder Leistung, Ausstattung, Zuverlässigkeit, Anforderungserfüllung, Haltbarkeit, Servicefreundlichkeit, Umweltfreundlichkeit, Sicherheit, Güte, Design (Form und Farbe), subjektive Qualität.

Solche Merkmalskataloge erlauben zwar eine konkrete Benennung von Qualitätsaspekten, bleiben aber trotzdem aus mehreren Gründen unbefriedigend.

So überschneiden sich bei *Öss* die Merkmale mehrfach („Güte ist die Erfüllung mehrerer Merkmale, wie Sicherheit, Funktionstüchtigkeit, Anforderungserfüllung und Zuverlässigkeit", *a. a. O., S. 53*), sind auf unterschiedlichen Ebenen angesiedelt (Sicherheit ist ein Merkmal des Produkts, subjektive Qualität beschreibt eine persönliche Wertung) und sind letztendlich beliebig, wenn der Autor empfiehlt, „der Leser mag sich aus seiner eigenen Praxis weitere auswählen" (*a. a. O., S. 37*). Dies gilt im übrigen auch für andere Auflistungen, wie sie etwa von *Garvin* (*1984*) oder *Quartapelle/Larsen* (*1996, S. 61 f.*) vorgenommen wurden.

Neuerdings wird vor allem in der marketingtheoretischen Literatur in Anlehnung an den wertbezogenen Ansatz häufig **Qualität** mit **Kundenzufriedenheit** gleichgesetzt. So (stellvertretend) bei *Quartapelle/Larsen* (*1996, S. 31*): *„Eine Definition der Qualität, die spezifisch auf den Dienstleistungssektor zugeschnitten ist, muß die Person des Verbrauchers in den Mittelpunkt stellen: Die Qualität einer Dienstleistung entspricht dem Grad der Befriedigung, den sie für die Bedürfnisse, Erwartungen und Wünsche eines spezifischen Kunden erreichen kann."*

Als Begründung wird angeführt, daß eine Dienstleistung keinen objektiven Wert habe, der ihr „innewohnt und unabhängig vom subjektiven Urteil des Konsumenten vorhanden ist" (*Quartapelle/Larsen 1996, S. 30*). Dies trifft allerdings genausogut auf Sachgüter zu (eine Harley-Davidson hat keine innewohnende Qualität, auch ihr Wert liegt im Auge des Betrachters). Zudem sei Qualität ein subjektiver Wert, da der Kunde bei seiner Beteiligung an der Leistungserstellung versucht, einen auf seine Bedürfnisse abgestimmten Service zu erhalten. Daher werden auch die Instrumente zur Messung von Qualität mit denen zur Messung der Kundenzufriedenheit gleichgesetzt.

Nun wird Kundenzufriedenheit zwar durch die Qualität eines Produkts mitbestimmt, sie ist aber das Ergebnis einer Kosten-Nutzenanalyse, nämlich des Vergleichs von Qualität und Preis. Denn ein Kunden kann einerseits trotz der von ihm als hoch eingeschätzten Qualität eines Produkts unzufrieden sein, weil ihm der Preis dafür zu hoch erscheint. Andererseits kann er mit einem minderwertigen Produkt zufrieden sein, wenn er es zu einem besonders günstigen Preis bekommt; so z. B. bei Waren zweiter Wahl, die als solche gekennzeichnet und unter dem Preis für fehlerfreie Ware verkauft werden.

Kundenzufriedenheit ist weiterhin ein unzureichender Indikator für Qualität, da lediglich das Produkt aus Sicht des Käufers betrachtet wird, nicht aber die mit Erstellung und Konsum verbundenen Qualitätswirkungen auf die natürliche und soziale Umwelt. Ein ganzheitlicher Qualitätsbegriff aber kann sich nicht nur auf die Kundenzufriedenheit beziehen, sondern hat zudem die Bewertung durch weitere Anspruchsgruppen zu berücksichtigen.

Die **Total Quality** (Gesamtqualität) eines Produkts wird in der ISO Norm 8402 angesprochen, in der Total Quality Management als eine „auf der Mitwirkung aller ihrer Mitglieder beruhende Führungsmethode einer Organisation, die Qualität in den Mittelpunkt stellt und durch Zufriedenstellung der Kunden auf langfristigen Geschäftserfolg sowie auf Nutzen für die Mitglieder der Organisation und für die Gesellschaft zielt" beschrieben wird.

Daher ist *Albrecht* (*1993, S. 106*) zuzustimmen, der für den Dienstleistungsbereich den „Total Quality Service" fordert, den er als einen „Zustand, in dem das Unternehmen für alle Beteiligten - Kunden, Eigentümer und Angestellte - erstklassigen Nutzen stiftet", beschreibt. Qualität umfaßt daher neben der Produktqualität aus Kundensicht auch die sozio-ökologische Qualität der Produktions- und Konsumprozesse, die Mitarbeiterzufriedenheit und die Rentabilität für die Eigentümer (vgl. Abb. I.1).

Abbildung I.1:

Total Service Quality

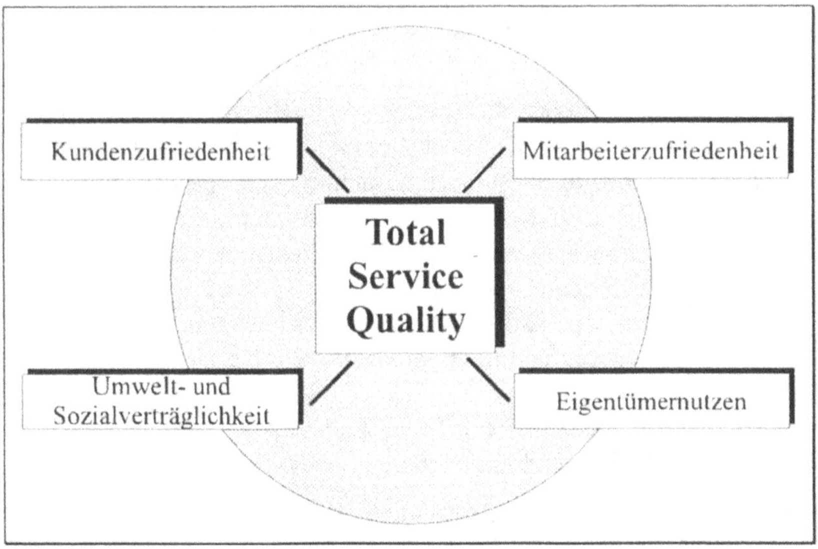

Eine ähnlich umfassende Festlegung des Qualitätsbegriffs nimmt die European Foundation for Quality Management (*Ellis 1994, S. 279 f.*) vor, die vier Hauptinteressensgruppen des Qualitätsmanagements unterscheidet. Die 50% der für die „Ergebnisse" vergebenen Punkte verteilen sich auf Geschäftsergebnisse (15%), Kundenzufriedenheit (20%), Mitarbeiterzufriedenheit (9%) und Auswirkung auf die Gesellschaft (6%), die anderen 50% betreffen die

„Befähiger" wie Führung, Ressourcen oder Prozesse (*vgl. dazu den Beitrag von Lieb, Teil 1, Kap. 2*). Auch der Malcolm Baldridge National Quality Award enthält die Kategorien „soziale Verantwortung" und „Wohlergehen und Zufriedenheit der Mitarbeiter" mit einer allerdings geringeren Bedeutung (beide jeweils nur 25 von 1000 Punkten; *vgl. Stauss/Scheuing 1994, S. 315*).

1.2.3 Dienstleistungsqualität

Berekoven (*1983, S. 23*) definiert Dienstleistungen prozeßorientiert und durch Beschreibung der konstitutiven Merkmale als „der Bedarfsdeckung Dritter dienende Prozesse mit materiellen und/oder immateriellen Wirkungen, deren Vollzug und deren Inanspruchnahme einen synchronen Kontakt zwischen Leistungsgeber und Leistungsnehmer bzw. deren Objekten von der Bedarfsdeckung her erfordert". Zur umfangreichen Diskussion der Definitionsmöglichkeiten von Dienstleistungen *vgl. Scheuch 1982, S. 16 - 31; Corsten 1985, S. 173 ff.; Scharitzer 1994, S. 21 - 30; Meffert/Bruhn 1995, S. 23 - 47.*

Dienstleistungen unterscheiden sich in mehrfacher Hinsicht von Sachgütern. So sind touristische Dienstleistungen durch folgende Charakteristika gekennzeichnet:

- Dienstleistungen bestehen aus **mehreren Teilleistungen**. Sie können als eine Dienstleistungssequenz verstanden werden, die sich aus zeitlich aneinandergereihten Einzelleistungen zusammensetzt und den Zeitraum vom ersten bis zum letzten Kontakt des Kunden mit dem Leistungsanbieter umfaßt, z. B. von der telefonischen Reservierung eines Hotels bis zur Verabschiedung durch den Portier (*vgl. dazu den Beitrag von Dreyer, Teil 2, Kap. 1*). Dies bedeutet, daß sich die Leistungsqualität als Summe der Qualität der Teilleistungen und ihrer zeitlichen Abfolge im Erstellungsprozess ergibt.
  Hinsichtlich der Bedeutung der Teilleistungen können nach *Sasser/Olsen/Wychhoff* (*1978, S. 179*) drei Fallgruppen unterschieden werden:
  1) Ein übermächtiges Element bestimmt allein das Urteil über die Leistung.
  2) Es besteht ein ausschlaggebendes Grundelement, für die weiteren Elemente reicht eine Mindestqualität aus.
  3) Das Qualitätsurteil ergibt sich aus dem gewichteten Durchschnitt aller Elemente. Hierbei können Halo-Effekte auftreten, d. h. Ausstrahlungseffekte bewirken, daß die Bewertung eines Elements sich in gleicher Richtung auf die Bewertung anderer Elemente auswirkt.
- Dienstleistungen werden zeitgleich (uno actu) erstellt und konsumiert (z. B. eine Beförderungsleistung), so daß ihre Qualität beim Kauf nicht di-

rekt bewertet werden kann. Der Kunde erwirbt lediglich ein **Dienstleistungsversprechen** und geht im Vergleich zum Erwerb eines Sachgutes ein größeres Kaufrisiko ein, da zu diesem Zeitpunkt die Bewertung der Qualität vorwiegend auf der Basis des Leistungspotentials und des Images des Anbieters erfolgt.

- Touristische Dienstleistungen sind **persönliche Dienstleistungen**, deren Qualität sowohl durch das Kontaktpersonal des Produzenten als auch durch die zur Erstellung notwendigen materiellen Güter (z. B. des Busses) bestimmt wird. Persönliche Dienstleistungen werden von Personen an Personen erbracht (Ausnahme Versicherungen für Reisegepäck). Zu deren Bedeutung stellt *Carlzon* (*1988, S. 19*) am Beispiel einer Fluggesellschaft (Scandinavian Airlines System, SAS) fest:

  „Fragen Sie unsere Kunden nach der SAS, dann erzählen Sie Ihnen nichts von unseren Flugzeugen und Büros bzw. darüber, wie wir unsere Investitionen tätigen. Denn die SAS bedeutet nicht nur eine Ansammlung von Vermögenswerten, sondern auch, und viel eher, die Qualität des Kontaktes zwischen dem einzelnen Kunden und den SAS-Mitarbeitern, die den Kunden direkt bedienen. Im letzten Jahr kam jeder unser 12 Millionen Kunden mit ungefähr 5 SAS-Mitarbeitern in Kontakt, wobei jede Begegnung durchschnittlich 15 Sekunden dauerte. So wird die SAS in der Vorstellung unserer Kunden 60 Millionen Mal pro Jahr sozusagen neu geschaffen, in 15-Sekundeneinheiten. Letztendlich sind es diese 60 Millionen ‘Augenblicke der Wahrheit’, die darüber entscheiden, ob die SAS als Unternehmen erfolgreich ist oder scheitert.“

- Aus dem Produktionsfaktor Mensch resultiert die **Heterogenität** von als homogen geplanten Leistungen: Zum einen kann die gleiche Dienstleistung von unterschiedlichen Personen erstellt werden; dies führt zur interpersonell bedingten Heterogenität. Zum anderen unterliegt die Leistung einer Person Schwankungen; daraus resultiert die intrapersonell bedingte Heterogenität von Dienstleistungen.
  Persönliche Dienstleistungen sollen nun einerseits in homogener Qualität und wie geplant erstellt werden, andererseits erfordert gerade ein persönlicher Service das Eingehen auf individuelle Kundenwünsche und besondere Situationen. Daher sind für den Erstellungsprozeß Standardisierungen ebenso notwendig wie Freiräume für eine spezielle Gestaltung der Dienstleistung.

- Die Erstellung persönlicher Dienstleistungen erfordert die Präsenz und Mitwirkung des **externen Faktors** Kunde (*vgl. dazu den Beitrag von Dreyer, Teil 2, Kap. 1*). Damit werden die Fähigkeit und die Bereitschaft des Kunden, sich am Produktionsprozeß zu beteiligen zu Determinanten der Leistungsqualität. Touristische Dienstleistungen werden oft als **kollektive Dienstleistungen** für die gleichzeitige und gemeinsame Inanspruchnahme durch eine Vielzahl von Abnehmern erstellt. Die anwesenden anderen Kunden beeinflussen durch ihr Verhalten (z. B. durch Unpünktlichkeit bei Gruppenreisen) die Qualität der Dienstleistung.

1.3 Total Service Quality

1.3.1 Produktqualität aus Kundensicht

Dem theoretischen Konzept des kundenorientierten Qualitätskonzepts liegt das Confirmation/Disconfirmation-Paradigma zugrunde. Es besagt in seiner einfachsten Form, daß die Qualitätsbewertung durch einen komplexen psychischen Vergleichsprozeß von **Ist-Leistung** und **Soll-Leistung** erfolgt (*vgl. Grönroos 1990, S. 40 - 48; Parasuraman/Zeithaml/Berry 1988; zusammenfassend Homburg/Rudolf 1995, S. 31 - 42*).

Die Soll-Leistung stellt die **erwartete Qualität** dar und kann sich auf Wünsche, quasi-objektive Sollvorstellungen, individuelle Normen oder einen anderen Vergleichsstandard beziehen. Sie ist abhängig von Erfahrungen mit dem Produzenten, von Produktkenntnissen, Marktkommunikation (Medien- und Katalogwerbung, Verkaufsförderung, Public Relations), Mundwerbung, Image und persönlichen Kundenwünschen. In manchen Fällen wird auch der Preis als Qualitätsindikator herangezogen.

Die Ist-Leistung als **wahrgenommene Qualität** unterliegt den Effekten der selektiven Wahrnehmung, der Anpassung und der nachträglichen Korrektur der Wahrnehmung.

- Selektive Wahrnehmung bedeutet, daß eine für alle Kunden gleiche Leistung von den einzelnen Nutzern aufgrund ihrer persönlichen Prädisposition (Charaktermerkmale, Vorurteile) unterschiedlich wahrgenommen wird.
- Die Wahrnehmung kann während des Konsums an bestehende Erwartungen angepaßt werden. Die Anwendung der Assimilations-Kontrast Theorie (*Sherif/Hovland 1961*) auf die Wahrnehmung von Dienstleistungen erklärt nach *Homburg/Rudolf* (*1995, S. 33*) folgende Reaktionen: "Weicht die wahrgenommene Produktleistung nur geringfügig von den Erwartungen ab, fällt sie also noch in den Annahmebereich des Kunden, so tendiert er dazu, seine Wahrnehmung an die Erwartung anzugleichen, zu assimilieren. Überschreitet die Diskrepanz jedoch den Toleranzbereich, setzt der Kontrasteffekt ein. Höhere Erwartungen führen dann zu einer niedrigeren wahrgenommenen Leistung und verstärken die Unzufriedenheit."
- Nachträgliche Korrekturen der Wahrnehmung, insbesondere bei der Bewertung der Ergebnisqualität, erfolgen, wenn

- im Gespräch mit anderen Urlaubern deren Erfahrungen und Meinungen die Beurteilung der eigenen Reise teilweise revidieren;
- Ereignisse, die während des Leistungskonsums temporär wichtig waren, später nicht mehr erinnert werden (z. B. eine geringe Verspätung);
- negative Ereignisse uminterpretiert werden, so daß z. B. der zeitliche Abstand aus der verregneten Bergwanderung ein Erlebnis werden läßt;
- infolge des sozialen Drucks bezüglich eines erfolgreichen Urlaubs (die Universalität der Leistungsnorm wirkt auch in der Freizeit) in der Kommunikation mit Freunden und am Arbeitsplatz positive Erlebnisse erhöht und negative Ereignisse verdrängt werden.

Homburg/Rudolf (*1995, S. 38*) weisen auf ein grundsätzliches Problem des Confirmation/Disconfirmation-Paradigmas hin: Erwartet der Kunde eine schlechte Leistung (z. B. einen Flug mit Verspätung und minderwertiger Bordverpflegung) und erhält auch eine solche, dann wäre dies infolge eines hohen Bestätigungsgrades der Erwartungen auch als Qualität zu bewerten. Weil aber das Eintreten negativer Erwartungen zu einer schlechten Produktqualität führt, ist der Ansatz nur bei positiven Qualitätserwartungen sinnvoll einzusetzen.

1.3.2 Nachhaltigkeit als Qualitätskriterium

Nach der aus der Umweltpolitik kommenden Leitlinie der nachhaltigen Entwicklung, nach der ökonomische, ökologische und soziale Entwicklung notwendig als eine innere Einheit zu sehen sind (Prinzip der Gesamtvernetzung oder Retinität; *vgl. Fritz/Huber/Levi 1995*), ist generell eine Form des Fortschritts anzustreben, welche die Bedürfnisse der Gegenwart deckt, ohne zukünftigen Generationen die Grundlage für deren Bedürfnisbefriedigung zu nehmen. In Anwendung dieses Konzeptes hat die *World Tourism Organization* (*WTO 1993, S. 11*) Kriterien für eine nachhaltige Tourismusentwicklung vorgeschlagen: *"Sustainable tourism is defined as a model form of economic development that is designed to*

- *improve the quality of life of the host community*
- *provide a high quality of experience for the visitor, and*
- *maintain the quality of the environment on which both the host community and the visitor depend."*

Abbildung I.2:

Umweltqualität durch Abfallwirtschaft in der Gastronomie

Checkliste	1	2	3
1. Es wird versucht, das entstehende Abfallaufkommen so gering wie möglich zu halten.			
2. Beim Einkauf von Produkten wird darauf geachtet, daß diese nicht unnötig verpackt sind. Von der Verwendung von Produkten in Einwegverpackung wird abgesehen, es werden bevorzugt (wiederauffüllbare) Großgebinde und verpackungsarme Waren eingekauft.			
3. Die Umverpackungen der Produkte werden an die Lieferanten zurückgegeben.			
4. Kunststoff- und Verbundpackungen werden vermieden.			
5. Portionspackungen kommen grundsätzlich nicht zum Einsatz (Kosmetikartikel, Frühstück).			
6. Empfehlenswert ist die Anschaffung von Müllzerkleinerungsanlagen bzw. -pressen zur Reduzierung des Müllvolumens.			
7. Auf den Gebrauch von Einweggeschirr, -besteck, -feuerzeugen, -kugelschreibern, -rasierern etc. wird verzichtet.			
8. Die verschiedenen Abfallarten werden getrennt gesammelt: a) Papier und Kartonagen b) Glas (nach Farben) c) Kunststoffe d) Metalle (Weißblech) e) Aluminium f) Altfette g) kompostierbare Stoffe h) Alttextilien i) Sonder- bzw. Problemmüll			
9. Die Trennung der Abfallarten erfolgt am Entstehungsort (Housekeeping, Küche, Restaurant, Verwaltung).			
10. Für die Sammlung von Glas und Metallen werden lärmgedämpfte Container angeschafft, die nur tagsüber benutzt werden.			

1 = bereits realisiert, 2 = in Planung, 3 = nicht realisierbar

Quelle: Weil 1994, S. 139 f.

Die Qualität des Tourismus unter dem Aspekt der Nachhaltigkeit bezieht sich auf seine Auswirkungen auf die natürliche und soziale Umwelt.

Die **Umweltqualität** berücksichtigt die Auswirkung der Produktion und des Konsums von Tourismusprodukten auf die natürlichen Lebensgrundlagen Wasser, Luft, Boden, Flora, Fauna. In diesem Sinne sind der Verbrauch von Ressourcen und das Ausmaß der Immissionen zu minimieren. Dies ist im Tourismus zudem aus ganz eigennützigen Gründen wichtig, weil diese Lebensgrundlagen die Qualität des touristischen Lebensraums mitbestimmen. Die Bedeutung der Umweltverträglichkeit als Qualitätskriterium führte zur Schaffung von Umwelt-Gütesiegeln (wie z. B. „Grüner Koffer" des e. V. Ökologischer Tourismus in Europa, die Blaue Flagge oder das Siegel „Wir führen einen umweltorientierten Betrieb" des Deutschen Hotel- und Gaststättenverbands DeHoGa), die eine zweifache Wirkung haben: Nach außen signalisieren sie den Kunden, daß bestimmte Umweltstandards eingehalten werden, nach innen fördern sie die Bemühungen der Unternehmen, die negativen Auswirkungen auf die Umwelt zu reduzieren.

Abbildung 2 zeigt anhand einer Checkliste die Möglichkeiten zur Steigerung der Umweltqualität am Beispiel der Abfallwirtschaft in der Gastronomie.

Die **Sozialverträglichkeit** des Tourismus bemißt sich danach, inwieweit seine Auswirkungen in die Lebenswelt der Bewohner touristischer Zielgebiete eingreifen und sie zu deren Vor- oder Nachteil verändern. Dabei reicht „das Bewertungsspektrum von der euphorischen Einschätzung des Tourismus als maßgeblichem Faktor und Katalysator für wirtschaftliches Wachstum, Völkerverständigung und soziokulturelle Entwicklung bis zur Verdammung des Tourismus als Kultur- und Umweltzerstörer ersten Ranges" (*Vester 1993, S. 39*). Ein Beispiel des Protestes Betroffener gegen die mangelnde Sozialverträglichkeit des Tourismus ist in Abbildung 3 dargestellt.

Tourismus ist eine Erscheinung, die vielfältige Auswirkungen auf die Lebenswelt der Durchreise- und Zielgebiete hat. Teilt man Lebenswelt in materielle, soziale und kulturelle Ebene, dann liegt die Qualität des Tourismus in der Reduzierung folgender negativer Auswirkungen:

Materielle Ebene:

- Belastungen durch zusätzliches Verkehrsaufkommen
- Preissteigerungen für von Urlaubern und Einheimischen nachgefragten Produkten und Ressourcen
- fehlende Mitbestimmung der Einheimischen bei Entscheidungen über die touristische Entwicklung

Abbildung I.3:

Flugblatt

Liebe Touristen,
wir möchten Sie gerne wissen lassen, daß wir nichts gegen Sie haben, weder als Einzelner, noch im Kollektiv. Wie könnten wir? Wir kennen Sie ja nicht.
Wir möchten Sie jedoch wissen lassen, daß Sie in Goa nicht willkommen sind. Wir haben unsere Gründe dafür. Diese Gründe möchten wir Ihnen mitteilen:

1. Goa und Goanesen profitieren wirtschaftlich nicht von Ihren Reisegesellschaften. Die Gesellschaft, die diese Touren organisiert, hat die volle wirtschaftliche Kontrolle über die Buchung von Flugkarten, Hotelbuchungen und Rückflugbuchungen.
2. Selbst wenn wir einen guten Anteil am Profit hätten - Sie wären immer noch nicht willkommen in Goa. Warum? Die Luxushotels - es sollen immer mehr werden - nehmen unseren Leuten, den Fischern, Palmweinerzeugern, Bauern und anderen das Land, die Küsten und ihre traditionellen Beschäftigungen weg.
3. Diese Hotels machen die Leute ärmer und drücken sie an den Rand. Das geschieht in Ihrem Namen, d. h. im Namen der Touristen. Der große Tourismus hat in der ganzen Dritten Welt die Bevölkerung an den jeweiligen Orten arm gemacht.
4. Wir wissen, daß Sie Dollar und DM ausgegeben haben. Aber uns liegt nichts an Eurem Geld. Außerdem sickert es gar nicht bis zu unserer Bevölkerung durch.
5. Um der Nachfrage nach Freizeitangeboten, Vergnügen und Luxus nachzukommen, entziehen die Hotels mit Regierungsunterstützung dem Volk das Lebensnotwendige, z. B. Wasser und Elektrizität. An Orten, wo die großen Hotels stehen, bekommt die Dorfbevölkerung nur etwa 1 Stunde lang Wasser für alle ihre Bedürfnisse. Bedenken Sie die Wassermengen, die diese Hotels für ihre Schwimmbecken und Rasen verbrauchen.
   a) Taj Agoada-Hotel 66000 Gal./Tag
   b) Didade de Goa-Hotel 33000 Gal./Tag
   c) Bogmalo-Hotel 44000 Gal./Tag
6. Indien hat Millionen von sehr armen Leuten. Euer superreicher Lebensstil in diesen Luxushotels wird zu einer Insel der Vulgarität und der Verhöhnung der Armen.
7. Wir schätzen Euren Lebensstil nicht. Er hat die Tendenz, unsere Jugend nachteilig zu beeinflussen.
8. Euer Touristik-Agent hier am Ort hat in einem Interview mit der HERALD hier gesagt: "Wegen Aids in Uganda suchen nun die meisten aus der Ersten Welt neue Gefilde, und Goa ist eines davon. Sie mögen Aids nicht." Wir mögen es auch nicht. Es sind die Touristen, deutsche Touristen eingeschlossen, die Aids in Uganda verbreiten. Bleiben Sie weg von Goa. Wir sind auch ein Volk.
9. Die Förderung des Tourismus hat unseren Ruf geschädigt. Wir schlagen vor, daß Sie die "Praline" vom Oktober 1986 lesen.
10. Vielleicht könnten Sie auch die "Frankfurter Rundschau" vom 03.10.1987 lesen, den Artikel "Die Illusion vom Paradies" von Georg Pfäfflin, damit Sie die Realitäten von Goa kennenlernen.
11. Zuletzt: Bitte kommen Sie nicht als Tourist nach Goa zurück. Bitte lassen Sie das Ihre Landsleute wissen, daß sie in Goa nicht willkommen sind. Geben Sie ihnen unsere Gründe bekannt.

Danke!

Quelle: Dieses Flugblatt wurde in der Saison 1988 in Goa (Indien) von der Aktionsgruppe „Armee der erwachten Goanesen“ an deutsche Pauschalurlauber verteilt.

- ungleiche Verteilung der Wertschöpfung zwischen lokaler Bevölkerung und nicht ortsansässigen Investoren.

Die dargestellten Auswirkungen erhalten ihr Gewicht durch die Summierung einzelner Reisen zum Massentourismus und können daher nur bedingt dem einzelnen Produkt oder Reisenden verursachergemäß zugeordnet werden. Die Beeinflussung der Qualität des Tourismus ist daher auch eine Aufgabe für kommunale, regionale und nationale Behörden und Verbände, so z. B. durch Besuchermanagement, um Tragfähigkeit touristischer Zielgebiete nicht zu überschreiten.

1.3.3 Mitarbeiterzufriedenheit

Mitarbeiterzufriedenheit kann zunächst ganz funktional als Instrument der Gewinnmaximierung betrachtet werden: Zufriedene Mitarbeiter sind produktiver, weil sie intensiver arbeiten, weniger Fehlzeiten aufweisen, weniger Fehler produzieren, mit den Kunden freundlicher umgehen. Im Tourismus sind gerade die Mitarbeiter mit direktem Kundenkontakt für die Produktqualität ausschlaggebend. „Ihre Arbeitsverhältnisse, ihre Behandlung und Motivation, nicht zuletzt auch ihre Bezahlung sind für ein Tourismusunternehmen die entscheidenden Faktoren, denn wenn die Kunden mit ihren Leistungen unzufrieden sind, kann das Management das kaum ausgleichen" (*Romeiß-Stracke 1995, S. 99*).

Darüber hinaus kann Mitarbeiterzufriedenheit für ein Unternehmen ein eigenständiges Qualitätskriterium sein, auch wenn sie als Unternehmensziel sicherlich keinen Selbstzweck darstellen kann, da „sich die Daseinsberechtigung von Unternehmen in aller Regel aus der Erbringung von Marktleistungen für einen nicht zum Unternehmen gehörenden Kundenkreis ableitet" (*Bruhn 1995, S. 21*).

Sieht man „menschliche Arbeit" aber nicht nur als Leistungskomponente im Rahmen des Produktionsfaktorensystems, sondern als ein Ergebnis des Zusammenwirkens von Personen, dann werden nicht nur Entlohnung und Arbeitsplatzsicherheit, sondern auch Führungsverhalten, Mitarbeiter-Mitarbeiter-Kommunikation, Fortbildungs- und Aufstiegsmöglichkeiten oder die humane Ausgestaltung von Arbeitsverhältnissen zu Qualitätskriterien für die Beschäftigten. Auch hier sind es vor allem die Mitarbeiter mit Kundenkontakt, die einer erweiterten Fürsorge bedürfen, da ihre Arbeitssituation durch unregelmäßige Arbeitszeiten, Schichtarbeit, Arbeit an Sonn- und Feiertagen sowie den Umgang mit Kunden („Der Kunde hat immer Recht") besonders belastend ist.

1.4 Qualitätsdimensionen touristischer Produkte

Die Gesamtqualität einer Dienstleistung ergibt sich aus der Summe der einzelnen Produkteigenschaften, die ihrerseits unterschiedliche inhaltliche, zeitliche und formale Dimensionen aufweisen können.

1.4.1 Inhaltliche Qualitätsdimensionen

Zur Analyse der inhaltlichen Qualitätsdimensionen bietet sich das von *Grönroos* (*1982*) eingeführte Qualitätskonzept an. Es geht davon aus, daß die Gesamtqualität einer Dienstleistung inhaltlich von den Komponenten technische, funktionale und institutionelle Qualtität bestimmt wird.

Die **technische** Qualität (technical quality) erfaßt die funktional-nutzungsbezogenen Eigenschaften, also den Umfang der Einzelelemente einer Dienstleistung und den Erfüllungsgrad der an sie gestellten "technischen" Erfordernisse. Bei der touristischen Dienstleistung umfaßt die technische Qualität

- den qualitativen Standard (z. B. Beförderungsklasse, Typ des Leihwagens),
- den Umfang der erhaltenen Leistungen (z. B. Hotel mit oder ohne Zimmerservice),
- den Aspekt der ästhetischen Qualität, die sich darauf bezieht, inwieweit Material, Formen, Farben, Licht und Klänge bestimmten ideellen Normen genügen;
- die soziale Qualität, die in der Eignung besteht, dem Besitzer oder Nutzer gesellschaftliche Anerkennung (Sozialprestige) zu verschaffen. Das Abendessen in einem bekannten Luxusrestaurant hat neben dem Grundnutzen der ausgezeichneten Ernährung auch noch den Zusatznutzen, im Freundeskreis Achtung als Gourmet zu gewinnen,
- die sozioökologische Qualität, d. h. die Umwelt- und Sozialverträglichkeit von Produktion und Konsum eines Produktes.

Die **funktionale Qualität** (auch als Verrichtungsqualität oder interactive quality bezeichnet) bezieht sich darauf, wie die einzelnen Leistungen erbracht werden, also auf den Prozeß der Leistungserstellung. Elemente der funktionalen (Verhaltensdimension) Qualität sind

- die Interaktionen zwischen Kunde und Leistungsersteller, also etwa die Freundlichkeit des Service,
- die durch das Dienstleistungspersonal und andere Kunden geschaffene Atmosphäre,

- der zeitliche Ablauf der in einer Dienstleistungssequenz aufeinanderfolgenden Teilleistungen, also die vom Kunden gewünschte Reihenfolge (z. B. wird das Getränk zum Essen oder erst hinterher serviert) sowie Wartezeiten und deren Ausgestaltung.

Die **institutionelle Qualität** (institutional quality) berücksichtigt, daß in die Qualitätsbeurteilung einer Dienstleistung auch das Image eines Unternehmens oder einer Marke eingeht. Obwohl *Grönroos* in seinen späteren Veröffentlichungen (*stellvertretend 1990, S. 41*) die Bedeutung des Images auf die Funktion eines Filters der Kundenwahrnehmung reduziert, erscheint die frühere Einordnung als dritte Qualitätskomponente in vielen Fällen angebrachter, insbesondere wenn auch die Beziehungen des Kunden zum Unternehmen berücksichtigt werden. Das Image des Anbieters ist besonders für markenbewußte Käufer ein kaufentscheidendes Qualitätskriterium. Das gilt nicht nur für Sachgüter (z. B. das Polohemd von Lacoste), sondern auch für Dienstleistungen (z. B. den Drink im Hard Rock Cafe oder die Übernachtung in einem Steigenberger-Hotel).

1.4.2 Zeitliche Qualitätsdimensionen

Bei Reisedienstleistungen gibt es kundenseitig drei zeitlich unterschiedene Situationen der Qualitätsbeurteilung (*vgl. dazu auch den Beitrag von Dreyer, Teil 2, Kap. 1*):

- einmal bei der Buchungsentscheidung, wo nur die **Potentialqualität** des Produzenten beurteilt werden kann, die Angebotsbeschreibung als Produktersatz fungiert und zusätzliche Qualitätssignale gesucht werden;
- dann bei der Nutzung, wo es um die **Prozeßqualität** der Leistungserstellung geht, die wegen der subjektiven Befindlichkeit des Konsumenten und der Wechselwirkung zwischen den an der Interaktion beteiligten Personen situationsabhängig ist;
- und schließlich bei der **Ergebnisqualität** als Differenz zwischen erwarteter Qualität beim Kauf und erhaltener Qualität nach Leistungserstellung.

1.4.2.1 Potentialqualität

Die Potentialqualität setzt sich aus unternehmens-, umwelt-, und nachfragerbezogenen Kriterien zusammen.

Im Rahmen von Dienstleistungstätigkeiten besteht das **Unternehmenspotential** in

- der Qualität der bereitgehaltenen Produktionsgüter,

- dem im Unternehmen angesammelten Know-how,
- der Leistungsfähigkeit und Leistungsbereitschaft der Mitarbeiter,
- der Leistungsfähigkeit der Organisationsmittel (wie Kommunikationstechnik, Datenverarbeitungsanlagen, Softwareprogramme),
- den Verbindungen zu den Zulieferern und dem Grad ihrer Beeinflussungsmöglichkeit,
- der sozialen Stellung des Unternehmens und in seinem Image bei Kunden, Nichtkunden und Vermittlern,
- den Kooperationsverträgen mit Absatzhelfern (fremde Vertriebsstellen).

Abbildung I.4:

Zeitliche Qualitätsdimensionen

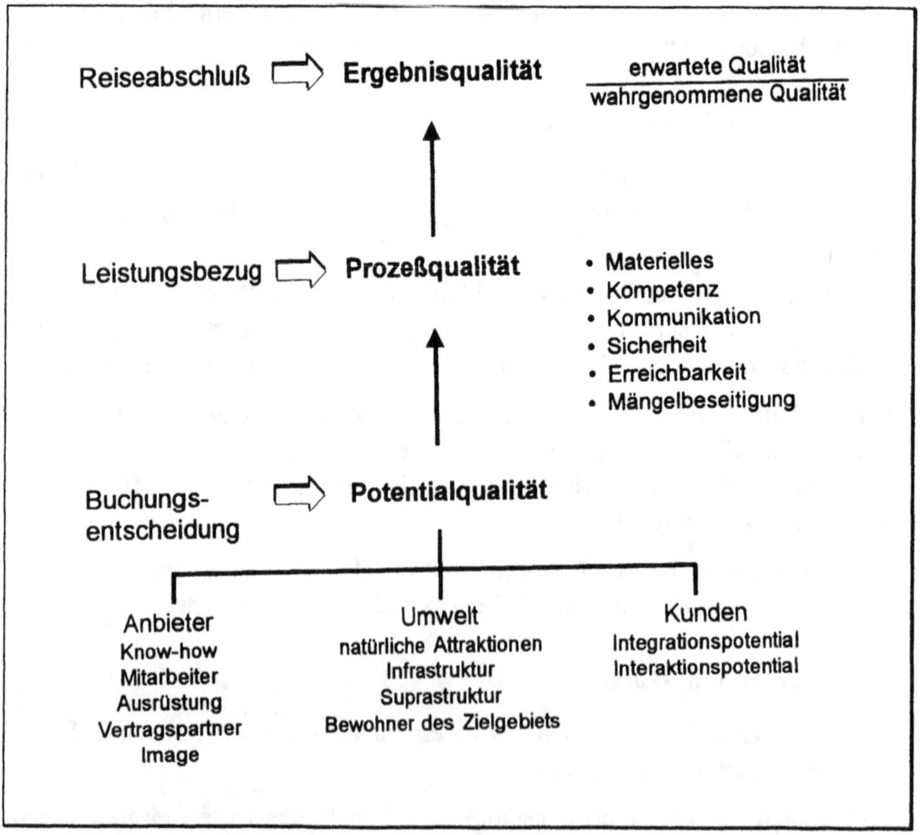

Quelle: Pompl 1996, S. 63

Da viele dieser Komponenten des Unternehmenspotentials immaterieller Art sind, bedarf es zu ihrer Darstellung materieller Trägermedien, zu denen neben der bildlichen und verbalen Darstellung in der Werbung auch die physische Erscheinung des Unternehmens (Produktions- und Verkaufseinrichtungen, Personal) zählt.

Das in der Natur und den Bewohnern der Zielgebiete bestehende **Umweltpotential** erweist sich als der wichtigste touristische Produktionsfaktor. Es sind diese natürlichen und sozialen "Rohstoffe", die das Produkt Reise erst ermöglichen. Ihre qualitätsmäßige Ausgestaltung entzieht sich allerdings weitgehend der Beeinflussung durch ein einzelnes Tourismusunternehmen.

Das **Nachfragerpotential** besteht (*vgl. Meyer/Mattmüller 1987, S. 193*) aus dem Integrations- und dem Interaktionspotential der Nachfrager. Das **Integrationspotential** umfaßt die bei den Kunden vorhandenen Fähigkeiten und Einstellungen bezüglich ihrer physischen, intellektuellen und emotionalen Mitwirkung an der Dienstleistungserstellung. Das ist schon bei der Buchung wichtig, denn ein Kunde, der seine Vorstellungen und Bedürfnisse nur unklar und bruchstückhaft formuliert, kann nur unzureichend beraten werden und läuft Gefahr, eine für ihn nicht optimal geeignete Reiseleistung zu buchen. Darüber hinaus kann der Urlauber selbst auf die Qualität der Leistung Einfluß nehmen, indem er Sonderwünsche rechtzeitig formuliert oder Reklamationen sofort meldet. Die Realisierung vieler Urlaubswünsche erfordert eigene Aktivitäten; so hängt die erfolgreiche Nutzung der von den Leistungsträgern arrangierten Möglichkeiten (Kennenlernen der anderen Reiseteilnehmer beim Info-Cocktail, Spaß bei Sport- und Animationsprogrammen) direkt vom Willen und der Fähigkeit zur Beteiligung ab. Das **Interaktionspotential** bezieht sich auf "die auf möglichen Kontakten und Interaktivitäten zwischen mehreren Nachfragern beruhenden Auswirkungen auf die Qualität der zu erstellenden Leistungen" (*Meyer/Mattmüller 1987, S. 193*). Viele Teilelemente einer Reise werden als kollektive Dienstleistungen gleichzeitig für eine Mehrzahl von Kunden erstellt. Die Interaktionen zwischen den Teilnehmern beeinflussen zunächst die Qualität der Leistung. Sie können sich positiv (gegenseitige Stimulierung der Teilnehmer an einem Sportkurs), negativ (gegenseitige Störung der Gäste, etwa das von älteren Herrschaften als störend empfundene Herumtoben von Kindern am Swimmingpool - und die von den Kindern als ebenso störend empfundene Zurechtweisung) oder neutral auf die Qualität der Leistung auswirken.

1.4.2.2 Prozeßqualität

Die Prozeßhaftigkeit der Dienstleistung Pauschalreise wurde bereits unter den Aspekten der Vorkombination/Endkombination, des Kundenerlebnisses und der Bedeutung des sequentiellen Ablaufs der Erbringung nacheinandergelagerter Einzelleistungen (Reihenfolge, zeitlicher Abstand) angesprochen. Während es dort um die Gesamtbetrachtung der Pauschalreise ging, beziehen sich die Überlegungen zur Prozeßqualität in diesem Abschnitt auf die Erstellung einer einzelnen Teilleistung, also auf die funktionale Qualität. Dabei kann auf das von *Zeithaml/Parasuraman/Berry* (*1992*) entwickelte und empirisch getestete SERVQUAL-Modell zurückgegriffen werden (vgl. Abb. I.5).

Abbildung I.5:

SERVQUAL-Dimensionen

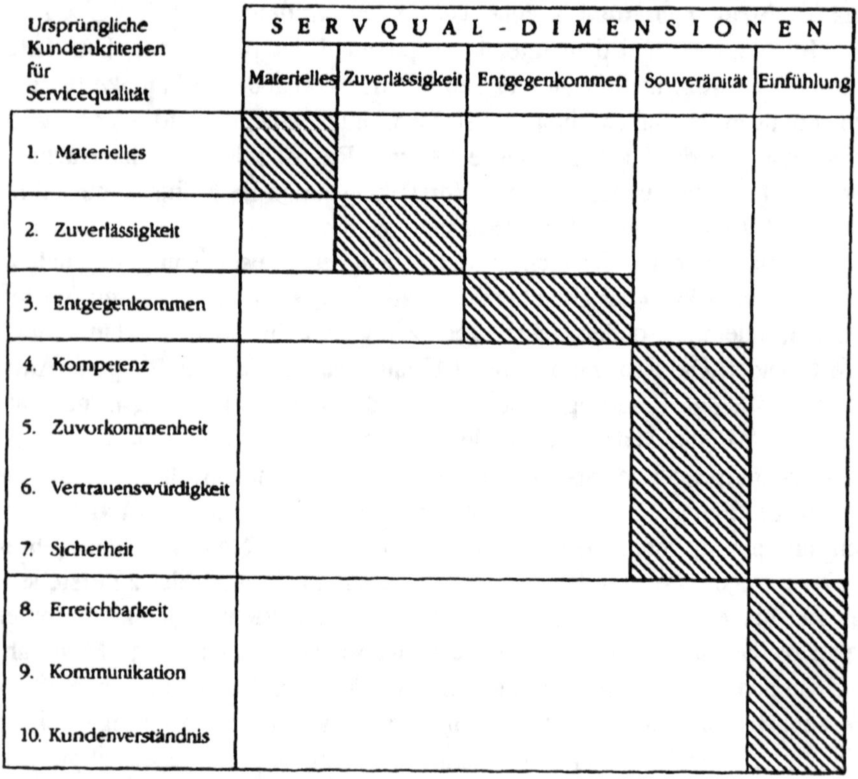

Quelle: Zeithaml, Parasuraman, Berry 1992, S. 40

Eine Übertragung des Ansatzes von *Zeithaml/Parasuraman/Berry* auf den Erstellungsprozeß von einzelnen Reisedienstleistungen ergibt, daß einige SERVQUAL-Dimensionen der Potentialqualität (Kompetenz, Vertrauenswürdigkeit) oder der Ergebnisqualität (Zuverlässigkeit) zugeordnet werden können und daß sie um die Dimension Fehlerkorrektur (recovery) erweitert werden müssen, so daß sich folgende **Dimensionen der Prozeßqualität** ergeben:

- Materielles: das physische Erscheinungsbild der Produktionsstätte, der Einrichtung, der Arbeitsgeräte, des Personals und anderer anwesender Kunden;
- Kompetenz: die Beherrschung des notwendigen beruflichen Könnens und Fachwissens zur Ausführung der Dienstleistung,
- Kommunikation: Hier erscheint es sinnvoll, folgende Teilmerkmale der Kommunikation zusammenzufassen:
  - Entgegenkommen, d. h. die Einstellung der Angestellten, die gewünschte Dienstleistung sofort, schnell und effizient zu erstellen und Kundenprobleme ebenso zu lösen,
  - Zuvorkommenheit, d. h. das respektvolle, aufmerksame und freundliche Verhalten des Kontaktpersonals sowie
  - Kundenverständnis, d. h. das Bemühen, den Kunden kennenzulernen und auf seine Bedürfnisse einzugehen;
- Sicherheit: die persönliche Sicherheit während der Nutzung der Dienstleistung und die Vertraulichkeit über den Geschäftsvorgang;
- Erreichbarkeit: der örtlich bzw. kommunikationstechnisch und zeitlich leichte Zugang zu den Ansprechpartnern (z. B. telefonische Erreichbarkeit des Reisebüros als erster Schritt des Beratungsprozesses);
- Mängelbeseitigung: das Bemühen, Leistungsmängel schnell und zur Kundenzufriedenheit zu beheben bzw. Ersatzleistungen oder Kaufpreisminderung zu gewähren.

Bei vielen Dienstleistungen ist die Prozeßphase dominant für die Qualität. Dies gilt etwa für den Besuch eines Kurkonzertes, die Nutzung eines Mietwagens oder die Teilnahme an einem Ausflug. Hier fallen Erstellungsprozeß und Ergebnis zeitlich zusammen.

1.4.2.3 Ergebnisqualität

Eine ergebnisorientierte Analyse der Dienstleistung bezieht sich auf den Nutzen, den die Reise für den Kunden hat. Dieser Nutzen besteht aus Kundensicht nun aber nicht nur in der Nutzenstiftung des formalen Produkts (also in einklagbaren Elementen), sondern in der Übereinstimmung des gesamten Reiseerlebnisses (also auch der wetter- und mit urlauberbedingten Erlebnisse) mit seinen Vorstellungen davon. Die Ergebnisqualität besteht also in dem Verhältnis zwischen der erwarteten und der wahrgenommenen Qualität.

Unter zeitlichen Aspekten zerfällt die Ergebnisqualität in zwei Qualitätsbereiche: in das prozessuale Endergebnis und in die erzielte Folgequalität. Das **prozessuale Endergebnis** zeigt sich direkt am Ende des Erstellungsprozesses als eine Zustandsveränderung des externen Faktors und konkretisiert sich in erworbenen Fertigkeiten (nach der Absolvierung eines Segelkurses), veränderten physischen (körperliche Erholung), psychischen (Erlebnisse), wirtschaftlichen (Versicherungsschutz) oder sozialen (Bekanntschaften) Zuständen. Das prozessuale Endergebnis kann zeitlich genau fixiert werden, z. B. durch den Zeitpunkt der Rückkehr an den Ausgangsort der Reise. Die **Folgequalität** hat den Charakter einer Dauerqualität, die nach Abschluß der Reise mehr (z. B. erworbene sportliche Fähigkeiten) oder weniger (z. B. bei einer Stadtführung erworbenes Wissen) anhält.

Hinsichtlich der erhaltenen Qualität unterscheidet *Berry* (*1986, S. 49*) zwischen der **Routinedimension** ("routine service"), die sich auf das Ergebnis einer Standarddienstleistung bezieht und der **Ausnahmedimension** ("nonroutine service"). Ausnahmen sind Kundenwünsche, die einen besonderen Aufwand erfordern oder vom Leistungsersteller, durch andere Gäste oder durch höhere Gewalt verursachte Probleme. In solchen Fällen führt eine schnelle und unkomplizierte Lösung, die die Kundenerwartungen übertrifft, nicht nur zu einer bloßen Zufriedenheitsqualität, sondern zu einer Begeisterungsqualität.

1.4.3 Formale Qualitätsdimensionen

1.4.3.1 Wahrnehmbarkeit

Die wahrgenommene Qualität einer Dienstleistung ist abhängig von der Wahrnehmbarkeit des Produkts selbst, von der Person des Betrachters und von der Situation, in welcher ein Konsument mit dem Produkt konfrontiert wird (vgl. Abb. I.6).

Hinsichtlich der Wahrnehmbarkeit von Produktqualitäten können *nach Zeithaml* (*1981, S. 186 ff.*) drei Arten von Qualität unterschieden werden:

- **Suchqualitäten** ("search qualities") sind Attribute, die ein Konsument in der Suchphase vor dem Kauf feststellen kann, also etwa Größe, Farbe, Design oder Image;
- **Erfahrungsqualitäten** ("experience qualities") sind Kriterien, die erst während oder nach der Nutzung der Dienstleistung beurteilt werden kön-

nen, etwa die Freundlichkeit einer Bedienung oder die pädagogischen Fähigkeiten eines Skilehrers;

- **Glaubensqualitäten** ("credence qualities") sind Produktergebnisse, deren Wirkung selbst nach Gebrauch oder Nutzung nicht sicher und endgültig feststellbar sind; man vertraut auf die Wirkung bestimmter Kuranwendungen oder die Nützlichkeit eines Feriensprachkurses.

Abbildung I.6:

Formale Qualitätsdimensionen

Formale Qualitätsdimensionen

Wahrnehmbarkeit
- Grad der Wahrnehmbarkeit
  - Suchqualität
  - Erfahrungsqualität
  - Glaubensqualität
- Personenbezogene Kriterien
- Situationsbezogene Kriterien

Meßbarkeit
- Objektive Meßbarkeit
- Subjektive Einschätzung

Beurteilungsgrundlage
- Beurteiler
  - Produzent
  - Mitarbeiter
  - Händler
  - Nutzer
  - Nichtnutzer
- Konkurrierende Produkte
- Quasi-objektive Normen

Touristische Dienstleistungen tendieren dazu, wenig Such-, dafür aber viele **Erfahrungsqualitäten** zu enthalten. Wegen des immateriellen Charakters einer Dienstleistung ist das zu beurteilende Produkt nicht physisch präsent und kann daher nicht in Augenschein genommen werden, so daß lediglich bestimmte allgemeine Qualitätsmerkmale (z. B. Flugzeugtyp oder Pünktlichkeitsstatistik einer Fluggesellschaft) geprüft werden können. Die Bewertung bezieht sich nicht auf die erworbene Leistung, da diese erst mit der Inanspruchnahme erstellt wird (Uno actu-Prinzip), sondern lediglich auf die Inputqualität der Produktionsmittel. Daraus ergibt sich, daß der Großteil der eigentlichen Qualitätskriterien von Reisedienstleistungen Erfahrungsqualitäten sind, die erst während oder nach Abschluß des Leistungskonsums beurteilt werden können. Selbst bei den Ergebnisqualitäten aber treten dort, wo es sich um Folgequalitäten handelt, Glaubenskomponenten auf, z. B. hinsichtlich der körperlichen Erholung während des Urlaubs, die umfassend nur durch ärztliche Untersuchungen festgestellt werden könnte, eine Prüfung, der sich wohl kaum ein Urlaubsreisender unterzieht.

Zur Verbesserung ihrer Entscheidungsgrundlage versuchen Kunden zudem, fremde Erfahrungen zur Qualitätsbewertung zu nutzen, also die Erfahrungen von Bekannten, die das Produkt, bestimmte Produktelemente oder den Hersteller kennen. Das verweist wiederum darauf, daß die Wahrnehmung der Dienstleistungsqualität vom Image des Produzenten mitbestimmt wird. Zudem kommt in einer solchen Entscheidungssituation dem Preis eine verstärkte Indikatorfunktion für die Dienstleistungsqualität zu.

Personenbezogen wird die Produktwahrnehmung von den Interessen, den Erwartungen und der Persönlichkeitsstruktur beeinflußt. Das **Interesse** ist abhängig von den Bedürfnissen einer Person, daher werden nicht alle Produkteigenschaften mit gleicher Aufmerksamkeit wahrgenommen (selektive Wahrnehmung). Es werden alle Elemente und Aspekte vernachlässigt, die von geringer Bedeutung sind. Die **Erwartungen**, die an die Dienstleistung gestellt werden, ergeben sich sowohl aus den Motiven, aus denen eine Reise unternommen wird, wie auch aus dem Wissen und den Erfahrungen, die der Konsument mit solchen oder ähnlichen Leistungen hat. Bei der **Persönlichkeitsstruktur** sind es Einstellungen in bezug auf bestimmte Produktmerkmale (wie Kinderfreundlichkeit, Pünktlichkeit, Sauberkeit und Ordnung) sowie gegenüber Marken bzw. Herstellern, die einzelne Produkteigenschaften ganz personenspezifisch in den Mittelpunkt oder an den Rand der Wahrnehmung treten lassen. Darüber hinaus kann es zu Wahrnehmungsverdrehungen "perceptual distortions" (*Mayo/Jarvis 1981, S. 35 f.*) kommen, wenn eine Person nur bestimmte Informationen selektiert, damit sie in ein bestehendes Beurteilungsmuster passen: Ein Reisender, der zutiefst davon überzeugt ist, daß ein Land schmutzig/sauber ist, wird bevorzugt bestätigende Informationen suchen und finden und gegenteilige Informationen nicht oder kaum zur Kenntnis nehmen. Im Rahmen des Beurteilungsprozesses kann eine weitere personenspezifische Variable auftreten, die Stereotypisierung, bei der das Qualitätsurteil über ein Produktelement oder einen Aspekt der Dienstleistungsinteraktion auf andere Elemente/Aspekte übertragen wird. Personenspezifisch ist zudem auch die Verarbeitung der wahrgenommenen Informationen hinsichtlich ihrer Speicherung im Gedächtnis; dies ist besonders für das Wiederkaufverhalten von Bedeutung, z. B. wenn ein Kunde Monate nach Abschluß einer Reise eine andere Reise buchen will.

Zu den **Situationskriterien** der Wahrnehmung von Qualitätsinformationen zählen der zur Verfügung stehende Zeitraum ("in der Eile gar nicht bemerkt" versus "in aller Ruhe im Detail angesehen"), das Situationsumfeld (Ablenkung durch Lärm, andere Personen oder Ereignisse; so verschiebt beispielsweise anhaltend schlechtes Urlaubswetter das Wahrnehmungsinteresse auf die Zimmerausstattung oder die Verpflegungsqualität), die Auswahlsituation (große Produktpalette oder nur ein Produkt) und die persönliche Befindlichkeit (z. B. führt Ärger mit dem Reisepartner zu kritischer Wahrnehmung oder umgekehrt: Verliebtheit macht blind).

1.4.3.2 Meßbarkeit

Die Meßbarkeit von Qualitätskriterien ist nicht nur ein Methodenproblem innerhalb der Wissenschaften, sondern auch von eminent praktischer Bedeutung, da jedes Unternehmen, das Qualitätskontrollen durchführen will, nicht nur klären muß, welche Qualitätskriterien es überprüfen will, sondern auch, wie dies geschehen soll. Hier ist zwischen objektiver Meßbarkeit und subjektiver Bewertung zu unterscheiden.

Objektive Meßbarkeit

Objektiv meßbare Qualität bezieht sich auf Merkmale, die intersubjektiv (d. h. unabhängig von der untersuchenden Person) mit naturwissenschaftlichen Methoden meßbar oder mit mathematischen/logischen Verfahren nachprüfbar sind. Dazu zählen:

- räumliche Merkmale wie Quadratmeterzahl, Höhe oder Länge,
- zeitliche Merkmale wie Nutzungsdauer, Reisezeit oder Alter,
- physikalische Merkmale wie Gewicht, Farbe oder Haltbarkeit,
- chemische Merkmale wie stoffliche Zusammensetzung oder Reinheit,
- produktionstechnische Merkmale wie Pünktlichkeit oder Mängelfreiheit,
- formale Richtigkeit (z. B. der Katalogangaben).

Bei allen Meßmethoden stellen sich die grundsätzlichen Probleme der Intersubjektivität, Gültigkeit und Zuverlässigkeit.

Die **Intersubjektivität** einer Meßmethode besteht darin, daß die Meßergebnisse und ihre Auswertung von der durchführenden Person unabhängig sind. Sie ist dann gegeben, wenn mehrere Personen unabhängig voneinander zu den gleichen Ergebnissen gelangen.

Bei der **Gültigkeit** (Validität) ergibt sich die Frage: Wird gemessen, was gemessen werden soll? Dies betrifft sowohl die theoretische Definition von Qualität, also den inhaltlichen Qualitätsbegriff als auch dessen Operationalisierung. Unter Operationalisierung wird die Umsetzung des Qualitätsbegriffs in Indikatoren verstanden.

Bei der **Zuverlässigkeit** (Meßgenauigkeit, Reliabilität) stellt sich die Frage: Wird das, was gemessen wird, exakt gemessen? Damit ist "die formale Genauigkeit der Merkmalserfassung angesprochen. Ein Meßinstrument ist unter der Voraussetzung konstanter Meßbedingungen dann reliabel, wenn die Meßwerte präzise und stabil, d. h. bei wiederholter Messung reproduzierbar sind" (*Berekoven/Eckert/Ellenrieder 1993, S. 85*).

Subjektive Bewertung

Subjektive Qualitätsmerkmale entziehen sich standardisierten Meßkriterien. Zu den nur subjektiv feststellbaren Qualitäten zählen neben sensorischen und ästhetischen Kriterien vor allem viele Aspekte menschlicher Verhaltensweisen. Methodisch stellt sich hier das Problem der Operationalisierung. Für die Gemütlichkeit eines Hotelzimmers, die Schönheit einer Landschaft oder die Freundlichkeit einer Reiseleiterin gibt es nur sehr begrenzt meßbare Indikatoren. Selbst wenn man Lächeln als Kriterium für Freundlichkeit nimmt, bleibt das Problem, zu bestimmen, wann ein neutraler Gesichtsausdruck zum Lächeln wird oder ein Lächeln in (stilles, unbekümmertes, freches, unverschämtes) Grinsen übergeht.

1.4.3.3 Bewertungsgrundlage

Da Qualität auch als Eignung, festgelegte Merkmale zu erfüllen, definiert wird, hängt ihre inhaltliche Bestimmung davon ab, wer die Merkmale festlegt und die Eignung bewertet. Bewertungsgrundlagen können der Bezug des Beurteilers zum Produkt, konkurrierende Produkte oder quasi-objektive Qualitätsnormen sein.

(1) Produktbezug des Beurteilers

Die Qualität eines Produktes wird durch den Verwendungszweck des Produkts und die subjektiven inhaltlichen Qualitätsvorstellungen des Beurteilenden bestimmt. Ein Qualitätsurteil beruht also auf persönlichen Präferenzen, die lediglich verbal begründbar, deren Richtigkeit oder Wahrheit aber nicht beweisbar sind. Die Bewertung kann sich auf objektiv meßbare und/oder nur subjektiv bewertbare Kriterien beziehen.

Die herkömmliche Einteilung in die beiden Bewertungspositionen Anbieter und Kunde bedarf in bezug auf Reisedienstleistungen allerdings einer Differenzierung und Erweiterung. Hier ergeben sich die Positionen Hersteller, Nutzer und betroffene Nichtnutzer.

Hersteller: Als Produzenten touristischer Dienstleistungen treten Leistungsträger, Reiseveranstalter und Reisemittler auf. Der Hersteller kann Qualität entweder produktorientiert als Grad der Ausprägung bestimmter Merkmale (Quadratmeterzahl des Zimmers) oder herstellungsorientiert als Maß der Einhaltung vorgegebener betrieblicher Qualitätsstandards (Pünktlichkeit des Abflugs) definieren.

Nutzer: Zur Gruppe der Nutzer zählen in der Touristik die Weiterverarbeiter/Veredler (Reiseveranstalter), die Händler (Reisemittler) und die Endverbraucher (Reisende).

- Reiseveranstalter kaufen Dienstleistungen wie Unterkunft oder Beförderung als Reisevorleistungen ein. Die von ihnen zugrundegelegten Qualitätskriterien und deren Bedeutung können aus zwei Gründen von denen der anderen Beurteilenden abweichen:
  a) Die Bedeutung einzelner Kriterien orientiert sich am Erfüllungsgrad der eigenen Bedürfnisse; dabei treten Kriterien auf, die für andere Beurteiler eine geringere Relevanz aufweisen können, z. B. die prompte Beantwortung von Buchungsanfragen bei ausländischen Hotels in der eigenen Sprache oder die Flexibilität bei kurzfristigen Änderungen (Stornierung eines Teilkontingents), für den Veranstalter aber bedeutsam sind. Andere Kriterien wie etwa Umweltverträglichkeit des Hotelbetriebs mögen wiederum für einen bestimmten Reiseveranstalter unbedeutend sein, haben aber für Nichtnutzer (Einheimische, Umweltschützer) eine hohe Priorität.
  b) Es besteht die Gefahr, daß ein Veranstalter zwar kundenorientierte Qualitätskriterien zugrundelegen will, er diese aber nur ungenau kennt, so daß es zu einer Diskrepanz zwischen den tatsächlichen Kundenwünschen und deren Interpretation durch den Veranstalter kommen kann.
- Reisemittler bewerten die Eignung eines Produkts im Hinblick auf die Erreichung der eigenen Unternehmensziele. Aus dieser Sicht besteht etwa die Qualität einer Reise nicht so sehr im Komfortniveau der Unterbringung, als vielmehr im geringen Organisations- und Beratungsaufwand beim Verkauf, im wirtschaftlichen Ertrag oder in geringer Reklamationshäufigkeit.
- Reisende als Endnutzer beurteilen Dienstleistungen zweckorientiert nach den verschiedenen inhaltlichen Dimensionen. Dabei können mitunter Käufer und Nutzer zwei verschiedene Personen/Personengruppen sein, beispielsweise bei einer Sprachreise für Jugendliche die Eltern, für die der Lernerfolg Priorität hat, und die reisenden Jugendlichen, die daran eventuell weniger Interesse haben, sondern eher auf einen elternfreien Urlaub mit viel Spaß und wenig Unterricht hoffen.

Nichtnutzer/Allgemeinheit: Die Nichtnutzer, die eine Dienstleistung bewerten, werden dann für das Unternehmen bedeutsam, wenn ihr Urteil Auswirkungen auf die Nachfrager oder die Produktionsbedingungen hat. Wichtige Nichtnutzergruppen sind in der Touristik

- die Bewohner der Zielgebiete, die direkt oder indirekt von den Auswirkungen des Tourismus betroffen sind,
- Interessengruppen wie etwa Umweltschützer, Fachverbände oder Gewerkschaften,
- die Verbraucherschützer, die im Interesse der Kunden auf qualitative Mißstände hinweisen und die Festlegung von Qualitätsnormen (etwa durch Klassifikationen) fordern,
- die Medien, die imagebildend für Reisearten, Unternehmen und Zielgebiete wirken,
- der Gesetzgeber und die Recht sprechenden Gerichte, die über Reisemängel und damit über Qualität urteilen,
- die politischen Entscheidungsträger, welche die Qualität des Tourismus aus volkswirtschaftlicher, regionalpolitischer oder interessensgruppenbezogener Sicht (der Bauindustrie, Verkehrsunternehmer oder Naturschützer) beurteilen.

(2) Konkurrierende Produkte

Die Wahl konkurrierender Produkte als Bezugspunkt eines Qualitätsurteils führt zum Begriff der **relativen Qualität** (*vgl. Siegwart/Overlack 1986*). Hier erfolgt die Ermittlung der Dienstleistungsqualität im direkten Vergleich zu Konkurrenzangeboten. Die Festlegung der Qualitätskriterien kann prinzipiell wiederum vom Standpunkt des Produzenten, Nutzers oder Nichtnutzers, also auf subjektiver Basis, erfolgen. Eine besondere Form des Leistungsvergleichs zwischen Unternehmen stellt das "Benchmarking" dar. Dabei werden vom eigenen Unternehmen als relevant eingestufte Qualitätsmerkmale systematisch und anhand von meßbaren Kriterien mit denen der stärksten Konkurrenten verglichen (*vgl. Leibfried/McNair 1993; Watson 1993*).

(3) Quasi-objektive Qualitätsnormen

In allen Gruppen und Gesellschaften bilden sich gegenüber den Verhaltensweisen von Personen und der Eigenschaft von Produkten Vorstellungen darüber heraus, wie diese sein sollten. Diese auch als Normen bezeichneten Allgemeinvorstellungen weisen einen unterschiedlichen Verbindlichkeitsgrad auf, so daß zwischen Kann-, Soll- und Muß-Normen unterschieden werden kann; das Differenzierungskriterium ist die mit der Nichteinhaltung der Norm verbundene Sanktion. Dies gilt auch für Qualitätsnormen.

Kann-Norm bedeutet in diesem Zusammenhang, daß ein Produkt eine bestimmte Eigenschaft aufweisen kann, die der Beurteiler nicht voraussetzt oder erwartet. Sind solche Eigenschaften für den Kunden ohne Bedeutung, dann wird ihr Vorhandensein gar nicht erst bemerkt oder bewertet. Handelt es sich in diesem Falle dagegen um für den Kunden relevante Kriterien, dann führt dies zu einer deutlich positiveren Bewertung des Produkts. Wenn etwa ein Charterflugreisender nicht erwartet, daß die an Bord servierten Getränke im Reisepreis inbegriffen sind, wird er erfreut auf das Angebot eines Begrüssungsdrinks reagieren.

Soll-Normen beziehen sich auf nicht unbedingt notwendige Qualitätsaspekte, ihr Vorhandensein ist lediglich wünschenswert, z. B. ein Lift in einem mehrstöckigen Hotel oder ein Getränkeservice während eines Busausflugs.

Zu den **Muß-Normen**, die eine Dienstleistung zu erfüllen hat, zählen zunächst die gesetzlich vorgeschriebenen Kriterien, etwa die Verkehrssicherheit bei der Beförderung, geregelt durch technische Anforderungen z. B. an einen Bus, berufliche Fähigkeiten des Fahrers, Fachkenntnisse und charakterliche Eigenschaften des Unternehmers und finanzielle Leistungsfähigkeit des Unternehmens. Die Nichterfüllung dieser Kriterien hat als Sanktion die Versagung der Beförderungsgenehmigung bzw. deren Entzug zur Folge. Insofern können gesetzlich zwingend vorgeschriebene Regelungen durchaus als innerhalb ihres Geltungsbereiches "objektive" Qualitätskriterien bezeichnet werden.

Muß-Normen können aber auch durch Marktüblichkeit entstehen. Gegenüber der Situation von vor zwanzig Jahren ist heute ein klimatisierter Reisebus für Studienreisen durch südliche Länder ein Muß, obwohl gesetzlich natürlich nicht vorgeschrieben. Ein Muß deswegen, weil das Fehlen der Klimaanlage sanktioniert wird: vom erfahrenen Reisenden dadurch, daß er seine Buchung vom Vorhandensein der Klimaanlage abhängig macht, vom unerfahrenen Reisenden, der erst während der Fahrt auf diesen Mangel aufmerksam wird, durch Reklamation und Wahl eines anderen Reiseveranstalters bei der nächsten Reise.

Wenn bei den Nachfragern solche verbrauchsbezogenen Normen bestehen, ist es möglich, subjektive Qualitäten zumindest teilweise und mit beschränkter Reichweite der Gültigkeit zu objektivieren, d. h. ihnen einen **quasiobjektiven Status** zuzuschreiben. *Hansen/Leitherer* (*1984, S. 38*) sprechen in diesem Zusammenhang von einer "Objektivierung durch statistisch feststellbare Häufung von subjektiven Urteilen."

Beispiel: Für die Temperatur, mit der ein Glas Bier serviert wird, bestehen keinerlei gesetzliche Vorschriften; die subjektiven Urteile darüber reichen je nach Geschmack von warm bis eiskalt. Dennoch besteht innerhalb der Gruppe (deutscher) Biertrinker die generelle Erwartungsnorm, daß dieses Getränk kalt serviert werden soll. Dies ist in den Restaurationsbetrieben ebenso die Regel (Norm) wie die Tatsache, daß der Kellner ein vom Gast als "zu warm" (Nichterfüllung der Qualitätsnorm) reklamiertes Bier zurücknimmt.

Quasi-objektive Normen entstehen auch, wenn staatliche Stellen oder Fachverbände bestimmte Qualitätsanforderungen als verbindlich festlegen. Beispiele dafür sind die in manchen Bundesländern und vielen Staaten eingeführten Bewertungssysteme für die Qualität eines Hotels (staatlich durch offizielle Hotelklassifikationssysteme) oder die Klassifikation von Bussen durch die Gütegemeinschaft Buskomfort (*vgl. Pompl 1994, S. 227 f.*). Hier werden von Experten und Vertretern unterschiedlicher Gruppen (Hersteller, Händler, Nutzer) Qualitätskriterien und der zur Einstufung in eine bestimmte Qualitätsklasse notwendige Grad ihrer Erfüllung festgelegt. Das Ergebnis weist über individuell-subjektive Wertungen hinaus, es erhält durch die Sanktion Verleihung oder Nichtverleihung eines Qualitätskennzeichens (Namen wie Luxushotel oder Symbole wie unterschiedliche Zahl der Sterne) oder Gütesiegels weitreichende Gültigkeit, ohne allerdings den Status der Objektivität erlangen zu können. Solche Normen können daher lediglich als quasi-objektiv bezeichnet werden.

Quasi-objektive Normen beziehen sich aus Gründen der Meßbarkeit meist nur auf den materiellen Input, also die zur Dienstleistungserstellung bereitgehaltenen materiellen Hilfsmittel wie Bus oder Hotelzimmer und messen damit nur einen Teilaspekt der Qualität. Ein Kunde kann eine mit einem Fünf-Sterne-Bus unfallfrei und pünktlich durchgeführte Beförderung dennoch schlecht bewerten, weil der Fahrer unhöflich, die Klimaanlage zu kalt und das Musikprogramm nicht seinem Geschmack entsprechend waren.

1.5 Zusammenfassung

Der Begriff Qualität wird in der Literatur ebenso wie in der Praxis mit ganz unterschiedlichen Bedeutungen verwendet. Dies ist im wesentlichen auf zwei Gründe zurückzuführen. Zum einen wird Qualität aus partikularistischer Sicht definiert, z. B. aus Sicht des Produzenten oder des Kunden. Zum anderen ist Qualität ein sehr komplexes Phänomen; sie ist eine multiattributive, relativistische, mehrdimensionale und dynamische Erscheinung. Eine gesamtheitliche Betrachtung der Dienstleistungsqualität im Sinne einer Total Service Quality führt zu der Erkenntnis, daß sie Kriterien der Kundenzufriedenheit, der Nachhaltigkeit, der Mitarbeiter- und der Produzentenzufriedenheit enthalten muß.

Im Vergleich zu Qualität von Sachgütern ist die Qualität von Dienstleistungen dadurch gekennzeichnet, daß sie zum Zeitpunkt des Kaufes nicht direkt bewertet werden kann, da der Kunde wegen der Zeitgleichheit von Produktion und Konsum lediglich ein Dienstleistungsversprechen erwerben kann. Die Qualität persönlicher Dienstleistungen kann nur bedingt homogen gestaltet werden, da ihre Erstellung oft durch unterschiedliche Personen erfolgt und zudem die Leistung einer einzelnen Person Schwankungen unterliegt. Die Qualität kollektiver Dienstleistungen wird auch durch das Verhalten der Mitkonsumenten beeinflußt.

Die Betrachtung der Qualitätsdimensionen führt zu inhaltlichen, zeitlichen und formalen Kriterien. Inhaltliche Dimensionen umfassen die technische, funktionale und institutionelle Qualität einer Dienstleistung. Die zeitliche Dimension führt zu der Unterscheidung von Potential-, Prozeß- und Ergebnisqualität. Formale Qualitätsdimensionen beziehen sich auf die Wahrnehmbarkeit und Meßbarkeit der Qualitätsmerkmale sowie auf die Abhängigkeit des Qualitätsurteils vom Produktbezug des Beurteilers, von konkurrierenden Produkten und von quasi-obektiven Qualitätsnormen.

Die Analyse ergibt, daß bei der Gestaltung der Qualität touristischer Dienstleistungen ein ganzheitlicher Qualitätsbegriff zugrundegelegt werden muß. Nur so können die Forderungen der verschiedenen Anspruchsgruppen erfüllt und die einzelnen Qualitätsdimensionen geplant, bei der Dienstleistungserstellung berücksichtigt und beim Konsum realisiert werden.

2 Strategien des Qualitätsmanagements

von Dr. Manfred G. Lieb, Professor für Betriebswirtschaftslehre

2.1 Einleitung

Die Bedeutung von Qualität als Wettbewerbsfaktor ist unbestritten. Die umfangreichen empirischen Studien im Rahmen des PIMS-Projektes (Profit Impact of Market Strategy) zeigen eindeutig, daß hohe Qualität auch einen besseren Unternehmenserfolg bringt. Unternehmen, die Leistungen mit Spitzenqualitäten anbieten, erzielen einen bis zu dreifach höheren Return on Investment im Vergleich zu Unternehmen mit einer geringeren Qualität (*vgl. Buzzel/Gale 1989; Meyer 1992*). Qualität bringt und sichert Marktanteile und wird somit zur Voraussetzung für Gewinn und Wachstum des Unternehmens (*vgl. Heskett u. a. 1994, S. 164 ff.; Kordupleski u. a. 1994, S. 70; Quartapelle/Larsen 1996; Zeithaml u. a. 1996*). Diese Tatsache und die Debatte über die Qualität im Rahmen der Globalisierungsstrategie von Unternehmen, vor allem in bezug auf die Konkurrenz mit japanischen Firmen, hat dem Thema Qualität eine herausragende Stellung in der betriebswirtschaftlichen Literatur der letzten Jahre gegeben. Japanische Automobilhersteller haben den Qualitätsaspekt explizit als strategischen Wettbewerbsvorteil aufgefaßt und umgesetzt. Medienberichte wie z. B. "TÜV: Japanische Autos sind am wenigsten anfällig" (*SZ 1996, S. 24*) haben dazu geführt, daß der japanischen Automobilindustrie mit ihren Produkten in der Zwischenzeit eine Qualitätsführerschaft zugesprochen wird. Diese Qualitätsführerschaft und die damit verbundenen Markterfolge haben die japanischen Automobilunternehmen mit einer konsequenten Qualitätsstrategie, der sogenannten Null-Fehler-Strategie, erreicht (*vgl. Reichheld/Sasser 1990*). Dabei wird der gesamte Produktionsprozeß nach Kriterien der absoluten Qualität durchgeplant, d. h. Qualitätsaspekte dominieren sowohl den Planungs- als auch den Ausführungsprozeß (*vgl. Clausing/Hauser 1988*).

Warenproduzierende Unternehmen haben den Qualitätsaspekt schon seit langem erkannt und umgesetzt, u. a. auch deshalb, weil Qualitätsmängel bei Waren relativ leicht erkannt werden können. Darüber hinaus läßt sich Qualität bei warenproduzierenden Unternehmen in einfacher Form messen, standardisieren und überprüfen. Demgegenüber stellt Qualität in der Dienstleistung ein ungleich schwierigeres Problem dar. Die Erstellung der Dienstleistung ist nur beschränkt planbar und das konkrete Produktergebnis von sehr vielen situativen Bedingungen abhängig. Diese besondere Komplexität der Dienstleistungsqualität, so ist zu vermuten, ist dafür mitverantwortlich, daß Qualitätsmanagementstrategien in Dienstleistungsunternehmen im Vergleich zum warenproduzierenden Gewerbe erst später eingeführt und umgesetzt werden. Selbstverständlich wird auch im Dienstleistungsgewerbe auf die Qualität des Angebotes geachtet. Gleichwohl sind professionelle Qualitätsmanagementstrategien im Rahmen einer geplanten und strategisch entwickelten Qualitätspolitik immer noch eine relativ neue Sache.

Der vorliegende Beitrag widmet sich verschiedenen Strategien des Qualitätsmanagements. Aus theoretischer Sicht wird dargestellt, welche Qualitätsmanagementstrategien in der Literatur diskutiert werden. Bei allen Strategien wird explizit auf das Problem der Umsetzung eingegangen, d. h. es wird die Frage nach der Realisierbarkeit der einzelnen Strategie in den Vordergrund der Betrachtung gestellt. Die Literatur zu Qualitätsmanagement ist in der Zwischenzeit, sowohl was die theoretischen Ausführungen als auch die praktischen Erfahrungen angeht, sehr umfangreich. In Deutschland ist die Strategie der Normung nach DIN ISO 9000 mit Zertifizierung der Qualität (vgl. Teil 3) am weitesten verbreitet. Da nicht davon ausgegangen werden kann, daß es eine einzig richtige Strategie gibt, werden alle betrachteten Strategien gleichwertig beschrieben. Gleichzeitig ist es für alle Unternehmen wichtig, mehrere Qualitätsmanagementstrategien zu beachten, um eine Weiterentwicklung der Qualitätspolitik und damit eine Verbesserung der Marktstellung durch einen qualitativen Wettbewerbsvorteil zu erreichen. Denn Qualitätsmanagement ist als permanenter Prozeß aufzufassen, in dem verschiedene Stadien durchlaufen werden.

Die Zertifizierungsstrategie nach DIN ISO ist die zur Zeit am häufigsten verfolgte Strategie des Qualitätsmanagements. Diese Aktivität ist jedoch nur als eine Durchgangsphase anzusehen. Es ist davon auszugehen, daß in wenigen Jahren ein großer Teil der Unternehmen in allen Branchen zertifiziert sein wird und ein Zertifikat nicht mehr als Wettbewerbsvorteil angesehen und eingesetzt werden kann. Selbstverständlich ist die konkrete Umsetzung der mit der Zertifizierung verbundenen Qualitätsmanagementstrategie in den einzelnen Unternehmen unterschiedlich, aber nur permanente Weiterentwicklungen in der Qualitätspolitik eines Unternehmens lassen Qualität als Wettbewerbsfaktor auf Dauer wirksam bleiben.

Folgende Fragekomplexe leiten die Abhandlung, wobei der Schwerpunkt der Betrachtung auf der Dienstleistungsbranche allgemein liegt:

- Was ist eine Qualitätsmanagementstrategie?
- Welche Qualitätsmanagementstrategien werden in der Literatur diskutiert?
- Wie lassen sich Vorteile der einzelnen Qualitätsmanagementstrategien auf der Ebene der Einzelwirtschaft am besten realisieren?

- Welche Umsetzungsmöglichkeiten und welche Umsetzungsprobleme treten bei den einzelnen Strategieformen auf?

2.2 Qualitätsmanagementstrategien in der Dienstleistung - eine theoretische Einordnung

Qualität im Dienstleistungsbereich ist eine vielschichtige und komplexe Aufgabe, unter anderem auch deshalb, weil das Dienstleistungsmanagement selbst ein System mit verschiedenen Komponenten ist. Normann (*1990*) hat ein Modell entwickelt, welches als konzeptioneller Rahmen für das Dienstleistungsmanagement angesehen werden kann. Danach spielen die folgenden fünf Schlüsselfaktoren eine Rolle für Dienstleistungsmanagement (vgl. Abb. I.7):

- Unternehmenskultur,
- Servicekonzept,
- Marktsegement,
- Leistungserstellungsprozeß,
- Image des Unternehmens (*vgl. Normann 1990*).

Alle fünf Faktoren werden von den Unternehmen gleichzeitig bearbeitet. Langfristige Entscheidungen, wie z. B. die Auswahl eines Marktsegmentes, die Art und der Ort der Leistungserstellung oder die Gestaltung des Produktangebotes sind strategische Entscheidungen. Sie sollen als geplante Strategien auf Marktdaten und Kundenbedürfnissen beruhen, um eine langfristige Kapitalverzinsung und Marktstellung zu sichern (*vgl. Grönroos 1990*).

Die von einer Unternehmung verfolgte Qualitätsmanagementstrategie ist in allen fünf Systemkomponenten relevant, sie kann in allen fünf Bereichen ansetzen.

Die Unternehmenskultur besteht aus Normen, Werten und Grundüberzeugungen, die der Unternehmung als Ganzes eine Identität verleihen. Eine serviceorientierte an der Qualität der Arbeitsergebnisse ausgerichtete Kultur ist Grundvoraussetzung für eine erfolgreiche Strategie. Eine starke Unternehmenskultur lenkt das Verhalten der Mitarbeiter und macht es berechenbarer. Dies reduziert die personenbeeinflußte Heterogenität der Dienstleistungserbringung, so daß eine homogene Leistung mit beständiger Qualität möglich ist (*Normann 1990, S. 12*).

Abbildung I.7:

Das Service Managementsystem

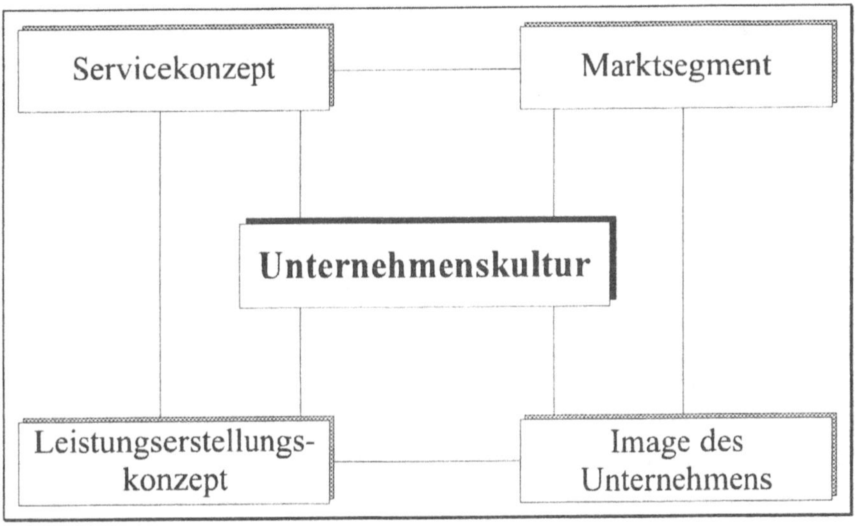

Quelle: Normann 1990, S. 20

Das Marktsegment bzw. die Zielgruppe des Unternehmens ist eine der primären Grundentscheidungen im Rahmen des Marketing. Unter der Zielsetzung, dem Kunden bzw. potentiellen Kunden den größtmöglichen Nutzen oder Wert zu schaffen, führt die Auswahl unterschiedlicher Marktsegmente zu unterschiedlichen Strategien. So wird eine Strategie der Kostenführerschaft andere Qualitätsaspekte umfassen als eine Strategie der Differenzierung (*vgl. Porter 1992*). Bei Kostenführerschaft als Wettbewerbsvorteil ist auf ein akzeptables Preis-/Leistungsverhältnis zu achten, bei Differenzierung kann eine hervorragende Qualität als zentraler Wettbewerbsvorteil eingesetzt werden. Diese Strategiealternativen und die Auswahl des Marktsegmentes bestimmen das Servicekonzept der Unternehmung. Dienstleistungsprodukte bestehen, ebenso wie Waren, aus einer Kernleistung und aus Zusatzleistungen. Das Servicekonzept stellt das Gesamtprodukt, d. h. Kernprodukt und die Zusatzleistungen dar. Gerade im Dienstleistungsbereich können Zusatzleistungen Wettbewerbsvorteile erbringen. Dabei sind diese Zusatzleistungen häufig Qualitätsaspekte der Dienstleistung, da sie in besonderem Maße zur Profilierung des eigenen Angebotes, zur Kundenzufriedenheit und zur langfristigen Kundenbindung beitragen können (*vgl. Johnston/Lyth 1991, S. 180 f.*).

Aus der Sicht des Anbieters ist der Leistungserstellungprozeß die Produktionssphäre der Dienstleistung. Hier wird das Produkt hergestellt und dem

Kunden präsentiert. Die Besonderheit der Dienstleistung, aber auch ihre spezielle Problematik, wird wird in dieser Phase deutlich (*vgl. Meyer 1990*). Das Zusammenfallen von Produktions- und Konsumtionsprozeß, d. h. die simultane Erstellung und Inanspruchnahme des Marktangebotes, machen die Dienstleistung zu einem komplexen und vor allem auch personenabhängigen Prozeß.

Das Image des Unternehmens als Teil des gesamten Service Managementsystems wird häufig unterschätzt. Ein Image ist ein "Komplex von Ideen, Gefühlen und Haltungen, die Konsumenten einer Marke gegenüber haben" (*von Rosenstil/Ewald 1979, S. 36*). Diese bildhafte Vorstellung mit subjektivem Charakter wird geprägt von früheren Erfahrungen mit dem Unternehmen, aber auch von der allgemeinen Vorstellung über das Unternehmen. Neben den Kommunikationsaktivitäten des Marketing können Unternehmensimages durch Corporate Identity Strategien beeinflußt werden (*vgl. Götz 1992, S. 24 ff.*). Die subjektive Beurteilung von Qualität durch den Dienstleistungsnachfrager wird durch die Imagefaktoren des Unternehmens beeinflußt. Das Unternehmensimage dient als Filter, durch den Erwartungen an das Produkterlebnis kommuniziert werden (*vgl. Grönroos 1990, S. 170*). In einer Situation der Informations- und Beurteilungsunsicherheit wird das Image "zum wichtigsten Ersatzfaktor zur Beurteilung der Qualität" (*Meyer 1990, S. 101*). Die Qualitätspolitik eines Unternehmens ist insofern mit dem Aufbau, der Sicherung und Weiterentwicklung eines entsprechenden Image verbunden.

Eine Qualitätsmanagementstrategie hat alle speziellen Aspekte des Service-Managementsystems zu beachten. Im Zusammenspiel der dargestellten fünf Faktoren mit den Prozeßbeteiligten, dem Personal des Dienstleistungserstellers und dem Kunden unter Berücksichtigung der Umfeldfaktoren, werden die Qualitätsaspekte der Dienstleistung, die sogenannten Augenblicke der Wahrheit ("Moments of Truth"; *Grönroos 1990, S. 43*), vom Kunden als wahrgenommene Qualität der Dienstleistung erlebt. **Qualitätsmanagementstrategien zielen somit darauf ab, diesen Zusammenhang zu planen und in einer für das Unternehmens optimalen Art und Weise als gewollte Unternehmensqualitätsstrategie herzustellen**. Empirische Untersuchungen zeigen, daß die Verfolgung einer entsprechenden Qualitätsmanagementstrategie tatsächlich zu positiven Verhaltenseffekten auf Seiten der Kunden eines Unternehmens führt (*Zeithaml u. a. 1996*).

Abbildung I.8 soll den Gesamtzusammenhang nochmals verdeutlichen.

Abbildung I.8:
Der Zusammenhang der beteiligten Elemente

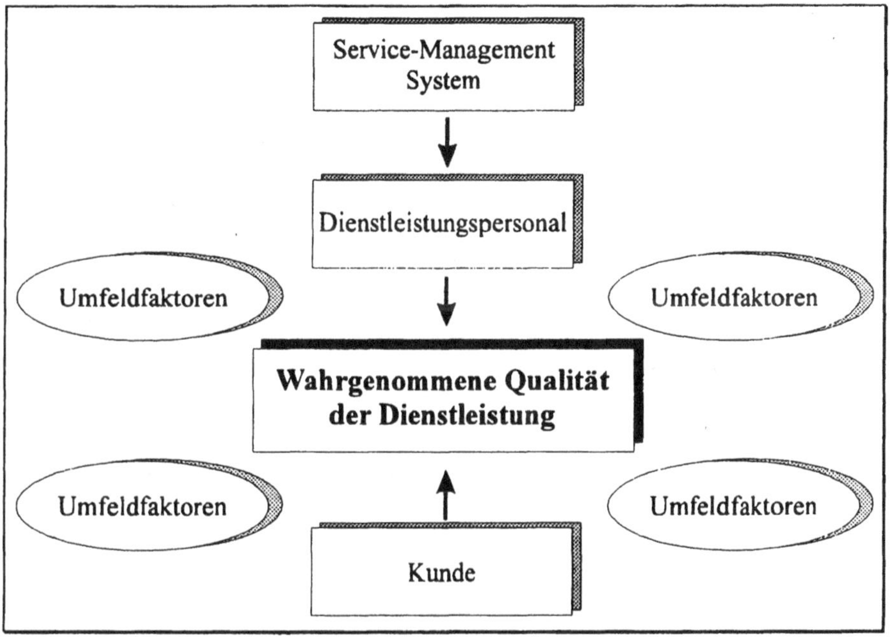

2.3 Qualitätsmanagemenstrategien

2.3.1 Einordnung der Strategiearten

Möglichkeiten der Differenzierung und Einordnung von Qualitätsmanagementstrategien gibt es in vielfältiger Form (vgl. Birkelbach 1993, S. 99; Collins/Lazier 1992; DGQ 1990; Heskett u. a. 1990). Dabei wird in der Regel das Prinzip des Total-Quality-Management (TQM) für alle Strategiearten beansprucht. Meines Erachtens werden dabei zentrale Unterschiede zwischen den Strategiearten verwischt. Gleichzeitig ist festzuhalten, daß kultur- und entwicklungsspezifische Unterschiede in der Umsetzung von Qualitätsmanagementstrategien beachtet werden müssen. Aus diesen Gründen erscheint es mir notwendig, Qualitätsmanagementstrategien durch zwei Fragestellungen zu unterteilen:

1. Worin liegt der Hauptansatzpunkt der Qualitätsmanagementstrategie im Servie-Managementsystem?

2. Wo sind die einzelnen Qualitätsmanagementstrategien hauptsächlich verbreitet?

Aus diesen Fragen leitet sich folgende Unterteilung der Grundstrategien für eine Qualitätsorientierung ab:

1. Orientierung an der Unternehmenskultur - das Total Quality Management.
2. Orientierung am Unternehmensimage durch marktbezogene Qualitätswettbewerbe - die Strategie des Malcom-Baldrige-Award (MBA), des Deming-Price und des European Quality Awards (EQA).
3. Orientierung am Leistungserstellungsprozeß - die Strategie der Zertifizierung nach DIN ISO.

Empirisch läßt sich feststellen, daß die oben differenzierten Strategiearten regional unterschiedlich verteilt sind:

- Unternehmenskulturstrategien sind vor allem in **Japan** vorherrschend;
- Wettbewerbsstrategien sind in den **USA** die vorrangigen Qualitätsmanagementstrategien;
- Zertifizierungsstrategien sind vor allem in **Europa** verbreitet.

Abbildung I.9:

Einteilung von Qualitätsmanagementstrategien

	Bereich des Service-Managementsystems	vorherrschende Anwendung	Methode
Unternehmenskulturstrategie	Unternehmenskultur	Japan	Total Quality Management
Wettbewerbsstrategie	Unternehmensimage	USA (Europa) (Japan)	MBA EQA Deming-Price
Zertifizierungsstrategie	Leistungserstellungsprozeß	Europa	DIN ISO 9000 bis 9004 Zertifikat

Diese unterschiedliche Verbreitung hängt mit kulturspezifischen und historischen Bedingungen zusammen. Die kulturspezifischen Bedingungen haben zur Herausbildung unterschiedlicher Managementstile in den einzelnen Wirtschaftsräumen geführt (*vgl. Hofstede 1993*). Diese Managementstile wiederum haben, in Verbindung mit gebietsspezifischen historischen Bedingungen, vor allem mit dem Stand der Industrialisierung und mit der relativen Wettbewerbsposition des Gebietes, die Verbreitung spezifischer Qualitätsmanagementstrategien unterstützt.

2.3.2 Philosophieorientierte Strategie (TQM)

2.3.2.1 Die Grundlagen des TQM

Die Autoren der Literatur über Qualitätsmanagement sind sich einig: Der Ansatz an der Unternehmenskultur im Sinne eines Total Quality Managements ist für eine erfolgreiche Qualitätsstrategie unverzichtbar (*vgl. Seghezzi 1992; Mollenhauer/Ring 1992; Lehmann 1993; Stauss/Friege 1996*). Falluntersuchungen von Unternehmen mit TQM-Strategie legen den Schluß nahe, daß die größten Erfolge von Qualitätsmanagementstrategien beim Einsatz von TQM erzielt werden (*vgl. Stauss/Friege 1996*).

TQM versucht eine **ganzheitliche Sicht von Qualitätsmanagement** zu erzeugen. Qualitätsdenken soll eine unternehmerische Grundhaltung werden. Dabei geht es nicht nur um die Qualität der Produkte oder Dienstleistungen, sondern auch um die Qualität der Arbeitsabläufe, der Arbeitsbedingungen und der Außenbeziehungen (*vgl. Pfeiffer 1993, S. 450*). Die Deutsche Gesellschaft für Qualität versteht unter TQM eine "auf der Mitwirkung aller ihrer Mitglieder beruhende Führungsmethode einer Organisation, die Qualität in den Mittelpunkt stellt und durch Zufriedenstellung der Kunden auf langfristigen Geschäftserfolg, sowie auf Nutzen für die Mitglieder der Organisation und für die Gesellschaft zielt" (*DGQ 1993, S. 30*).

Bruhn (*1991, S. 42*) beschreibt TQM für den Dienstleistungsbereich folgendermaßen:

1. Total: Einbeziehung aller an der Dienstleistungsproduktion Beteiligten;
2. Quality: Alle internen und externen Beziehungen im Dienstleistungsprozeß unterwerfen sich der totalen Qualtätsorientierung;
3. Management: Das Management praktiziert einen partizipativ-kooperativen Führungstil und übernimmt Vorbildfunktion für die Dienstleistungsqualität.

Mollenhauer/Ring (*1992, S. 54*) und Haist/Fromm (*1991, S. 11*) konkretisieren den TQM-Ansatz. Das Management soll Prinzipien praktizieren und vorleben, die von allen Mitarbeitern in der Unternehmung getragen werden. Diese Pinzipien sind:

- Kundenorientierung,
- Prozeßorientierung,
- präventives Verhalten und

- ständige Verbesserungen.

Zink (*1992, S. 30*) sieht die Ausrichtung folgender Elemente am Qualitätsgedanken als grundlegend für TQM an:

- organisatorische Rahmenbedingungen,
- personelle Rahmenbedingungen,
- technische Rahmenbedingungen.

Der **Totalitätsanspruch von TQM** wird deutlich. Das Ziel einer solchen Qualitätsmanagementstrategie ist die "Quality Obsessed Company" (*Lehmann 1993, S. 103*), d. h. die grundlegenden Wertstrukturen einer Unternehmung sind vollständig am Qualitätsgedanken auszurichten (*vgl. Braun/Lawrence 1993*). Die Qualitätsmanagementstrategie des Total Quality Management gehört somit in den Bereich der grundlegenden Führungs-, Organisations- und Gestaltungsprinzipien für Unternehmen.

Diese grundlegenden Prinzipien, die sich in der Unternehmensphilosophie niederschlagen, orientieren sich wiederum an bestimmten Zeit- und Modeströmungen. Vom Marketing als Unternehmensphilosophie über das Controlling als Führungsinstrument, vom Business Reengineering bis zur Unternehmenskultur, in der betriebswirtschaftlichen Literatur tauchen immer neue Ansätze auf, die wiederum eine lebhafte Reaktion in der betrieblichen Praxis finden. **Je grundlegender das Prinzip, desto stärker und heftiger die Forderungen der Theorie nach Umsetzung und die Versuche der Praxis, diesen Ansätzen zu folgen**. So hat z. B. in der Bundesrepublik in den 70er Jahren das Marketing als Führungsprinzip die Diskussion beherrscht (*vgl. Raffeé 1974*). Die von den Marketingforschern immer wieder aufgestellte Forderung nach einer konsequenten Marketingorientierung in der Unternehmensphilosophie ist theoretisch und empirisch wohl begründet, allerdings bisher keineswegs in der notwendigen Form in der Praxis umgesetzt.

Die amerikanischen Autoren *Peters* und *Watermann* haben mit ihrem Buch *"Auf der Suche nach Spitzenleistungen"* (*1983*) eine neue Sicht in die Managementliteratur gebracht. Danach zeichnen sich erfolgreiche Unternehmen durch eine bestimmte Unternehmenskultur aus. Der Begriff der Unternehmenskultur ersetzt dabei den Begriff der Unternehmensphilosophie. Die Unternehmenskultur prägt das Handeln der Unternehmensmitglieder (*vgl. Steinmann/Schreyögg 1990, S. 533*), da sie auf gemeinsam getragenen Orientierungsmustern aufbaut, die erst ein zusammenhängendes und einheitliches Handeln der Organisationsmitglieder ermöglichen. Als Folge dieser Veröffentlichung wurden den Kulturen der Unternehmen neue Aufmerksamkeit gewidmet und Kulturwandel als Erfolgsfaktor initiiert. **Total Quality Mana-**

gement ist in dieser Tradition zu sehen. Auch hier werden Entwicklungen des Marketingansatzes und des Unternehmenskulturansatzes aufgenommen. TQM kann somit als Weiterentwicklung von ganzheitlichen und grundlegenden Unternehmensprinzipien angesehen werden.

So sehr die theoretische Fundierung von TQM einleuchtet, so sehr bringt der Totalitätsanspruch Probleme in seiner praktischen Umsetzung. Zudem besteht die Gefahr, daß unter dem Strategiebegriff des TQM Aktivitäten entfaltet werden, die sich nur oberflächlich mit den **realen Anforderungen des TQM** auseinandersetzen. Vielmehr wird die TQM-Strategie in solchen Fällen dazu benutzt, der Unternehmung einen fortschrittlichen und modernistischen Anstrich zu geben. Die Umsetzung von TQM erfordert zudem einen langen Zeitraum, da sich unternehmenskulturelle bzw. philosophische Aspekte nicht kurzfristig ändern lassen. Diese Tatsache unterstützt unsere These, daß TQM vor allem in Japan eingesetzt wird, wo entsprechende Ansätze seit 30 bis 40 Jahren verfolgt werden und in den Unternehmenskulturen langfristig verankert sind.

Im Vergleich zu USA und Europa hat der Gedanke des TQM in Japan die längste Tradition. Die Japan Union of Scientists and Engineers (JUSE) begann bereits 1950, sich mit Qualitätsfragen zu beschäftigen. Der Qualitätsgedanke wurde auf breiter Basis entwickelt und diffundierte durch eine nationale Qualitätsbewegung: 1960 wurde erstmals ein sogenannter nationaler Qualitätsmonat eingeführt, d. h. in diesem Monat wurde der Qualität eine besondere öffentliche Aufmerksamkeit gewidmet. Demgegenüber haben sich Qualitätsmanagementstrategien in den USA und in Europa erst zu Beginn der 80er Jahre entwickelt. So wurde z. B. in den USA ein nationaler Qualitätsmonat erst im Oktober 1984 eingeführt und die American Quality Foundation wurde 1987 gegründet. Ebenfalls erst 1988 wurde die European Foundation of Quality Management gegründet (*vgl. van Ham 1992, S. 154 f.*). Selbstverständlich sind Qualitätsaspekte auch in früheren Zeiten relevant gewesen und speziell in Deutschland hat die Deutsche Gesellschaft für Qualität (DGQ) eine gewisse Tradition. Allerdings ist festzuhalten, daß, im Gegensatz zu Japan, die Qualitätsmanagementstrategie des TQM in seiner tatsächlichen Ausformung in den USA und in Europa sehr viel später entwickelt wurde.

2.3.2.2 Die Umsetzung von TQM

Die Umsetzung von TQM setzt an den grundlegenden Zielen, Normen und Werten der Unternehmung an. Nur eine grundsätzlich in der Unternehmensphilosophie angelegte Wertorientierung nach Qualitätsmaßstäben und eine damit in Verbindung stehende Kundenorientierung im Sinne des Marketingansatzes wird den Ansprüchen einer TQM-Philosophie gerecht. Dies bedeutet für Unternehmen ohne eine stark ausgeprägte Qualitäts- und/oder Marketingstrategie einen **grundlegenden Wandel**, wenn sie eine TQM-Qualitätsmanagementstrategie umsetzen wollen.

Um TQM umzusetzten, muß ein Unternehmen folgende Fragen klären:

- Welches sind die vorhandenen Werte, Normen und Ziele der Unternehmung?
- Welches sind die gewünschten Werte, Normen und Ziele der Unternehmung?
- Wie kann ein Wertewandel in der Unternehmung initiiert werden?

Bereits die Analyse vorhandener Wertstrukturen gestaltet sich i. d. R. schwierig. Es genügt nicht, nur auf der Basis von Plausibilitätsüberlegungen eine Unternehmensphilosophie darzulegen oder gar von gewünschten Wertstrukturen auszugehen. Hier besteht die Gefahr, daß lediglich plakative Schlagworte annonciert werden, die mit der Realität keineswegs in Einklang zu bringen sind. Die Ermittlung der tatsächlich vorhandenen Werte in der Unternehmung setzten ein kompliziertes Geflecht von Analysen voraus (*vgl. Steinmann/ Schreyögg 1990*). Ohne diese Analysen wiederum besteht die Gefahr, daß Lippenbekenntnisse Handeln ersetzen und lediglich Labels ausgetauscht werden, jedoch keine grundlegende Neuorientierung auf TQM erfolgt. Aus den Versuchen, den Marketingansatz oder den Unternehmenskulturansatz in die Praxis umzusetzen, kann die Erfahrung abgeleitet werden, daß entsprechende Aktivitäten nur langsam und mühsam gelingen, da sie teilweise grundlegende, radikale Verhaltensänderungen erfordern (*vgl. Steinmann/Schreyögg 1990*). Daneben werden strukturelle Veränderungen und Veränderungen in den Führungssystemen unumgänglich.

Untersuchungen zeigen, daß die Unternehmensführung eine besondere Rolle bei der Implementierung von TQM spielt (*vgl. Hout/Carter 1996*). Nur eine Unternehmensführung, die den Wandel tatsächlich will, die alle damit zusammenhängenden Konflikte meistert und eine entsprechende Strategie kompromißlos entwickelt und umsetzt, kann einen Kulturwandel herbeiführen. "Entscheidend ist, ob die Unternehmensführung - und allen voran ihr Chef - voll zur Sache gehen" (*Hout/Carter 1996, S. 59*). *Stauss/Friege* betonen diesen Aspekt ebenfalls und schreiben: "Die vielfach angemahnte TQM-Verpflichtung der Topmanager reicht weiter als die meisten Führungskräfte annehmen" (*1996, S. 20*). Die Umsetzung einer TQM-Strategie erfordert somit ein hohes Maß an Engagement durch die Unternehmensführung und die Bereitschaft, "Ressourcen und Managementzeit" (*Stauss/Friege 1996, S. 20*) zur Verfügung zu stellen. "Konsequentes TQM ist somit gewiß keine Harmonieveranstaltung. Angesicht der Notwendigkeit, Strukturen, Rollen und Verhaltensweisen neu zu bestimmen, sind Unruhe und Widerstand zu erwarten. Ihnen gerecht zu werden, verlangt den vollen Einsatz der Führungskräfte und TQM-Promotoren - und einen langen Atem" (*Stauss/Friege 1996, S. 24*).

Schließlich gilt, daß die TQM-Prinzipien auch kulturell bedingt sind und daher nur in einem entsprechenden Umfeld wirksam werden können. So ist etwa in der Bundesrepublik festzustellen, daß Qualität lange Zeit als Selbstverständlichkeit angesehen wurde, der keine besondere Aufmerksamkeit geschenkt werden mußte. Das Label "Made in Germany" war in selbstverständlicher Form mit Produktqualität und auch mit Servicequalität (im Sinne von Service für die Produkte) verbunden. Der hohe Qualifikationsstandard der Beschäftigten, verbunden mit einer technikorientierten Produktstrategie, hat zu großen Erfolgen der deutschen Wirtschaft auf dem Weltmarkt geführt (*vgl. Porter 1990*). Auf diesen Erfolgen aufbauend, wurde im wesentlichen eine Fortentwicklung der erfolgreichen Prinzipien der Vergangenheit betrieben. Diese Prinzipien wiederum waren von technischen Aspekten der Qualitätsplanung und -kontrolle geprägt. Erst ein verstärkter **Marktdruck** hat zu einer Auseinandersetzung mit Qualität als strategischem Faktor geführt.

Eine weitere Problematik entsteht durch die vielfältigen Ansatzpunkte für TQM. Da sich TQM aus unterschiedlichen Prinzipien zusammensetzt, sind mehrere grundlegende Veränderungen notwendig. Neben Markt- und Kundenorientierung sind der innerbetriebliche Führungsstil, die Organisationsstruktur und die Entwicklung von Produkten und Prozessen zu untersuchen. Da es für alle diese Bereiche eine Vielzahl von Varianten gibt, entstehen Auswahlprobleme auf der Ebene der Unternehmensführung und möglicherweise Akzeptanzprobleme auf der Management- und Mitarbeiterebene. Auch müssen alle gewählten Strategieteile koordiniert werden, um eine optimale Abstimmung und damit ein tatsächliches TQM zu erreichen. Alle diese Aspekte erschweren die Umsetzung der TQM-Qualitätsstrategie.

2.3.3 Wettbewerbsstrategie

2.3.3.1 Die Grundlage der Wettbewerbsstrategie

Wettbewerbsstrategien setzen im Service-Managementsystem am Image des Unternehmens an. Das Unternehmen kann eine herausragende Stellung in seinem Markt erreichen und kommunizieren, wenn es gegenüber anderen Unternehmen in einem Qualitätswettbewerb ausgezeichnet wird. Insbesondere in Märkten, in denen die Produktunterschiede nicht sehr ausgeprägt sind, kann das subjektive Qualitätsempfinden der Marktpartner durch Images geprägt werden. Selbstverständlich erforden diese Wettbewerbsstrategien auch ausgezeichnete Servicekonzepte, optimale Leistungserstellungsprozesse und TQM-orientierte Unternehmensphilosophien.

Gegenüber den an der Unternehmensphilosophie orientierten Ansätzen haben Wettbewerbsstrategien zwei wesentliche Vorteile:

- Von Experten definierte und allgemein anerkannte Qualitätsstandards sind Grundlage für den Wettbewerb;
- Der Wettbewerb erstreckt sich über einen Zeitraum, danach werden die Aktivitäten zur Zielerreichung mit einem Feedback über Erfolg oder Mißerfolg bewertet.

In Japan wird der Deming-Price, in den USA der Malcom-Baldrige-Award (MBA) und in Europa der European-Quality-Award (EQA) vergeben. Der älteste Preis, der Deming-Price, enthält nur relativ allgemeine Kategorien, der EQA lehnt sich sehr stark an den MBA an. Deshalb wird im folgenden der Deming-Price vernachlässigt, der MBA genauer betrachtet und einige Aspekte des EQA vorgestellt.

Der **Malcom-Baldrige-Award** wurde im Jahre 1987 in den USA durch Gesetz ins Lebens gerufen. Der Preis ist das Ergebnis einer langen Diskussion über Qualitätsprobleme in der amerikanischen Wirtschaft. Der MBA soll das Qualitätsbewußtsein von US-Unternehmen fördern, eine öffentliche Anerkennung für herausragende Qualitätsleistungen darstellen und durch die Veröffentlichung der Qualitätsstrategien der Gewinner zur Nachahmung anregen (*vgl. George 1992*). Verantwortlich für den MBA ist das "Department of Commerce" (DoC). Als Behörde der "Technology Administration" des DoC leitet und verwaltet das "National Institute of Standards and Technology" (NIST) das Award-Programm. Das NIST hat in enger Zusammenarbeit mit Experten aus der Wirtschaft die Bewertungskriterien, den Beruteilungsprozeß und das Punktesystem für das Award-Programm entwickelt (*vgl. Garvin 1991, S. 81*). Zusätzlich wurde 1988 die Stiftung "Foundation for the Malcolm Baldrige National Quality Award" gegründet, die den Erfolg des Programmes gewährleisten soll. In dieser Stiftung sind Unternehmen aus allen Bereichen der Wirtschaft vertreten. Die "American Society for Quality Control" (ASQC) ist im Auftrag des NIST bei der Verwaltung des Award-Programmes unterstützend tätig (*vgl. George 1992, S. 38*). Diese Organisationsform hat eine breite Unterstützung für den MBA gesichert. In der Zwischenzeit ist der Award in den USA sehr gut etabliert, die Anzahl der teilnehmenden Unternehmen hat sich in den letzten Jahren kontinuierlich erhöht (*vgl. George 1992, S. 7*), die Wettbewerbsgewinner haben enorme positive Imageeffekte und auch ökonomische Erfolge zu verzeichnen (*vgl. Stauss/ Friege 1996*).

Der Baldrige-Award wird jährlich in den folgenden drei Kategorien vergeben:

1. Produzierendes Gewerbe;
2. Dienstleistungen;
3. Kleinunternehmen (bis zu 500 Beschäftigten).

Pro Kategorie können in einem Jahr maximal zwei Auszeichnung verliehen werden.

Zentral für eine wettbewerbsorientierte Qualitätsmanagementstrategie sind die Wettbewerbskriterien. Der MBA setzt an der Idee des TQM an und versucht, durch die Bildung der Award-Kriterien TQM quantifizierbar und meßbar, d. h. für die Unternehmen operational, zu machen. Hierzu werden folgende Qualitätsgrundwerte (Core Values) definiert (*NIST 1994*):

- Kundenorientierte Qualität;
- Qualität als Führungsaufgabe;
- Kontinuierliche Verbesserung;
- Mitarbeiterbeteiligung und Mitarbeiterentwicklung;
- Kurze Reaktionszeiten und Flexibilität;
- Qualität in der Entwicklung und Prävention;
- Langfristige Orientierung;
- Management auf der Basis zuverlässiger Informationen;
- Aufbau von Partnerschaften zwischen Unternehmen;
- Gesellschaftliche Verantwortung.

Die Grundsätze werden in die Bereiche "Driver" (TQM als Führungsaufgabe), "Goal" (Orientierung des TQM an Kundenzufriedenheit), "Measures of Progress" (Schaffung einer empirischen, ergebnisorientierten Basis zur Lenkung von Aktionen) und "System" (Unternehmensprozesse die Qualität beeinflussen) aufgeteilt. Durch die Unterteilung des Bereiches System in vier Kategorien entsteht ein Kategoriensystem von insgesamt sieben Kategorien. Diese sieben Kategorien wiederum werden weiter unterteilt und durch die Vergabe von Punkten gewichtet. So entsteht ein 1000 Punkte-Schema (vgl. Abb. I.10), welches die Gesamtkriterien, deren Aufspaltung und Gewichtung (*NIST 1994*).

Abbildung I.10:

Das Punktesystem des Malcom-Baldrige-Award

Bewertungskategorien und Kriterien	Punkte	Punkte
1.0 Oberste Leitung		95
1.1 Führungsaufgabe desManagements	45	
1.2 Qualitätsorientiertes Management	25	
1.3 Gesellschaftliche Verantwortung	25	
2.0 Information und Analyse		75
2.1 Umfang und Mangement von qualitäts- und leistungsbezogenen Informationen	15	
2.2 Wettbewerbsvergleiche und Benchmarking	20	
2.3 Analyse und Nutzung von Unternehmensdaten	40	
3.0 Strategische Qualitätsplanung		60
3.1 Strategischer Planungsprozeß der Qualität und Leistung	35	
3.2 Qualitäts- und Leistungspläne	25	
4.0 Personalentwicklung und Personalmanagement		150
4.1 Personalplanung und Personalmanagement	20	
4.2 Einbeziehung der Mitarbeiter	40	
4.3 Schulung und Weiterbildung von Mitarbeitern	40	
4.4 Anerkennung von Mitarbeiterleistungen	25	
4.5 Wohlbefinden und Zufriedenheit der Mitarbeiter	25	
5.0 Management der Prozeßqualität		140
5.1 Entwicklungs-/Konstruktions- und Einführungsphase	40	
5.2 Prozeßmanagement: Produktion und Distribution	35	
5.3 Prozeßmanagement: Betriebs- und Nebenleistungen	30	
5.4 Lieferantenqualität	20	
5.5 Qualitätsbewertung	15	
6.0 Qualitäts- und Betriebsergebnisse		180
6.1 Ergebnisse der Produkt- und Dienstleistungsqualität	70	
6.2 Betriebsergebnisse	50	
6.3 Ergebnisse der Geschäftsprozesse und Nebenleistungen	25	
6.4 Ergebnisse der Lieferantenqualität	35	
7.0 Kundenorientierung und Kundenzufriedenheit		300
7.1 Kundenerwartung: derzeitig und zukünftig	35	
7.2 Management von Kundenbeziehungen	65	
7.3 Verpflichtung gegenüber Kunden	15	
7.4 Bestimmung der Kundenzufriedenheit	30	
7.5 Ergebnisse der Kundenzufriedenheit	85	
7.6 Vergleich der Kundenzufriedenheit	85	
Gesamtpunktzahl		1000

Abbildung I.11:

Das Modell des European-Quality-Award

Bewertungskategorien und Kriterien	Prozent
MITTEL: 1. - 5.	50
1. Oberste Leitung Verhalten der Manager bei der Führung des Unternehmens zu TQM. Wie lenken die Führungskräfte Total Quality für kontinuierliche Verbesserung ?	10
2. Unternehmenspolitik und Unternehmensstrategie Reflektion von TQM durch die Unternehmenspolitik. Wie werden TQM-Prinzipien bei Veränderungen und Verbesserungen berücksichtigt ?	8
3. Personalmanagement Personalentwicklung, Personalmanagement, Aus- und Fortbildung, Freisetzung des Potentials für Verbesserungen	9
4. Ressourcen Management, Ausnutzung und Erhaltung von Ressourcen	9
5. Prozesse Management der wertschöpfenden Aktivitäten	14
ERGEBNISSE: 6. - 9.	50
6. Kundenzufriedenheit Erwartung und Erfüllung von Kundenbedürfnissen	20
7. Mitarbeiterzufriedenheit Erwartung und Erfüllung von Mitarbeiterbedürfnissen	9
8. Gesellschaftliche Verantwortung Ansehen des Unternehmens in der Gesellschaft	6
9. Betriebsergebnisse Dauerhafter Erfolg beim Erreichen finanzieller und nicht-finanzieller Ziele	15

Quelle: EFQM (1993)

Die Kriterien zeigen die hohe Bedeutung, die der Kundenorientierung und der Kundenzufriedenheit beigemessen werden. Dies betont die Marktorientierung des MBA bzw. das dem MBA zugrunde liegende TQM-Verständnis. Ebenso wird dem Aspekt der Mitarbeiterschulung und -entwicklung eine hohe Prioriät eingeräumt. Dabei sind die einzelnen Kriterien detailliert nachzuweisen, d. h. z. B. für Mitarbeiter- und Kundenzufriedenheit sind explizite Meßmethoden anzuwenden und nachzuweisen. Nur durch die Anwendung entsprechender Methoden kann ein Unternehmen eine hohe Bewertung, d. h. eine hohe Punktzahl erreichen. Diese Forderung soll verhindern, daß lediglich pauschale Absichtserklärungen oder nicht durch Fakten gestützte Wunschvorstellungen dargelegt werden.

Die **European Foundation for Quality Management** (EFQM) wurde 1989 von vierzehn Großunternehmen gegründet. Die EFQM ist Initiatior und Verwalter des **European Quality Award** (EQA). Dieser Qualitätswettbewerb wird unterstützt von der EU-Kommission und der European Organization for Quality (EOQ). Die EOQ wiederum ist ein Zusammenschluß von 29 nationalen europäischen Qualitätsorganisationen, in der auch die Deutsche Gesellschaft für Qualität vertreten ist.

Obwohl nicht so detailliert aufgebaut wie der MBA, zeigt der EQA deutlich die gleiche Zielrichtung. Es werden zwei Bereiche, die "Enablers" (Mittel) und die "Results" (Ergebnisse) unterschieden. Beide Bereiche sind mit 50% gewichtet und in insgesamt neun Kriterien unterteilt. Die Unterteilung der Kriterien zeigt Abb. I.11.

Die Bedeutung der Qualitätswettbewerbe zeigt sich darin, daß z. B. in den USA die Preisverleihung im Rahmen einer großen öffentlichen Feier durch den Präsidenten erfolgt und in Europa der Preis anlässlich des "European Quality Management Forum" durch ein europäisches Staastsoberhaupt verliehen wird. Die Preisverleihung sichert den ausgezeichneten Unternehmen positive Imageeffekte. Die Unternehmen können in ihrer Kommunikationspolitik den Preis herausstellen und so die positiven Imageeffekte verstärken. Da nur wenige Preise verliehen werden, ist dies ein Wettbewerbsvorteil, der nicht leicht von Konkurrenten kopierbar ist.

2.3.3.2 Die Umsetzung von Wettbewerbsstrategien

Die Implementation von Qualitätsstrategien erfolgt häufig, ohne daß sich das Unternehmen am Wettbewerb beteiligt. Da i. d. R. ein längerer Zeitraum vergeht, bis die Unternehmen alle erforderlichen Aktivitäten eingeleitet und umgesetzt haben, ist davon auszugehen, daß die Anzahl der Teilnehmer am Wettbewerb eines Jahres keineswegs die Anzahl der damit befassten Unternehmen widerspiegelt. Dies zeigt sich auch an der Differenz zwischen der Broschürenauflage, etwa beim MBA, und der tatsächlichen Anzahl von teilnehmenden Firmen, sowie der stark steigenden Teilnehmerzahlen seit Gründung des Awards (*vgl. George 1992, S. 7*). D. h., ein großer Teil der Unternehmen nutzt die Kriterien des Wettbewerbs für Zwecke der eigenen Qualitätsstrategie. Da hier die neutrale Bewertung fehlt, ist allerdings zu empfehlen, nach einiger Zeit eine Bewertung durchführen zu lassen, d. h. sich am Wettbewerb zu beteiligen.

Die Kosten einer Bewerbung, die an die ausrichtende Organisation bezahlt werden muß, sind relativ gering (ca. 5.000 - 8.000 DM), die Kosten eines möglichen Audits müssen aber ebenfalls getragen werden. Auch belegen Erfahrungen aus den USA, daß die Gewinner hohe Aufwendungen für die Einführung einer entsprechenden Qualitätsmanagementstrategie zu verzeichnen hatten (*vgl. Garvin 1991, S. 80*). Empirische Untersuchungen zeigen allerdings, daß die Aufwendungen durch hohe Image- und Produktivitätsgewinne gerechtfertigt sind (*vgl. George 1992, S. 237 ff.*). Die Erfahrungen der Gewinner des MBA, darunter auch die Ritz-Carlton Hotel Company, zeigen eindeutig, daß wettbewerbsorientierte Qualitätsmanagementstrategien zur Erringung von Wettbewerbsvorteilen gut geeignet sind. Diese Aussage gilt für das Image des Unternehmens, für die Verbesserungen im Bereich des Leistungserstellungsprozesses, für eine Optimierung des Servicekonzeptes und für eine Verstärkung einer positiven Unternehmenskultur. Ein Wandel des Service-Managementsystems im Sinne einer Verbesserung der Wettbewerbsfähigkeit ist somit durch eine wettbewerbsorientierte Qualitätsmanagementstrategie zu erreichen.

2.4 Prozeßorientierte Strategie

Die in der Bundesrepublik Deutschland am häufigsten angewandte Qualitätsmanagementstrategie ist die Strategie der Qualität nach DIN ISO 9000 und die darauf aufbauende Zertifizierung von Qualität. Diese Strategie setzt am Leistungserstellungsprozeß an.

Der Wunsch nach Vereinheitlichung von Qualitätsmanagementsystemen hat zur Erarbeitung einer Norm durch die "International Organization for Standardization" (ISO) geführt. Diese im Herbst 1985 vorgelegten Normungsentwürfe ISO 9000 bis 9004 sind in der Zwischenzeit in vielen Ländern verbreitet und in der Bundesrepublik seit Mai 1987 als DIN ISO Normen übernommen worden.

Die Einführung eines Qualitätsmanagementsystems nach DIN ISO bildet keinen direkten Nachweis einer Qualitätsanforderung an ein Produkt oder eine Dienstleistung, sondern dokumentiert die **grundsätzliche Qualitätsfähigkeit des Unternehmens**. Ein auf Basis der Normen aufgebautes Qualitätsmanagementsystem soll sich an den in den Normen aufgeführten Elementen, den sog. Darlegungungsforderungen, ausrichten. Die Normenorientierung, die schriftlich niedergelegten Grundsätze und Verfahrensanweisungen, müssen dokumentiert werden. Hierzu wird i. d. R. ein Qualitätsmanagement-Handbuch erstellt. Der Hauptzweck des Handbuches ist die Festlegung einer Grobstuktur des Qualitätsmanagementsystems und gleichzeitig der ständige Nachweis für die Verwirklichung und Aufrechterhaltung dieses Systems. Zur Unterstützung des Qualitätsmanagement-Handbuches müssen Verfahrensanweisungen zum Qualitätsmanagementsystem niedergelegt werden. Abb. I.12 zeigt die Aufteilung der Normen, die Inhalte der Normen sind in Abb. I.13 dargestellt.

Abbildung I.12:

Die DIN ISO Normen 9000 bis 9004: Aufteilung

Norm	Normenbereich
DIN ISO 9000	Qualitätsmanagement- und Qualitätssicherungsnormen: Leitfaden zur Auswahl und Anwendung
DIN ISO 9001	Qualitätssicherungssysteme: Modell zur Darlegung der Qualitätssicherung in Design/Entwicklung, Produktion, Montage und Kundendienst
DIN ISO 9002	Qualitätssicherungssysteme: Modell zur Darlegung der Qualitätssicherung in Produktion und Montage
DIN ISO 9003	Qualitätssicherungssysteme: Modell zur Darlegung der Qualitätssicherung bei der Endprüfung
DIN ISO 9004	Qualitätsmanagement und Elemente eines Qualitätssicherungssystems: Teil 1 Leitfaden, Teil 2 Leitfaden für Dienstleistungen

Quelle: DIN ISO Normen 9000 bis 9004

DIN ISO 9000 enthält Definitionen und gibt Hinweise auf die Nutzung der Normen 9001 bis 9003. DIN ISO 9001 ist die umfassendste Norm und beinhaltet alle Elemente. DIN 9002 bezieht sich speziell auf den Produktionsprozeß, während die DIN 9003 nur eingeschränkt für Qualitätssicherungselemente in der Endprüfung und im Kundendienst herangezogen wird. DIN ISO 9004 stellt einen übergeordneten Leitfaden für Qualitätsmanagement und die in DIN 9001 bis 9003 dargelegten Elemente eines Qualitätssicherungssystems dar und wird nur zusammen mit einer der drei Normen angewandt.

Die in Abb. I.12 aufgeführten Elemente sind Ansatzpunkte für die Qualitätmanagementstrategie. Der Anwender hat die Möglichkeit, unter Zuhilfenahme der DIN ISO 9004 aus der Palette der Qualitätsmanagement-Elemente diejenigen auszuwählen, die den unternehmenspezifischen Anforderungen am besten entsprechen. Die Norm selbst schreibt dem Unternehmen nicht vor, was es zu tun hat, sondern sie gibt an, welche Aktivität wichtig ist, um Qualität zu erreichen. Der Anwender hat die von ihm gewählten Elemente zu formalisieren und in frei festzulegende Verfahrensweisen umzusetzen (*vgl. Quartapelle/Larsen 1996, S. 185*). Die Normen dienen dementsprechend als

Ansatzpunkte für die individuell verfolgte Qualitätsmanagementstrategie, sie geben das Gerüst für das Qualitätsmanagement-Handbuch vor.

Abbildung I.13:

Die Elemente der DIN ISO Normen 9001 bis 9003

Elemente des Qualitätsmanagements nach DIN ISO	9001	9002	9003
1. Verantwortung der obersten Leitung	X	X	X
2. Qualitätsmanagementsystem	X	X	X
3. Vertragsüberprüfung	X	X	
4. Designlenkung	X		
5. Lenkung der Dokumente und Daten	X	X	X
6. Beschaffung	X	X	
7. Lenkung der vom Kunden beigestellten Produkte	X	X	
8. Identifikation und Rückverfolgbarkeit der Produkte	X	X	
9. Prozeßlenkung	X	X	
10. Prüfungen	X	X	X
11. Prüfmittelüberwachung	X	X	X
12. Prüfstatus	X	X	X
13. Lenkung der fehlerhaften Produkte	X	X	X
14. Korrektur- und Vorbeugungsmaßnahmen	X	X	
15. Handhabung, Lagerung, Verpackung, Schutz und Versand	X	X	X
16. Lenkung von Qualitätsaufzeichnungen	X	X	X
17. Interne Qualitätsaudits	X	X	
18. Schulung	X	X	X
19. Kundendienst	X		
20. Statistische Methoden	X	X	X

Quelle: DIN ISO Normen 9001 bis 9003

Allerdings wird die Umsetzung dieser Strategie durch die Zertifizierung, d. h. die unabhängige systematische Begutachtung des Qualitätssicherungssystems erleichtert (*vgl. Haist/Fromm 1991, S. 23*). Will das Unternehmen eine Bescheinigung über die Erfüllung der Normenanforderungen, muß es sich einer Prüfung der Unterlagen und deren wirksamen Anwendung vor Ort durch eine Zertifizierungsgesellschaft stellen. In der Bundesrepublik gibt es eine Vielzahl zur Zertifizierung berechtigter Organisationen, z. B. die Deutsche Gesellschaft zur Zertifizierung von Qualitätsmanagementsystemen, die Technischen Überwachungsvereine (TÜV CERT) und der DEKRA Zertifizierungsdienst.

2.4.1 Die Umsetzung der prozeßorientierten Strategie

Ein Qualitätsmanagementsystem nach DIN ISO wird durch ein Zertifikat bestätigt. Dieses Zertifikat ist in der Zwischenzeit aus mehreren Gründen für vielen Firmen notwendig geworden, z. B. darf, basierend auf einer EU-Richtlinie, seit 1996 ein Kraftfahrzeug nur zugelassen werden, wenn der Hersteller ein Qualitätsmanagementsystem nach ISO 9001 bis 9003 nachweist (*Rath 1994*). Der Erhalt und die Sicherung des eigenen Zertifikates muß durch kontinuierliche Lieferantenaudits, d. h. durch Überprüfung des Qualitätsmanagementsystems des Lieferanten, sichergestellt werden. Diese Audits entfallen, wenn der Lieferant ebenfalls zertifiziert ist, d. h. in der Beschaffungskette der KFZ-Industrie ist ein Druck auf die Unternehmen, ein zertifiziertes Qualitätsmanagementsystem nachzuweisen, entstanden. Dementsprechend waren Ende 1995 bereits ca. 10.000 Betriebe in der Bundesrepublik Deutschland zertifiziert (*vgl. Hujer 1996*). Der Großteil dieser Betriebe entstammt dem produzierenden Gewerbe, da für Dienstleistungsbetriebe ein entsprechender Zertifizierungsdruck nicht besteht. Allerdings ist davon auszugehen, daß einerseits aufgrund der zwischen Industrie- und Dienstleistungsbetrieben bestehenden Verbindungen und andererseits durch einen Aktivitätsdruck im Bereich der Qualitätsstrategie auch Dienstleistungsunternehmen verstärkt ein Qualitätsmanagementzertifikat nach DIN ISO anstreben werden.

Das Ablaufschema der Zertifizierung legt zugleich den Grundstein für eine Umsetzungsplanung. Die einzelnen zertifizierungsberechtigten Organisationen gehen dabei nach denselben Grundsätzen vor (*vgl. TÜV Südwest 1994*), wobei sich der Zertifizierungsprozeß in vier Phasen gliedert:

1. Phase: Auditvorbereitung:

- Fragenkatalog mit ca. 50 Fragen aus allen Qualitätsmanagement-Elementen für eine Selbstbeurteilung. Die Antworten werden als Grundlage für die Entscheidung, ob ein Qualitätsaudit vorgenommen werden soll, genutzt. Gleichzeitig kann die Auswahl der in Betracht kommenden Normen und Normenelemente vorgenommen werden.
- Auf Wunsch erfolgt in dieser Phase ein Vorausaudit.

2. Phase: Prüfung und Bewertung der Unterlagen

- Ernennung eines Auditleiters durch die Zertifizierungsorganisation.
- Erstellung der Qualitätsmanagementunterlagen und Übergabe zur Prüfung an die zertifizierende Stelle.

- Prüfung der Unterlagen auf die Erfüllung der zugrundeliegenden Normenelemente.
- Planung des Zertifizierungsaudits.

3. Phase: Zertifizierungsaudit

- Stichprobenartige Prüfung aller Qualitätsmanagement-Elemente der vorgegebenen Norm.
- Festhalten von Abweichungen und Einleitung notwendiger Korrekturmaßnahmen.
- Schlußgespräch und Erstellung eines Auditberichtes.
- Zertifikatserteilung beim Nachweis eines wirksamen Qualitätsmanagementsystems. Das Zertifikates ist drei Jahre gültig.
- Jährliche Überwachungsaudits

4. Phase: Wiederholungsaudit

- Nach Ablauf der Zertifikatsgültigkeit Re-Audit zur Verlängerung des Qualitätszertifikates.

Der Ablauf der einzelnen Phasen gliedert den Umsetzungsprozeß der Qualitätsmanagementstrategie. Der zentrale Aspekt, die zweite Phase mit der Erstellung der Unterlagen und der Festlegung organisatorischer Abläufe und Verantwortlichkeiten, kann als die eigentliche Umsetzungphase angesehen werden. Die detaillierte Darlegung der Normenelemente und die Beratungsleistung der Zertifizierungsorganisation vereinfacht eine Umsetzung dieser Qualitätsmanagementstrategie.

Die Umsetzungsprobleme sind organisationsinterner Natur und von der Organisationskultur der Unternehmung abhängig, da der Gesamtprozeß im wesentlichen ein organisationsstruktureller Akt mit zwei zentralen Aktivitäten ist:

- **Festlegung der internen Arbeitsteilung**: Zuweisung von Aufgabengebieten und Verantwortlichkeiten;
- **Formalisierung:** Schriftliche Niederlegung des Organisationsaufbaus (Aufbauorganisation) und der Organisationsabläufe (Ablauforganisation).

Unternehmen mit einer statischen, stark bürokratisierten und formalisierten Organisationsstruktur haben nur geringe Umsetzungsprobleme. Die qualitätsbezogenen Regelungen werden durch Korrekturen an die organisationsstrukturellen Bedingungen angepaßt. Dagegen haben Unternehmen mit einer dynamischen, chaotischen und wenig formalisierten Organisation große Umsetzungprobleme. Hier muß die gesamte Organisationskultur verändert werden.

Gleichzeitig sind Organisationskulturen auch zentrale Elemente der gesamten Unternehmenskultur mit hohem Beharrungsvermögen. Eine Veränderung der organisatorischen Regeln, hin zu einer bürokratischeren und formalisierteren Struktur, kann auf große kulturelle Widerstände stoßen. Dabei entsteht die Gefahr, daß die nach DIN ISO dargelegten Strukturen und Abläufe lediglich einen punktuellen Charakter haben und dem tatsächlichen Organisationshandeln nicht entsprechen. Eine solche Situation kann die durch die DIN ISO angestrebten Zielsetzungen in der unternehmerischen Qualitätspolitik verhindern. Deshalb ist bei dieser Qualitätsmanagementstrategie die Entwicklung einer angepaßten Organisationskultur eine unbedingte Erfolgsvoraussetzung.

2.5 Zusammenfassende Bewertung der Qualitätsmanagementstrategien

Die dargestellten Qualitätsmanagementstrategien folgen unterschiedlichen Ansatzpunkten im Service-Managementsystem und haben verschiedene Umsetzungsvoraussetzungen. Eine Total-Quality-Strategie ist anspruchsvoller als eine Wettbewerbsstrategie, und diese wiederum ist anspruchsvoller als eine prozeßorientierte Strategie. Die Frage, mit welcher Strategie die Qualitätspolitik einer Unternehmung umgesetzt werden soll, kann nur vor dem Hintergrund unternehmensspezifischer Konstellationen beantwortet werden. Allerdings sollte beachtet werden, daß die einzelnen Strategien nicht unabhängig nebeneinander stehen. Wer Total-Quality-Management als Ansatzpunkt verfolgt, kann und darf nicht bei der Zertifizierung seines Qualitätsmanagemensystem nach DIN ISO stehenbleiben. Zertifizierung kann lediglich als Baustein von TQM betrachtet werden. Ebenso sind wettbewerbsorientierte Strategien nur erfolgreich, wenn sie in eine TQM-Strategie eingebunden werden. Deshalb ist bei allen Strategiearten darauf zu achten, daß diese kurz-, mittel- und langfristig dem Gedanken des TQM entsprechen, da nur so eine optimale, marktgerichtete Qualitätsstrategie erreicht werden kann. Der Marktbezug wiederum macht Qualitätsvergleichsprozesse mit der Marktkonkurrenz nötig. Ebenso werden die Nutzenerwartungen der Marktnachfrager durch den Vergleich und die explizite Untersuchung des eigenen Angebotes transparent. Beide Aspekte können anhand der Kriterien des Malcom-Baldrige-Award sehr gut nachvollzogen werden. Der Marktbezug wiederum kann Qualität als Wettbewerbsvorteil herausstellen und damit dem Grundziel des Unternehmens dienen.

Die Qualitätsmanagementstrategie nach DIN ISO 9000 ist demgegenüber nur intern orientiert. Marktaspekte werden nicht explizit angesprochen. Dies birgt die Gefahr, daß lediglich interne Prozesse nach Kriterien einer besseren bürokratischen Handhabe optimiert werden. Eine prozeßorientierte Strategie kann zur Folge haben, daß das zentrale Ziel der Kundenzufriedenheit aus den Augen verloren wird (*vgl. Quartabelle/Larsen 1996, S. 184 ff.*). Denn schließlich sagt ein Zertifikat nichts über die tatsächliche Marktleistung der Unternehmung aus, sondern bescheinigt lediglich die interne Normenerfüllung. Gerade die zunehmende Kritik an der normenorientierten Qualitätsmanagementstrategie (*vgl. Hujer 1996*) zeigt, welche Probleme eine Teilstrategie letztendlich bringt. Hier sollte immer darauf geachtet werden, daß das gesamte Service-Managementsystem nach Qualitätskriterien aufgebaut werden muß. Nur eine kunden- und qualitätsbezogene Unternehmenskultur kann letztendlich die Anforderungen des Total-Quality-Managements erfüllen.

Gegenüber der ISO-Norm ist die Kritik des fehlenden Marktbezuges sicherlich angebracht. Während sowohl beim Malcom-Baldrige-Award als auch beim European-Quality-Award die Kundenzufriedenheit sehr hoch eingeschätzt wird, entfällt dies bei der ISO-Norm als explizites Kriterium. Gleichzeitig wird durch das Qualitätshandbuch und die notwendigen Verfahrensregeln eine organisatorische Erstarrung hervorgerufen. Entweder bleibt die Organisation in ihren Strukturen und Abläufen den Grundlagen des Handbuches entsprechend oder eine permanente Anpassung der Dokumente wird notwendig. Die Anpassung ist mit einem hohen bürokratischen Aufwand verbunden, die Erstarrung der Organisation verhindert die notwendige Flexibilität, um sich Umweltveränderungen schnell anpassen zu können.

Auch bei wettbewerbsorientierten Strategien ist das gesamte Service-Managementsystem zu beachten. Allerdings zeigen die Kriterien der beiden aufgeführten Wettbewerbe, daß hier Qualität sehr viel breiter als bei der ISO-Norm gesehen wird. Zudem ist der Gewinn eines Awards nur durch eine konsequente qualitäts- und kundenorientierte Unternehmenskultur möglich. Die bisherigen Ergebnisse zeigen, daß lediglich Unternehmen mit einer hoch entwickelten TQM-Philosophie Chancen auf eine Auszeichnung haben (*vgl. George 1992; Stauss/Friege 1996*). Ein Nachteil könnte sein, daß möglicherweise Frustationstendenzen bei Nicht-Erreichen eines Awards eintreten.

Schließlich sind für die Bewertung des Qualitätsmanagements die Umsetzungsprobleme relevant. Unternehmen mit keiner ausgeprägten kundenorientierten Unternehmenskultur werden an einer TQM-Strategie scheitern. Gleichzeitig muß bei einer TQM-Strategie in längeren Zeiträumen gedacht werden. Unternehmenskulturen sind nicht kurzfristig veränderbar, sondern nur in einem langfristigen Prozeß herstellbar. "Wenn nach Ansicht mancher Fachleute überhaupt nur ein Fünftel aller eingeleiteten TQM-Programme als erfolgreich gelten darf, so nicht deshalb, weil die Konzeption TQM an sich fehlerhaft wäre. Fast immer ist der Grund eine mangelhafte Umsetzung, wenn wohlgemeinte Maßnahmen, die für mehr Qualität sorgen sollten, wenig oder nichts bewirkt haben" (*Stauss/Friege 1996, S. 20*).

Abb. I.14 stellt die drei Qualitätsmanagementstrategien im Überblick dar.

Abbildung I.14:

Vergleich der Qualitätsmanagementstrategien

	Zertifizierungs-strategie	**Wettbewerbs-strategie**	**Total Quality Management**
Ansatz im Service-Management-system	Leistungs-erstellungsprozeß	Unternehmensimage	Unternehmenskultur
Stellung im Gesamtprozeß	Teilstrategie	Teilstrategie	übergeordnete Gesamtstrategie
Umsetzung	mittlere Komplezität und mittlerer Aufwand	komplex und aufwendig	hoch komplex und sehr aufwendig
Umsetzungs-voraussetzungen	gering	mittel	hoch
Marktbezug	fehlt	gegeben	gegeben
Aufwand	mittel	hoch	sehr hoch
Gefahr des Scheiterns	gering	mittel	hoch
Einbindung der Mitarbeiter	gering	hoch	sehr hoch
Methoden-anforderung	mittel	hoch	sehr hoch
Zeitbetrachtung der Erfolgs-wirkung	mittelfristig	mittel- bis langfristig	langfristig

2.6 Ausblick

Akzeptiert man die Notwendigkeit von Qualitätsmanagement, dann stellt sich die Frage nach der Auswahl einer angemessenen Strategie. Wir haben drei Grundstrategien dargestellt und diskutiert. Die vor allem im europäischen Raum eingeschlagene Strategie der Zertifizierung ist u. E. nur ein Zwischenschritt. Aufgrund ihrer inhärenten Probleme kann diese Strategie nur eine kurzfristige Einstiegsalternative sein. Mittel- und langfristig wird sich die Strategie des Total-Quality-Managements durchsetzen. Die hierzu notwendigen Änderungen sind einerseits weitreichend und stellen die gewohnten Organisations- und Führungsprozesse in Frage. Andererseits ist davon auszugehen, daß in einer Situation des verschärften Wettbewerbes TQM-orientierte Unternehmen größere Chancen auf Markterfolg haben. Die warenproduzierende Industrie hat diese Erfahrung bereits gemacht. In der Dienstleistungsindustrie ist, aufgrund der langsameren Globalisierung und aufgrund der kulturspezifischen Wettbewerbsstrukturen, der Wettbewerbsdruck durch internationale Konkurrenz noch nicht sehr hoch. Mittelfristig werden aber auch hier Anbieter mit TQM-Qualitätsstandards auftreten. Dieser Herausforderung können Unternehmen mit einer klaren Qualitätsmanagementstrategie begegnen.

3 Methoden der Qualitätsmessung

von Dr. Dieter Scharitzer, Universitätsassistent (Wirtschaftsuniversität Wien)

3.1 Einleitung

Qualität, die nicht meßbar gemacht werden kann, ist als Planungs-, Steuerungs- und Kontrollinstrument für einen Dienstleistungsbetrieb nicht von großem Nutzen. Deshalb ist bei der Spezifikation und Evaluierung einer Leistung eine operationale Formulierung der Qualitätsdimensionen und der damit verbundenen relevanten Merkmalsausprägungen einzufordern. Operationalisierung bedeutet, daß das Unternehmen angehalten ist, Qualitätsziele so zu spezifizieren, daß

- die Qualitätserfordernisse intersubjektiv eindeutig kommuniziert werden können,
- von den Zielen Maßnahmen für die Umsetzung abgeleitet werden können, und
- die Zielerreichung meßbar und damit kontrollierbar gemacht werden kann.

Erst durch diese Vorgehensweise ist eine wirksame Steuerungsmöglichkeit im Zuge des Managements von Qualität gegeben.

In der Praxis stellt man dabei rasch fest, daß der Begriff **"Qualität"** intersubjektiv nicht eindeutig definiert ist. Durch begriffliche Unschärfen und eine lockere umgangssprachliche Verwendung kommt es regelmäßig zu Unklarheiten und Bedeutungsverzerrungen. Allein bei der Analyse von Publikationen und in Gesprächen mit Praktikern begegnet man dem Ausdruck "Dienstleistungsqualität" in verschiedensten Sichtweisen:

Aus der Sicht des Anbieters versteht man darunter bspw. Fehlerlosigkeit, die Übereinstimmung mit einer Vorgabe oder einfach, daß eine Leistung "wie geplant" erbracht wurde. Bereits aus den Erfahrungen und dem kritischen Umgang mit der Zertifizierung nach der Qualitätsnorm ISO 9000 weiß man allerdings, daß etwas richtig zu machen nicht unbedingt bedeutet, daß das Ergebnis qualitativ gut ist. In der Regel erfüllt es aber zumindest die Anforderungen des Anbieters.

Auf der anderen Seite bewertet ein Kunde ein Leistungsangebot nicht immer nur nach objektiven Kriterien, sondern beurteilt ein Marktangebot auf der Basis seiner subjektiven Wahrnehmung. Marktforschungsergebnisse (*vgl. Le-*

wis/Booms 1983, S. 100) zeigen, daß der Konsument zufrieden ist, wenn für ihn seine relevanten Erwartungen an eine Dienstleistung erfüllt wurden. In anderen Fällen wird Qualität seitens des Kunden auch als Ausdruck der Hochwertigkeit eines Angebotes verstanden oder er nimmt für sich eine Beurteilung der Preiswürdigkeit im Hinblick auf das Leistungsangebot vor (Abb. I.15).

Abbildung I.15:

Sichtweisen der Qualitätsbeurteilung

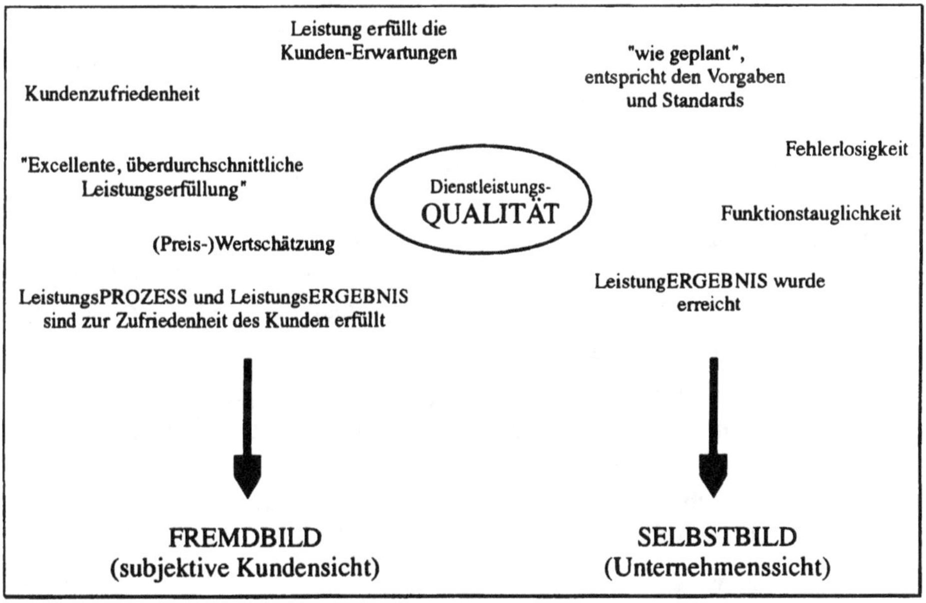

Um sich fachlich mit dem Thema auseinandersetzen zu können, ist es zunächst notwendig, eine gemeinsame Basisterminologie zu verwenden. Dazu kann man zunächst auf die Norm ISO 8402 zurückgreifen, die folgende Definition vornimmt:

- "**Qualität** ist die Gesamtheit von Merkmalen einer Einheit bezüglich ihrer Eignung, festgelegte und vorausgesetzte Erfordernisse zu erfüllen." (*ISO 8402, S. 14*)

Diese Definition bezieht sich auf Leistungen aller Art - Produkte und Dienstleistungen - und ist deshalb als Qualitätsdefinition auch für die Tourismusbranche mit ihren verschiedensten Angebots- und Leistungsbereichen geeignet. Aus der in der Norm vorgenommenen Qualitätsdefinition ergeben sich wesentliche Fragen für die Messung, die für die weiteren Ausführungen zu konkretisieren sind:

- Wer legt Erfordernisse fest, wer setzt etwas voraus?
- Was ist unter der Gesamtheit von Merkmalen zu verstehen? Was sind die relevanten Qualitätsdimensionen einer Leistung, was Erfordernisse?
- Wie ist die Eignung zu beurteilen? Wie kann man Qualität messen?

Es zeigt sich, daß sich alleine aus der kurzen Definition in der Norm grundlegende Fragen ergeben, zu denen es bereits umfassende Publikationen in der einschlägigen Literatur gibt (*vgl. Bruhn/Stauss 1995; Haller 1995; Scharitzer 1994*). An dieser Stelle soll in einer sehr verkürzten Weise versucht werden, diese drei Fragen zu beantworten.

3.2 Die Bewertungssicht: Wer legt Erfordernisse fest?

Garvin (*1984*) hat sich insbesondere mit der Mehrdimensionalität des Qualitätsbegriffes auseinandergesetzt. Er unterscheidet 5 Ansätze und zeigt, daß es in einem ersten Schritt wichtig ist, die Bewertungssicht festzulegen, aus der die Qualitätsmessung erfolgen soll:

1) Der **"transzendente"** oder **absolute** Qualitätsbegriff geht davon aus, daß es im gemeinen Verständnis ein Leistungsniveau gibt, dem durch hohe Güte und maximale Erfüllung strenger Anforderungen umgangssprachlich "Qualität" zugebilligt wird. Für die Durchführung einer Messung ergibt sich jedoch ein Problem, da ein verbindlicher Qualitätsmaßstab fehlt.

2) Der **produktbezogene** Qualitätsbegriff bezieht sich auf die anbieterseitig vorgenommene Spezifikation einzelner Merkmale der Angebotsleistung und prüft das Vorhandensein geforderter Eigenschaften. Bei produzierten Waren könnte man dadurch einen objektiven Maßstab festlegen, wenn das Produkt durch Größe, Gewicht, Konsistenz, Inhaltsstoffe und Verpackung u. a. definiert wird und diese "Qualitätsmerkmale" mit Konkurrenzprodukten verglichen werden können. Auch für Dienstleistungen lassen sich objektive Meßkriterien finden, bspw. die Ausstattungsmerkmale eines Hotels, der Zeitpunkt zu dem eine Leistung erbracht wird (Flugplan) oder zu dem das Ergebnis einer Leistung vorliegt (Ankunftszeit am Zielflughafen).

3) Das Gegenteil zur unternehmensinternen Festlegung von Produktmerkmalen ist der **kundenbezogene** Qualitätsbegriff. Dabei erfolgt die Bewertung aus Kundensicht und wird über subjektiv wahrgenommene Qualitätsindikatoren einer Ware oder Dienstleistung vorgenommen. Kundenzufriedenheit oder "fitness for use" legen dabei die Eignung der Leistung fest, wobei

der Grad der Erfüllung der Kundenerwartungen, bei Inanspruchnahme einer Dienstleistung als Zufriedenheit ausgedrückt, Qualität meßbar machen soll. Das besondere Problem beim kundenbezogenen Qualitätsbegriff ergibt sich daraus, daß es in der Regel nicht *den* Kunden gibt, sondern daß zu erwarten ist, daß zielgruppenspezifisch unterschiedliche Erwartungen an eine Leistung bestehen.

4) Beim **herstellungsorientierten** Qualitätsansatz werden vor allem Vorgaben zur Qualitätssicherung im Herstellungsprozeß, wie sie auch in der ISO 9000 Norm gefordert sind, formuliert. Wesentlich sind diese Standards für die Bewertung der Kosten und Effizienz des Herstellungsprozesses der Anbieterorganisation (Anzahl der Ausschußware, Notwendigkeit der Nachbearbeitung). In diesem anbieterorientierten Qualitätszutritt ist die Beurteilung durch den Konsumenten vorerst nicht relevant, da die herstellungsbezogenen Qualitätsmerkmale für ihn entweder nicht unmittelbar einsehbar, als Laie nicht fachlich beurteilbar oder für seine Kaufentscheidung Prozesse der Leistungserstellung nicht relevant sind. Das bedeutet allerdings nicht, daß die Anforderungen an eine Leistung ausschließlich aus Anbietersicht gestellt werden. Vielmehr sollten im Vorfeld die Erwartungen des Kunden erhoben werden, damit die Herstellung nicht nur "wie geplant" erfolgt, sondern auch das Prozeßerlebnis und das Leistungsergebnis den Gefallen des Auftraggebers findet.

5) Zuletzt ist noch der **wertorientierte** Qualitätsbegriff zu nennen, der wieder auf die Konsumentensicht abstellt. Dabei begründet sich das Werturteil in einer (subjektiven) Kosten-Nutzen-Abwägung. Die umgangssprachlichen Begriffe "preiswert" oder "Preiswürdigkeit" bringen zum Ausdruck, ob der Preis in einem angemessenen Verhältnis zur erhaltenen Leistung steht. Einerseits muß dazu festgehalten werden, daß es sich bei diesem Qualitätsmaßstab wiederum um keine intersubjektiv vergleichbaren Bewertungsergebnisse handelt. Darüberhinaus dürfen in Bezug auf Produkt- oder Leistungsmerkmale schon gar keine Rückschlüsse gezogen werden, denn sonst würde das bedeuten, daß die Qualität eines minderen Produktes durch großzügige preispolitische Maßnahmen wettgemacht werden kann. Dem steht gegenüber, daß im Marketing vielfach versucht wird, gerade durch die Positionierung einer Leistung im Hochpreissegment den Eindruck einer besonderen Qualität zu unterstützen. Weiter ist in der Praxis zu beobachten, daß Anbieter bei Kundenbeschwerden mit Preisnachlässen reagieren. Das reduziert zwar die Dissonanzen des Konsumenten in der Kaufsituation, ist aber wohl kaum ein geeignetes Verfahren um langfristig Qualität des Angebotes zu signalisieren.

Für Dienstleistungen stellt sich somit die Frage, welche Sicht am günstigsten ist und der Messung zugrunde gelegt werden sollte? Die beiden wesentlichen Ansätze zur Konkretisierung des Qualitätsbegriffes im Zuge der Erstellung eines Meßinstrumentes sind aus dem produkt- und dem kundenbezogenen Qualitätsbegriff abzuleiten. Selbstverständlich ist es auch dem Dienstleistungsanbieter möglich, sein Leistungsangebot mit objektivierbaren Merkmalen zu beschreiben und ähnlich einem Sachgut eine Spezifikation vorzunehmen. Neben einer Vereinbarung über das angestrebte **Leistungsergebnis** kann auch der **Leistungsprozeß** konkretisiert werden. Dies kann durch Gestaltungsentscheidungen in den folgenden vier Dimensionen geschehen (*vgl. Scharitzer 1994, S. 46 f.*):

- **Personen**, die anbieterseitig an der Verrichtung beteiligt sind,
- das **Umfeld** und die **materiellen Hilfsmittel**, die im Zuge der Verrichtung eingesetzt werden oder Teil des Leistungsergebnisses sind,
- **Prozesse**, die **im** wesentlichen die Ablauforganisation und die Dimension "Zeit" der Dienstleistung charakterisieren, und
- Umfang und **Art** der Beteiligung des **"externen Faktors"** (des Kunden oder eines Objektes, an dem die Dienstleistung vollzogen wird).

Nicht zuletzt sind es auch bei der Leistungsbewertung aus Kundensicht Kriterien aus diesen Dimensionen, die als Eigenschaften der Leistung in der Wahrnehmung des Kunden beurteilt werden.

Die einschlägige Literatur zum Dienstleistungsmarketing sieht den ausschließlich anbieterorientierten Qualitätsbegriff als unzureichend an, da durch die besondere **Gutscharakteristik der Dienstleistungen** dem kundenbezogenen Qualitätsbegriff eine größere Bedeutung zuzumessen ist:

- Dienstleistungen sind vor allem zum Zeitpunkt der Kaufentscheidung **intangible Leistungsversprechen**, d. h. sie sind wegen der teils mangelnden Gegenständlichkeit für die Kunden im wahrsten Sinne des Wortes schwerer "begreifbar". Dort wo sich die Angebote weitgehend einer Messung anhand objektivierbarer Merkmale entziehen, ist es vor allem die subjektive Wahrnehmung, an der sich der Kunde bei seinem Qualitätsurteil orientiert.

  Beispiel: Die Urlaubsplanung und Buchung einer Reise im Reisebüro verspricht eine angenehme Zeit, ist aber zum Zeitpunkt des Vertragsabschlusses und der Bezahlung kein gegenständliches Produkt. Erst die Erlebnisse nach Antritt und während einer Reise werden zeigen, ob sich die Erwartungen des Kunden erfüllen.

- Dort wo bei der Inanspruchnahme einer Dienstleistung **Produktion und Konsumation** zeitgleich erfolgen, nimmt der Kunde an der Leistungserstellung "live" teil und gewinnt unmittelbare Eindrücke, die für die Beurteilung des Angebotes herangezogen werden können.

Beispiel: Bei einem Städteflug kann sich der Kunde von der Anreise, dem Aufenthalt im Hotel, dem Freizeitprogramm, kulinarischen Höhen und Tiefen und anderem unmittelbar ein Bild über die Dienstleistungsqualität des Angebotes machen.

- Ein typisches Problem bei der Bewertung von Dienstleistungen ist die Dualität von **Prozeß- und Ergebnisqualität**. Bestimmte Dienstleistungen schaffen im Zuge der Leistungserstellung Erlebniswelten, die vielfach einen stärkeren Eindruck beim Kunden hinterlassen, als das Erreichen des versprochenen Ergebnisses selbst.

  Beispiel: Bei der Beurteilung der Leistungen einer Fluglinie überwiegen die Erlebniskomponenten in der Wahrnehmung (Freundlichkeit des Personals, Qualität des Catering, Sitzkomfort, optimaler Check-in etc.) solange die Ergebnisdimensionen (bspw. gewünschter Zielflughafen erreicht, Pünktlichkeit für Anschlußflug, Sicherheit) erfüllt werden.

Lewis/Booms bringen das Problem auf den Punkt, in dem sie **Dienstleistungsqualität** folgendermaßen definieren:

- "Service quality is a measure of how well the service level delivered matches customer expectations. Delivering quality service means conforming to customer expectations on a consistent basis." (*Lewis/Booms 1983, S. 99*)

Die Messung der wahrgenommenen Qualität ("perceived quality") stellt also das dienstleistungsspezifische Problem dar und soll nachfolgend methodisch näher untersucht werden.

3.3 Systematik der Instrumente der Qualitätsmessung

Nachdem zunächst der Qualitätsbegriff definiert und operationalisiert wurde, widmen sich die folgenden Ausführungen einem Überblick über verschiedene Verfahren zur Messung der Dienstleistungsqualität. Dazu steht dem Management ein reichhaltiges Repertoire an unterschiedlichen Instrumenten zur Verfügung, wobei problemspezifisch zu entscheiden ist, welche Fragestellung mit welchem Erhebungsverfahren bestmöglich gelöst werden kann. Eine Systematik der verschiedenen Meßinstrumente kann durch folgende Charakterisierungen des Meßproblems vorgenommen werden:

Instrumente der Qualitätsmessung unterscheiden sich zunächst danach, ob die Eignung einer Leistung aus **Anbieter- oder Kundensicht** festgestellt werden soll. Der Unternehmenssicht liegt der produkt- und herstellerbezogene Qualitätsbegriff zugrunde, wogegen bei der Kundensicht die wahrgenommene Qualität einer Leistung erhoben wird.

Zur Operationalisierung von Qualität können **objektive** oder **subjektiv wahrgenommene Indikatoren** einer Leistung herangezogen werden. Bei ersteren wäre "objektivierbar" wahrscheinlich der bessere Begriff, da es darum geht, Potential-, Prozeß- und Ergebniskomponenten von Dienstleistungen derart zu beschreiben, daß intersubjektiv eindeutige Zustände bzw. Leistungsniveaus abgeleitet werden können. Fehlen solche eindeutigen Indikatoren bzw. wird eine Messung aus Kundensicht vorgenommen, so muß man sich mit Konstrukten wie bspw. "Kundenzufriedenheit" behelfen. Damit kann entweder die subjektiv wahrgenommene Qualität einer Leistung im Rahmen einer Befragung erhoben oder durch beobachtete Indikatoren die Kundenzufriedenheit vermutet werden.

Beispiel: Es muß nicht immer nur die subjektive Einschätzung und Zuschreibung von guten oder schlechten Leistungsniveaus gemessen werden. Aus Indikatoren wie bspw. Einlangen von Anerkennungs- bzw. Reklamationsschreiben, Auswertung der Anrufe beim Kundendienst, Lieferservicegrad und Termintreue, Auswertung der gewonnenen/empfohlenen/verlorenen Kunden, Verbesserung der Kundenloyalität bspw. durch erweiterte Nutzung der Leistungspalette (Akzeptanz der Cross-selling-Aktivitäten) u. a. m. sind ebenfalls Rückschlüsse auf die Zufriedenheit des Konsumenten möglich.

Die Messung von Qualität kann auf einer hoch aggregierten Ebene durch ein **Globalmaß**, das einen Gesamteindruck einer Leistung vermitteln soll, oder durch eine in Dimensionen, Merkmale und Eigenschaften **differenzierte Messung des Qualitätsurteils** erfolgen.

Beispiel: In den USA, in Schweden und der BRD existieren seit einigen Jahren nationale Kundenzufriedenheitsbarometer. Dabei werden über verschiedene Branchen hinweg globale Indikatoren der Leistungsbeurteilung durch die Befragung von Konsumenten erhoben. Gefragt wird bspw., ob die Leistung den Erwartungen entsprochen hat, wie der Gesamteindruck eines Unternehmens beurteilt wird, ob es eine Bereitschaft zum Wiederholungskauf und zur Weiterempfehlung des Unternehmens gibt u. a. m. Während in den USA und Schweden nur globale Indikatoren erhoben werden, wird beim Deutschen Kundenbarometer darüber hinaus auch eine differenzierte Bewertung von zumindest einigen ausgewählten Leistungsmerkmalen abgefragt (*vgl. Fornell 1992; Meyer/Dornach 1995*).

Ein letztes wesentliches Entscheidungskriterium ist der Aussagenbereich, in dem Ergebnisse produziert werden. Dabei ist zu unterscheiden, ob das eingesetzte Meßverfahren ausschließlich der Suche nach **Problemen und Schwächen** der Leistungserstellung bei Inanspruchnahme der Dienstleistung dient, oder ob sowohl **Stärken als auch Schwächen** des Dienstleisters aufgezeigt werden sollen.

Meffert/Bruhn (*1995*) haben eine Systematik entwickelt (Abb. I.16), die eine sehr brauchbare Orientierungshilfe über verschiedene Verfahren der Qualitätsmessung gibt. Aus dieser Systematik sollen in der Folge einige für den Bereich der Tourismusdienstleistungen relevanten Instrumente exemplarisch dargestellt werden. Zur besseren Veranschaulichung werden neben der Erhebungsmethode auch konkrete Einsatzmöglichkeiten angeführt.

Abbildung I.16:

Verfahren der Qualitätsmessung bei Dienstleistungen

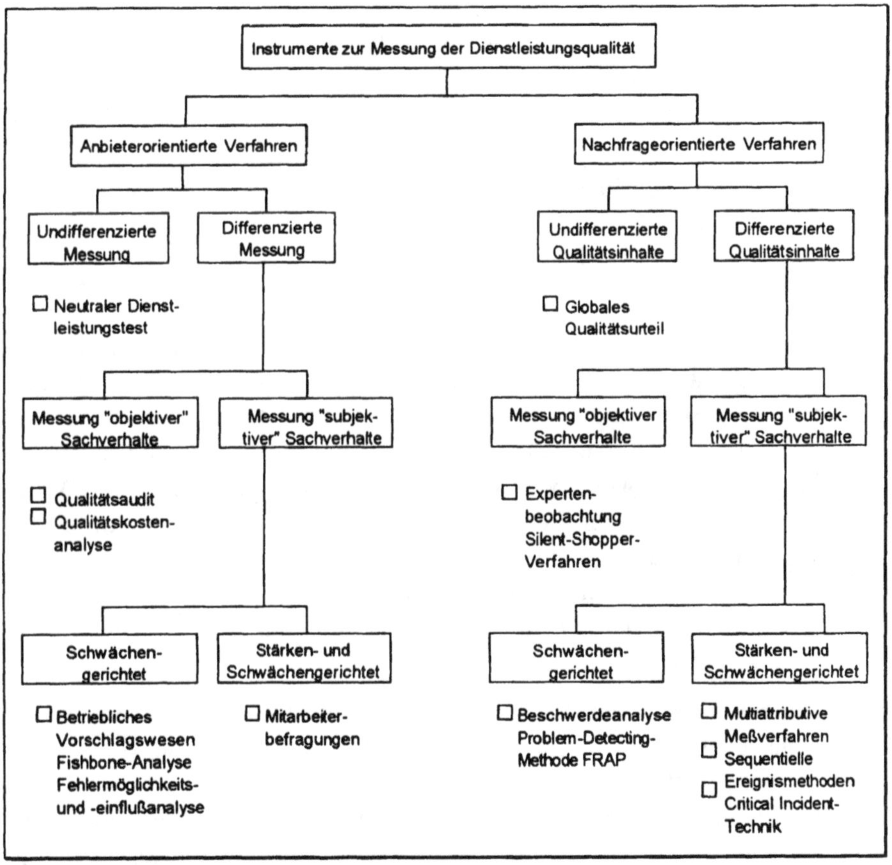

Quelle: Meffert/Bruhn 1995, S. 205

3.3.1 Meßinstrumente auf Anbieterseite

Die anbieterseitige Spezifikation von Leistungsmerkmalen erfüllt bei Dienstleistungen ähnliche Funktionen wie bei Produktionsbetrieben. Sie dient der Beschreibung der Merkmale des Angebots für Marketingzwecke, der Kontrolle des Herstellungsprozesses oder zur internen Kommunikation der Dienstleistungserfordernisse an die Mitarbeiter. Anbieterseitig können sowohl objektive als auch subjektive Verfahren zur Feststellung der Erfüllung der Qualitätserfordernisse eingesetzt werden. Zu unterscheiden sind

- Instrumente, die objektivierbare Qualitätsniveaus oder Standards anhand von Kennzahlen prüfen.
  Dazu zählen im wesentlichen die statistische Qualitätskontrolle, die bspw. für die Bewertung verschiedener Zeitgrößen eingesetzt werden kann, oder die Analyse der Qualitätskosten. Diese Daten können durch ausgewählte ökonomische und nicht-ökonomische Indikatoren zur Kennzahlenanalyse ergänzt werden, bspw. Reklamationsstatistiken, Loyalität und Wiederkäuferrate, Entwicklung von Umsätzen und Marktanteilen. Das Problem dabei ist, den schlüssigen Zusammenhang zwischen der einzelnen Kennzahl und der Qualität der betrieblichen Leistung herzustellen.

- Instrumente, die von subjektiven Bewertungen aus innerbetrieblicher Sicht ausgehen.
  Dazu zählen bspw. die Fehlermöglichkeiten- und Einflußanalyse (FMEA) oder die Fishbein-Analyse, die Ursache-Wirkungs-Zusammenhänge zwischen Einflüssen auf die Leistungserstellung und dem Ergebnis systematisch aufzuzeigen versuchen. Weitere Erhebungsmöglichkeiten zur Feststellung eigener Stärken oder Schwächen ergeben sich durch eine Mitarbeiterbefragung, bei der die Wahrnehmung der Eignung innerbetrieblicher Leistungsprozesse erhoben wird oder im Rahmen des innerbetrieblichen Vorschlagswesens, wenn ebenfalls Mitarbeiter Anregungen zu Verbesserungen geben (*siehe eine ausführliche Darstellung bei Meffert/Bruhn 1995, S. 221 ff.*).

- Instrumente, bei denen durch externe Experten bzw. in Zusammenarbeit mit einer unabhängigen Stelle eine objektivierbare Bewertung der betrieblichen Leistungsfähigkeit erfolgt.
  Dazu zählen bspw. die im Rahmen einer ISO 9000-Zertifizierung vorgenommenen Qualitätsaudits (*vgl. ISO 8402, S. 35*) oder die Durchführung der Selbstbewertung ("Self-Assessment") bei der Bewerbung eines Unternehmens um den europäischen Qualitätspreis (*vgl. Ellis 1994*). Andere Meßinstrumente sind die Durchführung von Warentests oder die Verwendung von Klassifizierungsverfahren, wie es bspw. bei beim Hotelerie- und Beherbergungswesen üblich ist, die eine Kategorisierung der Anbieter, auf der Basis vorhandener Ausstattungsmerkmale vornehmen und dementsprechend Zertifikate vergeben.

Anbieterseitige Meßverfahren schließen die Kundensicht häufig nicht bewußt aus. Sie eignen sich vielmehr besonders auch für Evaluation hinter der "line of visibility" (*vgl. Shostack 1984*), das heißt für Abläufe bei der Dienstleistungserstellung, die für den Konsumenten nicht unmittelbar einsichtig sind.

Darüber hinaus können die Ergebnisse der anbieterseitigen Qualitätsbewertung entweder als Standards oder in Form von Zertifikaten publiziert und damit visualisiert werden. Damit wird die Kommunikation von besonderen Qualitätsmerkmalen der Leistung und eine Differenzierung gegenüber dem Mitbewerber möglich.

3.3.2 Meßinstrumente auf Kundenseite

Vor der Auswahl eines bestimmten Instrumentes zur Analyse der Qualität aus Kundensicht ist zu klären, welche **Ziele** damit verfolgt werden und welche **Anforderungen** sich daraus an das Erhebungsdesign ergeben.

Grundsätzlich sind als subjektive Meßverfahren solche zu verstehen, bei denen die Evaluation durch die Person des Kunden selber oder zumindest aus der Sicht des Kunden stattfindet. Ziele einer Untersuchung könnten sein:

- eine experimentelle Situation zur Prüfung von Ursache-Wirkungs-Zusammenhängen;
- der Einsatz qualitativer Verfahren zur Aufdeckung von Problemen bzw. in Vorstudien zur Generierung relevanter Merkmale zur Beschreibung des Leistungsangebotes;
- die Erhebung der Erwartungen und zukünftigen Qualitätsanforderungen aus Kundensicht, die in die Leistungsspezifikation einfließen sollen;
- die Durchführung einer einmaligen Erhebung (Querschnittsanalysen sind zur Zeit noch am weitesten verbreitet) oder das regelmäßige Monitoring der Dienstleistungsqualität (Längsschnittsanalysen);
- die Durchführung einer Stärken-Schwächen-Analyse aus Kundensicht bei gleichzeitiger Gewichtung relevanter Qualitätsmerkmale;
- die Erstellung eines kennzahlengestützten Berichtswesens zur Überwachung von Leistungsstandards und zur Früherkennung von Fehlentwicklungen;
- die Entwicklung eines Benchmarkinginstruments[1] zum Unternehmensvergleich;
- die Nachweisführung für ein Zertifikat oder eine Qualitätsauszeichnung;
- die Personalbeurteilung und -führung u. a. m.

---

[1] Unter Benchmarking ist ein zwischenbetrieblicher und gegenenfalls auch branchenübergreifender Vergleich von Unternehmen zu verstehen, mit dem Ziel, sich in verschiedenen Unternehmensbereichen aneinander zu messen und von Vorbildern zu lernen (*siehe als weiterführende Literatur Karlöf/Östblom 1993; Karlöf 1995*).

Die gewählten Meßinstrumente sollten jedenfalls den Qualitätsbegriff des Kunden berücksichtigen. Dabei stellt sich im Vorfeld einer Untersuchung regelmäßig die Frage, wer der relevante Kunde ist und damit auch aus welcher individuellen Sicht die Leistungsbewertung erfolgen soll.

Die **Identifikation des Kunden** ist bei bestehenden Kundenbeziehungen wesentlich einfacher als bei Leistungen an anonyme Verbraucher (bspw. unregelmäßige Bahnfahrer). Das gilt auch für die Unterscheidung von investiven Dienstleistungen im Rahmen einer Business-to-Business-Beziehung gegenüber konsumtiven Leistungen am Letztverbraucher. Sind die Kunden persönlich bekannt, so kann deren Auswahl für Befragungen datenbankgestützt erfolgen. Sind sie anonym, so stellt sich vor der Untersuchung die Frage der Identifikation relevanter Konsumenten der Leistungen.

Für den Fall, daß keine Vollerhebung geplant ist, muß in einem weiteren Schritt eine geeignete **Stichprobengröße** und **-struktur** festgelegt werden. An dieser Stelle kann dazu nur auf die Verfahren der Marktsegementierung bzw. auf die Darstellung geeigneter Verfahren der Stichprobenauswahl und zur Bestimmung des Erhebungsumfanges in der einschlägigen Fachliteratur zur Marktforschung verwiesen werden (*vgl. bspw. Berekoven et al. 1993, S. 47 ff.*).

Zur Erhebung kundenbezogener Qualitätseindrücke gibt es aus der klassischen Marktforschung ein vielseitiges **Methodenrepertoire** das eine ganze Reihe von Verfahren umfaßt, die mit unterschiedlichen Vor- und Nachteilen bei einer empirischen Erhebung eingesetzt werden können. Die nachfolgenden Ausführungen orientieren sich an den Grundformen der Primärdatenerhebung, der **Beobachtung** und der **Befragung**.

Im Rahmen von Qualitätsmessungen sind auch experimentelle Untersuchungsdesigns grundsätzlich denkbar. Das Experiment definiert *Berekoven et al.* als "eine Untersuchung, mit deren Hilfe ein Sachverhalt, ein Abhängigkeitsverhältnis oder ein Ablauf unter a priori festgelegten, genau kontrollierten und variierten Bedingungen studiert wird" (*1993, S. 150*). Nicht zuletzt aufgrund der gutsspezifischen Besonderheiten von Dienstleistungen sind experimentelle Designs in der einschlägigen Literatur selten und bei der Durchführung schwierig zu gestalten. Das scheitert vor allem daran, daß bei Felduntersuchungen die Bedingungen und damit die Variablen kaum kontrollierbar und systematisch variierbar sind. Für den Tourismus interessant, und deswegen hier zumindest erwähnenswert, ist die Arbeit von *Bitner* (*1990*), die als eine der wenigen das Experiment als Methode zur Evaluation einer Dienstleistung gewählt hat. Untersuchungsgegenstand war die Kontaktsituation bei der Beratung in einem Reisebüro. Dabei ging die Autorin der Frage nach, inwieweit sich durch eine variable Gestaltung der Beratungssituation -

das Verhalten der Angestellten und der Eindruck des Umfeldes - eine Einflußnahme auf die Qualitätswahrnehmung ergibt, die in der Folge auch als Grad der Zufriedenheit meßbar gemacht werden kann.

Das Experiment wurde als Rollenspiel gestaltet. Den Untersuchungsteilnehmern wurden als visueller Stimulus Fotos einer Situation in einem Reisebüro gezeigt, einmal mit einem "ordentlichen" Arbeitsumfeld des Angestellten, ein anderer Fotosatz mit einem sehr "chaotischen" Arbeitsplatz. Dazu gab es eine schriftliche Schilderung der Situation und eine Story, bei der sich die Probanden in die Rolle des Kunden dieses Reisebüros versetzen sollten. Anschließend wurde mit einem Fragebogen die fiktive Kontaktsituation evaluiert. Die Ergebnisse zeigen deutlich, daß positive Erlebnisse durch optimale Gestaltung der Kontaktsituation für den Kunden ein wesentlicher Qualitätsindikator in Vorwegnahme des zukünftigen Leistungsergebnisses darstellen.

Die Probleme, die *Bitner* in Zuammenhang mit ihrem Untersuchungsdesign aufzeigt, bestätigen, daß sich experimentelle Designs für den Praxiseinsatz als wenig tauglich erweisen. Deshalb ist den beschriebenen Verfahren der Beobachtung und der Befragung, die sich in Zusammenhang mit der Messung von Dienstleistungsqualität als erfolgreich herausgestellt haben, der Vorrang zu geben.

3.3.2.1 Die Beobachtung

"Beobachtung ist die zielgerichtete und planmäßige Erfassung von sinnlich wahrnehmbaren Sachverhalten im Augenblick ihres Auftretens durch andere Personen als die, um deren Verhaltensweisen bzw. Eigenschaften es geht, und/oder durch Geräte" (*Berekoven et al. 1993, S. 118*). Informationsgewinnung durch Verfahren der Beobachtung zeichnen sich gegenüber Befragung oder Experiment dadurch aus, daß die zu untersuchende Situation möglichst unverfälscht und real analysiert werden kann, ohne daß sich durch das Erhebungsinstrument zu große Einschränkungen und Störungen ergeben. Beobachtende Verfahren helfen vor allem Prozesse der Dienstleistungserstellung mit Kundenkontakt im Detail zu evaluieren.

Eines der verbreitetsten Verfahren der teilnehmenden Beobachtung zur Bewertung der Qualität von Dienstleistungen aus Kundensicht ist das sogenannte **"Mystery-"** oder **"Silent-Shopping"** (*vgl. Craven/Yeomans 1992 oder Stafford/Stafford 1993*). Dabei simuliert der Marktforscher die Rolle des Kunden in einer realen Kaufsituation, wobei geschulte Interviewer wie Kunden auftreten und somit den gesamten Kontaktprozeß simulieren können. Das kann sogar bis zum Kaufabschluß und dem Vollzug der Dienstleistung gehen. Diese Vorgehensweise ist in der Marktforschung nicht unumstritten, da sie nicht zur Täuschung der Beobachteten eingesetzt werden soll. Mystery-Shopping zeigt aber bei guter Vorbereitung des Untersuchungsdesigns und eingehender Schulung der Beobachter vor allem bei solchen Dienstleistungen, zu denen objektivierbare und damit beobachtbare Qualitätsstandards existieren, sehr gute Ergebnisse.

Die Wahrnehmungen bei "Mystery-Shopping" (MS) werden anhand standardisierter Beobachtungsberichte festgehalten und ausgewertet. Gegenüber Konsumentenbefragungen hat dieses Verfahren einige **Vorteile**:

- MS hält objektivierte Standards fest ("reality"), während herkömmliche Kunden bei Befragungen über wahrgenommene Zustände berichten ("perceptions"). Vor allem in Zusammenhang mit der Dimension "Zeit" zeigen sich immer wieder Probleme, wenn die tatsächlich verstrichene Zeit und die subjektiv wahrgenommene Zeiteinschätzungen insbesondere bei Wartezeit stark auseinanderdriften.

- Vielfach interessieren den Auftraggeber besondere Details seiner Leistungen, die bei einer Befragung nicht bewertet werden können, weil sich der Kunde nicht mehr exakt daran erinnern kann bzw. er sie nur am Rande wahrgenommen hat.

- Mit MS kann der sogenannte "Halo-Effekt" vermieden werden. Dieser tritt bei Befragungen auf, wenn eine Grundeinstellung oder negative Einzelereignisse die gesamte Befragungssituation derart prägen, daß der Kunde nicht mehr zwischen tatsächlichen Negativerlebnissen und durchaus normalen Leistungsniveaus unterscheidet und die Bewertung aller Kriterien tendenziell schlechter ausfällt.

- MS ergründet die konkreten Ereignisse, die in der Folge das Gefühl der Zufrieden-/Unzufriedenheit auslösen. Emotionale Wahrnehmungsberichte bei der Befragung von Kunden zeigen dagegen häufig die Symptome, nicht aber den tatsächlichen Grund der zur Bewertung geführt hat.

- MS vermeidet Mißinterpretationen der Erlebnisse, die bei einer Verfälschung der Kundenaussagen durch Rationalisierungseffekte oder erwünschtes Antwortverhalten auftreten können.

Den Vorteilen stehen auch bekannte **Nachteile** und Probleme beim Einsatz von "Mystery-Shopping" zur Evaluation von Dienstleistungen gegenüber:

- Um durch MS Beobachtungen machen zu können, müssen die Merkmale und Operationalisierungen von geeigneten, objektivierbaren Meßstandards bereits feststehen. Somit eignet sich dieses Verfahren nicht für explorative Erhebungssituationen.

- MS eignet sich nur für solche Dienstleistungen bzw. Phasen der Leistungserstellung, deren Merkmale beobachtbar, d. h. in der Kontaktsituation sichtbar sind, für den Beobachter eindeutig feststellbar und deren unterschiedliche Merkmalsausprägungen objektiv meßbar sind.

Somit entzieht sich die emotionale Ebene einer Dienstleistung fast gänzlich der Beurteilung durch Mystery-Shopping: Wie sollte bspw. die beobachtete Freundlichkeit, Höflichkeit, Sympathie oder das Einfühlungsvermögen auf einer Ratingskala zuverlässig abgebildet werden?

- Fragenumfang und Skalenniveau sind beim MS eingeschränkt. Die Durchführung der Beobachtungen erfordert eine eingehende Schulung der Mystery-Shopper, die sich in der Situation richtig verhalten und gleichzeitig ihre Beobachtungen vollständig merken müssen. Es dürfen daher nicht zuviele Kriterien zu detailliert abgefragt werden, da sonst das Erinnerungsvermögen eine exakte Dokumentation der Situation nicht mehr zuläßt. Viele Eindrücke werden daher auf sehr niedrigem Meßniveau, meist mit einer Nominalskala (Ja/Nein-Antworten), festgehalten.
- Möchte man segmentspezifische Beobachtung überprüfen, so muß bei der Auswahl der Beobachter darauf geachtet werden, daß sie dem jeweiligen Segment angehören.
- Durch begleitende Kontrolluntersuchungen ist die Güte des Erhebungsinstrumentes zu überprüfen: Sind die entscheidenden Merkmale vollständig erfaßt? In welchem Zusammenhang stehen die beobachteten Zustände in Hinblick auf Zufriedenheit und zukünftiges Kaufverhalten? Dazu kommt, daß aus den Beobachtungen keine unmittelbare Gewichtung der Leistungsmerkmale abgeleitet werden kann.

Zusammenfassend kann man feststellen, daß "Mystery-Shopping" ein geeignetes Erhebungsinstrument zur Evaluation von Dienstleistungsqualität darstellt. Dabei ist festzuhalten, daß es keine alleinstehende Alternative zu anderen Meßverfahren ist, sondern seine Stärken in einer Ergänzung zu anderen Befragungstechniken hat. Die Vorteile zeigen sich vor allem dort, wo eine Überprüfung objektivierbarer, bereits vorgegebener Qualitätsstandards erfolgen soll.

3.3.2.2 Die Befragung

Der Einsatz von Befragungstechniken zur Primärdatengewinnung zählt zu den bedeutendsten Datengewinnungsverfahren in der Marktforschung. "Ziel der Befragung ist es, Personen zu Aussagen über bestimmte (vom Fragesteller vorgegebene) Sachverhalte zu veranlassen" (*Berekoven et al. 1993, S. 89*). Unter den Befragungstechniken, die im Rahmen der Erhebung von Kundenzufriedenheit und zur Erforschung der wahrgenommenen Qualität einer Dienstleistung eingesetzt werden können, läßt sich folgende Gliederung in zwei nach der Untersuchungsabsicht unterscheidbare Gruppen treffen:

- Verfahren, die hauptsächlich der **Problementdeckung** bzw. ausschließlich der **Analyse von Schwächen** der Dienstleistung dienen;
- Verfahren, die eine Bewertung der **Stärken und Schwächen,** einschließlich einer Gewichtung der relevanten Beurteilungsmerkmale möglich machen.

3.3.2.2.1 Verfahren der Problementdeckung und schwächengerichteten Analyse

Für die Erforschung der negativen Abweichung von gewünschten Standards der Dienstleistungsqualität sollen aus der einschlägigen Literatur zwei Verfahren ausgewählt und kurz erläutert werden: die Möglichkeit der **Beschwerdeforschung** und die sog. **FRAP-Analyse**, die die Häufigkeit und den Grad der Verärgerung beim Auftreten eines Problems aufzeigt.

Die Beschwerdeforschung

"Die Beschwerdeführung von Konsumenten umfaßt sämtliche kognitiven und affektiven Prozesse sowie Verhaltensweisen von Konsumenten, die darauf ausgerichtet sind, subjektiv wahrgenommene Produkt- oder Dienstleistungsprobleme zu lösen, die beim Kauf bzw. der Nutzung von Produkten oder Dienstleistungen aufgetreten sind" (*Meffert/Bruhn 1981, S. 597*).

Noch bevor es zu Befragungsaktivitäten kommt, geben Beschwerden das negative Feedback des Konsumenten über einen Leistungsprozeß oder ein Leistungsergebnis an den Anbieter wieder. Somit stellt die Auswertung von Beschwerdefällen nicht den klassischen Fall einer Befragung dar, da sich der Kunde äußert, ohne daß er in der Regel zuvor aktiv dazu motiviert wurde. Kenntnisse über Beschwerdefälle, -auslöser und Beweggründe sind deshalb wichtig, da dem Konsumenten als Folge des Gefühls der Unzufriedenheit mehrere Verhaltensweisen offenstehen, mit denen er auf die Minderleistung reagieren kann (*vgl. Stauss 1989, S. 43*):

- steigende Bereitschaft zur Abwanderung zu vergleichbaren Angeboten
- Marktaustritt
- negative Mundpropaganda in seinem persönlichen Umfeld
- Einschaltung von Drittinstitutionen zur Unterstützung oder Veröffentlichung der Beschwerdeführung (gerichtliche Schritte, Konsumentenschutz, Medien)
- Mitteilung der Unzufriedenheit an den Anbieter, in Erwartung einer geeigneten Reaktion

- Inaktivität trotz Unzufriedenheit, die aber eine latente Gefahr für die Kundenbeziehung in sich birgt

Es wäre für einen Dienstleister fatal, den Umkehrschluß zu ziehen, daß eine geringe Anzahl von Kundenbeschwerden ausschließlich auf die besonders gute Qualität der Leistungen zurückzuführen ist. Bei der wissenschaftlichen Erforschung von Kundenbeschwerden stellt sich immer wieder heraus, daß die vom Kunden aktiv geäußerte Unzufriedenheit zahlenmäßig nur die Spitze eines Eisberges darstellt. Viele unzufriedene Konsumenten beschweren sich nicht direkt beim Anbieter, weil es nicht ihrem Persönlichkeitstyp oder ihrem Temperament entspricht. Andererseits baut nicht selten der Anbieter Barrieren auf, die eher von der Beschwerdeführung abschrecken, als sie zu motivieren.

Deshalb muß Beschwerdeforschung als Instrument sinnvoll gestaltet werden, um nützliche Ergebnisse zu erzielen. Dabei eignet sich dieses Verfahren weniger für eine punktuelle Evaluation, sondern vielmehr zur laufenden Kontrolle der Kundenzufriedenheit und sollte daher fixer Bestandteil der Qualitätspolitik einer Unternehmung sein. Das Feedback des Kunden kann durch persönliche, mündliche oder schriftliche Kommunikationskanäle erfolgen, wobei darauf geachtet werden sollte, daß mögliche Barrieren, die den Kunden von seinem Feedback abhalten könnten, weitgehend abgebaut werden. Vielmehr sollte der Eindruck vermittelt werden, daß es für das Unternehmen wünschenswert und hilfreich ist, auch Kundenbeschwerden entgegennehmen zu *dürfen*. Das zeigt sich durch aktive Fragestellung und Ansprache des Kunden, Einrichtung von Briefkästen, Auflegen von Formularvordrucken, die Einrichtung von Ombudsleuten u. a. m.

Mit der Einführung eines funktionierenden Beschwerdemanagements ist auch ein Umdenken bei den Führungskräften und Mitarbeitern erforderlich. Kunden, die sich beschweren, sind noch keineswegs verlorene Kunden. Vielmehr ergibt sich die Chance, vom Konsumenten monierte Schwächen aufzudecken, um die Minderleistung sofort korrigieren und das Angebot in Zukunft verbessert anbieten zu können. Für solche nützlichen Hinweise sollte man den Kunden dankbar sein, wenngleich die Entgegennahme von Kundenbeschwerden nicht immer eine angenehme Situation darstellt. Umso wichtiger ist es daher, daß ein Unternehmen richtig auf Beschwerden reagiert, vor allem, daß die Mitarbeiter in der Kontaktsituation mit dem Kunden auf die Entgegennahme von Beschwerden vorbereitet sind (*vgl. dazu Meffert/Bruhn 1981; Singh/ Widing 1991*). Wie Untersuchungen zeigen, gibt der Beschwerdeführer dem Anbieter durch seine geäußerte Unzufriedenheit sozusagen noch einmal eine Chance. Gleichzeitig hat er aber ganz bestimmte Erwartungen, wie das Unternehmen auf seine Beschwerde reagieren soll. Ist die Leistung auch beim zweiten mal aus Kundensicht unzureichend, so steigt die Bereitschaft, die Geschäftsverbindung abzubrechen. Im Gegensatz dazu sind Konsumenten, deren Einwand zu ihrer Zufriedenheit behandelt wurde, besonders überzeugt von der Leistung des Anbieters und seinen Qualitäten, in Ausnahmesituationen richtig zu handeln.

Als Marktforschungsinstrument ist die Analyse von Beschwerden geeignet, um aktuellen Problemen, die Kunden bei Kauferlebnissen hatten, auf den Grund zu gehen. Die Ergebnisse sind qualitative Informationen über subjektiv wahrgenommene Unzulänglichkeiten von Marktangeboten, die vom Konsumenten aktiv an das Unternehmen herangetragen werden. Durch Inhaltsanalyse und ex-post-Kategorisierung der Aufzeichnungen des Kundenfeedbacks können Informationen teilweise auch statistisch ausgewertet werden. Der Vorteil der Beschwerdeforschung liegt aber darin, daß Probleme und kritische Merkmale einer Dienstleistung zutage kommen, die

- unmittelbar vom Kunden als negativ geäußert werden;
- eine laufende Evaluation des Angebots ermöglichen;
- direkt in Zusammenhang mit der Unzufriedenheit des Kunden stehen und zu Änderungen im Kaufverhalten führen können;
- bedeutend sind, da den geäußerten Beschwerden bereits eine implizite Gewichtung inne wohnt. Für den Kunden stellt es eine Überwindung dar, aktiv seine Unzufriedenheit zu kommunizieren und etwaige Beschwerdebarrieren zu überwinden.

Zusammenfassend kann man festhalten, daß eine systematische, geplante und wohlorganisierte Beschwerdepolitik im Unternehmen und eine rasche, richtige Reaktion bei Kundeneinwänden am Ende einen Vorteil für den Anbieter *und* den Kunden mit sich bringen.

Die Frequenz-Relevanz-Analyse von Problemen (FRAP)

Auch das von *Stauss* (*1991*) entwickelte Verfahren FRAP ist ausschließlich schwächengerichtet und geht Problemen nach, die kundenseitig geäußert werden. Durch das Untersuchungsdesign werden Probleme aufgedeckt, die in einem nächsten Schritt in Hinblick auf ihre Bedeutung und auf mögliche negative Folgewirkungen für den Anbieter bewertet werden. Das Verfahren ist ereignisorientiert, das bedeutet, daß der Befragte ein konkretes Dienstleistungserlebnis noch sehr frisch und lebendig in Erinnerung haben sollte. Es ist daher gegebenenfalls durch Screening-Fragen zu Beginn des Interviews sicherzustellen, daß sich der Befragte an eine spezielle, nicht zulange zurückliegende Kontaktsituation erinnern kann.

Bei der Erstellung eines Untersuchungsdesigns und zur Durchführung einer FRAP-Analyse ist nach folgenden Schritten vorzugehen (*vgl. Stauss 1991, S. 104 f.*):

1) Zur Vorbereitung der Befragung muß mit geeigneten qualitativen Verfahren eine Problemliste erstellt werden. Sie sollte alle relevanten Problembereiche der Dienstleistung sehr detailliert erfassen, die dann vom Kunden bewertet werden.

2) Überarbeitung und Reduktion der Problemliste nach Relevanz- und Redundanzgesichtspunkten.

3) Die überarbeitete Problemliste dient zur Erstellung von Fragenbatterien eines Fragebogens, wobei die Probanden mit einer dreistufigen Fragetechnik zum Auftreten der Probleme aus Liste befragt werden und jeweils verschiedene Antwortskalen vorgegeben sind.

   1. Stufe: Ist das Problem aufgetreten? o Ja o Nein

   2. Stufe: Wenn 'Ja', Bewertung des Grades der Verärgerung auf einer Ratingskala.

   3. Stufe: Gleichzeitig wird erhoben, welche Reaktion der Kunde in Bezug auf das Ausmaß der Verärgerung beabsichtigt, bspw. negative Mundpropaganda, Wechsel zu Mitbewerber etc.

   Diese drei Stufen werden für jedes Merkmal der Problemliste abgefragt. In der Praxis ergeben sich dort die besten Ergebnisse, wo innerhalb konkreter Kontaktsituationen nach dichotomen Ereignissen gefragt wird.

   Beispiel: Statt allgemein nach Problemen am Check-In-Schalter eines Flughafens zu fragen, splittet man diese Kontaktsituation in Fragen nach einzelnen Ereignissen auf: Wartezeit am Schalter, Wartereihenfolge gerecht, Freundlichkeit des Personals, Sitzplatzwünsche der Passagiere erfüllt usw.

4) Zur Abfrage der möglichen Reaktionsformen bei Unzufriedenheit werden bestimmte Konsequenzen nach ansteigender Bedeutung einer Rangskala zugeordnet. Multipliziert mit den Ratings der Verärgerungsskala ergibt sich ein Index, der die Problemrelevanz zum Ausdruck bringt.

5) Diese multiplikative Verdichtung der Information ist nicht unproblematisch, deshalb wird neben der Indexzahl vor allem eine grafische Darstellung der Ergebnisse in einer zweidimensionalen Matrix (Abb. I.17) vorgenommen. Die Interpretation der Problemliste erfolgt nach der Rangreihung der Problemindices. Bei der grafischen Darstellung zeigt sich, daß insbesondere die Schwächen, die im oberen rechten Feld der Matrix positioniert sind, mit besonderer Priorität zu bekämpfen sind.

Abbildung I.17:

Ergebnisportfolio der FRAP-Analyse

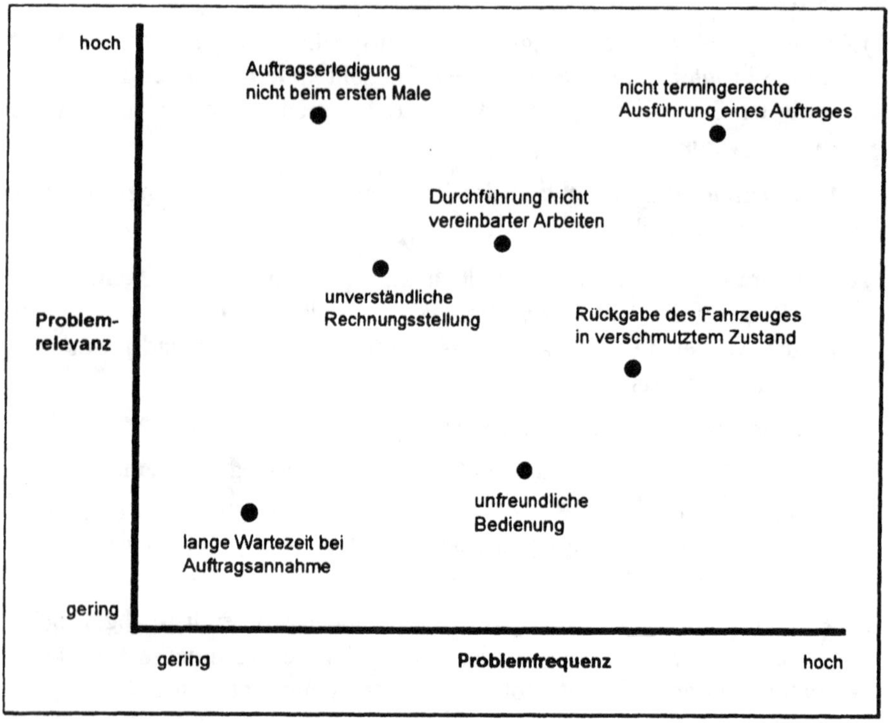

Quelle: Stauss 1991, S. 100

3.3.2.2.2 Stärken- und schwächengerichtete Analyseverfahren

Geht es bei der Untersuchung nicht nur um eine problemorientierte Erhebung der Kundeneindrücke, dann können dazu die im folgenden dargestellten qualitativen und quantitativen Marktforschungstechniken eingesetzt werden. Sie haben sich bei der Bewertung der Dienstleistungsqualität aus Kundensicht bewährt, wenn neben Schwächen auch Stärken aufgezeigt werden sollen.

Story-Telling

Bei der Methode des Story-Telling handelt es sich um ein qualitatives Verfahren, bei dem Konsumentenerlebnisse in Zusammenhang mit einer Dienstleistung anhand episodischer Erzählungen festgehalten werden. Zum Teil können Erlebnisberichte bereits vorliegen, bspw. die schriftliche Korrespondenz einer Firma, wenn sich Kunden mit Beschwerde- oder Dankschreiben an das Unternehmen wenden. Müssen Erlebnisberichte erst gewonnen werden, so ersucht man Kunden im Zuge einer Befragung um Erzählungen und Wahrnehmungsberichte und fordert sie auf, diese möglichst ausführlich und authentisch zu protokollieren. Diese Dokumente werden anschließend einer Inhaltsanalyse (*vgl. Früh 1991*) unterzogen, um sie bezüglich kritischer Ereignisse, Einflüsse auf Zufriedenheit/Unzufriedenheit oder zu erwartende Änderungen im Kaufverhalten auszuwerten.

Dieses qualitative Verfahren wird regelmäßig in Vorstufen zur Gewinnung von Itembatterien für eine nachfolgende standardisierte Befragung eingesetzt. *Parasuraman et al.* (*1985*) gehen einen ähnlichen Weg und setzen in der explorativen Phase ihres mehrstufigen Projektes zur Entwicklung des Gap-Modells und des Meßinstrumentes "SERVQUAL" Zielgruppendiskussionen und -interviews ("focus groups") ein, um aus den Schilderungen von Konsumenten und aus Wahrnehmungen von Managern relevante Beurteilungskriterien ausgewählter Dienstleistungsangebote zu erhalten.

Die Methode der kritischen Ereignisse - Critical Incident Technique (CIT)

Die Methode der kritischen Ereignisse geht auf die Arbeit von *Flanagan* (*1954*) zurück und ist eigentlich als eine weiterentwickelte Variante des "Story-Telling" zu sehen. Sie wurde in den 80er Jahren als qualitative Technik zur Evaluation von Dienstleistungen wiederentdeckt und empirisch zur Erforschung relevanter Merkmale von Dienstleistungsangeboten eingesetzt (*Bitner/Booms/Tetreault 1990*).

Nach der Definition von *Flanagan* ist ein Ereignis dann als kritisch zu werten, wenn es sich in positiver *oder* negativer Weise, für den Konsumenten beobachtbar auf eine vom Dienstleister gesetzte Aktivität im Rahmen des Leistungserstellungsprozesses einer Dienstleistung auswirkt (*vgl. Flanagan 1954, S. 338*). Das Verfahren ist also nicht ausschließlich schwächengerichtet, sondern gibt neben Problemkategorien auch Stärken eines Dienstleister wieder. "Diese kritischen Ereignisse werden im Rahmen mündlicher Befragungen mittels standardisierter, direkter offener Fragen ermittelt" (*Stauss/Hentschel 1990, S. 241*), wobei der Befragte durch eine offene Fragestellung motiviert wird, positive und negative Erlebnisse bei der Inanspruchnahme einer Dienstleistung zu schildern. Die Fragetechnik könnte für eine Fluglinie beispielsweise folgendermaßen lauten, wobei man darauf abzielt, jeweils sehr detaillierte Schilderungen zu erhalten, die vom Interviewer festzuhalten sind:

1. Erinnern Sie sich an eine Situation, in der Sie ein positives Erlebnis hatten, als Sie die Dienstleistung der Fluglinie ________ in Anspruch genommen haben?

2. Bitte schildern Sie die Umstände dieses Ereignisses.

3. Erinnern Sie sich an die Situation, in der Sie ein negatives Erlebnis hatten, als Sie die Dienstleistung der Fluglinie ________ in Anspruch genommen haben?
4. Bitte schildern Sie die Umstände dieses Ereignisses.

Wiederum kann es notwendig sein, zu Beginn des Interviews durch Screening-Fragen festzustellen, daß der Befragte ein aktuelles Erlebnis mit einem bestimmten Anbieter in Erinnerung hat. Je weiter dieses Erlebnis zurückliegt, desto weniger Details können in der Regel geschildert werden. Unter "Umständen" sind die Rahmenbedingungen, Eigenschaften und Merkmale der Dienstleistung zu verstehen: Wie war die materielle Faktorausstattung? Welche Rolle haben Personen gespielt, wie haben sie sich verhalten? Wie war die Leistung organisiert? u. a. m.

Die Schilderungen der Episoden werden schriftlich oder elektronisch festgehalten und anschließend kategorisiert und ausgewertet. *Bitner/Booms/Tetrault* (*1989, S. 98*) formulieren vier Voraussetzungen, die ein Dienstleistungserlebnis erfüllen muß, um zur Evaluation mit der "Critical-Incident"-Technik geeignet zu sein:

- Der Interviewte muß ein konkretes Kontakterlebnis haben. Einstellungen und damit vermutete Qualitätszuschreibungen genügen nicht.
- Es muß in der Regel eine aus Kundensicht starke positive oder negative Abweichung von der Norm vorliegen, sonst sind die Interviews aus Erfahrung wenig ergiebig.
- Es muß eine diskrete Episode, d. h. ein deutlich abgrenzbares Ereignis, vorliegen.
- Das Erlebnis muß in ausreichender Detailliertheit erinnert werden. Je aktueller das Ereignis ist, desto besser sind die Ergebnisse der Befragungen.

Die CIT ist sowohl in der Phase der Datenerhebung als auch bei der Auswertung sehr zeit- und kostenaufwendig, hat aber klare Stärken für die Interpretation und Problemerkennung (*vgl. Stauss/Hentschel 1990, S. 243 f.*):

- Die **subjektive Relevanz** des wahrgenommenen Problems; die kritischen Ereignisse, die Kunden im Gedächtnis bleiben und wiedergegeben werden, sind relevant und bedeutend bei der Beurteilung der Qualität einer Dienstleistung;
- Die **Eindeutigkeit** bei der Feststellung konkreter Leistungsmerkmale, die der Kunde in seiner subjektiven Wahrnehmung als positives oder negatives Erlebnis bewertet hat; somit erhält man aus dem Mund und mit den Worten des Kunden Hinweise für Veränderungen oder Verbesserungen bei der Gestaltung des Leistungsangebotes;

- Die **Vollständigkeit** der relevanten Merkmale einer Leistung, die für die Beurteilung aus Kundensicht herangezogen werden; das "Flanagan-Kriterium" besagt, daß die Stichprobengröße dann ausreichend ist, wenn zusätzliche 100 kritische Ereignisse allenfalls zwei oder drei neue Problemkategorien bringen, oder wenn sich die zuletzt erhobenen 10% der Ereignisse allesamt bereits vorhandenen Kategorien zuordnen lassen (*vgl. Flanagan 1954, S. 343; Stauss/Hentschel 1990, S. 244*).
- Die **Aktualität** der Information, soferne das vom Interviewten geschilderte Erlebnis nicht zulange zurückliegt.

Somit hat auch die "Methode der Kritischen Ereignisse" ihre Stärken beim Einsatz als qualitatives Befragungsinstrument. Vor allem in der explorativen Phase einer Untersuchung, bei der Suche nach relevanten Merkmalen einer Dienstleistung und deren Bedeutung in Zusammenhang mit Qualität und Kundenzufriedenheit, bringt das Verfahren sehr gute Ergebnisse. Für eine periodisch wiederkehrende, laufende Evaluation der Qualität einer Dienstleistung ist es weniger geeignet und zudem zu aufwendig.

Die Sequentielle Ereignistechnik

Stauss/Hentschel (*1990*) schlagen für die systematische Exploration eines Dienstleistungsprozesses aus Kundensicht die Verknüpfung des "Story Telling" mit dem Verfahren des "Blueprinting" von *Shostack* (*1984*) vor. Beim "Blueprinting" wird der Dienstleistungsprozeß grafisch dargestellt, wobei die "line of visibility" die Trennungslinie zwischen unmittelbar aufgrund des Erlebnisses beurteilbaren Kontaktsituationen und "back-office"-Abläufen der Dienstleistungserstellung darstellt.

Bei der Sequentiellen Ereignistechnik wird die "Critical Incident"-Technik erweitert, indem der Interviewer den Kunden schrittweise durch verschiedene Kontaktsituationen eines Dienstleistungsprozesses führt. Entlang dieser einzelnen Kontaktsituationen erfolgt die Erhebung kritischer Erlebnisse wiederum durch offene Fragen zu positiven oder negativen Ereignissen. Auch für dieses Verfahren gelten dieselben Voraussetzungen und Einschränkungen wie bei der CIT.

> Beispiel: *Stauss/Weinlich* (*1995*) zeigen am Beispiel eines Ferienclubs, wie verschiedene Episoden einer Kontaktphase - von der Abholung der Gäste vom Flughafen, über den Transfer, den Check-in im Hotel bis zum ersten Verweilen des Gastes am Zimmer - in einzelne Schritte unterschieden werden können, die dann jeder für sich im Zuge von Interviews auf kritische Ereignisse untersucht werden.

Multiattributive Verfahren

Dienstleistungen können als mehrdimensionale Eigenschafts- und Wahrnehmungsbündel definiert werden (*vgl. Scharitzer 1994, S. 44*). So gesehen eignen sich gerade Multiattributive Verfahren zur Bewertung dieser Angebote aus Kundensicht. Ausgangspunkt dieser Verfahren ist, daß Einstellungen zu Produkten oder Dienstleistungen auf der Basis der Bewertung einzelner Eigenschaften gebildet werden. Somit eignen sich vor allem komponierende Verfahren zur Messung der wahrgenommenen Qualität von Dienstleistungen. Dabei werden in einem ersten Schritt aus einer Vielzahl von Eigenschaften eines Einstellungsobjektes die einstellungsrelevanten Merkmale bestimmt und im Anschluß daran ihre Beiträge zum Gesamteindruck gemessen (*vgl. Berekoven et al. 1993, S. 81*).

Bei der Messung von Dienstleistungsqualität aus Kundensicht sind die folgenden drei Teilschritte zu berücksichtigen:

1) Die Auswahl der Merkmalsdimensionen und Kriterien, mit denen die Bewertung einer Leistung vorgenommen wird.

Fragenbatterien mit Merkmalen der zu beurteilenden Leistungen können entweder anhand empirischer Daten, bspw. qualitativer Methoden der Marktforschung, erhoben oder aus theoretischen Modellen abgeleitet werden. So findet in den Publikationen zur Dienstleistungsqualität das Thema **"Qualitätsmodelle"** einen breiten Raum (*vgl. die Modelle von Grönroos 1983 oder Meyer/Mattmüller 1987*), die für die Ideenfindung zur Ableitung relevanter Merkmale einer Leistung eingesetzt werden können.

Die andere Möglichkeit zur Erstellung von Fragebatterien besteht darin, auf empirische Daten zurückzugreifen, bspw. wenn qualitative Erhebungsverfahren, wie die dargestellte **"Methode der kritischen Ereignisse" (CIT)**, in einer explorativen Vorstudie zur Entwicklung eines standardisierten Fragebogens eingesetzt werden. Eine weitere Orientierungshilfe bieten die Ergebnisse der amerikanischen Autoren *Parasuraman/Zeithaml/Berry*, die bei der Entwicklung eines standardisierten Erhebungsinstrumentes zu Analyse der Kundenzufriedenheit fünf Merkmalsdimensionen der wahrgenomenen Dienstleistungsqualität gefunden haben (*vgl. Parasuraman et al. 1988*):

- das für den Kunden begreifbare **tangible Umfeld der Leistung** (materielle Ausstattung, Hilfsmittel, Äußeres der Mitarbeiter etc.);
- die **Zuverlässigkeit** mit der erwartet werden kann, daß der Dienstleister das Leistungsversprechen erfüllt;
- die Kundenorientierung **bei der Problemlösung** durch entsprechende Reaktionen auf Kundenwünsche;

- die **Kompetenz** des Dienstleisters und seiner Mitarbeiter;
- das **Einfühlungsvermögen**, mit dem auf individuelle Kundenwünsche eingegangen wird.

Die Operationalsierung konkreter Fragestellungen für die Bewertung einer Leistung innerhalb dieser fünf Dimensionen erfolgt durch 22 Einzelfragen, die in Abbildung 4 angeführt sind. Das dargestelllte Meßinstrument der amerikanischen Autoren wurde in der Literatur unter der Bezeichnung SERVQUAL bekannt und von vielen Wissenschaftlern heftig kritisiert, von den Autoren aber ebenso heftig verteidigt.

2) Die Operationalisierung der wahrgenommenen Dienstleistungsqualität durch geeignete Indikatoren.

Zur Messung der Qualitätswahrnehmung aus Kundensicht bedarf es bei der Befragung geeigneter Indikatoren. Diese werden vielfach als latente Variable operationalisiert. Häufig verwendete Indikatoren sind:

- der Grad der **Zufriedenheit** ("satisfaction")

  Beispiel: Der Kunde ist sehr zufrieden/nicht zufrieden mit dem Merkmal X einer Leistung.

- die Beurteilung der Durchführung einer Leistung ("performance")

  Beispiel: Das Merkmal X einer Leistung wurde sehr gut/sehr schlecht erfüllt.

- der Grad der Erfüllung der Erwartungen und Anforderungen ("disconfirmation")

  Beispiel: Das Merkmal X einer Leistung wurde besser/schlechter als erwartet erfüllt.

Die genannten Konstrukte können sowohl bei der Erhebung von Globalmaßen, wie bspw. bei der Erstellung der Kundenzufriedenheitsbarometer in Schweden und den USA (*vgl. Fornell 1992*), als auch bei der differenzierten Qualitätsmessung auf der Basis der Bewertung von einzelnen Merkmalen einer Leistung herangezogen werden.

Um den Zusammenhang von wahrgenommener Leistungsqualität und intendiertem Kundenverhalten nicht zuletzt als Gütekriterium des Meßinstrumentes aufzeigen zu können, werden häufig als zusätzliche Indikatoren die **Wiederkaufabsicht** (Loyalität) und die Tendenz zur **Weiterempfehlung** der Leistung erhoben.

Abbildung I.18:

Die SERVQUAL-Fragenbatterie

E1.	Die technische Ausrüstung von ... sollte dem neuesten Stand entsprechen.
E2.	Die Geschäftsräume von ... sollten entsprechend gestaltet sein.
E3.	Die Angestellten sollten ordentlich angezogen sein und einen sympathischen Eindruck machen.
E4.	Die Gestaltung der Geschäftsräume von ... sollte der Art der Dienstleistung angemessen sein.
E5.	Wenn ... die Fertigstellung eines Auftrags bis zu einem bestimmten Zeitpunkt versprechen, sollten sie diesen auch einhalten.
E6.	Kundenprobleme sollten ernstgenommen und mitfühlend und beruhigend behandelt werden
E7.	Man sollte sich auf ... verlassen können.
E8.	Die Dienstleistung sollte zu dem Zeitpunkt ausgeführt sein/werden, zu dem sie versprochen wurde.
E9.	... sollten eine ordentliche Auftragsbuchführung besitzen.
E10.	Man sollte von ... nicht erwarten, daß sie den Kunden genau darüber Auskunft geben, wann die Leistung ausgeführt sein wird. (-)
E11.	Es ist unrealistisch, als Kunde prompten Service von den Angestellten in ... zu erwarten. (-)
E12.	Die Angestellten müssen nicht permanent gewillt sein, den Kunden zu helfen. (-)
E13.	Es ist in Ordnung, wenn die Angestellten zu beschäftigt sind, um Kundenwünsche unmittelbar zu erfüllen. (-)
E14.	Kunden sollten den Angestellten von ... vertrauen können.
E15.	Kunden sollten sich während des Kontakts zu den Angestellten sicher fühlen können.
E16.	Die Angestellten von ... sollten höflich sein.
E17.	Die Angestellten sollten angemessene Unterstützung im Unternehmen erhalten, um ihre Tätigkeiten gut ausführen zu können.
E18.	Von ... sollte nicht erwartet werden, daß sie jedem Kunden individuelle Aufmerksamkeit widmen. (-)
E19.	Von den Angestellten dieser Firmen kann nicht erwartet werden, daß sie sich persönlich um die Kunden kümmern. (-)
E20.	Es ist unrealistisch, von den Angestellten zu erwarten, daß sie die Bedürfnisse ihrer Kunden kennen. (-)
E21.	Es ist unrealistisch zu erwarten, daß ... nur das Interesse ihrer Kunden im Auge haben. (-)
E22.	Man sollte von ... nicht erwarten, daß ihre Öffnungszeiten angenehm für alle Kunden sind. (-)

Quelle: Hentschel 1990, S. 231

3) Die Gewichtungsproblematik der Bedeutung einzelner Leistungskriterien in Hinblick auf deren Einfluß auf die wahrgenommene Gesamtqualität der Leistung.

Um vor allem bei Multi-Attribut-Verfahren die Bedeutung einzelner Merkmale und Qualitätsdimensionen in Bezug auf die wahrgenommene Gesamtqualität (als Globalmaß) festzustellen, ist im Untersuchungsdesign auch ein Gewichtungsverfahren zu bestimmen. Dabei unterscheidet man explizite und implizite Gewichtungsverfahren.

Bei der **expliziten** Gewichtung nimmt der befragte Kunde die Bewertung der einzelnen Merkmale in Bezug auf deren Bedeutung und Relevanz für Gesamtqualität in einem weiteren Schritt des Fragebogens selber vor. Dabei ist es wichtig, daß das Untersuchungsdesign so gewählt ist, daß der Befragte Präferenzen bilden muß, denn wenn er nicht unter Entscheidungsdruck gerät, differenziert er zuwenig zwischen den einzelnen Merkmalen ("Anspruchsinflation", *vgl. Dichtl/Müller 1986*), und am Ende sind wiederum fast alle Leistungsmerkmale gleich wichtig. In Projekten kommen dabei folgende Vorgangsweisen immer wieder zum Einsatz:

- **Rankingverfahren** zur Festlegung einer Reihenfolge der Merkmale, gemäß der subjektiven Wichtigkeit;
- die **Verteilung einer festgelegten Punktsumme** auf die einzelnen Merkmale, gemäß der geschätzen Bedeutung;
- die **Kärtchentechnik**, bei der die verschiedenen Leistungsmerkmale auf Kärtchen aufgeschrieben, Stapeln mit unterschiedlicher Bedeutung und Problemlösungspriorität zugeordnet werden können.

Der Einsatz expliziter Gewichtungsverfahren ist nicht unproblematisch, und so setzen heute viele Forscher verstärkt auf **implizite** Gewichtungen. Die implizite Gewichtung errechnet die Bedeutung einzelner Merkmale bzw. Merkmalskonstrukte durch Anwendung statistischer Verfahren im Zuge der Auswertung der Befragungsergebnisse (zum Beispiel die multiple Regressionsanalyse oder der Faktorenanalyse). Implizite Gewichtungen haben den Vorteil, daß sie vor allem bei umfangreichen Fragenbatterien und zum Vermeiden von Rationalisierungseffekten seitens der Befragten sehr geeignet sind.

Zur Interpretation der Kundenzufriedenheit und der Gewichtung der einzelnen Merkmale kann neben der Kennzahlenanalyse wiederum eine grafische Aufbereitung der Werte die Analyse unterstützen.

3.4 Resümee

Die Messung der Qualität von Dienstleistungen hat derart viele Facetten, daß in diesem Beitrag nur ein Ausschnitt aus dieser spannenden Materie dargestellt werden konnte. Viele Unternehmen geben vor, bereits Qualität und Kundenzufriedenheit zu messen, letzteres geht aber in vielen Fällen kaum über die anekdotische Wiedergabe von Kundenwahrnehmungen hinaus. Hier kann das dargestellte Methodenrepertoire zu einer Professionalisierung vor allem der Datenerhebung aus Kundensicht führen.

Dabei soll trotz der großen Bedeutung von Erhebungsverfahren nicht vergessen werden, daß die Messung nicht zum Selbstzweck werden darf. Messung ohne den wichtigen zweiten Schritt, der Implementierung und Umsetzung der Meßergebnisse in geeignete Aktivitäten des Qualitätsmanagements, soll und kann nicht die Absicht sein. Sonst entstehen auch bei Qualitätsinformationen sehr rasch Zahlenfriedhöfe, die nur Kosten und keine positiven Effekte für die Stärkung der Wettbewerbsposition des Dienstleisters am Markt mit sich bringen.

Teil 2: Ausgewählte Probleme des Qualitätsmanagements im Tourismus

1 Human Resources Management

von Dr. Rüdiger Nagel, Professor für Betriebswirtschaftslehre

1.1 Einleitung

"Vom Lohnbüro zum Personalbereich", so könnte man die Entwicklung skizzieren, die die Funktion "Personal" in den vergangenen 30 Jahren vollzogen hat. Personalarbeit ist heute mehr als nur die korrekte Registrierung der geleisteten Arbeitszeit und die richtige Auszahlung der Gehälter. Im übrigen sind diese Funktionen mit einem hohen Maß an EDV-Unterstützung durchführbar, so daß hier nicht viel Arbeitskraft verschwendet werden sollte, die an anderen Stellen der Personalarbeit sinnvoller einzusetzen wäre. Themen wie Personalentwicklung, Personalcontrolling, Führung, Coaching, Kundenorientierung usw. prägen heute das komplexe Feld der Personalarbeit.

Wunderer (*1995, S. 279 - 280*) beschreibt diesen Prozeß als Wandel von der "Bürokratisierung zur unternehmerischen Orientierung" und sieht hier fünf idealtypische Phasen. Die Personalarbeit in den 50er Jahren skizziert er mit dem Begriff der **Bürokratisierung**, wobei die kaufmännische Bestandspflege der Personalkonten den Kern der Personalarbeit bildete. Eine **Institutionalisierung** ist in den 60er Jahren festzustellen mit der Grundphilosophie der Anpassung des Personals an die organisatorischen Anforderungen, wobei hier auch schon eine gewisse Professionalisierung der Personalleiter und eine Ausdifferenzierung einzelner Funktionen im Personalbereich zu beobachten ist. Die darauffolgende Phase (etwa ab 1970) nennt *Wunderer* **Humanisierung**, da in den folgenden Jahren der Aspekt der Anpassung der Organisation an die Mitarbeiter im Mittelpunkt stand und Themen wie Partizipation und kooperative Mitarbeiterführung in die Diskussion kamen. Aus dieser Zeit resultiert im übrigen auch das Betriebsverfassungsgesetz in seiner heutigen Form. Eine **Ökonomisierung** ist in den 80er Jahren zu beobachten, d. h. es erfolgte eine Anpassung von Organisation und Personal an veränderte ökonomische Rahmenbedingungen nach Wirtschaftlichkeitsaspekten. Heute sieht *Wunderer* (*1995*) als dominierende Philosophie des Personalmanagements die **unternehmerische Orientierung**. Das Personalmanagement soll die Mitarbeiter als Mitunternehmer gewinnen. *Wunderer* (*1995*) gesteht dabei allerdings ein, daß es auch heute sehr bürokratisch orientierte Personalabteilungen gibt und daß darüber hinaus auch zahlreiche Mischformen existieren. Im übrigen ist zu der Typisierung kritisch anzumerken, daß Personalarbeit auch in verschiedenen Branchen recht unterschiedlich ausgeprägt ist, so etwa in reinen Produktionsunternehmen und in Dienstleistungsunternehmen, und nicht zuletzt hat auch die jeweils aktuelle Unternehmenssituation Einfluß auf die Qualität der Personalarbeit. Den Leitsatz: "Die Mitarbeiter sind unser wichtigstes Kapital" machen viele Unternehmen zum Bestandteil ihrer Unternehmensgrundsätze. Die Realisierung im Rahmen des Personalmangements läßt jedoch vielerorts deutlich zu wünschen übrig.

Im folgenden soll ein Überblick über die wichtigsten Felder modernen Human Resources Managements gegeben werden und auch untersucht werden, welche Besonderheiten sich im Dienstleistungsbereich und insbesondere im Tourismus ergeben. Im übrigen ist anzumerken, daß die Begriffe "Personalmanagement" und "Human Resources Management" synonym verwendet werden - beide Begriffe implizieren eine handlungsorientierte Perspektive. Sofern die institutionalisierte Form des Personalmanagements in Unternehmen gemeint ist, wird auf die Begriffe "Personalbereich" bzw. „Personalabteilung" zurückgegriffen.

1.2 Anforderungen an ein modernes Human Resources Management

Die Anforderungen an heutige Personalbereiche kommen aus verschiedenen Richtungen bzw. auch von verschiedenen Gruppen innerhalb und außerhalb des Unternehmens sowie von Institutionen aus der Umwelt des Unternehmens, oder sie resultieren aus gesamtgesellschaftlichen Entwicklungen.

Eine zentrale Gruppe, die Erwartungen an den Personalbereich stellt, sind die aktuellen Mitarbeiter des Unternehmens. Daß sich diese Erwartungen in den vergangenen 30 Jahren erheblich gewandelt haben und eine **Tendenz von materiellen zu immateriellen Werten** sichtbar ist, haben mehrere Studien deutlich herausgestellt (*vgl. Noelle-Neumann/Strümpel 1985; Ingelhart 1979; Opaschowski 1989*). In diesem Zusammenhang muß man sicherlich noch schichtspezifische und bildungsbedingte Differenzierungen treffen, aber Teilbereiche des Wertewandels finden sich in jeder gesellschaftlichen Gruppe. Zahlreiche Mitarbeiter ziehen heute etwa ein flexibles Arbeitszeitmodell mit einer hohen Zeitautonomie und mehr Freizeit einer Entgelterhöhung vor.

Nach der Studie von *Opaschowski* (*1989, S. 12*) wollen sich 55% aller Berufstätigen in der Freizeit verwirklichen. Der Wertewandel impliziert für die Personalabteilungen, daß hier ein höheres Maß an Kreativität und Ideenreichtum bei der Gestaltung der Personalpolitik gefordert ist als früher. Zu beobachten ist auch eine **Individualisierung der Mitarbeitererwartungen**, d. h. etwa, daß Sozialleistungen, die für den einen Mitarbeiter wichtig sind, für einen anderen Mitarbeiter nur eine sehr marginale Rolle spielen. Dieser Tendenz kann im Bereich der Sozialleistungen z. B. mit der Einführung von Cafeteria-Modellen begegnet werden - auch hier ist der Personalbereich gefordert (*Wolf 1993*).

Caferteria-Modelle stellen ein Instrument flexibler Entgeltgestaltung dar, wobei die Grundidee ist, Mitarbeiter nicht ausschließlich durch Barzahlung zu entlohnen, sondern sie - wie in einer Caferteria - aus verschiedenen Entgeltbausteinen auswählen zu lassen. D.h. konkret, der Mitarbeiter kann entsprechend seiner persönlichen Präferenzen, die etwa auch durch die familiäre Situation und durch seine Phase im Lebenszyklus bestimmt sind, entscheiden, ob er z.B. eine Direktversicherung haben möchte oder es vorzieht, eine vom Unternehmen angebotene Baufinanzierungshilfe in Anspruch zu nehmen. Cafeteriapläne, die in einer Vielzahl von Varianten denkbar sind, geben dem Unternehmen die Möglichkeit, im Rahmen seiner Sozialleistungspolitik kostenbewußt zu agieren. *Wolf (1993, S. 930)* weist darauf hin, daß dadurch das bestehende Budget an Personalkosten vielleicht nicht unbedingt verändert, aber effizienter genutzt wird.

Neben den Mitarbeitern eines Unternehmens stellen auch die **Unternehmensleitungen** heute differenziertere Anforderungen an die Personalbereiche. Erfolge und Leistungen der Personalbereiche lassen sich nicht unbedingt in monetären Größen abbilden, dennoch wird erwartetet, daß auch der Personalbereich seine Leistungen transparent macht und an den Kriterien Effizienz und Kosten orientiert. Die Ausdifferenzierung der Teilfunktion "Personalcontrolling" als ein "Konzept zur Effizienzmessung, Frühwarnung, Beeinflussung (Steuerung) und Planung der Personalarbeit ..." (*Beyer 1991, S. 281*) weist in diese Richtung.

Eine weitere Gruppe im Unternehmen, von denen Anforderungen an den Personalbereich herangetragen werden, sind die **Betriebsratsgremien**. Auch in diesem Aktionsfeld der Personalarbeit haben sich u.E. in den vergangenen Jahren erhebliche Änderungen vollzogen. Die Palette der Themen hat sich hier vor allem durch den zunehmenden EDV-Einsatz in den Unternehmen allgemein und in den Personalabteilungen im Besonderen erheblich erweitert - mehr denn je sind auf beiden Seiten, d. h. auf Seiten der Unternehmensleitungen/Personalabteilungen und auf Seiten der Betriebsräte, Experten gefordert. Zur Realisierung des gesetzlichen Gebots der vertrauensvollen Zusammenarbeit zwischen Betriebsrat und Arbeitgeber kann der Personalbereich in hohem Maße beitragen, z. B. durch eine professionelle und transparente Informationspolitik gegenüber Mitarbeitern und Betriebsrat.

Darüber hinaus stehen Unternehmen heute mehr als vor 20 Jahren unter den wachsamen Augen der **Öffentlichkeit**. Kritisch beäugt wird sicherlich vor allem das Verhalten der Unternehmen gegenüber der Umwelt und die Unternehmenspolitik insgesamt, aber auch das Personalmangement und insbesondere eine verfehlte Personalpolitik sind oft Gegenstand kritischer Presseberichte.

Welche Konsequenzen ergeben sich aus diesen Anforderungen? *Scholz* (*1995*) formuliert einige Grundpostulate für ein zeitgemäßes Personalmanagement:

- **Kundenorientierung:** Konsequente Ausrichtung des Personalbereichs, d. h., daß Kundenbedürfnisse zunächst erfaßt werden müssen (ein Instrument kann z. B. die Mitarbeiterbefragung sein), um ihnen dann mit hochqualitativen Dienstleistungen zu entsprechen. Auch *Gaugler/Weber* (*1995*) sehen einen Umbau der Personalabteilungen zu Dienstleistungs- und Profitcentern.

- **Individualisierung:** Abrücken von kollektiven Regelungen, es gilt verstärkt die individuellen Präferenzen der einzelnen Mitarbeiter zu berücksichtigen - flexible Arbeitszeitmodelle und die bereits erwähnten Cafeteria-Modelle sind hier z. B. Instrumente der Realisierung.

- **Flexibilisierung:** Die schnelle Anpassung an interne und externe Umweltfaktoren. Dabei sind die Instrumente ähnlich wie bei der Individualisierung. So kann etwa ein flexibles Arbeitszeitmodell sowohl dazu dienen, die Individualisierungswünsche der Mitarbeiter zu berücksichtigen als auch dazu, durch externe Faktoren bedingte Kapazitätsschwankungen in der Produktion auszugleichen.

"Personal kann jeder" - dies ist ein vielfach zitierter Satz, der ein wenig auch die Position der Personalbereiche in der Praxis kennzeichnet. Scholz fordert deshalb eine verstärkte **"Professionalisierung"** im Personalbereich und zwar sowohl im Leistungsangebot der Personalabteilungen als auch in der Personalmanagementlehre und hier vor allem bei der Entwicklung eigenständiger Konzepte und Methoden.

Im folgenden werden die wichtigsten Felder des Human Resources Managements betrachtet. Da die Teilfunktionen des Personalmanagements in der personalwirtschaftlichen Fachliteratur ausführlich behandelt werden, wird hier nur ein grober Überblick gegeben (*zur Vertiefung siehe u. a. Scholz 1995; Hentze 1994; Bühner 1994*).

1.3 Die wesentlichen Teilfunktionen des Human Resources Managements

Ein wichtiges Element des Human Resources Managements ist die **Personalbedarfsplanung**. Ziel einer Personalbedarfsplanung ist es, zu ermitteln, wieviele Mitarbeiter mit einer bestimmten Qualifikation zu einem bestimmten Zeitpunkt an einem bestimmten Ort notwendig sind. Dies stellt eine Voraussetzung für nahezu alle weiteren Aktivitäten des Personalmangements dar. Personalbedarfsplanung hat also quantitative und qualitative Aspekte und ist sowohl strategisch, d. h. mit einer längeren Zeitperspektive als auch operativ zu sehen. Sie ist Teil einer gesamten Personalplanung, die man definieren kann als „... die vorausschauende, systematische Konzeption künftiger personeller Maßnahmen" (*Freund u. a. 1990, S. 29*).

Eng zusammen gehören die Bereiche der **Personalbeschaffung** und der **Personalauswahl**. Personalbeschaffung beinhaltet die Bereitstellung der für ein Unternehmen notwendigen Arbeitskräfte, wobei Personalbeschaffung sowohl quantitative Aspekte (Wieviele Mitarbeiter werden benötigt?) als auch qualitative Aspekte (Welche Qualifikationen sind notwendig?) beinhaltet. Die erste Frage, die sich im Rahmen der Personalbeschaffung stellt, ist die Frage, ob eher innerbetriebliche oder außerbetriebliche Wege genutzt werden sollten. Dies ist eine Problematik, die jedes Unternehmen für sich selbst entscheiden sollte und die in engem Zusammenhang mit der Personalentwicklung zu sehen ist. Als Vorteile der innerbetrieblichen Personalbeschaffung sind vor allem die Einsparung von Kosten und die Bindung von Mitarbeitern an das Unternehmen zu sehen. Außerbetriebliche Personalbeschaffung gibt vor allem die Möglichkeit, neue Ideen ins Unternehmen einzubringen.

Die Instrumente, die im Rahmen der außerbetrieblichen Personalbeschaffung genutzt werden, sind zum einen die Stellenanzeige in der Fachpresse bzw. in den lokalen und überregionalen Tageszeitungen, die Werbung von Mitarbeitern an Schulen und Hochschulen, die Einschaltung von Personalberatern und auch die Beschaffung über das lokale Arbeitsamt. Zur Überbrückung von kurzfristigen Engpässen bietet sich auch die Kooperation mit Zeitarbeitsunternehmen an.

Nach einer Untersuchung von *Schüle* (*1987, zit. in Scholz 1995, S. 235*) dominierte bisher das Instrument der Stellenanzeige (36,8 % aller Nennungen) mit weitem Abstand vor den anderen Beschaffungswegen. Allerdings ist hier anzumerken, daß die zitierte Untersuchung relativ alt ist und sich in den vergangenen 10 Jahren erhebliche Verschiebungen ergeben haben. So dürfte die Bedeutung des Arbeitsamtes (19,2 % aller Nennungen) eher als rückläufig anzusehen sein, wogegen die Bedeutung anderer Beschaffungswege (z. B. private Arbeitsvermittler oder Personalberater), die damals nur 5,4 % aller Nennungen ausmachten, heute erheblich zugenommen haben, auch stark beeinflußt durch den Fall des Vermittlungsmonopols der Bundesanstalt für Arbeit.

Die **Personalauswahl** wird bis heute dominiert vom Instrument des **Bewerbergesprächs**, das in verschiedenen Varianten anwendbar ist (*vgl. den Überblick bei Scholz 1995, S. 243 ff.*) Hier bietet sich einerseits von der formalen Gestaltung des Gesprächs her eine große Bandbreite an, vom vollkommen freien Gespräch (freies Interview) zwischen Unternehmen und Bewerber bis hin zu standardisierten Varianten (strukturiertes Interview).

Andererseits sind auch verschiedene Organisationsformen des Interviews möglich, die vom Einzelgespräch (ein Bewerber/ein Unternehmensvertreter) über das serielle Interview (mehrere Gespräche in Folge mit verschiedenen Unternehmensvertretern) bis zum Juryinterview (mehrere Unternehmensvertreter gleichzeitig/ein Bewerber) reichen, um nur die wichtigsten zu nennen. Welche Form angewandt werden sollte, ist von dem jeweiligen Unternehmen, von der zu besetzenden Position und der Persönlichkeit und Qualifikation des Bewerbers abhängig. Die Vorhersagegenauigkeit (Prognosevalidität) des Einstellungsinterviews ist allerdings nicht sehr hoch einzuschätzen (*vgl. Scholz 1995, S. 246*).

Ergänzend bietet sich der Einsatz von **Tests** an, die sich in zwei große Gruppen differenzieren lassen, in die Gruppe der **Persönlichkeitstests** und in die Gruppe der **Fähigkeitstests** (*Jäger/Petermann 1992*). Während bei den Fähigkeitstests versucht wird, Informationen über die Leistungsfähigkeit einer Person im intellektuellen und/oder motorischen Bereich zu ermitteln, streben die Persönlichkeitstests an, Informationen über die Persönlichkeitsstruktur des Bewerbers zu bekommen, d. h. es werden Eigenschaften, Einstellungen, Interessen gemessen, um die Persönlichkeit eines Bewerbers zu erfassen (*Curth 1990*). Gerade die Persönlichkeitstests sind mit einigen ethischen Problemen behaftet (Wie weit darf ein Unternehmen in die Persönlichkeit eines Bewerbers eindringen?) und sollten äußerst restriktiv eingesetzt werden. Im übrigen ist anzumerken - und das gilt für alle Testverfahren - daß sie immer nur ergänzend eingesetzt werden sollten und als alleiniges Instrument der Personalauswahl nicht zu empfehlen sind.

Als sehr taugliches Instrument der Personalauswahl ist heute immer noch das Assessmentcenter anzusehen, dem auch eine hohe Prognosevalidität (0.40 -

0.70) attestiert wird (*vgl. die Übersicht bei Scholz 1995, S. 246*). Das Assessmentcenter besteht aus einer sehr konzentrierten Folge von verschiedenen Übungen, die die Bewerber durchlaufen und in denen sie von verschiedenen Personen beobachtet werden. Der zentrale Vorteil ist in der Vielzahl der Eindrücke und Perspektiven zu sehen, die die Entscheider von dem Bewerber bekommen.

Eine weitere Teilfunktion des Personalmanagements ist die **Personalentwicklung**, die nach *Mentzel* (*1989, S. 15*) definiert werden kann als „... Inbegriff aller Maßnahmen, die der individuellen beruflichen Entwicklung der Mitarbeiter dienen und ihnen unter Beachtung ihrer persönlichen Interessen die zur optimalen Wahrnehmung ihrer jetzigen und zukünftigen Aufgaben erforderlichen Qualifikationen vermitteln". In der Personalentwicklung treffen sich somit idealerweise die Ziele des Unternehmens und die Ziele der Mitarbeiter. Durch gezielte Personalentwicklung kann sich das Unternehmen größere Unabhängigkeit vom externen Arbeitsmarkt verschaffen, die Qualifikationen der Mitarbeiter erhalten und verbessern und den notwendigen Bestand an Fach- und Führungskräften sichern. Aus Sicht der Mitarbeiter bietet Personalentwicklung die Grundlage zum persönlichen Aufstieg und erhöht die Mobilität am Arbeitsmarkt. Aufstieg meint nicht nur hierarchischen Aufstieg, sondern kann auch in der Ausweitung der fachlichen Kompetenz und der Übernahme anspruchsvollerer Aufgaben liegen. Die in zahlreichen Unternehmen vorgenommenen Differenzierung in Fach- und Führungslaufbahnen erweist sich in diesem Zusammenhang als überaus sinnvoll.

Zu betonen ist hier ausdrücklich, daß systematische Personalentwicklung nur funktionieren kann, wenn sie vom Management mitgetragen wird und sozusagen in der Kultur des Unternehmens verankert ist. Eine Personalentwicklung als isolierte Funktion mit der Aufgabe, lediglich Seminarangebote für Mitarbeiter festzulegen, wird wenig erfolgreich sein.

Relativ neu ist die Funktion des **Personalcontrolling**. *Beyer* (*1991, S. 281*) sieht das Personalcontrolling als „... Konzept zur Effizienzmessung, Frühwarnung, Beeinflussung (Steuerung) und Planung der Personalarbeit (personenbezogene Erfolgssteuerung) und damit des Führungserfolges". Personalcontrolling beinhaltet, legt man die Zeitperspektive zugrunde, strategische und operative Aspekt. **Operatives Personalcontrolling** dient vor allem der Überwachung eines effizienten und ökonomischen Mitarbeitereinsatzes. **Strategisches Personalcontrolling** hat zum Ziel, den langfristigen Erfolg der Personalarbeit zu sichern und zukünftige Entwicklungen zu analysieren, mögliche Risiken zu erkennen und abzuwehren (*vgl. zusammenfassend Wunderer/Schlangenhaufer 1994*). Personalcontrolling beinhaltet damit nicht nur quantiative, sondern auch qualitative Aspekte. Neben der Konzeption von reinen Kennzahlensystemen (Fluktuationsquote, Krankenstandsquote u. a.) und deren Analyse und Interpretation hat Personalcontrolling auch die Aufgabe, z. B. soziale Konsequenzen von Personalentscheidungen zu analysieren und Transparenz über den Personalbereich gegenüber den Mitarbeitern und dem Management herzustellen.

Auch der Bereich des **Personalmarketing** hat in den vergangenen Jahren an Bedeutung zugenommen und ist mittlerweile in zahlreichen Unternehmen als eigenständige Funktion im Personalbereich institutionalisiert. Maßnahmen des Personalmarketing (z. B. Mitarbeiterbefragungen, Imagestudien, Imageanzeigen, Mitarbeiterinformationen u. ä.) verfolgen mehrere Zielrichtungen. Ein Ziel ist es, das Unternehmen auf dem Arbeitsmarkt bekannt zu machen, also potentielle Bewerber zu interessieren. Zweitens wirkt Personalmarketing auch nach innen. Eine Mitarbeiterbefragung dient neben der Informationssammlung auch dazu, Mitarbeiter zu motivieren. Die dritte Funktion wird als "Profilierungsfunktion" bezeichnet (*vgl. Scholz 1995 und 1995a*). In einer Zeit, in der sich Unternehmen von den Produkten her immer ähnlicher werden, wo betriebliche Sozialleistungen sich angleichen, dient Personalmarketing auch dazu, Alleinstellungsmerkmale des Unternehmens im (Personal)-Markt herauszuarbeiten, die durchaus über materielle Aspekte hinausgehen und z. B. im Bereich der Unternehmenskultur liegen können.

Mit der **Entgelt- und Sozialleistungspolitik** soll dieser kurze Überblick abgeschlossen werden. Auch dieser Bereich ist als wesentliche Teilfunktion des Human Resources Managements anzusehen. Hier sind im Zusammenhang mit dem oben skizzierten Prozeß des Wertewandels und den gesamtgesellschaftlichen Entwicklungen neue Wege zu beschreiten. Die traditionellen Formen der Akkord- und Prämienentlohnung sind nur noch z. T. angemessen und tragfähig. Ebenso ist die Verteilung der Sozialleistungen nach dem "Gießkannenprinzip" unter dem steigenden Kostendruck und auch aus der Perspektive des Wertewandels nicht mehr sinnvoll. Gerade im Dienstleistungsbereich, wo die Leistungsqualität eine wichtige Rolle spielt, muß diese auch in den Entlohnungssystemen berücksichtigt werden. Dieser Aspekt wird weiter unten noch einmal aufgegriffen.

Führung, verstanden als zielorientierte Beeinflussung der Einstellungen und Verhaltensweisen des Mitarbeiters durch den Vorgesetzten, ist **keine** eigenständige und institutionalisierte Funktion des Personalbereichs, aber durchaus ein Thema des Human Resources Managements. Führung wird „vor Ort“ in den Linienabteilungen wahrgenommen. Personalbereiche können hier jedoch unterstützend wirken, indem sie entsprechende Hilfsmittel für die Fachvorgesetzten bereitstellen bzw. beratend wirken.

1.4 Spezifische Aspekte des Human Resources Managements im Dienstleistungsbereich

Die im vorherigen Abschnitt vorgestellten Funktionen des Personalmanagements sind universell, d. h. sie gelten im wesentlichen für alle Unternehmen. Dennoch ist der Dienstleistungsbereich von einigen Besonderheiten gekennzeichnet, auf die im folgenden etwas näher eingegangen wird.

1.4.1 Zur Qualität von Dienstleistungen

Die spezifischen Merkmale der Dienstleistung haben entscheidende Auswirkungen auf die Qualitätsaspekte. Immaterialität, Nichtlagerfähigkeit und Nichttransportfähigkeit (*vgl. Maleri 1991; Bernkopf 1993; Benölken/Greipel 1990*) haben zur Folge, daß eine Dienstleistung nicht vorab auf ihre Qualität hin überprüfbar ist. Sie ist nicht umtauschbar gegen eine bessere Dienstleistung, und die Dienstleistung kann nicht wie ein Sachgut bei Nichtgefallen an den Hersteller zurückgegeben werden. Mit der Buchung einer Pauschalreise z. B. erwirbt der Kunde zunächst nichts anderes als ein Leistungsversprechen. Leistungsmängel haben im Tourismus - darauf weist z. B. *Pompl* (*1994, S. 106*) hin - Kosten in dreierlei Hinsicht zur Folge: Kosten für die Erstellung eines unbefriedigenden Produkts, Kosten für die Behebung von Mängeln und Kosten, die durch die Abwanderung von Kunden entstehen. Insofern ist besonders Wert zu legen auf ein **fehlerfreies Servicemanagement**. Gerade das Produkt der Pauschalreise als Bündelung verschiedener Dienstleistungen (Transport, Beherbergung, sonstiger Service) erfordert eine hohe Qualität jeder einzelnen Dienstleistung, denn negative Erfahrungen, die ein Tourist im Hotel macht, sind nicht mit einer hochqualitativen und von gutem Service geprägten Anreise zu kompensieren. Und eine schlecht organisierte Rückreise mit langen Wartezeiten und schlechtem Service vermag die vielleicht ansonsten positiven Eindrücke einer Pauschalreise vollständig zu verwischen. Gerade diese Nichtkompensierbarkeit der Einzelelemente ist ein besonderes Kennzeichen der Produkte bzw. Dienstleistungen im Touristikbereich.

Entgegen der Dynamik im Produktionsbereich ist nach Ansicht von *Hart u. a.* (*1993*) das "Null-Fehler"-Prinzip bei Dienstleistungen nicht erreichbar: "Anders als in der Warenproduktion, wo Inputs und Maschinen so lange justiert werden können, bis die Erzeugnisse ausnahmslos perfekt sind, weichen Dienstleistungen immer wieder von der Normleistung ab" (*Hart u. a. 1993, S. 236*). Nicht kontrollierbare und nicht planbare Variablen, die von der schwer einzuschätzenden Persönlichkeit des Kunden bis zur Nichtbeeinflußbarkeit des Wetters bei einer Flugreise reichen, können die Qualität der Dienstleistung erheblich beeinflussen.

Bei Dienstleistungsunternehmen stellen die Mitarbeiter deshalb den wichtigsten Produktionsfaktor dar, worauf u. a. *Peters* (*1995*) hinweist. Der unmittelbare Kontakt mit dem Konsumenten im Augenblick der Erstellung der Dienstleistung erfordert sehr spezifische Qualifikationen der Mitarbeiter und zieht damit auch besondere Aktivitäten im Bereich des Human Resources Managements nach sich: „Da Dienstleistungen von Menschen zu Menschen erbracht werden, ergibt sich hieraus das Problem der ständig optimalen Verhaltenseinstellung der betroffenen Mitarbeiter gegenüber den Kunden des Unternehmens." (*Peters 1995, S. 53*). Das wiederum erfordert auch eine sehr spezifische Ausrichtung des Human Resources Managements, auf die im folgenden eingegangen wird.

1.4.2 Konsequenzen für das Human Resources Management im Dienstleistungsbereich

In diesem Punkt werden die Teilfunktionen des Human Resources Managements, denen im Dienstleistungsbereich eine besondere Bedeutung zukommt, näher beleuchtet. Das Hauptaugenmerk liegt auf den entscheidenden Unterschieden zum Personalmangement in Produktionsunternehmen. Dies sind die besonderen **Qualifikationsanforderungen der Mitarbeiter**, die **Personalbeschaffung**, die **Führung**, das **Entgeltmanagement** und die **Personalentwicklung**.

1.4.2.1 Spezifische Qualifikationsanforderungen im Dienstleistungsbereich

Die Mitarbeiter sind - darüber herrscht Einigkeit - im Rahmen der Erstellung und Vermarktung von Dienstleistungen das zentrale Element, denn Dienstleistungen sind in erster Linie, wie *Benölken/Greipel* (*1990, S. 92*) bemerken, ein „sozialer Prozeß" und: „Der Schlüssel zu einem erfolgreichen Dienstleistungsmanagement ist und bleibt die Fähigkeit, menschliche Energien zu mobilisieren und zu lenken" (*ebda., S. 93*).

Was bedeutet diese These nun für die Anforderungen, die an Mitarbeiter im Dienstleistungsbereich zu stellen sind?

Während in industriellen Kernbereichen - nehmen wir als Beispiel die Bauindustrie - bei zahlreichen Tätigkeiten fachspezifische Qualifikationen gefordert sind (z. B. Kenntnisse über Architektur und Statik) ist der Dienstleistungsbereich dominiert von **extrafunktionalen Qualifikationen**. Damit sind alle

Qualifikationen gemeint, die über die stellen- bzw. aufgabenspezifischen Fachqualifikationen hinausgehen, wie z. B. die Fähigkeit, mit Kunden zu kommunizieren.

Becker/Wellins (*1990, S. 49*) liefern eine sehr umfassende Zusammenstellung der Qualifikationen, die für Mitarbeiter mit direktem Kundenkontakt unerläßlich sind:

Dazu gehören insbesondere die

- **Fähigkeit zur Kommunikation** als Fähigkeit, sich gegenüber dem Kunden schriftlich und mündlich klar auszudrücken, sowie auch das dazugehörige
- **Einfühlungsvermögen.**
- **Entscheidungsfähigkeit** hinsichtlich der Erfüllung von Kundenwünschen,
- **Flexibilität, Energie, Verläßlichkeit** und ein **gepflegter äußerer Eindruck** sind nach Ansicht der Autoren ebenso unverzichtbar wie
- **Initiative, Integrität, Fachkenntnis** und **Urteilsvermögen**. Neben weiteren Fähigkeiten, wie die
- **Motivation, dem Kunden zu dienen**, nennen *Becker/Wellins* (*1990*) auch noch
- **Überzeugungsfähigkeit/Verkaufstalent,**
- **Planungsfähigkeit,**
- **Belastbarkeit,** die Fähigkeit, die
- **Situation des Kunden zu analysieren** und ein
- **hohes Anspruchsniveau**. U. E. sollte diese Liste noch ergänzt werden durch die
- **Fähigkeit zur Improvisation**.

Diese Darstellung zeigt, daß vor allem die extrafunktionalen Qualifikationen im Dienstleistungsbereich einen erheblich höheren Stellenwert haben als im produktiven Bereich.

Daneben ist anzumerken, daß der Dienstleistungsbereich natürlich auch **fachspezifische Kenntnisse** erfordert. So kommt etwa *Kirstges* (*1994, S. 76*) auf der Basis von Analysen der Stellenangebote im Tourismus zu dem Schluß, daß EDV-Kenntnisse zu den wichtigsten Fachkenntnissen gehören. Das gilt sowohl für Kenntnisse des Computerreservierungssystems START als auch für allgemeine PC- und Softwarekennnisse. Darüber hinaus ist im Zuge der Europäisierung auch davon auszugehen, daß **Fremdsprachenkennntisse** im Tourismus zu den fachlichen Kernqualifikationen gehören werden: „Gerade im Veranstaltergeschäft", so *Kirstges* (*1994, S. 77*), „ist die Beherrschung fremder Sprachen unerläßlich." Auf der Basis einer selbst durchgeführten Analyse von fast 600 Stellenangeboten, die allerdings keinen Anspruch auf Repräsentativität erhebt, kommt der Verfasser zu dem Ergebnis, daß im Durchschnitt pro Stelle Kenntnisse in 1,2 Fremdsprachen gefordert werden. Die Kombination von fachlichen Kenntnissen und extrafunktionalen Qualifikationen im Dienstleistungsbereich und speziell im Tourismus führt natürlich zu sehr spezifischen Ansprüchen im Rahmen der Personalbeschaffung und -auswahl als Teilfunktionen des Human Resources Managements, auf die ich im nächsten Punkt eingehen möchten.

1.4.2.2 Personalauswahl im Dienstleistungsbereich

Wenn man den im vorherigen Abschnitt skizzierten Anforderungen zustimmt, wird auch deutlich, daß die meisten traditionellen **Instrumente der Personalauswahl**, wie sie in der personalwirtschaftlichen Literatur vorgestellt werden, keinesfalls ausreichen, um treffsichere Entscheidungen zu fällen. So weist *Bieberstein* (*1995*) darauf hin, daß die Entscheider nicht nur die fachlich-technische Kompetenz der Bewerber bewerten sollen, sondern auch die psycho-sozialen Eigenschaften als Auswahlkriterium mit einbeziehen müssen: "Keine Schulung" - so *Bieberstein* (*1995, S. 343*) - "vermag aus generell unfreundlichen Mitarbeitern kundenorientierte Mitarbeiter zu machen." Dies gilt umso mehr, je stärker die als Dienstleistungen angebotenen Leistungen den **persönlich-interaktiven Dienstleistungen** zuzurechnen sind. Das ist in einem hohen Maße im Tourismusbereich der Fall. Wenn man die Struktur des Angebots im Tourismus mit den Elementen Transport, Beherbergung, Animation und Vermittlungsleistung betrachtet (*z. B. Freyer 1991*), so wird deutlich, daß -sieht man vielleicht vom Transport ab-, der Anteil der persönlich interaktiven Dienstleistungen im Tourismus besonders hoch ist, höher als z. B. in der Versicherungsbranche.

Als Konsequenz für die Personalauswahl ergibt sich, daß hier besondere Sorgfalt in der Auswahl von Mitarbeitern für alle Bereiche notwendig ist. Das traditionelle Instrument des Bewerbergesprächs stößt hier schnell an seine Grenzen. Es empfiehlt sich der breite Einsatz von Assessmentcentern, gekoppelt ggf. mit besonderen Testverfahren, wie z. B. Kreativitätstests. (*zum Assessmentcenter siehe vertiefend z. B. Obermann 1992*). Ein großer Teil der oben beschriebenen Qualifikationsanforderungen läßt sich mit den Übungen im Rahmen eines Assessmencenters testen, wie z. B. mit Rollenspielen, Gruppendiskussionen, Präsentationen, Postkorbübungen und anderen Simulationen. Wichtig ist hier jedoch, daß die Teilelemente des Assessmentcenters auf die **spezifischen Anforderungen des Unternehmens** und die **konkrete**

Arbeitsaufgabe hin konzipiert sind. Die in der Literatur zu findenden Standardübungen helfen hier wenig.

Auch muß man sich von dem Gedanken lösen, das Assessmentcenter sei vorrangig ein Auswahlverfahren für Führungskräfte, Führungsnachwuchskräfte und hochkarätige Spezialisten. Für den Produktionsbereich mag diese Einschränkung unter ökonomischen Aspekten sinnvoll und notwendig sein, aber gerade der Bereich der persönlich-interaktiven Dienstleistungen erfordert ein umfassendes Auswahlverfahren auch unterhalb des mittleren Managements. *Stauss* (*1995, S. 266*) weist in Anlehnung an eine amerikanische Studie darauf hin, daß die exzellente Qualität bestimmter Dienstleister - als Beispiel nennt er die Disney Company - nicht zuletzt das Ergebnis einer konsequenten internen Marketingsstrategie ist, an deren Anfang die Personalauswahl steht.

Darüber hinaus ist anzumerken, daß zahlreiche Produkte im Dienstleistungsbereich mittlerweile ein so hohes Maß an Komplexität erreicht haben, daß sie nur in **Teamarbeit** zu erstellen sind. Man denke etwa an die Computerindustrie. Der Verkauf der Hardware hat heute eher eine untergeordnete Bedeutung. Installation, Service, Softwareerstellung und -pflege erfordern eine teamorientierte Kooperation zwischen Verkäufern, Technikern und Entwicklern. Gleiches gilt auch für den Tourismusbereich. Die Pauschalreise etwa ist ein Produkt, das zur Kombination der Einzelelemente von der Planung bis zur Realisierung durchgängig Teamarbeit erfordert. Also sollte auch die Fähigkeit zur Teamarbeit ein zentrales Selektionskriterium in der Personalauswahl sein.

1.4.2.3 Führung im Dienstleistungsbereich

Führung gilt als ein Element des Human Resources Managements. Der Unterschied zu den anderen Feldern des Personalmanagements (Personalbeschaffung, Personalentwicklung) liegt darin, daß Führung **keine im Personalbereich institutionalisierte** Funktion darstellt, sondern ein tragendes Element jeder Mitarbeiter - Vorgesetztenbeziehung ist, insofern also das gesamte Unternehmen durchzieht. Oben wurde bereits darauf hingewiesen, daß Personalbereiche hier nur unterstützend wirken können.

Ein Blick auf die Führungsdiskussion der vergangenen Jahrzehnte macht folgendes deutlich: Die starre Dichotomisierung in autoritären und kooperativen Führungsstil ist einer mehrdimensionalen und vor allem situationsbezogenen Betrachtung gewichen: „Angestrebt wird eine Personalführung, die individuumsbezogen auf die jeweils involvierten Personen ausgerichtet ist und situationsbezogen ihre aktuelle Führungssituation berücksichtigt" (*Scholz 1995, S. 470*). Auch rückt die Persönlichkeit des Führenden wieder in den Vordergrund, nachdem man jahrelang der Ansicht war, Führung sei in jedem Fall erlernbar. Moderne Führungstheorien versuchen zum einen, die Führungssituationen zu analysieren, zum anderen auch Empfehlungen für das Führungsverhalten zu geben.

Worin liegen nun die Besonderheiten von Führung im Dienstleistungsbereich?

Der Begriff der **Führungssituation** impliziert, daß das Verhältnis zwischen Vorgesetztem und Mitarbeiter und damit auch das Führungsverhalten von verschiedenen Variablen geprägt ist, so z. B. vom aufgabenbezogenen Reifegrad des Mitarbeiters, den *Hersey/Blanchard* (*1982*) besonders hervorheben. Niedriger Reifegrad des Mitarbeiters bezüglich der Arbeitsaufgabe erfordert einen eher diktierenden ("telling") und damit autoritär geprägten Führungsstil, während ein hoher Reifegrad es zuläßt, daß der Vorgesetzte eine Arbeitsaufgabe vollständig an den Mitarbeiter delegiert ("delegating").

Die Führungssituation im Dienstleistungsbereich ist vor allem dadurch geprägt, daß die Leistungserstellung und der Leistungsabsatz meist simultan und in direktem Kontakt mit dem Kunden stattfinden. So weist *Simon* (*1993, S. 21*) darauf hin, daß eine vorgeschaltete Qualitätskontrolle nicht möglich ist und es deshalb darauf ankommt, den Mitarbeitern vorab ein Qualitätsbewußtsein zu vermitteln: „Dem industriellen Dienstleister kann in der Regel keine Aufsichtsperson an die Seite gestellt werden, er muß qua Selbstdisziplin statt externer Disziplin geführt werden. Er braucht größere Entscheidungskompetenz als der Fabrikarbeiter, um vor Ort beim Kunden selbständig und effizient agieren zu können." Wenn man diese Perspektive weiterverfolgt, führt das konsequenterweise in den meisten Bereichen der Dienstleistungsproduktion zum **Einsatz von Management by Objectives - Systemen**, auch auf den unteren Hierarchieebenen, also zu Führungssystemen, die im Kern eine Zielorientierung besitzen und wenige Eingriffe des Vorgesetzten erfordern.

Ein Beispiel für den Einsatz eines MbO-Systems liefert der Reisemittler Romminger (*vgl. Bretz/Maassen 1989*). Hier werden sowohl mit den Mitarbeitern als auch mit den Filialleitern strategische und operative Ziele vereinbart. Die strategischen Ziele konzentrieren sich vor allem in drei Bereichen:

- Halten von gutem Personal
- Erhöhung des Flugreiseanteils
- Erhöhung des Bekanntheitsgrades

Jedes Ziel wird mit bestimmten Punktzahlen versehen. So z. B. gibt es bestimmte Punkte für die Senkung der Fluktuation. Gelingt es einem Filialleiter, die Fluktuation auf 2 Mitarbeiter pro Jahr zu senken, erhält er 10 Punkte, scheidet nur ein Mitarbeiter aus, erhält er 20 Punkte, verläßt kein Mitarbeiter das Unternehmen, erhält der Filialleiter 40 Punkte. Ähnliche Teilziele werden in den Bereichen „Erhöhung des Flugreiseanteils"; „Erhöhung des Bekanntheitsgrades", „Steigerung der Attraktivität für Jugendliche" u. a. vereinbart. Daneben werden zusammen mit den Mitarbeitern auch operative Ziele festgelegt, die z. B. im Bereich der Umsatzerhöhung liegen. Die Zielerreichung kann dann mit einem Bonussystem verknüpft werden.

Dabei ist allerdings anzumerken, daß MbO-Systeme nur unter zwei wesentlichen Bedingungen funktionieren können, die in der Praxis oft mißachtet werden: Erstens können nur solche Ziele vereinbart werden, deren Erfüllung der Mitarbeiter auch steuern kann. Zweitens müssen dem Mitarbeiter auch die entsprechenden Ressourcen (z. B. ein Budget, über das er verfügen kann) zur Erreichung seiner Ziele zur Verfügung stehen. Hier gibt es sicherlich einige Hindernisse: „Mitarbeitern der unteren Ebene Vollmachten zu erteilen, empfindet häufig das mittlere Management als bedrohlich, da es davon seine eigene Autorität unterhöhlt glaubt. Aber für einen guten Dienst am Kunden ist dieser Schritt unumgänglich" (*Hart u. a. 1993*).

1.4.2.4 Entgeltmanagement im Dienstleistungsbereich

Aus der Wertewandelsdiskussion und der Herzbergschen Motivationstheorie läßt sich ableiten, daß Geld nicht unbedingt ein zentraler **Motivator** ist, aber dennoch eine wichtige Rahmenbedingung der Tätigkeit, die bei falscher Handhabung zur Unzufriedenheit führen kann.

Unsere Entlohnungssysteme sind jahrelang in den Formen des Grundentgelts mit Zulagen (übertarifliche und/oder Leistungszulagen) und den Akkord- und Prämienentlohnungen erstarrt. *Bierfreund* (*1994*) sieht die Entlohnung als wesentlichen Einflußfaktor im Rahmen der arbeitsplatznahen Personalentwicklung und der Zusammenarbeit zwischen Mitarbeitern und Führungskräften. Der Beitrag bezieht sich zwar auf den produktiven Bereich, enthält jedoch auch einige für den Dienstleistungsbereich wertvolle Aspekte. Den traditionellen Lohnformen werden neue Aspekte hinzugefügt. So wäre es denkbar, daß sich das **Gesamtgehalt** aus folgenden Komponenten zusammensetzt:

- **Grundentgelt:** Tarifgrundlohn,
- **Weiterbildungs- und Qualifikationszulage:** Hierbei handelt es sich um eine Zulage, mit der die außerbetrieblichen Weiterbildungsaktivitäten der Mitarbeiter honoriert werden und die sich über mehrere Jahre abschreibt, so daß Mitarbeiter motiviert sind, sich ständig fortzubilden.
- **Zielorientierte Gruppenzulage:** Hier könnten Ziele mit einer Arbeitsgruppe (im Rahmen eines MbO-Prozesses) vereinbart (z. B. Senkung der Gemeinkosten) und dann über einen gruppenbezogenen Bonus honoriert werden. Der Vorteil liegt darin, daß sich z. B. eine solche Gemeinkostenersparnisprämie von selbst finanzieren würde - ein Teil der eingesparten Gemeinkosten wird als Prämie ausgeschüttet.

- **Persönliche Leistungszulage:** Bemißt sich an der individuellen Erfüllung strategischer und/oder operativer Ziele.

Ein recht interessantes Entlohnungsmodell aus dem Touristikbereich wird von *Kirstges* (*1994, S. 99 ff.*) vorgestellt. Ohne dieses System hier im Detail nochmals darzulegen, sei nur kurz darauf hingewiesen, daß in dem dort benannten Unternehmen, K&S-Reisen, Erträge zu 50% auf die Mitarbeiter verteilt werden. Das geschieht nach einem Punktesystem, in dem mehrere Gesichtspunkte berücksichtigt sind. Ausgehend von einer Gesamtzahl von 1000 zu verteilenden Punkten (hinter jedem Punkt steht ein aus dem Ertrag errechneter DM-Wert) werden 300 Punkte an die Mitarbeiter nach Betriebszugehörigkeit verteilt. Weitere 300 Punkte werden proportional zur Arbeitszeit verteilt, wobei u. a. nur teilnahmeberechtigt ist, wer mindestens 20 Stunden pro Woche bei K&S arbeitet. Die restlichen 400 Punkte werden nach der individuellen Arbeitsqualität verteilt, die wiederum vom direkten Vorgesetzten beurteilt wird.

Die an tayloristischen Prinzipien orientierten Entlohnungsformen der Prämien- und Akkordentlohnung sind u.E. für den Dienstleistungsbereich weitgehend untauglich, da hier andere Aspekte bedeutsam sind und die einzelnen Tätigkeiten eher einen ganzheitlichen Charakter haben. Außerdem dürfte es bei einer Dienstleistung wegen des sehr individuellen Charakters kaum möglich sein, eine „Normalleistung“ zu definieren, die Voraussetzung für Akkord- und Teile der Prämienentlohnung ist.

1.4.2.5 Personalentwicklung im Dienstleistungsbereich

Der **Personalentwicklung** kommt u. E. eine wichtige Rolle im Dienstleistungsbereich zu. In Anlehnung an die besonderen Merkmale der Dienstleistungen ist es notwendig, daß die Mitarbeiter im Dienstleistungsbereich sich als "Intrapreneure" verstehen (*Benölken/Greipel 1990*). Damit ist ein unternehmerisch denkender und handelnder Mitarbeitertyp gemeint, der innovative Ideen in seinem Arbeitsbereich realisiert. Ein derartiger Ansatz erfordert allerdings auch die Realisierung bestimmter **Werte in der Unternehmenskultur**, wie etwa die Toleranz gegenüber Experimenten und die Akzeptanz von Fehlern. Die Bemühungen um die Etablierung von Entrepreneuring bleiben, so *Benölken/Greipel* (*1990, S. 96*), so lange Oberflächenkosmetik, „... wie sie nicht mit einer dienstleistungsorientierten Unternehmenskultur korrespondieren. Mit anderen Worten: Nur wenn es gelingt, innovatives Dienstleistungsdenken und unternehmerisches Verantwortungsbewußtsein im kollektiv geteilten Wertgefüge eines Unternehmens authentisch zu verankern, kann sich so etwas wie ein `Intrapreneur` entfalten: Erforderlich ist eine innovationsfördernde und motivierende `Dienstleistungskultur´".

Welchen Beitrag kann nun die Personalentwicklung im Hinblick auf dieses Ziel leisten?

Die folgenden Ansatzpunkte erscheinen mir in diesem Zusammenehang wichtig:

1. Es ist erstens notwendig - und hier ist *Benölken/Greipel* (*1990*) zuzustimmen -, **klare Anforderungsprofile und Laufbahnen** zu schaffen, die eine Mischung von Selbstverwirklichung und persönlicher Weiterbildung realisieren. Akzeptiert man den oben skizzierten Wertewandel, so liegt in der Etablierung unternehmensspezifischer Laufbahnen eines der wichtigsten Motivationsinstrumente. Das korrespondiert im übrigen auch mit der vielzitierten **Motivationstheorie** von Herzberg, der gerade die Selbstverwirklichung als einen der entscheidenden Motivatoren sieht.

2. Die Autoren sehen das **Job-Enrichment** als eine wichtige Basis für unternehmerisches Denken an. Hier gilt es, sich endgültig vom Denken des Taylorismus zu lösen, der in der differenzierten Arbeitsteilung eines der Hauptinstrumente zur Effizienzsteigerung sah. Taylorismus macht im Dienstleistungsbereich umso weniger Sinn, als die Dienstleistungen sehr stark an die Persönlichkeit des Leistungsproduzenten gebunden sind. Unternehmerisches Denken und Handeln im Dienstleistungsbereich kann nur funktionieren, wenn tayloristische Prinzipien gerade nicht realisiert werden.

3. Aus organisatorischer Perspektive ist davon auszugehen, daß nur **kleinunternehmerische Einheiten** sinnvoll sind, in denen persönliche Erfolge meßbar und zurechenbar sind.

4. *Benölken/Greipel* (*1990*) fordern ein **Angebot an konkreten Aufstiegsmöglichkeiten** als Gegengewicht zur freizeitorientierten Haltung der Mitarbeiter. Aufstiegsmöglichkeiten als „... Reflex einer Freizeitgesellschaft und Rückbesinnung auf private und familiäre Werte, bei dem der Beruf nur noch ein unangenehmer Störungsfaktor ist" (*ebda. S. 95*). D. h. es muß gelingen, den Mitarbeitern ein mehr als nur instrumentelles Verhältnis zur Arbeit zu geben.

Ein Beispiel für eine dienstleistungsorientierte Personalentwicklung liefert etwa die AVIS Deutschland GmbH & Co KG (*vgl. zum folgenden Meffert/Bruhn 1995, S. 433 ff.*). Vorrangiges Ziel von AVIS ist die Verbesserung der Kommunikation zwischen Angestellten und Kunden. Dazu wurde ein Trainigsprogramm entwickelt, das sich aus mehreren Bausteinen zusammensetzt und auf bestimmte Mitarbeitergruppen zugeschnitten ist. Neue Mitarbeiter durchlaufen ein umfassendes Einarbeitungsprogramm mit verschiedenen Unterweisungen zu den Tätigkeiten in den einzelnen Vermietstationen, das ergänzt wird durch Kurse wie „Erfolgreicher Umgang mit Kunden". Die Stationsmitarbeiter absolvieren dann weitere verkaufsorientierte Programme, z. B.

zu den Themen „Telefonverkauf-Telemarketing“, „Erfolgreicher Verkauf in den Vermietstationen“, „Kommunikation und Kundenbereich“. Für Führungskräfte werden verschiedene Führungsseminare angeboten, wie z. B. ein Service Leadership Training, das speziell auf die Führungserfordernisse im Dienstleistungsbereich zugeschnitten ist. Dazu gehört auch ein sog. „Empowermenttraining“, bei dem die Mitarbeiter lernen, den Kunden in allen Situationen des Vermietalltags zufriedenzustellen und das Seminar „Effektive Kommunikation in Arbeitsgruppen“ sowie einige weitere Bausteine. Bemerkenswert ist darüber hinaus die Einbindung dieser Personalentwicklungsaktivitäten in die Kultur des Unternehmens. So gilt etwa weltweit das Prinzip der offenen Tür zur Verbesserung der individuellen Kommunikation zwischen Vorgesetzten und Mitarbeitern. Weiterhin finden sich bei AVIS Qualitätskreise, Problemlösungsgruppen und kleinere Treffen auf regionaler, überegionaler und internationaler Ebene sowie die sog. Roadshow, bei der sich alle AVIS-Mitarbeiter eines Landes einmal im Jahr zu einem Erfahrungsaustausch treffen.

Hervorzuheben ist der nicht abwicklungsorientierte, sondern dienstleistungsorientierte, das heißt konsequent kundenorientierte Ansatz des Unternehmens.

1.5 Ausblick

Der Beitrag hat versucht, ausgehend von den Veränderungen des Human Resources Managments in den vergangenen Jahrzehnten zu verdeutlichen, wo die Besonderheiten des Human Resources Managements im Dienstleistungsbereich liegen. Die spezifischen Ausprägungen der Dienstleistung erfordern, so meine These, spezifische Ansätze, vor allem in vier Bereichen der Personalwirtschaft:

1. Es ist notwendig -im Hinblick auf die durch den Produktionsprozeß der Dienstleistung geforderten besonderen Qualifikationen- die Personalbeschaffung differenzierter und mit anderen Selektionskriterien zu gestalten als im Produktionsbereich. Gefordert ist hier vor allem eine stärkere Einbeziehung der extrafunktionalen Qualifikationen.

2. Die Dienstleistungsproduktion erfordert eine besondere Vorgehensweise im Rahmen der Personalführung, da die Leistung in der Regel im direkten Kundenkontakt produziert wird. Mitarbeiterkontrolle im traditionellen Sinne ist deshalb nur begrenzt möglich, dies macht es notwendig, auch im Sachbearbeiterbereich verstärkt zielorientierte Führungssysteme einzusetzen (MbO-Techniken).

3. Es wurde deutlich gemacht, daß auch die traditionellen Entgeltformen im Dienstleistungsbereich nur begrenzt tauglich sind, da die Dienstleistungsproduktion gerade nicht den tayloristischen Prinzipien der Arbeitszerlegung folgen kann. Hier bietet sich die Einbeziehung innovativer Entlohnungsbausteine in das Entgelt ein, von denen wir einige skizziert haben.

4. Auch die **Personalentwicklung** muß einen speziellen Charakter haben, wobei neben den organisatorischen Rahmenbedingungen (z. B. Einführung von transparenten Laufbahnkonzepten) und der Verankerung der Personalentwicklung in der **Unternehmenskultur** inhaltlich die Kundenorientierung das Zentrum der Weiterbildungsaktivitäten darstellen muß. Hier ist eine enge Verbindung zur Personalauswahl zu sehen. Nur wenn im Rahmen der Personabeschaffung serviceorientierte Mitarbeiter ausgewählt werden, können unternehmensinterne Weiterbildungsmaßnahmen auf fruchtbaren Boden fallen.

2 Qualität durch Kundenintegration

von Dr. Axel Dreyer, Professor für Tourismuswirtschaft und Marketing-Management

2.1 Grundlagen der Kundenintegration

2.1.1 Begriffsbestimmung und Zielsetzung der Kundenintegration

Eine zunehmende Zahl von Unternehmen stellt die Kundenorientierung in den Mittelpunkt ihrer Unternehmensgrundsätze. Damit beweisen die Unternehmen, daß sie die entscheidende Rolle der Kunden für ihre Existenz nicht nur erkannt haben, sondern daß sie auch bereit sind, die Kundenorientierung mit vielen einzelnen Maßnahmen umzusetzen.

> Beispiele: Bei der TUI heißt es u. a. im Unternehmensleitbild "Der Gast bestimmt unser Handeln" und die Autovermietung AVIS formuliert in ihren Grundsätzen u. a. "Unsere Kunden stören nicht bei unserer Arbeit, sie sind der Inhalt unserer Arbeit. Wir erweisen ihnen keinen Gefallen, indem wir sie bedienen. Sie geben uns Gelegenheit sie bedienen zu dürfen."

Wünsche der Kunden möglichst kompetent, schnell und freundlich zu erfüllen, ist die Grundvoraussetzung eines erfolgreichen Dienstleistungsunternehmens. Das Konzept der Kundenintegration geht in der im folgenden näher erläuterten Weise ganz wesentlich darüber hinaus, denn Kundenintegration bedeutet die Einbeziehung und vor allem auch die Eingliederung des Kunden in den Dienstleistungsprozeß.

Es geht also nicht nur um die passive Einbeziehung des Kunden, z. B. dergestalt, daß er korrekt bedient wird, sondern vielmehr noch um seine aktive Eingliederung in die Anbahnung und Erstellung von Dienstleistungen. Wie noch genau zu zeigen sein wird, sollen u. a. Erfahrungen und Erwartungen eines Kunden im Dienstleistungsprozeß berücksichtigt werden, um das Ziel einer optimalen Kundenzufriedenheit zu erreichen.

Über den Weg der Kundenzufriedenheit soll das Ziel der Kundenbindung (Stammkundschaft) erreicht werden. Aus der Kundenbindung sind wiederum positive Effekte für das Unternehmen abzuleiten:

1. Es sind erneute Käufe zu erwarten.
2. Positive Mund-zu-Mund-Kommunikation führt zur Erschließung neuer Kunden.

Erfahrungen zeigen, daß die Weitergabe positiver Informationen an ungefähr drei Personen erfolgt, negative Äußerungen hingegen an ca. zehn Personen weitergegeben werden. Der Multiplikatoreffekt bei nicht erfüllten Kundenerwartungen ist also mindestens dreimal so hoch wie bei zufriedenstellenden Leistungen. Die Bedeutung der Kundenzufriedenheit ist ohne Zweifel als existenziell anzusehen.

Abbildung II.1:

Positive Effekte der Kundenzufriedenheit

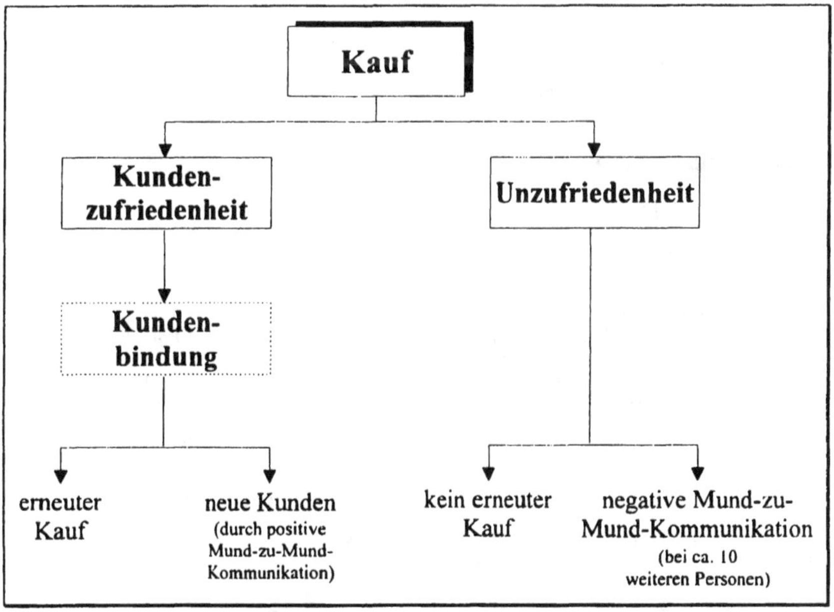

2.1.2 Kundenintegration im Dienstleistungsprozeß

Zur Darstellung und Erklärung der Möglichkeiten zur Integration von Kunden in den Dienstleistungsprozeß muß derselbe zunächst erläutert werden. In der Literatur hat sich die Einteilung in drei Phasen herauskristallisiert:

1. In der Potentialphase steht der Gedanke im Mittelpunkt, daß ein Unternehmen die **Fähigkeiten zur Erbringung einer Dienstleistung** aufweisen muß. Zu diesem Zweck hält es Faktorkombinationen aus menschlicher Arbeitskraft, materiellen Gütern (Gebäude, Verkehrsmittel, Sportgeräte etc.) und Nominalgütern bereit. Diese sind als betriebsinterne Dienstleistungsfaktoren anzusehen.

2. In der **Prozeßphase** wird die Dienstleistung im Sinne einer **Tätigkeit** (Tun oder Verrichten) betrachtet, bei der die Erbringung und die Inanspruchnahme (Konsumption) synchron erfolgen (uno actu-Prinzip), so daß eine Mitwirkung des Kunden als sogenannter betriebsexterner "Fremdfaktor" (Kundenfaktor) bei der Erstellung der Dienstleistungs erforderlich ist.
3. In der **Ergebnisphase** wird schließlich die Dienstleistung als entstandenes, immaterielles Gut angesehen, das sich als Ergebnis der Tätigkeit in der Prozeßphase nun in Form von **Wirkungen** beim Kunden und beim Dienstleistungsanbieter zeigt.

Abbildung II.2:

Beispiele für Dimensionen der touristischen Dienstleistungsqualität

Qualitätsdimensionen		**Tech Quality**	**Touch Quality**
Teil-qualitäten	Leistungs-träger		
Potential-qualität	Flug-gesellschaft	Fluggerät, Anzahl und Qualität der Checks, Ausbildungsinhalte des Personals	Image des Unternehmens, Erscheinungsbild und Persönlichkeit des Personals
	Reisemittler	Ladengestaltung, Ausbildungsinhalte des Personals	Image des Unternehmens, Erscheinungsbild und Persönlichkeit des Personals
Prozeß-qualität	Flug-gesellschaft	Check-in, Boarding, Pünktlichkeit, Bordessen, Gepäckausgabe	Betriebsklima, Verhalten (z. B. Freundlichkeit) des Personals, Atmosphäre der Warteräume
	Reisemittler	Informationsgehalt der Beratung, Beherrschung des Buchungsvorgangs	Verhalten (z. B. Freundlichkeit) des Personals
Ergebnis-qualität	Flug-gesellschaft	Folgeflüge, Ablauf von Beschwerden	Zufriedenheit, entspanntes Ankommen, Verhalten bei Beschwerden
	Reisemittler	Folgebuchungen, Organisation von Kundentreffen, Ablauf von Beschwerden	Zufriedenheit, Kundengespräch nach der Reise, Verhalten bei Beschwerden

Quelle: In Anlehnung an Meyer/Mattmüller 1995, S. 88

Grönroos (*1982*) und vertiefend *Meyer/Mattmüller* (*1995*) entwickelten auf der Basis der Prozeßbetrachtung zwei Qualitätsdimensionen für Dienstleistungen. Die technische Dimension (Tech Quality) beschäftigt sich mit der Frage, **was** der Nachfrager an (objektiv beurteilbaren) Dienstleistungsmerkmalen erhält. Die funktionale Dimension (Touch Quality) setzt sich damit auseinander, **wie** die technische Qualität dargeboten wird (unterliegt der subjektiven Wahrnehmung).

Abbildung II.3:

Der Dienstleistungsprozeß aus Sicht touristischer Leistungsträger

Phase	Potentialphase	Prozeßphase	Ergebnisphase
Allgemeine Definition aus Sicht der Anbieter	Fähigkeit und Bereitschaft zur Erbringung einer Dienstleistung	Dienstleistung als Tätigkeit an sich	Ergebnis/ Wirkung der Tätigkeit
Hotel	Hotelgebäude, Zimmereinrichtungen, Personal etc.	u. a. Check in, Überlassung eines Zimmers für einen vereinbarten Zeitraum, check out	z. B.Umsatz, Deckungsbeitrag für das Hotel, Erholung für den Gast.
Reiseveranstalter	Verwaltungsgebäude, Zusammenstellung von Pauschalangeboten, Auswahl von Vertriebswegen, Kataloge, Buchungen etc.	Die einzelne Reisedurchführung an sich	z. B.Umsatz, Deckungsbeitrag für den Veranstalter, Erholung für den Gast.
Reisemittler	Reisebüro, Zusammenstellung eines Sortiments an Reiseveranstaltern, Expedienten	Katalogausgabe, Beratung, Buchung, Inkasso	z. B. Umsatz, Provision für den Reisemittler, Reiseanspruch, Vorfreude für den Kunden

Die Tech Quality besitzt aufgrund ihrer Objektivierbarkeit einen geringeren Einfluß auf die Qualitätsbeurteilung des Kunden (siehe Kapitel 2.1.2) als die

Touch Quality, deren Wahrnehmung subjektiv ist, so daß ihrer Gestaltung - und hier den Möglichkeiten zur Kundenintegration als intensiver Form der Kundeninteraktion - besondere Bedeutung zukommt.

In der vorstehenden Abbildung werden die Qualitätsdimensionen nach den einzelnen Phasen des Dienstleistungsprozesses aufgeteilt. Dabei unterscheiden sich die touristischen Leistungsträger durch den Einsatz andersartiger Potentialfaktoren sowie durch verschiedene Hauptleistungen, aus denen andersartige Erstellungsprozesse resultieren, die wiederum unterschiedliche Wirkungen hervorrufen können. Die vorstehende Abbildung II.3 zeigt beispielhaft die unterschiedlichen Dienstleistungsprozesse.

Abbildung II.4:

Kundenintegration im Dienstleistungsprozeß

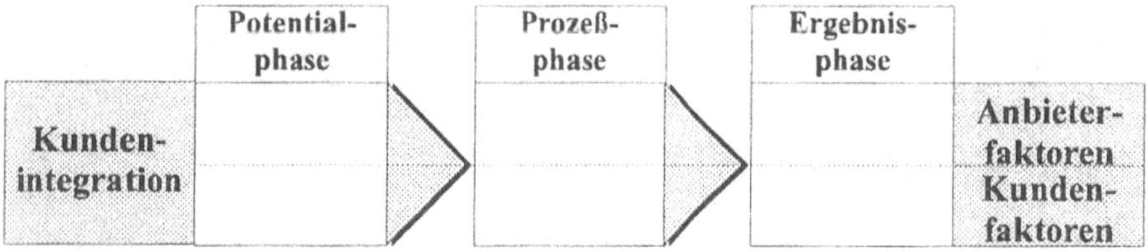

Bisher wurde in dieser Abbildung noch nicht berücksichtigt, daß neben den exemplarisch dargestellten Anbieterpotentialen in jeder Phase auch bestimmte Kundenpotentiale vorhanden sind, die es im Zuge der in allen Phasen möglichen Kundenintegration optimal einzubeziehen gilt. Wie die Abstimmung zwischen Anbieter- und Kundenfaktoren in den einzelnen Phasen detailliert geschehen kann, ist Gegenstand der Erläuterungen von Kapitel 2.3 bis 2.5. Den grundsätzlichen Zusammenhang verdeutlicht Abbildung II.4.

2.1.3 Aktive und passive Kundenintegration

Kunden werden mit unterschiedlicher Intensität in Vorgänge von Unternehmen einbezogen. Es bietet sich an, grundsätzlich von passiver und aktiver Kundenintegration zu sprechen. Die aktive Kundenintegration unterscheidet sich von der passiven dadurch, daß der Kunde physisch oder intellektuell bzw. emotional am Prozeß der Dienstleistungserstellung teilnimmt (Eingliederung!). Damit ist der Kunde in die Erstellung einer Unternehmensleistung involviert und beeinflußt ihr Ergebnis mehr oder weniger maßgeblich mit (*vgl. Meyer/Westerbarkey 1995, S. 94*).

Beispiele:

1. Check in bei einer Airline per Automat
2. Gäste eines Clubhotels nehmen an einer Animationsveranstaltung teil

Das erste Beispiel zeigt, daß ein Unternehmen bestimmte Unternehmensfunktionen auf den Kunden ausgliedern kann. Man spricht hier von einer Externalisierung objektbezogener menschlicher Dienstleistungen (*vgl. Corsten 1995, S. 194 f.*). Eines der bekanntesten Beispiele für die Einschränkung des Dienstleistungsangebotes und die gleichzeitige Übertragung von zu erbringenden Leistungen auf den Nachfrager ist die Einführung des Selbstbedienungsprinzips im Handel.

Im Rahmen der Externalisierung überträgt der Anbieter ein bestimmtes Maß an physischen Aktivitäten auf den Nachfrager. Damit kann er nicht mehr alleine auf die Einhaltung der Qualität der Leistungserstellung Einfluß nehmen, sondern ist auf die Fähigkeiten des Kunden zur Erbringung der ausgegliederten Teilleistungen angewiesen. Von der Güte seiner Aktivitäten hängt schließlich die tatsächliche Dienstleistungsqualität ab, während die subjektiv wahrgenommene Qualität sich davon noch einmal unterscheiden kann.

Zur Erläuterung dieses Sachverhaltes kann eine Ausweitung des zweiten Beispiels beitragen:

So wird der animierte Gast die Qualität einer Animationsveranstaltung möglicherweise als qualitativ besser beurteilen, wenn er mit seiner eigenen Beteiligung zum Gelingen beiträgt, als wenn durch sein relativ passives Verhalten die Veranstaltung mit weniger Schwung verläuft.

Die passive Intergration stellt hingegen auf herkömmliche Methoden der Einbeziehung von Nachfragern ab, bei denen weder eine direkte Kommunikation mit dem Unternehmen und seinen Mitarbeitern noch eine Externalisierung von Leistungen erfolgt. Der (passive) Aspekt der Kundenintegration liegt in der indirekten Beeinflußung der Qualitäts**erwartung** über die zu erbringende Dienstleistung und in der Beeinflussung der Qualitäts**beurteilung** nach der erfolgten Leistungserstellung. Insbesondere die verschiedenen Formen der klassischen Werbung (durch Anzeigen, Plakate etc.) werden zu diesem Zweck eingesetzt. Was ihnen jedoch fehlt ist die Interaktion mit dem Kunden und die Einbeziehung seiner Potentiale in die Leistungserstellung. Dies wiederum stellt im Sinne der eingangs formulierten Definition den Kern der Kundenintegration dar, so daß auf die passive Integration im folgenden nicht weiter eingegeangen wird.

2.1.4 Kundenintegration auf den verschiedenen Ebenen der Unternehmenspolitik

Aus einem anderen Blickwinkel kann die Integration von Kunden auf verschiedenen Ebenen der Unternehmenspolitik betrachtet werden. Zumindest passiv werden Kundenmeinungen und antizipierte, durch Marktforschung herausgefundene Kundenbedürfnisse in der **normativen** Ausrichtung eines Unternehmens berücksichtigt, indem kundengerichtete Unternehmensphilosophien und -grundsätze formuliert werden. Auch in die **strategische** Ausrichtung eines Unternehmens werden die Kundenansichten passiv einbezogen. Eine vollständige Integration von Kunden durch ihre tatsächliche, aktive Mitwirkung bei der Strategiebildung (z. B. bei umfassenden Produktinnovationen) ist im Tourismus bislang nicht gebräuchlich.

Erst auf der **operativen** Ebene ist die aktive Mitwirkung von Kunden an der Unternehmenspolitik erkennbar. Wie für die einzelnen Phasen des Dienstleistungsprozesses noch genau gezeigt wird, gibt es im Rahmen des Marketing diverse Möglichkeiten der aktiven Kundenintegration.

Einige Beispiele sollen dies verständlich machen:

- So ist das Konzept der "Prosumenten" bekannt. Dieses besagt, daß Konsumenten in die Produktion der Hauptleistung einbezogen werden, also ein ganzes Produkt aktiv mitgestalten.
- Ebenso ist die Aktivität der Kunden gefragt, wenn es um moderne Formen des Direktmarketing geht, Kunden z. B. durch Werbung zu Telefonanrufen beim Unternehmen aufgefordert werden.
- Im Planungsstadium ebenso wie jüngst auch im Nachkaufmarketing werden Gruppendiskussionen mit Kunden zur Verbesserung der Kundenzufriedenheit initiiert.

2.2 Kundenintegration und subjektiv wahrgenommene Dienstleistungsqualität

Parasuraman u. a. (1986) stellen in ihrem Gap-Modell folgende Dimensionen der Dienstleistungsqualität fest:

- die Annehmlichkeit des tangiblen Umfeldes
- die Zuverlässigkeit das anvisierte Niveau zu erreichen
- die Reaktionsfähigkeit auf spezifische Kundenwünsche einzugehen
- die Leistungskompetenz (grundsätzliche Fähigkeit und Vertrauenswürdigkeit) zur Erbringung der angebotenen Dienstleistung

- das Einfühlungsvermögen in Form der Bereitschaft und Fähigkeit auf individuelle Wünsche einzugehen.

Das Modell geht davon aus, daß es vier Diskrepanzen erschweren, eine Dienstleistung zu erstellen, die von den Kunden unter den vorstehenden Aspekten als hochwertig wahrgenommen wird:

1. Diskrepanz zwischen den Kundenerwartungen und deren Wahrnehmung durch das Management.
2. Diskrepanz zwischen der Wahrnehmung der Kundenerwartungen durch das Management und ihrer Umsetzung in Spezifikationen der Dienstleistungsqualität.
3. Diskrepanz zwischen den Spezifikationen der Dienstleistungsqualität und der tatsächlich erstellten Leistung.
4. Diskrepanz zwischen erstellter Dienstleistung und der an den Kunden gerichteten Kommunikation über diese Dienstleistung.

Bedeutung und Ausmaß dieser vier Diskrepanzen machen im Ergebnis schließlich die tatsächlich wahrgenommene Dienstleistungsqualität im Modell als fünfte Diskrepanz zwischen den Erwartungen und Wahrnehmungen des Kunden aus (*vgl. Zeithaml u. a. 1995; Parasuraman u. a. 1986*).

An dieser Stelle wird bezüglich der Hintergründe für das Entstehen bzw. die Vermeidung der ersten vier Diskrepanzen auf die einschlägige Literatur verwiesen (*vgl. Zeithaml u. a. 1995*). Die Diskrepanz zwischen der Erwartungshaltung des Kunden und der von ihm subjektiv wahrgenommenen Dienstleistungsqualität steht dagegen im Mittelpunkt der Überlegungen und wird auf den zuvor skizzierten Dienstleistungsprozeß bezogen.

Potentialphase

In der Potentialphase besteht für den **Dienstleistungsanbieter** die Möglichkeit über **Kommunikationsmaßnahmen** (z. B. Werbever-sprechungen, Reisebeschreibungen, Hotelprospekte) die Entstehung der Erwartungshaltung beim Kunden zu beeinflussen. Darüber hinaus besitzt der **Preis** - neben anderen Faktoren (z. B. Unternehmensimage) - einen hohen Wert für die Prägung der Erwartungen. Dies gilt insofern für einen hohen Preis, als er die Erwartung hoher Qualität der Leistung zur Folge hat, während ein niedriger Preis nicht unbedingt zur Einsicht des Verbrauchers führt, daß die Leistung insgesamt einen geringeren Standard aufweist. Entscheidend jedenfalls ist, daß der Kunde den Preis in Relation zur Leistungsbeschreibung setzt und daraus ein subjektives Preis-Leistungs-Verhältnis ableitet.

Beispiel: Eine einkommensstärkere Familie kann einen zweiwöchigen Aufenthalt in einem Robinson-Club für 12.000 DM als preiswürdig ansehen, während eine einkommensschwächere einen solchen Urlaub für teuer hält.

Einem Unternehmen muß es in der Potentialphase gelingen, die subjektiven Erwartungen in das **Preis-Leistungs-Verhältnis** zu steuern und darüber hinaus im Nachhinein den Wert der erbrachten Leistung zu untermauern, um keine kognitiven Dissonanzen aufkommen zu lassen.

Seitens des **Kunden** sind seine **individuellen Bedürfnisse**, seine **Erfahrungen** in der Vergangenheit (mit dem touristischen Leistungsträger, mit dem Zielgebiet etc.) und die **Mund-zu-Mund-Kommunikation** wesentliche Faktoren zur Bildung von Erwartungen. Insbesondere der Einfluß von Personen und Gruppen muß - ähnlich wie beim Einfluß auf die Reiseentscheidung - hoch bewertet werden. Untersuchungen zum Informationsverhalten weisen aus, daß - Mehrfachnennungen möglich - "Berichte von Verwandten und Bekannten" (38,1%) und "bekannt aus eigener Erfahrung" (34,4%) die meistgenannten Informationsquellen bei der Entscheidung für ein Reiseziel sind (*vgl. Reiseanalyse 1992; zur Entstehung von Reiseentscheidungen vertiefend Dreyer 1996, S. 160 ff.*).

Prozeßphase

In der Prozeßphase der Leistungserstellung können alle bereits in der Potentialphase relevanten Anbieter- und Kundenfaktoren noch für eine Veränderung der Erwartungen beim Kunden sorgen. Denn die Bildung dieser Erwartungen ist einem dynamischen Prozeß unterworfen, der sich der Dauer der Leistungserstellung entsprechend (aufgrund des uno-actu-Prinzips) verlängert. So führen die sich verändernden Erwartungen zu einer im Zeitablauf verändernden Qualitätswahrnehmung, da sie stets mit den Wahrnehmungen der Leistungserstellung abgeglichen werden.

Beispiel: Ein Hotelgast hat schon häufig schlechte Erfahrungen mit dem Service in Zwei-Sterne-Hotels gemacht, bucht diese Kategorie aber aus Preisgründen erneut. Er reist mit geringen Erwartungen an die Servicequalität an. Nun wird er durch einen besonders freundlichen Empfang überrascht und korrigiert für diesen Aufenthalt seine Erwartungen nach oben. Die folgende Handlungsweisen des Hotelpersonals werden an dieser neuen Erwartungshaltung gemessen.

Ergebnisphase

Schließlich nimmt der Kunde in der Ergebnisphase die erzeugte Dienstleistung als Ganzes wahr und vergleicht sie mit seinen vorab vorhanden und im Laufe der Erstellung veränderten Erwartungen. Nun zeigt sich z. B., ob ein Reisender mit einer Pauschalreise insgesamt zufrieden war oder nicht.

Abbildung II.5:

Faktoren subjektiv wahrgenommener Dienstleistungsqualität

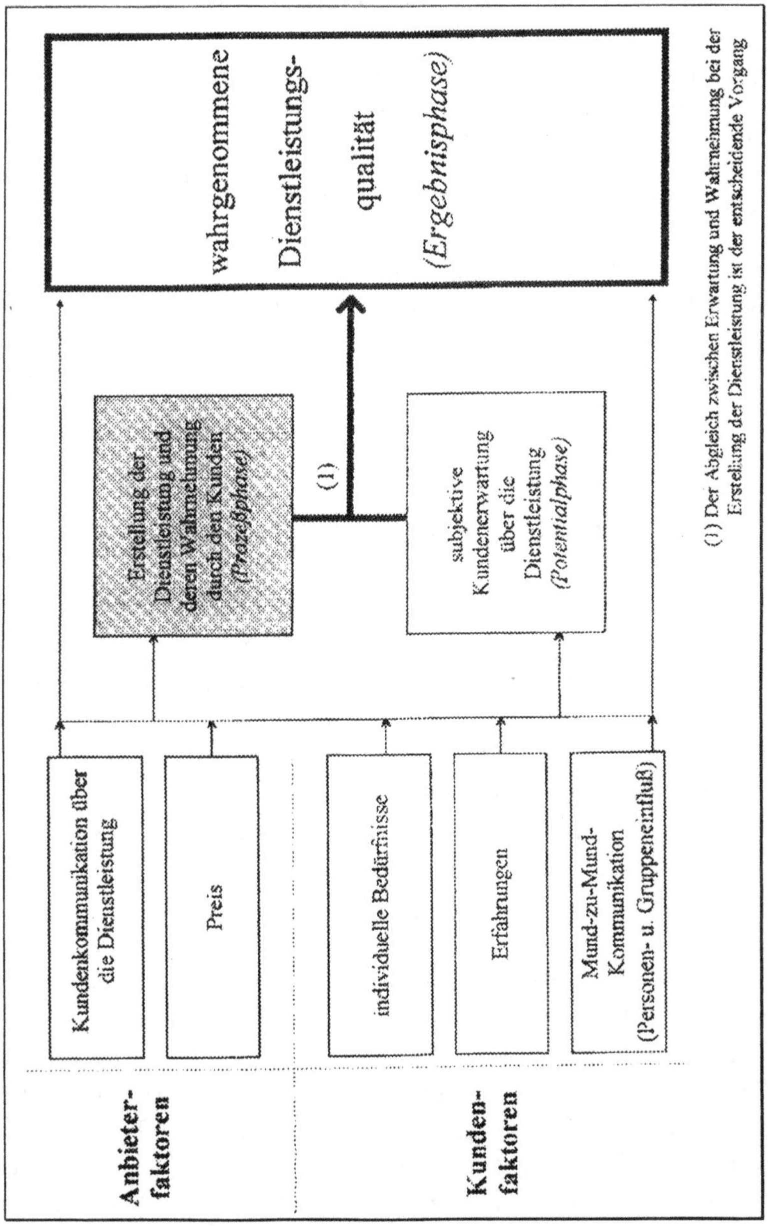

Quelle: In Anlehnung an Zeithaml/Berry/Parasuraman 1995

Auch in dieser Phase sind Einflüsse auf die Kundenmeinung vorhanden, die ein zunächst gefälltes Urteil über die Zufriedenheit mit der Dienstleistung noch beeinflussen können. Seitens des Kunden sind die Einflüsse Dritter nicht zu unterschätzen.

Beispiel: Ein Urlauber schildert Freunden seine Erlebnisse auf einer Reise und äußert sich zu Leistungen des Hotels und anderer touristischer Leistungsträger, wobei nicht nur positive, sondern auch negative Erfahrungen geschildert werden. Die Zuhörer bestärken möglicherweise diese Meinungen oder kristallisieren Aspekte heraus, die vom Reisenden zuvor noch nicht beurteilt worden waren. Somit üben sie einen Einfluß auf die Beurteilung der Gesamtleistung aus.

Darüber hinaus besitzt ein Dienstleistungsanbieter mit zeitlich nach der Leistungserstellung liegenden Marketingmaßnahmen (after service-Marketing analog zum after sales-Marketing) seinerseits Möglichkeiten, das Kundenurteil in seinem Sinne zu beeinflussen, indem er die positiven Aspekte seiner Leistungen noch einmal hervorhebt.

Den Zusammenhang verdeutlicht Abb. II.5.

2.3 Kundenintegration in der Potentialphase

2.3.1 Ziele

Bereits bei der Anbahnung von Geschäftsbeziehungen ist die Einbeziehung der Kunden von größter Bedeutung, um die Kundenerwartungen "richtig" zu antizipieren, das "richtige" Produkt zum "richtigen" Preis anzubieten und die angebotene Dienstleistung "richtig" zu kommunizieren.

Es ist zu berücksichtigen, daß das Anspruchsniveau der Kunden vom Preis-Leistungs-Verhältnis abhängt und je nach Kulturkreis des Reisenden bzw. des anvisierten Zielgebietes variiert. (*vgl. auch Horovitz 1992, S. 39 f.*)

Beispiel: Ein deutscher Urlauber erwartet von einem Vier-Sterne-Hotel in Spanien in der Regel eine im Vergleich zu Deutschland etwas schlechtere Ausstattung des Hauses, dafür aber eher einen besseren Service.

Zur Ermittlung vorhandener Bedingungslagen der potentiellen Kundschaft bietet sich der Einsatz von **Marktforschungsmaßnahmen** an. Während der Grad der aktiven Kundenintegration bei massenhaften Primärerhebungen (Repräsentativbefragungen etc.) eher gering ist, bieten sich qualitative Formen der Marktforschung stärker an. Die gewonnen Erkenntnisse können dann in der **Produktpolitik** bereits zur Erstellung des "richtigen" Angebots und in der **Distributionspolitik** zum Einsatz der "richtigen" Vertriebswege oder Verkaufsförderungsmaßnahmen genutzt werden.

So kann die Befragung potentieller Kunden helfen, Zimmereinrichtungen in Hotels bereits beim Bau zielgruppenadäquat zu gestalten, Pauschalangebote von Reiseveranstaltern besonders verkäuflich zu machen oder Ladeninrichtungen von Reisebüros kundenfreundlich zu gestalten.

Ebenfalls bedeutsam ist zur Kreation der "richtigen" Erwartungshaltungen der gezielte Einsatz **kommunikativer Maßnahmen**. Im Sinne einer aktiven Kundenintegration ist hier insbesondere an interaktive Formen des Direktmarketing gedacht, aber auch die herkömmlichen Methoden der Kommunikation (Anzeigenwerbung etc.) stellen Bausteine der Erwartungsbildung dar. Wichtig ist, daß die **Glaubwürdigkeit** der Kommunikationsbotschaften gewährleistet ist (*vgl. Dreyer 1994, S. 76*), dies ist der Fall, wenn die wahrgenommene Leistung dem Verständnis nach der kommunizierten Leistung entspricht.

2.3.2 Marktforschungs-Maßnahmen

Kundenkonferenzen

Eine Kundenkonferenz (auch für die Ergebnisphase wichtig) ist eine Gruppendiskussion mit Kunden (auch customer focus group genannt), bei der unter Leitung eines neutralen Moderators innerhalb von ein bis zwei Stunden ausgewählte Themen angesprochen werden. Den Fähigkeiten des - besser unternehmensexternen - Moderators, der das Interview offen, aber leitfadengestützt führt, kommt eine besondere Bedeutung zu, da er auch nicht kundenspezifische Fakten für die Produktplanung in Erfahrung bringen und (im Nachkaufmarketing) zu spontanen Verbesserungsvorschlägen ermutigen soll. Die Teilnehmerzahl einer Kundenkonferenz sollte bei sechs bis zehn Personen liegen. (*vgl. Günter 1996, S. 96 ff.*)

Abbildung II.6:

Vor- und Nachteile von Kundenkonferenzen

Vorteile von Kundenkonferenzen	Nachteile von Kundenkonferenzen
Überblick über Ideen, Meinungen, Beschwerden und Verbesserungsvorschläge von Kunden	Keine Representativität der Ergebnisse
Im Vergleich zu anderen Marktforschungsmethoden häufig geringere Kosten	Beeinflussung der Ergebnisse durch den Moderator möglich
Höhere Produktivität als bei Einzelinterviews	Datenauswertung relativ aufwendig

Quelle: Günter 1996, S. 100

Beispiel: Die Lufthansa testet neue oder veränderte Produktbestandteile mit Kunden in einer Flugzeugattrappe oder während einer Flugsimulation und befragt die Testpersonen anschließend. (*vgl. Klein 1995, S. 487.*)

Produktkonzepttest durch Conjoint-Analysen

Dieses Verfahren wird insbesondere eingesetzt, um die seitens potentieller Kunden subjektiven Nutzenwerte einzelner Produkteigenschaften zu ermitteln. Darüber hinaus soll die in der ganzheitlichen Wirkung beste Kombination der Produkteigenschaften festgestellt werden. (*vgl. Scharf/Schubert 1995, S. 112 ff. und Klein 1995, S. 487.*)

2.3.3 Marketing-Maßnahmen

Kundenclubs

Kundenclubs (auch für die Ergebnisphase wichtig) sind ein Instrument der Kundenbindung und daher auch im Nachkaufmarketing von Bedeutung. Der kundenintegrierende Faktor der Clubs liegt in den dialogfördernden Maßnahmen, zu denen insbesondere Events zählen. Veranstaltungen bieten den Rahmen zur Herstellung direkter Kontakt zwischen den Kunden und dem initiierenden Unternehmen. Damit besitzen sie eine wichtige Funktion in der Potentialphase.

Die Ausgestaltung der Kundenclubs wird von den Unternehmen unterschiedlich gehandhabt. Über das normale Maß hinausgehende Serviceleistungen, finanzielle Vorteile (Rabatte, exklusiv günstige Merchandising-Produkte etc.) und regelmäßige Informationen (z. B. in einer Clubzeitschrift) werden den Clubmitgliedern geboten. Auf der Einnahmenseite verbuchen die Kundenclubs Mitgliedsbeiträge, Verkaufserlöse aus Clubprodukten, Lizenzgebühren aus Merchandising, Erlöse aus Anzeigen externer Firmen in der Clubzeitschrift, Vermietung von Clubadressen und Sponsoringerträge von Drittfirmen (*vgl. Belau 1996, S. 198*). Verbunden wird die Clubmitgliedschaft mit der Ausgabe einer Clubkarte, die oftmals auch Kreditkartenfunktion besitzt.

Beispiel: Im Tourismus werden Kundenclubs noch nicht sehr umfangreich eingesetzt. Die TUI gibt eine Service Card, die nur mit der Funktion vereinfachter Bezahlung von TUI-Leistungen, einer Verkehrsmittel-Unfallversicherung und bargeldlosem Telefonieren ausgestattet ist. Außerdem bietet sie im Cobranding Verfahren mit VISA eine TUI Card an, die darüber hinaus Kreditkartenfunktion besitzt und einige weitere finanzielle Vergünstigungen (z. B. günstige Konditionen für Übernachtungen in Flughafennähe bei ausgewählten Hotelgesellschaften) bietet.

Event-Marketing

Durch die zunehmende Erlebnisorientierung der Konsumenten und das Aufkommen des Veranstaltungs-Sponsoring entwickelte sich das Event- Marketing (*vgl. Kinnebrock 1993, S. 64 ff.*). Darunter ist das Marketing mit Ereignissen und Veranstaltungen zu verstehen, die initiiert werden, um eine besonders enge Beziehung von Unternehmen und Produkten zu ihren Zielgruppen herzustellen.

Bisher hat die Vermarktung von touristischen Leistungen mit Hilfe von Events keine große Bedeutung. Dabei geben Markenartikelhersteller anderer Branchen inzwischen bis zu 30% ihres Kommunikationsetats dafür aus, via Event mit ihren Zielgruppen (oder genauer: Szenen) kommunizieren zu können.

> Beispiel: Der Stuttgarter Airport veranstaltete 1995 eine achtstündige Fiesta mit dem Thema Portugal. Etwa 50 portugiesische Folklore-Künstler traten auf, rund 150 Reisebüros stellten ihre neuesten Angebote vor, Spezialitätenbuffets luden zum Probieren ein und Dia- sowie Videoshows vermittelten einen Eindruck von den interessantesten portugiesischen Reisezielen (*vgl. Bottler 1995, S. 64*).

Vorstellbar wäre es auch, daß ein großer regionaler Busreiseveranstalter die Vorstellung seines neuen Katalogs mit einer eigenen großen Party feiert, die eine Mischung aus Musik, Speisen- und Getränkeangebot sowie zielgebietsbezogenen Aktionen darstellt. Die Kontakte, die er dabei zu seinen Zielgruppen herstellen kann, sind ungleich besser als bei herkömmlicher Werbung. Erstens werden die Kunden direkt angesprochen und zweitens können sie in ungezwungener Atmosphäre mit Informationsmaterialien über das Unternehmen und seine Produkte versorgt werden (*zu Events im Tourismus vertiefend Dreyer 1996 und Freyer 1996*).

Verkaufsförderungsmaßnahmen

Reiseveranstalter und Reisebüros können mit **Informationsveranstaltungen** dazu beitragen, daß im Vorfeld der Reiseplanung Interessen potentieller Kunden durch die erteilten Informationen auf die für sie richtigen Produkte gelenkt werden und daß damit eine realistische Erwartungshaltung generiert wird. Darüber hinaus tragen **Expedienten-Schulungen** dazu bei, besser auf Beratungsgespräche vorzubereiten. Dabei ist das Hauptaugenmerk der Schulung auf das Einfühlungsvermögen dem Kunden gegenüber und auf eine glaubwürdige Produktpräsentation zu legen.

Messebeteiligung

Reisemessen sind in Deutschland dadurch geprägt, daß sie überwiegend als Konsummessen konzipiert sind. Dementsprechend haben alle touristischen

Leistungsträger die Möglichkeit, potentielle Kunden auf den Messen zu erreichen. Vielfach entsteht hier für Reiseinteressierte erstmals die Möglichkeit, mit einem Reiseveranstalter, einer Hotelgruppe oder einer Destinationsvertretung direkt in Kontakt zu kommen. Umso wichtiger ist, daß dieser Kontakt in puncto Kompetenz und Freundlichkeit positiv ausfällt.

Zu einem echten, leistungsverbessernden Dialog mit den Endkunden werden die Reisemessen allerding bisher wenig genutzt, obwohl sie sich für eine Reihe von Marktforschungs- und Kundenbindungsmaßnahmen besonders anbieten.

Telefonmarketing

Das **Telefonmarketing** zählt zu den wichtigen Faktoren des Direktmarketing, kommt hier doch der Dialog mit dem Kunden häufig erstmalig zustande. Das Telefon wird als Kommunikationsmedium im Marketing unterschiedlich genutzt. Im aktiven Telefonmarketing werden von Unternehmen Sonderverkaufsaktionen, Kundenbetreuungen, Marktbefragungen, Neukundenakquisitionen oder Adreß-Aktualisierungen vorgenommen. Beim passiven Telefonmarketing geht die Aktivität von Kunden oder Interessenten aus. Es ist insbesondere geeignet für Adreßaufnahmen (zum Prospektversand), die Auftragsannahme (z. B. beim Verkauf von Veranstaltungstickets), als Servicetelefon zur Kundenpflege, für Informationsdienste und die Reklamations-Bearbeitung.

Die Technik eröffnet dem Telefonmarketing immer neue Möglichkeiten. Beispielsweise kann die Prospektbestellung - falls es gewünscht wird - unpersönlich über sogenannte "Voice-Response-Systeme" abgewickelt werden, bei denen nicht nur Dialoge, sondern auch Wahlmöglichkeiten für den Anrufer durch das Drücken der Telefontasten machbar sind (*vgl. Gottschling/Rechenauer 1994, S. 100 ff.*). Damit kann die Auswahl bestimmter Gesprächspartner oder die Bearbeitung der gesamten Informationsanfrage vom Telefonisten auf den Anrufer übertragen werden. Der Kunde kommuniziert nur noch mit einem Automaten, führt allerdings mit diesem ein schwerfälliges Frage- und Antwort-Spiel, dessen Akzeptanz bezweifelt werden muß.

Eine bundeseinheitliche Rufnummer für Stadtinformationen, Fremdenverkehrsämter etc. bietet die Deutsche Telekom an. Mit der entsprechenden Orts-Vorwahl und der Nummer 19-4-33 können deutsche Tourismusorte erreicht werden, sofern sie sich an diesem Dienst beteiligen. Dies wiederum ist zu empfehlen, um den Service für die Reiseinteressierten zu erhöhen.

Anrufer können ferner in die Lage versetzt werden, ihre Gespräche mit einem Unternehmen kostenlos zu führen. Zu diesem Zweck hat die Deutsche Telekom den Service mit den 0130-Rufnummern entwickelt.

Ein weiterer Schritt zur Serviceverbesserung ist eine kundenfreundliche Telefonpolitik, bei der es gilt individuelle Lösungen für eine Reihe von Problemen zu finden. Zu diesen zählen u. a. (*vgl. auch Brandt 1995, S. 28 ff. und Matt 1995, S. 36 ff.*):

- Das Telefongespräch muß möglichst zügig beantwortet werden.
- Anruf-Weiterleitungen sind zügig vorzunehmen und die Wartezeit ist angenehm und kurzweilig zu gestalten (keine nervtötende nicht zielgruppenadäquate Musik etc.).
- Der Gesprächsverlauf muß persönlich, freundlich und höflich gestaltet werden.
- Es muß entschieden werden, ob und ggf. wann Telefongespräche in persönliche Kundengespräche "hineinplatzen" dürfen.

Internet/T-online

Internet/T-online (auch relevant in der Prozeßphase) und andere sogenannte "neue Medien" werden sehr unterschiedlich im Marketing eingesetzt, was u. a. an den technischen Möglichkeiten und deren Nutzung liegt. Die neuen Medien sind interaktiv, d. h. es kann ein Dialog zwischen dem Nutzer und dem Medium hergestellt werden, der darüber hinaus sogar in die Möglichkeit mündet, mit dem Anbieter des Mediums in Kontakt zu treten. Allerdings wird die Nutzbarkeit für das Marketing dadurch eingeschränkt, daß eine selektive Zielgruppenansprache nicht bei allen Medien möglich ist und daß die Verbreitung einiger Medien noch sehr gering ist. Es existieren vier Möglichkeiten der Kundenintegration mit unterschiedlicher Intensität:

1. Es können nur Informationen abgerufen werden, und es gibt keinen Rückkanal zum Medium bzw. zum Anbieter (z. B. CD-ROM, Videotext).
2. Der Mediennutzer hat zusätzlich zum Informationsabruf die Möglichkeit, weiterführende Informationen anzufordern. Zu diesem Zweck hinterläßt er seine Adresse im System (z. B. Fax-Polling, Internet).
3. Während man sich mit Punkt zwei immer noch in der Potentialphase befindet, kann der Mediennutzer in einem weiteren Schritt in die **Prozeßphase** integriert werden, indem er z. B. Kaufinteresse dadurch signalisiert, daß er eine Reservierung vornimmt. Zum kompletten Vertriebsweg fehlt es hier nur noch an der Übersendung der Buchungsunterlagen und am Inkasso (z. B. Mobilfunknetze).

Gegenüber 3. werden nun auch noch die Verträge bzw. Reisedokumente versendet bzw. vom Terminal direkt ausgegeben. Damit wird der an Informationen Interessierte zum Käufer; aus dem Informations- bzw. Werbemedium ist ein Vertriebsweg geworden (z. B. Elektronisches Reisebüro oder Deutsche Bahn in T-Online, Tele-Shopping). Bei dieser Form der Buchung hat der Kunde wesentliche Funktionen der touristischen Leistungsträger selbst übernommen (*vgl. Pille 1995, S. 108 ff.*).

Reisebüro: Ermöglichung der Vorauswahl

Ausgehend davon, daß die Prozeßphase im Reisebüro durch Katalogausgabe, Beratung, Buchung und Inkasso skizziert ist, könnte die Kundenbeteiligung in der Potentialphase durch verbesserte Möglichkeiten zur Vorauswahl intensiviert werden. Eine bessere Vorauswahl führt zu gezielteren Fragestellungen seitens der Kunden und zu einer größeren Konkretisierung der Bedürfnisse und sorgt damit für kürzere Beratungszeiten durch die Expedienten. Um einer reinen Katalogausgabe vorzubeugen, muß neben dem Kundenzugriff auf Kataloge der Zugang zu weiteren Informationsquellen verbessert werden.

Während die Ladengröße, aber auch die bisherigen Formen der Ladeneinrichtung in Deutschland eine solche Vorauswahl erschweren, sind derartige Überlegungen in einem Reisefachmarkt amerikanischer Prägung bereits konsequent umgesetzt. Neben ergänzenden Reisesortimenten (Reiseführer, Gepäck etc.) steht den Kunden ein Referenz-Desk zur Verfügung, das mit Informationsmöglichkeiten zu Destinationen, Hotels, Flugplänen und Restaurants in Buch- und PC-Form ausgestattet ist. Der Übergang in die Prozeßphase ist beinahe fließend, denn an einem sogenannten Ticket-Desk können Kunden selbsttätig Reisen per Telefon oder PC buchen. Beratungsmöglichkeiten durch Expedienten existieren ebenfalls (*vgl. o.V. 1995, Neue Dimensionen, S. 56*).

Reiseveranstalter: Pauschalreisen im Baukastensystem

Das Angebot von Reisebausteinen führt zu einer eigenständigen Kreation der Pauschalreise seitens des Kunden. Dadurch kann der Kunde seine eigenen Vorstellungen zu den einzelnen Leistungskomponenten in einer für ihn optimalen Form kombinieren, dies führt zu einer größeren Chance auf eine zufriedenstellende Leistungserfüllung seitens des Reiseveranstalters, da unpassende Leistungsbestandteile von vornherein eliminiert werden.

Reiseveranstalter: Kundentreffen vor der Reise

Im Bereich von Abenteuer- oder Studienreisen, die häufig in kleinen Gruppen stattfinden, ist für die spätere Qualitätsbeurteilung der Reise eine Reihe gruppenbezogener Faktoren zu beachten. Aus Sicht der Reiseveranstalter ist eine möglichst große Homogenität innerhalb einer Reisegruppe wichtig, da so ein besserer Zusammenhalt in der Gruppe zu erwarten ist und die Gefahr eines "Gruppenkollers" sinkt, der jedes individuell-positive Reiseerlebnis zerstören würde (*vgl. Dietsch 1996, S. 81*).

Die zielgruppenbezogene Genauigkeit einer Reiseausschreibung fördert die Chance der Entstehung einer homogenen Reisegruppe. Darüber hinaus bieten sich als integrierende Maßnahme Vorbereitungstreffen für die Reise an. Dort findet das erste Kennenlernen der zukünftigen Reisepartner statt, ein "warming up" zu Beginn der Reise wird überflüssig und die Erwartungshaltung gegenüber den Mitreisenden wird realistischer ausgerichtet. Ebenso werden die Reisenden auf einen gemeinsamen Informationsstand bezüglich des Reiseverlaufs und der Situation im Gastland gebracht.

2.4 Kundenintegration in der Prozeßphase

2.4.1 Ziele

Im Rahmen der Maßnahmen zur Kostensenkung besitzen Unternehmen möglicherweise produktpolitischen Spielraum zur Externalisierung von Dienstleistungen. Aus wettbewerbspolitischer Sicht können mit Hilfe der Kosteneinsparungen Preisvorteile angestrebt werden.

Unter der Voraussetzung, daß das Spektrum der Leistungen im Rahmen einer Dienstleistung sich nicht ändert (Isoleistungslinie), bedeutet die Externalisierung bzw. Internalisierung eine Umverteilung der zu erbringenden Leistungen zwischen Anbieter und Nachfrager (vgl. Abb. II.7). Übernimmt der Anbieter Leistungen des Kunden und weitet damit sein Dienstleistungsangebot aus, spricht man von einer Internalisierungsstrategie, während bei der Externalisierungsstrategie Teile der zu erbringenden Gesamtleistung auf den Kunden übertragen werden (stärkere Kundenintegration!).

Die Mindestaktivität eines Anbieters ist dabei eine Grundvoraussetzung, denn eine vollständige Verlagerung der Leistungserbringung auf den Kunden würde dafür sorgen, daß sich der Anbieter überflüssig macht. Würde sich eine Dienstleistung in ihrer Gesamtheit verändern, also das Dienstleistungsangebot ausgeweitet (bzw. verringert), so hätte das eine Verschiebung der Isoleistungskurve vom Ursprung weg (zum Ursprung hin) zur Folge.

Abgesehen von der grundsätzlichen Annahme, daß eine Gesamtdienstleistung zumindest teilweise zwischen Anbieter und Nachfrager substituierbar ist, hängt die Aufteilung der Funktionserfüllung von der jeweils anzutreffenden Bedingungslage bei Unternehmen und Kunden ab.

Abbildung II.7:

Isoleistungslinie

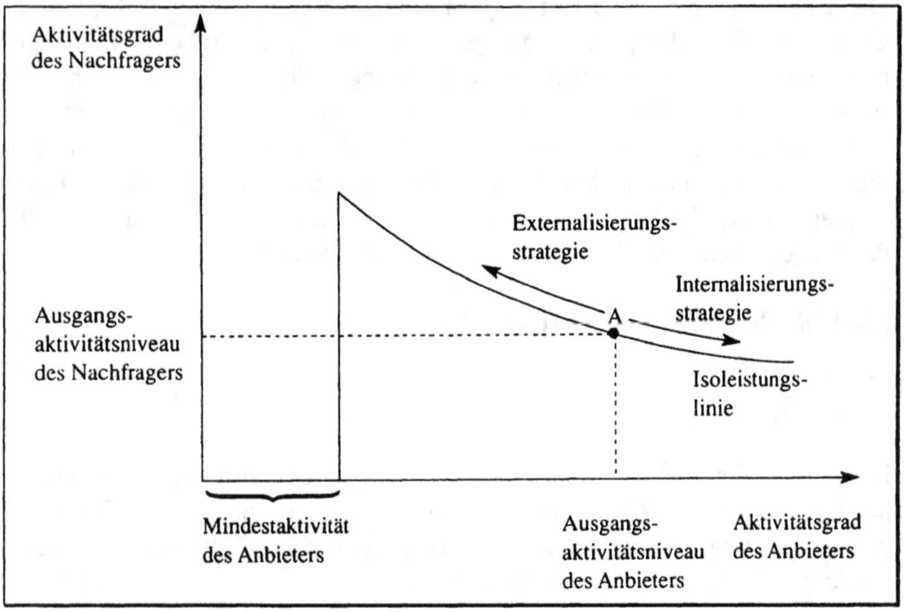

Quelle: Corsten 1995, S. 194

Seitens der Kunden muß die Akzeptanz und die Fähigkeit zur Übernahme von Funktionen gegeben sein. So kann z. B. die erhöhte Transparenz hinsichtlich des Leistungserstellungsprozesses für die Bereitschaft zur Übernahme von Funktionen ebenso förderlich sein wie die Erwartung, bei eigener Beteiligung einen geringeren Preis zu zahlen. Dagegen könnte es hinderlich sein, wenn die Übernahme von Aktivitäten als lästig empfunden wird und eine Reduzierung sozialer Kontakte zwischen Leistungsgeber und Leistungsnehmer eintritt oder, wenn die erhöhte Eigenverantwortlichkeit zu einer erhöhten Unsicherheit führt. Hier ist die vollständige und korrekte Realisation der Gesamtdienstleistung gefährdet (*vgl. Corsten 1995, S. 197*).

Das Ausmaß der Kostensenkung durch Externalisierungsmaßnahmen wird bestimmt durch die mit der Verringerung der Anbieteraktivitäten einhergehenden Einsparungen (vgl. Abb. II.8).

Abbildung II.8:

Kosteneinsparung durch Externalisierung

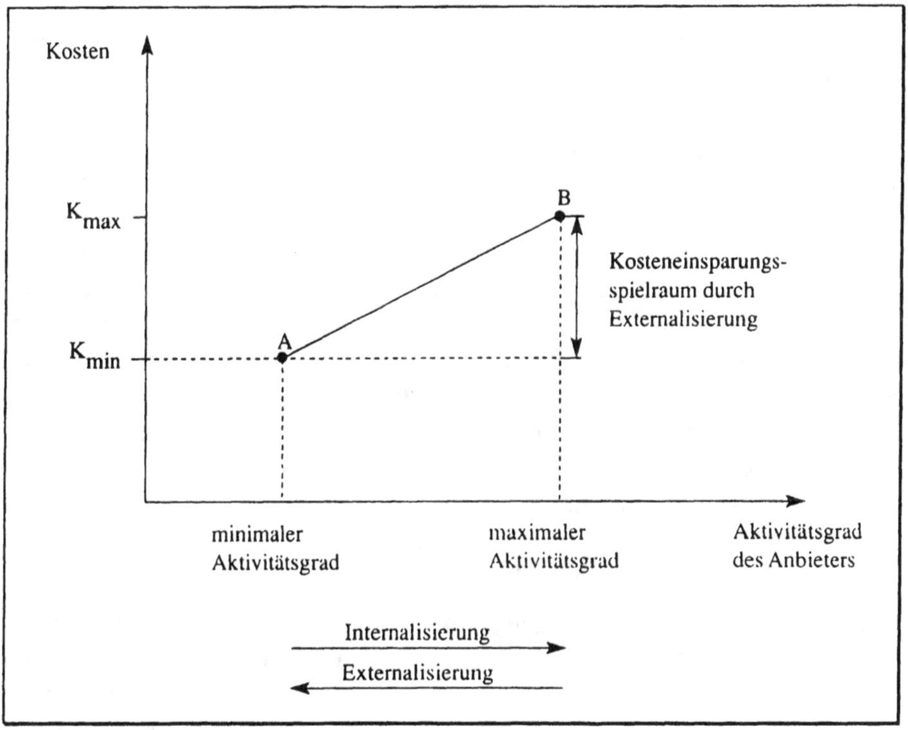

Quelle: Corsten 1995, S. 202

Neben Kosteneffekten ist aber auch den Qualitätsaspekten im Rahmen der Integration von Kunden in den Prozeß der Leistungserstellung breiter Raum zu gewähren. Zu diesem Zweck muß den "Moments of Truth" große Aufmerksamkeit geschenkt werden. In den "Augenblicken der Wahrheit" kommt der Kontakt zwischen Dienstleister und Kunde zustande, weshalb man auch von der Identifikation von Kontaktpunkten als Bestandteil der Analyse spricht. Von der Art und Weise dieser Kontakte hängt die Qualitätsbeurteilung des Kunden wesentlich ab. Durch "richtige" Kundenintegration, sei es die Übertragung von Leistungen auf den Kunden oder die kommunikative Einbeziehung des Kunden durch den Dienstleister, kann die Qualitätsbeurteilung schließlich positiv beeinflußt werden.

2.4.2 Marktforschungs-Maßnahmen

Der Einsatz von **Testkäufern - Scheinkunden/silent shopper** - als Marktforschungsverfahren zum Zwecke der Beobachtung von Ereignissen an den als wichtig identifizierten Kontaktpunkten analysiert aus Kundenperspektive Situationen, die bei der Erstellung von Dienstleistungen entstehen. Somit haben wir es hier mit keiner Form der Kundenintegration, sondern mit einer Simulation von Kundenkontakten zu tun, die Aufschluß über das Erleben von Kunden (z. B. Erscheinungsbild, Freundlichkeit, Kompetenz des Dienstleistungspersonals) geben soll, ohne daß das Dienstleistungspersonal die Beobachtungssituation als solche erkennt. Auf diese Weise sind Rückschlüsse auf die Wahrnehmung und das Empfinden der Kunden in den "Moments of Truth" möglich. Gewisse Einschränkungen bezüglich der Beurteilung müssen jedoch gemacht werden, da es fraglich ist, ob die Wahrnehmung professioneller Scheinkunden der der Kunden entspricht. Dennoch ist das Verfahren geeignet, um mögliche Problemfelder der Kundenintegration zu erkennen.

2.4.3 Marketing-Maßnahmen

Automatisierung von Kundenvorgängen

Die Automatisierung von Vorgängen mit der anschließenden Ausgliederung der Funktion an den Kunden ist eine weit verbreitete Form der Externalisierung. Immer mehr touristische Leistungsträger übertragen Unternehmensfunktionen auf ihre Kunden und sorgen damit für ihre weitreichende Integration in einer aktiven Rolle.

Beispiele: Unterschiedliche Unternehmensfunktionen werden der Bearbeitung des Kunden übergegeben:

- Touristische Informationsstellen überlassen den Gästen die Informationssuche (z. B. per Multimedia-Software mit Touch Screen).
- In der Hotellerie wird der Check-out und damit auch das Inkasso per Automat erprobt.
- Airlines automatisieren den Check-in.
- In Reisebüros wird die Selbstbuchung von touristischen Leistungen per Computer versucht.

Für die Qualitätswahrnehmung ist die Bedienerfreundlichkeit der Softwaresysteme von entscheidender Bedeutung. Versteht der Kunde die Bedienerführung nicht sofort, gerät der Prozeß der Leistungserstellung ins Stocken und wird im schlimmsten Falle sogar abgebrochen.

Weitergehende Kundenbeteiligungen an der Leistungserstellung

Über die Automatisierung von Vorgängen hinaus gehen andere Formen der Externalisierung:

- Reiseveranstalter: Mithilfe beim Aufbau von Zelten oder anderen Übernachtungsgelegenheiten (Busübernachtungen bei Rotel), gemeinschaftliches Kochen beim Trekking etc.
- Beherbergungsbetriebe: Bei Appartementübernachtungen übernimmt der Reisende das Erstellen des Frühstücks und das Bettenmachen.
- Gastronomie: Das Angebot eines Frühstücksbuffett führt zur Verminderung der Bedienungsfunktion seitens des Anbieters. In Schnellrestaurants herrscht das Prinzip der Selbstbedienung.

Animation

Auch bei der Animation werden Reisegäste in die Leistungserstellung aktiv einbezogen. Die Qualitätswahrnehmung wird dabei von verschiedenen Faktoren beeinflußt. Die Bereitschaft des Gastes zum Mitmachen ist ein wesentlicher Faktor. Darüber hinaus ist die Zusammensetzung der Gruppe und die Interaktion der Gruppenmitgliedern bedeutsam, wobei der Animateur eine entscheidende Rolle als Integrationsfigur spielt.

Inszenierung von Wartezeiten

Aus Sicht der Kunden kommt dem Zeitmanagement in Dienstleistungsprozessen eine besondere Bedeutung zu. Das Konzept des Zeitmanagement kennt vier Zeitformen (*vgl. Stauss 1991, S. 82 und Meffert/Bruhn 1995, S. 266*):

1. Transferzeiten
   Diese entfallen auf den Transport zum Ort der Erstellung der Hauptleistung und zurück. Der Transport kann mit dem Reisebus, dem Shuttle Service des Hotels, dem Taxi, zu Fuß etc. erfolgen. Je nach Transferart fallen die Transferzeiten unterschiedlich lang aus und werden unterschiedlich bewertet. Im Regelfall ist davon auszugehen, daß diese Zeiten möglichst minimiert werden sollten.

2. Abwicklungszeiten
   Diese werden zur Erledigung von Formalitäten benötigt, die zwar mit der eigentlichen Leistung in direktem Zusammenhang stehen, aber nicht als ihr Bestandteil anzusehen sind. Hierzu zählen z. B. der Kauf von Eintrittskarten oder das Anlegen von Sportkleidung.

3. Wartezeiten
   In den Wartezeiten kommt normalerweise der Prozeß der Leistungserstel-

lung zum Stillstand. Es finden keine Transaktionen statt. Dies ist etwa bei der Zeit vor Beginn einer Vorstellung oder in einer Pause der Fall. Aber auch beim Kauf von Eintrittskarten oder beim Einlaß können Wartezeiten entstehen.

4. Transaktionszeiten
   Diese Zeiten sind der Erbringung der eigentlichen (Haupt-)Leistung vorbehalten.

Es gilt entweder diese Wartezeiten zu minimieren oder sie in den (zu erweiternden) Dienstleistungsprozeß einzubeziehen, indem Inszenierungen vorgenommen werden, die ein Aufkommen von Langeweile verhindern und für neue Eindrücke bei den Kunden sorgen (emotionale Kundenintegration).

Beispiel: In den Themenparks von Disney ist eine besonders gute Form einer stufenweisen Inszenierung von Wartezeiten zu beobachten. Die Ausgangssituation stellt sich so dar, daß z. B. im Magic Kingdom (Orlando) eine Reihe von Attraktionen (z. B. die Thunder Montain Railroad"-Achterbahn oder "Pirates of the Carribean") zu besucherstarken Zeiten überlaufen und Wartezeiten von einer Stunde keine Seltenheit sind. Um dennoch die Zufriedenheit der Gäste nicht zu gefährden, informiert das Parkmanagement die Besucher mit Schildern am Ende der Warteschlange über die voraussichtliche Dauer der Wartezeit. Zum Zwecke der Übererfüllung der Erwartung wird diese Zeit eher etwas länger angegeben als die tatsächlich zu vermutende Wartezeit.

Besucher am Ende der Schlange stehen oft noch vor dem Eingang der Attraktion. Um ihnen die Wartezeit zu verkürzen, vagabundieren "street bands" durch den Park und sorgen von Zeit zu Zeit an verschiedenen Orten für musikalische Abwechslung. Beim Vorrücken in der Warteschlange taucht der Besucher dann in eine thematisch mit der Attraktion in Zusammenhang stehende Welt ein. Die Gestaltung von Gebäuden und Exponaten sorgt hier für eine inszenierte Form der Abwechslung, ehe der Besucher schließlich die eigentliche Attraktion erreicht. Im Wissenschaftspark des EPCOT-Center (Orlando) steht häufig im Gegensatz zum Magic Kingdom nicht der gestalterische Aspekt im Vordergrund; dieser wird durch Multimedia-Shows ersetzt.

Personifizierung von Kundengesprächen

Eine andere Form der emotional orientierten Kundenintegration ist - wo eben möglich - die Ansprache des Kunden mit seinem Namen. Da dies natürlich die Kenntnis des Namens voraussetzt, ist der Einsatz dieses Instruments nur bei einigen touristischen Leistungsträgern wie der Hotellerie oder den Reisebüros (bei Stammkunden) möglich.

Anbieter können darüber hinaus eine persönlichere Beziehung der Kunden zu ihren Mitarbeitern herstellen, indem sie z. B. den Mitarbeiternamen bei der Meldung am Telefon nennen lassen oder indem sie die Kleidung ihrer Dienstleister mit Namensschildern schmücken. Dabei ist zu berücksichtigen, daß die gewünschte emotionale Wirkung vornehmlich über die Nennung des Vornamens funktioniert.

Reisebüro: Integration durch das Beratungsgespräch

Eine weiterreichende Form der Integration durch Interaktion, insbesondere Kommunikation ist gegeben, wenn Kundenmeinungen in den Prozeß der Dienstleistungserstellung aufgenommen und umgesetzt werden. Reisebüro-Expedienten müssen im Beratungsgespräch die Wünsche ihrer Kunden ermitteln und in kundengerechte Angebote ummünzen.

Hotelsprechzeiten einer Zielgebiets-Reiseleitung

Eine Form der Kommunikation über die Dienstleistung während der Erstellung derselben ist das Gespräch mit dem Reiseleiter. In Feriengebieten, in denen Reiseveranstalter eine größere Zahl an Hotels belegen, werden z. B. Sprechzeiten in den einzelnen Hotels eingerichtet, um Fragen und eventuell aufkommende Probleme gleich vor Ort lösen zu können.

Abbildung II.9:

Wirkung und Intensität der Kundenintegration in der Prozeßphase

positiv			neutral	negativ		
stark	mittel	schwach		schwach	mittel	stark
+++	++	+	0	-	--	---

Integrationsformen Beispiele für touristische Marketing-Maßnahmen	physisch	intellektuell	emotional
Airline-check in per Automat	+	+	o
PC-Selbstbuchung im Reisebüro	++	++	o
Mithilfe beim Zeltaufbau	+++	+	+
Sport-Animation	+++	+	++
Inszenierung von Wartezeit	+	+	+
Personifizierung des Kundengesprächs	+	+	+
Beratungsgespräch im Reisebüro	+	++	+
Unspezifisches Kundengepräch	+	+	++

Quelle: In Anlehnung an Meyer/Mattmüller 1995, S. 95.

Unspezifische Kundengespräche

Die Kommunikation des Dienstleisters mit seinem Kunden muß aber nicht immer ergebnisorientiert verlaufen. Urlaubsgäste (weniger Geschäftsreisende) erwarten am Hotelcounter auch unspezifische Gespräche, die ein Eingehen auf den Gast erkennen lassen und ein menschlicheres Miteinander bedeuten.

Hier kommt der Ausstrahlung und dem Auftreten des Mitarbeiters sowie der Sympathie, die ihm seitens des Gastes entgegengebracht wird, in bezug auf die wahrgenommene Qualität besondere Bedeutung zu.

Zusammenfassender Überblick

Abbildung II.9 zeigt die Wirkung und Intensität der Kundenintegration in der Prozeßphase. Eine negative Integrationswirkung ist grundsätzlich in keinem der Beispiele zu erwarten; sie tritt z. B. erst dann auf, wenn ein Beratungsgespräch nicht erfolgreich verläuft (emotional negativ) oder sich ein Gast bei einer sportbezogenen Animationsveranstaltung eine Verletzung zuzieht (physisch negativ).

2.5 Kundenintegration in der Ergebnisphase

2.5.1 Ziele

Die Erhaltung und Verbesserung der Kundenzufriedenheit steht im Mittelpunkt der Zielsetzungen des Nachkaufmarketing. Sollten nach dem Konsum der Leistung kognitive Dissonanzen beim Kunden auftreten, so sind geeignete Maßnahmen zu deren Beseitigung zu ergreifen. Dies führt zur Gestaltung der unternehmerischen Beschwerdepolitik, die sich zum Ziel setzen muß, aus einem unzufrieden Kunden einen Stammkunden zu machen.

Es zählt daher zu den Aufgaben des Beschwerdemanagements eine hohe Beschwerde-Zufriedenheit herzustellen und damit Kundenabwanderungen ebenso zu vermeiden wie eine negative Mund-zu-Mund-Kommunikation. Außerdem soll das Dienstleistungsimage als "kulantes Unternehmen" herausgearbeitet werden und es sollen Kundeninformationen als Grundlage für die Leistungsverbesserung gewonnen werden.

Zu den weiteren Phasen im Prozeß des Beschwerdemanagements zählen die Beschwerdebearbeitung, die Beschwerdeanalyse zur Aufdeckung wiederkehrender Fehlerquellen und die Informationsweitergabe, damit die Fehlerbeseitigung erfolgen kann (*vgl. Meffert/Bruhn 1995, S. 258; Hansen et al. 1995*).

2.5.2 Marktforschungs-Maßnahmen

Aus der Reihe der Marktforschungsansätze zur Identifizierung der Servicequalität sei hier der SERVQUAL-Ansatz erwähnt, da dieser den Vergleich von Aussagen zur generellen Erwartung an die qualitätsrelevanten Aspekte einer Dienstleistung mit den erlebten (wahrgenommen) Leistungen in Beziehung setzt. Dies geschieht in der Befragung mit Hilfe einer sogenannten Doppelskala (*vgl. Zeithaml u. a. 1995; Parasuraman u. a. 1986*).

Abbildung II.10:

Beispiel für eine korrespondierende Frage im SERVQUAL-Ansatz

	Diese(r) Meinung...						
	stimme ich völlig zu				lehne ich entschieden ab		
Die Geschäftsräume eines Reisebüros sollten ansprechend gestaltet sein.	7	6	5	4	3	2	1
Die Geschäftsräume des Reisebüros XY sind ansprechend gestaltet.	7	6	5	4	3	2	1

Da aber der SERVQUAL-Ansatz ebenso wie andere Meßinstrumente Schwächen aufweist (*vgl. Hentschel 1995, S. 367 ff.*), wird die Gestaltung eines dynamischen Kundenfeedback-Systems gefordert. Innerhalb eines solchen Systems muß auf eine schnelle Auswertung der Daten ebenso geachtet werden, wie auf eine ständige Überprüfung der untersuchten Servicekriterien. Es kann nämlich sein, daß zur Leistungsdifferenzierung geeignete Kriterien einem Lebenszyklus unterliegen, der sie in Standardkriterien überführt, die von jedem Kunden bei der Leistungserstellung erwartet werden. Möglicherweise erfüllen diese Kriterien im Zeitablauf also nicht mehr die Anforderung an die Erlangung von Wettbewerbsvorteilen (*vgl. Köhler 1996, S. 215 f.*).

Beispiel: Im Reisebüro erwartete der Kunde früher keine PC-Ausstattung, während heute ein Computer - zu Recht - als Voraussetzung für eine fundierte Beratung und schnelle Buchung angesehen wird.

In der Praxis ist das Maßnahmen-Mix zur Analyse der Kundenzufriedenheit von Unternehmen zu Unternehmen unterschiedlich gestaltet. Neben den nachfragerbezogenen Verfahren gehören ebenso anbieterbezogene Verfahren (z. B. Mitarbeiterbefragungen) dazu (*einen guten Überblick verschaffen Meffert/Bruhn 1995, S. 203 ff.*).

Beispiel: AVIS Deutschland verwendet ein dreiteiliges System zur Messung der Kundenzufriedenheit (*vgl. Bruhn/Bunge 1995, S. 419 ff.*):

1. Nach der Wagenanmietung und Rechnungserhalt werden Fragebögen an die Kunden ausgegeben.

2. Nach der Erfassung von Kundenanfragen/ Reklamationen erfolgt eine EDV-Auswertung der Briefe bzw. Anrufe.
3. Nach der Bearbeitung von Kundenreklamationen wird per Fragebogen die Beschwerdezufriedenheit untersucht.

2.5.3 Marketing-Maßnahmen

Aufforderung zur Beschwerde

Ein wesentliches Problem des Beschwerdemanagements besteht darin, unzufriedene Kunden erst einmal zur Äußerung einer Beschwerde zu bewegen, um zu vermeiden, daß sie stillschweigend zur Konkurrenz abwandern. Daher sollten Unternehmen ihren Kunden Beschwerdeaktivitäten erleichtern.

Beispiele für Instrumente die zur Beschwerdeaufforderung geeignet sind:
Comment card (kurzer Fragebogen, welcher am Ort der Leistungserstellung ausliegt), Gästebuch, "Meckerkasten".

Reiseveranstalter, Reisemittler: Kundentreffen nach der Reise

Ebenso wie vor der Reise können auch nach der Reise Kundentreffen arrangiert werden. Diese müssen sich nicht nur auf feste Reisegruppen beziehen, die (z. B. mit einer Diashow) Reiseerlebnisse austauschen, sondern können auch bezogen auf Zielgebiete organisiert werden.

Reisebüros können Zielgebiets-Abende zu einem kleinen Event ausbauen. Thematisch zur Destination passend können an einem solchen Abend eine Reihe von Aktivitäten zur Kundenbindung ergriffen werden: Dia-Show eines Reisekunden, Informationen zu neuen Reiseangeboten, Getränke und/oder Imbiß mit Beziehung zum Zielgebiet etc.

Ziel solcher Veranstaltungen muß es sein, vergangene Reiseerlebnisse positiv nachwirken zu lassen und Interesse für neue Zielgebiete bei Stammkunden zu wecken.

2.6 Fazit

Die Zufriedenheit eines Kunden ist das entscheidende Kriterium, um ihn zu einem erneuten Kauf zu bewegen. Aus dem Vergleich seiner Erwartungen an die angebotene Dienstleistung mit seinem subjektiven Erleben bei der Erstellung der Dienstleistung schließt der Kunde im Ergebnis auf die Dienstleistungsqualität. Ziel muß es sein, die Erwartung zu erfüllen oder noch besser: zu übertreffen.

Die Erwartungshaltung des Kunden wird von Kundenfaktoren gesteuert (eigene Erfahrungen, Mund-zu-Mund-Kommunikation mit Freunden etc.).

Der Anbieter kann im Vorfeld der Leistungserstellung in die Erwartungsbildung des Kunden eingreifen. Um Bedürfnisse richtig zu erkennen, werden Marktforschungsmaßnahmen ergriffen, von denen einige den Kunden besonders ausführlich zu Wort kommen lassen, wie das bei Kundenkonferenzen der Fall ist. Hilfreich für die Erwartungsbildung ist ebenso eine glaubwürdige Werbung, die Leistungen positiv darstellt, aber nicht hemmungslos übertreibt. Noch direkter ist der Einfluß des Dienstleistungsanbieters, wenn er seine Kunden stärker integriert. Dies geschieht u. a. durch Kundenclub-Aktivitäten, Direktmarketing und - z. B. im Reisebüro - durch die Ermöglichung der Vorauswahl.

Abbildung II.11:

Maßnahmen zur aktiven Kundenintegration im Überblick

Phase / Maßnahmen zur Kundenintegration	Potential-phase	Prozeß-phase	Ergebnis-phase
Kundenclub-Aktivitäten	++		+
Event-Marketing	++		+
Mitarbeiter-Schulung	++	++	+
Messebeteiligung	++		
Telefonmarketing	++	+	+
Reisebüro: Ermöglichung der Vorauswahl	++		
Reiseveranstalter: Baukastensysteme	++		
Kundentreffen	++		++
Automatisierung von Kundenvorgängen		++	
Beteiligung an der Leistungserstellung (außer Automatisierung; z. B. Mithilfe beim Zeltaufbau)		++	
Animation		++	
Inszenierung von Wartezeiten		++	
Personifizierung von Kundengesprächen	+	+	+
Beratung, Sprechzeiten	++	++	
Aufforderung zur Beschwerde			++

++ bedeutet eine sehr gute Möglichkeit zur Kundenintegration
+ bedeutet eine gute Möglichkeit zur Kundenintegration

Während der Erstellung der Dienstleistung gibt es wiederum Möglichkeiten, das Erleben des Kunden durch seine physische, intellektuelle oder emotionale Beteiligung zu verbessern. "Richtige" Animation stärkt z. B. ein positives

Dienstleistungserleben ebenso wie die Einbeziehung des Kunden in (möglicherweise unvermeidbare) Wartezeiten oder die Verstärkung von Anbieter-Nachfrager-Beziehungen durch das Kommunizieren des Mitarbeiternamens. Führt die Kundenintegration zu einer Externalisierung von Leistungen, kann der Angebotspreis verringert oder die Gewinnspanne des Dienstleisters erhöht werden.

Selbst im Nachhinein existieren Chancen zur Beeinflussung der Leistungswahrnehmung des Kunden. So kann z. B. ein Reiseveranstalter oder ein Reisebüro seine Reisen nachträglich bei Kundentreffen noch einmal in einem positiven Licht erscheinen lassen.

Insgesamt existieren also zahlreiche Faktoren zur Beeinflussung der Wahrnehmung der Dienstleistungsqualität. Die aktive Integration des Kunden in die Marketing-Maßnahmen verspricht dabei besonders nachhaltige Wirkungen, wenn dadurch die Erwartungshaltung richtig entwickelt und das Erleben der Dienstleistung verbessert wird. Abb. II.11 bietet nochmals einen Überblick über Maßnahmen der Kundenintegration und deren Phasenzuordnung.

3 Internationale Kooperation und Qualitätsmanagement

von Dr. Manfred G. Lieb, Professor für Betriebswirtschaftslehre

3.1 Einführung: Problemstellung

Touristische Produkte sind einfache und komplizierte Produkte zugleich. Einfach sind sie, weil ihre Komplexität relativ gering ist, d. h. die einzelnen Elemente des Gesamtproduktes sind klar abgrenzbar und nicht besonders vielfältig. Die Komplexität resultiert aus dem Erstellungsprozeß der touristischen Produkte. Da sie eine Zusammensetzung verschiedener Teilelemente darstellen, die wiederum i. d. R. durch verschiedene Organisationen oder Individuen erstellt werden, treten Planungsprobleme auf, die wiederum Abstimmungsnotwendigkeiten erzeugen. Diese Tatsache macht Qualitätsmanagement im Bereich touristischer Produkte zu einer schwierigen Aufgabe, da ein **Kooperationsproblem und ein Koordinationsproblem** zu lösen ist.

Die gesamte Problematik wird dadurch verschärft, daß touristische Produkte häufig in einem internationalen, d. h. interkulturellen Zusammenhang erstellt werden. Am Erstellungs- und Konsumtionsprozeß sind Individuen aus unterschiedlichen Ländern beteiligt. Hierdurch entsteht ein **Kulturproblem,** das die Komplexität der Qualitätsmanagementaufgabe erhöht, da unterschiedliche Vorstellungen von Handeln und Qualität des Handelns bedacht und in das Gesamtprodukt integriert werden müssen. Dieser Aspekt gewinnt an Bedeutung, wenn zusätzlich bedacht wird, daß touristische Produkte Dienstleistungen sind, deren Qualität fast ausschließlich von dem Handeln der damit befaßten Individuen abhängt.

Die Lösung von Kooperations- und Koordinationsproblemen unter Einbeziehung der kulturspezifischen Besonderheiten ist eine der Hauptaufgaben im Management von touristischen Produkten. Im Bereich der Qualitätsstrategie, d. h. der Erzeugung erwünschter Qualitätsstandards durch eine entsprechende Planung und einer entsprechenden Umsetzung der Planung in der konkreten Erstellungsphase, entstehen hier erhebliche Anforderungen an das touristische Unternehmen.

Diese Anforderungen kann man sich leicht vergegenwärtigen, wenn man einen Vergleich mit der warenproduzierenden Industrie heranzieht. Im Bereich der Warenproduktion können die verwendeten Einzelteile **vor** Produktionsbeginn auf ihre Qualitätsstandards geprüft werden. Die gesamten Produktionsabläufe werden i. d. R. vom Hersteller überwacht und kontrolliert. Bevor das Produkt an den Kunden weitergegeben wird, können umfangreiche Kontrollen die gewünschten Qualitätsstandards sicherstellen. Das Koordinationsproblem wird innerhalb einer Organisation durch Managementvorgaben gelöst. Selbst wenn Teile des Gesamtproduktes in Kooperation mit anderen Organisationen erstellt werden, können wiederum Kontroll- und Prüfprozesse die Sicherstellung der Qualität gewährleisten. In einem solchen Prozeß spielen interkulturelle Unterschiede keine so gewichtige Rolle. Lediglich im Bereich des Vertriebes kann es zu den angesprochenen Problemen kommen, wenn die Vertriebspartner nicht die gewünschten Qualitätsstandards einhalten, bzw. die Warenpräsentation gegenüber dem Kunden nicht den Qualitätsanforderungen des Herstellermarketings entspricht. Abb. II.12 zeigt zusammenfassend, inwiefern sich touristische Produkte von der Warenproduktion abgrenzen und welche spezifischen Probleme sich daraus ergeben.

Abbildung II.12:

Probleme im Qualitätsmanagement von Waren und Dienstleistungen im Vergleich

	Warenproduktion	**Dienstleistungserstellung**
Konkrete Prüfung der Produktteile	vor Produktionsbeginn	während des Erstellungsprozesses
Überwachung des Produktionsprozesses	vollständig vom Hersteller der Gesamtleistung	vom Hersteller der Teilleistung
Sicherstellung der Qualitätsstandards	Kontrolle vor der Warenpräsentation gegenüber dem Kunden	Nur durch Planung und laufende Kontrollen möglich
Qualität der Kooperationspartner	Prüfung der Leistung vor Weiterverarbeitung	Verpflichtung aufgrund von Planvorgaben
Interkulturelle Unterschiede	durch Prüfung nicht relevant	verstärkte Beachtung nötig
Kontrolle der gesamten Warenkette	zum größten Teil möglich	nur mit hohem Aufwand realisierbar

3.2 Koordination und Kooperation

3.2.1 Grundlagen einer Kooperation

Arbeitsteilung wird genutzt, um eine produktive Marktleistung erzeugen zu können. Daß Arbeitsteilung aufgrund der damit einhergehenden Spezialisierung die Gesamtproduktivität einer zu produzierenden wirtschaftlichen Leistung erhöht, gehört zu den Grundtatbeständen der Ökonomie. Die Nutzung von Arbeitsteilung macht jedoch die Koordination der arbeitsteiligen Elemente erforderlich, und zwar in zeitlicher und sachlicher Hinsicht, oder organisationstheoretisch ausgedrückt: **Arbeitsteilung erzeugt einen Koordinationsbedarf.** Zur Befriedigung dieses Koordinationsbedarfes werden Koordinationsinstrumente eingesetzt. Diese können sowohl struktureller als auch nicht-struktureller Natur sein. Die strukturellen Koordinationsinstrumente sind als Teil der Organisationsstruktur leicht einsetzbar und erkennbar, deshalb sind sie in der Regel erste Ansatzpunkte für unternehmerische Grundsatzentscheidungen. Die nicht-strukturellen Koordinationsinstrumente, z. B. die Unternehmenskultur oder gemeinsam geteilte Werte der Interaktionspartner, sind nur in einem umfangreichen Analyse- und Reflexionsprozeß erkennbar und nur in einer sehr langfristigen Form einem zielgerichteten Einsatz unterwerfbar.

Eine Einteilung der Koordinationsinstrumente sieht folgendermaßen aus (*vgl. Kieser/Kubicek 1992*):

1. Strukturelle Koordinationsinstrumente
   - Persönliche Weisungen (Hierarchie),
   - Selbstabstimmung (Teamabstimmung),
   - Regeln und Programme (Arbeitsrichtlinien),
   - Pläne.
2. Nicht-strukturelle Koordinationsinstrumente
   - Unternehmenskultur,
   - gemeinsame Werte,
   - gemeinsame Ziele.

Der Einsatz von Koordinationsinstrumenten verursacht Kosten. Somit ist darauf zu achten, daß die durch Arbeitsteilung und Spezialisierung gewonnenen Produktivitätsfortschritte nicht durch die Koordinationskosten aufgezehrt werden. Durch die Auswahl und durch die Kombination der Koordinationsinstrumente sind die Koordinationskosten beeinflußbar. Zur Sicherstellung des gewünschten Produktionsergebnisses können auch Kontrollen eingesetzt werden. Sie wirken ebenfalls als Koordinationsinstrument, da hier Soll-Ist-Vergleiche vorgenommen werden und im Rahmen von Feedbackeffekten neue Entscheidungen getroffen werden können, die das gewünschte Ergebnis bringen sollen. Allerdings ist der Kontrollaufwand i. d. R. sehr hoch.

Wird eine Marktleistung erzeugt, an deren Zustandekommen mehrere Partner beteiligt sind, bestimmt das **Grundverhältnis der Partner** und die zur Koordination eingesetzten **Instrumente** die **Leistungsfähigkeit des Gesamtsystems**. Dieses Grundverhältnis der Partner läßt sich wiederum mit zwei Kategorien beschreiben:

1. **Definitionsmacht**: Welcher Partner hat die Definitionsmacht über die herzustellende Leistung ? Welcher Partner bestimmt die einzuhaltenden Standards ?
2. **Ziele**: Welche Ziele haben die Partner? Sind die Ziele gleichgerichtet oder sind die Ziele entgegengesetzt? Liegt eine gleichartige Vorstellung über die Zielverfolgung vor?

So ist z. B. bei gleichrangigen Partnern mit gleicher Zielvorstellung Selbstabstimmung als strukturelles Koordinationsinstrument besonders gut geeignet. Dagegen ist bei ungleichen Partnern der Einsatz von Plänen, Regeln und Programmen und, soweit möglich, persönlichen Weisungen notwendig. Von ungleichen Partnern spricht man, wenn nur einer die Definitionsmacht hat und beide womöglich unterschiedliche Zielvorstellungen verfolgen. Der Einsatz dieser strukturellen Koordinationsmechanismen ist aufwendig und kann durch nicht-strukturelle Koordinationsmechanismen ersetzt werden. Das Ergebnis der Koordination auf der Basis von nicht-strukturellen Koordinationsmechanismen zeigt sich vor allem in einer einheitlichen Zielsetzung und in einem gleichgerichteten Handeln der Kooperationspartner.

Unabhängig vom Einsatz der Koordinationsinstrumente ist eine Zusammenarbeit im Sinne einer gleichgerichteten Kooperation unbedingte Voraussetzung für den Erfolg. Diese Zusammenarbeit kann mit einem hohen oder mit einem geringen Grad von Vertrauen erfolgen. Bei einem hohem Vertrauengrad sind die Ziele der Kooperationspartner gleichgerichtet und die Definitionsmacht eines Partners wird anerkannt bzw. durch intensive Zusammenarbeit werden gemeinsame Standards entwickelt. Die Art der Zusammenarbeit wird wiederum wesentlich von den eingesetzten Koordinationsinstrumenten bestimmt. So wird eine Koordination durch Selbstabstimmung oder durch nicht-strukturelle Instrumente nur bei einer sehr gut funktionierenden Kooperation mit einem hohem Vertrauen möglich sein. **Je weniger gut eine Kooperation funktioniert, d. h. je weniger das Vertrauen ausgeprägt ist, desto stärker sind sowohl strukturelle Koordinationsinstrumente als auch Kontrollen notwendig, d. h. die Koordinationskosten steigen**. Insbesondere bei der Einhaltung von Qualitätsstandards in Kooperationen ist dieser Aspekt von zentraler Bedeutung, da bei schlecht funktionierenden Kooperationen der Koordinationsaufwand möglicherweise den Qualitätsvorteil zunichte machen kann. Abb. II.13 soll diesen Sachverhalt verdeutlichen.

Abbildung II.13:
Koordinationsaufwand und Vertrauen

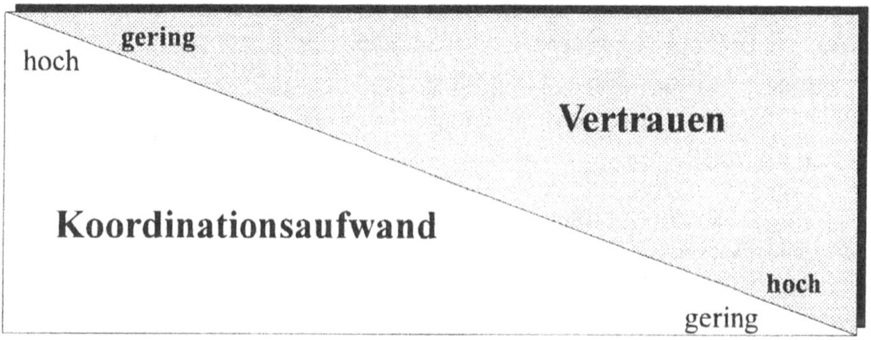

Die Kooperation zwischen Leistungsträgern muß aufgebaut und im Rahmen eines sogenannten **Beziehungsmarketings** (*vgl. Wehrli/Jüttner 1996; Usunier 1993, S. 392 ff.*) entwickelt werden. Diese Entwicklung bezieht sich sowohl auf die Verbesserung der individuellen Leistungsstandards als auch auf die Verbesserung des Einsatzes von Koordinationsinstrumenten, d. h. der Aufwand, der durch die Koordination entsteht, ist mit Beziehungsmarketing zu minimieren. Beziehungsmarketing hat den Aufbau von Vertrauen zum Ziel. Hierzu gehört eine längerfristige Zusammenarbeit, ein angepaßter Einsatz der Definitionsmacht und die Bereitschaft zur Entwicklung gleichgerichteter Ziele.

Je besser die Kooperationspartner bereits bei der Entwicklung von Marktleistungen zusammenarbeiten und einander vertrauen und je mehr eine gleichgerichtete Zielvorstellung vorliegt, desto eher wird ein gleichgerichtetes Verhalten in der Leistungserstellung möglich, da sich die Wertsysteme der Partner angleichen (*vgl. Dyer 1996*). In einer gut funktionierenden Kooperation werden die Partner ihre jeweiligen Kompetenzvorteile einbringen und damit zu einer insgesamt optimalen Wertschöpfung im gesamten Leistungserstellungsprozeß beitragen. Qualitätsmanagementstrategien lassen sich bei gut funktionierenden Kooperationen sehr viel besser umsetzen, da Qualitätsziele nicht mit Machtmitteln durchgesetzt werden müssen, sondern im Wege eines diskursiven Prozesses gemeinsam erarbeitet werden können. Ein solcher Zielbildungsprozeß erzeugt eine höhere Bereitschaft, Qualitätsziele auch tatsächlich umzusetzen und sein Verhalten an diesen Zielen zu orientieren. Wie sehr eine solche Situation einer QualitätsManagementstrategie förderlich ist, liegt auf der Hand.

3.2.2 Kooperationsmanagement und Qualität

Touristische Produkte werden i. d. R. als Zusammenspiel unterschiedlicher Partner erzeugt. Dieses arbeitsteilige Vorgehen muß koordiniert werden, wenn die Dienstleistungserstellung erfolgreich sein soll.

Beispiel 1: An einer typischen Flugpauschalreise (Buchung mit Flug, Transfer, Unterkunft, Mietauto und Ausflüge) sind folgende Partner beteiligt:

- Reisemittler,
- Transportunternehmen zum Flughafen,
- Fluggesellschaft (Abfertigung, Flug),
- Incomingagentur,
- Transferunternehmen zum Hotel,
- Hotelgesellschaft,
- Reiseleitung des Veranstalters,
- Autovermietung,
- Busgesellschaft im Zielland mit Reiseführung.

Beispiel 2: An einem typischen Ferienaufenthalt in einem Fremdenverkehrsort (Buchung mit Anreise, Unterkunft und Rahmenprogramm) sind folgende Partner beteiligt:

- Reisemittler,
- Transportunternehmen zum Zielort,
- Transferunternehmen zum Hotel,
- Hotelgesellschaft,
- Fremdenverkehrsstelle des Zielortes,
- Gastronomie am Zielort,
- Einzelhandelsunternehmen am Zielort,
- Busgesellschaft am Zielort mit Reiseführung.

Vertrag als Koordinationsinstrument

Alle oder der größte Teil der aufgeführten Leistungen werden vom Reiseveranstalter oder vom Fremdenverkehrsort als Produkt verkauft. Sie müssen so koordiniert werden, daß sie in zeitlicher und sachlicher Hinsicht dem gewünschten Leistungsergebnis entsprechen. Die einfachste Form der Koordination stellt der **Vertrag** dar. Ein Vertrag ist, unabhängig von seinem Rechtsgehalt, ein Plan, in dem sich die Partner gegenseitig Leistungsversprechen abgeben. Die Anforderungen an die Teilleistung werden definiert, in schriftlicher Form festgehalten und nach der erfolgreichen Erbringung vergütet. Je mehr Regeln oder Programme in einen Vertrag eingearbeitet werden, umso klarer sind die Koordinationsvoraussetzungen festgelegt.

Natürlich lassen sich in Verträgen auch Qualitätsstandards festhalten, allerdings ist die Einhaltung des vereinbarten Standards nur durch **Vertrauen oder Kontrolle** sichergestellt. Vor der Leistungserbringung spielt der Aspekt des Vertrauens die entscheidende Rolle, indem z. B. der Reiseveranstalter durch die Vertragsgestaltung und den Vertragsabschluß einen gewünschten Qualitätsstandard voraussetzt. Nach der Leistungserbringung kann eine Kontrolle oder (z. B. bei Minderleistung) eine Beschwerde des Kunden Aufschluß über die tatsächlich erbrachte Leistung bringen. In Märkten, auf denen ein Überangebot an möglichen Leistungen vorhanden ist, kann der Veranstalter seine Marktmacht zur Definition und Durchsetzung der gewünschten Qualitätsstandards nutzen. Umgekehrt müssen in Märkten mit einer Knappheit an Leistungen die vorhandenen Qualitätsstandards akzeptiert werden. Dies hat zur Folge, daß die Qualitätsplanung und damit die konkrete Angebotsgestaltung in hohem Maße auch von der Verteilung der Marktmacht abhängig ist.

Beispiel: Ein großer Reiseveranstalter kann mit der Drohung, die Chartergesellschaft zu wechseln in der derzeitigen Situation ohne Probleme seine Qualitätsstandards durchsetzen. Ein kleiner Spezialveranstalter dagegen ist i. d. R. auf Linienflüge mit der vorgegebenen Standardqualität der gewählten Fluggesellschaft angewiesen.

In Fremdenverkehrsorten ist das Koordinationsproblem noch schwieriger, da die jeweils angesprochenen Leistungsträger als selbständige Unternehmer agieren. Hier kann versucht werden, im Wege des **Innen-** oder **Binnenmarketings** gleichgerichtete Qualitätsstandards zu erreichen. Allerdings sind auch diesem Instrument relativ enge Grenzen gesetzt, da die Einhaltung von Qualitätsstandards nur in begrenztem Maße erzwungen werden kann. Lediglich in Bereichen, in denen Klassifikationen vorhanden sind, z. B. im Hotel- und im Gastronomiebereich, kann durch die Klassifikationselemente und die Einteilung der Leistungsträger in diese Klassen ein einheitlicher und vermarktbarer Qualitätsstandard erreicht werden.

Koordination durch vertikale Integration

Reiseveranstalter können versuchen, das Koordinationsproblem durch **vertikale Integration** zu vermindern. Bei dieser Form der Kooperation werden Organisationen, die Teilleistungen erbringen, entweder vollständig aufgekauft, oder es werden Anteile erworben. Dadurch erhöht sich die Einflußmöglichkeiten auf Zielsetzungen und konkrete Aktivitäten des Herstellers dieser Teilleistung. Somit wird die Sicherstellung eines gewünschten Qualitätsstandards für das Gesamtprodukt vereinfacht. Durch eine derartige Form der Kooperationsausgestaltung wird die Arbeitsteilung und damit auch der Koordinationsaufwand vermindert. Gleichzeitig steigt das wirtschaftliche Risiko, die Flexibilität wird herabgesetzt, und auch Spezialisierungsvorteile können möglicherweise nicht voll ausgenutzt werden.

Beispiele: Die Incomingagenturen Go America oder Go Karibic sind Tochtergesellschaften der LTU-Gruppe. Die TUI ist an Hotelgesellschaften beteiligt (z. B. Grecotel, Cyprotel, Iberotel).

Koordination durch Value-Adding-Partnership

Eine weitere Möglichkeit des Beziehungsmarketings in Kooperationen besteht im Aufbau von strategischen Partnerschaften nach dem **"Value-Adding Partnership Prinzip"** (*Johnston/Lawrence 1989, S. 81*). Eine solche Kooperation tritt nach außen wie eine geschlossene Wettbewerbseinheit auf, obwohl auch hier ein arbeitsteiliges Vorgehen gegeben ist, und selbständig agierende Unternehmen am Leistungserstellungprozeß beteiligt sind. Solche Partnerschaften müssen langfristig angelegt sein, zwischen den Partnern muß ein hohes Maß an Vertrauen herrschen, und alle Partner müssen einen Vorteil aus der Partnerschaft ziehen können. *Kanter* (*1994*) hat strategische Partnerschaften untersucht und nennt acht Voraussetzungen, die für eine funktionierende Partnerschaft gegeben sein müssen:

- **Individuelle Leistungsfähigkeit**: Alle Partner sind in ihrem Bereich stark und können die gemeinsame Wertschöpfungsaktivität verbessern;
- **Bedeutung**: Für alle Partner hat die Kooperation eine hohe strategische und langfristige Prioriät;
- **Unabhängigkeit**: Die Kooperationspartner haben eigenständige Fähigkeiten und Möglichkeiten;
- **Investitionen**: Die Partner investieren in die Partnerschaft und in entsprechende Aktivitäten;
- **Informationen**: Der Informationsfluß zwischen den Partnern ist offen, alle relevanten Daten werden ausgetauscht;
- **Integration**: Die Partner entwickeln Möglichkeiten, einfach und auf breiter Basis zusammenarbeiten zu können;
- **Institutionalisierung**: Die Partnerschaft bekommt einen formalen Status mit klaren Verantwortlichkeiten und klaren Entscheidungsprozessen;
- **Integrität**: Die Partner arbeiten auf eine Art und Weise zusammen, die Vertrauen erzeugt (*Kanter 1994, S. 100*).

Bei Beachtung dieser Prinzipien lassen sich auch in Kooperationen hohe Qualitätsstandards entwickeln und durchsetzen.

Beispiel: Erfolgreiche Franchiseorganisationen wie z. B. McDonald´s arbeiten nach dem Prinzip des Value-Adding Partnership. Sowohl bei der Auswahl der Franchisepartner als auch bei der konkreten Abwicklung des Leistungserstellungsprozesses werden die oben angeführten acht Prinzipien beachtet. Dementsprechend hat z. B. McDonald´s einen weltweit hohen und führenden Qualitätsstandard im Bereich der Fast-Food-Gastronomie erreicht.

Gerade touristische Unternehmen, bei denen i. d. R. eine Vielzahl von Leistungsträgern am Gesamtprodukt beteiligt sind, sind gut beraten, wenn sie auf der Basis **langfristiger Partnerschaften** Qualitätspolitik betreiben. Dabei ist eine Orientierung an den von *Kanter* (*1994*) angeführten acht Voraussetzungen sicherlich hilfreich.

Erschwert werden Kooperationsprozesse und der Aufbau einer entsprechenden Partnerschaft dann, wenn **kulturspezifische Unterschiede** zwischen den Partnern vorliegen, d. h. die Kooperation international angelegt ist. *Kanter* hat dies in ihrer Untersuchung ebenfalls festgestellt und dabei auch herausgefunden, daß Unterschiede in einzelnen Ländergruppen bestehen:

> ".. we observe that North American companies, more than others in the world, had a narrow, opportunistic view of relationships, ... North American companies frequently neglect the political, cultural, organizational and human aspects of the partnership. Asian companies are the most comfortable with relationships, and therefore they are the most adept at using and exploiting them. European companies fall somewhere in the middle" (*1994, S. 97*).

Im Tourismus, vor allem im Bereich der Reiseveranstalter, ist Internationalität die Regel. Insofern muß das Beziehungsmarketing die kulturspezifischen Besonderheiten der Partnerschaft beachten. Diese Aussage gehört sicherlich zum allgemeinen Repertoire der Managementwissenschaft, es erstaunt jedoch, daß in allen Beiträgen immer nur kurz darauf hingewiesen wird. Selbst die Tourismuswissenschaft hat bisher den Aspekt der kulturell geprägten Zusammenarbeit vernachlässigt. Daher soll im folgenden Punkt, wenn auch nur sehr eng, versucht werden, dieses Defizit etwas auszugleichen.

3.3 Kultur

3.3.1 Das Phänomen Kultur

Das Phänomen Kultur ist nur sehr schwierig zu erfassen und zu definieren, da Kultur mehrere, voneinander völlig unabhängige Bereiche des menschlichen Lebens umfaßt und sich daher offensichtlich einer eindimensionalen Beschreibung entzieht. *Enzensbergers* Definition "Kultur umfaßt alles, was Menschen tun und lassen" (*1992, S. 59*) eignet sich m. E. aber nicht als Ansatzpunkt, weil sie zu allgemein ist. Obwohl diese Definition zum Ausdruck bringt, daß fast alle Aspekte gesellschaftlicher Existenz mit Kultur in Zusammenhang stehen oder gebracht werden können. Ethnologen, Kulturanthropologen und Soziologen kennen und verwenden eine große Anzahl von Kulturdefinitionen und -theorien, die von sehr umfassenden bis zu ganz engen Konzeptionen reichen.

Eine klassische Definition aus psychologischer Sicht beschreibt das Phänomen Kultur als die Übereinstimmung der Verhaltensmuster vieler Individuen (*vgl. Kroeber-Riel 1992, S. 575*). Die Übereinstimmung bezieht sich dabei auf größere soziale Einheiten wie Länder, Sprachgemeinschaften oder umfassende übernationale Einheiten (z. B. europäische Kultur). Kultur besteht demnach aus expliziten und impliziten Denk- und Verhaltensmustern, die durch Symbole erworben und weitergegeben werden und eine spezifische, abgrenzbare Errungenschaft menschlicher Gruppen bilden, wobei zu diesen Errungenschaften auch materielle Güter zählen. Kernstück jeder Kultur sind die durch Tradition weitergegebenen Ideen, insbesondere Werte. Kultur prägt somit wesentlich das Verhalten von Menschen, denn sie steuert die Wahrnehmung, Einteilung und Kategorisierung der Realität (*vgl. Usunier 1993, S. 101*).

Auch in Managementtheorien, insbesondere im Bereich des Marketing, haben sich verschiedene Vertreter mit dem Problem kulturspezifischer Besonderheiten auseinandergesetzt (*vgl. Usunier 1993; Czinkota u. a. 1994; Lewis 1996*). *Usunier* (*1993, S. 47*) weist auf die vielfältigen Quellen von Kultur hin. Danach ist Kultur ein Konstrukt, das aus folgenden Bereichen gespeist wird:

- Sprache,
- Nationalität,
- Allgemeine Ausbildung,
- Berufliche Ausbildung,
- Ethnische Zugehörigkeit,
- Religion,
- Familie,
- Geschlecht,
- Soziale Schicht,
- Unternehmenskultur.

In der Literatur finden sich diverse Ansatzpunkte, die sich mit Teilbereichen der obigen Kategorien beschäftigen. Dabei wird in der Managementliteratur immer wieder auf das Buch von *Geert Hofstede* "Interkulturelle Zusammenarbeit" (*1993*) hingewiesen. Basierend auf einer umfangreichen empirischen Untersuchung hat er sowohl den Kulturbegriff definiert, als auch das gesamte Konstrukt Kultur so entfaltet, daß es für managementtheoretische Aussagen fruchtbar ist. Vor allem seine pragmatische Unterteilung in vier Dimensionen und die empirisch gestützte Einteilung von mehr als fünfzig Ländern nach diesem Konzept machen es möglich, Managementprobleme und Kulturfragen miteinander zu verknüpfen (*vgl. Hofstede 1993, S. 37 ff.*).

Hofstede (*1993, S. 18 f.*) unterscheidet - ebenso wie viele Ethnologen - zwischen der "Kultur im engeren Sinne" und der "Kultur im weiteren Sinne". Seine Sichtweise der "Kultur im engeren Sinne", die er auch als "Kultur Eins" bezeichnet, wurzelt im lateinischen Ursprung des Kulturbegriffs, der das Bestellen bzw. Urbarmachen des Bodens bezeichnet. Der menschliche Geist gleicht bei der Geburt einem noch nicht bestellten Boden, genau wie dieser muß er erst "bestellt", d. h. "verfeinert" werden, wobei mit "Kultur" insbesondere die Ergebnisse dieser "Verfeinerung" wie Bildung, Kunst und Literatur gemeint sein sollen.

Viel wichtiger ist laut Hofstede aber die "Kultur im weiteren Sinne", von ihm "Kultur Zwei" genannt. Analog der Funktionsweise von Computern bezeichnet er diese Art von Kultur auch als das **mentale Programm** oder die **mentale Software** des "Betriebssystems Mensch". Dieses Betriebssystem, die menschliche **Hardware** sozusagen, entspricht dem, was gemeinhin mit **menschlicher Natur** beschrieben wird, also dem, was allen Menschen gemeinsam ist, wie z. B. der Fähigkeit, Angst, Zorn, Liebe, Freude oder Trauer zu empfinden, dem Verlangen nach Gemeinschaft mit anderen, nach Spiel, Bewegung, der Fähigkeit, seine Umgebung zu beobachten und mit anderen Menschen darüber zu sprechen etc. All diese Gefühle werden dem Menschen mit seinen Genen vererbt und bestimmen im wesentlichen seine physische und auch psychische "Funktionsweise".

Die mentale Software, die Kultur (Zwei), ist allerdings der bestimmende Faktor, wenn es darum geht, diesen Gefühlen, wie z. B. Angst oder Freude, Ausdruck zu verleihen. Sie entspricht bestimmten Mustern des Denkens, Fühlens und potentiellen Handelns, die der Mensch während seines Lebens erlernt. Diese Denk-, Fühl- und Handlungsmuster muß der Mensch, hat er sie erst einmal verinnerlicht, ablegen, bevor er etwas anderes lernen kann. Nichtsdestotrotz kann der Mensch von diesen mentalen Programmen auch einmal abweichen und in einer völlig unvorhersehbaren Art und Weise reagieren. Die "Software" gibt also nur an, welche Reaktionen hinsichtlich der individuellen Vergangenheit wahrscheinlich sind; der Mensch wird in seiner Handlungsweise nur zum Teil von ihr bestimmt.

Die "Programmierung" dieser Software erfolgt im sozialen Umfeld, in dem der Mensch aufwächst und seine Lebenserfahrungen sammelt, z. B. in der Familie, Nachbarschaft, Schule, an seinem Arbeitsplatz, durch Freunde, Jugendgruppen oder den Partner. Da man demnach die Kultur (Zwei) zumindest teilweise mit den Menschen teilt, die im gleichen sozialen Umfeld leben oder lebten, d. h. dort, wo diese Kultur erlernt wurde, ist sie stets ein kollektives Phänomen oder - anders formuliert - **die kollektive Programmierung des Geistes, die die Mitglieder einer Gruppe oder Kategorie von Menschen von anderen unterscheidet**.

Eine Gruppe ist in diesem Zusammenhang eine Anzahl von Menschen, die Kontakt zueinander haben, wie z. B. Familien. Eine Kategorie hingegen wird aus Menschen gebildet, die zwar etwas gemeinsam haben, aber nicht zwangsläufig in Kontakt miteinander stehen müssen. Auf der Ebene der Kategorien lassen sich Aussagen über das Handeln von Menschen aus Ländern oder Ländergruppen machen. Selbstverständlich sind diese Aussagen nicht unproblematisch (z. B. Verallgemeinerungen wie "die Franzosen" oder "die Deutschen"), allerdings haben die Bewohner von Ländern i. d. R. über eine gemeinsame Sprache, eine gemeinsame Geschichte und über ähnliche Sozialisationsstrukturen Gemeinsamkeiten, die mit dem Begriff Kultur erfaßt werden können.

Abbildung II.14:

Drei Ebenen der Einzigartigkeit in der "mentalen Programmierung" des Menschen

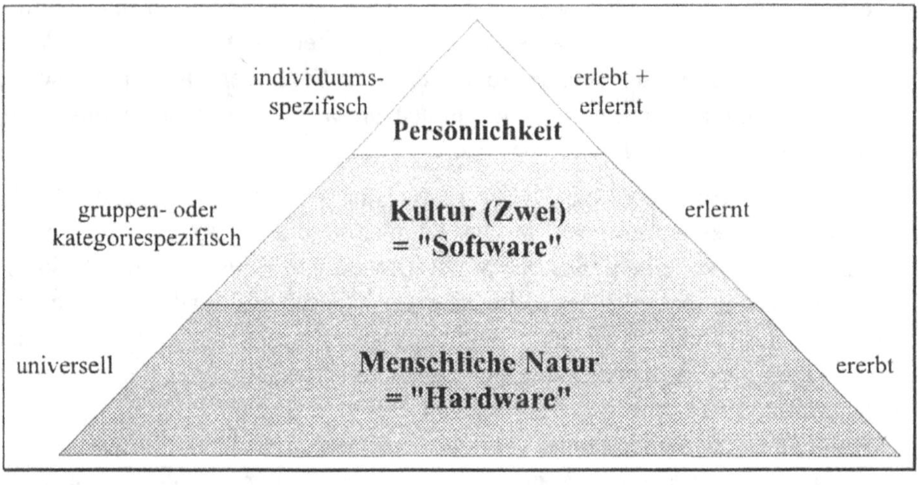

Quelle: Hofstede 1993, S. 19

Die Kombination aus mentaler Hardware und mentaler Software läßt sich nach Hofstede mit dem Begriff der **Persönlichkeit** beschreiben. Sie besteht aus Charakterzügen, die zum Teil durch eine individuelle Kombination von Genen ererbt wurden, zum Teil jedoch durch den Einfluß der kollektiven

Programmierung (Kultur Zwei) und einzigartiger persönlicher Erfahrungen gestaltet wurden. Abb. II.14 soll die beschriebenen Zusammenhänge verdeutlichen.

Der zentrale Beitrag von Hofstede besteht darin, daß es ihm gelungen ist, die mittlere Ebene der Kultur empirisch zu erfassen und zu beschreiben. Aus seiner umfangreichen empirischen Erhebung hat Hofstede vier Dimensionen von Kultur abgeleitet. Dabei versteht er unter einer Kulturdimension einen "Aspekt einer Kultur, der sich im Verhältnis zu anderen Kulturen messen läßt" (*Hofstede 1993, S. 29*). Danach setzt sich Kultur aus folgenden Dimensionen zusammen:

1. **Machtdistanz**: "...das Ausmaß, bis zu welchem die weniger mächtigen Mitglieder von Institutionen bzw. Organisationen eines Landes erwarten und akzeptieren, daß Macht ungleich verteilt ist" (*Hofstede 1993, S. 42*).
2. **Individualismus/Kollektivismus**: "... Gesellschaften, in denen die Bindungen zwischen den Individuen locker sind: man erwartet von jedem, daß er für sich selbst und seine Familie sorgt... (bzw.) ... Gesellschaften, in denen der Mensch von Geburt an in starke, geschlossene Wir-Gruppen integriert ist, die ihn ein Leben lang schützen und dafür bedingungslose Loyalität verlangen" (*Hofstede 1993, S. 67*).
3. **Maskulinität/Feminität:** Hier handelt es sich um Wertdimensionen, die in den Geschlechterrollen zum Ausruck kommen. Maskulinität meint die Dominanz von sog. harten Werten wie Einkommen, Anerkennung, Beförderung, Herausforderung bei der Arbeit. Feminität meint die weichen Werte wie gutes Arbeitsverhältnis zum Vorgesetzten, Zusammenarbeit mit Kollegen, Sicherheit des Arbeitsplatzes, angenehme und freundliche Umgebung (*vgl. Hofstede 1993, S. 100*).
4. **Unsicherheitsvermeidung:** "... der Grad, in dem die Mitglieder einer Kultur sich durch ungewisse oder unbekannte Situationen bedroht fühlen" (*Hofstede 1993, S. 133*).

Durch die umfangreichen empirischen Messungen von *Hofstede* können mehr als fünfzig Länder nach diesen Kategorien kulturspezifisch eingeordnet werden. Für die folgende Argumentation sollen die Bundesrepublik Deutschland und die Länder Frankreich, Spanien, Italien und Griechenland herangezogen werden. Abb. II.15 zeigt die Werte für diese Länder, für die einzelnen Dimensionen werden jeweils die Extremwerte angegeben.

Abbildung II.15:

Kulturdimensionen nach Hofstede für ausgewählte Länder

	BR Deutschland	Frankreich	Italien	Spanien	Griechenland
Machtdistanzindex 104 - 11	35	68	50	57	60
Individualismusindex 94-6	67	71	76	51	35
Maskulinitätsindex 95 - 5	66	43	70	42	57
Unsicherheitsvermeidungsindex 112 - 8	65	86	75	86	112

Quelle: Hofstede 1993

Die Darstellung zeigt klare Unterschiede zwischen Deutschland und den angeführten Mittelmeerländern. Die niedrige Machtdistanz und die niedrige Unsicherheitsvermeidung in Deutschland im Verhältnis zu den anderen angeführten Ländern sind vor allem zu beachten. Die Wertorientierung ist, mit Ausnahme von Italien, eher in Richtung weiche Werte, die Individualismusorientierung hingegen ist uneinheitlich im Verhältnis zur Bundesrepublik. Die Daten zeigen auch, daß in jedem Land spezifische kulturelle Besonderheiten auftreten.

Im folgenden wird versucht, anhand der vier Dimensionen die Unterschiede und Gemeinsamkeiten der Länder im Verhältnis zu Deutschland zu beschreiben. Das Hauptaugenmerk liegt dabei auf den Dimensionen Machtdistanz und Unsicherheitsvermeidung, da hier aufgrund der Unterschiede die besten Aussagen ableitbar sind.

3.3.2 Kultur und Management

Mit den empirischen Daten von *Hofstede* lassen sich Cluster bilden, in denen zwei Kulturdimensionen verbunden sind (*1993, S. 71, 106, 118, 144, 150, 163*). In diesen Clustern haben jeweils Frankreich, Italien und Spanien eine größere Nähe zueinander und entsprechen damit einer speziellen Kultur im Verhältnis zu Deutschland. Griechenland ist tendenziell in Richtung dieses Clusters angesiedelt, bildet aber durch seine speziellen Werte eigene Strukturen aus.

Die Cluster für Machtdistanz und Unsicherheitsvermeidung lassen sich durch Organisations- und Managementpraktiken, die in den einzelnen Ländern vorherrschend sind, kulturspezifisch erklären. Organisatorisch sind das Bedürfnis nach Zentralisation durch Machtdistanz und das Bedürfnis nach Formalisierung durch Unsicherheitsvermeidung erklärbar (*Hofstede 1993, S. 173 f.*). Hofstede hat unter Rückgriff auf die Begrifflichkeit von *Mintzberg* eine entsprechende Einordnung vorgenommen (*Hofstede 1993, S. 162 und 174*). In Abb. II.16 sind die unterschiedlichen Organisationsmodelle dargestellt.

Abbildung II.16:

Kulturspezifische Organisationsmodelle

	Deutschland	**Frankreich, Spanien, Italien, Griechenland**
Bevorzugter organisatorischer Strukturtyp	Professionelle Bürokratie (Modell der gut geölten Maschine)	Komplette Bürokratie (Modell der Pyramide)
Bevorzugtes Koordinationsinstrument	Standardisierung von Qualifikationen (Spezifizierung des zur Leistung der Arbeit erforderlichen Trainings)	Standardisierung von Arbeitsprozessen (Spezifizierung der Arbeitsinhalte)
Wichtigster Teilbereich der Organisation	Operativer Kern (Personen, die die Arbeit konkret verrrichten)	Technostruktur (Spezialisten, Stab, für Innovationen zuständig)

Quelle: Hofstede 1993, S. 174

Die kulturspezifischen Organisationsmodelle illustrieren sehr gut die spezifischen Unterschiede in den einzelnen Ländern. In Deutschland hat das berufliche Bildungssystem die Herausbildung von spezifischen Organisationsformen gefördert. Die Standardisierung von Qualifikationsanforderungen in dem Institut der betrieblichen "Lehre" läßt personenunabhängige und doch allgemeine Organisationsformen zu. Darüber hinaus sind gerade die spezifischen Anwendungsqualifikationen im operativen Kern der Organisation relativ gleich verteilt. Demgegenüber haben Länder mit einem stark hierarchisierten und nicht auf Anwendungsbezug ausgelegten Bildungssystem das Problem, daß die Personen im operativen Kern durch Learning-by-doing in ihren Arbeitsprozeß eingeführt wurden. Dies macht in hohem Maße eine Standardisierung und Formalisierung der Arbeit notwendig.

Darüber hinaus ist die Spezialisierung (Arbeitsteilung) sehr stark durch eine Trennung von dispositiver und ausführender Tätigkeit geprägt. In solchen Systemen ist die Technostruktur, die Standardisierungen und Formalisierung festlegt und verändert, von hoher Bedeutung. Tritt hier noch der Aspekt einer hohen Machtdistanz hinzu, dann entstehen sehr stark hierarchisierte und tief gegliederte Organisationsformen (*vgl. Lieb 1986*). Gerade französische Unternehmen sind von dieser kulturspezifischen Managementpraktik geprägt (*vgl. Lewis 1996, S. 202 ff.*). Die Konsequenz einer solchen Entwicklung besteht darin, daß bei kulturdifferenten Kooperationen die kulturgeprägten Organisationsformen der Partner berücksichtigt werden müssen. Die Kenntnis dieser Organisationsformen erleichtert wiederum die Zusammenarbeit mit dem Partner, da organisationsspezifische Bedingungen beachtet werden können.

3.3.3 Kultur und Vertrauen

Der Aspekt des Vertrauens wurde im Bereich der Kooperation angesprochen. Gerade kulturspezifische Besonderheiten sind sehr sensibel für den Aufbau von Vertrauen. Kulturangepaßte Verhaltensweisen schaffen und fördern, nicht kulturangepaßte Verhaltensweisen verringern und zerstören Vertrauen. Der Einsatz einer nicht kulturangepaßten Managementmethode ist kontraproduktiv für die Herstellung von Vertrauen. So sind z. B. partnerschaftliche und auf Gleichheit der Handelnden ausgerichtete Aktivitäten in Ländern mit einer hohen Machtdistanz nicht angebracht. Ebenso ist die Betonung von ökonomischen Vorteilen aus der Kooperation bei Ländern mit einem geringen Maskulinitätswert nicht angezeigt.

Beispiel 1: Bei Kooperationen mit **griechischen** Partnern ist auf eine gewisse hierarchische Abstufung der Aktivitäten zu achten (hohe Machtdistanz), d. h. formale Hierarchien sind zu berücksichtigen. So sollten z. B. für Verhandlungen Personen ausgesucht werden, die in der Firmenhierarchie in ähnlichen Ebenen angesiedelt sind. Gleichzeitig ist z. B. die Bedeutung der Kooperation für die griechische Tourismusindustrie allgemein zu betonen (geringer Individualitätindex). Auch Harmonie und Zusammenarbeit sind wichtiger als ökonomische Erwartungen (Maskulinitätsindex). Da Griechenland einen hohen Unsicherheitsvermeidungsindex aufweist, ist es besser z. B. Verhandlungen in einer für den Partner gewohnten Umgebung zu führen.

Beispiel 2: Bei Kooperationen mit **Franzosen** ist auf die hohe Ausprägung der Machtdistanz zu achten. Dies kann z. B. durch die Einhaltung von formellen Aspekten erreicht werden. "When dealing with the French, one should behave much more formally than usual, using only surnames and showing almost exaggerated politeness to French senior executives" (*Lewis 1996, S. 204*). Auch die Herausstellung der Kooperation für Frankreich allgemein ist hier von Vorteil: "French people live in a world of their own, the centre of which is France" (*Lewis 1996, S. 204*).

Beispiel 3: In **Italien** ist die Machtdistanz geringer als in Frankreich, das heißt eine weniger formelle Haltung ist möglich. "The ′distance of comfort′ is greater for northerners than Italians. ... Italians may touch your arm or shoulder or perhaps hug you if they are feeling friendly" (*Lewis 1996, S. 220*). Gleichzeitig zeigt der hohe Maskulinitätswert in Verbindung mit einem hohen Individualismuswert die subjektive Bedeutung ökonomischer Erfolge. "They must come away from the deal showing they have won or gained something. Each member of their team must be granted something" (*Lewis 1996, S. 222*).

Beispiel 4: In **Spanien** ist der Maskulinitätsindex relativ gering, d. h. den nichtökonomischen Werten wird eine hohe Bedeutung beigemessen. "Personal dignity must be clung to whatever else may be lost. Time, money, even prudence, are of secondary importance" (*Lewis 1996, S. 240*).

Ansatzpunkt jedoch muß eine **gemeinschaftlich getragene Ziel- und Wertvorstellung** sein. Länder mit einem hohem Maskulinitätsindex (harte Werte werden betont) müssen von Ländern mit weichen Werten (Werte, die vor allem auf Arbeitsklima und und Zusammenarbeit ausgerichtet sind) unterschieden werden, indem man ökonomische Aspekte der Kooperation hervorhebt. Auch Motivationsaspekte auf der Ebene der Mitarbeiter sind an diesen Werten auszurichten. Tritt hierzu ein geringer Individualismuswert, wie z. B. bei Griechenland, so sind Gemeinschaftswerte und Gemeinschaftsziele zu betonen. Eventuell ist durch die Bevorzugung der Loyalitätsgruppe (z. B. Familie und Verwandte) in der Rekrutierung von Mitarbeitern ein Beziehungs- und Interessengeflecht nützlich. Ist ein hoher Individualismuswert und gleichzeitig ein hoher Machtdistanzwert gegeben, wie z. B. bei Italien und Frankreich, sind sowohl die Arbeitsbeziehungen als auch die spezielle, ja herausragende Rolle des Vorgesetzten zu betonen.

Die Definitionsmacht im Rahmen der Kooperation ist in Ländern mit hohem Machtdistanzwert einerseits deutlich herauszustellen, andererseits vor dem Hintergrund der landesspezifischen Wertstrukturen zu sehen. Gerade das Zusammenspiel von Definitionsmacht und Zielen der Kooperationspartner mit strukturellen Faktoren der Kooperation, z. B. formalisierten Handlungsanweisungen, ist für eine erfolgreiche Kooperation unbedingte Voraussetzung. Zusammenfassend sollen in Abb. II.17 die acht Dimensionen von *Kanter* (*1994*) für eine funktionierende Partnerschaft mit den vier Kulturdimensionen, in jeweils hoher Ausprägung, in Beziehung gesetzt werden. In den Zellen werden Ansatzpunkte für Argumentationsstränge und Grundargumentationen im Rahmen einer Verhandlungssituation in einer Kooperation dargestellt.

Abbildung II.17:

Voraussetzungen für eine funktionierende Kooperation und Ausprägung von Kulturdimensionen

	Machtdistanz hoch	**Individulismus hoch**	**Maskulinitätswerte hoch**	**Unsicherheitsvermeidung hoch**
Individuelle Leistungsfähigkeit	Betonung der Bedeutung und der Qualität des Managements	Betonung der spezifischen Vorteile von jedem Partner	Appell an die monetären und strukturellen Vorteile	Herausstellen von bisher positiven Erfahrungen
Bedeutung	Starker Bezug auf die Personen im Management	Starker Bezug auf die individuell möglichen Gratifikationen	Starker Bezug auf die Gratifikationen	Starker Bezug auf die großen Realisierungschancen
Unabhängigkeit	deutlicher Respekt und Abstand	Stärkung der jeweiligen Organisation	Stärkung der jeweiligen Organisation in monetärer Hinsicht	Betonung der Gleichheit der Partner
Investitionen	Entscheidung und Verhandlung auf Top-Managementebene	Persönliche Bezüge zu den handelnden Personen herstellen	Ökonomische Daten betonen	Sicherheitsaspekte und Chancen betonen
Informationen	Beachtung der Hierarchien beim Partner	Firmenbezug herstellen	Ökonomische Aspekte betonen	viele Informationen vermitteln
Integration	Beachtung der Hierarchien beim Partner	Kontakte mit Firmenbezug	Gleiche ökonomischen Ziele betonen	Selbstverständlichkeit der Interaktion herausstellen
Institutionalisierung	Hierarchische Formen von unterschiedlichen Meetings	Personenbezug bei den Meetings herstellen	Ökonomische Effekte betonen	Häufige institutionalisierte Treffen
Integrität	formalisierte Formen von "Freundschaften"	Hoher Personenbezug	Betonung der ökonmischen Effekte	Selbstverständlichkeit der Interaktion herausstellen

3.4 Qualitätsmanagement in kulturdifferenten Kooperationen

3.4.1 Grundbedingungen

In kulturdifferenten Kooperationen sind besondere Bedingungen gegeben, die sich einerseits auf die Notwendigkeit, eine funktionierende Kooperation aufzubauen und andererseits auf die Beachtung kulturspezifischer Aspekte der Kooperation beziehen. Gerade für den Bereich Qualitätsmanagement in einem Dienstleistungsunternehmen sind beide Aspekte wichtig.

Aufbauend auf diesen Bedingungen müssen folgende Bereiche im Rahmen einer Qualitätsmanagementstrategie geklärt werden:

- Auswahl der Kooperationspartner,
- Fristigkeit der Kooperation,
- Auswahl einer Qualitätsmanagementstrategie,
- Einsatz der Definitionsmacht,
- Ziele der Kooperationspartner,
- kulturelle Besonderheiten in der Kooperation,
- personelle Besonderheiten in der Kooperation,
- Koordinationsnotwendigkeiten,
- organisatorische Grundstruktur der Kooperation,
- Ausgestaltung der Kooperation mit Regeln und Programmen.

Unabhängig vom Kulturproblem sind Kooperationspartner nach Qualitätskriterien auszuwählen, d. h. Grundvorausetzung der Kooperationspartner ist eine entsprechende Leistungsfähigkeit. Soweit diese Leistungsfähigkeit mit der gewünschten Qualitätsstrategie übereinstimmt, ist eine langfristige Zusammenarbeit anzustreben. Diese Zusammenarbeit ist nach Aspekten des **gegenseitigen Vertrauens** zu entwickeln. So sind die Partner z. B. bereits im Vorfeld in Innovationsüberlegungen einzubeziehen.

Die im Rahmen einer Marktstrategie gewählten Preis-/Leistungskomponenten und die damit zusammenhängende Qualitätsstrategie sollten in Zusammenarbeit mit dem Partner entwickelt und ausgebaut werden. Grundsätzlich sind alle qualitativ relevanten Aspekte mit den Kooperationspartnern zu diskutieren. Offenheit und ein entsprechender Informationsaustausch sind unabdingbare Voraussetzungen für das Entstehen von Vertrauen (*vgl. Usunier 1993, S. 392 ff.*). In alle Aktivitäten, die der Auswahl und Umsetzung der Qualitätsmanagementstrategie dienen, sind die Kooperationspartner gleichberechtigt einzubeziehen, d. h. die ursprüngliche Definitionsmacht ist zugunsten einer gleichberechtigten Entwicklung aufzugeben. Zielbildungsprozesse sind im Rahmen von Gemeinschaftsprojekten anzugehen. Dieses Vorgehen verlangt im Verhältnis zu üblichen Entscheidungsprozessen sicherlich einen **höheren Zeitaufwand**, allerdings ist davon auszugehen, daß der **Vertrauensgewinn** eine ausgereifte Qualitätsstrategie mit reduziertem Kontrollaufwand mit sich bringt.

Die organisatorische Grundstruktur der Kooperation sollte den Willen zu einer langfristigen Partnerschaft widerspiegeln. So sind gemeinsame Regeln und Programme als Koordinations- und nicht als Kontrollinstrumente zu entwickeln und zu verstehen. Für beide Seiten sollte klar sein, daß die Zusammenarbeit nicht auf kurzfristige Gewinnerzielungsabsicht, sondern auf langfristige Vorteilhaftigkeit ausgerichtet ist. Für Abnehmer von Leistungen hat dies zur Folge, daß sie keine kurzfristige Strategie des "günstigen Einkaufens" realisieren können. Preis-/Leistungsverhandlungen sind in offener Form und mit der Anerkennung des beiderseitigen Vorteils zu führen. Dieser beiderseitige Vorteil konkretisiert sich in einer Gleichverteilung von Chancen und Risiken der Kooperation. Selbstverständlich werden damit unternehmerische Flexibilitäten vermindert, allerdings besteht die Chance, qualitativ hochwertige **Markenartikel** zu entwickeln und zu vermarkten. Mit einem solchen Vorgehen können definierte Qualitätsstandards langfristig aufgebaut und gesichert werden. Gerade im Bereich der Reiseveranstalter wäre ein solches Vorgehen eine Möglichkeit, die Marktturbulenzen zu bewältigen und die strukturellen Probleme des Pauschalreisemarktes zu begrenzen. Eine solche Vorgehensweise hat den Vorteil, daß über die Einbindung der Partner die Kulturprobleme vermindert werden.

Zur Umsetzung einer entsprechenden Qualitätsstrategie bei kulturdifferenten Kooperationen müssen Ansprechpartner auf mehreren Ebenen berücksichtigt werden. Einerseits ist das Verhältnis der Kooperationspartner auf eine vertrauensvolle Basis zu stellen, andererseits müssen auch die Konsumenten, im Tourismus die Reisenden, in die Überlegungen einbezogen werden. In der Regel werden die kulturellen Prägungen der Kooperationspartner identisch sein mit denen der Reisenden und der Bereisten. Auch dieser Aspekt muß bei Qualitätsstrategien berücksichtigt werden, denn Vertrauen und Verständnis muß auch auf der Ebene des Kundenkontaktes entstehen. Hier sind allerdings die unternehmerischen Einflußmöglichkeiten begrenzt.

3.4.2 Umsetzung auf Seiten der Kooperationspartner

Auf Seiten der Kooperationspartner ist zu beachten, daß im Rahmen der Zusammenarbeit **kultursensible Mitarbeiter** zum Einsatz kommen. Weder "Kulturimperialisten", die von ihrer eigenen Kultur überzeugt sind, noch "Kulturanpasser", die eine fremde Kultur adaptieren wollen, sind hierfür geeignet. Grundvoraussetzung für kulturelle Sensibilität ist das Erkennen eigener kultureller Wurzeln (*vgl. Yip 1992, S. 207*) und eine Offenheit gegenüber den Codes einer fremden Kultur (*vgl. Usunier 1993, S. 98 ff.*), eine Art kosmopolitische Einstellung. Kulturelle Sensibilität ist i. d. R. bei Personen mit hoher sozialer Kompetenz und mit Erfahrungen in fremden Kulturen ausgeprägt. Kulturelle Sensibilität kann jedoch auch entwickelt und durch entsprechende Schulungsmaßnahmen gefördert werden.

Der Bereich der Entwicklung kultureller Sensibilität ist theoretisch und praktisch mit Problemen verbunden. In der Forschung gibt es weder einheitliche Definitionen noch sachliche Übereinstimmungen über dieses Thema (*vgl. Scherm 1995, S. 176*). Trotzdem sollten entsprechende Qualifizierungsprogramme aufgebaut werden. In diesen Qualifizierungsprogrammen ist vor allem die sogenannte **Fähigkeit zur isomorphen Attribuierung** zu fördern. Darunter versteht man, daß die betroffene Person in der Lage ist,

> "das beobachtete Verhalten eines ausländischen Mitarbeiters so zu verstehen, wie es dem fremdkulturellen Orientierungssystem entspricht. Dazu muß sie gelernt haben, sich von ihren eigenkulturellen Orientierungsgewohnheiten zu lösen und beobachtetes Verhalten aus der Sicht fremdkultureller Orientierungen zu interpretieren. In einer Kultur, in der z. B. nicht die Einzelleistung zählt, sondern die gemeinsam erbrachte Gruppenleistung, selbst dann, wenn ein einzelner dazu den Hauptanteil beigesteuert hat, kann nur eine Gruppenbelohnung sozial akzeptiert werden. Die Belohnung oder besondere Hervorhebung des aktiven einzelnen Gruppenmitgliedes würde unweigerlich dessen soziale Isolierung, persönliche Blamage und soziale Abwertung zur Folge haben." (*Thomas 1989, S. 284*).

Diese Fähigkeit setzt voraus, Vorurteile und eigene kulturelle Prägungen kritisch zu reflektieren und in entsprechenden Situationen umzusetzen. Das Bewußtsein des gegenseitigen "Andersseins" und die Bemühung, diese Differenz zu verstehen, darf nicht durch die Verkürzung auf einfache Signale ersetzt werden, da sonst mit hoher Wahrscheinlichkeit Friktionen in der Zusammenarbeit eintreten. *Usunier* beschreibt dies mit einem Beispiel:

> "In intercultural terms, the possibility exists of a misunderstanding arising from a perception of similarity which is not shared by both parties. For example, one can imagine a situation where a seller (American, for instance) perceives the buyer as similar (an Arab buyer who is very westernized in apperance, who has a superficial but misleading cultural outlook because of his cultural borrowing). However, the reverse Situation does not occur: the Arab buyer clearly recognizes that the American seller knows nothing about his culture. The seller will in this case have a tendency to take a problem-

solving orientation whereas the buyer will exploit the seller without feeling obliged to reciprocate and will ultimately maximize his personal outcome" (*Usunier 1993, S. 405*).

Funktioniert die Zusammenarbeit zwischen den Kooperationspartnern, d. h. auf allen Seiten sind kultursensible Akteure tätig, dann wird im Rahmen eines Learning-by-doing die Vermittlung kulturrellevanter Aspekte bei allen Beteiligten zu verbesserten Ergebnissen führen. Allerdings ist sicherzustellen, daß nicht nur Führungskräfte, sondern auch die Mitarbeiter mit direktem Kundenkontakt in solche Schulungen eingebunden werden. Ziel muß es letztendlich sein, die Unternehmung zu einer kulturoffenen und wettbewerbsfähigen Einheit zu machen. *Kanter (1995)* bezeichnet diese Unternehmen als "Cosmopolitans" und beschreibt sie folgendermaßen:

"Cosmopolitans are rich in three intangible assets, three C´s that translate into preeminence and power in a global economy: *concepts* - the best and latest knowledge and ideas; *competence* - the ability to operate at the highest standards of any place anywhere; and *connections* - the best relationships, which provide access to the resources of other people and organizations around the world. ... Cosmopolitans carry these three C´s with them to all the places which they operate. As they do so, they create and become part of a more universal culture that transcends the particularities of place ... And cosmopolitans argue for a "qualitocracy" - that the highest quality matters more than place of origin" (*Kanter 1995, S. 23*).

Die Qualitätspolitik eines solchen "cosmopolitischen" Unternehmens wird sowohl die Kooperationskomponente als auch die Kulturkomponente berücksichtigen und die hierdurch auftretenden Problemlagen optimal meistern können.

3.4.3 Umsetzung auf Seiten der Konsumenten

Im Tourismus ist die Berücksichtigung des Verhaltens der Konsumenten eine unabdingbare Voraussetzung zur Produktion von Spitzenqualität. Die Einbeziehung der Reisenden in die kulturellen Aspekte von Entsendeland und von Gastland kann kulturelle Mißverständnisse verringern. Meines Erachtens ist es eine Aufgabe der Qualitätspolitik des Unternehmens hier auf beiden Seiten, auf Seiten des Gastes und auf Seiten des Gastlandes, anzusetzen.

Die Touristen sollen Verständnis für die kulturellen Besonderheiten des Gastlandes mitbringen. Das touristische Produkt muß diesen Besonderheiten Rechnung tragen. Dabei ist davon auszugehen, daß je größer die kulturellen Unterschiede zwischen Gastland und Entsendeland sind, desto größer müssen die Anstrengungen des touristischen Unternehmens sein. Das gesamte Marketing hat diesen Aspekt zu berücksichtigen. Vor allem im Bereich der Kommunikationspolitik ist Aufklärungsarbeit zu leisten.

Beispiel: Bei Reisen in islamische Länder sind die religiös geprägten Landessitten zu beachten. Dies gilt vor allem für Trinkgewohnheiten und Kleiderordnungen.

Qualitätspolitik verlangt hier eine intensive Vermittlung kultureller Besonderheiten des Gastlandes. Die positiven Aspekte der Qualitätspolitik können dann im Aufbau realistischer Erwartungen und in der damit verbundenen höheren Zufriedenheit der Kunden liegen.

Gleichzeitig kann jedoch auch im Gastland die Akzeptanz und das Verständnis für Tourismus und die Touristen erhöht werden, wenn man über die Besonderheiten der Besucher aufzuklären versucht. Dies gilt natürlich wiederum vor allem für die direkt betroffenen Personen, die im Rahmen einer Dienstleistung in Kontakt mit den Touristen treten. Auch hier kann gegenseitiges Verständnis Verhaltensunsicherheiten vermindern und die Zufriedenheit mit dem Reiseprodukt erhöhen.

Beispiel: Ein Tourist muß über die einheimischen Trinkgeldsitten und die Kaufkraft der fremden Währung Bescheid wissen, wenn er angemessen reagieren soll.

Im Bereich des Fremdenverkehrs ist hier zu fordern, daß ein hohes Verständnis für die speziellen Sitten der Besucher gezeigt wird. Hier ist in der Bundesrepublik Deutschland häufig eine gewisse kulturelle Arroganz anzutreffen.

Beispiel 1: US-Amerikanische Touristen haben sehr häufig eine ausgeprägte, in europäischem Verständnis kitschige, Imagevorstellung über Deutschland. Diese Vorstellung zeigt sich z. B. beim Kauf entsprechender Souvenirs. Zudem gehen sie auch oft mit kulturbehafteten touristischen Gütern spielerisch um. Europäer interpretieren dies u. U. als "Kulturlosigkeit". Hier sollte beachtet werden, daß Imagevorstellungen über Medien vermittelt werden und diese häufig eine auf einfache Signale reduzierte Sicht vermitteln.

Beispiel 2: US-Amerikanische und asiatische Touristen organisieren ihre europäischen Besuchsprogramme i. d. R. nach einem engen Zeitplan. Ein enger Zeitplan aber bringt es mit sich, daß für die einzelne touristische Attraktion nur sehr wenig Zeit zur Verfügung steht. Diese Art des Reisens ist vor dem Hintergrund des eingeschränkten Zeitbudgets zu sehen, da in den genannten Ländern die Urlaubszeiten für abhängig Beschäftigte sehr knapp sind.

Die Anforderung, kulturelle Aspekte auch auf Seiten der Konsumenten umzusetzen, ist sicherlich nicht unproblematisch: Einerseits sind die Einflußmöglichkeiten eines Reiseveranstalters begrenzt und andererseits verlangen die Marketingaktivitäten auch hier kulturelle Sensibilität, denn schließlich hat das Unternehmen von einem souveränen Konsumenten auszugehen. Trotzdem sind Aktivitäten, die eine kulturelle Sensibilisierung der Touristen zum Ziel haben, als Teil der Qualitätspolitik eines Unternehmens anzusehen.

3.5 Schlußbetrachtung

Das Thema Kultur und Qualitätspolitik eines Unternehmens wurde in vorliegendem Beitrag aufgenommen und unter dem Aspekt internationaler Kooperationen von mir behandelt. Es ist für Dienstleistungsunternehmen mit internationalen Komponenten von hoher Bedeutung. Gerade touristische Unternehmen sind davon sehr stark betroffen. Die Problematik liegt allerdings in der Erfassung, Diskussion und Bewertung des Faktors Kultur. Da hier viele Aspekte eine Rolle spielen, muß der vorliegende Beitrag als Versuch einer Darstellung der Zusammenhänge gesehen werden. Er konnte, aufgrund der geringen bisherigen Forschungsleistung für diesen Bereich, nur unvollständig gelingen. Aus betriebswirtschaftlicher Sicht ist allerdings nochmals zu betonen, daß selbst unter den vorhandenen erschwerten Bedingungen Aussagen möglich sind. Die zunehmende Bedeutung des Qualitätsmanagements, auch im Dienstleistungsbereich, läßt darauf hoffen, daß der Gesamtkomplex Kultur und Management für die Zukunft eine höhere Aufmerksamkeit erfährt.

4 Qualität durch Markenbildung

von Dr. Walter Freyer, Professor für Tourismuswirtschaft an der Technischen Universität Dresden

4.1 Markenpolitik und Qualitätsmanagement im Tourismus

Markenpolitik nahm ihren Ausgangspunkt im Sachgüterbereich, später folgten Handelsmarken und Dienstleistungsmarken. In den letzten Jahren versuchen auch immer mehr touristische Unternehmen und Tourismusdestinationen, ihr Leistungsangebot im Sinne von Markenartikeln zu gestalten. Dabei steht Markenbildung in engem Zusammenhang mit modernem Qualitätsmanagement.

4.1.1 Markenpolitik als Qualitätsmanagement

Markenartikel sind immer mehr zum Inbegriff von hoher Qualität und Leistungskonstanz geworden. Sie erleichtern Kunden die Kaufentscheidung bei einem immer unübersichtlicher werdenden Angebot gleicher und ähnlicher Produkte. Auf der anderen Seite sind Markentreue und eine höhere Preisbereitschaft der Kunden für Markenartikel wichtige Voraussetzung für weitergehende Qualitätsmaßnahmen seitens der Markenhersteller und -händler.

Markenpolitik wird in der Literatur in einem weiten und engeren Verständnis verwendet:

- Im weitesten Sinne sind alle Maßnahmen zur Kennzeichnung von Leistungsangeboten (wie Namensgebung, Markenzeichen und -design) als "Marken- bzw. Markierungspolitik" zu verstehen. So tragen die meisten Produkte einen Namen oder eine Markierung, um sich von anderen Produkten zu unterscheiden, ohne daß sich damit zugleich eine besondere Markenqualität verbindet.
- In einem engeren Sinn wird Markenpolitik zumeist als spezifische qualitätsbezogene und produktpolitische Aufgabe verstanden im Hinblick auf den Aufbau und die Pflege von Leistungsangeboten als **Markenartikel**: "Markenartikel sind Produkte bzw. Dienstleistungen, die auf Kundennutzen ausgerichtete unverwechselbare Leistungen standardisiert in gleichbleibender Qualität offerieren" (*Bruhn 1994c, S. 640*).

Durch eine entsprechende Markenpolitik sollen beim Kunden Präferenzen für eine bestimmte Marke gebildet werden, die zum Aufbau einer Stammkundschaft und zur Kaufwiederholung führen. Für die Kunden bedeutet Markenbildung das Kenntlichmachen bzw. die Kennzeichnung von bestimmten Leistungen, damit sie unternehmensspezifisch erkannt werden können, was gleichzeitig die Kaufentscheidung begünstigt:

> "Aus Konsumentensicht erleichtert der Markenartikel die Identifikation unter konkurrierenden Angeboten; er gibt dem Käufer die Sicherheit, eine erwartete Qualität auch tatsächlich zu erhalten. Er minimiert auf einer Vertrauensbasis das Risiko, Fehlkäufe zu tätigen (Minimierung des perzipierten Beschaffungsrisikos) und stellt ein Komplexitätsreduktionsangebot im Problemlösungsprozeß der Kaufentscheidung dar (Markenwahlentscheidung). Die Markierung zum Markenartikel läßt sich aus Konsumentensicht als Qualitätsgarantie oder auch als Versicherung gegen Produktenttäuschungen auffassen" (*Bruhn 1994c, S. 640*).

Dabei steht Markenpolitik in einem engen Zusammenhang mit Überlegungen zum **Qualitätsmanagement**. Mit Marken und Markenpolitik im engeren Sinn werden sowohl aus Hersteller- als auch aus Kundensicht ein hohes Maß an Qualität bzw. Qualitätssicherung verbunden: "An erster Stelle steht der gegenüber anonymer Ware überdurchschnittliche Qualitätsanspruch" (*Dichtl 1992, S. 16*). So zeigen Umfragen im Sachgüterbereich, daß für den überwiegenden Anteil der Kunden Marken vor allem für Qualität bürgen und sie mit Markenartikeln eine "gute, bessere, gleichbleibende, geprüfte, kontrollierte Qualität" verbinden (*vgl. Becker 1992, S. 106 f.; Grimm 1995*). Diese positiven Einstellungen führen im allgemeinen zu entsprechender "Markenbereitschaft", was sich als Markenbindung und auch durch eine höhere Preisbereitschaft für Markenartikel ausdrückt Auch für die Tourismuswirtschaft ergaben Branchenerhebungen, daß als wichtigste Voraussetzung für den Erfolg einer Marke "eine gleichbleibende Qualität des Angebotes" angesehen wird (*vgl. Ferner 1996, S. 22*).

4.1.2 Markenpolitik im Tourismus

Im Tourismusbereich wurde Markenpolitik anfangs eher unbewußt bzw. indirekt betrieben, tritt in den letzten Jahren aber immer mehr in den Vordergrund leistungspolitischer Überlegungen (*vgl. u. a. Barg 1990; Bieger 1996, S. 200 ff.; Dehmer 1996; Ender 1992; Ferner 1996; Okoroafo 1994; Roth 1995, S. 101 f.*). Gerade für das komplexe und auf nicht-sichtbare Leistungen bezogene Entscheidungsproblem der Reisebuchung können markenpolitische Maßnahmen das Entscheidungsrisiko reduzieren und dem Kunden Vertrauen und Sicherheit in der Potentialphase signalisieren.

Zudem erschwert der besondere Charakter von touristischen Leistungen, wie Immaterialität, Prozeßbezogenheit und Komplexität (vgl. genauer Abschnitt 3), die Wahrnehmung und Bewertung von Qualität: "Aufgrund der eingeschränkten eigenen Beurteilungsmöglichkeit orientiert sich der Kunde bei seiner Erwartungsbildung ersatzweise an bestimmten Surrogat- und Schlüsselinformationen und sucht nach Bewertungsmaßstäben. Dazu gehören neben beobachtbaren materiellen Elementen der Dienstleistung - wie Gebäude, Räume und Ausstattung - in erster Linie **die Marke**" (*Stauss 1994, S. 92 f., Hervorhebung W.F.*).

Auch die zunehmende Diskussion um Zertifizierungen für touristische Leistungen, wie durch die DIN EN ISO 9000 ff oder Gütesiegel und Öko-Labels im Tourismus, läßt den Markenartikelgedanken im Tourismus immer häufiger zum Gegenstand des unternehmerischen Qualitätsmanagements werden.

Doch insgesamt ist es der Tourismuswirtschaft bisher nur unzureichend gelungen, das Markenartikelkonzept auf die touristischen Leistungen und auf touristische Unternehmen zu übertragen. Die touristische Markenpolitik konzentriert sich vor allem auf die markenpolitische Entwicklung und Positionierung von Firmen- oder Herstellermarken. Am bekanntesten sind die markenpolitischen Aktivitäten der großen **Reiseveranstalter, der Fluggesellschaften** und der **Hotelbetriebe**:

- Die TUI hat 1991 die Firmenmarken der Gründer Scharnow, Dr. Tigges, Hummel und Touropa zu einer übergreifenden Marke TUI zusammengefaßt ("Dachmarkenkonzept", vgl. *Schmieder 1991*); NUR hat 1995 ebenfalls anstelle der verschiedenen Teilmarken den Markennamen "Neckermann" reaktiviert. 1996 folgte die LTU und plant, ihre Einzelmarkenpolitik (Jahn Reisen, Transair, Meier's Weltreisen, THR Tours, Tjaereborg) zugunsten einer Dachmarkenpolitik aufzugeben.
- Lufthansa betreibt eine Globalmarkenpolitik: die verschiedenen Leistungsangebote (Linienflug, Pauschalreisen, Hotels usw.) werden weltweit unter einem einheitlichen Namen vermarktet. Daneben gibt es mit "Condor" ("der Ferienflieger") eine weitere Markenbildung ("Untermarke").

Für touristische Orte (**Destinationen**) hat sich Markenpolitik noch wenig durchgesetzt, obwohl auch hier zahlreiche Ansatzpunkte gegeben wären:

- So gibt es im Kur- und Bäderwesen aufgrund der Prädikatisierungsvorschriften die Möglichkeit, entsprechende Marken aufzubauen, wie "Kneipp-Kurort", "Gesundheitsort", "Seebad" (vgl. genauer Dehmer 1996; Ender 1992).
- Es könnten im Tourismus die Marken "Umweltbewußter Urlaubsort", "Urlaub in Deutschland" ähnlich der Produktmarken "aus deutschen Landen", "made in Germany" usw. entwickelt werden.
- Eine Branchenbefragung in Österreich darüber, welche Urlaubsorte und -regionen im Ausland als "starke Tourismusmarke" eingeschätzt werden, ergab folgende Reihenfolge: 1. St. Moritz, 2. Toskana, 3. Südtirol, 4. Cote d'Azure, 5. Griechenland, 6. Karibik, 7. Italien, 8. Spanien, 9. Paris, 10. Bayern (*vgl. Ferner 1996, S. 34*)

Auch touristische "Handelsmarken", die im Bereich der **Reisemittler** zu entwickeln wären, sind im strengen markenpolitischen Verständnis noch nicht entstanden, obwohl auch hier immer mehr Reisemittler versuchen, durch Kettenbildungen und Franchising im Sinne der Markenpolitik aufzutreten.

Zwar bürgen die "Marken" IATA- und DB-Büro oder die vorhandenen Touristikagenturen für eine gewisse Qualität der entsprechenden Reisemittler, doch aus Sicht der Kunden wird dieses Markenpotential nur wenig erkannt und genutzt.

Abbildung II.18:

Beispiele für touristische Marken

4.2 Erscheinungsformen von Markentypen im Tourismus

Die Erscheinungsformen von Marken und Markenartikeln sind vielfältig. Zudem erschwert die starke Dominanz der Konsumgütermarken die Übertragung des Markenartikelgedankens auf Handels-, Dienstleistungs- und Tourismusmarken. Während bei Sachgütermarken häufig eine Trennung von Hersteller-, Marken- und Handelsnamen festzustellen ist, fallen bei Dienstleistungen (und im Tourismus) diese drei Komponenten oftmals zusammen.

- So tragen Leistungen der Unternehmen TUI oder der Lufthansa (TUI-Reisen oder LH-Flüge) den Herstellernamen (TUI oder LH) und werden über TUI- bzw. LH-Reisebüros bzw. -agenturen vertrieben.
- Hingegen unterscheidet sich bei Sachgütern die Produktmarke häufig vom Herstellernamen und vom Handelsnamen: so werden Produkte (z. B. Windeln) einer bestimmten Marke (z. B. "Pampers" als Phantasiename) von einer Herstellerfirma (z. B. Firma Procter & Gamble) entwickelt und über verschiedene Handelsmarken (z. B. Metro, Tengelmann usw.) vertrieben. Weitere Beispiele sind Springer-Verlag/Bild-Zeitung/Zeitschriftenhandel oder Jakobs Suchard/Milka-Schokolade/ Lebensmittelhandel.

Unter besonderer Berücksichtigung der Qualitätsaspekte lassen sich folgende **Markentypen** bzw. -erscheinungsformen unterscheiden, wobei gewisse Überschneidungen gegeben sind:

- **Produktmarken**: Hierbei sind Produkte selbst mit einem Markennamen belegt, der nicht immer mit dem des Herstellers oder des Händlers übereinstimmen muß. Entsprechend führt dies aus Kundensicht zu Unklarheiten, wer letztlich für die Qualität der jeweiligen Leistung zuständig ist. Andererseits bürgen die Produkte im Sinne von "Markenartikeln" selbst für eine entsprechende Qualität. Für einzelne Produkte sind die Marken selbst für den Inbegriff einer bestimmten Produktgattung geworden (vgl. "Gattungsmarken"). Produktmarken im Tourismus würden sich analog auf die touristischen Produkte "(Pauschal-)Reise", "Destination" oder "touristische Attraktion(en)" beziehen.
- **Herstellermarken** (auch: Firmenmarken): Bei Herstellermarken garantiert der Hersteller die Qualität der Markenartikel, z. B. Mercedes, VW, Allianz-Versicherung usw. Ähnlich könnten touristische "Hersteller", wie Transport- oder Beherbergungsbetriebe oder die touristischen "Gesamtproduzenten" Reiseveranstalter bzw. Destinationen mit ihrem Namen als Herstellermarken für Qualität bürgen: TUI, Lufthansa, St. Moritz, Sylt usw. - „wir bürgen für Herstellerqualität".
- **Handelsmarken**: Bei Handelsmarken steht der Händler für die Qualität der Produkte ein. Die bekanntesten Beispiele sind im Lebensmittelhandel anzutreffen, wo bestimmte Waren besonders für den Handel hergestellt und mit dem Namen/der Marke des Händlers belegt werden, z. B. Aldi-Produkte oder "No-Name"-Produkte (C&A: Signe Inkognito). Für das Qualitätsniveau der Waren steht dabei nicht der Hersteller, sondern der Handel bzw. der Händler ein.

Übertragen auf den Tourismus können die touristischen "Händler", hier v.a. Reisemittler, für die Qualität der von ihnen vermittelten Reiseleistungen bürgen. Allerdings liegt die letztliche Qualitäts- und Leistungsgarantie bei den Leistungsträgern, was von den Kunden gerade im Tourismus oftmals anders gesehen wird: So werden Reisemängel häufig bei dem Reisebüro reklamiert, bei dem die Reise gebucht worden ist, nicht jedoch bei den Veranstaltern oder den Leistungsträgern.

- **Dienstleistungsmarken**: Aufgrund des direkten Kontaktes zwischen Leistungsersteller und -konsument bürgt der jeweilige Dienstleister unmittelbar für die Qualität der Leistung. Entsprechend sind Dienstleistungsmarken sehr häufig mit dem Namen des Eigentümers oder der Firma verbunden: TUI-Reisen, Jahn-Reisen, Öger-Tours, Hilton-Hotels, Cook-Reisebüros.
- Bei **Phantasiemarken** sind Produkte (Sachgüter oder Dienstleistungen) mit einem Namen belegt, der keine unmittelbaren Rückschlüsse auf den Hersteller zulassen. Der Hersteller "versteckt" sich quasi hinter dem Namen und steht nur begrenzt für die Qualität der jeweiligen Leistung ein. Phantasiemarken sind oftmals als Parallel- oder Untermarken bekannter Markenartikler anzutreffen, die mit ihrer Markenpolitik eine Marktdifferenzierung oder eine parallele Marktbearbeitung anstreben. **Beispiele** im Tourismus: Condor (und Lufthansa), Club Aldiana oder Terramar (und Neckermann), airtours (und TUI), Maxx (und Steigenberger) usw.

4.3 Besonderheiten der Markenbildung im Tourismus

Markenpolitik wird in der Literatur vorwiegend für Sachgüter diskutiert, bei denen eine eindeutige Markierung am Produkt selbst möglich ist. Bereits die Übertragung auf Handelsmarken und Dienstleistungsmarken verursacht einige Schwierigkeiten.

Im Tourismus kommen weitere Besonderheiten für die Markenpolitik und das damit verbundene Qualitäts-Management hinzu. Sie sind einerseits eng mit dem Dienstleistungscharakter der meisten touristischen Leistungen verbunden, andererseits bestehen im Tourismus eigenständige Spezifika (*vgl. Freyer 1996*). Möglichkeiten und Grenzen der touristischen Markenpolitik sollen an drei Aspekten besonders erläutert werden.

4.3.1 Touristische Leistungen sind immateriell

Viele der touristischen Leistungen sind Dienstleistungen - und damit immaterieller Natur. Das führt zu einem Grundproblem der Markenpolitik bei Dienstleistungen: die Markierung am Produkt (an der Leistung) ist nicht möglich. Während die meisten Sachgüter den Markennamen auf dem Produkt selbst oder auf der Verpackung tragen, können touristische Dienstleistungen nicht direkt markiert werden. Der Produkt- oder Herstellername kann nur indirekt mit der eigentlichen Leistung verbunden werden, so können beispielsweise das Dienstleistungspersonal, die Reiseunterlagen oder bestimmte Assecoires (wie T-Shirts, Gepäckanhänger usw.) den Dienstleisternamen tragen.

Eng mit der Immaterialität und dem Dienstleistungscharakter der touristischen Leistungen hängen weitere Eigenschaften zusammen, die Probleme für eine qualitätsorientierte Markenpolitik bedeuten: Dienstleistungen sind **zeit- und ortsabhängig**, sie sind vergänglich und können nicht exakt wiederholt werden ("Jede Dienstleistung ist einmalig"). Gerade im Tourismus besteht ein gewisser Widerspruch zwischen dem Wunsch der Reisenden nach individuellen und persönlichen Dienstleistungen ("Individual-Tourismus") einerseits und andererseits nach einer gleichbleibenden, wiederholbaren Qualität der Reise. Letzterem Wunsch versucht vor allem die Entwicklung von "standardisierten" Pauschalreiseangeboten nachzukommen, was ganz im Sinne der modernen Markenpolitik erfolgen kann: Bestimmte Leistungsträger garantieren (mit ihrem Namen) einen hohen Qualitätsstandard der Dienstleistungserbringung, sie beschäftigen zum Beispiel qualifiziertes Personal (mit entsprechender Berufsausbildung) oder haben langjährige Erfahrung in der Reisedurchführung ("Erfahrungsqualität") und können vielfache positive Kundenrückmeldungen vorweisen ("Kundenzufriedenheit").

4.3.2 Touristische Leistungen sind prozeßorientiert

Touristische Dienstleistungen werden über einen gewissen Zeitraum erbracht, was zur Entwicklung von zeitbezogenen Phasenmodellen oder von Modellen der Leistungsketten geführt hat (*vgl. Freyer 1996; Romeiß-Stracke 1995*). Während einer mehrwöchigen Pauschalreise oder während eines mehrstündigen Fluges sind zahlreiche Kontaktpunkte zwischen dem Leistungsersteller und -konsumenten gegeben, sog. "Momente der Wahrheit". All diese Momente tragen letztlich zur Beurteilung der Gesamtqualität einer touristischen Leistung bei: "Diese Kundenkontaktpunkte enthalten materielle Elemente, die vom Kunden als Surrogat- und Schlüsselinformationen genutzt werden, um sich einen Eindruck von der Gesamtqualität der Dienstleistung zu machen" (*Stauss 1994, S. 94*). Dies führt einerseits zum Problem der Aufrechterhaltung von Qualität über den gesamten Leistunszeitraum, andererseits können mangelhafte Einzelleistungen den gesamten Leistungsprozeß negativ beeinflussen ("Null-Fehler-Problematik").

Entsprechend kann sich die Markenbildung - und folglich auch die Qualitätspolitik - auf die gesamte Leistungskette oder auf einzelne Kettenglieder beziehen (vgl. Abb. II.19):

Abbildung II.19:

Prozeßorientierte Marken- und Qualitätspolitik

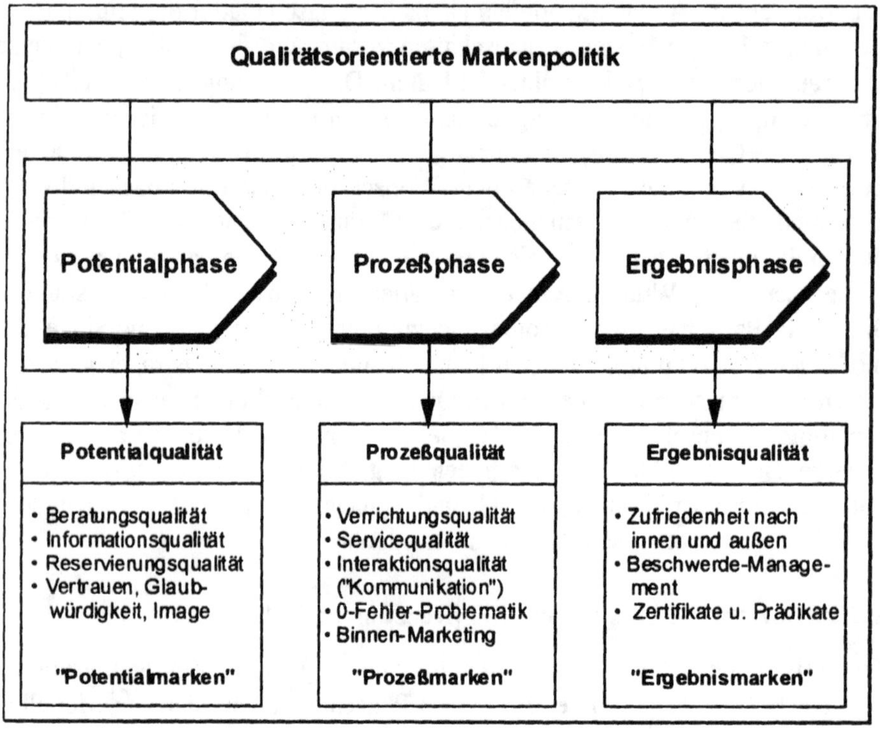

(1) Potentialqualität ("Potential-Marken")

In der Potentialphase stellen die touristischen Dienstleister ihre Fähigkeit zur - qualitativ hohen - Reisedurchführung heraus. Hierzu sind vertrauensbildende und imageorientierte Maßnahmen von besonderer Bedeutung.

Im Tourismusbereich sind es insbesondere die Reisemittler mit ihrer Informations- und Beratungsfunktionen, die eine qualitativ hohe Beratungsleistung und zuverlässige Reservierung der Reiseanrechte im Sinne einer qualitätsorientierten Markenbildung garantieren (können). Entsprechend wäre gerade für Fachreisebüros mit qualifiziertem Beratungspersonal und den entsprechenden Agenturen (IATA, DB oder Veranstalter) der Aufbau von "**Potential-Mar-**

ken" möglich: "Wir garantieren eine gute Beratung", "Reiseberatung ist Vertrauenssache".

Potentialqualitäten der Dienstleister werden oftmals an sekundären Merkmalen festgemacht. So signalisieren das persönliche Auftreten des Beraters, die Ausstattung des Büros mit EDV, Sauberkeit oder Urkunden über die Teilnahme an Lehrgängen usw. Kompetenz und Vertrauen in die Potentialqualitäten.

(2) Prozeß- oder Durchführungsqualität (Prozeß-/Durchführungs-Marken)

In der Durchführungsphase wird die eigentliche Dienstleistung erbracht. Hierzu treffen bei touristischen Dienstleistungen in der Regel Konsument und Produzent persönlich zusammen: Der Kunde betritt das Reisebüro und läßt sich beraten, er steigt in das Transportmittel und erfährt die Transportleistung, er wird über einen gewissen Zeitraum von der Reiseleitung und vom Hotelpersonal betreut und nach dem Aufenthalt am Zielort wieder zurückbegleitet (Rücktransport, Nachbetreuung). Hierbei erhält der Konsument die verschiedenen touristischen Teilleistungen in direktem Kontakt mit dem Produzenten und kann die Qualität der Leistungen unmittelbar erleben - und gegebenenfalls auch reklamieren.

Aus Sicht der Leistungserstellung fallen in dieser Phase Produktion und Absatz zusammen ("Uno-actu-Prinzip"), der Kunde kommt zum Produzenten und tritt als "externer Faktor" in den Produktionsbetrieb des Leistungserstellers.

Während der Phase der Leistungserstellung sind insbesondere kommunikative Faktoren im Sinne einer entsprechenden Qualitätspolitik von Bedeutung: Touristen kommunizieren während der Reise mit den Mitarbeitern der verschiedenen touristischen Leistungsträgern, aber auch die Kommunikation der Reisenden mit anderen Reisenden ist ein wichtiges Qualitätselement während der touristischen Durchführungsphase.

Für die touristische Markenpolitik sind hierbei Möglichkeiten der Entwicklung von "Durchführungs-Marken" gegeben, d.h. Transportbetriebe, Beherbergungsbetriebe und Fremdenverkehrsorte können ihre Durchführungsqualität als "Marke" entwickeln und herausstellen:

- Qualität, Zuverlässigkeit, Pünktlichkeit und Sicherheit des Transports - "**Transport-Marken**", z. B. "Sterne" bei Reisebussen, die durch die Gütegemeinschaft Buskomfort vergeben werden.

- Qualität der Übernachtung und Verpflegung: "**Beherbergungs-Marken**", "**Gastronomie-Marken**", wie sie ansatzweise bereits durch die Markierungen durch "Sterne", "Kochlöffel" und Prädikate wie "Umweltbewußtes Hotel", "Kinderfreundliches Hotel", "Landestypische Gaststätte" usw., herausgestellt werden.
- Hohe Qualität der gebotenen Attraktionen und/oder der Umweltorientierung am Reiseort sind im Sinne von "**Destinations-Marken**" vorhanden und weiter zu entwickeln. Auch hier sind bereits markenorientierte Ansätze im Tourismus vorhanden, wie "Magic Ten", "Top of Germany", prädikatisierte Orte des Kur- und Bäderwesens, wie "Seebad", "Kurort" usw. Auch sind die verschiedenen Umweltauszeichnungen, wie z. B. "Blaue Flagge", "Grüner Koffer" usw., in Richtung der Markenpolitik von Städten und Gemeinden zu sehen.
- Qualität der Kontakte der Reisenden untereinander sowie der Betreuungsqualität in Hinblick auf Animationsprogramme können im Sinne von "**Kontakt-Marken**" entwickelt werden, wie sie insbesondere im Bereich des "Cluburlaubs" bereits erfolgreich aufgebaut worden sind (Robinson, Club Aldiana, Club Méditerrannée).

(3) Ergebnisqualität ("Ergebnis-Marken")

Ein dritter Aspekt der prozeßorientierten Qualitätsmessung im Tourismus betrifft die sogenannte "Ergebnisqualität". Hierbei zeigt sich die Zufriedenheit der Reisenden zum einen durch den subjektiven Vergleich von Erwartungen an die Reise (aus der Potentialphase) und Erfüllungen aufgrund der erlebten Reisedurchführung (in der Erstellungsphase). Zumeist wird diese subjektive Zufriedenheit durch Gästebefragungen in Erfahrung gebracht.

Zum anderen zeigt sich die Zufriedenheit auch nach außen, entweder - im negativen - durch Beschwerden und Reklamationen, oder durch positive Äußerungen im Sinne der "Mund-zu-Mund-Propaganda", der Reisewiederholung ("Stammgäste") und durch entsprechende Medienberichte. Hier kommt dem touristischen Qualitätsmanagement eine wichtige Funktion zu. Beschwerden und Reklamationen sind Ausdruck der Produktenttäuschung des Kunden. Durch die systematische Erfassung und Analyse von Beschwerden und Reklamationen sowie die Einleitung von entsprechenden Maßnahmen zur Beseitigung der Ursachen können qualitätsmindernde Faktoren der Leistungserstellung aufgezeigt und beseitigt werden.

Markenpolitisch können die Ergebnisse eines erfolgreichen Beschwerde-Managements besonders herausgestellt werden:

- "Der Veranstalter mit den wenigsten Reklamationen", "99% zufriedene Kunden", "80% Stammgäste" usw.

Auch die bereits erwähnten **Prädikate und Zertifikate** dienen als Nachweis für eine bestimmte - geprüfte - Qualität. Mit einem Qualitätszertifikat wird dokumentiert, daß die entsprechenden Aktivitäten des Unternehmens einer objektiven Prüfung unterzogen wurden und bestimmten qualitativen Anforderungen genügt haben (*vgl. Dichtl 1992, S. 4 ff.; Bretzke 1995*). Allerdings ist die Aussagekraft solcher Qualitätszertifikate im Tourismus recht eingeschränkt, da die letztliche Einschätzung der Ergebnisqualität einer Reise aus Sicht des Kunden - und damit subjektiv - erfolgt. Die überwiegend immateriellen Qualitätsfaktoren bei Dienstleistungen, wie z. B. Freundlichkeit oder Serviceorientierung, werden in der Regel von jedem Reisenden unterschiedlich bewertet.

Desweiteren kann die Prüfung durch unabhängige Institutionen, wie z. B. Stiftung Warentest oder durch Tester (z. B. in Gaststätten), im Sinne der Ergebnisqualität interpretiert werden. Beispiele für touristische "Gütesiegel" und Prüfungen im Sinne von "Ergebnis-Marken" sind:

- im ökologischen Bereich: Blaue Flagge, Grüner Koffer, Silberdistel (vgl. *BMU 1996; Scholl/Hinterdingen 1996*),
- "familienfreundlicher Urlaubsort," "landestsypische Gaststätte", "umweltfreundlicher Betrieb",
- Holy der TUI: das Hotel gilt aufgrund von Gästebefragungen als eines der 100 beliebtesten Urlaubshotels der TUI,
- Aufgrund der Kriterien der Kurortgesetzgebung geprüfter Ort, dem das Prädikat "Heilbad", "Kurort", "Kneippheilbad", "Seebad" usw. verliehen worden ist: "Dabei dient das Anerkennungsverfahren in erster Linie der Qualitätssicherung" (*Freyer 1995, S. 193; vgl. auch DBV 1996*)
- Reiseveranstalter oder -mittler: durch Stiftung Warentest mit "gut" bewertet
- Verleihung von "Sternen" (z. B. Hotels, *vgl. Friedrich 1995*, oder Gütegemeinschaft Buskomfort) oder "Kochlöffeln" (für Gaststätten).

4.3.3 Touristische Leistungen sind Leistungsbündel

Eine weitere Problematik der Entwicklung von touristischen Marken ist die gemeinsame Erstellung des touristischen Produktes "Reise" durch zahlreiche Leistungsträger, wie z. B. Reiseveranstalter, -mittler, Transportunternehmen, Beherbergungsbetriebe, Reiseleiter, Freizeitdienstleister usw.

Doch gerade hierfür könnte die Entwicklung von übergreifenden touristischen Marken für die Gesamtqualität des touristischen Leistungsbündels "Pauschalreise" oder "Destination" stehen.

(1) Destinations-Marken

Touristische Destinationen werden aufgrund der Fülle verschiedener Angebotsfaktoren beurteilt, wobei neben einer Unterscheidung in natürliche und abgeleitete Faktoren (*vgl. Freyer 1995, S. 177 ff.*) zahlreiche Erlebniswerte beitragen. Das Gesamtprodukt "Destination" wird zudem von zahlreichen einzelnen Leistungsanbietern erstellt, zu denen neben den touristischen Betrieben auch nicht-touristische Betriebe sowie die Bewohner der Ortschaften beitragen.

Die Entwicklung einer Destinationsmarke kann im Sinne einer einheitlichen Qualitätssicherung erfolgen, wobei dem Besucher entweder mit dem Destinationsnamen oder durch Zusätze ein bestimmtes Leistungsangebot signalisiert wird. Bei Destinationen steht zumeist der (Orts-)Name für das entsprechende Angebot im Sinne eines Markenproduktes.

Beispiele:

- Berlin - Hauptstadt, Dresden - Kulturstadt
- Sylt - in Deutschland ganz oben, Rügen - Deutschlands größte Insel
- Deutschland - Land der Dichter

Einigen Destinationen ist es bereits gelungen, sich am Reisemarkt im Sinne eines Markenartikels zu positionieren. So wird vor allem St. Moritz als typisches Beispiel für eine gelungene Markenpolitik angeführt und hat sich als einer der ersten Orte eine Destinationsmarke als Dienstleistungsmarke schützen lassen. Auch die Inseln Sylt, Bali, Mauritius oder "die Karibik" werden als Destinationen im Sinne einer Premium-Marke angesehen. Andererseits gelten Mallorca und die Dominikanische Republik als Billig-Destinationen.

Ferner versuchen touristische Destinationen, sich durch Namenszusätze im Sinne von Markenartikeln zu profilieren. Auch hierbei gelten diese Zusätze als Qualitätsversprechen und -garantien.

Beispiele:

- kinderfreundlicher Ort
- umweltfreundlicher Ort,
- vgl. die bereits erwähnten Prädikate im Kur- und Bäderwesen: Seebad, Kurort usw. (vgl. *Freyer/Tödter 1993; Dehmer 1996; Ender 1992*)

(2) Reiseveranstalter-Marken

Bei den Reiseveranstaltern versuchen ebenfalls immer mehr Unternehmen, ihr Gesamtangebot unter dem Firmennamen als Marke zu positionieren (*vgl. Roth 1995, S. 106 f.*). Hier bietet insbesondere die Pauschalreise einen wichtigen Ansatzpunkt für Markenpolitik: Das gesamte Leistungsbündel wird unter dem Namen des Reiseveranstalters angeboten, obwohl die Gesamtleistung durch verschiedene Leistungsträger erstellt wird.

Für den Kunden ist vor Antritt der Reise wenig sichtbar, mit welcher Fluggesellschaft oder in welchem Hotel die Teilleistung ausgeführt wird. Doch nach außen signalisiert der Name des Reiseveranstalters für die ordnungsgemäße Erfüllung aller Teilleistungen.

Gleichzeitig übernimmt ein Reiseveranstalter aufgrund des Reisevertragsrechts die Garantiefunktion für die ordnungsgemäße Erfüllung der jeweiligen Teilleistungen und haftet letztlich für die Nicht- oder mangelhafte Leistungserbringung aller Leistungsträger.

> Beispiel: Der Reiseveranstalter TUI haftet für Fehler der von ihr beauftragten Leistungsträger, die ebenfalls wiederum Markenfirmen sein können, z. B. für Verspätungen der Charterfluggesellschaft Condor oder falsche Zimmerbelegung in den RIU-Hotels.

4.4 Qualitätsorientierte Markenstrategien

Der Aufbau von Marken ist eine langfristige Aufgabe und muß im strategischen Bereich des jeweiligen unternehmerischen Managements und Marketings angesiedelt sein. In der Literatur zur Markenpolitik werden folglich verschiedene "Grundstrategien" behandelt, von denen sich allerdings bisher keine Systematik eindeutig durchgesetzt hat. Markenpolitische Strategien betonen vor allem zwei Bereiche:

- **Stellung der Marke innerhalb des eigenen Unternehmens:** Anzahl der Marken, Firmen- oder Phantasienamen usw.
- **Stellung der Marke am Markt**: Positionierung im Angebotsraum aus Sicht der Nachfrager (Image) und gegenüber der Konkurrenz, v.a. hinsichtlich Qualität und Preis.

4.4.1 Strategische Grundentscheidungen

Generell wird im Zusammenhang mit der Markenpolitik von drei **Grundstrategien** der Markenpolitik gesprochen. Infolge der besonderen Herausstellung von Spezial- und Unterfällen werden in der Literatur gelegentlich bis zu sechs Grundstrategien sowie weitere Strategiekombinationen benannt (*vgl. u. a. Becker 1994, S. 470 ff.; Bruhn/Meffert 1995; Dehmer 1996; Dreyer 1996, S.†182 ff.; Roth 1995, S. 106 f.*). Im einzelnen geht es um die Bestimmung der Anzahl der Marken (Ein- oder Mehrmarkenstragien, Familien- oder Dachmarken) sowie die Stellung der Marke zum Firmennamen (Herstellermarken, Produktmarken, Globalmarken) und zu den Vertriebswegen (Handelsmarken), was Auswirkungen in bezug auf die zugehörigen marketingpolitischen Maßnahmen hat. Während bei Sachgütermarken oftmals eine Trennung von Produktname und Hersteller gegeben ist - und damit weitere strategische Sonderfälle behandelt werden -, fallen im Tourismus Herstellername und Produkt zumeist zusammen.

Abbildung II.20:

Markenstrategien

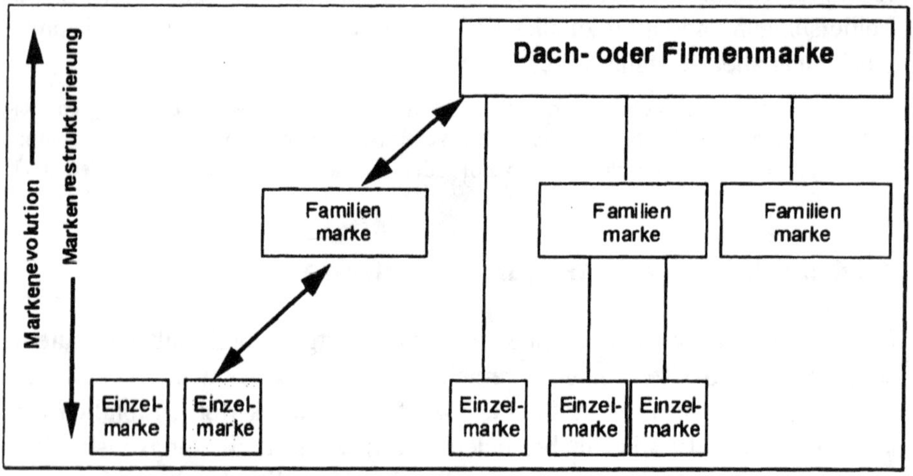

Quelle: In Anlehnung an Becker 1994, S. 478

(1) Einzelmarkenstrategie

Die Einzelmarkenstrategie (auch: Mono- oder Solitärmarkenstrategie) gilt als die klassische Markenartikelstrategie. Einzelnen Leistungen oder Produkten wird ein Markenname zugeordnet (*vgl. Kapferer 1992, S. 121*):

"1 Marke = 1 Produkt = 1 Produktaussage oder -versprechen".

Jedes weitere Produkt erhält ebenfalls einen eigenen neuen Markennamen mit ganz präzise abgestecktem Leistungsversprechen oder entsprechender Positionierung. Für jede Marke werden relativ eigenständige Marketingmaßnahmen ergriffen.

Traditionell werden Einzelmarken losgelöst vom Herstellernamen entwickelt, die Marke steht für das Produkt bzw. die Dienstleistung, nicht für das Unternehmen, das letztlich im Hintergrund bleibt ("Anonymität durch Marken"). Im Falle mehrerer Marken des gleichen Herstellers oder Mutterunternehmens dient die Bildung verschiedener Marken zugleich der Marktsegmentierung bzw. der differenzierten Marktbearbeitung

Beispiele:

- So pflegt die Lufthansa neben der Firmenmarke "Lufthansa", die insbesondere für den Linien- und Geschäftsreiseverkehr ausgerichtet ist, die Marke "Condor", um die entsprechenden Aktivitäten für den Charter bzw. "Ferienflugverkehr" zu markieren. ("Condor - ihr Ferienflieger")
- Auch die **Reiseveranstalter** haben - trotz einer Tendenz zur Dachmarkenpolitik - verschiedene Teilmarken für unterschiedliche Zielgruppen beibehalten, z.B TUI (airtours "Urlaub mit Linie", Robinson, twen tours), NUR bzw. Neckermann (terramar als Exklusiv-Veranstalter, Club Aldiana).
- Am **Hotelmarkt** versucht beispielsweise die Firma Accor mit den Marken Ibis (preiswert), Mercure (mittelpreisig), Sofitel (First Class) verschiedene Marktsegmente anzusprechen, ähnlich Steigenberger: Steigenberger-Hotels (5-Sterne), Avance (4-Sterne), Maxx (3-Sterne), Esprit (2-Sterne) (*vgl. Kapferer 1992, S. 205 ff.*).

Damit ist bereits der Übergang zur **Mehrmarkenstrategie** oder zum Markenportfolio gegeben, die beide auf dem Grundgedanken der Einzelmarkenpolitik beruhen. Doch je mehr einzelne Marken innerhalb eines Unternehmens gebildet werden, umso aufwendiger wird die jeweilige Markenabgrenzung und -profilierung. Es besteht zunehmend die Gefahr, daß aus Kundensicht die Marken des selben Unternehmens ersetzt werden ("Kannibalisierungseffekt"). In solchen Fällen besteht die Tendenz zur Bildung von Markenfamilien oder Dachmarken.

Im Tourismus sind privatwirtschaftliche Unternehmen mit nur einem Produkt am Markt wenig verbreitet. Nur bei sehr kleinen Anbietern und einer geringen touristischen Angebotsbreite kann man von Einzelmarken sprechen, in der Regel sind Markenfamilien (oder Mehrmarkenstrategien) gegeben. "Der Aufbau von Einzelmarken ist in aller Regel teuer, setzt Geduld und langfristig konsequentes Marketingdenken voraus." (*Barg 1990, S. 118 f.*). Andererseits geht es im öffentlichen oder Destinations-Tourismus vor allem um den Aufbau **einer** Marke, die zumeist mit dem Destinationsnamen identisch ist.

Beispiele einzelner Marken im Tourismus:

- Spezialveranstalter: Gastager-Weltreisen, Rotel-Tours
- Einzelne Hotels: "Hotel-Vier-Jahreszeiten", "Apart-Hotel Predigtstuhl" (*vgl. Hartmann 1983*)
- Destinationen: St. Moritz, Sachsen - als Markenartikel

Sonderfall "Gattungsmarken"

Gelegentlich führt der erfolgreiche Aufbau von Einzel- oder Produktmarken dazu, daß der Markenname stellvertretend für das jeweilige Produkt bzw. für die Produktgruppe - auch von anderen Firmen - steht, wie Tempo (für Papiertaschentücher), Nivea (ursprünglich für Creme), Fit (für Putzmittel in der

DDR), Pampers (für Babywindeln). Dies kann zum einen hinsichtlich der Bekanntheit als positiv gesehen werden, zum anderen ist die Markentreue im Hinblick auf die Produktgruppe nur begrenzt gegeben, z. B. verlangen Käufer zwar die "Marke", entscheiden sich aber ohne weiteres für Produkte andere Herstellerfirmen, z. B. bei Windeln, Putzmitteln, Stofftaschentüchern usw.

Im Tourismus wurden eine gewisse Zeit Studienreisen mit Studiosus-Reisen gleichgesetzt oder Last-Minute-Reisen mit L'Tours. Im Laufe der Zeit hat sich das aber gewandelt und ist mit veränderten Qualitätsgarantien der Marken "Studienreisen", "Last-Minute-Reisen" einhergegangen. In jüngerer Zeit werden "All-Inclusive-Reisen" als neue Gattungsmarke ähnlich diskutiert. Auch bei den Gattungsmarken sollen gleiche **Qualitätsgarantien** gegeben sein:

Beispiele:

- Für Last-Minute-Reisen z. B. Buchung frühestens 14 Tage vor Abreise, Preisreduzierung gegenüber dem ursprünglichen Angebot von mindestens 20%
- All-Inclusive: alle Speisen, Getränke und Sportangebote sind im Gesamtpreis eingeschlossen.

(2) Markenfamilienstrategie

Bei der Markenfamilienstrategie (auch: "Produktgruppenmarken-", "Markenfamilien-" oder "Sortimentsmarkenstrategie") werden mehrere Produkte zu einer Produktgruppe zusammengefaßt und mit einer Marke versehen. Auch der umgekehrte Vorgang ist möglich: erfolgreiche Marken werden weiter differenziert, es kommen sog. Produktlinien hinzu und/oder es entstehen Markensortimente. Die einzelnen Leistungen innerhalb der Markenfamilie werden mit produktbezogenen Zusätzen unterschieden.

Beispiele:

- Sachgüter: Nivea (vom Rasierwasser bis zum Duschgel), Milka (für Riegel, Pralinen, Blockschokolade).
- Tourismus: Reiseveranstalter differenzieren ihre Angebotspalette mit Gebiets- oder Zielgruppenzusätzen, wie z. B. XY-Fernreisen, -Kurreisen, -Seniorenreisen, -Sportreisen usw.

Aus strategischer Sicht können für Markenfamilien gemeinsame Marketingaktivitäten ergriffen werden, wobei die Möglichkeiten der zielgruppenspezifischen Differenzierung erhalten bleiben. Markenfamilienstrategien sind zwischen den beiden Extremen der Einzel- oder Dachmarkenstrategie angesiedelt, wobei sie strategisch als "Markenevolution" oder "Markenrestrukturierung" entstehen können. Im Fall der Evolution werden bereits erfolgreiche Einzelmarken weiter aufgespaltet und es entstehen weitere Familienmitglieder, wie an den vorherigen Beispielen bereits erläutert. Bei der Markenrestrukturierung werden unter einer Dachmarke weitere Produktmarken oder Produktfamilien entwickelt (vgl. Abb. II.20).

Im Hinblick auf die **Qualitätspolitik** ermöglicht die Sortimentsmarkenpolitik Synergieeffekte für die gesamte Produktpalette. Qualitätsmaßnahmen können für alle Sortimentsbereiche weitgehend einheitlich ergriffen werden. Andererseits können aber auch negative Synergien entstehen, wenn sich die Qualität eines "Familienmitgliedes" als weniger positiv herausstellt.

(3) Dachmarkenstrategie

Die Dachmarkenstrategie kann als Fortführung sowohl der Mehrmarken- als auch der Markenfamilienstrategie gesehen werden. Sie verbindet Einzel- oder Untermarken mit einer übergreifenden Markenbezeichnungen (oder umgekehrt) und faßt alle Leistungsangebote eines Unternehmens unter einem Namen zusammen. Gelegentlich wird die Dachmarkenstrategie im Tourismus auch als "Global-Marken-Strategie" bezeichnet (so *Roth 1995; Dehmer 1995*). Dieser Begriff kennzeichnet strenggenommen aber eher die geographisch differenzierte Markenpolitik, bei der Marken für internationale, "globale" Märkte entwickelt werden (*vgl. Waltermann 1989; Kapferer 1992, S. 233 ff.*). Bei international operierenden Unternehmen sind beide Begriffe weitgehend deckungsgleich.

Dachmarkenstrategien finden vor allem bei großen Unternehmen mit einer breiten Leistungspalette Verwendung. Unterhalb der globalen Marke können sich sowohl Einzelmarken als auch Familienmarken entwickeln. Typisch hierfür sind die großen Reiseveranstalter in Deutschland, bei denen unter der Dachmarke sowohl Einzelmarken als auch Familienmarken gebildet werden:

Beispiele:

- TUI (Dachmarke), Club Robinson (Einzelmarke), TUI-Fernreisen, -Sprachreisen, -Spanienreisen (Markenfamilien),
- Neckermann (Dachmarke), Club Aldiana, Terramar (Einzelmarken), Neckermann-Griechenland-, -Spanien-Reisen (Markenfamilien),
- „Kur“ als Dachmarke neben Produktmarken, wie „Kneipp-Kur“, „Mettnau-Kur“ usw.

Dachmarken werden vor allem unter Verwendung des Firmennamens gebildet (TUI, LTU, Lufthansa), im Tourismus ist zudem der Firmenname häufig mit dem Namen des Eigentümers bzw. Gründers identisch (Neckermann, Jahn-Reisen, Hilton Hotels).

Für touristische Destinationen sind Dachmarkenstrategien bisher meist nur unbewußt eingesetzt worden, obwohl sich hier ein typisches Anwendungsfeld der Markenpolitik finden würde. Länder oder Regionen sind typische Dachmarkenkonstrukte, unter denen sich die weiteren regionalen oder lokalen Angebote (Regions- oder Ortsmarken) präsentieren können: "Ebenso erlaubt die Dachmarke die Präsentation der Untermarken auf einer höheren regionalen Ebene, eine Situation, die im Tourismusmarketing sozusagen zum Tagesgeschäft zählt" (*Ferner 1996, S. 23*).

- Das "Urlaubsland Bayern" bildet die Marke für alle Tourismusangebote Bayerns, das "Bäderland Baden-Württemberg" steht für alle Kur- und Bäderangebote des Landes, die "Destinationsmarke Deutschland" steht für die Qualität aller Angebote "made in Germany".
- "Bei Destinationen ist dies (die Dachmarkenstrategie, Anm. W.F.) die häufigste Kooperationsform, indem kleinere Destinationen, z. B. Orte mit wenig Finanzmittel und wenig qualifiziertem Personal, sich an die Marke der Region oder übergelagerter Destinationen 'hängen'" (*Bieger 1996, S. 203*).

Abbildung II.21:

Markenpositionierung

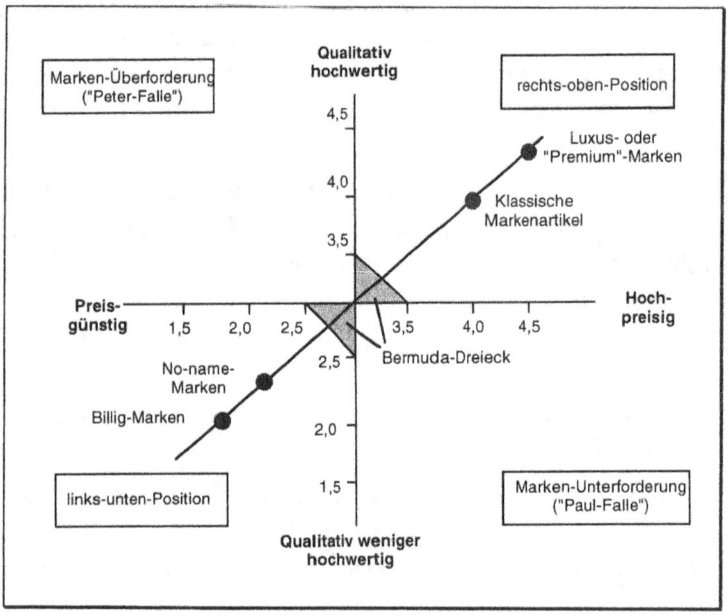

Quelle: Freyer 1996, S. 349 in Anlehnung an Becker 1993, S. 156

Unter qualitativen Gesichtspunkten steht das gesamte Unternehmen "für Qualität", was sowohl zu positiven als auch zu negativen Synergien führen kann.

- Das positive Image der LTU-Charterflüge überträgt sich auf die Reiseveranstalter der LTU-Gruppe; ähnliches gilt für die Lufthansa mit Lufthansa-Tours.

- Negative Einzelereignisse, wie z. B. ein Flugzeugabsturz in der Dominikanischen Republik (1996), beeinflußten das Image der gesamten Marke "Öger Tours".

In diesem Zusammenhang wird auch von "**Tandem-Marken**" gesprochen, bei denen das positive Image eines Unternehmens auch hinsichtlicher der Qualität und Kompetenz in ganz anderen Bereichen übertragen werden soll ("Markentransfer"). Ähnliche Überlegungen spielen auch - indirekt - beim Aufbau von Destinationsmarken mit: eine schöne Insel bürgt auch für einen schönen Urlaub und für qualitativ hochwertige weitere Produkte:

Beispiele:

- Camel-Zigaretten und Camel-Reisen, Camel-Kleidung,
- Mövenpick-Hotels und Mövenpick-Eis,
- Rügen und Rügen-Urlaub, Rügen-Souvenirs, Rügen-Wurst und -Käse.
- "Eine Destination mit einer gut etablierten Marke kann diese anderen Unternehmen/Destinationen gegen Entgelt zur Verfügung stellen (z. B. St. Moritz und Champagner)" (*Bieger 1996, S. 203*).

Abbildung II.22:

Markenpositionierung der TUI

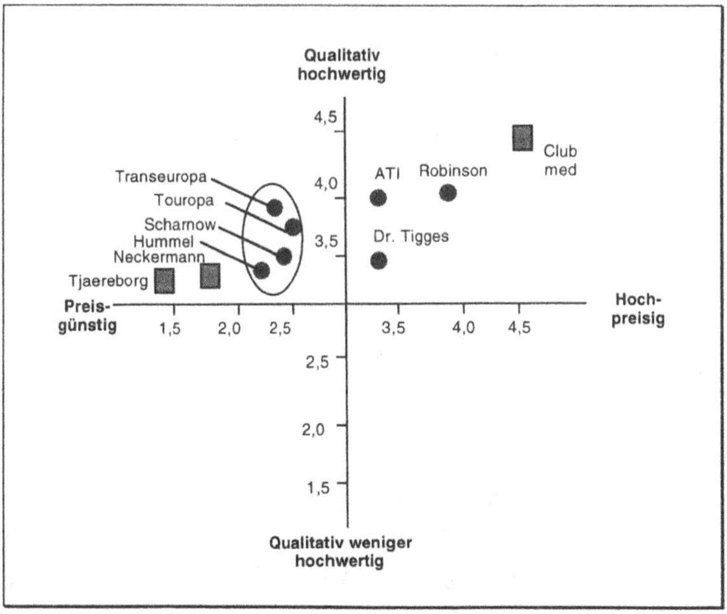

Quelle: In Anlehnung an Schmieder 1991, S. 511

4.4.2 Markenpositionierung

Eine weitere strategische Entscheidung ist die **Positionierung** der Marke (bzw. des damit verbundenen Leistungsangebotes) am Markt. Dies betrifft sowohl die Berücksichtigung der Stellung gegenüber den Mitwettbewerbern („Konkurrenzorientierung der Marke") als auch die Sicht der Nachfrager ("Kundenorientierung der Marke").

Am häufigsten werden markenpolitische Positionierungen als Kombination von Preis und Qualität betrachtet, was im Tourismus auch als **Preis-Leistungs-Verhältnis** diskutiert wird. Solche Positionierungsüberlegungen werden zumeist in einer zweidimensionalen Positionierungs-Matrix dargestellt und diskutiert (vgl. Abb. II.21). "Positionierung" bedeutet in diesem Preis-Qualitäts-Raum aus Sicht des Anbieters ein bestimmtes Leistungsversprechen bzw. aus Sicht des Kunden eine bestimmte Leistungserwartung.

Häufig wird Markenpolitik gleichgesetzt mit der Positionierung im Hochpreis-/Hochqualitätssegment ("Premium-Marken", "rechts-oben-Bereich"), doch bereits die Namensgebung weist darauf hin, daß auch andere Markenpositionierungen möglich sind: "Low-Budget-Marken", "No-Name-Marken", "Billigmarken" im Bereich "links-unten" usw. Auch die Positionierung bestimmter Marken im Niedrigpreissegment kann als erfolgversprechende Markenpolitik angesehen werden.

Beispiele

- Als Gattungsmarken haben "Last-Minute-Reisen" eine eindeutige Positionierung im Billigpreissegment und eine entsprechende markenpolitische Bedeutung erhalten.
- "Neckermann" hat sich aus Sich der Kunden als "Billig-Marke" im Veranstalterbereich positioniert (was nicht unbedingt eine "Wunschpositionierung" des Unternehmens darstellt).
- "Mallorca-Reisen" ist für viele Urlauber der Inbegriff "billigen Pauschalurlaubs" auf Inseln.

Problematisch wird der - strategische - Zwischenbereich im Umfeld des Achsenkreuzes von mittlerer Qualität und mittlerer Preislage gesehen. Hier wird vom **Bermudadreieck** gesprochen, in dem die Marken vom Markt verschwinden, wie die verschollenen Schiffe und Flugzeuge im Bermuda-Dreieck vor der Küste Amerikas.

Mit Hilfe dieser Preis-Qualitäts-Matrix kann noch eine weitere markenpolitische Problematik erläutert werden. Die markenstrategischen Entscheidungen betreffen die Kombination von Preisen und Qualität, das sog. Preis-Leistungs-Verhältnis. Entlang der 45-Grad-Linie in Abb. II.21 wird ein "stimmiges" Preis-Leistungs-Verhältnis gesehen, wobei der Kunde bereit ist, für höhere Qualität sowie für die weiteren psychologischen Elemente einer Markenleistung auch einen höheren Preis zu zahlen als für vergleichbare Leistungen "links-unten". Doch auf der 45-Grad-Linie stimmt Preis-Leistungs-Verhältnis aus Kundensicht überein. Oberhalb der Linie gerät die Marke unter Qualitäts- oder Leistungsdruck, dem sie gegebenenfalls objektiv oder subjektiv nicht gewachsen ist: "Peter-Prinzip oder -Falle" (*vgl. Becker 1993, S. 428*)

Beispiel: Markenpolitik von Disneyland Paris, wo die Kunden das Preis-Leistungs-Verhältnis nicht akzeptiert haben und Preisanpassungen - bei gleicher Qualität - erfolgen mußten.

Unterhalb der 45-Grad-Linie gerät man in Bereiche, bei denen aufgrund des - relativ zu niedrigen - Preises keine akzeptable Markenqualität vermutet wird. Man spricht von "Unterforderungen" von Marken, die zu Kompetenzverlust führen (auch "Paul-Phänomen- oder -Falle", *vgl. ebd.*) Dieser Fall des "trading-down" von Marken veranlaßt viele Reiseveranstalter, sich nur begrenzt im Billigsegment der Last-Minute-Angebote zu betätigen, zumindest nicht mit ihrer angestammten Hausmarke. Typisch hierfür ist die Markenpolitik der TUI (vgl. auch Abb. II.22).

4.5 Instrumente der Markenpolitik

Der Markenpolitik stehen die verschiedenen Gestaltungsinstrumente des Marketing zur Verfügung, die aufeinander abgestimmt zur Markenbildung beitragen. Dabei sind die traditionellen Marketinginstrumente für eine umfassende Markenpolitik nicht losgelöst von den analytischen, strategischen und operativen Aufgaben des betrieblichen Managements zu sehen. Bei der umfassenden Gestaltung einer Markenpolitik im Sinne eines "integrierten Markenkonzeptes" sind auch die Strategien und alle weiteren Marketinginstrumente auf einen "strategischen Markenkern abgestimmt" (*Meffert 1992, S. 134*).

Zumeist wird das markenpolitische Instrumentarium entlang der traditionellen 4 P's des Marketing-Mix (Product, Price, Place, Promotion) dargestellt. Im folgenden wird auf die explizite Behandlung der Preispolitik verzichtet, da gerade bei Markenpolitik das "Preis-Leistungs-Verhältnis" oder der "Wert" des markenpolitischen Angebotes entscheidend ist (vgl. Abschnitte 4.2 und 5.1(2)).

Letztlich müssen Markenkonzepte auf drei soliden Säulen stehen, zu denen die verschiedenen instrumentellen Einzelmaßnahmen beitragen (*vgl. Barg 1990, S. 16*):

- **Kompetenz** (subsummiert unter Schlagworten wie qualitative Überlegenheit, Spezialisten-Image, eigenständig und bewährt, innovativ, up-to-date, personality),

- **Attraktivität** (das heißt emotionale Ausstrahlung, "Ich-mag-Dich"-Gefühle, Sinnengenuß, Lust, Spaß und Spiel, Prestige, Identifikationsmöglichkeit über Lebensstildimensionen),
- **Sicherheit** (ausgedrückt durch Verläßlichkeit, Qualitäts-Garantie; Kontinuität, Soziale Sicherheit, "richtiges" Handeln, gutes Preis-Leistungs-Verhältnis).

4.5.1 Markenpolitik und Produktpolitik

Markenpolitische Maßnahmen werden vor allem der Produktpolitik im Marketingprozeß zugeordnet, da ein enger Zusammenhang von Produktgestaltung und Marke gesehen wird: "Im Rahmen der Markenpolitik sind die Maßnahmen der Produkt- und Programmpolitik von zentraler Bedeutung" (*Bruhn 1994, S. 34*). Die produktpolitischen Maßnahmen wirken aber nur im Zusammenhang mit generellen Qualitätsentscheidungen, einer abgestimmten Preis-Leistungs-Politik sowie einer entsprechenden strategischen Positionierung im gesamten Angebotsraum. Im Zusammenhang mit der touristischen Leistungserstellung bezieht sich die "Produktpolitik" im wesentlichen auf (Dienst-)Leistungen.

Während bei Sachgütern produktpolitische Maßnahmen unmittelbar am Produkt selbst erfolgen können, sind infolge der Immaterialität von Dienstleistungen, zu denen auch die meisten touristischen Leistungen gehören, produktpolitische Maßnahmen nur indirekt möglich. Sie beziehen sich auf die sichtbaren bzw. wahrnehmbaren Leistungselemente, im Tourismus zumeist auf Transportmittel, Beschäftigte oder auf verschiedene Kommunikationsmittel, wie z. B. Prospekte usw.

Zudem sind markenpolitische Maßnahmen im Tourismus vor allem auf die Zusatzleistungen und -ebenen, die i.d.R. immateriell sind, wie Vorstellungs- und Wahrnehmungsleistungen, gerichtet (*vgl. Freyer 1996, S. 433*). Damit ist hierbei quasi eine "doppelte Immaterialität" gegeben.

(1) Produktpolitik in bezug auf wahrnehmbare Produktelemente

Die produktpolitischen **Maßnahmen** für eine Markenpolitik stellen vor allem auf wahrnehmbare Produktelemente ab: Markenname, Markenzeichen und Markendesign. Sie dienen zugleich der Visualisierung bzw. Markierung der immateriellen Elemente touristischer Leistungen. Bei der Werbung kommen gelegentlich noch akustische Elemente (z. B. Jingle in Werbespots) hinzu. Geruchs-, Tast- und Geschmackszeichen haben gegenwärtig praktisch keine Bedeutung.

- **Namensgebung ("branding")**: Produkten und Leistungen ist eine Name zuzuordnen. Zum einen soll dies der Wiedererkennung dienen, der Kunde soll sich den Namen "merken" (engl. "brand", hervorgegangen aus "brandon" = Brandzeichen). Andererseits dient die Markierung zur Unterscheidung gegenüber der Konkurrenz. Der Markenname setzt sich in der Regel sowohl aus der eigentlichen Namensgebung als auch aus den Schriftzügen und Markenzeichen (siehe Markendesign) zusammen. Der Name soll gleichzeitig eine gewisse Produkt- bzw. Leistungsphilosophie ausdrücken, was bereits gewissen Leistungsversprechen bzw. -assoziationen hervorrufen kann, z. B. "Sonnenschein- Reisen", "Weltweit-Reisen", "Hotel zum Strand", "Haus Seeblick", "Last-Minute-Tours" usw.

  Im Dienstleistungs- und Tourismusbereich sind die Leistungen oftmals mit dem Firmennamen verbunden ("Firmen-Marken"), wie z. B. Jahn-Reisen, Öger-Tours, Thomas Cook Reisebüros, Hilton Hotels. Daneben bestehen **Phantasiemarken,** wie Club Aldiana, Accor-Hotels usw.

  Ferner werden immer häufiger **Namenszusätze** zum Markenaufbau gewählt, die ebenfalls Problemlösungskompetenz signalisieren, und bereits werbliche Aussagen beinhalten ("Geistiger Anker": Aufhänger, Slogan, *vgl. Bieger 1996, S. 202*), wie:

  - autofreier Urlaubsort,
  - "Nachtexpress", "Schnellzug"
  - Seebad, Luftkurort, Kulturstadt
  - Condor - der deutsche Ferienflieger
  - Rügen - Deutschlands größte Insel, Sylt - in Deutschland ganz oben, Sachsen -einfach stark.

- **Markenzeichen**: Für die Kennzeichnung von Marken im Sachgüterbereich sind Markenzeichen (Logos) und ein bestimmtes Markendesign (Farbe, Form usw.) oftmals sehr bedeutend. Ähnlich werden diese Maßnahmen auch für die Produktpolitik bei Dienstleistungsmarken im Tourismus verwendet, z. B. der Kranich der Lufthansa, eine symbolierte Sonne bei der TUI usw. Sie drücken ebenfalls die sichtbaren Elemente der Tourismusmarke aus. Im Tourismus werden - je nach Leistungsangebot - häufig Sonnen- oder Meeressymbole bzw. geographische Elemente (Landkarten, Bauwerke, Attraktionen) gewählt.

  Ferner dienen **Gütesiegel und Zertifikate** gleichzeitig der allgemeinen Kennzeichnung wie der Qualitätsbestimmung. Gütesiegel und kennzeichnende Zertifikate drücken mit graphischen und schriftlichen Elementen aus, welche Produkteigenschaften - Qualität, Umweltverträglichkeit, Gastfreundschaft usw. - vom Anbieter garantiert werden. Dieses Versprechen kann vom Unternehmen selbst (intern) oder von unabhängigen Institutionen (extern) bestätigt und kontrolliert werden. Hierbei wird in der Regel keine konkrete, meßbare Ausprägung der Qualität garantiert, sondern bestätigt, daß das jeweilige Unternehmen Maßnahmen ergriffen hat, um die zugesicherten Eigenschaften leisten zu können. Dies äußert sich meist im Vorhandensein eines Qualitäts- oder Umweltmanagements.

Abbildung II.23:

Produktpolitische Maßnahmen zum Aufbau einer Marke

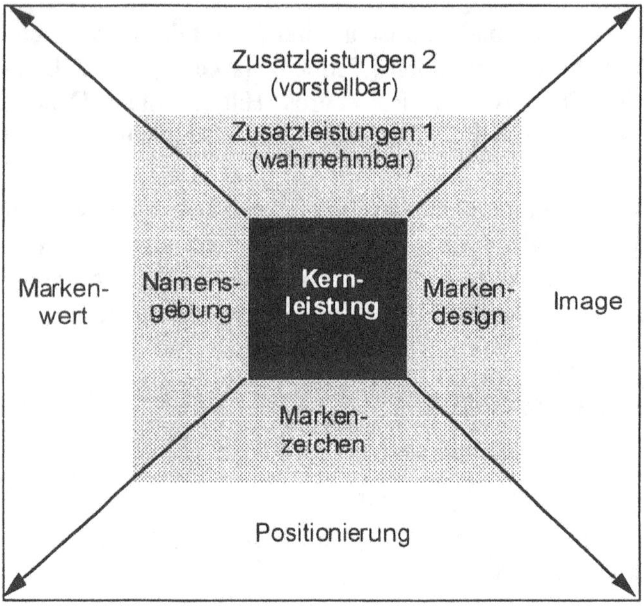

Quelle: in Anlehnung an Freyer 1996, S. 88 u. 438

- **Markendesign:** Während sich das Design bei Sachgütern vor allem auf die Produktverpackung bezieht, ist das Dienstleistungs-Design auf die "Verpackung", sprich: die Kleidung des Service-Personals sowie auf die Farbe und Formgebung der Transportmittel oder des Mobiliars sowie der Architektur von Gebäuden, gerichtet.

  Beispiel:

  - Gleiche Kleidung des Service-Personals, vor allem bei Transportunternehmen (Bahn, Fluggesellschaften) und in Beherbergungsbetrieben, zum Teil in Gastronomiebetrieben.

- Farben des Fluggerätes oder Design und Farbe der Bahn-Waggons (Interregio blaugrau, IC rot-weiß usw.)

Beim Markendesign sind neben den funktionalen Gesichtspunkten (Einprägsamkeit, Wiedererkennung, Reproduzierbarkeit) auch psychologische Gesichtspunkte von Bedeutung (z. B. Psychologie der Farbgebung, *vgl. Ferner 1996, S. 36 ff.*). Eine abgestimmte Politik der vorgenannten gestalterischen Elemente soll ebenfalls Qualität signalisieren und zusammen mit einem Logo und einer wörtlichen Werbeaussage wirken.

Insgesamt wirken die verschiedenen produktpolitischen Gestaltungselemente im Sinne der Schaffung eines Images bzw. einer Corporate Identity und stellen wichtige Teilelemente im Sinne der Markenpolitik dar. Ihre Verwendung und Konstanz ersetzt bei den immateriellen touristischen Leistungen teilweise die mangelnde Standardisierung der eigentlichen Leistung und gilt damit als Qualitätssignal. Allerdings werden bereits diese wichtigen Voraussetzungen der Markenpolitik im Tourismus sehr unterschiedlich verwendet:

> "In der touristischen Praxis zeigt sich, daß manche Veranstalter diese Markenbildung gezielt verfolgen und bei der Markierung ihrer Kataloge, Werbeaussagen, Verkehrsmittel, Kofferanhänger, Schriftstücke und Hinweistafeln durch ein konsequentes Corporate Design ein konstantes Erscheinungsbild zeigen. Andere Unternehmen publizieren zwar einen Namen, verzichten aber auf ein Firmen- oder Programmlogo und gehen hinsichtlich ihres Markendesigns eher chaotisch-kreativ oder bloß nachlässig vor: Zufallsnamen, systemlose Verwendung unterschiedlichster Schrifttypen, eine Vielzahl von Farben (grüner Bus, roter Kofferanhänger, regenbogenfarbenes Logo) und jährlich wechselnde Slogans vermitteln dort eher ein diffuses Erscheinungsbild" (*Pompl 1996, S. 161 f.*).

(2) Zusatznutzen und Markenwert

Ferner wird innerhalb der Produktpolitik zwischen Haupt- und Zusatznutzen bzw. Kern- und Zusatzleistungen unterschieden. Gerade Markenprodukte haben einen Zusatznutzen, der über den eigentlichen Gebrauchswert hinaus geht - und zu einer erhöhten Zahlungsbereitschaft führt. Solche Zusatzeigenschaften beziehen sich zumeist auf immaterielle Elemente, wie

- Prestige, Spaß, Freude, Life-Style
- Erlebniselemente:"Freiheit und Abenteuer" (Marlboro-Reisen)
- Qualitätsaspekte
- Sicherheit

Bereits Domizlaff wies auf den "psychologischen Zusatznutzen" sowie den Symbol- und Wertcharakter von Marken hin, zur "Sicherung einer Monopolstellung in der Psyche der Verbraucher" (*Domizlaff 1982, S. 75*). In *Freyer* (*1996, S. 438 ff.*) sind die verschiedenen Zusatzeigenschaften von touristischen Leistungen in wahrnehmbare und vorstellbare Eigenschaften eingeteilt. Die Kaufverhaltensforschung spricht von affektiven und kognitiven Faktoren. Marken vereinen mehrere dieser Aspekte auf sich, ohne daß eine letztlich klare Zuordnung oder Unterscheidung erfolgen kann.

In bezug auf Markenprodukte wird in diesem Zusammenhang oftmals vom "Markenwert" (brand equity) gesprochen. Kunden sind bereit, für Markenartikel einen höheren Preis zu zahlen als für die eigentliche "Grundleistung", die auch andere Produkte erfüllen. Die Preisdifferenz erklärt sich weitgehend aus den zusätzlichen - immateriellen - Leistungen, die Kunden aus dem Erwerb von Markenprodukten erhalten bzw. erwarten, wie z. B.

- Prestige oder "Aufwertung seiner selbst": "Der Nachfrager zahlt die oft erhebliche Differenz im Kaufpreis hier primär für die Markierung und "Aufwertung" seiner selbst" (*Herreiner 1994, S. 11*).
- "Sicherheitsprämie", vor allem als "Qualitätsprämie". Von Markenartikeln wird zumeist eine höhere Qualität erwartet, was ebenfalls zu einer Wertsteigerung im Sinne von Zusatzleistungen zu einer höheren Preisbereitschaft führt.

4.5.2 Markenpolitik und Kommunikationspolitik

Marken übernehmen ferner wichtige kommunikationspolitische Aufgaben, die auch im Rahmen der Kommunikationspolitik für die Markenpolitik genutzt werden können.

Es ist bereits mehrfach darauf hingewiesen worden, daß Marken Sicherheit, Vertrauen und - hier interessierend - Qualität signalisieren (sollen). Entsprechend ist eine markenpolitische Kommunikationspolitik darauf gerichtet, solche Aspekte im Rahmen der Kommunikationspolitik zu vermitteln und zu kommunizieren. Aussagen wie

- "Reisen ist Vertrauenssache"
- "sicher ans Ziel" (die Bahn)
- "Sie haben es sich verdient: TUI"
- Qualität: "es war schon immer etwas teurer, einen guten Geschmack zu haben".

sind werbliche Aussagen im Sinne der Markenpolitik.

Letztlich ist es wiederum die Immaterialität der touristischen Leistungen, die der Kommunikationspolitik eine wichtige Funktion zukommen läßt. Da die verschiedenen Leistungselemente seitens des Kunden vor dem Kauf nur unzureichend geprüft werden können, muß die Kommunikationspolitik diese Unsicherheit abbauen. Neben wirklichen Leistungsvorteilen (Unique Selling Propositions) ist der Aufbau von werblichen Vorteilen (Unique Advertising Proposition) eine wichtige Aufgabe der markenbezogenen Kommunikationspolitik:

> "Die neue Markenstrategie der TUI bietet nicht nur die Voraussetzung, durch klar erkennbare Kundenvorteile wie Größe, Sicherheit, Qualität, Erleichterung der Angebotsauswahl und durch Spezialistenkompetenz dauerhafte Verbraucherpräferenzen aufzubauen, sie läßt sich auch kommunikativ wirksamer darstellen als das alte Markenkonzept" (*Schmieder 1991, S. 516*).

Zur werblichen Darstellung von touristischen Leistungsvorteilen zum Aufbau von Markenartikeln müssen die immateriellen Leistungselemente visualisiert und vermittelt werden. Dazu werden vor allem Urlaubssituationen mit Mitteln der emotionalen Werbung ("Stimmungen", "Sonnenuntergang"), zufriedene Kunden ("hier ist es schön") oder dienstleistungsbereites Personal ("wir erfüllen alle Ihre Wünsche") usw. dargestellt und mit entsprechenden Werbeaussagen verbunden.

Zum Aufbau von Vertrauen in die Qualität von Marken sind ferner verschiedene Maßnahmen der Öffentlichkeitsarbeit sowie der Vertriebswegeförderung notwendig, die wiederum in engem Zusammenhang mit anderen Maßnahmen des Marketing-Mix stehen:

Beispiel:

- Sponsoring und Event-Marketing,
- Buchungsbonus oder Info-Reisen für Expedienten,
- Journalisten-Reisen,
- Kundenkarten der Bahn oder der Lufthansa, TUI-Kundenkarte usw.

Insgesamt ist für den Aufbau von Markenartikeln zumeist ein längerer Zeitraum notwendig, womit eine hinreichende Kontinuität der Kommunikationspolitik gegeben sein muß.

4.5.3 Markenpolitik und Vertriebswegepolitik

Während die vorherigen markenpolitischen Aspekte vor allem auf das Verhältnis von Produzenten zu Konsumenten gerichtet waren, ist Markenpolitik auch zwischen den Produzenten und Händlern möglich. Im Tourismus betrifft dies vor allem die Beziehung von touristischen Leistungsträgern und den Reisemittlern. Hier wird durch die Agenturpolitik versucht, neben grundsätzlichen vertriebspolitischen Maßnahmen auch qualitative Aspekte im Sinne der Markenpolitik umzusetzen.

Touristische Leistungsträger und Reiseveranstalter vergeben ihre Agenturen nur an Reisemittler, die entsprechende qualitative Anforderungen und Auflagen erfüllen, wie z. B. Fachpersonal, adäquate Verkaufsräume und eine bestimmte technische Ausstattung (Reservierungssysteme) sowie gewisse finanzielle Garantien.

Die Reisemittler signalisieren die "Qualitätsprüfung", die der Vergabe der jeweiligen Agenturen vorausgegangen ist, durch entsprechende Signets an ihrem Büro oder auf ihrem Briefpapier (IATA-, DB-Agentur, DRV-Mitglied, TUI-Reisebüro usw.)

Die Durchführung und Verifizierung von Qualitätsaudits im Rahmen der DIN EN ISO 9000ff ist eine weitere Methode der Qualitätsgarantie zwischen Produzenten und Händlern. Mit der Vergabe des Zertifikates wird dem Unternehmen bestätigt, daß es ein geeignetes Management zur Sicherung einer bestimmten Qualität besitzt. Vorteil des ISO-Zertifikates ist seine Bekanntheit. So läßt z. B. die DER-Deutsche Reisebüro GmbH ihre Standorte bereits nach DIN EN ISO 9002 zertifizieren.

Insgesamt kann vertriebswegebezogene Markenpolitik im Tourismus auf drei Ebenen erfolgen:

- **Hersteller-Kunde**: Produkt- und Herstellerbindung ("Produkt-, Firmen- und Leistungsmarken"),
- **Vetriebsweg-Kunde**: Kundenbindung an den Händler (nur indirekt an das Produkt) ("Händler-Marken"),
- **Hersteller-Vertriebsweg**: Agenturpolitik (Bindung/Präferenzen des Vertriebsweges an den Hersteller).

4.6 Fazit

Der Einsatz von Markenpolitik steht im Tourismus erst am Anfang. Dabei bietet sich gerade bei der aus Kundensicht schwer zu beurteilenden touristischen Leistungsqualität verstärkt der Aufbau von Marken an. Marken signalisieren dem Reisenden Qualität in den verschiedenen Phasen des touristischen Leistungsprozesses. So können Markenbildungen in der Reisevorbereitung Qualität der Beratung, bei Reisedurchführung Qualität der Leistungserstellung und letztlich Qualität des Leistungsergebnisses im Sinne von zufriedenen Kunden signalisieren.

Der Aufbau von Marken im Tourismus kann ferner zur Qualitätsdifferenzierung gegenüber anderen Anbietern, zum Aufbau einer qualitäts- und markenorientierten Stammkundschaft und insgesamt zur Vertrauensbildung in der Tourismuswirtschaft beitragen.

Im einzelnen war auf die Einsatzmöglichkeiten der Markenpolitik als qualitätspolitisches Instrument bei verschiedenen Tourismusunternehmen, wie Reiseveranstaltern, Reisemittlern, Transport- und Beherbergungsunternehmen sowie bei touristischen Destinationen, hingewiesen worden.

5 Beschwerdemanagement

von Dr. Wilhelm Pompl, Professor für Touristikbetriebswirtschaftslehre

5.1 Einführung

Beschwerdemanagement bezeichnet eine zielgerichtete Planung, Organisation und Kontrolle des unternehmerischen Umgangs mit Kundenunproblemen. Es ist in dreifacher Hinsicht Teil des Qualitätsmanagements. Zunächst soll damit eine auf Qualitätsmängel beruhende Kundenunzufriedenheit beseitigt werden. Zum zweiten können dadurch zukünftig fehlerhafte Produkte vermieden und Produktverbesserungen angeregt werden. Schließlich kann das Beschwerdemanagement selbst zum Objekt des Qualitätsmanagements werden: „Hier wird der Prozeß der Beschwerdehandhabung zum eigentlichen Gegenstand der Qualitätsbetrachtung, d. h. zum Objekt der Qualitätsplanung, -realisierung und -kontrolle" (*Hansen/Jeschke/Schöber 1995, S. 77*).

Während im umgangssprachlichen ebenso wie im touristischen Kontext die Begriffe Beschwerde und Reklamation häufig synonym gebraucht werden, stellt in der wissenschaftlichen Literatur (*vgl. Hansen 1990, S. 448 f.*) der Terminus Beschwerde den Oberbegriff für alle Unzufriedenheitsäußerungen von Kunden dar; als Reklamationen werden jene Beschwerden bezeichnet, die mit einer Forderung nach Gewährleistung verbunden sind. *Stauss* (*1989, S. 42*) definiert (*in Anlehnung an Fornell 1982, S. 479 und Wimmer 1985, S. 227 f.*) Beschwerden als „Artikulationen von Unzufriedenheit, die gegenüber dem Unternehmen oder auch Drittinstitutionen, wie z. B. Verbraucherorganisationen, mit dem Zweck vorgebracht werden, auf ein kritikwürdiges Verhalten der Unternehmung aufmerksam zu machen, Wiedergutmachung für erlittene Beeinträchtigungen zu erreichen und/oder eine Änderung des kritisierten Verhaltens zu bewirken."

Beschwerden sind in Dienstleistungsunternehmen ebenso häufig wie unbeliebt. Sie sind häufig, weil bei persönlichen Dienstleistungen ein Null-Fehler-Ergebnis zwar das Ziel sein muß, dies in der Realität aber trotz umfangreicher Mitarbeiterschulung, klar definierter Prozesse, vorgegebener Qualitätsstandards und noch so fortschrittlicher Technologie aus folgenden Gründen nicht erreichbar ist:

- aufgrund der Gleichzeitigkeit von Erstellung und Inanspruchnahme können fehlerhafte Produkte nicht im Rahmen einer Qualitätskontrolle ausgemustert werden, sie „gehen daher direkt an den Kunden";

- Kundenerwartungen ebenso wie Leistungsbeschreibungen durch die Anbieter (z. B. bezüglich Urlaubserlebnisse oder Entertainment) sind oft eher diffus als konkret; daraus ergibt sich die Gefahr der Auswahl eines ungeeigneten Produkts, das trotz Mängelfreiheit nicht zu Kundenzufriedenheit führt;
- bei vielen Dienstleistungen ist die Mitwirkung des Kunden notwendig. So bestimmt etwa der Grad der Kundenbeteiligung den Erfolg eines Hüttenabends. Der Veranstalter liefert lediglich die Voraussetzungen, amüsieren muß sich der Gast selbst;
- persönliche Dienstleistungen können in ihrem Ablauf nur bedingt standardisiert werden. Ihre jeweilige Ausführung wird auch durch persönliche Eigenheiten und der Tagesform des Dienstleistungspersonals mitbestimmt;
- es treten Mängel auf, deren Ursachen außerhalb des Einwirkungsbereichs des Dienstleisters liegen. So bleiben z. B. bei Flugverspätungen wegen überfüllten Luftraums die Beschwerden das Problem der Fluggesellschaft, obwohl diese keinerlei Einfluß auf die Entstehung und Beseitigung der Ursachenfaktoren hat.

Beschwerden sind unbeliebt, weil

- der Umgang mit unzufriedenen Kunden eher eine belastende und demotivierende als eine angenehme Tätigkeit ist;
- sie auf Fehlleistungen des Unternehmens verweisen und daher nur ungern akzeptiert werden. Der damit konfrontierte Mitarbeiter muß Fehler eingestehen, für die er vielleicht noch nicht einmal selbst verantwortlich ist;
- die Behandlung von Beschwerden meist nicht Teil der eigentlichen Tätigkeit der Mitarbeiter ist und damit zusätzliche Arbeit verursacht.

Es ist also zunächst psychologisch verständlich, wenn Beschwerden tendenziell eher abgelehnt werden, in vielen Unternehmen eine Auseinandersetzung mit ihnen tabuisiert wird und das Beschwerdemanagement eine Schattenexistenz führt (*vgl. Riemer 1986, S. 105*). Die Folgen eines solchen Vermeidungsverhaltens aber verstärken die Kundenunzufriedenheit. So haben *Hart/Heskett/Sasser* (*1990, S. 150*) herausgefunden „that more than half of all efforts to respond to customer complaints actually *reinforce* negative reactions to a service."

Die mit der Leistung eines Unternehmens unzufriedenen Kunden haben folgende **Reaktionsmöglichkeiten** (*vgl. Riemer 1986, S. 69 ff.*):

- Abwanderung im Sinne eines Anbieterwechsels; infolge der meist polypolistischen Tourismusmärkte (Vielzahl von Anbietern mit besonders in Bezug auf die Grundleistung weitgehend homogenen Produkten) entstehen dem Kunden bei einem Wechsel des Anbieters in aller Regel keine besonderen monetären, psychischen oder sozialen Kosten;
- Marktaustritt, d. h. Verzicht auf eine Leistung (z. B. auf Mietwagen während des Urlaubsaufenthalts) oder Substitution durch eine andere Leistungsart (z. B. Individualreise statt Pauschalreise);
- individuelle Beschwerde beim Unternehmen;
- kollektive Beschwerde (zusammen mit anderen Leistungsempfängern) beim Unternehmen;
- Einschaltung von Drittinstitutionen wie z. B. Verbraucherschutzvereine, Medien oder Gerichte;
- negative Mundkommunikation mit potentiellen Kunden;
- Inaktivität trotz Unzufriedenheit.

Die von Dienstleistungsunternehmen praktizierten Formen des Umgangs mit Beschwerden bewegen sich zwischen den Extrempunkten Befriedung des Kunden durch passives Beschwerdemanagement und Kundenbindungsstrategie als Element des Nachkaufmarketings (*Jeschke 1994*). In jedem Falle aber muß eine unmittelbare, d. h. möglichst noch während der Erstellung der Dienstleistung einsetzende Problemlösung angestrebt werden.

5.2 Ziele des Beschwerdemanagements

5.2.1 Unmittelbare Problemlösung

Jedes Unternehmen, das nicht gezielt auf Kundenbetrug aus ist, wird versuchen, auftretende Kundenprobleme umgehend zu lösen. Denn anders als bei sachlichen Dienstleistungen und materiellen Gütern, bei denen der Käufer nur das Produktionsergebnis erhält, ist bei persönlichen Dienstleistungen der Kunde bei der Leistungserstellung anwesend. Diese Besonderheit eröffnet die Möglichkeit einer „Beschwerdelösung en route“. Die Zufriedenstellung des Kunden noch während der Inanspruchnahme der Leistung ist nicht nur die schnellste und damit kundenfreundlichste, sondern meist auch die kostengünstigste Lösung. Dies kann durch

- Abhilfe (z. B. Reparatur der nicht funktionierenden Dusche),

- Nachbesserung, z. B. nochmaliges Grillen des „à point“ (medium) bestellten, aber „saignant“ (fast roh) auf den Tisch gekommenen Steaks, oder
- Leistungstausch (z. B. Wechsel des defekten Mietwagens)

erfolgen. Sofern eine Mängelbeseitigung nicht möglich ist, wird versucht, die Folgen der mangelhaften Leistung zu mildern, z. B. die Beförderung von Bahnkunden, die wegen Verspätung einen IC-Zuganschluß verpaßt haben, mit dem nächstfolgenden ICE ohne das Erheben der dort geltenden Zuschläge.

Solche unmittelbaren Problemlösungen sind nur mit Mitarbeitern erreichbar, die für Gästereaktionen sensibilisiert sind und von sich aus auch nicht verbalisierte Signale von Kundenunzufriedenheit wahrnehmen. Das setzt eine positive Einstellung für den Umgang mit Leistungsmängeln voraus, denn es verlangt aktives Einschreiten und damit Übernahme von Verantwortung an Stelle passiver Konfliktvermeidung. Eine weitere Erfolgsvoraussetzung ist die Beherrschung von kommunikativen Problemlösungstechniken, d. h. die Kompetenz, mit verärgerten oder aufgeregten Kunden sachlich, freundlich und einfühlsam umzugehen, ohne dabei die wirtschaftlichen Interessen des Unternehmens zu vernachlässigen. Mitarbeiter können im direkten Kundenkontakt aber nur dann eine unmittelbare Problemlösung anbieten, wenn sie auch Entscheidungskompetenz haben. Daher fordern denn *Hart/Heskett/Sasser* (*1990, S. 155*) in Konsequenz auch: „Empower the front line - give employees the authority, responsibility, and incentives to follow through with customers.“ Eine solche Empowerment (Ermächtigung) überträgt mit der Delegation der Wiederherstellung der Kundenzufriedenheit auch die Verantwortung für die finanziellen Konsequenzen. Daher sind zusammen mit der Ausgabenermächtigung auch klare Verhaltensstandards vorzugeben.

Beispiel: Die TUI hat in der Sommersaison 1996 in zwei Zielgebieten (Fuerteventura und Monastir) ein Sofortentschädigungssystem für Reklamationen vor Ort eingeführt. Im Rahmen dieses „Zielgebiets-Abhilfe und Kompensation (ZAK)“ genannten Programms erhalten reklamierende Kunden noch während ihres Urlaubs eine Barauszahlung. Nach dem aus Unternehmenssicht erfolgreichen Probelauf - 70% der Beschwerdeführer machten von dem Angebot Gebrauch - soll ZAK ab der Sommersaison 1997 in allen Zielgebieten des Veranstalters eingeführt werden.

Das Ziel der unmittelbaren Problemlösung verweist auf den Zusammenhang des Beschwerdemanagements mit dem Produktmanagement, zu dessen Aufgaben es gehört, Vorsorge für den Fall des Eintretens von Leistungsmängeln zu treffen. Beispiele dafür sind etwa beim Reiseveranstalter Vereinbarungen mit dem Hotelier, für den Fall verspäteter Gästeankünfte auch dann noch eine (kalte) Mahlzeit bereitzustellen, wenn das Restaurant schon geschlossen hat, oder das Angebot einer Fluggesellschaft, im Falle einer Verspätung wartende Abholer oder Geschäftspartner zu verständigen.

5.2.2 Passives Beschwerdemanagement

Unabhängig von weitergehenden unternehmenspolitischen Zielsetzungen hat der Kunde das auch einklagbare Recht auf die Lieferung einer mängelfreien Leistung. Daher ist die Beschwerdebearbeitung zunächst kein besonderes Entgegenkommen des Unternehmens, sondern dessen selbstverständliche Pflicht. Darüber hinaus ist es für viele Unternehmen auch ein Gebot der Firmenphilosophie, im Rahmen ihrer Tätigkeit als „ordentliche Kaufleute" ihren Kunden nur mängelfreie Produkte zu liefern und im Falle fehlerhafter Produkte Nachbesserung zu leisten.

Ziel einer passiv-reaktiven Beschwerdebehandlung ist die Befriedung des Kunden bei gleichzeitiger Minimierung des Aufwandes für das Unternehmen. Im Vordergrund dieses einzelfall- und einzelkundenbezogenen Beschwerdemanagements steht die „Reparaturfunktion" (*Günter 1995, S. 284*), die Behebung reklamierter Mängel mit niedrigstem Aufwand. Im Extremfall wird nach dem Motto „Bei uns ist nichts zu holen" versucht, die Beschwerde mit taktischen Tricks (Ablehnung der Reklamation wegen Fristüberschreitung) als nicht mehr berechtigt, als vom Kunden selbst verursacht, als „bei objektiver Betrachtung nicht gerechtfertigt" oder als Landesüblichkeit abzuwehren. Ein typisches Beispiel dafür ist der im abschließenden Bescheid einer Ferienfluggesellschaft enthaltene Hinweis, sich bei einer Gepäckbeschädigung doch an die Hausratversicherung zu wenden.

Selbst bei einer restriktiven Beschwerdepolitik ist nicht nur der durch die fehlerhafte Leistung entstandene Schaden zu kompensieren. Es ist auch generell zu prüfen, inwieweit es tatsächlich höhere Kosten verursacht, einen unzufriedenen Kunden durch erfolgreiche Beschwerdeabwicklung zu halten, als ihn durch einen Neukunden zu ersetzen. Unternehmen, die es schon aufgrund nachfragetypischer Kriterien fast ausschließlich mit Einmalkunden zu tun haben (exemplarisch: der Gondoliere in Venedig oder der Taxichauffeur in einer Großstadt) oder Unternehmen mit Monopolstellung werden keine Kosten für eine nicht zu erreichende oder nicht notwendige Kundenbindung aufwenden und daher auch eine Minimalisierung der Beschwerdeaufwendungen anstreben.

5.2.3 Aktives Beschwerdemanagement

Das aktive Beschwerdemanagement mißt der Wiederherstellung der Kundenzufriedenheit eine strategische Bedeutung im Rahmen des Nachkaufmarketings zu. Das grundsätzliche Ziel besteht hier darin, aus unzufriedenen Kunden durch eine erfolgreiche Beschwerdebearbeitung Stammkunden zu machen. Damit werden Beschwerden nicht als unverschämte und kostentreibend Forderungen notorischer Nörgler gesehen, sondern als berechtigte Kundenanliegen, die zukünftige Umsätze sichern helfen. Als Unterziele werden Vermeidung von Kundenabwanderung, Reduzierung negativer Mundwerbung, Informationsgewinnung über Schwachstellen des Produkts und die Abwehr ungerechtfertigter Ansprüche verfolgt.

Vermeidung von Kundenabwanderung

Erfolgreiches Beschwerdemanagement verhindert das Abwandern von zunächst unzufriedenen Kunden. Dies ist durch zahlreiche Untersuchungen (*vgl. die bei Pompl 1994, S. 116 ff. zitierte Literatur*) belegt und kann mit folgenden Argumenten erklärt werden: Kunden haben Verständnis dafür, daß Fehler passieren; eine in ihren Augen faire Beschwerderegelung kompensiert den Fehler; das Unternehmen kann seine konsequente Kundenorientierung demonstrieren; der Käufer fühlt sich als Persönlichkeit respektiert, deren Anliegen ernst genommen wurde; er wird vom Massenkäufer zum individuellen Kunden und baut durch diese Kontakte eine besondere Beziehung zum Unternehmen auf.

Die Beseitigung der beanstandeten Mängel zur Wiederherstellung der Kundenzufriedenheit stellt dabei lediglich ein Minimalziel dar. Zur optimalen Beschwerdelösung ist „Recovery“ (*Hart/Heskett/Sasser 1990, S. 149 ff.*) notwendig, d. h. den anfänglichen Fehler wiedergutzumachen und dem Kunden zusätzlich eine Kompensationsleistung für die erlittene Unbill anzubieten. Recovery zieht in Betracht, daß dem Kunden neben der mängelbehafteten Leistung noch weitere Kosten entstehen: bei einer fehlerhaften Hotelreservierung ja nicht nur eine minderwertige Leistung, sondern zusätzlich der durch das Verschulden des Dienstleisters entstandene Ärger darüber (entgangene Urlaubsfreude), der Zeitaufwand, um bei der Reiseleitung zu reklamieren, einen lästigen Umzug in ein anderes Zimmer, oder das Verfassen eines Reklamationsschreibens. Im europäischen Luftverkehr ist Recovery durch die Verordnung (EWG) Nr. 295/91 über Ausgleichsleistungen bei Nichtbeförderung im Linienverkehr geregelt.

Beispiel: Kann der Passagier eines Fluges trotz bestätigter Reservierung nicht befördert werden, da der Flug überbucht ist, dann hat er Anspruch, mit der nächsten Maschine zum Zielort geflogen zu werden (Wiedergutmachung) und erhält eine finanzielle Entschädigung (Kompensation), die bei Flügen unter 3.500 km 150 ECU, bei Flügen über 3.500 km 300 ECU beträgt.

Reduzierung negativer Mundwerbung

Kunden sprechen mit Verwandten, Bekannten und Arbeitskollegen über ihre positiven und negativen Erfahrungen mit Dienstleistungen, insbesondere bei Produkten mit Erlebnis- und Prestigecharakter, zu denen touristische Leistungen wie Verreisen, ins Restaurant gehen, einen Erlebnispark besuchen zählen. In einer Reihe empirischer Untersuchungen (*dargestellt bei Pompl 1996, S. 120*) wurde ermittelt, daß unzufriedene Kunden mit 10 bis 20 Personen, zufriedene Kunden dagegen mit weitaus weniger anderen Personen über ihre Erfahrungen sprechen. *Hentschel* (*1992, S. 208*) begründet das intensive Weitererzählen negativer Ereignisse damit, daß „Servicekatastrophen tendenziell interessantere Geschichte darstellen als Schilderungen geglückter Interaktionen und außerdem auf diese Weise Ärger abgebaut werden kann (‘Ventilfunktion’).“ Das bedeutet, daß Beschwerden eine erhebliche negative Mundwerbung auslösen, die zum Verlust potentieller Kunden führt. Denn die Mundwerbung besitzt bei den Konsumenten eine hohe Glaubwürdigkeit: Der Erzählende berichtet über selbst erlebte Tatsachen und verfolgt damit, anders als die Unternehmenswerbung, keine eigennützigen Zwecke (*vgl. Kroeber-Riel 1992, S. 527 f.*). Eine schnelle Lösung der Beschwerde verkürzt die für die negative Mundwerbung nutzbare Zeitdauer, Recovery macht aus dem negativen einen positiven Kommunikationsinhalt.

Informationsgewinnung

Beschwerden können als kundeninitiierte Qualitätskontrolle genutzt werden, um Informationen über Schwachstellen des Produkts, des Vertriebs und der Werbung zu gewinnen. Diese Informationen beziehen sich auf für die Nutzer relevante Tatbestände, weil sie sich dem Aufwand einer Beschwerde unterziehen; sie sind aktuell, weil Kunden ihre Unzufriedenheit entweder während des Dienstleistungsprozesses oder in unmittelbarer Folge artikulieren, sie sind konkret, weil sie konkrete Kundenprobleme schildern, und sie sind kostengünstig, da sie auf Initiative und Kosten des Kunden geliefert werden. In Produktverbesserungen umgesetzte Beschwerdeinformationen verhindern zukünftige Beschwerden und haben damit eine prophylaktische Funktion (*vgl. dazu den Beitrag von Scharitzer, Teil 1, Kap. 3*).

Abwehr unberechtigter Ansprüche

Unternehmen können die Strategie der absoluten Kundenorientierung verfolgen und nach dem Motto „Der Kunde hat immer Recht“ jede Beschwerde als berechtigt akzeptieren. Das führt bei Sachgütern dazu, daß der Kunde eine Ware innerhalb einer bestimmten Zeit bei voller Erstattung des Kaufpreises zurückgeben kann. Im Dienstleistungsbereich ist es für viele Restaurants eine

Selbstverständlichkeit, ein Gericht, das dem Gast nicht schmeckt, durch ein anderes zu ersetzen oder nicht zu berechnen.

Die meisten Unternehmen aber unterscheiden weiterhin zwischen berechtigten und unberechtigten Reklamationen und verfolgen das Ziel, aus ihrer Sicht unberechtigte Ansprüche abzuwehren. Solche Reklamationen können auf übersteigerten Leistungserwartungen der Kunden beruhen, aber auch mit der Intention, sich durch bewußt falsche Angaben über Leistungsmängel einen Vorteil zu erschleichen, vorgebracht werden. Im Falle übersteigerter Kundenerwartungen ist im Rahmen der Beschwerdeauswertung zu prüfen, inwieweit sie durch die Kommunikationspolitik des Anbieters mitverursacht sein können. Katalogtexte, die Urlaubsparadiese und Traumurlaub versprechen, verleiten ebenso zu unrealistischen Erwartungen wie Katalogfloskeln mit doppeltem Sinngehalt, die qualitative Schwachpunkte positiv umschreiben (z. B. zentral gelegen = Verkehrs- und Straßenlärm). Unberechtigte Ansprüche sind dann höflich aber bestimmt abzulehnen, wenn eindeutig zu klären ist, daß keine Ersatzansprüche bestehen. Eine Überprüfung der beanstandeten Mängel wird bei Dienstleistungen allerdings oft dadurch erschwert, daß nach der Inanspruchnahme kein materielles Produkt zur nachträglichen Schadensfeststellung, z. B. über das Ausmaß einer Lärmbelästigung, vorliegt. Mitunter besteht aber die Möglichkeit, ungerechtfertigte Reklamationen besser identifizieren zu können.

Beispiel: Nachdem bei einer Fluggesellschaft überdurchschnittlich häufig Reklamationen über beschädigtes Gepäck eingingen, wurde mit Hilfe eines in den baggague tag (zum Zwecke der Gepackweiterleitung und -identifikation von der Fluggesellschaft angebrachter Anhänger, vgl. Abb. II.24) integrierten Miniformulars beim Einchecken schon beschädigte Gepäckstücke gekennzeichnet und vom Fluggast durch Unterschrift bestätigt. Damit kann festgestellt werden, ob das Gepäck wirklich erst während des Fluges beschädigt oder schon in ramponiertem Zustand aufgegeben wurde.

In Fällen, in denen weder der Kunde noch der Produzent eindeutige Beweise vorlegen kann, empfiehlt es sich aus Gründen des Bearbeitungsaufwandes und der Kundenbindung, dem Beschwerdeführer ein Vergleichsangebot auf dem Kulanzwege zu unterbreiten.

Der Zurückweisung ungerechtfertigter Beschwerden kommt aber auch eine generelle Abwehrfunktion zu, damit weder im persönlichen Umfeld des Beschwerdeführers noch über die Medien vermittelt der Eindruck entsteht, man könne bei einem Unternehmen oder in der Branche generell relativ einfach und ohne Nachprüfung durch das Dienstleistungsunternehmen eine Preisminderung erhalten. So ist gerade bei Pauschalreisen eine hohe Beschwerdetätigkeit zu verzeichnen, da durch eine vermeintlich verbraucherfreundliche Aufklärung in den Medien (Reiseteile der Tageszeitungen, Verbrauchersendungen im Fernsehen) der Eindruck erweckt wird, daß dort relativ einfach finanzielle Entschädigungen zu holen sind. Dieser rührt vermeintlich daher, daß etwa bei der Veröffentlichung von Urteilen, die zu Rückzahlungen durch den Reiseveranstalter führten, die dem Kunden entstandenen Kosten nicht erwähnt werden; zudem wird eher selten über abgewiesene Klagen und Urteile zuungunsten des Reisenden berichtet. Zudem lassen die geforderten Beträge einen Versuch lohnend erscheinen, vor allem, wenn eine bestehende Rechtsschutzversicherung das Prozeßrisiko minimiert (*zu Determinanten des Beschwerdeverhaltens generell* vgl. *Bruhn 1982, S. 135 f.; Riemer 1986, S. 77 ff.; Stauss/Seidel 1996, S. 47 - 51*). Bei aller Kundenorientierung des Unternehmens ist daher die Abwehr unberechtigter Ansprüche eine wichtige Aufgabe des Beschwerdemanagements.

Abbildung II.24:

Kofferanhänger

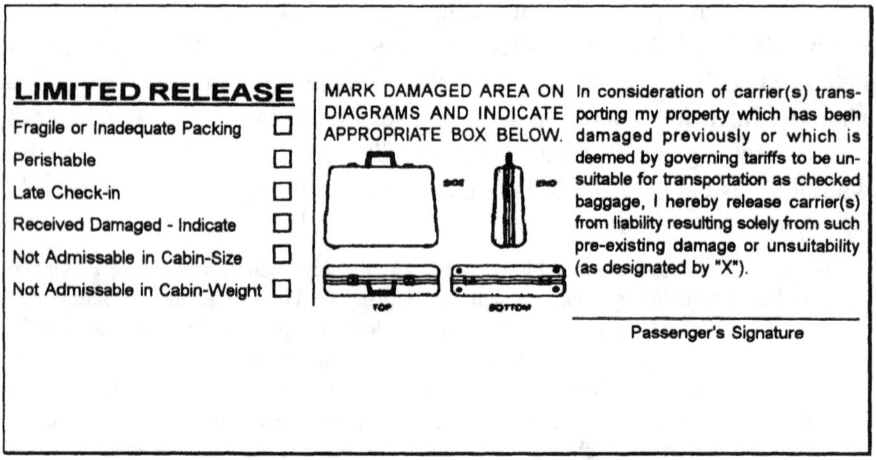
LIMITED RELEASE

Fragile or Inadequate Packing ☐
Perishable ☐
Late Check-in ☐
Received Damaged - Indicate ☐
Not Admissable in Cabin-Size ☐
Not Admissable in Cabin-Weight ☐

MARK DAMAGED AREA ON DIAGRAMS AND INDICATE APPROPRIATE BOX BELOW.

In consideration of carrier(s) transporting my property which has been damaged previously or which is deemed by governing tariffs to be unsuitable for transportation as checked baggage, I hereby release carrier(s) from liability resulting solely from such pre-existing damage or unsuitability (as designated by "X").

Passenger's Signature

Quelle: Egypt Airlines

5.3 Prozesse des Beschwerdemanagements

5.3.1 Beschwerdestimulierung

Die Zahl der bei der Geschäftsleitung bzw. der Kundendienstabteilung eingehenden Beschwerden ist nicht gleichzusetzen mit der Zahl der unzufriedenen Kunden, die in aller Regel wesentlich höher liegt. Untersuchungen über das Beschwerdeverhalten (*bei nichttouristischen Produkten* vgl. *Bruhn 1992; Hansen/Jeschke 1995*) zeigen, daß auf jede schriftliche Beschwerde zwischen 6 und 50 nicht geäußerte Beschwerden entfallen. Zum einen meldet sich nur ein Teil der von einer mangelhaften Dienstleistung betroffenen Käufer, zum anderen werden nicht alle an die Mitarbeiter eines Unternehmens herangetragenen Beschwerden auch tatsächlich der zuständigen Stelle weitergeleitet. Folgende Gründe sind in diesem Zusammenhang zu nennen:

- Ein Teil der von einer Dienstleistung stark enttäuschten Kunden beschwert sich nicht mehr, weil er beschlossen hat, zukünftig einen anderen Anbieter oder ein anderes Produkt zu wählen.
- Kunden verzichten auf Beschwerden, wenn der damit verbundene Aufwand in keinem akzeptablen Verhältnis zur erwarteten Entschädigung steht. Insbesondere resultieren Unzufriedenheiten, deren Anlaß (z. B. Unhöflichkeit oder gelegentlicher Stromausfall) keinen materiellen Beschwerdeerfolg, d. h. keine Rückerstattung eines Teils des Preises, erwarten lassen, oft nicht in Beschwerden.
- Ein Teil der Kunden, die zunächst fest zu einer Beschwerde entschlossen sind, setzt dies nicht in die Tat um, da die Bedeutung der Unzufriedenheit im Zeitablauf nachläßt. Diese aus Zeitgründen oder aus Scheu vor dem damit verbundenen Aufwand unterbliebenen Beschwerden können aber bei der nächsten Reiseentscheidung wieder erinnert werden.

Im Rahmen des aktiven Beschwerdemanagements muß ein Unternehmen erreichen, daß sich möglichst alle unzufriedenen Kunden beschweren. Denn nur so kann sichergestellt werden, daß diese Kunden zufriedengestellt werden und als Käufer erhalten bleiben. Beschwerdestimulierung bedeutet also, dem Kunden die Beschwerdeführung durch Öffnung der Beschwerdewege zu erleichtern. Denn „es muß zu Beschwerden kommen, bevor unzufriedene Konsumenten auf andere Weise reagieren" (*Riemer 1986, S. 126*). Dies wird zunächst die Zahl der Beschwerden erhöhen. Aber es erhöht nicht die Zahl der unzufriedenen Kunden, sondern lediglich die Chancen auf Wiederherstellung der Kundenzufriedenheit und auf zukünftige Vermeidung von Produktmängeln. Typische Beispiele, dem Kunden das Vorbringen von Beschwerden zu erleichtern, sind (*vgl. dazu ausführlich Stauss/Seidel 1996, S. 69 - 83*):

- Meckerkasten oder Beschwerdebox,
- Servicestände („Customer Relations Desks"),
- Auslage von Meinungskarten („Comment Cards"), z. B. im Hotel auf dem Nachttisch und nicht in der Schreibmappe versteckt,
- Hinweise im Katalog oder Prospekt auf Ansprechpartner für Beschwerden unter Angabe der direkten Telefondurchwahl,

- Schalten einer Telefonnummer, die kostenfreie Anrufe ermöglicht oder einer 24-Stunden-Hotline für Beschwerden,
- Kundenbefragungen durch persönliche Ansprache während oder nach Inanspruchnahme der Leistung oder im Rahmen von Fragebogenaktionen.

Die Bereitschaft der Kunden zur Nutzung dieser Beschwerdewege kann durch Anreize wie die Teilnahme an einer Preisverlosung oder durch Leistungsversprechen gefördert werden: „Der einfachste Weg, Reklamationen anzuregen, besteht darin, dem Kunden eine Qualitätsgarantie zu bieten, die den Dienstleister verpflichtet, im Falle eines unzureichenden Services finanzielle oder anders geartete Maßnahmen zu ergreifen“ (*Quartapelle/Larsen 1996, S. 127*). Im Dienstleistungsbereich sind Garantien wegen der mangelnden Überprüfbarkeit problematisch, aber nicht grundsätzlich ausgeschlossen. So werden für schneesichere Wintersportorte für einen begrenzten Zeitraum „Schneegarantien“ gegeben; mehrere europäische Bahnen versprechen für ihre IC- oder ICE-Züge Pünktlichkeitsgarantien.

Weiterhin muß unternehmensseitig sichergestellt werden, daß diese Beschwerden auch an die richtige Stelle gelangen. Denn:

- Die beim Kundenkontaktpersonal mündlich vorgetragenen Beschwerden werden von den Mitarbeitern meist nur dann schriftlich erfaßt, wenn damit Regreßforderungen verbunden sind. Der Rest geht daher nicht in die Beschwerdestatistik ein.
- Bei telefonisch eingehenden Beschwerden wird der Anrufer mehrmals weiterverbunden, ohne die zuständige Person zu erreichen. Da der Telefonanruf auf seine Kosten erfolgt, legt er schließlich resigniert auf.
- Von Mitarbeitern erfaßte und weitergeleitete Beschwerden unterliegen Filterungs- und Versickerungseffekten insbesondere dann, wenn sie von den von der Beschwerde Betroffenen selbst weitergegeben werden (*vgl. Günter 1995, S. 283*).
- Beschwerden werden bei Drittinstitutionen vorgebracht und dort erledigt, ohne daß der eigentliche Verursacher davon Kenntis erhält. So z. B. wenn ein Kunde kleinere Mängel einer Pauschalreise im Reisebüro meldet oder ein Kurgast beim örtlichen Verkehrsbüro über eine unbefriedigende Hotelleistung berichtet.

5.3.2 Beschwerdeannahme

Beschwerden werden mündlich oder schriftlich beim Unternehmen vorgebracht. Schon bei der Beschwerdeannahme muß vermieden werden, daß durch falsche Reaktionen der Mitarbeiter der Kundenärger gesteigert wird.

Abbildung II.25:

Leitfaden für Beschwerdegespräche

Leitfaden für Ihr Kundengespräch

1. Die beste Gesprächsbasis ist eine betont ruhige und höfliche Art. Ein Beschwerdeführer ist kein Gegner oder Querulant, sondern ein Kunde, den wir wiedergewinnen müssen.
2. Führen Sie Beschwerdegespräche nicht vor versammelter Kundschaft. Wenn möglich, dann vereinbaren Sie mit dem Kunden einen Termin im Anschluß an Ihre Sprechstunde, "damit wir ungestört Ihr Problem lösen können".
3. Lassen Sie den Kunden sein Problem vortragen, ohne ihn zu unterbrechen. Haben Sie Verständnis dafür, wenn er erst einmal "Dampf ablassen" will.
4. Überprüfen Sie mit sachlichen Fragen den Sachverhalt.
5. Machen Sie sich Notizen und schreiben Sie alles im Beisein des Kunden auf.
6. Wählen Sie eine neutrale Entschuldigungsformel (z. B. "Es tut mir leid, daß Sie Ärger haben.").
7. Stellen Sie keine Sofortdiagnose, machen Sie keine schnellen Schuldeingeständnisse oder voreilige Zugeständnisse.
8. Schwärzen Sie weder Leistungsträger noch Kollegen noch die Firma an, sondern sagen Sie dem Kunden, welche Maßnahmen Sie für eine schnelle Abhilfe treffen werden.
9. Erkundigen Sie sich, ob der Kunde mit Ihrem Regulierungsvorschlag einverstanden ist.
10. Bedanken Sie sich beim Kunden für das Vortragen der Reklamation, weil er Ihnen Gelegenheit gibt, eine mangelhafte Reiseleistung in Ordnung zu bringen ... und natürlich - Sie halten Ihr Versprechen, sich umgehend um eine Problemlösung zu bemühen, unbedingt ein.

Quelle: Pompl 1996, S. 210

Kommunikationspsychologisch erfordert das eine sachliche und höfliche Beschwerdeannahme statt eines „Abwimmelns“ des Kunden durch Zuständigkeitsabwehr, Verniedlichung des Problems oder Verlagerung des Problems in den Verantwortungsbereich des Kunden. *Hansen/Jeschke* (*1995, S. 538*) ermittelten, „daß im Rahmen der Beschwerdeannahme insbesondere das Ausmaß der Kundenzentrierung, d. h. das Eingehen des Kundenkontaktpersonals auf die persönliche Problemlage des Beschwerdeführers von wesentlicher Bedeutung für die Beschwerdezufriedenheit des Kunden“ ist.

Inhaltlich ist zwischen Beschwerden mit oder ohne Handlungsbedarf zu unterscheiden. Manche Beschwerden dienen eher der Selbstberuhigung des Kunden durch Abreaktion, ohne mit weitergehenden Ansprüchen verbunden zu sein. In solchen Fällen reichen bei mündlichem Vortrag aufmerksames Zuhören und einfühlsame Erklärungen, bei schriftlichem Vortrag ein entsprechendes Antwortschreiben durchaus als Reaktion aus.

Im Falle mündlich formulierter Beschwerden während der Leistungserstellung oder unmittelbar danach ist die sofortige Beseitigung des Beschwerdeanlasses einzuleiten; für den Fall des Recovery-Ziels sind Kompensationsleistungen vorzuschlagen. Bei schwerwiegenden Reklamationen ist in Anwesenheit des Kunden ein korrektes Protokoll der Beschwerde einschließlich der vorgeschlagenen bzw. getroffenen Abhilfemaßnahmen (mit Kopie für den Kunden) anzufertigen. Gegebenenfalls sind auch Beweissicherungsmaßnahmen (z. B. durch Fotos) zu treffen. Schließlich ist der Beschwerdefall einschließlich aller Unterlagen an die Kundenabteilung des Unternehmens/die Geschäftsleitung weiterzuleiten. Das Unternehmen kann das Kundenkontaktpersonal durch organisatorische Hilfsmittel wie „Leitfaden für Beschwerdegespräche“ (vgl. Abb. II.25), Formulare zur Beschwerdeerfassung und Beschwerdemeldung unterstützen. Es sei denn, das Unternehmen verfolgt eine totale Kundenorientierung und reagiert auf jede Beschwerde mit einem Recovery-Angebot.

Bei schriftlich eingereichten Reklamationen ist dem Kunden nach Prüfung der Berechtigung möglichst umgehend entweder eine begründete Ablehnung seiner Forderungen oder ein Zwischenbescheid zuzuschicken.

5.3.3 Beschwerdebearbeitung

Die Bedeutung der unmittelbaren Wiederherstellung der Kundenzufriedenheit wurde bereits dargestellt. Der schnellste Weg dazu führt über diejenigen Mitarbeiter, bei denen eine Beschwerde während einer Dienstleistung eingeht oder die auf selbst beobachtete Kundenunzufriedenheit (z. B. wenn im Restaurant der Gast einen fast vollen Teller abräumen läßt) reagieren. Dies trifft vor allem bei preislich niedrigen Dienstleistungen oder bei Mängeln zu, bei denen eine schriftliche Beschwerde in keinem Verhältnis zum materiellen Schaden steht, exemplarisch etwa in der Gastronomie, wo kaum ein unzufriedener Kunde schriftlich reklamiert, er kommt einfach nicht wieder.

Für die Bearbeitung schriftlich oder telefonisch eingehender Beschwerden stehen folgende **Reaktionsinstrumente** zur Verfügung:

- Anruf beim Beschwerdeführer,
- Entschuldigungsschreiben,
- Sachgüter (z. B. bei Touristikunternehmen ein Bildband oder ein Reiseführer, im Hotel eine Geschenkpackung regionaler Spezialitäten),
- Gutscheine für den späteren Bezug von Leistungen des Unternehmens, z. B. von Reisegutscheinen in einer dem Beschwerdegrund angemessenen

Höhe, kostenlose Übernachtung, freier Eintritt für einen weiteren Besuch des Vergnügungsparks etc.,

- Rückerstattung, d. h. eine nachträglich eingeräumte Preisminderung. So ist es bei Reiseveranstaltern gängige Praxis, dem reklamierenden Kunden ein Vergleichsangebot zu unterbreiten, das unterhalb der von ihm geforderten Rückerstattung liegt. Um eine schnelle Abwicklung und eine hohe Kundenakzeptanz zu erzielen, wird dem Antwortschreiben meist gleich ein Scheck in Höhe der Erstattungssumme beigelegt (*vgl. Schlotmann 1992, S. 221*).
- Akzeptanz einer gerichtlichen Klage, wenn der Kunde das (eventuell nachgebesserte) Vergleichsangebot ausschlägt und das Unternehmen gute Erfolgsaussichten prognostizieren kann. Zur gesetzlichen Regelung von Gewährleistungs- und Schadenersatzansprüchen im Tourismus *vgl. Führich* (*1995*), *Schlottmann* (*1992*), *Klatt/Wahl* (*Loseblattsammlung*).

Einer **besonderen Beachtung** bedürfen jene Reklamationen, die

- von einer Gruppe von Reisenden gemeinsam eingereicht werden, da es sich dabei um Produktmängel handelt, von dem besonders viele Kunden betroffen sind und diese Beschwerden zudem mit besonderer Energie seitens der Beschwerdeführer betrieben werden;
- unter Einschaltung von Verbraucherschutzverbänden, Gewerbeaufsichtsämtern oder ähnlichen Institutionen eingereicht werden, da solche Institutionen die Beschwerde als Anlaß für weitergehende eigene Ermittlungen gegen das Unternehmen sehen könnten. Aus Sicht der Verbraucherorganisationen können bei Individualbeschwerden die legitimen Ansprüche des einzelnen Kunden „mangelhaft erfüllt werden, weil der Beschwerdeführer nur ungenügend über seine Rechte informiert ist und deshalb auf Regulierungsvorschläge des Unternehmens eingeht. Möglicherweise werden ausserdem gravierende unternehmerische Leistungsmängel dem Blickfeld einer breiteren Öffentlichkeit entzogen, wodurch eine vom verbraucherpolitischen Standpunkt erwünschte generelle Problemlösung verhindert werden kann“ (*Hoffmann 1991, S. 11*);
- erkennen lassen, daß der Beschwerdeführer gewillt ist, im Falle einer nicht zufriedenstellenden Regelung seiner Reklamation eine breitere Öffentlichkeit zu suchen und damit die Gefahr einer Multiplikation der negativen Imageeffekte über die eingeschalteten Massenmedien besteht;
- von Key Customers vorgetragen werden, also von Stammkunden (so z. B. bei Flugesellschaften insbesondere First- und Business-Class-Passagiere)

oder Großabnehmern (z. B. Firmenkunden in der Hotellerie oder bei Autovermietern), da hier hohe Umsätze gefährdet sind.

5.3.4 Beschwerdeauswertung

Die Beschwerdeauswertung dient der Nutzung der in den Beschwerden enthaltenen Informationen für Verbesserungsmaßnahmen beim Produkt, bei den die Beschwerden verursachenden Unternehmensprozessen (z. B. unpräzise Zimmerreservierung) und bei den von Leistungsträgern bezogenen Vorleistungen. Dabei wird zwischen der quantitativen und der inhaltlichen Beschwerdeauswertung unterschieden.

Im Rahmen **der quantitativen Beschwerdeauswertung** werden die Häufigkeiten der einzelnen Ursachen für Kundenunzufriedenheit und die Zahl der davon betroffenen Personen erfaßt, um die Mängel nach ihrer Bedeutung bewerten und Maßnahmen zu ihrer Behebung einleiten zu können. Dabei werden die einzelnen Beschwerdeursachen zunächst zu Problemkategorien zusammengefaßt. Innerhalb dieser Problemkategorien werden dann Unterkategorien gebildet (vgl. untenstehendes Beispiel). Bei gleichzeitiger Erfassung der Unternehmensreaktionen lassen sich zudem Aussagen über die direkten Kosten der Beschwerdeabwicklung gewinnen.

Beispiel:
Ein Reiseveranstalter bildet zur Reklamationsauswertung folgende Hauptkategorien:

- Katalogausschreibung
- Buchungsabwicklung
- Personenbeförderung
- Gepäckbeförderung
- Agenturleistungen
- Reiseleitung
- Allgemeines als Restkategorie

Die Hauptkategorie Agenturleistung wird unterteilt in Transfer, Betreuung, Ausflüge. Mögliche Beschwerdeanlässe innerhalb der Subkategorie Ausflüge sind: Vorinformation/Werbung, Anmeldung, Preis, Annulierung, Abholung, Ablauf, Ausflugsbegleitung, Verpflegung, Sonstiges.

Durch gleichzeitiges Festhalten der Leistungsträger, Reisebüros, Reisezeit und Reisedauer können durch Kreuztabellierung Problemschwerpunkte identifiziert oder andere interessierende Informationen (z. B. Abhängigkeit der Beschwerdehäufigkeit vom Reisezeitpunkt, bspw. über Reiseleitung, als Hinweis darauf, ob die Reiseleitung durch die Gästezahl nicht überfordert wird) detailliert ermittelt werden.

Methodische Instrumente der Beschwerdeauswertung sind absolute und relative Häufigkeitsverteilungen, Mittelwerte und Streuungsmaße, Kreuztabellen, Zeitverlaufsauswertungen etc. (*dazu ausführlich Stauss/Seidel 1996, S. 174 ff.*). In diesem Zusammenhang bietet der Einsatz der elektronischen Datenverarbeitung die Vorteile der rationellen Datenerfassung, des schnellen Zugriffs und der rechnerischen Bearbeitung, entweder durch im Unternehmen selbst mit Hilfe gängiger Standardsoftware entwickelter Programme oder den Einsatz spezieller Software wie etwa das Programm „Sorry!".

Da Beschwerdeinhalte unterschiedlich bedeutsam sind (für den Hotelgast ist in der Regel eine leere Minibar weniger bedeutsam als eine defekte Wasserleitung), schlägt *Stauss* (*1995, S. 392*) eine Frequenz-Relevanz-Analyse von Problemen vor: „Grundlage ist die Überlegung, daß ein Problem umso dringender der Aufmerksamkeit des Managements bedarf, je häufiger es auftritt und je ärgerlicher bzw. bedeutsamer es vom Kunden empfunden wird". Intention ist hier also, die Behebungsdringlichkeit einzelner Beschwerdepunkte auf der Basis der von den Kunden festgestellten Problemhäufigkeit und Problemrelevanz zu ermitteln.

Die **inhaltliche** Auswertung der Beschwerden erfolgt mit dem Ziel, Informationen über Veränderungen in den Kundenanforderungen zu gewinnen, um Ansatzpunkte für Produktweiterentwicklungen und -innovationen zu erhalten. Wichtig sind hier insbesondere die mitgeteilten Abweichungen des Produkts von den Kundenerwartungen, also nicht so sehr die Abweichungen von der Leistungsbeschreibung. Zudem schlagen Kunden mitunter auch Produktänderungen vor; auch diese kundeninduzierten Verbesserungsideen sind systematisch zu erfassen und auszuwerten. Insgesamt bietet sich hier die Möglichkeit, durch Berücksichtigung kundenrelevanter Qualitätsmerkmale eine zu sehr produzentenorientierte Qualitätsfestlegung zu korrigieren.

Bei der Beschwerdeauswertung stellt sich allerdings ein schwerwiegendes Gewichtungsproblem. Da nicht alle Kunden ihre Unzufriedenheit in Beschwerden formulieren und auch nicht alle artikulierten Unzufriedenheiten auch bei der Auswertungsstelle landen, sind die dort gewonnenen Informationen nicht repräsentativ für die Gesamtnachfrage. Sie können zudem auf individuellen Neigungen oder Empfindlichkeiten der Beschwerdeführer beruhen. Von daher ist die Beschwerdeauswertung kein Ersatz für andere Maßnahmen der Qualitätskontrolle oder gar der Marktbeobachtung und -forschung.

Der letzte Schritt der Beschwerdeauswertung besteht in der Weitergabe der ermittelten Ergebnisse, um die Ursachen zukünftiger Beschwerden beseitigen zu können. Informationsempfänger sind neben der Geschäftsleitung die von den Beschwerden betroffenen Abteilungen, gegebenenfalls auch die Zulieferer und Absatzmittler. Die Grundintention liegt hier aber nicht in der Suche und Bestrafung der Verursacher, sondern in dem Bestreben, die Ursachen der Kundenunzufriedenheit möglichst schnell und auf Dauer zu beseitigen.

5.4 Unternehmensbezogene Konsequenzen

5.4.1 Unternehmenspolitik

Inwieweit ein Unternehmen eine aktive oder passive Beschwerdepolitik betreiben soll, hängt von der Bedeutung der Kundenbindung ab. Für Unternehmen mit fast ausschließlicher Laufkundschaft von Einmalkäufern kann Kundenbindung kein vorrangiges Ziel sein. Dagegen ist für ein Reisebüro mit hohem Anteil an Stammkunden in einer Kleinstadt die Kundenbindung oberstes Gebot, weil unbefriedigend gelöste Beschwerden die Stammkundschaft reduzieren und die damit verbundene negative Mundwerbung einen vergleichsweise hohen Verbreitungsgrad erhält. In Branchen mit niedriger Kundenbindung hat jedes Unternehmen zu untersuchen, ob dieser Tatbestand brancheimmanent ist und damit eine passive Beschwerdepolitik die adäquate Reaktion darstellt, oder ob nicht umgekehrt die fehlende Kundenbindung das Ergebnis einer verkehrten Qualitätspolitik (und Beschwerdemanagement ist ein Teil davon) ist. Nicht zuletzt aber ist es auch eine Entscheidung im Rahmen der Unternehmensethik, in welchem Ausmaß eine Zufriedenstellung der Kunden angestrebt werden soll.

5.4.2 Organisatorische Eingliederung

Die organisatorische Eingliederung des Beschwerdemanagements kann durch Dezentralisierung, Zentralisierung oder Mischformen erfolgen.

Dezentralisierung

Eine dezentrale Beschwerdebearbeitung kann nach

- sachlichen Zuständen differenziert (z. B. bei Reiseveranstalter nach Hoteleinkauf, Flugeinkauf, Chefreiseleiter) erfolgen;
- Problemrelevanz hierarchisch gestaffelt (Sachbearbeiter - Abteilungsleiter - Geschäftsleitung) sein. Ein zusätzlicher Vorteil liegt hier im upgrading von Beschwerdeführern: wird ein auf Sachbearbeiterebene vorgeschlagener Vergleich vom Kunden abgelehnt, kann die übergeordnete Stelle als besonderes Entgegenkommen ein neues Angebot unterbreiten; zudem werten ein von der Geschäftsleitung unterzeichneter Brief oder ein Gespräch mit dem Chef den Kunden auf;

- dem Kriterium Kundennähe organisiert sein. So z. B. wenn international operierende Unternehmen in jedem Land eine eigene Beschwerdestelle unterhalten, oder wenn innerhalb eines Landes Beschwerden dezentralisiert nach Verkaufsregionen bearbeitet werden (z. B. bei der Lufthansa);
- Beschwerdeempfänger, d. h. Mitarbeiter mit Kundenkontakt oder Beschwerdeabteilung im Unternehmen unterscheiden. Eine mögliche Organisationsform stellt hier das „Complaint Ownership Prinzip“ dar: derjenige Mitarbeiter, der als erster mit einer Beschwerde konfrontiert wird, ist als deren „Eigentümer“ für die Annahme und Bearbeitung verantwortlich. Dieses Prinzip der Beschwerdelösung aus einer Hand ist für touristische Betriebe unterschiedlich geeignet. Während es in der Hotellerie, bei Freizeitparks oder Autovermietungen gut praktizierbar ist (*vgl. die Darstellung der Anwendung bei der Ritz-Carlton Hotel Company; Ritz-Carlton 1994*), trifft dies für andere Tourismusunternehmen nicht oder nur sehr bedingt zu, z. B. bei Reiseveranstaltern, wenn Beschwerden bei der Reiseleitung eingehen und diese keine Regelungskompetenz hat (vgl. das schon genannte Beispiel des beschädigten Koffers).

Für das Beschwerdemanagement-Ziel Informationsgewinnung ist ebenso wie für die Erfolgskontrolle in jedem Falle eine zentrale Erfassung und Auswertung notwendig.

Zentralisierung

Während größere Unternehmen eine eigene Organisationseinheit für die Bearbeitung schriftlicher Beschwerden einrichten (Serviceabteilung, Kundenberatungsstelle), ist bei kleineren Unternehmen direkt die Geschäftsleitung dafür zuständig. *Hansen/Jeschke/Schöber* (*1995, S. 84*) stellen dazu fest: „Die stellvertretende Entgegennahme von Beschwerden verhindert das psychische Verdrängungsproblem, ermöglicht Kontrollen, schafft aber auch u. U. Interabteilungskonflikte.“

Mischformen

Die Beschwerdebearbeitung eines Unternehmens kann sowohl zentral wie dezentral organisiert sein. Dabei erfolgt z. B. die Beschwerdeannahme dezentral am Ort der Leistungserstellung, verbunden mit der Problembeseitigung. Kann der Kunde nicht direkt zufriedengestellt werden, wird die Beschwerde an die zentrale Bearbeitungsstelle zur weiteren Regelung und Auswertung weitergeleitet. Schriftlich eingehende Beschwerden werden in jedem Falle zentral bearbeitet.

Die Beschwerden von Vertriebspartnern (Fluggesellschaften, Reiseveranstalter oder Autovermietungen vertreiben ihre Produkte über mehrere Tausend Agenturen) werden entweder direkt (mündlich oder schriftlich) an den zuständigen Akquisiteur oder an die Agenturbetreuungsstelle gerichtet und dort bearbeitet. In Sonderfällen, bei denen viele Agenturen betroffen sind (z. B. durch Mängel im Reservierungssystem oder telefonische Erreichbarkeit) werden sogar Verbände als zentrale Beschwerdeführer eingeschaltet. Gemeinsame Gremien wie z. B. Partnerausschüsse dienen auch der institutionalisierten Beschwerdebehandlung.

Ein weiterer Vorteil der Zentralisierung liegt in der eindeutigen Verantwortlichkeit. Damit wird vermieden, daß Kundenbeschwerden von einer Stelle zur anderen „geschoben" werden.

5.4.3 Verfahrensstandards

Zur Rationalisierung und Vereinheitlichung der Fallösungen, als Verhaltensregeln für die Mitarbeiter und als Voraussetzung für im Rahmen des Beschwerdemanagements gesetzter Qualitätsziele sind Verfahrensstandards zu entwickeln, die Abläufe, Inhalte und Kontrollmechanismen verbindlich regeln. Dazu zählen

- die Festlegung von Standardverfahren für die organisatorische Bearbeitung (z. B. durch Ablaufdiagramme),
- inhaltliche Regelungen hinsichtlich der Anerkennung von Reklamationen bzw. Kulanzfällen,
- Kriterien für die Einschaltung eines Fachjuristen, um kostspielige Gerichtsentscheidungen zu vermeiden,
- die Festlegung der für die einzelnen Reklamationen anzuwendenden Reaktionsinstrumente,
- zeitliche Standards für die Beschwerdebehandlung (z. B. Beantwortung einer schriftlichen Beschwerde innerhalb von 3 Tagen, gegebenenfalls mit einem Zwischenbescheid), da die Schnelligkeit der Bearbeitung die Beschwerdezufriedenheit signifikant erhöht,
- der Zeitplan für Kontrollen bezüglich der Einhaltung der Verfahrensregelungen und Audits zur Bewertung der praktizierten Verfahren (Effizienzkontrolle),
- die Bereitstellung organisatorischer Hilfsmittel wie Informationsleitfaden zur Beschwerdeerfassung und -bearbeitung, Berichtsformulare etc.

Kompetenzzuordnung

Zusammen mit der Stellenbeschreibung sind die Kompetenzen der mit der Beschwerdeabwicklung und -auswertung beauftragten Mitarbeiter festzulegen, um innerbetriebliche Konflikte zu vermeiden und in bezug auf die Kunden schnelle und kundennahe Reaktionen zu ermöglichen. Das erfordert zudem eine Festlegung der Fälle, in denen von den Standardverfahren abgewichen werden kann oder muß.

Die Personalentwicklung erfordert eine Schulung aller Mitarbeiter mit Kundenkontakt hinsichtlich der Führung von Konfliktgesprächen und der jeweils vorgesehenen Reaktionen sowie eine besondere fachliche Schulung der mit der Beschwerdebearbeitung beauftragten Mitarbeiter, um eine psychologisch richtige und rechtlich korrekte Abwicklung sicherzustellen.

5.5 Erfolgskontrolle

Die im Rahmen eines systematischen Beschwerdemanagements notwendige Erfolgskontrolle bezieht sich auf die drei Bereiche a) Beschwerdezufriedenheit als Ergebniskontrolle hinsichtlich des inhaltlichen Zieles der Kundenzufriedenheit, b) Aufgabenkontrolle in bezug auf die Erfüllung der einzelnen Tätigkeiten Beschwerdestimulierung, -annahme, -bearbeitung, -auswertung und c) Kosten-Nutzenkontrolle der „Rentabilität" des praktizierten Beschwerdemanagementsystems.

Beschwerdezufriedenheit

Die Beschwerdezufriedenheit des Kunden ergibt sich aus dem Vergleich der Erwartungen an die Beschwerdelösung mit dem tatsächlichen Beschwerdeergebnis. Nach *Stauss/Seidel* (*1996, S. 227 f.; vgl. dazu auch Abb. II.26*) lassen sich aus Kundensicht vier zentrale Qualitätsdimensionen des Beschwerdemanagements unterscheiden:

- Zugänglichkeit, d. h. Leichtigkeit, mit der ein unternehmerischer Ansprechpartner für das Kundenproblem gefunden wird,
- Interaktionsqualität bei der Annahme und Bearbeitung der Beschwerde, mit den Teilqualitäten Freundlichkeit, Einfühlungsvermögen, Bemühtheit, Initiative und Verläßlichkeit,
- Reaktionsschnelligkeit bei der Bearbeitung der Beschwerde,
- Angemessenheit der Problemlösung bzw. Fairneß der angebotenen Wiedergutmachung.

Abbildung II.26:

Qualitätsdimensionen und Leistungsindikatoren des Beschwerdemanagements

Aufgaben	Qualitätsdimensionen	Leistungsindikatoren aus Kundensicht
Beschwerde-stimulierung	Beschwerdeartikulation unzufriedener Kunden Richtige Adressierung der Kundenbeschwerden Nutzung eingerichteter Beschwerdegänge Leichte Zugänglichkeit	Zufriedenheit mit der Zugänglichkeit
Beschwerde-annahme	Kundenorientierte Gestaltung des Erstkontaktes Zügige Weiterleitung der Beschwerdefälle Richtige Weiterleitung der Beschwerdefälle Vollständige Erfassung der Beschwerdeinformationen Richtige Erfassung der Beschwerdeinformationen	Zufriedenheit mit der Freundlichkeit, Verständnis, Hilfsbereitschaft
Beschwerde-bearbeitung und Beschwerde-reaktion	Schnelligkeit der Beschwerdebearbeitung Einhaltung von Zusagen Termingerechte Bearbeitung Aktive Kontaktaufnahme mit dem Kunden Individuelle Behandlung des Falles Ersterledigung Vollständige Problemlösung Faire Problemlösung	Zufriedenheit mit der Schnelligkeit der Beschwerdebearbeitung Zufriedenheit mit Verläßlichkeit Zufriedenheit mit der Kontaktaufnahme Zufriedenheit mit der individuellen Behandlung des Falles Zufriedenheit mit der Problemlösung Zufriedenheit mit der Problemlösung
Beschwerde-auswertung	Zielgruppengerechte Informationsbereitstellung Zeitgerechte Informationsbereitstellung Nutzungsgerechte Informationsbereitstellung Zeitgerechtes Reporting	

Quelle: Stauss/Seidel 1996, S. 224

Neben dem materiellen Ergebnis einer Beschwerde geht vor allem die Art des Umgangs mit dem Beschwerdeführer in dessen Bewertung ein.

Methodisch wird zur Feststellung der Kundenzufriedenheit mit dem Beschwerdemanagement des Unternehmens ein Fragebogen erstellt, der die obengenannten Dimensionen enthält und für schriftliche oder telefonische Befragungen verwendet.

Aufgabenerfüllung

Überprüfung des gesamten Verfahrens anhand objektiver Standards, z. B. telefonische Erreichbarkeit der Beschwerdestelle (kompetente Vertretung bei Urlaub oder Krankheit), erste Antwort auf Beschwerdebrief innerhalb von drei Tagen oder Laufzeit innerbetrieblicher Beschwerdeinformationen.

Rentabilität

Die Behandlung von Beschwerden verursacht Kosten, die damit erzielten Leistungen aber können nur schwer in monetären Größen ausgedrückt werden und gehen daher im allgemeinen auch nicht in die betriebliche Erfolgsrechnung ein.

Will ein Unternehmen die Rentabilität des von ihm praktizierten Beschwerdemanagements prüfen, dann können im Rahmen der Kostenrechnung die Aufwendungen der Beschwerdestelle für Personal, Mieten, Kommunikation, Stoffverbrauch etc. ebenso wie die Wiedergutmachungskosten direkt ermittelt oder anteilsmäßig zugeordnet werden. Die quantitative Erfassung der Erträge stößt dagegen auf eine Reihe von Problemen.

- Zurechnungsprobleme: Inwieweit sind Fehlerbeseitigungskosten, die aufgrund rechtlicher Verpflichtungen entstehen, nicht dem Beschwerdemanagement, sondern der verursachenden Stelle, also etwa der Produktion oder dem Vertrieb zuzuordnen? Wenn durch erhöhte Beschwerdezufriedenheit zukünftige Erlöspotentiale geschaffen werden, welcher Periode sind sie dann zuzurechnen?
- Bewertungsprobleme: Wie kann der Nutzen der Funktionen Informationsgewinnung und Reduzierung negativer Mundwerbung (Verhinderung von Imageverlusten bzw. Verbesserungen des Images) in monetären Größen ausgedrückt werden?
- Prognoseprobleme: In welchem Umfang führt wiederhergestellte Kundenzufriedenheit zu Folgekäufen?

Die bisher entwickelten Verfahren (*vgl. Riemer 1986, S. 137 - 150; Hoffmann 1991, S. 123 - 139; Stauss/Seidel 1996, S. 253 - 278*) erfordern nicht nur einen erheblichen Aufwand, sie liefern aufgrund der nur schätzungsweise zu ermittelnden Werte für Imponderabilien wie Wiederkaufverhalten oder vermiedene Imageverluste lediglich vage Informationen über den monetären Erfolg von Beschwerdemanagementsystemen. Kleinere und mittlere Unternehmen werden schon von daher ihre Entscheidung über den Nutzen von Beschwerdemanagementsystemen eher von ihrer generellen Unternehmensphilosophie als von Kosten-Nutzen-Rechnungen abhängig machen.

5.6 Resümee

Beschwerdemanagement als zielgerichtete Planung, Organisation und Kontrolle des unternehmerischen Umgangs mit Kundenunzufriedenheit erfordert zunächst eine Festlegung der damit verfolgten Ziele. Die totale Kundenorientierung akzeptiert jede Beschwerde als berechtigt und versucht, jeden Kunden zufriedenzustellen. Die meisten Unternehmen unterscheiden dagegen zwischen aus ihrer Sicht berechtigten und unberechtigten Kundenforderungen. Im Rahmen eines passiven Beschwerdemanagements wird versucht, die Kunden 'kostenminimierend' zufriedenzustellen, ohne allerdings die durch Abwanderung und negative Mundwerbung entstehenden Kosten in die Betrachtung einzubeziehen. Das aktive Beschwerdemanagement zielt darauf ab, die Kundenzufriedenheit wiederherzustellen. Um dieses Ziel bei allen unzufriedenen Kunden zu erreichen, müssen Beschwerden (nicht aber deren Anlässe) stimuliert, schnell und unbürokratisch bearbeitet und aus Kundensicht fair gelöst werden. Das erfordert ein klares organisatorisches Konzept und eindeutige Kompetenzzuordnung. Auch wenn die Rentabilität des Beschwerdemanagements nur schwer und unpräzise ermittelt werden kann, ist davon auszugehen, daß es meist weniger aufwendig ist, einen Stammkunden zu behalten als einen Neukunden zu finden.

Teil 3: Qualitätsmanagement in Tourismusunternehmen

1 Qualitätsmanagement bei Reiseveranstaltern

von Dr. Horst Martin Müllenmeister, Journalist, Dozent beim weiterbildenden Studium Tourismuswissenschaft an der Universität Bielefeld

1.1 Weshalb Qualität unerläßlich ist

Reiseveranstalter haben ein Problem mit ihrem Selbstverständnis: Entweder sie wissen nicht so recht, was sie produzieren, oder sie wissen nicht einmal, ob sie überhaupt etwas herstellen. Abgesehen vom Reisekatalog natürlich: er ist zweifelsfrei ihr Produkt. Sie bestimmen, wie er aussieht: reißerisch oder gediegen, schreiend bunt oder vornehm zurückhaltend, attraktiv oder langweilig. Sie sind verantwortlich für den Text, die Bildauswahl, die grafische Gestaltung. Der Katalog prägt gewissermaßen ihr Image, ihre Akzeptanz, ihr Profil.

Allerdings enthält der Katalog Produkte anderer, fremder Unternehmen, vorwiegend Leistungen von Beherbergungsbetrieben, Transportunternehmen und Incoming-Agenturen. Leistungen also, mit denen sich der Reiseveranstalter nicht schmücken kann. Da werden die Hotels angepriesen, die man genauso in den Prospekten der Konkurrenz findet. Da werden hier wie dort dieselben Flugziele angeboten, dieselben Airlines und dieselben Flüge.

Wohlgemerkt, es geht hier nicht um die wenigen, meist kleinen Veranstaltern, die selbstgestaltete Reiseprogramme anbieten, Kulturreisen etwa, Wanderreisen oder Sportferien. Die also mit Planung, Konzeption und Organisation der Veranstaltungen eine durchaus eigenständige, unverwechselbare Leistung erbringen können. Es geht um die überwältigende Mehrzahl der Touristikunternehmen, die im wesentlichen Strandurlaub feilbieten, also ein Hotelzimmer in südlicher Sonne, kombiniert mit einem Ticket einer Ferienfluggesellschaft. Sie müssen sich ständig die Frage stellen, wie sie den Kunden veranlassen können, ein Produkt, das alle haben, ausgerechnet bei ihnen zu kaufen und nicht im Laden nebenan.

Es ist bekannt, wie die Frage bisher fast immer beantwortet wurde: mit dem schlichten Argument des niedrigeren Preises. Wer erfolgreich sein wollte, mußte ein bißchen billiger sein. Wenn sich Wettbewerb auf Preiskampf reduziert, schadet dies der Qualität, dem Kunden, dem Markt und nicht zuletzt den beteiligten Unternehmen. In einigen Fällen endet es für diese mit dem Ausscheiden aus dem Markt. In jedem Fall jedoch mindert es die Erträge, den kreativen Spielraum und die unternehmerische Phantasie. Wer sich freiwillig auf dieses Spiel einläßt, wer nicht alle Anstrengungen unternimmt, einer solchen Zwangslage zu entkommen, geht zumindest ein hohes Risiko ein.

Für die Reiseveranstalter ergibt sich ein weiterer, bedrohlicher Aspekt. Wenn sie sich mit dieser bescheidenen Rolle zufriedengeben, tragen sie ihren Namen zu unrecht. Dann sind sie keine **Veranstalter** mehr, sondern nur noch **Vermittler**.

Für Reiseveranstalter ist damit Gefahr im Verzug: Wenn sie keine ungewöhnlichen Anstrengungen unternehmen, verlieren sie rasch ihre Existenzberechtigung. Die Reservierung eines Hotelzimmers und eines zugehörigen Flugtickets für zwei Ferienwochen an der Playa de Palma etwa kann man im Zeitalter der elektronischen Datenübermittlung mühelos vom Reisebüro aus oder gar aus dem heimischen Wohnzimmer erledigen. Der ziemlich umständliche Weg, den die Buchung heute nimmt, der Weg vom Reisebüro über den Reiseveranstalter zur Incoming-Agentur in Palma und von dort zum Hotel ließe sich sicher ein wenig abkürzen.

Reiseveranstalter, die auf dem Reisemarkt der Zukunft bestehen wollen, müssen sich folglich etwas einfallen lassen, d. h., sie müssen sich auf ihren Namen besinnen, auf ihre Herkunft, auf das, was sie einmal waren: Reise**veranstalter**. Dies bedeutet, daß sie mehr Engagement entwickeln, daß sie mehr Verantwortung und mehr Risiko übernehmen müssen. Konkret gesagt: Sie müssen

- weniger Fremdleistung und mehr Eigenleistung verkaufen.
- weniger Austauschbares und mehr Unverwechselbares bieten.
- das Produkt prägen.
- eine unverkennbare Qualität garantieren.

Wer dieses Ziel erreichen will, hat drei Wege zur Auswahl, von denen er mindestens zwei begehen muß:

- Er nimmt **Einfluß auf seine Vertragspartner**, um für seine Gäste eine spezielle, genau definierte Leistung zu vereinbaren. Er kontrolliert kontinuierlich, daß die verabredete Leistung auch regelmäßig und zuverlässig erbracht wird. Er bemüht sich dabei verstärkt um Leistungen, die seinen Kunden exklusiv zur Verfügung stehen. Er bereichert das Pauschalpaket um Komponenten, die über das übliche Bett-und-Flug-Schema hinausgehen.

- Er verstärkt seinen Einfluß auf das Produkt, indem er **einen größeren Anteil an der Wertschöpfungskette** erwirbt. Er gründet oder übernimmt Hotelgesellschaften, Incoming-Agenturen oder gar Fluggesellschaften. Bei konsequentem Vorgehen kann er sich das gesamte Produkt Urlaubsreise aneignen, es nach seine Vorstellungen gestalten und exklusiv vermarkten. Das bemerkenswerteste (und erste) Beispiel dieser Strategie bietet der Club Mediterranée, dem die deutschen Anbieter von Cluburlaub mehr oder weniger gefolgt sind.
  Im übrigen haben die deutschen Großveranstalter, vor allem die TUI, diesen Weg in den letzten Jahren verstärkt beschritten, allerdings ohne die daraus resultierenden Gestaltungsmöglichkeiten konsequent zu nutzen. Es ist offensichtlich, daß dieses Vorgehen die größten Chancen bietet, allerdings auch erhebliche Investitionen erfordert und deshalb nur für besonders kapitalkräftige Unternehmen in Frage kommt.

- Er verstärkt seine Eigenleistung, indem er seinen Kunden eine nicht alltägliche Betreuung bietet. Er **profiliert sich durch die Qualität des Service**. Auch auf diese Strategie haben speziell die Veranstalter von Cluburlaub gesetzt, bei denen etwa die Sportanimation oder die Kinderanimation einen wesentlichen Produktbestandteil darstellen und ohne Zweifel die Kaufentscheidung bestimmen Das gleiche gilt für die Reiseleitung im Kulturtourismus, etwa bei den sogenannten Studienreisen. Im übrigen jedoch sind die Chancen, die sich hier bieten, kaum wahrgenommen worden.

Tatsache ist, daß die deutschen Reiseveranstalter dem Anspruch, Service zu bieten, bisher mit der gleichen Unlust begegnet sind wie die gesamte deutsche Wirtschaft, die nicht zuletzt deshalb mit so großen Zukunftssorgen zu kämpfen hat, weil sie Serviceleistung im Grunde als entwürdigend empfindet und infolgedessen beim Übergang von der Industrie- zur Dienstleistungsgesellschaft bedrohlich ins Hintertreffen gerät.

Es ist bezeichnend, daß Reiseunternehmen Rationalisierung in den letzten zehn oder fünfzehn Jahren mit Vorliebe auf dem Gebiet der Gästebetreuung betrieben haben und ihr ganzes Bestreben darauf richteten, die ohnehin niedrigen Betreuungskosten immer weiter zu reduzieren. Daß sie dabei in gleichem Maße Chancen aufgegeben haben, sich zu profilieren, spielte offensichtlich keine Rolle.

Heute ist die Zeit des Umdenkens gekommen. Zumindest scheint es so, wenn man den öffentlichen Beteuerungen glaubt. Alle reden vom Qualitätstourismus. Alle möchten Qualitätsanbieter sein. Ob die Bekundungen mehr sind als ein Lippenbekenntnis, ob die Wende wirklich eingeleitet wird, ob das Umsteuern tatsächlich gelingt, ist eine Existenzfrage.

1.2 Auf der Suche nach dem Kunden

Bei den Bekenntnissen zum Qualitätstourismus, so muß man fürchten, handelt es sich in den meisten Fällen um ein Mißverständnis. (Was sich allerdings nicht auf die Reiseveranstalter beschränkt.) Wer mehr Qualitätstourismus fordert, verlangt in der Regel nach mehr Fünfstern-Hotels, nach mehr Golfplätzen und mehr zahlungsfähigen Gästen. Das heißt also, eigentlich möchte er ein besseres Geschäft, weniger Arbeit, weniger Sorgen und höhere Gewinne.

Auch in den oberen Etagen der Reiseveranstalter findet man nicht selten diese Betrachtungsweise: Der Anteil an Häusern der höheren Kategorie in den Katalogen entscheidet über die Position in der Qualitätshierarchie. Vier Sterne sind gleichbedeutend mit gehobener, zwei Sterne mit niedriger Qualität. Daß eine Familienpension eine exzellente, ein Luxushaus dagegen eine erbärmliche Leistung bieten kann, wird allzu gern übersehen. Das Haupthindernis auf dem Weg zum Qualitätsmanagement ist die Begriffsverwirrung. Auch Touristiker neigen zu der Überzeugung, was Qualität sei, könnten am besten Fachleute, also sie selbst beurteilen. Und sie gehen ganz selbstverständlich davon aus, daß Qualität eindeutig, unteilbar und unverkennbar sei.

Der erste notwendige Schritt ist also der Prozeß des Umdenkens, die kopernikanische Wende in der Erkenntnis, die Einsicht also, daß Qualität nichts anderes ist als die Befriedigung der **Wünsche und Bedürfnisse des Konsumenten**. Folglich hat nur einer die Kompetenz, zu bestimmen, was Qualität ist: einzig und allein der Kunde, in diesem Falle also der Urlauber. Qualitätsmanagement beginnt demnach mit der grundsätzlichen Entscheidung **zu kundenorientiertem Handeln**. Eine Entscheidung, die sich verbal leicht artikulieren läßt, de facto jedoch selten konsequent vollzogen wird.

Die Schwierigkeiten beginnen gleich mit dem nächsten Schritt. Er erfordert, daß wir uns zuerst einmal Rechenschaft über die Wünsche des Konsumenten geben. Die Frage jedoch, was "der Tourist" denn nun eigentlich will, ist so inflationär wie unsinnig. Touristen sind wir schließlich so ziemlich alle. Urlaubsreisen unternimmt die überwältigende Mehrheit der deutschen Bevölkerung: emeritierte Hochschulprofessoren und Automechaniker-Azubis, sechzigjährige Hausfrauen und zwanzigjährige Studentinnen, Sportliche und Träge, gehobene Konservative und aufstiegsorientierte Technokraten, pflichtorientierte Kleinbürger und linksliberale Postmaterialisten, Menschen also mit höchst unterschiedlichen Ansichten, Wertvorstellungen und Lebensstilen. Niemand wird im Ernst behaupten wollen, daß sie sich im Urlaub plötzlich konform verhalten und die gleichen Bedürfnisse entwickeln.

So unbequem es auch ist: Man wird vom liebgewonnenen Bild "des Touristen" Abschied nehmen müssen. Wer sich zur Kundenorienterung bekennt, muß sich **für eine Kundenzielgruppe entscheiden**. Nur wer seinen Kunden kennt, wird dessen Bedürfnisse erkennen und befriedigen können. Der Versuch, es allen recht zu machen, ist der sicherste Weg zum Mißerfolg.

Es ist diese (scheinbare) Beschränkung, die vielen Anbietern zunächst einmal Schwierigkeiten bereitet. Sie haben das Gefühl, auf etwas zu verzichten, wenn sie andere Kundengruppen ausschließen und sie bedenken nicht, daß die Beschränkung eben auch und vor allem eine Profilierung ist. Kunden kaufen nun einmal vor allem deshalb ein Produkt, weil die anderen Käufer ihnen ähnlich sind. Diese Einsicht von *J. Horovitz* (*1989*) gilt im Tourismus noch mehr als in jeder anderen Branche. Schließlich haben Urlauber immer besonderen Wert darauf gelegt, in guter Gesellschaft zu reisen. Und jeder weiß, daß es für den Feriengenuss von entscheidender Bedeutung ist, ob die Mitreisenden sympathisch sind.

1.3 Ansätze des Qualitätsmanagements

1.3.1 Das Qualitätsversprechen

Wer sich für eine Zielgruppe enschieden hat, darf den nächsten Schritt tun: Er kann jetzt seinen Kunden ein Qualitätsversprechen geben. Dieses Versprechen sollte zumindest drei Eigenschaften haben:

- Es muß **attraktiv** sein.
- Es muß **konkret** sein.
- Es muß **einlösbar** sein.

Attraktiv sein kann es nur dann, wenn es die Bedürfnisse der Zielgruppe wirklich trifft. Konkret ist es, wenn es eindeutige und nachprüfbare Vorteile für den Kunden enthält. Einlösbar ist es, wenn die Durchführung organisatorisch und finanziell sichergestellt ist.

Der letzte Aspekt sollte nicht vernachlässigt werden. Schließlich ist vieles wünschbar, aber nicht alles machbar; und erfüllbar sind Wünsche eben nur dann, wenn der Kunde dafür zu zahlen bereit ist.

Was die Durchführberkeit anbetrifft, so muß der Reiseveranstalter auf sein wohlbekanntes Handicap Rücksicht nehmen. Wir wissen, daß er sich nur in mehr oder weniger beschränktem Maße als Produzent fühlen darf. Wir wissen also auch, daß seine Entscheidungsbefugnis limitiert ist und er sich immer wieder der Mitwirkung anderer Leistungsträger vergewissern muß. Bei der

Einführung eines Qualitätsmanagements muß er also zunächst einmal unterscheiden zwischen zwei Kategorien von Qualitätsnormen:

- Serviceleistungen, die er im **eigenen Unternehmen** erbringen kann ohne auf fremde Hilfe angewiesen zu sein. Hier muß er nur prüfen, ob die internen Voraussetzungen gegeben sind.
- Leistungen, für die ein **Partnerunternehmen** verantwortlich zeichnet. In diesem Fall muß er durch vertragliche Vereinbarungen und effiziente Kontrollen sicherstellen, daß gegebene Versprechen auch tatsächlich eingelöst werden.

Es liegt auf der Hand, daß die zweite Kategorie besonders problematisch erscheint. Ob es möglich ist, die erforderlichen Zusicherungen von den Partnern zu erhalten, hängt von vielerlei Bedingungen ab: von der Größenrelation der beteiligten Unternehmen natürlich, vom Geschäftsvolumen, von der Marktsituation. Aber auch von weicheren Faktoren, von persönlichen Beziehungen etwa, von freundschaftlichen Bindungen, vom Verhandlungsgeschick und nicht zuletzt von hartnäckigen Bemühungen. Ein leichtes Geschäft ist das sicher nicht; ein nicht unbeträchtliches Maß an frustrierenden Erfahrungen ist unvermeidlich.

Natürlich liegt die Versuchung nahe, derartigen Schwierigkeiten vorsorglich aus dem Wege zu gehen und sich auf jene Segmente zu beschränken, die man selbst kontrollieren kann. Die Fremdleistungen jedoch, in der Regel zumindest Unterkunft und Beförderung, sind im Gesamtpaket der Pauschalreise derart dominant, daß man sie auf keinen Fall ignorieren kann.

Zudem ist **Qualität nicht parzellierbar**. Die Strategie, Teile eines Produktes qualitativ hochwertig zu gestalten, andere dagegen zu vernachlässigen, dürfte wenig Erfolg bringen. Der Kunde nämlich neigt dazu, sich über einen minderwertigen Leistungsanteil derart zu ärgern, daß er den positiven Rest nicht zu würdigen weiß. Ein Pauschalreisepaket ist immer nur so gut wie seine schwächste Stelle.

Auch **Kundenorientierung läßt sich nicht segmentieren**. Mit "Insellösungen", mit Versuchen also, Qualitätsmangement lediglich in einzelnen Abteilungen einzuführen, in den anderen Bereichen dagegen weiterzuarbeiten wie bisher, wird man nur Enttäuschungen ernten. Qualität wird nur erreicht, wenn der Prozeß des Umdenkens die ganze Belegschaft erfaßt, wenn kundenorientiertes Denken und Handeln das gesamte Unternehmen und die Unternehmenskultur prägt.

Das Qualitätsversprechen, das der Reiseveranstalter seinen Kunden gibt, wird sich also auf beide Kategorien beziehen müssen: auf den eigenen Service und auf die im Reisepaket enthaltenen Leistungen der Partner.

1.3.2 Das Urlaubsreisepaket

Wenn das Urlaubsreisepaket ein Qualitätspaket werden soll, wird man es sorgfältig packen müssen. Das heißt, man wird bei jedem einzelnen Baustein prüfen müssen, ob er der angestrebten Qualität entspricht. Und das bedeutet zunächst einmal, daß man in jedem einzelnen Fall festlegt, welche Qualität man will. Fachgerecht gesagt: Man braucht für jeden Baustein Normen. Dabei sollte man sich vor Augen halten: Qualitätsnormen beschreiben Leistungen, die messbar, kontrollierbar und reproduzierbar sind. Sie müssen also verständlich, präzise und eindeutig sein. Sie sind geeignet, als Handlungsanweisungen zu dienen.

Man wird sich aber auch überlegen müssen, **welche und wieviele Bausteine** das Paket enthalten soll. Ob man etwa den "klassischen" Komponenten zusätzliche Leistungen beipacken soll, fremde oder eigene, um das Paket gefälliger, kompletter, interessanter und begehrenswerter zu machen. Oder ob man es im Gegenteil abspeckt, um den Preis zu reduzieren.

Man wird sehr sorgfältig überprüfen müssen, ob die Bausteine auch zueinander passen, ob sie den gleichen Stil, die gleiche Art Qualität haben und ausnahmslos dieselbe Kundenzielgruppe ansprechen. Die wichtigste Forderung an Reiseplaner lautet: Ein Reisepaket muß von **homogener Qualität** sein.

Das ist leichter gefordert als vollbracht. Für das Qualitätsmanagement bedeutet es, daß ein hohes Maß an Koordination zwischen den einzelnen Arbeitsgruppen gewährleistet sein muß, daß alle Beteiligten das gleiche Ziel haben und dieses auch kennen. Darüber hinaus wird man die Normen in den einzelnen Fachbereichen erarbeiten lassen. Wo Regelungsbedarf besteht, ergibt sich sehr einfach, wenn man sämtliche Kundenkontakte des Unternehmens auflistet. Jeder Kundenkontakt erfordert im Prinzip ein präzises Qualitätsversprechen. Dabei sollte ein Reiseveranstalter nie vergessen, daß er zwei Gruppen von Kunden hat: zum einen die Reisebüros, zum anderen die Urlaubsreisenden.

Wer die Kundenkontakte sortiert und sie den Bereichen des Unternehmens zuordnet, wird zu folgender Gruppierung kommen:

- Reiseplanung
- Hoteleinkauf
- Beförderung

- Katalog/Information
- Werbung
- Verkauf
- Reiseabwicklung im Zielgebiet
- Kundendienst/ Reklamationsbearbeitung

Es wird deutlich, daß sich einige Bereiche mit dem Einkauf von Fremdleistungen befassen, andere mit der Produktion von Eigenleistungen. In beiden Fällen wird man mit einem Widerstand zu kämpfen haben, der eher allgemeiner Art ist: mit der normativen Kraft des Faktischen. Wer seine eigene Arbeit reformieren soll, neigt dazu, die bisherige Praxis zur künftigen Norm zu erheben. Er ist nicht leicht davon zu überzeugen, daß man Aufgaben auch anders lösen kann.

Hier wie dort muß man aber auch mit einer Komplikation rechnen, die branchenspezifisch ist: Reiseveranstalter (und ihre Mitarbeiter) haben Mühe damit, die Pauschalreise als Produkt zu begreifen und sich selbst als Produzenten. Im Grunde tendieren sie immer noch zu der Überzeugung, daß sie eigentlich nicht haftbar gemacht werden dürften für Dienstleistungen, die in Wahrheit andere erbringen: die Hoteliers, die Fluggesellschaften, die Agenturen.

1.3.3 Die Qualität der Fremdleistungen

Das Unbehagen der Reiseveranstalter ist verständlich. Die Dominanz der Fremdleistungen erscheint als Ursache dafür, daß sie so große Schwierigkeiten haben, sich zu profilieren. Das Profil haben die Ferienorte und Urlaubsregionen, die Hotels, Hotelketten oder Ferienclubs, schließlich auch noch die Fluggesellschaften, ihr Image beeinflußt die Kaufentscheidung. Bei welchem Reiseveranstalter die Buchung dann erfolgt, erscheint nachrangig oder gar belanglos.

Diese Einschätzung jedoch ist so falsch wie allgemein. Tatsächlich kann der Veranstalter bei der Vermittlung von Hotelzimmern sehr wohl eine eigene und sehr wesentliche Leistung erbringen, und zwar die **Selektion**.

Er entscheidet, welche **Urlaubsorte** und welche **Hotels** er in seine Kataloge aufnimmt und welche nicht. Ein Veranstalter, der sich um Qualität bemüht, wird diese Entscheidung sehr ernst nehmen. Er wird sich in jedem einzelnen Fall zwei Fragen stellen müssen:

- Ist dieser Ferienort und ist dieses Haus geeignet für die Kundenzielgruppe, die ich anspreche?

- Genügt der Ort mit seiner touristischen Infrastruktur oder genügt das Hotel mit seinen Einrichtungen und seinem Service den Ansprüchen meiner Kunden?

Der Reiseveranstalter kann also durch eine **sorgfältige Auswahl** bei konsequenter Ausrichtung auf eine Zielgruppe durchaus **Kundenbindung** erreichen. Wenn er dieser Gruppe nämlich die Sicherheit vermittelt, daß sie in seinem Katalog exakt die Angebote findet, die ihren Erwartungen entsprechen. Sein Firmenlogo wird in diesem Sinne zum Gütesiegel. Die Qualität, die er bietet, ist zunächst einmal Orientierung. Der Urlauber, der sich einer verwirrenden Fülle von Angeboten gegenübersieht, findet eine Leitlinie, die ihn zu seinem Urlaub führt. Hier bietet sich eine Chance, die bislang kaum, zumindest nicht konsequent, genutzt wird. Immerhin versuchen die meisten Veranstalter ein wenig Orientierung zu geben. Sie bewerten ihre Vertragshotels nach eigenen Maßstäben und klassifizieren sie je nach Komfortniveau in einem fünfstufigen System entsprechend der geläufigen Kennzeichnung mit einem bis zu fünf Sternen.

Das Verfahren bezieht den Veranstalter immerhin in die Verantwortung ein, und es bedeutet für den Kunden ein Versprechen **geprüfter Qualität**. Ob die Bewertung allerdings immer nach eindeutigen Maßstäben erfolgt oder ob sie nicht häufig vom Betteneinkäufer "nach Gefühl" vorgenommen wird, ist eine andere Frage. Ein wirksames Qualitätsmanagement würde präzise, meßbare Kriterien erfordern mit detaillierten Angaben, die von der Größe und Ausstattung der Räume über den Service bis zur Lage und zur Art der Umgebung reicht und heute sicher auch Umweltgesichtspunkte umfassen müßte.

Daraus resultierten zwar umfangreiche Listen, aber auch unmißverständliche Vorgaben für den Einkauf. Es ergäbe sich darüber hinaus eine Basis für die unerläßliche, kontinuierliche Qualitätskontrolle, denn es wäre natürlich nicht hinreichend, bestimmte Leistungen vertraglich zu vereinbaren; vielmehr wäre sicherzustellen, daß diese Leistungen auch ständig und ausnahmslos erbracht werden. Nur ein funktionierendes Kontrollsystem kann dem Anspruch gerecht werden, **geprüfte Qualität** zu bieten und zu garantieren.

Beispiel: Die TUI verschafft sich in jeder Saison zweimal mit dem Instrument der Kundenbefragung ein Bild von der Situation in den einzelnen Zielgebieten. Der britische Veranstalter Thompson mißt seit Jahren die Kundenzufriedenheit durch ständige Fluggastbefragungen. Er erhält auf diese Weise jeden Monat einen aktuellen und detaillierten Überblick, in dem Schwachstellen sofort erkennbar werden.

Die Ergebnisse der Kundenbefragung sind eine ausgezeichnete Grundlage für periodische Gespräche mit den Hoteliers, bei denen Leistungsschwankungen und die Entwicklung der Gästezufriedenheit diskutiert werden. Sie sind schließlich der wesentlichste Faktor bei der Entscheidung, ob eine Zusammenarbeit beendet, fortgeführt oder gar erweitert werden soll.

Die zweitwichtigste Fremdleistung ist in der Regel die **Beförderung**. Eine Ausnahme bildet hier lediglich der Bustourismus, wo die Veranstalter sehr häufig auch die Transporteure sind.

Beispiel: Bemerkenswert ist, daß man ausgerechnet in diesem Segment, das hauptsächlich durch einen harten Konkurrenzkampf und Billigangebote gekennzeichnet ist, eine beispielhafte Aktion findet. Das Übereinkommen der Busunternehmen zur Klassifizierung der Busse nach Komfortklassen ist eine der seltenen Maßnahmen zur Qualitätssteigerung, die man registrieren konnte (*vgl. dazu den Beitrag von Kamm-Essig, Kap. 3.7*).

Die **Bahn**, zu Beginn des Massentourismus in den fünfziger und sechziger Jahren das wichtigste Verkehrsmittel überhaupt und mit ihren Urlaubersonderzügen das Symbol des Pauschaltourismus, ist zur Bedeutungslosigkeit abgesunken. Dies lag nicht zuletzt an bürokratischen Entscheidungshemmnissen und am ständig schwindenden Einfluß der Touristikunternehmen. Ob sich in der Ära der **neuen Bahn** hier ein Wandel vollzieht, bleibt abzuwarten.

Moderner Pauschaltorismus ist heute im wesentlichen **Flugtourismus**. Dabei läßt die Entwicklung hinsichtlich des Qualitätsaspekts vor allem zwei Trends erkennen:

- Flugreisen sind immer unbequemer geworden. Das Flugzeug ist für den Urlauber mittlerweile das Verkehrsmittel mit dem geringsten Komfort. Das manische Bestreben, die Flugpreise unter allen Umständen niedrig zu halten oder gar zu senken ("Billiger als im Vorjahr!"), hatte für den Fluggast strapaziöse Konsequenzen. Die Unternehmenspolitik der Fluggesellschaften wurde immer deutlicher ergebnisorientiert und nicht kundenorientiert.
- Die Reiseveranstalter haben ihren Einfluß und ihre Gestaltungsmöglichkeiten mehr und mehr aufgegeben. Während es in den Anfängen des Flugtourismus die Regel war, daß der Veranstalter eine Maschine charterte (damit allerdings auch das Auslastungsrisiko übernahm), bucht er heute lediglich Kontingente oder gar nur einzelne Plätze für einen Flug, den der Carrier durchführt und der folglich die Konditionen bestimmt.

Die Fluggesellschaften aber sind konsequent und kompromißlos darauf ausgerichtet, für jede Maschine eine maximale Auslastung und eine maximale Zahl von Umläufen täglich sicherzustellen. Das führt zu Flugplänen, die man keineswegs als kundenfreundlich bezeichnen kann (Abflüge um 5 Uhr und Ankünfte nach Mitternacht sind kaschierte Nachtflüge) und zu kurzfristigen Flugplanänderungen, für den Rückflug auch noch am Ferienort. Zu leiden haben darunter die Gäste aller Reiseveranstalter gleichermaßen. Vorteile für die eigenen Kunden kann nur derjenige erreichen, der bereit ist, unternehmerisch zu handeln, also ein größeres Risiko zu übernehmen und Maschinen ganz oder zumindest überwiegend zu füllen.

Beispiel:Die TUI entschied 1994, die bisher geübte Praxis der kurzfristigen Flugplanänderung sei ihren Kunden nicht zuzumuten und mit dem Anspruch eines Qualitätsveranstalters nicht vereinbar. Es wurde beschlossen, daß die in den Reiseunterlagen ausgedruckten Flugzeiten verbindlich sein sollten. Dies bedeutete, daß in den letzten 5 Wochen vor Reisebeginn keine Änderungen mehr vorgenommen werden konnten. Die damit verbundenen Kosten wurden als vertretbar beurteilt. Die Verhandlungen mit den Fluggesellschaften waren teilweise sehr schwierig, schließlich jedoch erfolgreich.

Diese Entscheidung der TUI ist ein Lehrbeispiel für einen Kompromiß zwischen Wünschenswertem und Realsierbarem. Sicher wäre es eine bessere Lösung gewesen, die Abflugzeiten bereits im Katalog zu veröffentlichen. Die daraus resultierenden Kosten wurden als zu hoch betrachtet. Natürlich könnte ein anderer Veranstalter zu einem entgegengesetzten Urteil kommen. Vorausgesetzt, er ist der Ansicht, seine Kundenzielgruppe schätze den Vorteil so hoch ein, daß sie bereit sei, den Mehrpreis dafür zu zahlen.

Es versteht sich von selbst, daß der Veranstalter zumindest eine Sorgfaltspflicht bei der Auswahl der Fluggesellschaften hat, mit denen er zusammenarbeitet. Die wichtigsten Kriterien sind Sicherheit, Zuverlässigkeit und Service, wobei der Sicherheit eine herausragende Bedeutung zukommt. Das gilt natürlich ebenso für Busse, Schiffe, Boote, Flugzeuge oder Air-Taxis, die im Zielgebiet für Transfers oder Exkursionen eingesetzt werden. Hierbei spielt es keine Rolle, ob die Ausflüge offiziell von einer Vertragsagentur am Urlaubsort durchgeführt werden. Wenn der Reiseveranstalter sie ausschreibt und anbietet, wird der Kunde ihm die Verantwortung geben (was sogar juristisch korrekt ist).

Beispiel: Britische Veranstalter nehmen diese Verantwortung sehr ernst. Da ihre Reiseleiter sicher überfordert sind, wenn sie Gefahren für die Verkehrssicherheit erkennen sollen, haben sie eine Art eigenen TÜV entwickelt. Sie entsenden Sachverständige in die Zielgebiete, die den technischen Zustand der Verkehrsmittel überprüfen.

Es wurde soeben bereits ein weiterer Lieferant von Fremdleistungen genannt: die **Vertragsagentur** am Urlaubsort. Die Aufgaben, die ihr von den einzelnen Reiseunternehmen übertragen werden, sind unterschiedlich umfangreich. Sie reichen von der Zimmerreservierung und der Transferorganisation in einigen Fällen bis zum Hoteleinkauf. Manche Reiseveranstalter mit geringen Gästezahlen am Ort überlassen ihr die gesamte organisatorische Abwicklung und die Betreuung ihrer Kunden. Die Konzeption und Durchführung des Ausflugsprogramms übernimmt sie fast immer. Mitunter wird sie also de facto zum Veranstalter. Eine bedeutsame Rolle spielt sie in jedem Fall. Um so notwendiger ist es, klare Vereinbarungen zu treffen, die Umfang und Art der Serviceleistungen exakt festlegen. Der Konflikt zwischen den Eigeninteressen der Agentur und jenen des Veranstalters ist programmiert. Nicht zufällig haben große deutsche Touristikunternehmen mehr und mehr Agenturen in bedeutenden Zielgebieten übernommen oder Beteiligungen erworben.

Eine Fremdleistung ist schließlich - überwiegend - der **Verkauf**. Auch Unternehmen mit eigenem Vertriebssnetz sind auf Reisebüro-Partner angewiesen. Verständlicherweise wünschen sich Verkaufsleiter, daß es möglichst viele sind. Qualitätsmanager jedoch müssen darauf achten, daß die erforderliche Fachkenntnis vorhanden und eine kompetente Beratung gesichert ist. Man sollte immer bedenken, daß eine unqualifizierte Kundenberatung unweigerlich teuer wird, weil sie die Reklamationsstatistik hochtreibt.

Zu Investitionen auf dem Verkaufssektor sind die meisten Veranstalter bereit. Von Studienreisen und Seminaren für Reisebüro-Expedienten versprechen sie sich natürlich auch steigende Umsätze.

1.3.4 Die Qualität der Eigenleistungen

Das auffälligste Produkt des Reiseveranstalters, der **Reisekatalog**, wird im wesentlichen als Werbemedium gesehen und beurteilt. Das Kriterium seiner Effizienz wäre demnach die Zahl der Buchungen, die er erbringt. Unter dem Aspekt der Kundenorientierung hat er eine weitere Aufgabe: Er soll dem Betrachter ermöglichen, aus einer Fülle von Angeboten mit völliger Sicherheit und mit möglichst geringer Mühe das für ihn passende Urlaubspaket herauszufinden. Wenn ihm das gelingt, wenn er also Wünsche erfüllen hilft und Fehlentscheidungen verhindert, entlastet er die Reklamationsabteilung und sorgt für treue Kunden.

Gute Kataloge müssen also informativ und übersichtlich sein und darüber hinaus ein Leitsystem enthalten, das den Leser auf den richtigen Weg bringt. Leider sind gute Kataloge eine Rarität. Texte und Bilder sind oft nichtssagend und ungenau; es fehlen Differenzierungen; die Angebote wirken monoton und austauschbar. Für Qualitätsverbesserer ist dies ein weites Feld. Bei einer Normierung müßte festgelegt werden, wie viele und welche Informationen bezüglich Urlaubsregion, Urlaubsort und Hotel oder Ferienanlage erforderlich sind, um dem Kunden eine richtige Entscheidung zu ermöglichen. Im zweiten Schritt wäre dann zu überlegen, auf welche Weise und mit welchem Medium jede dieser Informationen am besten zu übermitteln ist.

Beispiel: Eine sehr wirksame, erstaunlicherweise bislang selten genutzte Möglichkeit ist die Methode, verbale und optische Signale auszusenden, die nur von einer bestimmten Zielgruppe (der anvisierten natürlich) aufgenommen werden und bei den anderen, den "falschen" also, auf Ablehnung stoßen. Jugendreiseveranstalter etwa haben sich dieses Mittels seit langem mehr oder weniger professionell bedient. Das jüngste Beispiel ist der neue Katalogstil von Robinson (*Zeit für Gefühle*), der konsequent emotional Vertreter eines bestimmten, gehoben-hedonistischen Lebensstils ansprechen soll.

Der Katalogmacher hat also die Aufgabe, mit der Kundenzielgruppe zu kommunizieren, die der Veranstalter erreichen möchte. Wenn er dabei erfolgreich sein will, muß er den Adressaten kennen und verstehen; er muß seine Sprache sprechen. Daß der Katalog auch das Bild des Unternehmens in der Öffentlichkeit und damit auch seine Position im Reisemarkt weitgehend bestimmt, braucht nicht betont zu werden.

1.3.5 Die Servicequalität

Die beste Möglichkeit, dem Kunden eine eigenständige, unverwechselbare Leistung zu präsentieren, bietet sicherlich die **Reiseabwicklung im Zielgebiet**, die einzige Phase also, in der sich der Veranstalter gegenüber dem Urlauber personifiziert. Der Service, der hier geboten wird, ist wesentlich für den Gesamteindruck, den der Kunde mit nach Hause nimmt.

Wir wissen, daß menschliche Qualität einen größeren Einfluß auf die Kundenzufriedenheit hat (und auf die Unzufriedenheit) als die Qualität von Waren. Schlechter Service kann Konsumenten in Trübsinn versetzen, Kauflust blockieren, Sanftmütige in Wut bringen und die treuesten Kunden vertreiben. Guter Service kann Fehler korrigieren, Mängel ausgleichen, Zorn besänftigen, heitere Laune verbreiten, aus Kunden Stammkunden machen.

Eine **freundliche Betreuung** versprechen denn auch alle Reiseveranstalter in ihren Katalogen. Was darunter jedoch zu verstehen ist, was diese Betreuung beinhaltet und was sie ausschließt, welchen Anforderungen sie genügt und welchen nicht, das wird allgemein nicht definiert. Die Ankündigung ist damit so unscharf wie wertlos und nichtssagend. Ein ordentliches Kundenversprechen ist sie nicht, denn ein Serviceversprechen besteht aus Leistungen, die meßbar, kontrollierbar und reproduzierbar sind. Seine Einlösung kann also ständig überprüft werden. Ein solches Versprechen sind die Qualitätsnormen des TUI-Service.

Beispiel: Der TUI-Service ist zuständig für die Reiseabwicklung in den ausländischen Zielgebieten weltweit. Mit der Aufstellung des Regelwerks sollte sichergestellt werden, daß TUI-Gäste überall die gleiche Qualität des Service erwarten dürfen, wo sie ihren Urlaub verbringen. Und sie sollten darauf vertrauen dürfen, daß die Leistungen beim nächsten Urlaub nicht geringer sind als bei der Vorjahrsreise. Damit hielt man sich an eine Grundforderung der Qualtätsphilosophie: Service muß einheitlich, beständig und wiedererkennbar sein.
Im ersten Schritt wurden die Aufgaben zusammengetragen und in Leistungsblöcken definiert. Das ergab etwa folgendes Bild:

- Der TUI-Service sorgt für die Sicherstellung der gebuchten Leistung
- Der Gast wird am Flughafen empfangen und zum Hotel transferiert.
- Der Gast erhält Informationen über die touristische Struktur und das Angebot in der Urlaubsregion.
- Der Gast erhält ein Programmangebot für die Urlaubsgestaltung.
- Der Gast erhält Hilfe bei Unregelmäßigkeiten und Notsituationen.
- Der Gast wird am Urlaubsende zum Flughafen transferiert und verabschiedet.

Für jeden Leistungsblock wurden die erforderlichen Einzelmaßnahmen aufgelistet, die Aufgaben an die beteiligten Stellen verteilt und die Verantwortlichkeit festgelegt. Die Einhaltung der Normen wurde für alle Mitarbeiter verpflichtend. Wie schätzte man nun die Erwartungen des TUI-Kunden ein und was wurde ihm versprochen?

- Eine zuverlässige, reibungslos funktionierende Organisation des Reiseablaufs, Sicherheit und größtmögliche Bequemlichkeit.
- Zugesagt wird dem Kunden ein freundlicher Empfang am Zielflughafen und ein zügiger Transport zum Hotel. Die Wartezeit am Airport bis zur Abfahrt des Transferbusses darf 45 Minuten nicht überschreiten. Die Transferzeiten sind limitiert: Die Zahl der Ausstiege ist auf fünf oder aber die Zeit zwischen erstem und letztem Ausstieg auf 45 Minuten begrenzt. Das Busmaterial muß das beste sein, das am Ort verfügbar ist; Priorität haben Sicherheit und Sauberkeit, die Anforderungen an den Fahrer umschließen Freundlichkeit und Pünktlichkeit.
- Bei Ankunft im Hotel erhält der Gast das gebuchte, vom TUI-Service reservierte Zimmer. Auch um die Erfüllung von Sonderwünschen hat sich die Reiseleitung bemüht.
- Während des Aufenthaltes am Urlaubsortes darf der TUI-Gast dreierlei erwarten: Informationen, auf Wunsch Beratung und, wenn erforderlich, Hilfestellung. Eine informative Einführung in die Ferienumgebung erhält er am Tag nach seiner Ankunft bei einer Begrüßungsveranstaltung. Individuelle Auskunft oder Beratung kann er im nahegelegenen Info-Center in Anspruch nehmen, oder aber, wenn dieses nicht vorhanden ist, in seinem Hotel, wo ihn dann sein Reiseleiter dreimal wöchentlich besucht. Im Bedarfsfall erreicht der Kunde den TUI-Service zu ortsüblichen Bürozeiten telefonisch, mit Ausnahme von Kleingebieten auch rund um die Uhr über Notruftelefon.
- Bei Reklamationen sorgt der TUI-Service für sofortige Abhilfe. In persönlichen Notsituationen leistet er unverzüglich und unbürokratisch Beistand.
- Der TUI-Service vermittelt ein Ausflugsangebot, das nach landesüblichen Maßstäben kritischen Ansprüchen genügt. An Busse und Fahrer werden die gleichen Anforderungen gestellt wie beim Transfer. Dasselbe gilt für die Zahl der Ein- und Ausstiege. Die Führung erfolgt ausschließlich in deutscher Sprache.
- Für den Rücktransfer gelten die gleichen Grundsätze wie für die Anreise. Die Ankunft am Flughafen erfolgt frühestens 120 Minuten vor der planmäßigen Abflugzeit. Der TUI-Service steht in der Abflughalle für Auskünfte und Hilfestellung zur Verfügung.

Servicequalität allerdings ist nicht zuletzt persönliche Qualität. Bestandteil der TUI-Normen sind folglich Anforderungsprofile für die unterschiedlichen Tätigkeiten. Sie sind nicht nur notwendig bei der Einstellung von Mitarbeitern sondern auch nützlich bei der Konzeption von Schulungsprogrammen. So muß ein Betreuungsreiseleiter beim TUI-Service die mittlere Reife oder das Abitur vorweisen, eine abgeschlossene Berufsausbildung oder ein abgeschlossenes Studium und sich in einer in der Touristikbranche bedeutsamen Fremdsprache ausdrücken können. Er muß über Dienstleistungsbereitschaft verfügen, über Höflichkeit und Aufmerksamkeit, freundliche Ausstrahlung, Belastbarkeit und Flexibilität.

Dieses Serviceversprechen ist erkennbar geprägt von kostenbewußtem Denken. Es soll lediglich die Grundbedürfnisse des Pauschaltouristen befriedigen, diese allerdings perfekt. Es zielt auf einen Kunden, der beim Reiseveranstalter nicht mehr einkaufen möchte als sein Pauschalpaket, Sicherheit und eine makellose Organisation, der nun sehr genau weiß, was er erwarten und verlangen kann. Natürlich fände man auf dem deutschen Urlaubsmarkt zahlreiche andere Kundenzielgruppen mit sehr viel umfangreicheren und diffenzierteren Wünschen, die für einen anspruchsvollen Service auch einen fairen Preis zu zahlen bereit wären. Jedoch herrscht auf diesem Markt immer noch ein bedauerlicher Mangel an attraktiven Serviceversprechen.

1.4 Der Weg zur Qualität

Wer ein Qualitätsveranstalter werden will, muß mit heftigen internen wie externen Widerständen rechnen. Die externen sind systembedingt. Wenn ein großer Teil der versprochenen Leistungen nicht selbst erbracht, sondern von vielen unterschiedlichen Partnern zugeliefert wird, sind intensive Überzeugungsarbeit und hartnäckige Geduld erforderlich. Die Umsetzung der durchaus moderaten TUI-Service-Normen zum Beispiel hat denn auch beträchtliche Anstrengungen und ein paar Jahre Zeit gekostet.

Äußere Schwierigkeiten allerdings sind immer überwindbar, wenn innerhalb des Unternehmens Einigkeit besteht und die Geschäftsleitung wirklich Qualität will (und diese nicht nur als Thema für die Werbeabteilung, weil Qualität gerade Mode ist). Wichtig ist zudem, daß sich alle Mitarbeiter von der Richtigkeit des eingeschlagenen Weges überzeugen lassen.

Qualitätsmanagement beginnt damit, daß ein klares Ziel formuliert, und daß verbindlich vereinbart wird, in welcher Zeit und mit welchen Mitteln dieses Ziel erreicht werden soll.

Ob man dazu eine Zertifizierung nach DIN ISO anstrebt, ist eine Entscheidung, die ganz individuell getroffen werden muß. Für einen Veranstalter, der neu auf den Markt kommt oder für ein kleines, wenig bekanntes Unternehmen wird es sicher nützlich sein, seinen Geschäftspartnern beweisen zu können, daß bei ihm erwiesenermaßen ordentlich gearbeitet wird. Etablierten Reisekonzernen wie z. B. die TUI, die sich mit ihrer "Qualitätsoffensive" als führender Qualitätsveranstalter auf dem deutschen Markt präsentieren möchte, würde ein solches Testat kaum Nutzen bringen. Eine Bewerbung um den European Quality Award jedoch, die einen entsprechend hohen Anspruch signalisiert, könnte ihn seinem Ziel näher bringen.

Der Entschluß, seine Leistung transparent zu machen und sich auf den öffentlichen Prüfstand zu begeben, hat einen doppelten Charme. Er verleiht Glaubwürdigkeit und er zwingt zur Selbstdisziplin. Eine tragfähige Vision, eine kreative Unternehmenspolitik ersetzt er allerdings nicht. Er setzt sie voraus.

2 Qualitätsmanagement bei Sprachreiseveranstaltern

von Dr. Elke Platz-Waury, Professorin für angewandte Sprach- und Kulturwissenschaft

2.1 Qualitätsprobleme

Eine „Windige Sache" lautete die Bildunterschrift zu einem Artikel über Sprachkurse im Ausland in dem internationalen Universitätsmagazin *Forum*, und der Text verwies auf die nicht geringe Zahl von schwarzen Schafen unter den Anbietern, die ausschließlich daran interessiert seien, Kasse zu machen (*Héron 1994, S. 15*). „He's a language student ... at the age of five!" war der Bericht einer Gastmutter überschrieben, der eine wenig verantwortungsbewußte Sprachschule einen kleinen Russen schickte, nachdem die ursprünglich vorgesehene Gastfamilie, die auf einen 18jährigen Sprachschüler vorbereitet war, sich geweigert hatte, den Kleinen aufzunehmen (*Brighton and Hove Leader 1996*). Im Sommer 1995 sendete Stern-TV den Beitrag eines Münchner Filmemachers über Sprachreisen nach Eastbourne in Südengland, in dem betrunkene Jugendliche durchs Bild torkelten und sich knutschend in den Armen lagen, begleitet von dem Text: „Kiffen, tanzen, jede Menge Alkohol und Sex. Das sind Exzesse, die viele Kids nach Eastbourne locken...". Auch von sexueller Belästigung durch Gasteltern war da die Rede (*Stern TV 1995*). Hinterher stellte sich zwar heraus, daß Aussagen gefälscht waren, und Stern TV mußte sich bei dem betroffenen deutschen Veranstalter entschuldigen, aber der Schaden für die Branche der Sprachreiseveranstalter war erheblich (*vgl. Osterkorn 1996, S. 128 - 129*).

Besonders problematisch in Bezug auf die Qualität des Aufenhaltes ist das bei Jugendlichen beliebte Halbjahr oder Jahr an einer amerikanischen *high school*. Es wird inzwischen von einer Vielzahl von Anbietern, - manchmal sind es nur Briefkastenfirmen, - vermittelt (*vgl. Gundlach 1995*). Ursprünglich von der Vorstellung des völkerverbindenden Jugendaustausches geprägt, ist der halbjährige oder ganzjährige USA-Aufenthalt für viele Anbieter zu einem knallharten Geschäft und für so manche erwartungsfrohe junge Menschen zu einem Alptraum geworden (*Stiftung Warentest 1995 und Drommert 1996*).

2.2 Der Markt

Gute Fremdsprachenkenntnisse sind heute wichtig geworden. Im Gegensatz zum Erlernen einer Fremdsprache im eigenen Land in einer künstlich hergestellten Laborsituation hat eine Sprachreise den unbestreitbaren Vorzug, daß die Fremdsprache in ihren natürlichen Lebensraum eingebettet erfahren, das im Kurs Gelernte unmittelbar umgesetzt wird und man Kenntnisse der Mentalität und Kultur des Gastlandes gleich miterwirbt (*vgl. Schröder 1989*).

Sprachreisen sind ein Milliardengeschäft geworden, auch wenn der Boom der siebziger Jahre nachgelassen hat. Nach Schätzungen des Fachverbandes Deutscher Sprachreise-Veranstalter (FDSV) unternehmen jährlich zwischen 80.000 und 100.000 Deutsche eine Sprachreise ins Ausland, Klassenfahrten und fünftägige Kurzaufenthalte nicht mitgerechnet (*FDSV 1996, S. 20*). Um diese Zielgruppe konkurrieren etwa 100 Sprachreiseveranstalter auf dem deutschen Markt. In der Bundesrepublik wurden die ersten Sprachreiseveranstalter in den 60er Jahren gegründet, so beispielsweise das Katholische Jugendferienwerk Oberhausen (1966) und Dr. Steinfels Sprachreisen (1966). Der älteste Anbieter ist Europa Sprachclub (1958). Heute befinden sich IST Internationale Sprach- und Studienreisen sowie LAL-Sprachreisen unter den Veranstaltern mit den höchsten Teilnehmer- und Umsatzzahlen, wie eine Umfrage von Fremdenverkehrswirtschaft International bei 24 Spezialveranstaltern ergab (*FVW 1996, S. 26*).

Als *lingua franca* der modernen Welt befindet sich **Englisch** auf dem **ersten Platz**. Eine Ende 1995 durchgeführte Mitgliederbefragung des Fachverbandes Deutscher Sprachreise-Veranstalter ergab, daß knapp 92 Prozent der jugendlichen und etwa 70 Prozent der erwachsenen Sprachreisenden in Deutschland diese internationale Leitsprache erlernen wollten. Weit abgeschlagen folgten Französisch mit 7,6 Prozent bei den Schülern und knapp 11 Prozent bei den Erwachsenen, Spanisch (0,03 Prozent Schüler, 11 Prozent Erwachsene) und Italienisch mit 5,77 Prozent Erwachsene (*FDSV 1996, S. 20*). In den letzten Jahren sind Russisch, Chinesisch und Japanisch, vereinzelt auch Griechisch, Türkisch und Arabisch hinzugekommen.

Großbritannien und Irland sind die gefragtesten **Zielländer**. So ist es nicht erstaunlich, daß der Markt dort am besten organisiert ist. Jährlich lernen etwa 600.00 Ausländer Englisch an rund 1200 registrierten Sprachschulen und sind mit einem jährlichen Umsatz zwischen 1,1 und 1,6 Milliarden Mark ein wichtiger Devisenbringer (*Horny 1996, S. 6*). Etwa 200 der Sprachschulen sind in der Association of Recognised English Language Schools (ARELS) organisiert. Sie werden vom British Council im dreijährigen Turnus inspiziert und zertifiziert. Genauso anerkannt sind der Verband First und der Zusammenschluß staatlicher Einrichtungen in der British Association of State Colleges in English Language Teaching (BASCELT).

Demgegenüber ist der französische Sprachschulmarkt weniger gut strukturiert und kennt auch keine gleichermaßen verbindlichen Standards. Um diesem Mangel abzuhelfen, haben sich einige qualitätsorientierte Sprachschulen - derzeit sind es in ganz Frankreich siebzehn - zu dem Verband SOUFFLE zusammengeschlossen. Er kooperiert im Rahmen der europäischen Föderation für den Unterricht einer Muttersprache E.L.I.T.E. international mit dem britischen ARELS-Verband, der irischen Organisation RELSA, der andalusischen Gruppe AEEA sowie dem italienischen ASILS-Verband und wird mit Mitteln aus dem Socrates-Lingua-Programm der Europäischen Union finanziell unterstützt.

Das Angebot der professionellen Sprachreiseanbieter ist breit gefächert und wird immer ausgefallener. Malta, Kanada, Neuseeland, Australien und seit kurzem Südafrika machen Großbritannien Konkurrenz. Costa Rica, Cuba, Ecuador oder Mexiko bieten Spanischkurse an. Außer in Frankreich kann man auch in Belgien, der Schweiz oder Kanada und bald auf Guadeloupe Französisch lernen.

Im Laufe der letzten 20 Jahre hat sich das **Produkt** gewandelt. Längst begnügen sich die Anbieter von Sprachreisen nicht mehr mit der bloßen Vermittlung von Schülersprachreisen. Die Angebote reichen von einem kombinierten Feriensprach- und Kochkurs in Florenz über geführte Wanderungen mit Sprachunterricht in den französischen Alpen bis zu einer Sprachtour in Irland per Rad nach dem Motto „English by Bike“ oder „Walk and Talk“ in Schottland. Berlitz empfiehlt, die Englischkenntnisse bei einem Segeltörn nicht etwa entlang der englischen Küste, sondern auf der Ostsee zu verbessern, und Carl-Duisberg-Centren (CDC) lassen die Kursgruppen in der letzten Woche mit dem Landrover als *travelling classroom* Australien bereisen. Die Grenzen zwischen einer normalen Urlaubsreise und einer Sprachreise sind fließend geworden (*Rheinischer Merkur 1996, S. 18*).

Wer die Sprachreise auf eigene Faust vorbereiten möchte, braucht nur in die regionalen und überregionalen Zeitungen zu sehen. Besonders vor der Ferienzeit werben kleine und Kleinst-Anbieter, sogenannte „Küchentischvermittler“, in Annoncen als Vertreter ausländischer Sprachschulen mit Dumpingpreisen (*Lettl-Schröder 1996, S. 25*). Das Angebot ist inzwischen unüberschaubar geworden, und der deutsche Sprachreisemarkt gerät durch die Direktanbieter zunehmend unter Druck.

Vor allem der unerfahrene **Direktbucher** läuft ein erhebliches Risiko, wenn er nicht zwischen qualitativ guten Sprachschulen und dem *cheap and nasty* *end of the market* unterscheiden kann. Unter Umständen weiß er nicht, daß die Qualitätsanbieter (zumindest in Großbritannien und Irland) von nationalen Organisationen zertifiziert sind und auch durchweg darauf hinweisen.

Für den potentiellen Kunden einer Sprachreise wird die Entscheidung, welcher Kurs für ihn der richtige ist, einerseits dadurch sehr erschwert, daß die Leistungsbeschreibung vieler Anbieter unvollständig ist und wichtige Informationen etwa in Bezug auf den Sprachkurs selbst, die Unterbringung oder die Betreuung fehlen. Andererseits ist die Wahl der passendsten Reise in vielen Fällen eher vom Zufall als von einem sorgfältigen Angebotsvergleich abhängig, da die Anbieter nicht die gleichen Parameter in ihrer Beschreibung verwenden. Ein Preisvergleich wird dadurch unmöglich (*Globo 1994*). Insgesamt ist die Preisgestaltung nicht transparent. Oft geht aus den Angeboten nicht klar hervor, welche Leistungen im Preis inbegriffen sind und welche zusätzlich bezahlt werden müssen. Mit der Vergleichbarkeit hinsichtlich des Preis-Leistungsverhältnisses hapert es ganz erheblich.

Hinzu kommt außerdem, daß ausländische Anbieter nicht den Bestimmungen des sehr verbraucherfreundlichen deutschen Reiserechts unterliegen. Damit wird es dem Kunden erschwert, bei berechtigten Beschwerden in Bezug auf erhebliche Mängel bei der Durchführung seines Sprachaufenthaltes Entschädigungsansprüche durchzusetzen. Einen Reise-Sicherungsschein, wie ihn das Bürgerliche Gesetzbuch (§ 651k Abs. 3) vorsieht, gibt es ebenfalls nicht. Die Reisebedingungen werden gerade bei Direktanbietern meist gar nicht genannt.

2.3 Die Sprachreise als Spezialprodukt

Auch wenn Sprachreisen Elemente normaler Ferienreisen integriert haben, so stellen sie doch ein eigenes Produkt dar (*vgl. Platz-Waury 1989*). Zu dem Produktpaket gehören in der Regel folgende Bestandteile: Anreise und Rückreise, Unterbringung (häufig in einer Gastfamilie), Sprachunterricht sowie sportliches und/oder kulturelles Freizeitprogramm. Bei Schülersprachreisen kommt die Betreuung als wesentlicher Faktor hinzu (*Studienkreis für Tourismus 1976* und *Gayler 1989*).

Zentrales Produktelement einer Sprachreise ist der Sprachkurs. Die Palette der Angebote erstreckt sich von Ferienkurspauschalen bis zum maßgeschneiderten Einzelunterricht von 6 bis 8 Stunden täglich. Der Sprachunterricht ist jedoch nicht das einzige Lernfeld für den Sprachreisenden. Vielmehr sind die Unterbringung, vor allem in einer Gastfamilie, sowie ein Teil der Freizeitaktivitäten bewußt verstärkende lernpädagogische Maßnahmen. Auf diese Weise übt der Sprachreisende nicht nur neue Fertigkeiten im Umgang mit der

Fremdsprache, sondern die Sprachreise vermittelt oder vertieft Wissen über das Land, seine Kultur, Geschichte und Lebensweise, sie schafft interkulturelle Kompetenz.

2.4 Qualitätssicherung bei Sprachreisen

Wie bei Reisen allgemein, sind eine möglichst umfassende und genaue **Information**, die auf die Teilnehmerwünsche zugeschnittene **Beratung** und die **Qualitätskontrolle** wesentliche Aspekte der Qualitätssicherung. Angesichts der Unübersichtlichkeit des Marktes und der Komplexität des Produktes kommt diesen drei Bereichen eine besondere Bedeutung zu.

Einen umfassenden **Überblick über das Angebot** vermitteln die von der Aktion Bildungsinformation e.V. (ABI) herausgegebenen Themenhefte zu den Zielsprachen Englisch, Französisch, Italienisch und Spanisch. Hier kann man sich über die Kursorte, die unterschiedlichen Kursarten, die möglichen Prüfungen und das Angebot von 43 auf dem deutschen Markt operierenden seriösen Sprachreiseveranstaltern im Detail informieren. Als Pfadfinder durch die Vielfalt dienen die allgemeinen Hinweise zu Sprachreisen für Jugendliche und Erwachsene (*ABI 1996, S. 10 - 19*).

Die seit 1967 bestehende Organisation versteht sich als gemeinnützige Verbraucherschutzstelle speziell für den Bildungs- und Kulturaustausch (*ABI 1996, Vorwort*). Sie hat zu diesem Zwecke „Merkmale für korrekte Sprachreisen" in Bezug auf Werbung, den Reisevertrag und das Sprachreise-Angebot mit Auskünften zu Unterricht, Unterkunft/Verpflegung, Betreuung sowie Freizeitgestaltung zusammengestellt (*ABI 1996, S. 20 - 25*). Eine Entscheidungshilfe für den Verbraucher stellt der Kriterienkatalog „Was ist vor Vertragsabschluß zu beachten?" dar. Zusätzlich kann sich der Interessent direkt telefonisch beraten lassen.

Wenn man sich bei der ABI informiert, erhält man gleichzeitig einen Fragebogen mit der Bitte, diesen nach Abschluß der Sprachreise ausgefüllt zurückzusenden. Die Fragebögen dienen der Qualitätskontrolle. Negative Bewertungen seitens der Sprachreisenden haben durchaus Rückwirkungen auf die Wiederaufnahme oder Streichung bei der Neuauflage der Broschüren, allerdings mit einer gewissen Zeitverzögerung. Eine Qualitätskontrolle vor Ort findet jedoch nicht statt.

Außerdem kann sich der interessierte Direktbucher über die Vertretungen der Zielländer in der Bundesrepublik sowie einige andere Institutionen einen Überblick über das Angebot an qualifizierten Sprachschulen verschaffen (*vgl. Informationsadressen*). Aber nur selten wird er individuell beraten.

Angesichts der besonderen Merkmale des Produkts ist die auf die spezifischen Interessen des Kunden zugeschnittene Beratung von besonderer Bedeutung. Denn selbst ein intensives Prospektstudium verhilft nicht zwangsläufig zur besten Entscheidung. Dies gilt nicht nur für Erwachsenen-Sprachreisen, sondern auch für Schülerreisen. Die Motive, aus denen eine Sprachreise unternommen wird, bestimmen sowohl die Wahl des Kurses wie auch die Unterbringung oder den Umfang des Freizeitangebotes, unter Umständen sogar das Zielland (*vgl. Schröder 1989, S. 138*). Letztlich hängt der Erfolg einer Sprachreise davon ab, ob der gebuchte Sprachaufenthalt die in ihn gesetzten Erwartungen überhaupt erfüllen kann.

Reisebüros haben Sprachreisen wegen der Komplexität des Produkts, der Beratungsintensität und des Alters einer der Zielgruppen, der Jugendlichen, bislang weitgehend unbeachtet gelassen, so daß potentielle Kunden sich dort nur selten informieren und beraten lassen können (*Lettl-Schröder 1996a und Kratz 1996*). Dabei ist eine verstärkte Zusammenarbeit der Veranstalter durchaus wünschenswert, und angesichts der Marktentwicklung kann das Engagement für Reisebüros durchaus lohnend sein. Die Veranstalter von Sprachreisen sollten diesen Vertriebsweg intensiv pflegen (*Schicker 1991, S. 50 - 51*).

2.5 Der Fachverband Deutscher Sprachreise-Veranstalter e.V.

Der Fachverband Deutscher Sprachreise-Veranstalter (FDSV) wurde 1977 mit dem Ziel der höchstmöglichen Qualitätssicherung und des umfassenden Kundenschutzes gegründet (*Swift 1989*). Die Mitgliedschaft in dieser gemeinnützigen Vereinigung ist mit Kosten für den Sprachreiseveranstalter verbunden. Heute sind dem Fachverband 17 Veranstalter angeschlossen. Mit einer ähnlichen Zielsetzung wie der FDSV haben sich 1993 einige deutsche Anbieter von Gastschuljahrprogrammen in den USA und anderen Ländern zu einem Fachverband High School e.V. zusammengeschlossen.

Der Fachverband Deutscher Sprachreise-Veranstalter hat sich **strenge Richtlinien** sowohl für die Ausschreibung wie für die Durchführung von Sprachreisen gegeben, die einzuhalten die Mitglieder sich in freiwilliger Selbstkontrolle verpflichtet haben. Diese Richtlinien orientieren sich an den Kriterien, die eine gute Sprachreise aus der Sicht der Fachleute zu erfüllen hat.

Die **Ausschreibungstexte** in den Katalogen oder in Anzeigen der Mitglieder müssen sich an den Grundsätzen von **Wahrheit, Klarheit** und **Kontrollierbarkeit** orientieren, allgemeinverständlich formuliert und nachprüfbar sein. Das bedeutet, daß die Programmbeschreibungen präzise Angaben zu allen

Bestandteilen einer Sprachreise, insbesondere zu folgenden Punkten enthalten müssen (siehe Abb. III.1).

Abbildung III.1:

Kriterien für die Ausschreibung von Sprachreisen

1. Reise

- Transportmittel für Hin- und Rückreise
- Betreuung während der Reise

2. Sprachunterricht

- Zahl der Lektionen pro Woche
- Dauer einer Unterrichtsstunde
- Unterrichtsinhalte und Lernziele
- erforderliche Vorkenntnisse
- Qualifikation und Nationalität der Lehrer
- Nationalität der Teilnehmer
- altersmäßige Zusammensetzung der Lerngruppen
- Kriterien für die Kurseinteilung
- maximale Klassenstärke
- Ausstattung der Räume und Lehrmedien
- Abschlußzeugnisse
- Teilnahmebescheinigungen

3. Unterbringung

- Art der Unterbringung und Verpflegung
- Standard der Unterbringung
- Anzahl der Gäste pro Gastfamilie
- Anzahl der deutschen Gäste pro Familie
- Entfernung zu den Unterrichtsräumen

4. Freizeitprogramm

- Im Reisepreis enthaltene Ausflüge und außerschulische Aktivitäten
- Betreuung außerhalb des Unterrichts
- Freizeitmöglichkeiten am Kursort mit Preisangaben

5. Preise

- im Kursprogramm enthaltene Leistungen
- Anmeldegebühren, Zuschläge, zusätzliche Kosten
- Preisangaben für zusätzlich gewünschte, buchbare Leistungen, zusätzliche Mahlzeiten etc. zur Bemessung des Taschengeldes bei Schülern

6. Teilnahmebedingungen

- Übereinstimmung mit der neuesten Rechtsprechung sowie allgemeine Verständlichkeit

Quelle: Fachverband Deutscher Sprachreise-Veranstalter 1996

Zusätzlich informieren die Ausschreibungstexte noch über die für Erwachsenen-Sprachreisen wichtigen Fragen der steuerlichen Absetzbarkeit und/oder der Regelungen für Bildungsurlaub in den Bundesländern Berlin, Bremen, Hamburg, Hessen, Niedersachsen, Nordrhein-Westfalen, Rheinland-Pfalz, Saarland und Schleswig-Holstein (*vgl. Lehnig 1995*).

Damit der Interessent sich selbst einen Überblick verschaffen kann, hat der FDSV eine **Checkliste Sprachreisen** zusammengestellt, „Worauf man bei der Auswahl einer Schüler- oder Erwachsenensprachreise achten sollte" (*FDSV 1996, S. 21*). Mit Hilfe dieser Checkliste läßt sich natürlich auch das Angebot anderer Anbieter beurteilen.

Die Richtlinien für die **Durchführung von Sprachreisen** verpflichten die Mitglieder des FDSV, bei Vorbereitung und Durchführung **äußerste Sorgfalt** und **Orientierung am Teilnehmer** walten zu lassen. Reiseunterlagen, Unterbringung, Unterrichtsorganisation sowie Freizeitprogramm müssen diesen Ansprüchen genügen. Dies setzt voraus, daß Mitarbeiter und Partner im In- und Ausland für ihre Aufgaben sorgfältig ausgesucht und ausgebildet sind.

- **Reiseunterlagen**
  Vollständigkeit und Richtigkeit der Reiseunterlagen, Angaben zur Hin- und Rückreise, notwendige Adressen sowie Merkblätter und zusätzlich bei Schülerreisen Hinweise zur Reiseleitung .
- **Unterbringung**
  Sorgfalt bei der Auswahl der Gastfamilien, denen besondere Bedeutung zukommt, damit die Gäste möglichst als „Familienmitglied auf Zeit" behandelt und freundlich aufgenommen werden. Deshalb Beschränkung der Zahl der Gäste pro Familie. Soweit die Unterkunft in Colleges, Pensionen oder Hotels erfolgt, müssen diese dem im Katalog beschriebenen Standard entsprechen.
- **Sprachunterricht**
  Qualitätsmaßstäbe beim Sprachunterricht beziehen sich auf die Mindestwochenstundenzahl (15 Unterrichtsstunden von mindestens 45 Minuten), vom Leistungsstand relativ homogene Gruppen, adäquate Einstufungstests zu Kursbeginn, überschaubare Gruppengrößen (höchstens 15 Teilnehmer pro Lerngruppe), zweckmäßig ausgestattete Unterrichtsräume, der Buchung entsprechende Unterrichtsinhalte, schließlich Lehrer mit der erforderlichen Ausbildung und Erfahrung beim Vermitteln ihrer Muttersprache als Fremdsprache.
- **Freizeitprogramm**
  Für jugendliche Sprachreisende vorstrukturierte und betreute Freizeitaktivitäten, für Erwachsene Information, Beratung und Hilfe bei der Organisation von Ausflügen, Studienbesuchen oder Veranstaltungen.

Es ist natürlich nicht damit getan, daß der FDSV für seine Mitglieder verbindliche Richtlinien zu Papier gebracht hat, sondern es ist notwendig, daß die Einhaltung der Richtlinien auch überprüft wird. Dies geschieht zum einen im Rahmen der **freiwilligen Selbstkontrolle**, die für FDSV-Mitglieder verpflichtend ist. Von den Reiseleitern, Lehrern und Betreuern müssen nach Abschluß der Reise Berichte abgefaßt werden, damit bei künftigen Programmen eventuelle Probleme beseitigt werden können und das Produkt Sprachreise ständig verbessert wird.

Es ist auch üblich, daß die Teilnehmer bei Kursende einen detaillierten Fragebogen ausfüllen und ihre individuelle Bewertung der Sprachreise vornehmen. Die Ergebnisse werden bei der künftigen Programmgestaltung berücksichtigt. Zum Zwecke der Evaluation arbeitet ein FDSV-Mitglied - Offährte Sprachreisen - mit einem Diplom-Psychologen, Dr. Ottmar Ludwig Braun von der Universität Koblenz-Landau, zusammen, der für die RuF-Reisen-Kooperation regelmäßig eine Jugendreisestudie durchführt. Von den 1995 befragten 800 Jugendlichen, die eine Sprachreise nach England, Frankreich und auf Malta unternommen hatten, gaben gut 80% an, daß sie Spaß am Sprachunterricht gehabt und Fortschritte in der Fremdsprache gemacht hätten und verteilten durchweg gute Noten. Dem Alter entsprechend bewerteten die Zwölf- bis Achtzehnjährigen Pepp, Spaß, Abwechslung und Kontakte mit Gleichaltrigen jedoch höher als den Lernerfolg (*vgl. MLS 1996, S. 26*).

Neben der Selbstkontrolle der Sprachreiseveranstalter obliegt es seit mehr als zehn Jahren vor allem dem **wissenschaftlichen Beirat** des FDSV, die Einhaltung der Qualitätsrichtlinien zu überwachen. In diesem Kontrollorgan kooperieren Fachleute aus den Bereichen der Sprachwissenschaft und -didaktik, des Tourismus und des Wettbewerbsrechts. Der Beirat ist unabhängig und nur den Qualitätsrichtlinien des Verbandes verpflichtet. Zu den Aufgaben des Beirats gehören die Überprüfung der Kataloge und Reiseunterlagen sowie regelmäßige Inspektionen zur Überprüfung der Sprachschulen vor Ort.

- **Die Überprüfung der Kataloge:** Regelmäßig nach Erscheinen der Kataloge werden die Kundeninformationen sorgfältig auf Klarheit und Verständlichkeit, Wahrheit und Eindeutigkeit der Angaben sowie Nachprüfbarkeit der Programmaussagen unter die Lupe genommen. Sollte sich Anlaß zur Kritik ergeben, werden die Kataloge nach einiger Zeit erneut daraufhin durchleuchtet, ob die Mängel inzwischen behoben sind.

- **Die Durchsicht der Reiseunterlagen:** Stichprobenartig sieht der Beirat immer wieder die den Kunden übersandten Reiseunterlagen durch und macht Vorschläge, wie diese in Bezug auf ihren Informationsgehalt und ihre Kundenfreundlichkeit optimiert werden können.

- **Die Inspektionen vor Ort:** Ein Schwerpunkt der Tätigkeit des Beirates liegt bei den jährlich durchgeführten Inspektionsreisen zu den Partnerorganisationen der FDSV-Mitglieder im Ausland mit dem Ziel, die Richtigkeit der Angaben in den Katalogen sowie die Qualität des Produktes vor Ort zu überprüfen. Inzwischen hat der Beirat mehr als vierhundert Sprachschulen in England und Schottland, Frankreich, Spanien, Italien, Malta, den USA und Neuseeland besucht, einige darunter mehrfach, mit Sprachlehrern, Schulleitungen, Betreuern gesprochen, am Unterricht teilgenommen sowie Interviews mit mehr als 1.500 Teilnehmern an Sprachreisen vor Ort geführt. Der vom Beirat entwickelte standardisierte Fragebogen gewährleistet die systematische Kontrolle und Vergleichbarkeit der Ergebnisse.

Die Auswahl der Gastfamilien und die Güte der Unterbringung werden bei den Besuchen genau so begutachtet wie die Qualifikation der Lehrkräfte und die Qualität von Unterricht, Lehrmaterialien und Schulräumen. Gruppengrössen und eine leistungsadäquate Gruppeneinteilung sind gleichfalls Gegenstand der Überprüfung. Vor allem bei Schülerreisen sind Breite des Freizeitangebotes und Qualität der Betreuung weitere wichtige Aspekte des Inspektionsbesuches.

Die Ergebnisse werden den einzelnen Mitgliedsfirmen in detaillierten Berichten mitgeteilt, falls notwendig mit der Auflage, etwaige Mängel zu beseitigen. Bei ernsthaften Verstößen gegen die Qualitätsrichtlinien des Verbandes wird der Vorstand des FDSV informiert. Sollte es sich um schwerwiegende Beanstandungen oder die Mißachtung der Verbesserungsvorschläge des Beirates handeln, kann es sogar zum Ausschluß aus dem Verband kommen.

Im Rahmen des **Aufnahmeverfahrens** wird ein Veranstalter wird erst dann aufgenommen, wenn er eine eingehende Prüfung erfolgreich bestanden hat. Diese bezieht sich einerseits auf die unternehmerische Bonität. Der FDSV-Vorstand inspiziert das Unternehmen sorgfältig vor Ort, um festzustellen, wie professionell und solide das Geschäftsgebahren ist. Schließlich ist es im Interesse der Sprachreisenden wie auch der ausländischen Partnerschulen und der anderen Verbandsmitglieder, daß ein dem FDSV angehörender Sprachreiseveranstalter dem Ansehen nicht schadet und die Kundenerwartungen nicht enttäuscht.

Andererseits werden in einer besonders gründlichen Durchsicht des Angebotes die Kataloge des Bewerbers durch den unabhängigen Beirat im Hinblick auf die Richtlinien geprüft und für den Fall des Beitritts, so weit notwendig, Verbesserungsvorschläge gemacht. Schließlich werden die eigenen Sprachschulen und/oder die Partnerschulen des potentiellen Mitglieds im Ausland sorgfältig begutachtet und Sprachreiseteilnehmer auf ihre Zufriedenheit mit ihrer Sprachreise hin befragt. Diese Inspektionsreisen verlaufen nach den gleichen Grundregeln wie die regelmäßigen Inspektionen der Partnerschulen der Mitglieder.

Ein detaillierter Bericht an den Vorstand des FDSV legt die Stärken und Schwächen des aufzunehmenden Veranstalters dar und macht Vorschläge in

Bezug auf die Anpassung an den von den FDSV-Mitgliedern vertretenen Qualitätsstandard des Leistungsangebotes. Bewerber um eine Mitgliedschaft werden erst dann in den Verband aufgenommen, wenn ihre Leistungen im wesentlichen den Qualitätsansprüchen des FDSV für die Ausschreibung und Durchführung von Sprachreisen entsprechen. Dabei kommt es selbstverständlich auch vor, daß der Antrag auf Mitgliedschaft abgelehnt wird.

2.6 Bilanz

Das langjährige Bemühen um Qualität bei Sprachreisen hat dazu geführt, daß der Markt insgesamt seriöser geworden ist. Das Produkt hat präzise Konturen gewonnen, die einzelnen Produktbestandteile sind genau definiert worden und die Qualitätsmaßstäbe bei der Ausschreibung und Durchführung haben vielfach Anerkennung gefunden haben.

Erst die langjährige Qualitätskontrolle gewährleistet die Optimierung des Produkts Sprachreise, da der Markt ständig in Bewegung ist. Allein seit Beginn der 90er Jahre sind in der Bundesrepublik 9 seriöse Sprachreiseveranstalter hinzugekommen (*FVW 1996, S. 26*). Aus diesem Grunde führte die Stiftung Warentest mehrfach eine Untersuchung zu Sprachreisen für Schüler nach England durch, weil dies der am stärksten von Qualitätsschwankungen betroffene Typ von Sprachreise ist, und veröffentlichte die Ergebnisse in ihrer monatlich erscheinenden Zeitschrift Test (*1980, 1985 und 1989*). Ganz aktuell hat sie in einem Leseraufruf Schüler aufgefordert, von ihren Erfahrungen während des Sprachurlaubs diesen Sommer in Großbritannien oder auf Malta zu berichten, da ein erneuter Vergleich der deutschen Sprachreiseveranstalter geplant ist (*1996, S. 8*). Inwieweit die Ergebnisse zuverlässig und repräsentativ sind, bleibt abzuwarten.

Wichtig für die Kunden von Sprachreisen ist Qualitätsmanagement aus einem Guß von der Erstellung der Sprachreise, über die Vermarktung, die Durchführung bis zur unabhängigen Kontrolle, wie es der FDSV seit fast zwanzig Jahren praktiziert. Die Zufriedenheit der Beteiligten, der Sprachschulen und Gasteltern im Ausland wie der Sprachreisenden zu Hause, garantiert den Veranstaltern, daß Sprachreisen auch in Zukunft ein stabiler Markt sein werden. Angesichts der zunehmenden internationalen Vernetzung unseres wirtschaftlichen und gesellschaftlichen Lebens haben die Sprachreiseveranstalter hier sicher noch Entwicklungsmöglichkeiten (*Seytter 1989*).

Informationsadressen:

Aktion Bildungsinformation (ABI), Alte Poststraße 5, 70173 Stuttgart

Amtliches Französisches Verkehrsbüro, Kaiserstraße 12, 60311 Frankfurt/M.

Britische Zentrale für Fremdenverkehr, Neue Mainzer Straße 22, 60311 Frankfurt/M.

The British Council, Hahnenstraße 6, 50667 Köln

Deutscher Akademischer Austauschdienst (DAAD), Kennedyallee 50, 53175 Bonn

Deutsch-Französisches Jugendwerk, Rhöndorfer Straße 23, 53604 Bad Honnef

Eltis (English Languages Information Service), Broßhauser Straße 27, 42697 Solingen

Fachverband Deutscher Sprachreise-Veranstalter (FDSV), Hauptstraße 26, 63811 Stockstadt

Französische Kulturinstitute finden sich in allen größeren deutschen Städten

Spanisches Fremdenverkehrsbüro, Bethmannstraße 50/54, 60311 Frankfurt/M.

3 Qualitätsmanagement bei Reisemittlern

von Dr. Reinhold Huber, Leiter Marketing und Vertrieb Reiseveranstaltung DERTOUR

3.1 Qualität: Strategie und Führungsinstrument

Kundenorientierung - Kundenbetreuung - Kundenzufriedenheit. Mit diesen oder vergleichbaren Schlagworten wird häufig die grundlegende Ausrichtung der Geschäftstätigkeit eines Reisebüros vom Inhaber und seinen Mitarbeitern beschrieben. Selten fällt dabei das Wort „Strategie" zur Beschreibung dieses wichtigsten Ansatzes der Unternehmensführung in einem Dienstleistungsbetrieb. Häufiger ist dann schon von Qualität die Rede - Qualität als Selbstverständlichkeit und als etwas, das der Kunde erwartet und natürlich auch erhält.

Tatsächlich hat die Anwendung eines Qualitätsmanagements im Sinne eines strategischen Führungsinstruments in den vergangenen drei Jahren für die Reisebürobranche in Deutschland neuen Rückenwind erhalten. Insbesondere der Notwendigkeit der großen Reisebüroketten, gegenüber Großkunden ein funktionierendes Qualitätsmanagementsystem objektiv nachweisen zu können, ist es zuzuschreiben, daß auch im Reisemittlergewerbe die anfänglich nur zögerliche Bereitschaft, sich mit diesem Thema auseinanderzusetzen, in genau das Gegenteil umgeschlagen ist.

Qualität als selbstverständliches Ergebnis der täglichen Arbeit wurde immer mehr erkannt als eine

> auf der Mitwirkung aller Ihrer Mitglieder beruhenden Führungsmethode einer Organisation, die Qualität in den Mittelpunkt stellt und durch Zufriedenheit der Kunden auf langfristigen Geschäftserfolg sowie auf Nutzen der Mitglieder der Organisation und für die Gesellschaft zielt (*gem. DIN ISO 8402, Entwurf 3/92*)

und damit zum organisierten Qualitätsmanagement und zu einer zentralen unternehmerischen Aufgabe, die alle Bereiche betrifft. Die Einsicht, daß ein Qualitätsmanagementsystem nur dann den gewünschten Erfolg bringt, wenn es in den strategischen Ansatz des Unternehmens eingebettet ist, ist die Folge.

Diese Einsicht wird nun nicht nur durch den Zwang gefördert, als Lieferant seinen Kunden den sichtbaren Nachweis bereitzustellen, daß man es mit der Qualität sehr ernst nimmt. Vielmehr fördert auch die allgemeine Marktsituation diesen Prozeß. Die Konzentration auf der Reisemittlerseite, die Vertriebsliberalisierung bei den Veranstaltern, Margen- und Kostenprobleme und folglich sinkende Nettorenditen sind ebenso als Gründe für die Nutzung sämtlicher Produktivitätspotentiale anzuführen wie etwa eine sinkende Kundentreue oder die zunehmend informierteren und reiseerfahrenen Verbraucher. Und bei dieser Aufgabe hilft Qualität. Denn: „Qualität kostet nichts" (*Crosby 1979*). Was Kosten verursacht, ist die Beseitigung der Fehler sowie das Verlieren eines Kunden.

Last but not least setzt sich bei den Reisebüros - hat man erst einmal angefangen, den Nutzen der organisierten Qualität zu erkennen - auch schnell die Erkenntnis durch, daß die Innenwirkung eines Qualitätsmanagements viel tiefgreifendere Veränderungen mit sich bringt als die bloße externe Dokumentation. Durchforstet man das ganze Unternehmen mit dem festen Willen, alle Prozesse, Strukturen und Ressourcen auf die Kundenanforderungen auszurichten, und setzt man die Ergebnisse konsequent um, wird man eventuell sogar mehr erreichen als das, was den Anlaß dazu gab.

- Es entstehen transparente, klar gegliederte und einheitliche Abläufe. Durch das Wegfallen von überflüssigen bzw. doppelten Arbeiten verringern sich Durchlaufzeiten. Das bedeutet in der Summe einen rationelleren und zeiteffektiveren Arbeitsvorgang, d. h. weniger Ressourceneinsatz. Die Folge ist eine Kostenreduktion.
- Es kommt zu einem organisierten Know how-Transfer. Nicht nur in der Phase der Analyse, Erarbeitung und Gestaltung der Prozesse, in die alle Mitarbeiter intensiv eingebunden sein sollten, sondern auch durch eine schriftliche Dokumentation der Ergebnisse wird sichergestellt, daß an jedem vergleichbaren Arbeitsplatz nach bestimmten Verfahren gehandelt wird. Das verkürzt nicht nur die Einarbeitungszeit für neue Mitarbeiter, auch im Falle einer Versetzung finden sich die entsprechende Kollegin oder der Kollege schneller zurecht. In extremen Fällen kann die Folge sogar sein, daß sich das Wissen nicht mehr nur in den Köpfen von wenigen befindet, sondern nun für alle verfügbar ist.
- Die Harmonisierung bzw. Überarbeitung von Abläufen bedeutet in der Regel, daß sich in der Analyse und Weiterentwicklung der beste von mehreren unterschiedlichen Wegen durchsetzen wird. So hat nahezu jedes Reisebüro, manchmal sogar der einzelne Mitarbeiter, ein eigenes Ablagesystem und eigene Vorgangsformulare, jeweils mit spezifischen Vor- und Nachteilen. Eine rege Diskussion führt hier für alle zu einer Optimierung.
- Ein wesentliches Ziel liegt in der Fehlervermeidung. Dies wird nicht nur durch optimierte Prozesse und permanente Überprüfung erreicht, vielmehr sorgt ein Qualitätsmanagement auch für eine organisierte Kommunikation und das Vorhandensein von „Notfallplänen". Sobald irgendwo im System

ein Fehler auftaucht, werden automatisch alle anderen relevanten Stellen informiert und somit präventiv zukünftige Fehler vermieden.

- Darüberhinaus fördert ein gelebtes Qualitätsmanagement die Mitarbeitermotivation. Die Mitarbeiter sind permanent an der Gestaltung und Weiterentwicklung des Arbeitsumfeldes beteiligt. Sie sind nicht vorwiegend von extern gesetzten Rahmenbedingungen abhängig. So existiert für jeden Mitarbeiter ein abgestimmter Schulungsplan, der die fachliche und persönliche Weiterentwicklung - und somit die Erhaltung und Förderung der eigenen Leistungsfähigkeit - sicherstellt.
- Gleiches gilt für die Leistungsfähigkeit des Gesamtunternehmens. Die Notwendigkeit einer aktiven Qualitätsförderung dokumentiert sich in der Einschätzung von Fachleuten, daß der Nachweis eines funktionsfähigen Qualitätsmanagements zukünftig bei Ausschreibungen für Firmen-Etats ab einer halben Mill. DM unverzichtbar sein wird.

Erfahrungen in allen Unternehmen der Reisebürobranche, die sich aktiv zur Qualität bekennen und dies auch zum Anlaß für die Einführung eines dokumentierten Qualitätssystems genommen haben, beweisen, daß die aufgeführten Wirkungen tatsächlich eintreten. Wenn das Qualitätsmanagement als eine Chance zur Verbesserung bestehender Systeme betrachtet wird und nicht als lästige oder sogar überflüssige Pflicht, dann lohnt sich der Aufwand auf jeden Fall.

3.2 Qualitätsmanagement: Erfolgsfaktoren für Reisebüros

3.2.1 Qualitätsplanung

Eine sehr geeignete „Gebrauchsanleitung" für qualitätskritische Faktoren für alle Branchen liefert - unter der Voraussetzung der Fähigkeit, die sehr technisch-abstrakte Formulierung in geeigneter Art und Weise auf das eigene Unternehmen zu übertragen - das Schriftenwerk zu den DIN EN ISO-Normen 9000 ff. Die dort aufgeführten Qualitätsmanagementelemente bilden einen Leitfaden für alle qualitätsrelevanten Themen.

Schnell wird dabei klar, wo im Reisebüro die **strategischen Erfolgsfaktoren** liegen. Der Chef ist selbst sein bester Mitarbeiter und achtet bei allen Mitarbeitern und allen Arbeiten immer auf eine hohe Qualität. Es ist eindeutig festgelegt und jedem bekannt, wie diese Qualität erzielt wird. Jedesmal wenn ein Kunde die angebotene Dienstleistung in Anspruch nimmt, ist sichergestellt und überprüft, daß eigentlich nichts schief gehen kann. Jeder Mitarbeiter weiß genau, wie ein Beratungsgespräch korrekt, eine Produktauswahl passend zum Kundenwunsch und die Abwicklung bei der Buchung fehlerlos zu erfolgen haben. Alle Arbeitsunterlagen sind garantiert auf dem aktuellen Stand und vollständig und jederzeit für jeden vorhanden. Es wird unter keinen Umständen ein Veranstalter angeboten, der nicht im überprüften Sortiment ist. Die Ablage ist so gut, daß jeder Vorgang immer und sofort von jedem auffindbar ist. Jede Tätigkeit im Büro läuft genau so ab wie sie sinnvoll ist. Alles wird mehrfach überprüft, so daß Fehler eigentlich ausgeschlossen sind. Wenn trotzdem mal was schief läuft, weiß jeder absolut sicher, was umgehend zu tun ist. „Aus Fehlern lernt man", d. h. jeder stellt sicher, daß so etwas nicht nochmal passiert und die Kollegen auch darüber Bescheid wissen. Das Lager ist stets vorbildlich aufgeräumt. Über den Stand in Sachen Qualität kann jederzeit ein dokumentierter Nachweis gegeben werden. Regelmäßig werden Qualitätsaudits durchgeführt, die für jede Tätigkeit überprüfen, ob sie optimal und wie beschrieben abläuft. Jeder einzelne Mitarbeiter ist hervorragend geschult und die letzte Schulung liegt noch nicht sehr lange zurück. Die nächsten Schulungen sind bereits für alle Mitarbeiter geplant. Man hat seine Zahlen im Griff und kann sie auch zeigen. Auch die über die Kunden, die man regelmäßig über ihre Anforderungen und Zufriedenheit befragt. Und Umweltbewußtsein wird im eigenen Büro großgeschrieben.

Diese „Erfolgsgeheimnisse" sind jedem Reisebüro-Chef auch ohne Norm vertraut. Die Norm gibt nun aber eine Menge von Anregungen, welche Maßnahmen im einzelnen zur Qualitätssicherung ergriffen werden können. Relativ mühelos lassen sich diese auf das eigene Unternehmen übertragen. Und dann wird häufig klar, daß man eine bestimmte Maßnahme schon lange mal machen wollte, bisher aber irgendwie noch nicht dazu gekommen ist.

Qualitätsmanagement funktioniert nur, wenn man sich geplant, konsequent und regelmäßig mit den Qualitätsfaktoren Kunden, Mitarbeiter und Arbeitsabläufen beschäftigt.

3.2.2 Kunden

Die eingangs erwähnte Kundenorientierung setzt ein umfassendes Wissen über eben diese Kunden voraus. „Wir haben sehr viele Stammkunden", „unser Klientel sind mehr die wohlhabenden Bürger", „zu uns kommen viele Studenten", „unsere Kunden sind mit uns sehr zufrieden", „unsere Kunden wissen, was sie von uns erwarten können". Eine Liste derartiger Aussagen ließe sich noch lange fortführen. Häufig stellen sie eine - durchaus korrekte - Einschätzung der eigenen Situation dar. Mit nur wenig Aufwand würde man aber eine größere Sicherheit über die eigene Meinung erhalten. Besonders darüber, was die Kunden eigentlich erwarten oder auch, was ihnen unter Umständen nicht gefällt.

Eine geplante und organisierte Kundenumfrage kann dann z. B. zu dem Ergebnis führen, daß die Kunden die Leistung des Reisebüros unterschiedlich gut bewerten, daß die Unterlagen bei jedem Xten Kunden nicht korrekt waren oder - in dessen Augen - zu spät ausgehändigt wurden, daß die Atmosphäre im Ladenbüro von vielen Kunden als unangenehm empfunden wird, daß viele Kunden nicht wissen, daß man dort auch Bahnfahrkarten oder Reiseversicherungen kaufen kann oder daß die Mitarbeiter vom Kunden manchmal als nicht besonders freundlich oder sogar fachlich nicht kompetent beurteilt werden. Interessant ist auch zu wissen, wieviele der Kunden das eigene Reisebüro weiterempfehlen würden. Auch daß der Firmenkunde eigentlich einen Botenservice für seine Flugtickets erwartet. Oder aber, daß der Kunde eine klare Vorstellung hat, wie die Dienstleistung seines Reisebüros noch verbessert werden kann und dazu auch konkrete Vorschläge hat. Manchmal bietet man auch etwas an, was ein Großteil der Kunden nicht in Anspruch nimmt.

Eine Auswertung der eigenen Kundendatei ist eine andere Chance, den Kunden zu verstehen. Sie zeigt dann eventuell, daß die Stammkundenbindung abnimmt, zunehmend jüngeres Publikum bucht und vermehrt individuelle Baustein-Reisen gebucht werden. Die Möglichkeiten für eine Kundenmarktforschung sind nahezu unbegrenzt. Wichtig ist nur, daß sie geplant erfolgt und man sich vorher Gedanken macht, was die wirklich interessanten Fragen sind.

Je mehr man über seine Kunden weiß (und nicht vermutet), umso leichter ist es, genau die Dienstleistung anzubieten, die den Kunden zum Stammkunden macht und einen unternehmerischen Erfolg sicherstellt.

3.2.3 Mitarbeiter

Die Mitarbeiter im Reisebüro bilden nicht nur den größten Kostenblock im Unternehmen sondern auch das Erfolgsgeheimnis Nummer Eins. Diese Bewertung ergibt sich durch den unmittelbaren Kontakt der Person mit den Kunden zum Zeitpunkt der eigentlichen Dienstleistung im Reisebüro. Die Mitarbeiter sind damit die primäre Zielgruppe für die Inhalte der Qualitätspolitik und des Marketing von Dienstleistungsunternehmen. Wichtigste Aufgabe ist es, allen Mitarbeitern das Selbstverständnis und die Idee des Dienstleistungsunternehmens zu vermitteln und verständlich zu machen. Die Mitarbeiter müssen lernen, die vermittelten Ideen in die jeweiligen Arbeitsgebiete umzusetzen und letztlich dazu auch bereit zu sein (*Peters 1991*).

Für das Qualitätsmanagement im Reisebüro bedeutet dies eine Reihe von Maßnahmen, insbesondere im Hinblick auf die steigende Reiseerfahrung der Kunden sowie einen wachsenden Wettbewerbsdruck, wodurch immer höhere

Ansprüche an eine qualifizierte und differenzierte Reiseberatung in bezug auf Qualität, Service, Kompetenz und Leistung entstehen.

Bei der Auswahl der Mitarbeiter etwa sollte sich eine Beurteilung der Kandidaten an einem vorher schriftlich fixierten Anforderungsprofil (bestehend aus z. B. Aufgabenbeschreibung, Ausbildung, Berufserfahrung, besondereKenntnisse, Anforderungen an Leistungsverhalten und -ergebnis, persönliche Merkmale und Sozialverhalten), das wiederum genau nach den spezifischen Kundenanforderungen am jeweiligen Arbeitsplatz erstellt wurde, orientieren. Eine Checkliste zur Gesprächsunterstützung gewährt hier wertvolle Hilfestellung. Hier könnten bspw. Punkte wie Ausbildung, Berufserfahrung, Erscheinungsbild, Kontaktfähigkeit und Überzeugungskraft aufgeführt sein.

Für jeden Arbeitsplatz wird eine Stellenbeschreibung angefertigt. Diese enthält neben einer Aufgabenbeschreibung auch die Kompetenzen und Verantwortungen des Mitarbeiters. Idealerweise ist hier auch das Anforderungsprofil aufgeführt. Ebenso werden Schulungs- und Fortbildungsstandards als Mindestanforderung festgelegt. So kann bestimmt werden, daß ein Mitarbeiter - je nach Berufserfahrung - in festgelegten Zeiträumen bestimmte Verkaufs- und Verhaltenstrainings, START-Schulungen oder Produktpräsentationen zu besuchen hat. Wichtig sind auch regelmäßige Qualitätsmanagementschulungen und der Erfahrungsaustausch zum Thema Qualität im Rahmen der in festgelegten Abständen stattfindenden Mitarbeiterbesprechungen. Grundsätzlich stellt die unternehmensinterne Kommunikation im Reisebüro einen entscheidenden Erfolgsfaktor dar. Das findet idealerweise seinen Niederschlag in einer großen Zahl organisierter Erfahrungsaustausch-Treffen und Informationsveranstaltungen.

Damit die Schulungsstandards auch erfüllt werden können, ist eine rechtzeitige Planung von Schulungsmaßnahmen notwendig. Dies geschieht am besten durch das Erstellen ständig aktualisierter, langfristiger Schulungspläne für alle Mitarbeiter, wobei z. B. nach Firmendienst, Touristik, Flugabteilung oder Gruppen- und Eigenveranstaltung unterschieden werden kann. Der Schulungsplan hängt öffentlich aus, so daß jeder Mitarbeiter informiert ist und somit auch Erfahrungen ausgetauscht werden können. Die individuelle Ermittlung des Schulungsbedarfs erfolgt anläßlich der periodisch stattfindenden Mitarbeiterbeurteilung. Diese dient insbesondere auch der Überprüfung der Zielerreichung der für den Arbeitsbereich des betreffenden Mitarbeiters fixierten, individuellen Qualitätsziele.

Es gibt also viele Maßnahmen, die im Rahmen eines Qualitätsmanagements im Reisebüro festgeschrieben werden sollten, um allen Mitarbeitern das oben genannte Selbstverständnis und die Idee des Dienstleistungsunternehmens sowie des Nutzens eines Qualitätsmanagements zu vermitteln. Dabei darf aber nie vergessen werden, daß nur motivierte Mitarbeiter bereit und in der Lage sind, die volle Leistung zu erbringen, sich zu engagieren und ein positives Verkaufsklima zu schaffen.

3.2.4 Arbeitsabläufe

Schon bei solchen Aktivitäten wie der regelmäßigen Durchführung von Kundenbefragungen oder Mitarbeiterbeurteilungen und auch der Existenz von Schulungsstandards im Reisebüro wird deutlich, daß Qualität das Ergebnis eines geplanten Vorgehens ist. Noch sichtbarer wird dies, wenn es um Prozesse, d. h. Vorgänge und Arbeitsabläufe, die wiederholt stattfinden, geht. Damit immer eine weitgehend gleichbleibende Qualität in einem Umfeld, in dem Qualifikation, Motivation und Tagesform der Mitarbeiter über das Dienstleistungsergebnis entscheiden (*Peters 1991*), gesichert werden kann, ist es äußerst hilfreich, zum einen die einzelnen Arbeitsabläufe genau zu definieren und grundlegend zu beschreiben, zum anderen aber auch das Zusammenspiel aller auf die Erfüllung des Kundenwunsches gerichteten Prozesse des Reisebüroverkaufs zu regeln.

Erst wenn man die Aufgaben, die in einem Reisebüro ausgeführt werden, genauer untersucht, merkt man, wieviele Arbeitsschritte notwendig sind, um einem Kunden einen Reisewunsch zu erfüllen. Vieles passiert dabei gänzlich ohne den Kunden, hat aber enormen Einfluß auf seine Zufriedenheit. So z. B. die Mitarbeiterauswahl, das Besorgen der benötigten Lizenzen, das Beschaffen und Instandhalten der Geschäftsausstattung und Arbeitsunterlagen oder die Festlegung des Sortiments.

Wenn der Kunde dann aber ins Reisebüro kommt, heißt es, seine Erwartungen - auch jene, die der Kunde nicht ausdrücklich darstellt - voll zu erfüllen. Er erwartet eine freundliche Begrüßung und Freundlichkeit während des gesamten Gespräches. Sodann erwartet er Unterstützung bei einer für ihn häufig sehr wichtigen Entscheidung. Denn in vielen Fälle hat er nur eine vage Vorstellung über seinen nächsten Urlaub und kann diese auch nur unvollständig vortragen. Dennoch ist er mit dem Ziel gekommen, am Ende des Beratungsgesprächs Sicherheit zu verspüren über die gebuchte oder zumindest gewählte Reise.

Für den Reisebüroverkäufer beginnt nun eine grob vorstrukturierte Tätigkeit, wie sie jeden Tag vielfach abläuft. Den Bedarf des Kunden ermitteln, ihm geeignete Angebote vorstellen, ihn vollständig über z. B. Einreise-, Visa- oder Impfbestimmungen informieren, den Verkauf abschließen, die Buchung durchführen, eventuelle Zusatzleistungen wie z. B. Reiseversicherungen anbieten, die Form der Bezahlung festlegen, die Kundendaten erfassen, die Dokumente ausstellen, die Unterlagen kontrollieren und gegebenenfalls auch korrigieren, die Reisedokumente an den Kunden aushändigen und erläutern, Verkaufsbelege erstellen, evtl. Kundengelder in die Kasse einzahlen, Leistungsträger oder Lieferantenrechnungen bearbeiten, die Ablage führen und unter Umständen nach Rückkehr des Kunden auch noch eine Reklamation bearbeiten.

Bei keiner dieser Aufgaben darf dem Mitarbeiter ein unbemerkter Fehler unterlaufen. Qualitätsmanagement bedeutet daher, dem Mitarbeiter soviel Hilfe wie nötig und möglich zu geben, damit Fehler vermieden werden können. Genaue Verfahrensbeschreibungen und Checklisten tragen dazu bei, daß nichts vergessen wird, z. B. ein notwendiger Eintrag in der touristischen Buchungsmaske oder der Hinweis auf ein benötigtes Visum.

So enthält eine START-Verfahrensanweisung zum TOMA-Verfahren eines bestimmten Reiseveranstalters alle notwendigen Informationen, um eine touristische Buchung problemlos durchführen zu können. Durch Nachschlagen können fehlerhafte Eintragungen auch dann vermieden werden, wenn es sich um eine für den Expedienten ungewohnte Eingabe handelt. Eine Checkliste über die Informationsverpflichtung gegenüber den Kunden kann den Hinweis auf Tarifbestimmungen, Einreisebestimmungen, Zielgebietsinformationen und Abwicklungsmodalitäten enthalten. Ihre Beachtung vermeidet unnötige Nachfragen oder sogar eine maßgebliche Beeinflussung der Urlaubsfreuden des Kunden.

Voraussetzung ist, daß alle fremd- oder eigenerstellten, qualitätssichernden Unterlagen bekannt und in einer aktuellen Version am Arbeitsplatz verfügbar sind. So sind auch Checklisten hilfreich, die angeben, welche Prüfungen von z. B. Reisedokumenten wann und wie häufig durchgeführt werden und welche Maßnahmen zu ergreifen sind, wenn eine Abweichung festgestellt wird. Ist einmal ein Fehler passiert, hilft es dem Mitarbeiter, wenn er eindeutige, schriftliche Hilfestellungen vorfindet, wie zu verfahren ist. Bei der Erstellung solcher Beschreibungen von Arbeitsabläufen muß mit sehr viel Sorgfalt vorgegangen werden. Gerade die Bestandteile einer Tätigkeit, die nicht gleich beim ersten Nachdenken auffallen, sind dann auch die, die bei der Ausführung der Tätigkeit u. U. Probleme erzeugen können.

Der Einsatz von Verfahrensbeschreibungen und Checklisten heißt nun aber nicht, eine aufwendige Formalisierung zu betreiben. Häufig erfolgt bereits im Rahmen der Analyse, Gestaltung, schriftlichen Fixierung und Schulung eines Ablaufs eine Änderung des bisherigen Verhaltens. Die optimierte Verhaltensweise geht dann schnell sozusagen ins Blut über und wird nachfolgend quasi automatisch ausgeführt. Auch Checklisten dienen nicht dem sichtbaren Abhaken im Kundenkontakt. Sie dienen der Unterstützung, regelmäßigen

Schulung und Selbstprüfung wie auch der Einarbeitung von neuen Mitarbeitern. Insgesamt fördert das Vorhandensein physisch nutzbarer Qualitätshilfen das Qualitätsverständnis, die Mitarbeitersicherheit und eine permanente Beschäftigung mit qualitätsrelevanten Fragestellungen im eigenen Arbeitsbereich.

3.3 Qualitätsziele: Bekenntnis zur Kundenorientierung

Qualitätsmanagement ist ein Instrument, um die gesetzten Unternehmensziele zu erreichen. Denn nur zufriedene Kunden sind für einen Dienstleistungsbetrieb als Stammkunde und Meinungsmultiplikator von Nutzen. Das oberste Qualitätsziel muß daher immer die Kundenzufriedenheit durch die Erfüllung aller Kundenwünsche sein. Dieses Bestreben muß als klares Bekenntnis und Bestandteil der Unternehmensstrategie und Unternehmenskultur eindeutig formuliert sein und gelebt werden.

Die Qualitätsziele haben sich folglich strikt an dem zu orientieren, was ein Kunde erwartet. Und wenn man dies zunächst ermittelt hat, kann man ihn danach auch fragen, ob seine Erwartungen erfüllt worden sind. Darüber hinaus - aber sicherlich nur ergänzend - gibt es einige eigenmeßbare Indikatoren, die bei entsprechender Auswertung helfen, den eigenen Stand in Sachen Qualität besser zu erfassen.

Erst ganz am Ende des Prozesses kann der Kunde den Umfang des Leistungspakets seines Reisebüros beurteilen. Hier stellt sich dann heraus, wieviel des ursprünglichen und erwarteten Leistungsversprechens erfüllt wurde. Zur Dienstleistung gehören neben dem eigentlichen Beratungsgespräch eben auch die Lieferung oder Aushändigung der Reiseunterlagen, die Hilfestellung bei Nachfragen oder im ungünstigen Fall zusätzlich die Bearbeitung einer Reklamation.

Es geht also um das Verhalten der Mitarbeiter genauso wie um Wartezeiten, telefonische Erreichbarkeit, das Erhalten von Informationen, das Erscheinungsbild von Räumlichkeiten und Personen, eine bequeme Erreichbarkeit, die technische Ausstattung des Betriebes oder auch reine Imagefaktoren wie Reputation, unterstellte wirtschaftliche Stabilität oder einen Markennamen.

Konkret fragen kann das Reisebüro seine Kunden - z. B. anhand eines Fragebogens oder im mündlichen Interview - nach dem Verhalten der Mitarbeiter. Über Freundlichkeit, Fachkompetenz, Engagement, Zuverlässigkeit und andere Eigenschaften hat sich der Kunde nahezu immer eine Meinung gebildet. Ebenso über das Erscheinungsbild und die Kommunikationsfähigkeit. Auch weiß er, ob ihm das Reisebüro gefällt, ob er sich wohlfühlt, ob er lange warten mußte, ob der Betrieb für ihn bequem zu erreichen ist, ob er bei einem eventuellen Anruf Probleme hatte, ob er so beraten worden ist, daß die Reise seinen Vorstellungen entsprach und ob seine Unterlagen vollständig und korrekt waren.

Wenn man nun auf alle diese Fragen eine Antwort hat und diese Antworten positiv ausfallen, ist der Kunde höchstwahrscheinlich sehr zufrieden und der Reisebüromitarbeiter hat sein Ziel erreicht, alle Kundenwünsche zu erfüllen.

Für den Büroleiter oder Inhaber gibt es darüberhinaus aber noch weitere Indikatoren über die Qualität der gelieferten Dienstleistung. Die Anzahl der reisebürobezogenen, d. h. nicht veranstalterbedingten Reklamationen etwa. Oder die Ergebnisse selbst durchgeführter Überprüfungen von Arbeitsabläufen und im Rahmen von Testkäufen, Audits oder Mitarbeiterbeurteilungen erhaltene Erkenntnisse. Genauso hat er Informationen über beeinflußbare, qualitätssichernde Sachverhalte, die er bei der Beurteilung der eigenen Qualitätspolitik nicht vernachlässigen sollte. Gemeint sind hier der Stand der technischen Ausrüstung (Anzahl, Durchschnittsalter) oder die Fluktuation der Mitarbeiter.

Qualitätsziele für Reisebüros müssen folglich sämtliche aufgeführten Qualitätsmerkmale abdecken. Ein wahrlich weites Feld also, um konkrete Qualitätsziele zu formulieren und Qualitätszielvereinbarungen zu treffen. Und hier wird deutlich, daß es auch im Reisebürogewerbe sehr wohl meßbare Qualitätsziele gibt, deren Zielerreichung wiederum eine hervorragende Basis für die Beurteilung eigener Stärken und Schwächen bietet.

Aus den für ein Unternehmen formulierten Qualitätszielen leitet idealerweise jede Führungskraft unter Einbeziehung aller Mitarbeiter Qualitätsziele für den jeweiligen Verantwortungsbereich ab, setzt diese verbindlich in Kraft und ergreift die zur Zielerreichung notwendigen Maßnahmen. Jeder Mitarbeiter erarbeitet zielkonforme Qualitätsgrundsätze für den eigenen Arbeitsbereich und fixiert diese schriftlich. Dabei geht das Spektrum weit über das Sicherstellen des Ergreifens des Telefonhörers spätestens beim dritten Klingeln hinaus.

Die jeweilige Zielerreichung muß überprüft werden, notwendige Korrekturmaßnahmen müssen ergriffen werden. Nur wenn Qualitätsziele als verbindliche Handlungsmaxime anerkannt werden, Abweichungen festgestellt und Korrekturmaßnahmen eingeleitet werden können, kann von einem gelebten Qualitätsmanagementsystem gesprochen werden.

Und hier liegt das größte Problem im Qualitätswesen. Qualität funktioniert nur, wenn alle mitmachen. Häufig verhindert schon das Pensum der Tagesarbeit, daß man sich „zusätzlich" noch mit organisierten Qualitätsverbesserungen beschäftigt. Außerdem müssen alle Mitarbeiter miteinbezogen werden, und das bedingt einen hohen Aufklärungsbedarf über das, was eigentlich erreicht werden soll. In einem nächsten Schritt ist es notwendig, alle zum Mitmachen zu bewegen. Und das heißt, daß jeder den Nutzen erkennen und die Erarbeitung, Anwendung, Aufrechterhaltung und Weiterentwicklung qualitätssichernder Maßnahmen zu seiner eigenen Aufgabe machen muß.

Die vollständige Analyse aller Prozesse, Abläufe und Verfahren, das Suchen nach und Diskutieren von Verbesserungsvorschlägen, das schriftliche Fixieren und Inkraftsetzen, die Umsetzung und Überprüfung der ergriffenen Maßnahmen, all das kann bei größeren Reisebüroorganisationen, die alle Sparten des Touristikgeschäfts bearbeiten, leicht 12 bis 18 Monate in Anspruch nehmen. Auch bei Einzelbüros sind einige Monate intensiver Arbeit notwendig. Hinzu kommt, daß in dieser Zeit zumindest ein Mitarbeiter vollständig mit der Koordination aller Qualitätssicherungsaktivitäten beschäftigt ist. Idealerweise erarbeiten die Mitarbeiter die meisten Schritte in Arbeitsgruppen selbst. Auch das bindet Ressourcen. Die Entscheidung für eine Qualitätsoffensive muß daher von ganz oben kommen und von dort auch uneingeschränkt unterstützt und gefördert werden.

Manchmal fällt dann das ein oder andere Ergebnis einer Qualitätsüberprüfung negativ aus, was unter Umständen Motivationsprobleme mit sich bringt. Häufige Problemfelder, die auch in den Ergebnissen von Testkaufaktionen immer wieder aufgeführt werden, sind dann z. B. die (subjektiv empfundene) Freundlichkeit der Mitarbeiter, die Korrektheit von Preisberechnungen, Wartezeiten oder die telefonische Erreichbarkeit, das fehlende Wissen über bestimmte Zielgebiete und Tarifbestimmungen oder die schleppende Bearbeitung von Reklamationen (obwohl das Reisebüro hierfür oftmals gar nichts kann).

Wenn aber nur 5 oder 10 Prozent der Kunden auch nur bei einem der Qualitätsbeurteilungskriterien Unzufriedenheit bekunden - und dies ist bei den aufgeführten Kriterien vorstellbar -, macht dieser Tatbestand den Unterschied zwischen einem erfolgreichen und einem gefährdeten Betrieb aus. Denn Qualität ist ein sehr sensibles Thema - für den Kunden. Entsprechend muß es auch beim Dienstleistungsanbieter Reisebüro behandelt werden.

3.4 Qualitätssysteme: Modebegriff oder Zukunftssicherung

Trotz des geforderten Ressourceneinsatzes auf allen Ebenen haben sich im Reisemittlergewerbe viele Unternehmen eine Qualitätsoffensive wie nie zuvor auf die Fahne geschrieben, anfänglich vielleicht auch gezwungenermaßen. Aufgeschreckt durch die Aussage, daß ab 1.1.1993 Aufträge der öffentlichen Hand mit einem Auftragswert von über 100.000 Ecu - und dazu zählt auch die Belieferung mit Flugtickets, Mietwagen-Buchungen und Bahnfahrkarten - nur noch an Unternehmen vergeben werden, die ein von externer und neutraler Seite überprüftes und für funktionsfähig befundenes Qualitätsmanagementsystem vorweisen können. Stärker wohl aber noch beeinflußt durch die in den im Rahmen von Ausschreibungen der Firmenetats großer Industrieunternehmen versandten Fragebögen immer häufiger auftauchende Frage nach einem ISO-Zertifikat. Noch Ende 1993 wußten nur wenige in der Branche damit etwas anzufangen.

Doch das hat sich schnell geändert. Und dabei sind dann viele zu der Erkenntnis gelangt, daß dahinter weitaus mehr steckt als das bloße Erfüllen einer lästigen Pflicht. Nämlich die Chance, vieles zu tun, was eigentlich sowieso schon lange hätte passieren sollen, und endlich einmal alle Kräfte auf das gemeinsame Ziel zu bündeln, alles im Unternehmen zu optimieren. Die Herausforderung der Qualität als Unternehmensstrategie und Führungsinstrument wurde angenommen.

Inzwischen wird - insbesondere bei großen Reisebüroorganisationen - von einer Zertifizierungswelle gesprochen und Qualitätsmanagement als Modebegriff bezeichnet. Ein DIN EN ISO-Zertifikat ist aber nicht viel mehr als der sichtbare Beweis, daß das Unternehmen ein funktionierendes Qualitätsmanagementsystem eingeführt hat und anwendet. Dieser vorzeigbare Nachweis ist jedoch nur ein kurzfristiges Wettbewerbs- und Marketinginstrument - oder auch nur, wenn es entsprechend genutzt wird. Und dies zählt nur für den Ersten im Markt. Ganz gemäß der Aussage „Wenn alle im Grünen wohnen, ist es im Grünen nicht mehr grün" verliert daß Zertifikat als Wettbewerbsvorteil an Bedeutung. In bestimmten Kundenkreisen wird es zu einer Art Selbstverständlichkeit. Was aber bleibt, ist der innere Nutzen einer Qualitätsoffensive und zielgerichteten Qualitätspolitik. Das auf- und ausgebaute Qualitätsverständnis aller Mitarbeiter, vom Chef bis zum Auszubildenden, die eingeführten und angewendeten Verfahren der Qualitätssicherung, das permanente und objektive Feedback über den eigenen Status quo in Sachen Qualität sind unschätzbare Erfolgsgaranten für jedes Reisebüro.

3.5 Ausblick

Gerade einmal ein oder zwei Jahre alt sind die Erfahrungen vieler Reisebürounternehmen mit solch umfassenden Qualitätsmanagementsystemen wie von der ISO-Norm gefordert. Erst im Frühjahr 1995 wurde mit den Reisebüros des DER, der Unternehmensgruppe Deutsches Reisebüro, die erste große Reisemittlerorganisation zertifiziert. Inzwischen sind andere gefolgt, viele Unternehmen arbeiten noch auf eine externe Zertifizierung hin. Sobald dieses

Ziel erreicht ist, wenn die Aufregung mit der Norm, dem Zertifikat, den internen und v. a. den externen Audits erst einmal vorbei ist, entscheidet sich erneut die Zukunft des Unternehmens. Die Herausforderung, ein umfassendes Qualitätsmanagement auf die Beine zu stellen, ist bestanden. Nun heißt es aber auch, die Früchte zu ernten. D. h. jetzt muß dieses für gut befundene Instrument auch genutzt werden. Es darf also keine Lethargie nach der bestandenen Prüfung entstehen. Jetzt heißt es, das System konsequent anzuwenden und die Dynamik, die über die letzten Monate in Sachen Qualität aufgekommen ist, fortzuführen.

Schon fängt das Zertifizierungsfieber an abzuklingen und die Unternehmen beschäftigen sich mit Weiterentwicklungen in Richtung eines Total Quality Management. Unternehmen schließen sich zusammen zu Qualitäts- und Gütevereinigungen, häufig initiiert durch Kooperationszentralen. Und der (Neben-) Beruf des Qualitätsmanagers oder die Funktion eines Qualitätsberaters hat sich auch in Reisebüros etabliert. Die Aufgabe besteht dabei eindeutig nicht in der reinen und ständigen Überprüfung der Qualität im Sinne einer klassischen, industriellen Qualitätskontrolle. Der Job heißt: Qualität gestalten und sichern. Und dahinter muß eine kleine oder große, auf jeden Fall aber motivierte und leistungsfähige Qualitätsmanagementorganisation aus Geschäftsführung, Qualitätsmanager und Qualitätsberatern in den Filialen oder Abteilungen stehen. Qualität ist nicht das Ergebnis von Zufall oder Ad-hoc-Aktionen, sie entsteht geplant und im Reisebüro durch Menschen.

In den Reisebüros hat sich durch die Qualitätsoffensiven am Tagesgeschäft wenig geändert. Lediglich bekannte und entdeckte Kanten und Ecken in den Abläufen und in den Köpfen der Mitarbeiter sind hinterfragt und auch verändert worden, und das zum Nutzen des Kunden. Damit kann das oberste Qualitätziel - die uneingeschränkte Zufriedenheit des Kunden mit der in Anspruch genommenen Dienstleistung - immer mehr erreicht werden. Und dies wiederum nützt letztlich dem Unternehmen hinsichtlich Wettbewerbsfähigkeit, Wirtschaftserfolg und Zukunftssicherung.

4 Qualitätsmanagement bei Messe- und Kongreßorganisationen

von Dipl.Betriebswirt (FH) Gerhard J. Hurst

4.1 Funktion und Bedeutung der Messe- und Kongreßwirtschaft

Grundlagen jeglicher gesellschaftlicher und wirtschaftlicher Entwicklung sind Wissen, Information und Kommunikation; sie waren schon immer für das Leben und Überleben des Menschen unverzichtbar. Kommunizieren entscheidet über Liebe und Kriege, über Glaube und Macht, über Geschäft im kleinen und großen Business. Dabei ist der Erfolg des Wirtschaftens nicht nur von der Produktivität der "Arbeitenden", sondern in einem zunehmenden Maße von der Produktivität der "Wissenden" abhängt. In dieser Entwicklungsphase der Menschheit erlangen die Kommunikationsinstrumente Kongresse, Messen, Präsentationen, Events, Tagungen, Seminare, kurzum alle Veranstaltungen, die zur persönlichen Begegnung und zum persönlichen Gespräch führen, einen wachsenden Stellenwert. Letztlich sind Gespräche, also zufällige und organisierte direkte Kontakte, uralte menschliche Grundbedürfnisse; sie sind Dreh- und Angelpunkt im Leben eines jeden Menschen.

Messen und Kongresse erfüllen damit wichtige soziale und wirtschaftliche Funktionen. Sie sind multifunktionale Ereignisse, ermöglichen Informations- und Innovationstransfer, sie sind gesellschaftliche und kulturelle Erlebnissse und sie sind Medienereignisse. Messen und Kongresse sind für Unternehmen, Verbände und Institutionen Instrumente des Marketings und der Öffentlichkeitsarbeit, sie sind Transfermedium von Coporate Cultur, Coporate Identity und Corporate Design.

Messen haben ihren Ursprung im Mittelalter, sie waren und sind heute noch privilegierte Märkte. Durch die Befreiung von gewerberechtlichen Bestimmungen und gesetzlichen Regelungen gelangen Messen und Ausstellungen in den Genuß von Sonderrechten, den sogenannten Marktprivilegien (*Kap. IV der Gewerbeordnung, §§ 64 - 68*). Messen erfüllen heute weit mehr als ihre ursprüngliche Aufgabe, nämlich Angebot und Nachfrage punktuell zusammenzuführen. Messen sind zu einem Forum für Begegnungen und Gespräche geworden, sie ermöglichen den Austausch von Informationen und Wissen in einer ereignisorientierten und konzentrierten Marktatmosphäre (*Croth/Lenz 1993*).

Weder die Gewerbeordnung noch andere gesetzliche Vorschriften enthalten eine offizielle Definition von Kongreßveranstaltungen. Der Begriff "Kongreß" ist abgeleitet aus dem lateinischen "congressus" und bedeutet Zusammentreffen, Wiedersehen, gesellschaftlichen Meinungsaustausch. Eine eindeutige Abgrenzung der dem Kongreßmarkt zugeordneten Veranstaltungsarten gibt es nicht. Die Begriffe Kongresse, Tagungen, Seminare, Symposien, Workshops, Versammlungen, Konferenzen werden nicht einheitlich und überschneidungsfrei verwendet. Vielfältig sind die Anlässe und die damit verbundenen Zielsetzungen von Veranstaltungen. Sie können sowohl wirtschaftlichen, wissenschaftlichen, politischen, militärischen, religiösen, kulturellen oder gesellschaftlichen Ursprungs sein und je nach Anlaß auf lokaler, regionaler, nationaler oder internationaler Ebene abgehalten werden.

Auf Grund der immer größer werdenden Komplexität von Produkten und Verfahren und der damit notwendigen Erklärungsbedürftigkeit, hat in den letzten Jahren die Kombinationsveranstaltung "Kongreß-Messe" an Bedeutung gewonnen. Damit verbunden ist ein Übergang von der projektorientierten zur nachfrageorientierten Messe. Weg von der Darstellung des technisch Machbaren, hin zur Information und zu kundenorientierten Problemlösungen.

4.2 Kommunalwirtschaftliche Bedeutung der Messe- und Kongreßwirtschaft

Neben dem geographischen Standort, den Kriterien der Infrastruktur und der klassischen Wirtschaftsförderung werden die sogenannten weichen Standortfaktoren wie Verfügbarkeit qualifizierter Arbeitskräfte, Aus- und Weiterbildungseinrichtungen, Möglichkeiten des Wissenstransfers und das Angebot von Informations- und Kulturveranstaltungen immer wichtiger (*Scheytt 1990*). Für Kommunen und Wirtschaftsregionen sind Kongreß-, Messe- und Kultureinrichtungen daher wichtige Elemente des Standort- und Städtemarketings.

Kongreß- und Messeaktivitäten haben neben der infrastrukturellen und marketingspezifischen Bedeutung auch sozioökonomische Auswirkungen für den Standort. Die Ausgaben insbesondere auswärtiger Besucher und Teilnehmer führen zu einem Kaufkraftzufluß, zu zusätzlicher Wertschöpfung und Steuermehreinnahmen. Teilnehmer an Kongressen und Messen geben durchschnittlich 340,--DM täglich für Unterkunft, Verpflegung, Gebühren und Sonstiges am Veranstaltungsort aus (*Infratest 1995*). Damit sind beschäftigungspolitische Auswirkungen verbunden. In den Kongreß- und Messebetrieben und bei deren Dienstleistern entstehen Arbeitsplätze, indirekt profitiert der gesamte Dienstleistungsbereich von der Kongreß- und Messewirtschaft. Mit den qualitativen (Infrastruktur, Werbung, Marketing) und quantitativen (Kaufkraftzufluß, Beschäftigung) Effekten rechtfertigen die Kommunen ihre z. T. erheblichen Investitionen in Kongreß-, Messe- und Kulturzentren und deren laufende Subventionierung. Der Gesamteffekt wird mit dem Begriff Umwegrentabilität umschrieben.

4.3 Der deutsche Kongreß- und Messemarkt

Durch das Fehlen einer laufenden, amtlichen Marktstatistik ist insbesondere der Kongreßmarkt ein intransparenter Markt. Auch im Messebereich gibt es keine lückenlose Markterhebung. Die jährlich vom Ausstellungs- und Messe-Ausschuß der Deutschen Wirtschaft e. V. (AUMA) herausgegebene Statistik liefert hier jedoch aufschlußreiche Marktdaten und zeichnet Entwicklungstendenzen auf.

Abbildung III.2:

Entwicklung des Messe- und Ausstellungswesen

	überregionale Messen	Wachstum 1984 - 1994	regionale Ausstellungen
Veranstaltungen	118		183
Aussteller	132.852	+ 53,4 %	59.565
Ausl. Aussteller	57.604	+ 67,5 %	
Vermietete Flächen/qm	5.796.214	+ 38,3 %	2.124.022
Besucher	8.934.347	+ 27,2 %	9.878.230

Quelle: AUMA 1995

Der **Kongreß- und Tagungsmarkt** verzeichnet nach Studien und Erhebungen von Verbänden, z. B. der Union of International Association, Brüssel (UIA) in den letzten 10 Jahren zweistellige Wachstumsraten. Eine vom German Convention Bureau (GCB) in Auftrag gegebene Marktuntersuchung ergab folgende Größenordnung für den deutschen Tagungsmarkt 1994/95 (*Infratest 1995*):

Teilnehmer	ca. 50 Mio
Übernachtungen	ca. 55 Mio
Veranstaltungen	610.000
Umsatzvolumen	43 Mrd. DM (inkl. 8,3 Mrd DM Reisekosten)
Anbieter	6.800.

Auch das **Messe- und Ausstellungswesen** ist seit Jahren gekennzeichnet durch kontinuierliches Wachstum. Für 1994 veröffentlichte der AUMA folgende Entwicklungsdaten des deutschen Messemarktes (siehe Abb. III.2).

4.4 Organisationen der Kongreß- und Messewirtschaft

Anbieter kongreß- und messespezifischer Dienstleistungen sind zum einen die Veranstaltungsstätten, also Einrichtungen, in denen Kongresse und Messen durchgeführt werden können. Hier kann man unterscheiden in:

- Kongreß- und Messezentren,
- Konferenz- und Tagungshotels,
- Stadt- und Mehrzweckhallen/Bürgerhäuser,
- Universitäten und Fachhochschulen, Bildungseinrichtungen und Akademien,
- sonstige Veranstaltungsstätten (Sporthallen, Stadien, Theater, Konzertsäle, Fabrikhallen, Schiffe, Busse, Bahnen, Zelte).

Zusammen mit dem Austragungsort und dessen gesamter Infrastruktur bilden die Veranstaltungsstätten den äußeren Rahmen von Veranstaltungen. Bei der Auswahl des Tagungsortes steht bei Veranstaltern die Funktionalität und Qualität der Veranstaltungsräumlichkeiten im Vordergrund. Weitere Kriterien sind nach ihrer Wertigkeit die verkehrsmäßige Erreichbarkeit, das Preis-Leistungs-Verhältnis, die Professionalität der Dienstleister, die Attraktivität des Standortes und Sicherheitsaspekte (*Infratest 1995*).

Neben den äußeren Rahmenbedingungen, den Räumlichkeiten und der Infrastruktur (Hardware) erfordert die Kongreß- und Messedienstleistung Organisations- und Serviceleistungen (Software). Diese können zum einen von den Kongreß- und Messezentren selbst erbracht werden, zum anderen aber auch von selbständigen Veranstaltungsagenturen (Werbe- und Marketingagenturen, Beratungsunternehmen) bzw. von Spezialisten für die Organisation von Kongressen und Messen, den Professionell Congress Organizern (PCO). Sie befassen sich ausschließlich mit der Organisation von Veranstaltungen. Die Angebote können von Teilleistungen wie touristischem Rahmenprogramm bis zum Fullservice reichen. Fullservice umfaßt Leistungen von der Planung und Konzeption, Budgetierung, Programmplanung, Auswahl der Tagungsstätte, der Kongreßvorbereitung (Verpflichtung von Rednern, Incoming und Unterkunft, Auswahl der Tagungsmittel und der Didaktik, etc. Besucher- und Ausstellerwerbung) bis zur Kongreß- bzw. Messedurchführung vor Ort und der Abrechnung bzw. Nachbereitung. Organisatoren treten demnach sowohl als

Anbieter (gegenüber dem Veranstalter und den Besuchern und Teilnehmern) als auch als Nachfrager von Leistungen, z. B. von Räumlichkeiten der Veranstaltungsstätten auf. Neben den Organisatoren sind eine ganze Reihe von Dienstleistern an der Erstellung des Produktes Kongreß bzw. Messe beteiligt. Hierzu gehören: Standbauunternehmen, Architekten, Graphiker, Designer und Dekorateure, Hostessen- und Dolmetscherdienste, Künstleragenturen, Marktforschungsinstitute und Messeconsulter, Spediteure und Handwerker, Reisebüros und Verkehrsämter, Transport- und Gastronomieunternehmen.

Nachfrager von Kongreß- und Messedienstleistungen sind die Träger von Veranstaltungen, die "Veranstalter". Dies können sowohl private als auch öffentliche Organisationen sein, die bei Anbietern kongreß- und messespezifische sowie kongreßtouristische Dienstleistungen nachfragen. Als Veranstalter treten auf:

- Verbände und Vereine,
- politische Parteien,
- Gewerkschaften,
- berufsständische Organisationen,
- Institute,
- wissenschaftliche Organisationen und Akademien,
- Firmen und Unternehmen,
- Trainings-, Schulungs- und Beratungsunternehmen.

Die Veranstalter entscheiden über Ziele, Inhalt und Ort der Veranstaltungen und tragen letztlich die inhaltliche und wirtschaftliche Verantwortung, sie sind die direkten Nachfrager. Indirekte Nachfrager von Kongreß- und Messedienstleistungen sind Tagungs- und Kongreßteilnehmer sowie Messebesucher und Aussteller.

4.5 Branchenspezifische Besonderheiten und ihre Auswirkungen auf die Qualität.

Während im allgemeinen Dienstleistungsbereich qualitative Bewertungen der Produkte im Vergleich zum Sachgüterbereich bereits schwierig sind, wird für die speziellen Kongreß- und Messedienstleistungen die qualitative Bewertung der Produktionsergebnisse durch eine Reihe von Besonderheiten zusätzlich erschwert.

Immaterialität und Materialität

Kongreß- und Messedienstleistungen bestehen aus einem Bündel von materiellen (Räumlichkeiten, technisches Equipment) und immateriellen (Organisation, Service) Leistungen. Konzeption, Organisation und Durchführung von Veranstaltungen sind das Ergebnis eines Leistungserstellungsprozesses, sie sind ein Produkt mit definiertem Anfang und konkretem Ende, ein "Markt auf Zeit" (*Selinski/Sperling 1995*). Dabei bestimmt die Zielsetzung einer Veranstaltung deren Vorbereitung, Ablauf und Gestaltung und ist Ausgangspunkt aller Qualitätsbetrachtungen und Maßnahmen von Kongreß- und Messedienstleistungen. Veranstaltungsziele können innovativen Charakter haben, die Motivation fördern, der Information und Entscheidungsfindung dienen oder sie sollen den Verkauf verbessern. Veranstaltungen dienen aber auch der Unterhaltung, ermöglichen Kontakte und Begegnungen, Fort- und Weiterbildung.

Simultanität von Produktion und Konsum/keine Lagerfähigkeit

Messen und Kongresse haben unterschiedliche, teilweise über Jahre hinweggehende Vorbereitungszeiten. Dennoch fallen die Hauptphasen des Veranstaltungsprozesses (Durchführung und Abwicklung) zusammen mit der Abnahme der Leistung und dem Erlebnis der Veranstaltung durch den Kunden. Aus dieser Simultanität von Produktion und Konsumtion und der damit fehlenden Lagerfähigkeit ergibt sich für die Qualitätssicherung das Problem, daß eine Endkontrolle nicht möglich ist, bevor der Kunde die Leistung erhält. Eine schlecht ausgeführte Dienstleistung, eine mangelhafte Kongreßabwicklung kann letztlich nicht zurückgenommen werden und Nachbesserungen sind auf Grund des prozessualen Charakters von Messen und Kongressen nur in beschränktem Umfange möglich.

Heterogene Anbieter und Nachfragestruktur

Anbieter und Nachfrager von Kongreß- und Messedienstleistungen sind sehr heterogen und oft nicht eindeutig voneinander zu trennen. So sind z. B. bei den "speziellen" Dienstleistungsunternehmen Kongreß- und Messegesellschaften die Nachfrager (Aussteller, Besucher und Teilnehmer) und eine Reihe von Mitanbietern (Dienstleister) als "Fremdfaktoren" in den Veranstaltungsablauf und in die Betriebsabläufe (Produktion) einbezogen. Gleichzeitig bestimmen sie auch das Endergebnis einer Veranstaltung durch Eigenleistungen und ihre Beteiligung wesentlich mit. Aussteller, Besucher und Teilnehmer sind gleichzeitig und "in einer Person" Kunden, Produktionsfaktoren, Coproduzenten und Comarketingpartner der Veranstalter. Veranstalter, Aussteller, Besucher und Teilnehmer sind, wenngleich auch mit unterschiedlicher Gewichtung, Initiatoren, Ausführende und Beteiligte eines Prozesses zur Herstellung von Kongreß- und Messedienstleistungen. Diese außerordentlich komplexen Beziehungen zwischen Anbietern und Nachfragern erschweren eine objektive Bewertung und führen zu einer relativ hohen Schwankungsbreite in der Qualität von Kongreß- und Messedienstleistungen. Kongresse und Messen sind zu keinem Zeitpunkt ein klar abgegrenztes und eindeutig zu definierendes Produkt; sie sind Prozesse, die von den Veranstaltern und den beauftragten Dienstleistern gemanagt werden müssen.

Individualität

Kongreß- und Messedienstleistungen sind individuell zu erbringen, sie sind auf den jeweiligen Kunden und die Veranstaltungszielsetzung zu spezifizieren. Selbst bei Veranstaltungen, die sich wiederholen, ist eine Standardisierung nicht möglich. Die Anforderungen an die Kreativität, Flexibilität und Anpassungsfähigkeit der Dienstleister im Kongreß- und Messebereich ist daher sehr hoch. Qualifizierte Mitarbeiter sind deshalb das wichtigste Potential von Kongreß- und Messeunternehmen.

Standortabhängigkeit

Die Qualität von Kongreß- und Messeangeboten wird entscheidend mitbestimmt von den Rahmenbedingungen, den Kongreß- bzw. Messeeinrichtungen und den übrigen Standortfaktoren der Veranstaltungsdestination. Die Auswahl eines Veranstaltungsortes erfolgt dabei nicht immer nach realen Beurteilungskriterien, oft spielen politische, wirtschaftliche, wissenschaftliche, aber auch persönliche Gründe eine Rolle. Dies hat zur Folge, daß die Qualität von Kongreß- und Messedienstleistungen nicht in allen Bereichen durch den Dienstleister selbst gesteuert und beeinflußt werden kann.

4.6 Bestimmungsfaktoren für die Qualität von Kongreß- und Messeveranstaltungen

Erfolgreiche Kongreß- und Messeveranstaltungen werden entscheidend von vier Faktoren bestimmt.

1. Im Vordergrund stehen die Inhalte, das Angebot und der Programmablauf. Dabei müssen die Kundenerwartungen berücksichtigt werden, sie müssen Leitlinie bei der Veranstaltungskonzeption sein. Dies gilt sowohl für Kongreß- als auch für Messeveranstaltungen (*Huckemann/ter Weiler 1995*).
2. Die Umgebung, das Umfeld und der räumliche Rahmen sollen durch ein ansprechendes Ambiente (objektive Wahrnehmung) und eine angenehme

Atmosphäre (subjektive Wahrnehmung) zu einem Ereignischarakter beitragen.

3. Eine perfekte Organisation und eine störungsfreie Durchführung sind die Basis für einen erfolgreichen Veranstaltungsprozeß.
4. Ein qualifizierter und unaufdringlicher Service auf allen Organisationsebenen und in allen Durchführungsphasen fördern die Zufriedenheit und Convience der Teilnehmer.

Abbildung III.3:

Qualitätsfaktoren und ihre Bestimmungsgründe

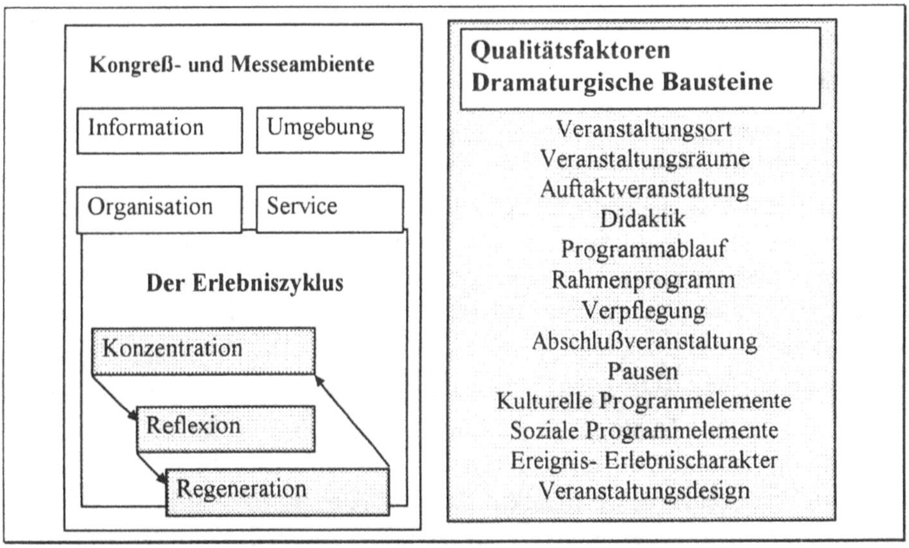

Erst das reibungslose und nahtlose Zusammenspiel dieser vier Faktoren und eine ständige Kommunikation zwischen den Veranstaltern, den Organisatoren und Dienstleistern führen für die Besucher und Teilnehmer einer Veranstaltung zum erfolgsnotwendigen Erlebniszyklus, dessen erste Phase in der Konzentration für die Wahrnehmung der Informationen besteht (vgl. Abb. III.3). Darauf folgt die Reflektionsphase mit der Aufnahme und Verarbeitung der Informationsinhalte. Die daran anschließende Regenerationsphase mit Nahrungsaufnahme, Ruhepausen und sozialen Kontakten am Rande leitet wieder über zur Konzentrationsphase. Zur Steuerung aller Einflußfaktoren auf den Erfolg und die Qualität erfordern Kongreß- und Messeveranstaltungen ein

"Drehbuch", das dramaturgische Bausteine, Termine, Abläufe und Ereignisse minutiös plant und im voraus festlegt.

4.7 Qualitätsziele von Kongreß- und Messedienstleistungen

Kundenzufriedenheit ist der entscheidende Qualitätsmaßstab eines Qualitätsmanagements im Kongreß- und Messebereich. Dabei ist Qualität als "Erfüllung der Erwartungen und Anforderungen der Nachfrager/Kunden" zu definieren. Die heterogene Angebots- und Nachfragestrukturen erschweren dabei die Qualifizierung und Bewertung von Qualitätsmerkmalen. Kongreß- und Messeveranstaltungen erfordern ein hohes Maß an organisatorischer Präzision und Flexibilität und nur auf der Basis funktionierender betriebsinterner Abläufe können die Ressourcen optimal im Dienste des Kunden eingesetzt werden.

Mitarbeiterzufriedenheit ist einerseits Voraussetzung für Qualität im Dienstleistungsbereich, da die Mitarbeiter durch den direkten Kontakt mit den Kunden entscheidenden Einfluß auf deren Zufriedenheit haben. Andererseits ist die Qualität der Produkte, sind reibungslose Prozeßabläufe sowie optimierte Kommunikationsstrukturen gerade bei Kongreß- und Messeveranstaltungen Voraussetzung für motivierte Mitarbeiter und eine erfolgreiche Produktgestaltung.

Die Sicherung und der Ausbau der **Wettbewerbsposition** wird wesentlich durch einen hohen Qualitätsstandard in der Kongreß- und Messeabwicklung und der daraus abgeleiteten Kundenzufriedenheit beeinflußt und bestimmt. Auf Grund der fehlenden Prüfbarkeit der Produkte spielen vertrauensbildende Maßnahmen, wie qualifiziertes Auftreten der Mitarbeiter, professionelles Kommunikationsverhalten nach innen und außen, das äußere Erscheinungsbild und erfolgreiche Referenzveranstaltungen eine entscheidende Rolle.

Kostensenkung und Ergebnisoptimierung sind quantitative Qualitätsziele, die durch optimierte Abläufe und perfekte Veranstaltungsprozesse realisiert werden können. Eine wichtige Rolle spielen hierbei Zielvorgaben und Qualitätskontrollen, sowohl innerhalb des Unternehmens als auch bei den Zulieferbetrieben, den Dienstleistern und Coproduzenten. Zu beachten sind dabei die Zielkonflikte zwischen quantitativen (Auslastung, Ergebnis, Kosten) und qualitativen (Service, Kundenzufriedenheit, Mitarbeiterzufriedenheit) Qualitätszielen.

Die **Sicherheit** von oft mehreren tausend Besuchern/Teilnehmern ist ein Elementarziel, insbesondere der Betreiber von Kongreß- und Messezentren. Das Einhalten von Sicherheitsvorschriften, regelmäßige Sicherheitsüberprüfungen sowie automatische Gegenseitigkeitskontrollen innerhalb der Prozeßabläufe sind wichtige Elemente des Qualitätsmanagements im Kongreß- und Messebereich.

4.8 Qualitätskontrolle in der Kongreß- und Messewirtschaft

Die **quantitativen Ziele** (Auslastung von Kongreß- und Messezentren, Aussteller- und Teilnehmerzahlen, Kosten und Ergebnisse) können durch die traditionellen Instrumente des Rechnungswesens und der Statistik gemessen und kontrolliert werden. Für aussagefähige und entscheidungsrelevante Informationen ist eine differenzierte Kostenrechnung mit Kostenträger- und Kostenstellenergebnissen auf der Basis von Deckungsbeiträgen sowie zur Zielvorgabe eine Plankostenrechnung und Budgetierung erforderlich. Der prozessuale Charakter von Kongreß- und Messedienstleistungen erfordert eine laufende Budgetüberwachung mit entsprechender Fortschreibung und die Definition von Abbruchkriterien bei Nichterreichen von Zwischenzielen.

Die **qualitativen Ziele** werden bestimmt und beeinflußt von flexiblen Organisationen, funktionierenden Betriebsabläufen und strukturierten Kommunikationswegen zwischen den einzelnen Leistungsproduzenten. Die z. T. jahrelangen Vorlaufzeiten von Messen und Kongressen erfordern eine präzise Planung und Terminkontrolle der einzelnen Prozeßschritte. Marktbeobachtung und Instrumente der Marktforschung werden eingesetzt, um Kundenwünsche und Erwartungen im voraus zu erfahren und zu analysieren. Die Simultanität von Produktion und Konsumtion der Kongreß- und Messedienstleistungen erlaubt eine Endkontrolle jedoch nur während der Veranstaltung bzw. im Nachhinein. Instrumente hierfür sind Aussteller-, Besucher- und Teilnehmerbefragungen. Diese werden je nach Größenordnung als Totalerhebung oder repräsentativ durchgeführt. Dieses Instrument ist auch einsetzbar für die Kontrolle der Leistungen von Veranstaltungsstätten gegenüber externen Veranstaltern. Auf Grund des direkten Kundenkontakts sind hier auch laufende Kundengespräche wichtige Elemente eines professionellen Beschwerdemanagements.

Für den Messebereich liefert darüber hinaus die "Gesellschaft zur freiwilligen Kontrolle von Messe- und Ausstellungszahlen (FKM)" Informationen und Auskünfte über die Qualität von Messeveranstaltungen. Die FKM ist ein Selbstverwaltungsorgan der deutschen Messegesellschaften, dessen Geschäftsführung durch den AUMA in Köln wahrgenommen wird. Die 51 Gesellschafter der FKM haben 1994 für 350 Messen und Ausstellungen die Besucher-, Flächen- und Ausstellerzahlen sowie Besucherstrukturtests durch einen Wirtschaftsprüfer kontrollieren lassen und im jährlichen FKM-Bericht publiziert (*FKM 1995*).

4.9 Qualitätszertifizierung in der Kongreß- und Messewirtschaft

Bewußte und tatsächlich eingesetzte Qualitätskonzepte, insbesondere aber Zertifizierungen, spielen in der Kongreß- und Messebranche noch eine untergeordnete Rolle. Die Unfähigkeit der Produktprüfung im Voraus und ein größerer und schärferer Wettbewerb auf europäischer Ebene zwingen die Anbieter von Kongreß- und Messedienstleistungen jedoch zu verstärkten Qualitätsanstrengungen und zum Qualitätsnachweis als Wettbewerbsargument. Auf Grund des prozessualen Charakters der Kongreß- und Messedienstleistung kann die Zertifizierung eines Qualitätsmanagementsystems, das Verfahren, Abläufe und Prozesse regelt und qualitativ definiert, ein wichtiges Argument zur Vertrauensbildung gegenüber dem Kunden sein.

Die Heterogenität der Anbieter- und Nachfragerstrukturen, die Simultanität von Produktion und Konsumtion und die Individualität der Kongreß- und Messedienstleistungen erfordern ein mehrdimensionales, kundenorientiertes Qualitätskonzept. Notwendig ist eine laufende Anpassung an sich verändernde und neue Anforderungen und damit verbunden eine stetige Verbesserung der Leistungen im Sinne des japanischen "Kaizen". Entsprechend dieser japanischen Qualitätsphilosophie sind alle Mitarbeiter und Dienstleister in die Qualitätskonzeption einzubeziehen, Anwendungsbereich muß das gesamte Unternehmen sein und Qualität ist als strategische Aufgabe zu verstehen. Obwohl Kaizen in erster Linie für die industrielle Produktion entwickelt wurde, ist es durch seinen prozeßorientierten Ansatz sehr gut anwendbar für die Kongreß- und Messedienstleistung, bei der es um das "Management von Prozessen" geht. Derartige umfassende Anforderungen, die einem Total Quality Management entsprechen, erfüllt eine Zertifizierung nach der DIN ISO nur unzureichend. Ergänzend zu einer ISO-Zertifizierung sollten daher in der Kongreß- und Messewirtschaft Qualitätskonzepte umgesetzt werden, die Auszeichnungen wie den Deming Prize (Japan) den Malcolm Baldrige Award (USA) oder den European Quality Award (Europa) ermöglichen.

Konkrete Ansätze für eine Zertifizierung gibt es im Messebereich. Der Fachverband Messe- und Ausstellungsbau e.V. (FAMAB) hat im Sommer 1994 mit sechs Unternehmen aus der Messebaubranche das Pilotprojekt "ISO 9000" gestartet. Erste Zertifizierungen sind erfolgt; aus den positiven Erfahrungen der Pilotunternehmen erwartet der FAMAB eine Signalwirkung auf alle Mitgliedsunternehmen des Verbandes (*FAMAB 1995*). Als erstes Messeunternehmen wurde die Messe Klagenfurt im Herbst 1995 nach DIN ISO zertifiziert. Für die österreichische Messegesellschaft ist Total Quality Management und das damit verbundene Herausstellen von Stärken eine zwingend notwendige Strategie, um ihre Position im marktwirtschaftlichen Wettbewerb zu sichern (*Messemarkt 1995*). Das erste Pilotprojekt für ein Qualitätsmanagement nach der DIN ISO 9000 für Veranstaltungshallen wurde Mitte 1995 bei der Stadthalle Rosenheim gestartet (*CIM 1995*). Sowohl der Internationale Verband der Stadt-, Sport- und Mehrzweckhallen (VDSM) als auch der Ausstellungs- und Messeausschuß der Deutschen Wirtschaft (AUMA) und das Deutsche Kongreßbüro (GCB) fördern die Diskussion um die Einführung von Qualitätsmanagementsystemen in der Kongreß- und Messewirtschaft und empfehlen ihren Mitgliedsunternehmen eine Zertifizierung nach DIN ISO.

5 Qualitätsmanagement in der Hotellerie

von Klaus Fidlschuster, Projektmanager Steigenberger Consulting GmbH

5.1 Wozu Qualität?

Früher kannte ein Herbergswirt alle seine Gäste. Er hätte ihnen wohl kaum ein unbequemes Nachtlager oder eine schlechte Mahlzeit verkauft, das gebot die Tradition der Gastfreundschaft. Zwar werden in der Literatur auch "habgierige Wirte" beschrieben, die den Fremden auf der Durchreise zuviel für das letzte freie Bett zahlen ließen, aber schon damals galt das Gesetz von Angebot und Nachfrage. Allerdings beschränkte sich die Nachfrage der Reisenden meist auf ein sauberes Bett, eine warme Mahlzeit sowie Unterstand und Futter für die Pferde - sehr einfache Dienstleistungen, deren Qualität jeder Gastgeber dank der kleinteiligen Struktur der Betriebe leicht überwachen konnte, wenn er sie schon nicht selbst erbrachte.

Erst im 19. Jahrhundert wuchsen die Hotelbetriebe in ihrer durchschnittlichen Größe und die notwendige Anzahl der Bediensteten stieg. Die Anforderungen der adeligen und zunehmend auch großbürgerlichen Gäste an die entstehenden Grand Hotels waren hoch. Die ständige Verfügbarkeit von "dienstbaren Geistern" war selbstverständlich, die Mitarbeiter eines erstklassigen Hotels mußten beinahe so perfekt sein wie das eigene Personal. Die sozialen Strukturen und die schwache Position der Arbeitnehmer machte eine Führung und Kontrolle der Mitarbeiter noch relativ einfach. Fehlverhalten von Angestellten endete nicht selten mit dem sofortigen Verlust des Arbeitsplatzes.

Mit dem Nachrücken weiterer Gesellschaftsschichten in den Kreis der Touristen im 20. Jahrhundert wurde die Demokratisierung des Reisens eingeleitet und der Grundstein zur heutigen Tourismusindustrie gelegt.

Aufgrund der bis in die 80er Jahre ständig wachsenden Nachfrage wurden Fehlentwicklungen in Hotelbetrieben kaum transparent. In gesättigten Märkten und im Rahmen eines gnadenlosen Wettbewerbs werden dagegen mangelnde Dienstleistungsbereitschaft = Qualität vom heute durchweg anspruchsvollen Gast sofort quittiert (*weitergehende Ausführungen in DEHOGA, ÖHV, SHV, SWV 1992, S. 108 ff.*).

Da die Hotellerie bereits durchgehend einen sehr guten architektonischen und innenarchitektonischen Ausstattungsstandard erreicht hat, wird sich in Zukunft die Qualität von Dienstleistungen und Waren als wettbewerbsentscheidender Faktor herausstellen. Die immer stärker festzustellende Flexibilität der

Kunden, der Verlust der angestammten Märkte, die Globalisierung des Angebotes, die veränderte Distributionswege und neue Informationstechnologien bedeuten für den Hotelier Chancen und Risiken in bisher nicht bekannten Dimensionen.

In Zeiten des verschärften Wettbewerbs, steigenden Kostendrucks und multifunktional einsetzbarer Mitarbeiter kommt dem Qualitätsmanagement in der Hotellerie heute mehr denn je eine strategische Bedeutung zu. Der Kunde wird die Marktfähigkeit der Dienstleistung "Hotel" in Zukunft noch klarer definieren. Unzureichende Qualität wird sich in den Wirtschaftsdaten der einzelnen Häuser noch schneller und noch klarer ausdrücken.

5.2 Branchenspezifische Messung von Qualität

Alle großen Gesellschaften führen regelmäßige Überprüfungen der Produktqualität in ihren Häusern durch. Diese Praxis wird bisher in der mittelständischen Hotellerie nach wie vor nur sporadisch praktiziert. Die gute Kenntnis der betriebsspezifischen Problemfelder und der fehlende laufende Vergleich mit Konkurrenzbetrieben führen hier oft zu einer gewissen Selbstzufriedenheit und schleichender Qualitätsverschlechterung.

Derzeit stellt die Zertifizierung nach ISO 9000 die einzige europaweit anerkannte Auszeichnung einer Qualitätssicherung auf hohem Niveau dar. In der Industrie bereits zum Standard erhoben, stehen Dienstleistungsbetriebe erst am Anfang einer Zertifizierungswelle. Allerdings sind die Aufwendungen im Zusammenhang mit der Zertifizierung nicht unerheblich, so daß die Bereitschaft der Hotellerie für ein Engagement in dieser Art der Qualitätssicherung noch relativ gering ist. Zur Qualitätssicherung bezieht sich die ISO 9000 vorwiegend auf eine sehr genaue Dokumentation von Abläufen und damit auf die Bewertungsfähigkeit von Einzeltätigkeiten (*für weitergehende Diskussionen vgl. auch Kamiske/Bauer 1993, S. 79 ff.; Deutsches Institut für Normung 1990*). Erfahrungsgemäß liegt allerdings bei allen Dienstleistungsberufen gerade in der Dokumentation eine Schwierigkeit.

Das Lächeln eines Mitarbeiters kann bei einem Gast zwar enorm viel bewirken, ist aber mittels Handbuch nicht zu verordnen. Beinahe alle Tätigkeiten hängen mit den ausführenden Mitarbeitern und ihrer Persönlichkeit, der Tagesverfassung und anderen momentanen Einflüssen zusammen. Diese Rahmenbedingungen zu erfassen, die Abläufe so weit wie möglich störungsfrei zu gestalten und organisatorische Hindernisse zu beseitigen, sind die wichtigsten Aufgaben bei den Erstellungen von solchen Dokumentationen. Die Dokumentation wird, gemeinsam mit einer in den Betrieb zu implementierenden Organisation zur Einhaltung dieser Richtwerte und Qualitätsansprüche, in sogenannten "Audits" (Vorbereitungssitzungen) erarbeitet und endet in einer Zertifizierung durch geprüfte Auditoren (die Mitarbeiter sind in das Programm von Beginn an einzubinden, *vgl. hierzu Matthes 1992, S. 213 ff.*).

Allerdings ist auch im Tourismus damit zu rechnen, daß der Kunde in Zukunft eine Garantie für die Qualität der "bestellten Leistung" erwartet, so daß eine Qualitätsmanagementstrategie unbedingt erforderlich wird. Deshalb sind Eigenentwicklungen zur Qualitätssicherung notwendig, die einzigen Mittel zur Kontrolle und Korrektur der erbrachten Leistung.

Die Steigenberger Hotels AG beispielsweise baut seit 1994 ihr Qualitätsmanagement kontinuierlich aus. Alle zu erbringenden Dienstleistungen am Gast sind in den unter meiner Federführung von der Steigenberger Consulting erarbeiteten Checklisten erfaßt, die Standards dafür sind sehr klar und präzise definiert. Die Bewertungskriterien dienen den Mitarbeitern in den Häusern als Leitfaden in den einzelnen Abteilungen und den einzelnen Positionen. Schulungen und Einarbeitungen von Mitarbeitern werden anhand dieser Richtlinien durchgeführt und können intern jederzeit überprüft und damit korrigiert werden. Um allerdings eine objektive Bewertung aus der Sicht des Gastes zu erhalten, werden alle Betriebe einmal jährlich von anonymen Qualitätsprüfern bewertet. Die Bewertung aus der Gastsicht zeigt Mängel auf und führt nachfolgend wieder zum daraus resultierenden Schulungsbedarf und somit zur Korrektur. Die darin erzielten Ergebnisse werden von der Konzernleitung als prägendes Element zur Qualitätssicherung und -verbesserung gesehen.

Bereits in den ersten beiden Jahren nach der Einführung konnte eine deutliche Verringerung der Fehlerquote in Dienstleistungen und bei angebotenen Qualitäten erreicht werden. Besonderer Wert wird dabei auf Kontinuität der Leistungen in allen Abteilungen gelegt. Der leicht erklärbare Hintergrund: Eine einzige schlechte Abteilung führt zu einer negativen Bewertung des Gesamtbetriebes und damit zum Kundenverlust.

5.3 Das Konzept der Messung

Die umfangreichen Checklisten enthalten 250 Fragestellungen aus der Sicht des Gastes. Der Bogen der Bewertung reicht von der Annahme eines Reservierungsanrufes bis zum Dankesbrief nach einer Veranstaltung. Fachliche Kompetenz, Zielstrebigkeit und Freundlichkeit sind Hauptkriterien in der Qualitätsbeurteilung für den einzelnen Mitarbeiter. Produktfrische, Zubereitungsgenauigkeit und Präsentation werden als Maßstäbe für die Küchenleistungen sehr hoch bewertet. Gerade die Kombination aus diesen beiden Elementen wird vom Kunden besonders intensiv wahrgenommen. Die oft sehr hoch bewerteten Elemente der Innenarchitektur sind unter dem Gesichtspunkt Qualitätssicherung hinter die Dienstleistungselemente zu reihen.

Abbildung III.4:

QUALITY CHECKS FRAGEBOGEN
MUSTERHOTEL
SERVICES

ANONYME UNTERSUCHUNG — Datum: 01.04.96 - 03.04.96

Abteilung 2.1 Empfang

Bereich 2.1.1 Reservierung

Kriterien	Punktwerte		Punkte	N.V.	Bemerkung
	Art	max.	erreicht		
Telefonantw. bis max. 5x klingeln	fix	2	*2*		
Korrektes, freundliches Begrüßen durch Mitarbeiter/Namensnennung	fix	3	*3*		
Information zur Zimmerverfügbarkeit ist schnell vorhanden	fix	1	*1*		
Kundenname wurde wiederholt (buchstabiert wenn nötig)	fix	1	*1*		
Alternativen in Zimmertyp und Datum wurden angeboten	flexibel	2		*x*	
Mitarbeiter versucht höherwertigere Zimmer zu verkaufen	flexibel	2		*x*	Wochenendpauschale
Aufenthaltsdatum, Gastname und Adresse wurde wiederholt	fix	1	*1*		
Mitarbeiter erfragte Zahlungsmodus und Rechnungsadresse	fix	1	*0*		nur in Stadthotels
Frage nach Anreisezeit Frage nach Raucher/Nichtraucher	fix	1	*1*		
Mitarbeiter dankt für die Reservierung und wünscht schönen Tag etc.	Fix	2	*2*		
Schriftliche Bestätigung wird versprochen und ist angekommen	fix	1	*1*		auf Anfrage
Bestätigung enthält zusätzliche Informationen über Parkmöglichkeiten, Taxis, Anfahrt etc.	fix	1	*1*		
Reservierung	**Total**	14	***13***	*(nur beantwortete Punkte gewertet)*	
			92,9%		

5.4 Die Bewertung

Ein computergestütztes Bewertungssystem erlaubt eine Bewertung unter Berücksichtigung der tatsächlich vorhandenen Dienstleistungen.

Sollte z. B. in einem Hotel ein Doorman nicht vorgesehen sein, so werden diese Bewertungen in den standardisierten Listen neutralisiert, und die Leistungsskala für den Empfangsbereich kann wiederum an 100 % des geforderten Leistungsvolumens für diesen Bereich gemessen werden.

Die Punktvergabe für die Einzelleistung wurde so gewählt, daß Basisleistungen mit einer fixen Punktzahl, verkaufsfördernde Verhaltensmuster mit einer flexiblen Punktzahl versehen sind, um die Meßbarkeit, und über mehrere Besuche auch die Vergleichbarkeit, der Leistungen zu steigern.

Abbildung III.5:

QUALITY CHECKS FRAGEBOGEN
MUSTERHOTEL
SERVICES

ANONYME UNTERSUCHUNG — Datum: 01.04.96 - 03.04.96

Abteilung 2.1 Empfang

Bereich 2.1.1 Reservierung

Kriterien	Punktwerte		Punkte	Punkte	Bemerkung
	Art	max	erreicht	in %	
Reservierung		14	***13***	92,9	
Check-in		36	***31***	86,1	
Telefonzentrale		18	***18***	100,0	
Information		16	***14***	87,5	
Check-out		19	***19***	100,0	
Empfang	**Total**	103	***95***	*(nur beantwortete Punkte gewertet)*	
			92,2%		

Die Wertung der Leistungen ist nach der altbekannten 80:20 Regel ausgelegt, so daß die "Basisleistungen" mit ca. 80 % in jedem Fall erreicht werden müssen, um eine noch ausreichende Bewertung zu erreichen. Die restlichen 20 % sind jene Erfolgsfaktoren, die vom Gast positiv wahrgenommen werden, dadurch Kunden binden, keine zusätzlichen Personalkosten verursachen, zusätzliche Umsätze bringen und damit die betriebswirtschaftlichen Ergebnisse erheblich beeinflussen.

Abbildung III.5 zeigt eine Liste mit den verschiedenen Bewertungskriterien einer einzelnen Abteilung.

Um eine ausgewogene Beurteilung einer Abteilung zu erreichen, wird jede Abteilung nach Möglichkeit in kleinere Bereiche unterteilt. So kommt es beispielsweise am Empfang zu einer Auflistung von 5 unterschiedlichen Bereichen:

- Reservierung
- Check-in
- Telefonzentrale
- Information
- Check-out

Abbildung III.6:

QUALITY CHECKS FRAGEBOGEN
MUSTERHOTEL
SERVICES & INFRASTRUKTUR
ANONYME UNTERSUCHUNG — Datum: 01.04.96 - 03.04.96

Kriterien	Punktwerte		Punkte	Punkte	Bemerkung
	Art	max	erreicht	in %	
Empfang		103	***95***	92,2	
Hausdamenbereich		98	***86***	87,8	
Food & Beverage		335	***291***	86,9	
Fitneß/Schwimmbad		22	***22***	100,0	
Infrastruktur		127	***112***	88,2	
Bankett/Tagungen		70	***66***	94,3	
Total Hotel		755	***672***	*(nur beantwortete Punkte gewertet)*	
			89,0%		

Dabei erfährt jeder bewertbare und abgrenzbare Bereich eine Einzelwertung und fließt auch anteilig in das Abteilungsergebnis ein. Diese detaillierte Bewertung führt in der Folge zu gezielteren Schulungsmaßnahmen und punktgenauen Verbesserungen. Die Auswertung für das Hotel erfolgt als Grafik und nach Prozentpunkten. Bei mehrfachen Überprüfungen kann der letzte Besuch zur besseren Beurteilung in die Grafik mit eingearbeitet werden, um die Vergleichbarkeit herzustellen.

Dieselbe Grundlage der Bewertung wird für den Gesamtbetrieb verwendet und sowohl graphisch als auch in Prozentwerten dargestellt. Diese Darstellung des Gesamtergebnisses dient der Direktion und den Hoteltrainern als Basis zur Festlegung des notwendigen Schulungsbedarfs. Die größten Schwachstellen und damit Gefahrenbereiche für Kundenverlust und betriebswirtschaftliche Einbußen lassen sich hier bereits sehr einfach ablesen. Weiterhin dient die Gegenüberstellung des letzten Besuches der Kontrolle der Trainer und Schulungsbeauftragten, um die erreichten Veränderungen zu dokumentieren.

Abbildung III.7:

Darstellung der Ergebnisse

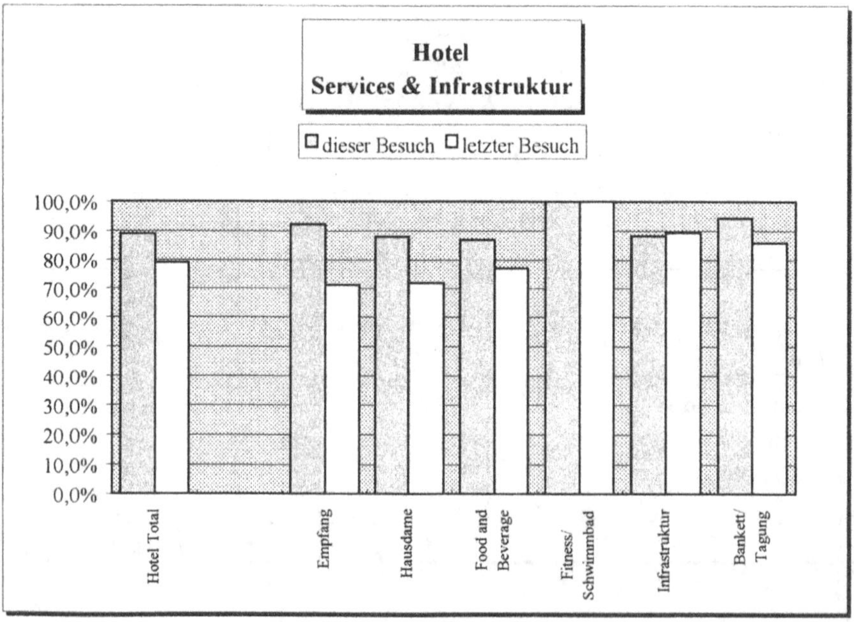

5.5 Umsetzungsprobleme

Fehlende finanzielle Mittel und eine unberechtigte Scheu vor externen Trainern stellen wohl die größten Hemmschwellen bei der kontinuierlichen Schulung und Weiterbildung der Mitarbeiter dar. Fehlende Impulse bei Führungskräften und der fehlende ständige Vergleich mit den relevanten Mitbewerbern führen in vielen Betrieben zu stagnierender Qualität.

Gerade für die Hotellerie muß der Bereich Qualitätssicherung durch Weiterbildung der Mitarbeiter kritisch betrachtet werden. "Schlanke" Personalbestände und hohe Fluktuation erhöhen die Problematik, die notwendige Zeit sowie Mittel zur Weiterbildung zur Verfügung zu stellen. Betriebsinterne Schulungen und der Einsatz von Trainern für spezielle Themen werden im Vergleich zu anderen Branchen immer noch unterdurchschnittlich betrieben.

6 Qualitätsmanagement in der Gastronomie

Klaus Fidlschuster, Projektmanager Steigenberger Consulting GmbH

6.1 Wozu Qualität?

Im Unterschied zur Hotellerie erfolgt in der Gastronomie die Rückmeldung durch den Gast und somit auch die wirtschaftliche Auswirkung sehr viel schneller. Der Kunde reflektiert den Genuß oder das Unbehagen sehr direkt durch Lob oder Reklamation und im schlimmsten Fall durch sein Fernbleiben.

Zu unterscheiden sind in den Qualitätsansprüchen alle Arten der frischen Einzelzubereitung und der frischen Mengenproduktion und die dazugehörigen Servicearten. Im Zuge der Rationalisierungen verwischen bereits Konturen, da auch Restaurants längst nicht mehr alle Produkte und alle Arbeitsgänge in der gesamten Fertigungstiefe selbst bearbeiten. Halbfertig- und Fertigprodukte sind in der heute lieferbaren Qualität absolut konkurrenzfähig zur Zubereitung im eigenen Haus.

6.2 Bewertung von Qualität in gastronomischen Unternehmen

Frisch vom Markt galt - und gilt immer noch - als oberster Qualitätsanspruch für die Gastronomie. Dies war in der Zeit der einheimischen Küche weitgehend richtig, da die Produkte aus dem direkten Umfeld Verwendung fanden. Mit der inzwischen aufgekommenen Vielfalt in den Arten und Angeboten hat auch die Verpflegungsproblematik zugenommen.

Exotische Früchte, Seefische oder Erdbeeren im Winter sind heute in jedem Landgasthof erhältlich. Da frühzeitige Ernte, Restreife im Container und Transportzeiten der Qualität des frischen Produktes abträglich sind, setzt sich immer häufiger eine Teilverarbeitung des vollreifen, frischen Produktes vor Ort durch. Die Bewertung erfolgt in der Verpflegungsindustrie in erster Linie nach den subjektiven Sinneseindrücken der Konsumenten. Gute optische Präsentation, runder und produktgetreuer Geschmack sind die Parameter, die noch weit vor personalintensiven Dienstleistungen wie Kochen oder Servieren bewertet werden.

Daher ist unter den wirtschaftlichen Aspekten die Optimierung des Produktes unter gleichzeitiger Minimierung des Personalaufwandes eine unabdingbare Forderung für einen erfolgreichen Verpflegungsbetrieb. Der Erfolg eines guten Küchenchefs besteht heute weitgehend aus der Fähigkeit, seine Kreativität, gepaart mit dem betriebswirtschaftlichen Gespür, optimal einzusetzen.

Aus einer Mischung der auf dem Markt vorhandenen Teil- und Fertigprodukte, einem ausreichenden Teil lokaler, frischer Produkte und der notwendigen kreativen Endproduktion kann auch heute noch erfolgreiche Gastronomie betrieben werden.

6.3 Convenience contra Frischprodukt?

Wirtschaftlich erforderliche Optimierungsprozesse führen zwangsläufig auch zum Bruch mit teilweise liebgewonnen Gewohnheiten. Ein Teil dabei ist die traditionelle Anforderung "alles muß frisch sein". Wie bereits oben angemerkt, ist dies nur die halbe Wahrheit.

Großproduktionen für Convenience-Produkte ermöglichen den industriellen Herstellern andere wirtschaftliche Voraussetzungen und Produktnähe. So befinden sich Fruchtfabriken und schwimmende Fischfangfabriken immer direkt an den Produktionsstätten.

Beispiel: Vollreif gepflückte und sofort verarbeitete Mangos erbringen eine Geschmacksfülle und -intensität, die "frische" Mangos vom Markt, da sie halbreif geerntet wurden, nur schwer erreichen.

Die Qualitätsvorteile, die durch die rasche Verarbeitung der Ware direkt an der Produktionsstätte entstehen, kann sich die Gastronomie heute zunutze machen. Geringere Personalkosten, weniger Warenschwund, unkompliziertere Lagerung sind augenscheinliche Vorteile. Im Grunde ziehen sich die geringeren Kosten durch alle Bereiche: Verringerte Energiekosten, weniger Aufwand für Küchenhilfspersonal usw.

Der höhere Einstandspreis ist am Einzelprodukt zu prüfen. Nur für sichergestellte hohe Qualität im Rohprodukt und in der Verarbeitung sind die höheren Kosten im Einkauf zu akzeptieren. Wie bei allen industriell gefertigten Produkten ist auch hier die Menge der Entscheidungsfaktor für den Einzelpreis. Große Hersteller beliefern Abnehmer mit bis zu 3.000 Portionen pro Tag. Die damit zu erzielenden Preise stellen die Bereitstellung von eigener Küchenbrigade und der vollen Küchenausstattung zumindest zur Diskussion.

Cateringfirmen bieten ihre Leistungen genau unter diesem Aspekt an. Dies bedeutet die Auslagerung von Leistung und die Sicherstellung der Qualität durch den Lieferanten. Der Lieferant produziert zentral im eigenen Betrieb, bringt in diesem Fall die fertigen Gerichte, vor Ort wird meist nur noch regeneriert und servierfertig angerichtet. In diesem Zusammenhang ist wieder die Zertifizierung nach ISO 9000 - und damit die Qualitätsgarantie - zu erwähnen, die in diesem Bereich der Dienstleister bereits wesentlich stärkere Bedeutung hat als in der Hotellerie.

Convenience und Sous-vide Lieferanten stellen den anderen Teil an Zuliefermöglichkeit dar. In diesem Fall wird das Produkt halbfertig und gefroren oder, wie bei Sous-vide gekühlt, geliefert. Die Endbereitung findet durch eigenes Personal und mit eigenem Gerät statt. Bei heiklen Produkten wird von den Produzenten teilweise dem Betrieb auch noch die benötigte Technik zur Verfügung gestellt (*vgl. Lukull-Kurier 1995; Przybilski 1994, S. 96 ff.*).

Beispiel: Lieferanten von Jourgebäck stellen auch die notwendigen Kleinstbacköfen mit vorprogrammierten Backzeiten, um die Qualität des eigenen Produktes in der Endproduktion beim Kunden zu sichern.

6.4 Restaurant und Bankett

Haben wir uns bisher mit der materiellen Qualität beschäftigt, so kommen wir bei den Begriffen für die einzelnen Betriebstypen wieder auf die Leistung der Mitarbeiter zu sprechen. Es gelten - wie in der Hotellerie - Fachkompetenz, Freundlichkeit und Dienstleistungsbereitschaft als oberste Kriterien einer Bewertung. Im Restaurant sind jeweils die Kriterien der individuellen und fachlich versierten Einzelleistung eines Mitarbeiters von Küche oder Service ausschlaggebend. Sie entscheiden über die Bewertung der Gesamtleistung eines Betriebes.

Die Arbeit der Bankettabteilungen ist stärker an der Organisation und dem gezeigten Teamgeist zu bewerten. Da Bankettveranstaltungen meist mit einfacheren Serviceformen ausgestattet sind und der meist gesellschaftliche Anlaß die Erwartungshaltung in Grenzen hält, fällt die Bewertung durch den Gast hier sehr viel weniger kritisch aus als in einem Restaurant, das er eventuell auf Empfehlung aufgesucht hat und an das er nun einen hohen Erlebnisanspruch stellt.

7 Qualitätsmanagement bei Busreiseveranstaltern

von Barbara Kamm-Essig, Assistentin der Geschäftsleitung, WBO-Verband Baden-Württembergischer Omnibusunternehmer e.V.

„Qualität ist selbstverständlich“ - ein kurzer, einprägsamer Satz, doch ihn einzuhalten erfordert immense Anstrengungen und stellt ein Unternehmen vor große und vielfältige Aufgaben. Die Busreisebranche hat bereits sehr früh begonnen, Strategien zu entwickeln, um die Qualität des Produktes Busreise für den Kunden zu steigern. Waren es bisher meist punktuelle Ansätze, so versucht man heute über die Einführung von umfassenden Qualitätsmanagement(QM)-Systemen das gesamte Unternehmen auf Qualitätseinhaltung und -steigerung auszurichten.

7.1 Qualität als Wettbewerbsvorteil

Einer der Hauptgründe für die Einführung von QM-Systemen ist die Erwartung, sich durch eine Konstanz in der Leistungserbringung und die daraus resultierende Qualitätssteigerung vom Wettbewerber zu differenzieren.

7.1.1 Wettbewerbsvorteile gegenüber anderen Verkehrsträgern

Qualitätsmanagement, beispielsweise nach den Anforderungen der DIN ISO Normen 9000 ff., ist bei Veranstaltern und Verkehrsträgern zwar ein vieldiskutiertes Thema, konkrete Umsetzungsversuche sind jedoch eher selten. Gerade für Busreiseveranstalter bieten ganzheitliche Qualitätbestrebungen, vor allem gegenüber den Hauptkonkurrenten Bahn und Flugzeug, die Chance, sich zu profilieren. Der Marktanteil des Reiseverkehrsmittels Bus hat sich in den letzten Jahren auf einen Anteil von rund 10% eingependelt.

Mit Unterstützung des QM-Systems muß versucht werden, den Marktanteil zu halten bzw. in der Zukunft zu steigern. Dies soll durch qualitativ hochwertige Angebote geschehen, die den Kunden langfristig von den Vorteilen einer Busreise überzeugen.

Die Einführung eines QM-Systems zum jetzigen Zeitpunkt bringt weiterhin auch eine gewisse Vorreiterrolle gegenüber den anderen Verkehrsträgern mit sich und die Möglichkeit, mit den erarbeiteten Qualitätsvorteilen das Image sowohl des Reiseverkehrsmittels Bus als auch das der Busreise aktiv zu verbessern.

Abbildung III.8:

Marktanteil der Verkehrsträger an der Urlaubsreise in %

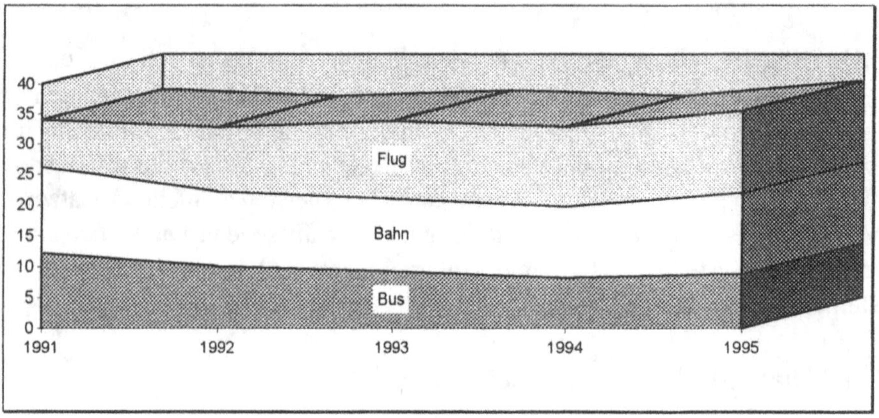

Quelle: Deutscher Reisemonitor 1991 - 1995, IPK München, gbk-Sonderauswertung

7.1.2 Wettbewerbsvorteile gegenüber anderen Busreiseveranstaltern

Die Differenzierung von anderen Busreiseveranstaltern ist ein weiteres wichtiges Argument für die Einführung eines QM-Systems. Die Qualität der am Markt angebotenen Busreisen ist sehr unterschiedlich. Deshalb ist es für den Kunden schwierig, genau die Busreise zu finden, die tatsächlich seinen Erwartungen und Wünschen entspricht. Mit Hilfe eines QM-Systems soll dem Kunden die Qualität des Unternehmens und seiner Produkte objektiv dargestellt und greifbar gemacht werden. Die Einführung eines Qualitätssicherungssystems stellt für viele Unternehmen somit auch ein Stück „Zukunftssicherung" dar.

7.1.3 Wettbewerbsvorteile auf dem internationalen Markt

Nicht nur auf dem nationalen Markt wird die Zertifizierung eines Reiseveranstalters nach den DIN ISO Normen 9000 ff. bald Standard sein, die Einführung eines QM-Systems ist auch die notwendige Basis für ein Tätigwerden von Busreiseveranstaltern im EU-Raum. Derzeit wird der rechtliche Rahmen für Busreiseveranstaltungen im gesamten europäischen Raum (EG-VO 684/92) überarbeitet. Es ist vorgesehen, daß in diesem Bereich keine Ländergrenzen mehr gelten sollen. Damit könnte ein deutsches Unternehmen ohne Genehmigung seine Reisen in Frankreich verkaufen und durchführen (Kabotage). Dies war bisher nicht der Fall und eröffnet somit neue Märkte. Da die Normen internationale Gültigkeit haben, ist eine Zertifizierung auch über die deutschen Grenzen hinweg anerkannt und dient auch den ausländischen Kunden als Maßstab und Orientierungshilfe. Es gilt jedoch zu bedenken, daß mit dieser Öffnung auch die „ausländische Konkurrenz“ verstärkt auf den deutschen Markt drängen wird. Ein hohes Qualitätsniveau ist für den deutschen Busreiseveranstalter der wichtigste Wettbewerbsvorteil. Den Preis als Verkaufsargument zu wählen, wird ohne Erfolg sein, da die Kosten der ausländischen Busunternehmen derzeit noch weit unter deutschem Niveau liegen. Die Einführung eines QM-Systems spielt hier in der Zukunft eine wichtige Rolle um die Unternehmen konkurrenzfähig zu machen.

7.2 Branchenspezifische Qualitätsforderungen und Probleme

Für die Entwicklung eines effizienten QM-Systems ist es zunächst nötig, sich über die qualitätskritischen Punkte bzw. Prozesse im Klaren zu werden und Lösungsansätze zu definieren.

7.2.1 Imageverbesserung

Einseitige Berichterstattung in den Medien über Themen wie Busunfälle oder Überschreitungen der Lenk- und Ruhezeiten der Busfahrer sowie massive und finanziell höchst aufwendige Werbestrategien der anderen Verkehrsträger, vor allem der Bahn, haben das Bild des Reiseverkehrsmittels Bus in der Öffentlichkeit verfälscht.

Die **Qualitätsvorteile** der Busreise, vor allem im Hinblick auf die Punkte Sicherheit und Umwelt, klar in den Blickpunkt der Öffentlichkeit zu setzen, stellt deshalb eine der Hauptaufgaben des QM-Systems dar. Verdeutlicht man sich die **Sicherheit** der Reiseverkehrsmittel anhand von Angaben des statistischen Bundesamtes, ergibt sich das in Abb. III.9 dargestellte Bild.

Die Position des Reiseverkehrsmittels Bus ist demnach weit besser als die der Konkurrenten Bahn, Pkw und Flugzeug. Im Betrachtungszeitraum bis 1994 war das statistische Risiko, mit einem Pkw zu verunglücken, 19-mal größer als in einem Bus.

Auch hinsichtlich der **Umwelt**belastungen, im Vergleich zu den anderen Reiseverkehrsmitteln, braucht sich der Bus nicht zu verstecken.

Abbildung III.9:

Anzahl der Getöteten im Straßenverkehr je Mrd Personenkilometer

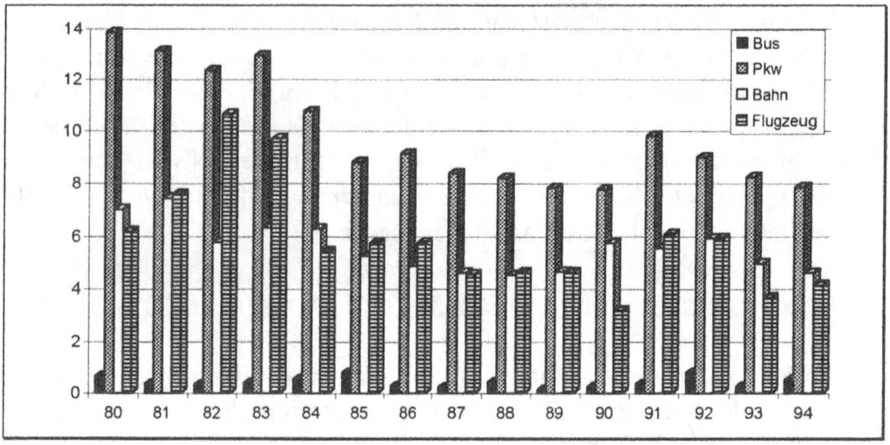

Quelle: Statistisches Bundesamt, Fachserie 8 - Verkehrsunfälle, 1980-1994

Der Reisebus zeigt hier das beste Verhältnis zwischen Kilometerleistung, Primärenergieverbrauch und Emission auf. Dies ist den Verbrauchern nur unzureichend bekannt und muß deshalb im Rahmen eines QM-Sytems dem Kunden greifbar und eingängig dargestellt werden.

Abbildung III.10:

Umweltbelastung verschiedener Reiseverkehrsmittel

Umweltbelastung pro Reisender bei einer Reiseweite von 200 km		Pkw gKat*	Pkw Diesel	Eisen-bahn	**Reise-bus**	Flug-zeug
Kohlendioxid	in g	33.000,0	31.000,0	10.000,0	**5.700,0**	80.000,0
Stickoxide	in g	75,0	95,0	51,0	**140,0**	310,0
Schwefeldioxid	in g	6,6	33,0	9,3	**5,9**	42,0
Kohlenwasserstoffe	in g	28,0	13,0	8,9	**14,0**	52,0
Kohlenmonoxid	in g	490,0	47,0	16,0	**13,0**	150,0
Primärenergie	in MJ	480,0	430,0	170,0	**80,0**	1.000,0
Dieseläquivalent	l/100km	6,1	5,5	2,2	**1,0**	14,0

* gKat: geregelter Katalysator

Quelle: Umweltbundesamt u.a., Berechnungen des ifeu Heidelberg, Heidelberg, 1992

7.2.2 Optimierung der Sortimentspolitik

Busreiseveranstalter werden in Fachkreisen oft als „Gemischtwarenhandel" bezeichnet. Meist hängt die breite Sortimentspolitik eng mit der gewachsenen Organisationsstruktur der Familienbetriebe zusammen. Unterschiedliche Ansichten und Vorlieben der Eigentümer führen zu unterschiedlichen Arten von Reisen. Diese Strategie ist im heutigen Tourismusmarkt nur schwer erfolgreich umsetzbar. Die Tendenz bei Kleinveranstaltern geht eindeutig in Richtung Spezialisierung auf Nischenprodukte, um dem Kunden ein wirklich optimales und einzigartiges Produkt anbieten zu können. Die Forderung der DIN ISO 9002, konkrete Unternehmensziele zu definieren, ist deshalb eine gute Basis für eine Revision der Sortimentspolitik.

7.2.3 Optimierung des Produktkonzeptes

Busreisen finden beim Kunden großen Zuspruch, wenn die Stärken des Reiseverkehrsmittels Bus in das Produktkonzept eingearbeitet werden und folgende Thesen bei der Planung berücksichtigt werden (siehe Abb. III.11).

7.2.4 Optimierung der Organisationsstruktur

Innerhalb vieler Betriebe ist die bereits lange existierende Organisationsstruktur problematisch. Diese traditionsreichen Familienunternehzmen haben keine systematisch geplante und funktional ausgerichtete sondern eine eher naturwüchsige Struktur, die oft auch noch auf mitarbeitende Familienangehörige zugeschnitten ist. Dies steht einer rationalen Betriebsführung entgegen und führt zudem zu einer Überalterung der Produktideen und damit auch zu enormen Schwierigkeiten, Neukunden zu akquirieren. Damit ist die Zukunft vieler Busreiseveranstalter gefährdet. Die Einführung eines QM-Systems kann hier die notwendigen Initiativen für die Optimierung der Organisationsstruktur anregen. Dabei darf allerdings nicht vergessen werden, daß viele der Betriebe dennoch gut funktionierende Veranstalter mit einem enormen Know-how sind.

7.2.5 Erhöhung der Zuverlässigkeit

Kurzfristig abgesagte Reisen, Einsatz eines anderen als des zugesagten Fahrzeuges und die damit in Zusammenhang stehenden Zweifel an der **Zuverlässigkeit** von Busreiseveranstaltern sind sowohl Probleme der einbuchenden Reisebüros als auch der Endkunden. Um diese Situation zu verbessern, muß es eines der Ziele des einzuführenden QM-Systems sein, die Zuverlässigkeit der Unternehmen durch lückenlose und schlanke Informationssysteme zu optimieren.

Abbildung III.11:

Intelligente Busreiseprogramme - Sechs Thesen

- **Reisen braucht Zeit**
  Eine Busreise ist zeitaufwendiger als eine Flugreise. Bei Busreisen „reist die Seele mit". Der Tourist hat Zeit, sich von zu Hause, von seiner Alltagshektik und der gewohnten Routine zu distanzieren. Die Reisetage einer Busreise sind „Erlebnistage", in denen kleine, erholsame Akzente gesetzt werden können. Busreisen ist intelligentes Reisen, denn hier ist das Unterwegssein der Zweck der Reise, nicht allein das Ankommen.
- **Hinschauen anstelle des Ausblendens**
  „Er-fahren" ist das Charakteristikum einer Busreise. Dies erlaubt es dem Reisenden, Eindrücke und Kenntnisse zu sammeln, sich eigene Urteile zu bilden, Verständnis für das gewählte Reiseland zu entwickeln.
- **Kooperation mit „Bereisten"**
  Busreiseveranstalter brauchen keine „Bettenburgen" an ihren Zielen, sondern suchen die Kooperation mit einheimischen Hoteliers, Fremdenverkehrsämtern und Reisebüros. Sie projezieren nicht eigene Erwartungen in das Zielgebiet, sondern nehmen vor Ort entwickelte Ideen und Anregungen auf.
- **Vielseitige Programme anstelle der Jagd nach Superlativen**
  Für den Touristen ist nicht mehr die Entfernung, sondern der Erlebniswert der Reise wichtig. Das Fluchtmotiv „Weg aus dem Alltag" läßt sich auch durch die nähere Umgebung verwirklichen.
- **Klasse statt Masse**
  Die Bustouristik hat sich seit Jahren auf die wachsenden Qualitätsansprüche der Reisenden eingerichtet. Mit Gruppengrößen von 20 bis maximal 44 Reisegästen im 4- und 5-Sterne Reisebus sind Busreisen keine Massenveranstaltungen, sondern höchst individuell.
- **Im Mittelpunkt: Der Mensch**
  Reiseveranstalter müssen sich zunehmend darauf einstellen, daß „die Touristen" keine homogene Gruppe sind, sonden in ihrem Urlaub auch Individualität pflegen möchten. Sie wollen nicht „gegängelt" werden, sondern die Kommunikation, die in der Gruppe möglich ist, dann aufnehmen, wenn sie es sich wünschen.

Quelle: Volz 1991

7.3 Punktuelles Qualitätsmanagement

Die Qualität der Busreise aktiv zu erhöhen ist bereits seit langem das Ziel der Busreiseveranstalter. Bisher geschah dies meist in Form von Einzelaktionen verschiedener Organisationen.

7.3.1 Klassifizierung der Busse

Bereits im Jahr 1975 wurde die **gbk** - Gütegemeinschaft Buskomfort e.V. von Busreiseveranstaltern mit dem Ziel gegründet, die Qualität der Busreise zu steigern und dem Kunden greifbar zu machen. Das System der gbk basiert zum Großteil auf der Klassifizierung der Reisebusse. Den Bussen werden nach festen Qualitätskriterien für den Busreisegast verschiedene **Gütestufen** (1-5 Sterne) zugeordnet, die von TÜV oder DEKRA geprüft werden.

Abbildung III.12:

Gütestufen

- **Transport Class (*)**

Der Bus mit einem Stern hat einen Sitzabstand von 68cm. Eine gleichmäßig wirkende Heizung, eine leistungsfähige Lüftung, Radio- und Mikrofonanlage und Nachtbeleuchtung bilden die Basis-Ausstattung.

- **Standard Class (**)**

Zwei Sterne bedeuten bereits mindestens 72cm Beinfreiheit und damit Sitzkomfort für maximal 53 Passagiere. Ein Sonnenschutz an den Seitenfenstern und eine Gepäckablage gehören zum Standard.

- **Tourist Class (***)**

Mit einem drei-Sterne Bus reisen heißt 77cm Sitzabstand für maximal 49 Passagiere. Verstellbare Sitze und Rückenlehnen, Armlehnen gang- und wandseitig, Doppelverglasung, persönliche Leselampe, WC/Waschraum und Mini-Küche ergänzen die Ausstattung. Die ausgezeichnete Belüftung und die automatisch geregelte Raumtemperatur runden die Behaglichkeit ab.

- **Comfort Class (****)**

Der vier-Sterne Bus bietet maximal 44 Passagieren großen Sitzkomfort bei mindestens 83cm Sitzabstand. Verstellbare Rückenlehnen und nur vier Sitzplätze im Heck sowie Fußstützen oder Beinauflagen, Klapptische Miniküche, Toilette und Klimaanlage.

- **Exclusive Class (*****)**

Dieser Bus bietet Platz für außergewöhnliche Wünsche. Zusätzlich bietet dieser Bus einen Sitzabstand von mindestens 90cm für maximal 40 Reisegäste und eine zusätzliche Garderobe. Bordkomfort bis ins Detail bereitet hier exclusives Vergnügen.

Quelle: gbk-Imagebroschüre, 1995

7.3.2 gbk-Reisedefinitionen

Unter dem Titel „Reisearten im Überblick" haben die Unternehmer der gbk die verschiedenen Reisearten unter speziellen Kriterien wie zum Beispiel Zielgebiet, Reiseroute, Gruppengröße, Reisedauer und Qualitätsanforderungen genau definiert. Es wird unterschieden in:

- Ausflugsfahrten,
- Kurzreise,
- Städtereise,
- Rundreise,
- Studienreise und
- Urlaubsreise.

Die speziell zu jeder Reiseart definierten Anforderungsprofile sind hauptsächlich an Reiseveranstalter gerichtet, um die spezifischen Besonderheiten der jeweiligen Reiseart in den Mittelpunkt der Produktplanung zu stellen, sie dienen aber auch dem Verbraucher als Orientierungshilfe.

7.3.3 Fortbildung der Fahrer

Derzeit werden verschiedene Aktionen durchgeführt, um die Sicherheit des Busses durch eine bessere Qualifikation der Fahrer noch weiter zu verbessern.

Über das Bildungswerk der Omnibusunternehmer wird die **„Videogestütze Fahrerschulung"**, bestehend aus den Elementen Linienverkehr, Reiseverkehr und Schülerverkehr erfolgreich angeboten. Die Busfahrer werden hier mit Hilfe kleiner Videosequenzen aus dem Berufsalltag praktisch und psychologisch geschult, um ihre anspruchsvolle Arbeit in Zukunft überlegener, ruhiger und somit auch sicherer bewältigen zu können.

Im Rahmen des **WBO-Sicherheitstrainings** werden sicherheitsrelevante Schulungsinhalte vermittelt: Fahrphysik in Theorie und Praxis, Verkehrs- und Sozialrecht, Fitneßtrainig und Ernährung sowie Psychologie. Damit wird ein ganzheitlicher Ansatz verfolgt, der dazu beiträgt, daß qualifizierte und sicherheitsorientierte Omnibusfahrer den hohen Sicherheitsstandard des Omnibusses erhalten und weiter ausbauen.

Die **Fahrerauszeichnung „Sicher & Unfallfrei"** zeichnet jährlich Fahrer aus, die seit mindestens fünf Jahren als hauptamtliche Busfahrer unfallfrei gefahren sind, während dieser Zeit ständig dem gemeldeten Betrieb angehören, sich durch umsichtiges Handeln hervorgetan haben und sich durch mindestens eine Fahrerschulung weiterqualifiziert haben. Diese Aktion wird von der gbk und dem WBO getragen. Die Auszeichnung trägt sowohl zur Steigerung der Motivation der Mitarbeiter im Unternehmen als auch zur Imageverbesserung des gesamten Gewerbes bei.

7.3.4 Reiseleitung

Die Reiseleitung spielt für den Busreisegast, gemeinsam mit dem Busfahrer, eine prägende Rolle. Leider gibt es derzeit in der BRD noch immer kein anerkanntes Berufsbild „Reiseleiter“. Mittlerweile wurde vom Deutschen Tourismuspräsidium das **„Reiseleiter-Zertifikat“** ins Leben gerufen, das die fachliche Qualifikation als Reiseleiter nach einer mündlichen und einer schriftlichen Prüfung belegt. Prüfungsfächer sind die Sachgebiete Länderkunde, Organisation, Tourismuskunde, Recht, Methodik und Didaktik. Vor allem der RDA - Internationaler Bustouristik Verband e.V. befaßt sich mit der Fortbildung der Reiseleiter mit dem Schwerpunkt Bustouristik.

7.4 Systematisches Qualitätsmanagement

Die hier dargestellten Einzelmaßnahmen trugen bisher auf ihre Weise dazu bei, daß die Qualität des Produktes Busreise gesteigert wurde. Der ganzheitliche Ansatz, in welchem alle Unternehmensbereiche unter einer Qualitätsphilosophie zusammengefaßt werden sollten, wurde schon lange diskutiert. gbk und DEKRA, Partner im Bereich der Busklassifizierung, entwickelten bereits 1991 den Ansatz, ein solches Gesamtsystem mit Hilfe der DIN ISO 9002 zu entwickeln. Im Jahr 1994 wurde das Pilotprojekt „Qualitätsmanagement im Omnibusverkehr“ vom WBO - Verband Baden-Württembergischer Omnibusunternehmer e.V. mit den Partnern gbk und DEKRA umgesetzt.

7.4.1 WBO-Projekt

Das Pilotprojekt der WBO in Baden-Württemberg stellt derzeit das einzige QM-Gesamtsystem dar, in dem **alle** Unternehmensbereiche eines Busreiseveranstalters berücksichtigt werden.

Ziel dieses Projektes war es, die Einführung eines sinnvollen, branchenspezifischen QM-Systems finanziell tragbar und kompetent umsetzbar zu ermöglichen. Zunächst wurden die Grundgedanken und die Philosophie des Qualitätsmanagement nach DIN ISO 9002 in Form eines **WBO-Leitfadens** zusammengefaßt. Die konkrete Einführungsphase wird durch das **WBO-Musterhandbuch** erleichtert. Dieses Musterhandbuch wurde von den am Pilotprojekt teilnehmenden Reiseveranstaltern für ein fiktives Unternehmen entwickelt.

Abbildung III.13:

Sinnvolles Verknüpfen von Norm und Praxis

Elemente der DIN ISO 9002	Betriebliche Praxis
• Verantwortung der obersten Leitung • QM-System • Vertragsprüfung • Lenkung der Dokumente • Beschaffung • Vom Auftraggeber beigestellte Produkte • Identifikation und Rückverfolgbarkeit • Prozeßlenkung • Qualitätsprüfungen • Prüfmittel • Prüfstatus • Lenkung der Dokumente • Korrekturmaßnahmen • Handhabung, Lagerung, Verpackung und Versand • Qualitätsaufzeichnungen • Interne Audits • Schulungen • Statistische Methoden	**Planung** • Nachfrageanalyse • Festlegung der betrieblichen Möglichkeiten • Festlegung Reiseinhalt/-ziel/-motto • Festlegung Zielgruppe • Beachtung von Umweltgesichtspunkten • Tourplanung • Auswahl Leistungsträger • Verträge mit den Leistungsträgern • Betriebsstörungen/Problemfallregelung • Versicherungsschutz • regelm. Überarbeitung und Aktualisierung • Kalkulation **Absatz** • Reisebeschreibung • Werbung • Ausgabe der Reisedokumente • Reisebedingungen • Beachtung von Umweltgesichtspunkten • Vertrag mit dem Kunden • Vertrieb **Durchführung** • Informationsweitergabe • Kontrolle Reiseablauf • Anforderungsprofil und Aufgaben Fahrer, Reiseleiter/-begleiter • Beachtung von Umweltgesichtspunkten • Versorgung und Betreuung während der Reise • Disposition **Abschluß** • Auswertung der Reise • Nachkalkulation • Abrechnung • Statistik • Informationsweitergabe

Zunächst war es erforderlich, nach den Maßgaben der DIN ISO 9002 den Begriff „Busreisequalität“ zu definieren. Gemeinsam mit den am Projekt beteiligten Busreiseveranstaltern wurde festgelegt, daß der Begriff **„Busreisequalität“** an der **Zufriedenheit der Kunden** gemessen werden soll, aber auch an der **Zufriedenheit** und der **Motivation der Mitarbeiter** sowie an der **Umwelt- und Sozialverträglichkeit** einer Busreise.

Bei der Pilotarbeit galt es nun, die verschiedenen Elemente der Norm, die im Hinblick auf den Tätigkeitsbereich des Busreiseveranstalters ohne konkreten Inhalt ist, mit Leben zu erfüllen. Dabei wurde der Weg über die betriebliche Praxis hin zu den theoretischen Anforderungen der Norm gewählt. Dies diente dem Zweck, keinen abstrakten Pflichtenkatalog aufzustellen, sondern ein „lebbares“ und lebendiges Gesamtsystem, das im betrieblichen Alltag eingehalten werden kann.

Zu den einzelnen Arbeitsschritten, die den Oberbegriffen **Planung**, **Absatz**, **Durchführung** und **Abschluß** zugeordnet wurden, haben die am Pilotprojekt beteiligten Busreiseveranstalter jeweils Ideen gesammelt, die zu einer optimalen Erfüllung der jeweiligen Aufgabenfelder beitragen. Diese wurden zu einem späteren Zeitpunkt nochmals kritisch überprüft und dann in drei Kategorien eingeteilt:

1) WBO-Standard
   Zur erfolgreichen Zertifizierung muß der Reiseveranstalter dokumentieren können, daß und wie er den jeweiligen Arbeitsschritt in seinem Unternehmen ausführt.

2) Qualitätssteigernde Ideen
   Diese werden bei der Zertifizierung nicht abgeprüft, die Projektgruppe empfiehlt jedoch die Umsetzung.

3) Gesetzliche Vorschrift
   Diese wird nicht direkt mit der Zertifizierung in Verbindung gebracht, da die Einhaltung schon gesetzlich vorgeschrieben ist.

Bei den WBO-Standards handelt es sich zum Großteil um Vorgaben der DIN ISO 9002, aber auch um betriebswirtschaftliche und marketingorientierte Aspekte, die von der Gruppe als notwendig für eine sinnvolle und erfolgssichernde Einführung des QM-Systems erachtet wurden.

Dieser ganzheitliche Ansatz wurde auch im Hinzufügen der gerade im Busbereich qualitätsrelevanten Kriterien „Sicherheit“ und „Umwelt“ fortgesetzt. Sie werden als zusätzliche Elemente zur Ergänzung der DIN ISO 9002 betrachtet. Dazu die Erfahrung eines Unternehmers (G. Galster, Omnibusverkehr Grüninger, Gerstetten):

„Der ganzheitliche Ansatz des QM-Systems von der Planungs- über die Durchführungs- bis zur Abschlußphase hat uns wertvolle Hinweise zur Verbesserung unserer betrieblichen Organisation gegeben. Allein das systematische Durchdenken der gesamten Abläufe hat so manche Schwachstelle und liebgewordene Schlamperei, die bisher mit einem durchaus gesunden Maß an Improvisation überspielt wurde, aufgedeckt. Insgesamt wurde im Unternehmen das Bewußtsein für Qualität und Kundenorientierung geschärft. Qualitätsmanagement darf nicht als zusätzliche Bürokratisierung des Betriebsablaufs gesehen werden, sondern dient als Richtschnur zur Verbesserung unserer Kundenbeziehungen und unserer Leistungen. Nur unter dieser Prämisse ist Qualitätsmanagement sinnvoll und wird von den Mitarbeitern mitgetragen."

7.4.2 RAL-Reisequalität

Die Erweiterung der Qualitätskriterien auf den Bereich der Leistungserstellung wird derzeit parallel von Unternehmen der gbk erarbeitet, da man sich dessen bewußt ist, daß die Fahrzeugqualität nur eines der qualitätsbeeinflussenden Merkmale einer Busreise ist.

Die Vorarbeiten zu diesem RAL-Gütezeichen (RAL = Reichsausschuß für Lieferbedingungen; heute: Deutsches Institut für Gütesicherung und Kennzeichnung) wurden schon im Rahmen des WBO-Pilotprojektes in den Pflichtenkatalog der zu zertifizierenden Unternehmen eingearbeitet. Auch die von RAL letztendlich zugelassene Version des Forderungskataloges wird bei der nächsten Überarbeitung des WBO-Musterhandbuches mit aufgenommen, so daß das zukünftige RAL-Gütezeichen Busreisequalität vollkommen in das QM-System integriert werden kann.

Derzeit sind folgende Bewertungskriterien für die RAL-Gütezeichen vorgesehen:

- der Bus,
- der Reisebusfahrer,
- die Reisekonzeption,
- die Reiseorganisation,
- die Unterbringung der Reisegäste,
- die Zusammenarbeit mit dem Hotel/Gasthof/Pension,
- das Reiseangebot,
- die Preisangabe,
- die Betreuung der Reisegäste durch
  - den Reisebegleiter oder den Reiseleiter,
  - den örtlichen Reiseleiter oder die Betreuung vor Ort,

- die Reiseinformationen für den Reiseteilnehmer,
- der Bordservice (fakultativ als Zusatzleistung),
- die Gästebefragung.

Alle Bewertungskriterien sind detailliert beschrieben. So werden beispielsweise die Qualifikation und die Kenntnisse des Reisebusfahrers exakt festgelegt. Den verschiedenen Reisearten Städtereise, Rundreise, Studienreise, Kunst-/Theater-/Musikreise, Clubreise und Urlaubsreise werden zudem spezifische Bewertungskriterien zugeordnet.

Abbildung III.14:

Beispiel: Anfordernisse an eine Studienreise

Erfüllung der vorgeschriebenen Anfordernisse hinsichtlich	Zusätzlich muß eine Studienreise noch folgende Kriterien erfüllen:
• Reisebus • Reisebusfahrer • Reisekonzeption/Reiseorganisation • Unterbringung der Reisegäste • Zusammenarbeit mit Hotel/Gasthof/Pension • Reiseausschreibung • Preisangabe • Reiseinformation für den Kunden • Gästebefragung nach der Reise	• Vorgabe eines Themas • Einführung des Kunden in das Reisethema • Themenbezogenes Besichtigungsprogramm • Einsatz eines Reiseleiters • Einsatz eines örtlichen Reiseleiters (wo vorgeschrieben) • Themenbezogene Vorbereitung des Reiseleiters

Quelle: RAL-Busreisequalität, gbk 1995

7.5 Spezielle Probleme bei der Umsetzung

Neben den allgemeinen Problemen bei der Umsetzung der Normenforderungen wie die Gefahr der Überverwaltung und dem Aufbau eines theoretischen „Gefängnisses" ohne Platz für Innovationen, sind bei der Einführung eines QM-Systems bei Busreiseveranstaltern auch spezifische Probleme erkennbar.

7.5.1 Finanzielle Umsetzung

Der finanzielle Spielraum eines klein- bis mittelständischen Busreiseveranstalters ist begrenzt. Die wirtschaftliche Situation in der Branche erlaubt derzeit keine Risikoinvestitionen. Projekte, deren Erfolge erst mittel- bis langfristig zu erwarten sind, müssen oft den Grundanschaffungen des Betriebs den Vorrang lassen. Dies gilt vor allem für Busreiseveranstalter mit eigenen Fahrzeugen, da hier die Kapitalbindung überdurchschnittlich hoch ist. Durch die Verbandslösung wurde versucht, dieses Problem zu minimieren, um auch den klein- und mittelständischen Unternehmen die Chance zu geben, ein sinnvolles QM-System einzuführen.

7.5.2 Zeitliche Umsetzung

Die zügige Umsetzung der Forderungen wird in den Unternehmen oft durch die dünne Personaldecke und durch fehlende Kompetenz hinsichtlich der DIN ISO 9002 behindert. Parallel zur Alltagsarbeit die Zeit für dieses große Projekt zu finden, ist sehr schwierig. Andererseits erlaubt es die Personalstruktur selten, eine Arbeitskraft ausschließlich für die Einführung eines QM-Systems freizustellen, vor allem, weil an diese Person auch eine bestimmte Weisungsbefugnis gebunden ist. Zwar sind im WBO-Musterhandbuch bereits alle Arbeitsbereiche eines Busreiseveranstalters aufgeführt, die detaillierte Beschreibung der unternehmensspezifischen Vorgehensweise muß jedoch für jeden einzelnen Busreiseveranstalter gesondert vorgenommen werden.

7.5.3 Motivation der Mitarbeiter

Ein QM-System sinnvoll in ein Unternehmen einzuführen, ist nicht die Aufgabe eines Einzelnen. Es bedarf konstanter Motivation aller Mitarbeiter, damit die Grundideen des Systems im Unternehmen akzeptiert und „gelebt" werden. Die Identifikation aller Mitarbeiter mit dem Qualitätsmanagement ist der wesentliche Erfolgsfaktor. Diese Motivation in einem Unternehmen aufzubauen und auch während der gesamten Einführungsphase erfolgreich zu halten, stellt eine der Grundschwierigkeiten dar. Dazu nochmals die Erfahrungen eines Unternehmers (G. Galster, Omnibusverkehr Grüninger, Gerstetten):

> „Die gewerblichen Mitarbeiter (Busfahrer) waren nur sehr schwer davon zu überzeugen, daß auch in ihrem Bereich gewisse Pflichten zur Dokumentation vorhanden sind (Abfahrtskontrolle, Reiseberichte, etc.) und neigen entsprechend dazu, ihre Dokumentationspflicht zu „vergessen". Unser Disponent bemüht sich zur Zeit, diese Situation zu verbessern.

Umfassende Information, regelmäßige Gespräche über den Stand der Umsetzung (auch außerhalb des Unternehmens), die Erstellung eines festen Zeitplanes, die Einrichtung eines Vorschlagswesens und Leistungsanreize können dazu beitragen, das Ziel der konstanten Motivation zu erreichen.

7.6 Fazit

Anders als in anderen Branchen, wie z. B. dem produzierenden Gewerbe oder auch dem Gütertransport, ist in der Branche der Busreiseveranstalter derzeit noch kein **Marktdruck** erkennbar, der die Einführung eines QM-Systems und einer Zertifizierung in der Touristik dringend erforderlich machen würde. Dies ist sicherlich auch einer der Hauptgründe, weshalb die Initiativen innerhalb der Branche bisher selten sind. Dies wirkt sich zum einen negativ auf die Zahl der an einer Zertifizierung interessierten, bereits zertifizierten Unternehmen aus. Zum anderen aber kann man davon ausgehen, daß diejenigen Reiseveranstalter, die derzeit das Qualitätsmanagementssystem einführen, davon wirklich überzeugt sind und nicht aufgrund des Marktdrucks lediglich einen möglichst günstigen „Stempel einkaufen" möchten.

Die Sensibilisierung der Unternehmen für eine Einführung von Qualitätsmanagement ist unter den derzeitigen Marktgegebenheiten nicht einfach. Hier sollte es die Aufgabe aller Interessenvertretungen sein, die Notwendigkeit einer sinnvollen und gleichartigen Umsetzung des QM-Systems zu unterstreichen und gemeinsam Zeichen zu setzten.

8 Qualitätsmanagement im Bahnreiseverkehr

von Ortrud Schellhoß, Leiterin der Stabsstelle Qualität im Personenverkehr der Deutschen Bahn AG

8.1 Qualitätspolitik und Wettbewerb

In der klassischen Wettbewerbssituation im Reiseverkehr hat der Kunde die Wahl zwischen Bahn, Bus, Pkw und Flugzeug. Im Zeitalter der Privatisierung sieht sich die Bahn zusätzlich dem Wettbewerb anderer Privatunternehmen auf dem gleichen Schienennetz gegenüber.

Innerhalb der Angebotspalette der Bahn hat der Tourismus einen besonderen Stellenwert, da sich im Zeitalter der ökonomischen und ökologischen Neuorientierung hier positive Marktchancen eröffnen. Freizeit und das daraus bedingte Mobilitätsbedürfnis resultieren in touristischem Potential, und durch eine optimierte Angebots- und Produktgestaltung kann eine stärkere Akzeptanz der Bahn in Sachen Freizeitmobilität erzielt werden. Im Fernverkehr der Deutschen Bahn AG waren bereits in den Jahren 1994/95 ca. 35% der Umsätze touristischer Natur. Circa 45% sind sogenannte Privatreisen, von denen derzeit nicht meßbare Teile ebenfalls im Freizeitsegment liegen und somit als touristisches Potential grundsätzlich in Frage kommen.

Die Touristiknachfrage im Quelland Deutschland ist trotz stark preis- und wirtschaftsabhängiger Faktoren eine der stabilsten und, auf die Bevölkerungsdichte gerechnet, auch eine der wachstums- und potentialstärksten in Europa. Am Segment Urlaubsreisen von mehr als 5 Tagen hält die Bahn einen Marktanteil von knapp 9%. Bezogen auf alle Reisen (ein Tag und mehr) sind es 13%. Offensichtlich hat die Bahn noch erhebliche Potentiale, vor allem im Segment der Noch-Pkw-Nutzer.

Diesen Marktchancen steht die Notwendigkeit gegenüber, dem anspruchsvollen Reisenden ein Angebot vorzulegen, das attraktiv genug ist, um ihn zum "Umsteigen" von seinem bisherigen Verkehrsmittel zu bewegen - und die hier geweckten Erwartungen auch zuverlässig zu erfüllen, wenn nicht sogar zu übertreffen. Die Deutsche Bahn AG hat daher intern wie extern eine Renaissance des Bahntourismus eingeleitet. Durch eine glaubhafte Angebots-, Produkt-, Service- und Preisausrichtung auf die touristischen Zielgruppen sollen neue und alte Kunden auf die Schiene gebracht werden.

Es gilt, für diese Dienstleistung, die "Fernreise" (über 100 km) mit der Bahn, die Systemvorteile

- Reisen in das Herz der Städte,
- Pünktlichkeit,
- Sicherheit und
- Komfort während der Reise

zu betonen und als Wettbewerbsvorteil zu realisieren.

Zu den Meilensteinen in der Touristikstrategie der Deutschen Bahn AG gehört daher neben dem Ausbau der Vertriebswege vor allem die Verbesserung des Dienstleistungsangebotes. Hierzu zählen u. a. die Transferleistung im Quellgebiet, die Service- und Erlebniskomponenten während der Fahrt, die Abholung und Rückführung im Zielgebiet sowie weitere Leistungen vor, während und nach der Bahnreise. Übergreifende Dienstleistungen auf Bahnhöfen oder beim Gepäcktransport sollen dem Kunden den Verzicht auf die Reise mit dem eigenen Auto erleichtern. Gleichzeitig müssen attraktive Lösungen zur Überwindung des Systemnachteils der geringeren Mobilität am Urlaubsort angeboten werden.

Mit dieser Zielsetzung wurde bei der Erweiterung der Angebotsbasis für touristische Zielgruppen Mitte 1995 das FerienTicket als Kombinationsangebot entwickelt, für Ausflugsfahrten während des Urlaubs in 26 ausgewählten Ferienregionen, für bis zu fünf gemeinsam reisende Personen zu bundesweit einheitlichem Preis.

Nicht zuletzt wird sich die Realisierung der Marktchancen in der Bahntouristik daran entscheiden, ob die Produktqualität bei touristischen Linien- und Bedarfsverkehren spürbar verbessert werden kann. 1995 wurde der TouristikZug eingeführt, der inzwischen auch als Symbol für die kundenorientierte Neuausrichtung der Produkte der Deutschen Bahn AG steht. Diese Züge befriedigen eine freizeitorientierte Nachfrage, die zwar anders als im Flugtourismus stärker auf Ausflüge und Kurzreisen konzentriert ist, jedoch ein vergleichbares Potential umfaßt. Es werden dazu modernisierte Liegewagen entwickelt, die multifunktionell für saisonale Nachtreiseverkehre oder Charterketten in Tag- und Nachtumläufen zum Einsatz kommen. Ein weiteres Projekt befaßt sich mit einem Zug, der tagsüber als Ausflugs-, Erlebnis- und Sightseeingzug eingesetzt wird und die Gäste über Nacht bequem in andere europäische Regionen oder Städte bringt.

Ziel dieser Entwicklungen ist es, die Produktqualität von Fahrzeugen mit hoher touristischer Nutzung zu verbessern, um das Image der Bahntouristik nachhaltig zu verändern und das Preis-Leistungs-Verhältnis von Bahnreisen stetig zu verbessern. Maßstab für den Erfolg dieser Strategie ist neben der Erhöhung des Marktanteils die meßbare Steigerung der Kundenzufriedenheit durch zuverlässige Erfüllung der gestellten Anforderungen.

8.2 Die Bahnreise - eine Herausforderung an das Qualitätsmanagement

8.2.1 Zielkonflikte in der Angebotsgestaltung

Qualitätsmanagement, besonders in seiner Ausprägung als Total Quality Management, hat die vollständige Erfüllung der Kundenwünsche zum Ziel. Der Zielkonflikt besteht nicht nur zwischen den Zwängen der Massenproduktion einerseits und der Extremform der Einzelfertigung für die Anforderungen des jeweils individuellen Kunden andererseits. Jedes Unternehmen, wenn es sich nicht gerade der individuellen Maßanfertigung gewidmet hat, muß die optimale Kombination der beiden Zielrichtungen für seine eigene Qualitätspolitik auswählen.

Zu den typischen Eigenschaften der Eisenbahn als Verkehrssystem gehört jedoch, daß ihr Angebot sehr häufig einem Infrastrukturauftrag (verkehrstechnische Erschließung) entspricht und daher prinzipiell nur unspezifisch sein kann. Bei der Angebotsgestaltung für das Verkehrsmittel Bahn bringt daher fast jede Entscheidung zugunsten der Anforderungen *einer* Kundengruppe eine Verschlechterung des Erfüllungsgrades für *eine andere* Kundengruppe mit sich.

Beispiele:

- Halte-Entscheidungen führen zu optimierten Bedingungen für Reisende, die an dem jeweiligen Ort zu- bzw. aussteigen wollen. Sie verlängern jedoch die Reisezeit für alle anderen Reisenden in diesem Zug und sind unter Umständen die Ursache für die Verschlechterung oder Aufgabe von Anschlüssen.
- Ausstattungsvarianten, die Geschäftsreisenden das möglichst ungestörte Arbeiten im Zug ermöglichen sollen, konkurrieren mit der Forderung nach einer kommunikationsfördernden Gestaltung für Gruppenreisen zu touristischen Zwecken.

Da ein solches Dilemma im Rahmen des allgemeinen Bahnangebotes nicht befriedigend gelöst werden kann, führt die Deutsche Bahn AG im Rahmen der oben beschriebenen Produktstrategie besondere Angebote für spezielle Zielgruppen ein, wie z. B. den TouristikZug, der in seiner spezifischen Ausstattung von Kunden "gechartert" wird und durch gezielten Einsatz auf der gewünschten Strecke eine punktgenaue Erfüllung der Kundenforderungen sichern kann.

8.2.2 Technische Rahmenbedingungen für das Qualitätsmanagement

Besonders die bahntypische Einbindung der Leistung in Fahrpläne, Umlauf- und Zugbildungspläne bringt den Leistungsprozeß bei Unregelmäßigkeiten in kritische Phasen. Den Forderungen nach Qualität und Produktivität entsprechend, sind diese Pläne mit minimalen Toleranzen bzw. Redundanzen gestaltet. In der Folge kann ein unterwegs eintretender technischer Defekt dreierlei Ausprägung und kundenrelevante Wirkung haben:

1. Der Mangel kann unterwegs mit geringstmöglicher Beeinträchtigung der Reisequalität für die Kunden behoben werden. Beispiel: Ausfall der Sicherung des Kühlschrankes im Zugrestaurant.
2. Der Defekt kann nur in der Werkstatt behoben werden. Dieser Mangel wird sich auf die Reisequalität so lange negativ auswirken, bis der Zug planmäßig der Werkstatt zugeführt wird. Beispiel: Eine zerbrochene Fensterscheibe kann nur provisiorisch verschlossen werden.
3. Der Defekt ist so erheblich oder sicherheitsrelevant, daß eine Weiterfahrt nicht verantwortet werden kann. Der betreffende Zug/Wagen wird sofort oder am nächsten Bahnhof ausgesetzt. Beispiel: Bremsstörung. Damit entfällt für die Kunden zwar die Qualitätsminderung durch den Defekt, die Reisequalität wird jedoch durch die Folgen des unplanmäßigen Zug- oder Wagenwechsels beeinträchtigt (Verspätung, Umsteigen).

Diese Bedingungen gelten prinzipiell für alle Verkehrsunternehmen. Die für den Kunden spürbaren Auswirkungen sind aber im Bahnbetrieb besonders gravierend, denn die Umlaufplanung erlaubt im Fernverkehr eine Zuführung zur Werkstatt erst nach zwei bis vier Tagen, unter Umständen auch erst nach noch längeren Zeiträumen. Bei erheblichen Defekten hat die notwendige Stellung von Ersatzwagen häufig Auswirkungen auf zahlreiche Reisende in anderen, nicht unmittelbar betroffenen Zügen.

Über die im Dienstleistungsgewerbe allgemeingültige Schwierigkeit der Nachbesserung hinaus sind bei der Eisenbahn die Chancen für Rettungsversuche bei Qualitätsmängeln von vornherein gering, weil das System kaum Spielraum für Improvisation läßt. Daraus erklärt sich die besondere Bedeutung der Qualitätsplanung, die der Entstehung von Qualitätsmängeln im späteren Betrieb vorbeugen muß, um die gewünschte und vom Kunden erwartete Zuverlässigkeit der Leistung zu sichern.

8.3 Qualitätsziele bei der Bahnreise

8.3.1 Struktur der Qualitätsziele

Die strategische Ausrichtung des Qualitätsmanagements unterscheidet sich für den Bahnbetrieb nicht von anderen Dienstleistern:

Größere Kundenbindung
durch größere Kundenzufriedenheit
bei gleichzeitiger Steigerung des Marktanteils.

Für den Personenverkehr der Deutschen Bahn AG ist diese Strategie definiert als:

"Wir wollen, daß immer mehr Kunden gern mit uns fahren.
Dazu tragen wir alle in der Deutschen Bahn AG bei."

In der Verfolgung dieser Qualitätsstrategie sind die konkreten, meßbaren Qualitätsziele durch Kriterien definiert, anhand deren sich die Qualität einer Bahnreise aus Sicht der Kunden bestimmt.

Die Vielzahl der kundenrelevanten Merkmale einer Bahnreise kann in vier Dimensionen zusammengefaßt werden:

1. Reisekomfort
2. Erscheinungsbild
3. Information
4. Service

Jede dieser Dimensionen umfaßt wiederum mehrere Merkmale, die exakt definiert sind, z. B. sind in der Dimension Erscheinungsbild die Merkmale der Sauberkeit, Funktionsfähigkeit und des Instandhaltungszustandes enthalten. Im Planungsprozeß wird für jedes Merkmal der angestrebte Erfüllungsgrad, die Prüfmethode und der anzulegende Maßstab vereinbart. Die Wertigkeit der Merkmale aus Kundensicht unterscheidet sich nach der individuellen Nutzung - der Geschäftsreisende benötigt kein Kinderabteil -, aber auch nach der Reisedauer und den äußeren Bedingungen der Reise.

Unabhängig von diesen nutzergruppenspezifischen Rangplätzen gibt es allgemeingültige Aussagen über Merkmale, die die Kunden dem Basisprodukt "Bahnreise" zuordnen. Die Erfüllung der Qualitätsforderungen an diese essentiellen Merkmale beeinflußt in großem Maße die Wahl bzw. Wiederwahl des Verkehrsmittels.

Dazu gehören z. B.:

- Pünktlichkeit bzw. Sicherung geplanter Anschlüsse
- Sitzplatzverfügbarkeit bei Fernreisen
- Sauberkeit und Erhaltungszustand des Bahnhofes, der Anlagen und Züge
- Verfügbarkeit relevanter Informationen
- Kompetentes Servicepersonal.

Da sich am Erfüllungsgrad dieser Qualitätsmerkmale die Erreichbarkeit des Kundenbindungszieles bestimmt, genießen sie in den Aktivitäten des Qualitätsmanagements Priorität.

8.3.2 Definition der Qualitätsmerkmale

Der Kunde hat als einziger die Kompetenz festzulegen, woran die Qualität einer Reise zu messen ist. Seine Einstellung wird in systematischen Untersuchungen erhoben und soweit konkretisiert, daß sie die Arbeitsgrundlage für das Qualitätsmanagement bilden kann.

Das folgende Beispiel soll die Vorgehensweise in ihren wichtigsten Schritten verdeutlichen:

1. Fragestellung in einer (qualitativen) Voruntersuchung:
   "Woran messen Sie die Qualität vor Antritt der Reise, also in der Informations- und Kaufphase?"
   Antwort (u. a.) "Keine bzw. minimale Wartezeit am Schalter".
2. Fragestellung in der Hauptuntersuchung:
   "Welche Wartezeit am Schalter ist für Sie noch akzeptabel/nicht mehr akzeptabel?"
   Häufigste Nennung: "Bis maximal 6 Minuten = akzeptabel".
3. Interne Erhebung der Wartezeiten, Ermittlung der Abweichung zur Forderung der Kunden (hier: maximal 6 Minuten).
4. Interne Untersuchung (Prozeßanalyse) der Abläufe, Ressourcen und Bedingungen am Schalter. Prozeßoptimierung in Bezug auf Öffnungszeiten, Kapazitätssteuerung, Spezialisierung "Expreßverkauf", Systemunterstützung, automatisierte Selbstbedienungsfunktionen, Verlagerung auf telefonische und elektronische Systeme.
5. Interne Überprüfung der Wartezeiten im Rahmen der einzelnen Stufen der Optimierungsplanung: Wieviel Zeitersparnis hat dieser Schritt der Prozeßverbesserung für die Kunden gebracht?
6. Definition

a) des angestrebten Erfüllungsgrades, z. B. Kunden müssen in weniger als 3% der Fälle 6 Minuten oder länger warten;

b) der Meßmethode, z. B. systematische Stichproben durch ausgebildete MitarbeiterInnen einer benachbarten Organisation;

c) des Maßstabes, z. B. gestoppte Verweildauer des Kunden vom Erreichen des Schalters bzw. der Warteschlange bis zur Begrüßung durch den Kundenberater.

7. Vereinbarung des Qualitätszieles in dieser Definition mit dem leistenden Bereich unter aktiver Einbindung aller prozeßbeteiligten MitarbeiterInnen (Motivation, Schulung, Prozeß kontinuierlicher Verbesserung)
8. Qualitätsprüfung und Rückkopplung im Qualitätsbericht.
9. Regelmäßige Überprüfung des Erreichten durch erneute Erhebung beim Kunden: Woran messen Sie die Qualität einer Bahnreise in der Vorbereitungsphase, wie wichtig ist Ihnen dieses Merkmal und sind Sie mit der derzeitigen Erfüllung Ihrer Anforderungen zufrieden?

8.3.3 Die Qualität aus Kundensicht beurteilen

Im Rahmen der Qualitätsprüfung wird laufend der Grad der Erfüllung der Kundenerwartungen untersucht und dokumentiert, wie weit die Qualitätsziele bisher erreicht werden konnten.

Über diesen globalen Anspruch hinaus soll die Qualitätsprüfung im Idealfall gleichzeitig praktische Hinweise für die Qualitätslenkung liefern: Welche Leistungen waren konkret im Einzelfall zu beanstanden und haben ggf. eine negative Abweichung vom bisher erreichten Erfüllungsgrad verursacht? Oder: Welche Leistungen wurden als völlig einwandfrei beurteilt und sollten auf ihre Reproduzierbarkeit in anderen, weniger einwandfrei eingestuften Einheiten untersucht werden? Diesen beiden Zielsetzungen - nämlich Daten zu liefern für die Qualitäts**planung** einerseits und für die Qualitäts**lenkung** andererseits - wird die Qualitätsprüfung gerecht, wenn sie objektiv, repräsentativ, systematisch und zeitnah aus (nachvollziehbaren) Detailinformationen durchgeführt wird und die Leistung aus der Sicht des Kunden beurteilt.

Zur Beurteilung der Qualität einer Bahnreise erfüllt jede der zur Verfügung stehenden Methoden der Qualitätsprüfung einige, jeweils unterschiedliche Bedingungen. Nur durch die angemessene Kombination von

- Kundenbefragung,
- Stichproben durch geeignete Mitarbeiter,
- systematische Information durch Dritte,

- Auswertung aus dem Beschwerdemanagement und
- automatisierte Erfassung an definierten Meßpunkten im Leistungsprozeß

kann insgesamt eine zufriedenstellende Erfüllung des Anspruchs an die Qualitätsprüfung (mit vertretbarem Aufwand) erzielt werden. Im folgenden wird beschrieben, wie diese Faktoren für die Qualitätsprüfung einer Bahnreise bei der Deutschen Bahn AG kombiniert werden.

8.3.3.1 Kundenbefragung

Einmal jährlich wird eine Befragung der Reisenden in den Zügen durchgeführt. Neben der globalen Aussage über die Zufriedenheit mit dieser Bahnreise liefert die Umfrage in erster Linie Erkenntnisse über den derzeit erreichten Erfüllungsgrad der Qualitätsmerkmale, deren Wichtigkeit aus Kundensicht in der vorhergehenden Grundsatzbefragung erhoben wurde.

Durch die jährliche Wiederholung wird die Entwicklung des Erfüllungsgrades erkennbar (Längsschnitt). Die entsprechende Analyse der Erhebungsdaten bei Beachtung der kritischen Teilmengen erlaubt häufig die Identifikation von Schwerpunkten auffallend guter/schlechter Beurteilungen. (Beispiel: Die Warteschlangen werden in einer bestimmten Region deutlich schlechter beurteilt als in einer anderen, aber besser als in einer früheren Umfrage). Diese Ergebnisse können dann als Ausgangspunkt für weitere Untersuchungen, z. B. Prozeßanalysen, herangezogen werden mit dem Ziel, Handlungsalternativen für die Qualitätslenkung abzuleiten. Am obigen Beispiel würde in einer vergleichenden Analyse nach den Bestimmungsfaktoren für das Entstehen und den Abbau der Warteschlangen in zwei repräsentativen Standorten der betreffenden Regionen gesucht, um dann Anhaltspunkte für Verbesserungsmöglichkeiten zu finden.

Zusätzlich werden regelmäßig Erhebungen über die Zufriedenheit mit der Erfüllung von Merkmalen durchgeführt, die nur in der Verbindung einer definierten Zielgruppe (hier: Urlaubs-/Freizeitreisende) mit der Nutzung eines bestimmten Angebotes relevant sind. Beispiel: Nutzung von/Zufriedenheit mit besonderem Spielabteil für Kinder.

Diese gezielte Marktforschung ist immer dann erforderlich, wenn ein Angebot speziell auf die Erfüllung von Kundenerwartungen ausgerichtet ist, die in anderen Segmenten keine oder nur sehr geringe Bedeutung haben.

8.3.3.2 Interne Qualitätsprüfung

Geeignete und für diese Tätigkeit besonders ausgebildete MitarbeiterInnen führen systematische Stichproben zur Erhebung des Erfüllungsgrades bei definierten Merkmalen durch. Zu den Vorgaben dieser Qualitätsprüfer gehören

- ein Prüfplan, der sicherstellt, daß die Stichprobe repräsentativ ist,
- formalisierte Erhebungsbögen mit begrenzten Möglichkeiten zur verbalen, nicht-standardisierten Kommentierung,
- eine Prüfanweisung mit Darstellung des Maßstabes und Beschreibung des jeweiligen Fehlerbildes für jede Ausprägung der einzelnen Merkmale.

Für das obige Beispiel der Warteschlange beim Fahrkartenkauf würde der Prüfplan Ort und Zeit der Erhebung vorgeben. Im Erhebungsbogen wäre die gestoppte Verweildauer in der Warteschlange in Sekunden für die vorgegebene Anzahl von Kunden an verschiedenen Schaltern einzutragen. In der Prüfanweisung könnte die genaue Bestimmung des Anfangs- und Endzeitpunktes für die Zeiterfassung nachgelesen werden.

Die so erhobenen Prüfergebnisse werden maschinell erfaßt, verarbeitet und für Auswertungen nach verschiedenen Kritierien bereitgestellt. Sie werden für den Qualitätsbericht aufbereitet und dokumentieren dort den in der internen Prüfung erhobenen Erfüllungsgrad. Die zusätzlichen verbalen Angaben und Erläuterungen werden manuell ausgewertet, da sie häufig wertvolle Hinweise auf erkannte Schwerpunkte oder Schwachstellen enthalten. In der Kombination mit gezielten Auswertungen der maschinell erfaßten Daten können aus diesen Hinweisen regionale oder zentrale Maßnahmen zur Qualitätslenkung abgeleitet werden.

8.3.3.3 Qualitätsprüfung durch Dritte

Da die interne Qualitätsprüfung sich des beständigen Vorwurfs mangelnder Objektivität und Kundensicht erwehren muß, ist es sinnvoll, ihre Ergebnisse gelegentlich durch geeignete Maßnahmen, z. B. Qualitäts-Checks, zu verifizieren. Darüber hinaus hat die Qualitätsprüfung durch Dritte noch besondere Vorzüge, wenn es sich bei den Dritten um Unterlieferanten handelt, die in den gemeinsamen Leistungsprozeß einbezogen sind. Bei der Deutschen Bahn AG kommt hier den Dienstleistern für das Catering und für die Reinigung die Aufgabe zu, im Rahmen ihrer jeweils eigenen (internen) Qualitätsprüfung auch solche Prüfdaten zu liefern, die wiederum in die Qualitätsdatenbank ihres Kunden, der Deutschen Bahn AG, eingearbeitet werden können.

Die hierzu erforderlichen Abstimmprozesse im Qualitätsmanagement der beteiligten Unternehmen und die gemeinsamen Vereinbarungen über die Erstellung, Verteilung und weitere Nutzung der Daten (und die entsprechenden Schutzmechanismen) sind aufwendig, werden aber mit interessanten Synergieeffekten für alle Beteiligten belohnt. Im günstigsten Fall ist das Ergebnis der Qualitätsprüfung von allen, die an der Leistungserstellung beteiligt sind, gemeinsam nach vereinbarten Regeln erarbeitet. Ein solches umfassendes Prüfresultat kommt der Sicht der Kunden am nächsten, da hier ebenfalls die Gesamtleistung und nicht die Summe der Teilleistungen beurteilt wird.

8.3.3.4 Auswertung von Kundenbeschwerden

Da Kundenbeschwerden sporadisch auftreten, kann selbstverständlich auch eine systematische Auswertung nicht den Anspruch erheben, die Kundenzufriedenheit bzw. -unzufriedenheit zum gegebenen Zeitpunkt repräsentativ wiederzugeben. Beschwerdeanalysen liefern jedoch wertvolle Indikatoren für Problemschwerpunkte und Leistungsbereiche, in denen Anforderung und realisierte Beschaffenheit besonders deutlich auseinanderfallen. Sie bieten zudem den Vorteil, sehr schnell nach Eintreten des Qualitätsmangels zur Verfügung zu stehen. Deshalb werden sie typischerweise überwiegend für die Qualitätslenkung - also die Beseitigung des Mangels - herangezogen.

Auch für die Zwecke der mittel- bis längerfristigen Qualitätsplanung können Daten aus Beschwerdeanalysen wichtige Hinweise liefern; es kann jedoch im Einzelfall notwendig werden, die Erkenntnisse durch zusätzliche Analysen oder gezielte Kundenbefragung zu stützen.

8.3.3.5 Prozeßdatenauswertung

Automatisch gesteuerte und überwachte Leistungsprozesse bieten eine elegante Möglichkeit zur Qualitätsprüfung. An den für die Qualitätsprüfung relevanten Meßpunkten werden Daten automatisch und in entsprechend strukturierter Form abgefragt und an die Qualitätsdatenbank übergeben. So werden zum Beispiel auf automatisch überwachten Strecken Pünktlichkeitswerte erfaßt, sobald die Züge bestimmte Meßpunkte passieren, und zur Analyse weitergegeleitet.

Für die Erstellung der Dienstleistung Bahnreise ist diese Form der Gewinnung von Prüfdaten bisher nur für wenige Merkmale bzw. Prozeßschritte möglich. Im Zuge der weiteren "Computerisierung" sind hier ohne Zweifel erhebliche Verbesserungen in der Qualitätsprüfung zu erreichen. So könnten beispielsweise die technischen Defekte durch Übernahme der Daten aus dem Diagnosesystem des fahrenden Zuges erfaßt werden - objektiv, schnell und kostengünstig.

Die Euphorie über die analysefreundlich aufbereitete Datenfülle darf jedoch nicht darüber hinwegtäuschen, daß die Prozeßdatenauswertung von allen Methoden der Qualitätsprüfung die geringste Marktnähe repräsentiert. Beim Fall der Übernahme von Diagnosedaten über technische Defekte ist zum Beispiel keine Wertung enthalten, wieviele Kunden von dem Defekt tatsächlich betroffen waren und inwieweit dies ihre Zufriedenheit beeinflußt hat.

Das dynamische Marktgeschehen und die rasch sich wandelnden Erwartungen der Kunden verlangen von den erfolgreichen Teilnehmern am Wettbewerb Flexibilität, Kundennähe und eine "Nase" für sich anbahnende Entwicklungen. Das Qualitätsmanagement hat hier die Aufgabe - und die Chance -, unverzichtbare Steuerungsinformationen für das Management zu liefern. Selbst perfektionierte Methoden der Qualitätsprüfung und Datenanalyse können die Priorität der Kundenbefragung, besonders im sensiblen Markt der Reisedienstleistungen, nicht in Frage stellen.

8.4 Die Qualitätsziele in der Umsetzung

Wie für jedes Managementkonzept gilt auch für das Qualitätsmanagement, daß sich erst in der praktischen Umsetzung der unternehmerische Nutzen erweist.

Typische Alltagsprobleme bei der Arbeit im Qualitätsmanagement sind:

- Prozeß versus Hierarchie: Das Denken in und die Arbeit an Prozessen wird durch die Organisationsstruktur des Unternehmens erschwert.
- Individualität versus Standardisierung: Um in den operativen Bereichen die nötige Kundennähe zu erreichen, wird Verantwortung dezentralisiert. Mit der Verantwortung für die Aufgabenerfüllung wird in gewissem Maße eine Verantwortung für die Gestaltung des entsprechenden Prozesses delegiert. Diese dezentrale Gestaltungsfreiheit kann im Konflikt stehen mit der Standardisierung von Prozessen als wichtigem Arbeitsbereich in einem Qualitätsmanagementsystem.
- Das "Moving-Target-Syndrom": Während große Anstrengungen gemacht werden, den Erfüllungsgrad der Kundenanforderungen bei einem Qualitätsmerkmal zu verbessern, entwickelt der Markt und/oder der Wettbewerb sich weiter. Mögliche Folgen: Der erreichte Erfüllungsgrad hätte gestern noch den Klassensieg bedeutet, entspricht aber heute nur noch den Minimalforderungen. Oder: Ein Merkmal, dem in einer früheren Umfrage aus Kundensicht nur geringe Bedeutung beigemessen wurde - und das im Qualitätsplan entsprechend geringe Aufmerksamkeit erhielt - wird in der nächsten Befragung an die Spitze der Rangreihe katapultiert.

Neben diesen Schwierigkeiten, die branchenübergreifend die Arbeit im Qualitätsmanagement "würzen", sind auch Problembereiche erkennbar, die bei Reisedienstleistern, und eben auch bei der Bahn, deutlicher als bei anderen Unternehmen in Erscheinung treten:

- Die Wahrnehmung der Qualitätsmerkmale als Gruppenprozeß: Zahlreiche Dienstleistungen werden nicht gegenüber dem einzelnen, individuellen Kunden erbracht, sondern pauschal vor einer großen Gruppe, z. B. allen Reisenden in einem Wagen oder Zug. Für die Mitarbeiter, die diese Leistung verantworten, ist der "Augenblick der Wahrheit" also häufig vergleichbar mit der Situation eines Schauspielers vor ausverkauftem Haus: Kleinste Unsicherheiten sind dem ganzen Publikum sofort offenbar und bilden ein beliebtes Gesprächsthema in der Pause.
- Die Emotionslast: An Reisen, besonders in der Touristik, werden auch emotionale Erwartungen gestellt, die für das Qualitätsmanagement schwieriger zu definieren und zu quantifizieren sind. Der Erfüllungsgrad läßt sich zwar im Kundenzufriedenheitsindex darstellen, Hinweise für die Lenkung bei mangelhafter Qualität sind jedoch kaum erhältlich.

8.5 Normen, Richtlinien, Qualitätspreise - Quo Vadis?

Die Normen der Reihe DIN EN ISO 9000 ff. sind der klassische Rahmen für ein funktionsfähiges Qualitätsmanagementsystem. Die konsequente Ausrichtung des Qualitätsmanagementsystems an der Norm löst allerdings in den meisten Fällen einen intensiven Dokumentationsprozeß aus.

Insofern sieht sich ein Bahnunternehmen hier in einer besonderen Situation, da die Eisenbahn traditionell bereits in ein umfangreiches (und wenig änderungsfreundliches) Geflecht von Gesetzen, Durchführungsbestimmungen, Tarifen und Vorschriften eingebunden ist. Dieses für den Eisenbahnbetrieb weitgehend obligatorische Regelwerk füllt Bibliotheken und widersetzt sich hartnäckig der Vorstellung einer kompletten Neufassung mit dem Ziel, die Regelungen als Verfahrensbeschreibung nach der Norm 9000 ff. wiederzugeben. Es besteht kein Bedarf an weiteren Regeln, im Gegenteil: Der Eisenbahnbetrieb im Wettbewerb braucht mehr unternehmerische Entscheidungsfreiheit in der Angebotsentwicklung und praktische Flexibilität in der täglichen Erstellung der Dienstleistung für den Kunden.

Beim Aufbau des Qualitätsmanagementsystems für ein Bahnunternehmen kann trotzdem die Entwicklung neuer Regeln und ihre normgerechte Fassung als Verfahrensbeschreibung in bestimmten Bereichen nötig sein, um den Betrieb von den Fesseln bisheriger Vorschriften zu befreien und markttauglich zu machen. Nur in Einzelfällen wird dies jedoch eine vordringliche Aufgabe sein.

Für den Personenverkehr der Deutschen Bahn AG ist erkannt, daß die Priorität in der

umfassenden Kundenorientierung

liegen muß, die durch Total Quality Management zu realisieren ist. Als Bewertungssystem bieten sich die beiden Modelle an, die für die international renommierten Qualitätspreise, den Malcolm Baldridge National Quality Award (MBNQA) und den European Quality Award (EQA), entwickelt wurden. Im Vergleich neigt die Gewichtung beim MBNQA stärker zu Ergebnissen und Kundenzufriedenheit, während der EQA durch entsprechende Gewichtung der Mitarbeiterzufriedenheit ein insgesamt ausgewogeneres System darstellt. Angesichts des dramatischen Einflusses, den bei Reisedienstleistungen das Verhalten einzelner Mitarbeiter auf die Kundenzufriedenheit und damit das Gesamtergebnis haben kann, dürfte sich in unserer Branche die Bewertung nach EQA empfehlen.

Um zu realistischen Erkenntnissen über die zu bewältigenden Aufgaben zu gelangen, muß neben den Qualitätszielen auch die Ist-Situation als Ausgangspunkt bestimmt werden. Dazu wurde für beide Qualitätspreise ein Selbstbewertungsprozeß entwickelt, in dem die oben beschriebenen Bewertungsmodelle eingesetzt werden. Die erste Selbstbewertung ist ein wichtiger Meilenstein auf dem Weg zur umfassenden Kundenorientierung. Entscheidend ist dabei nicht, ob diese Bewertung ein hohes oder niedriges Resultat zeigt, sondern daß den nächsten Schritten konsequent alle weiteren folgen, um das Unternehmen erfolgreich auf seine Kunden auszurichten.

9 Qualitätsmanagement im Ferienflugverkehr

von Dipl. Ing. Axel Haug, Leiter der Produktentwicklung und -betreuung, Condor Flugdienst GmbH

9.1 Einleitung

Das wirtschaftliche Wachstum der Industrieländer in den 70er und 80er Jahren veränderte den Deutschen Ferienflugverkehr. Der wachsende Wohlstand in Deutschland eröffnete einer immer größeren Zahl von Menschen die Möglichkeit, immer weiter entfernte Länder als Privatreisende in ihrem Urlaub kennenzulernen oder auf Zweit- und Drittreisen in einen Kurzurlaub zu starten (*vgl. Schörcher/Buchholz 1994, S. 833*). Die deutschen Luftverkehrsgesellschaften erfuhren dadurch einen ungeheuren Boom. In den 90er Jahren erlebten dann insbesondere die Ferienflieger eine so starke Nachfrage, daß sich die Ferienflugkapazitäten seit Anfang der 90er bereits verdoppelt haben. Vor dem Hintergrund dieser volkswirtschaftlichen Entwicklung erscheint das konsequente Umsetzen von Qualitätsmanagement-Systemen nicht nur sinnvoll, sondern auch unabdingbar. Diese Systeme sichern den reibungslosen täglichen Flugbetrieb, und vor allem die Wettbewerbsposition der jeweiligen Fluggesellschaften im Markt durch zufriedene Passagiere.

Obwohl in der wissenschaftlichen Forschung die Messung von Dienstleistungsqualität in den letzten Jahren vielfach thematisiert wurde, steht die Implementierung der Ergebnisse solcher methodischen Überlegungen in Dienstleistungsbetrieben noch ziemlich am Anfang (*vgl. Seitz 1995, S. 341*). Allerdings wird erst in der zweiten Hälfte der 90er Jahre damit begonnen, die Ergebnisse der theoretischen Forschung in Dienstleistungsbetrieben zur Anwendung zu bringen. Dies gilt auch für Ferienflieger.

9.2 Ferienflugverkehr

9.2.1 Definition

Die zivile Luftfahrt wird im allgemeinen als die Gesamtheit aller Vorgänge, die der Ortsveränderung von Personen, Fracht und Post auf den Luftwegen dienen...und alle damit unmittelbar oder mittelbar verbundenen sonstigen Dienstleistungen, definiert (*vgl. Rössger und Hünermann 1965, S. 3*).

Das Ferienflugprodukt wird von den deutschen Gesellschaften mit ähnlichen Fluggeräten produziert, so daß man von einer "originären Homogenität" sprechen kann (*vgl. Wheatcroft 1964, S. 27*). Aus diesem Grund bleiben den Ferienfluggesellschaften nur wenige Ansätze, um Wettbewerbsvorteile durch z. B. Produktgestaltung zu erlangen.

Da der Ferienflug eine Dienstleistung ist, kann das Produkt, die produzierten Sitzkilometer weder gelagert noch vorproduziert werden. Die Sitzkilometer als Basisprodukt werden daher zu dem Zeitpunkt, in dem Sie erstellt werden, auch verbraucht. Das bedeutet für den Passagier, daß er diesen Bestandteil seiner Urlaubsreise nicht betrachten oder testen kann. Bei Buchung seiner Reise vertraut er der Dienstleistungsbereitschaft und -kompetenz der Fluggesellschaft und erwartet, daß der Flug auch pünktlich und sachgerecht durchgeführt wird. Dabei ist zu berücksichtigen, daß der Flug bei Inanspruchnahme nicht zurückgegeben oder ausgetauscht werden kann, sollten Mängel bei der Durchführung auftreten.

9.2.2 Ferienflugverkehr in Deutschland

Der Ferienflugverkehr für den deutschen Markt wird hauptsächlich von den Fluggesellschaften Condor, LTU, Hapag Lloyd und Aero Lloyd bedient. Darüber hinaus füllen kleinere Gesellschaften wie z. B. Germania sowie Air Berlin die Marktnischen (vgl. Abb. III.15).

Diese Fluggesellschaften operieren hauptsächlich in der Form des geregelten Gelegenheitsverkehr. Alle in der Bundesrepublik zugelassenen Charterunternehmen besitzen eine allgemeine Ausflugerlaubnis, die jeweils eine mehrjährige Gültigkeit hat. Diese Genehmigungen beziehen sich allerdings nur auf einen Punkt-zu-Punkt-Verkehr zwischen zwei Staaten, so daß Zwischenlandungen in einem Drittland zum Zwecke des Absetzens oder Aufnehmens von Passagieren nicht erlaubt sind (*vgl. Pompl 1994, S. 183*). Ausgenommen hiervon sind als Linienflügen durchgeführte Dreiecksflüge wie z. B. Frankfurt - Puerto Plata - Punta Cana - Frankfurt.

Faktisch allerdings kam es in den letzten Jahren mehr und mehr zu einer Annäherung zwischen dem Linien- und dem Charterverkehr. Der größte Teil des Charterverkehrs, der Pauschalflugreiseverkehr, wird öffentlich und auf der Basis langfristiger Flugpläne abgewickelt. Die Aufhebung der verkehrsrechtlichen Trennung der beiden Verkehrsarten durch die EG war daher nur der Vollzug der tatsächlichen Entwicklung auf dem Luftverkehrsmarkt (*vgl. Pompl 1994, S. 177*). Inzwischen veröffentlichen fast alle Ferienflieger ihre eigenen Flugpläne, sei es als Taschenbuch oder als interaktive CD-ROM.

Abbildung III.15:

Marktanteile der Deutschen Ferienfluggesellschaften 1995

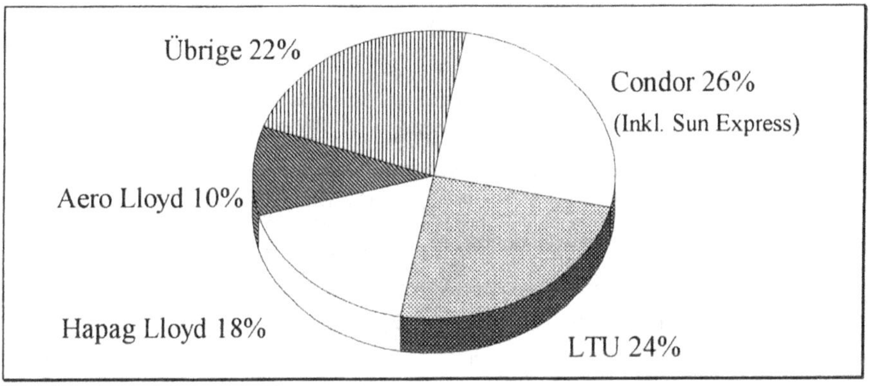

Gesamt : ca. 25,2 Mio. Passagiere

Quelle: Infratest und Condor Flugdienst GmbH Marktforschung

Die Passagiere, die diese Kapazitäten füllen, werden hauptsächlich durch deutsche Reiseveranstalter vermittelt. Die zur Verfügung stehenden Sitzplatzkapazitäten werden meist zweimal im Jahr, d. h. vor der Winter- und Sommersaison, weitestgehend von den Reiseveranstaltern im eigenen Risiko von den Fluggesellschaften erworben. Allerdings können die Reiseveranstalter je nach Verlauf der Saison sowie in Abhängigkeit von Kaufkonditionen bestimmte Sitzplatzkontingente den Fluggesellschaften wieder zurückgeben. Im Verlauf einer Saison herrscht zudem ein reger Abstimmungsprozeß zwischen den Reiseveranstaltern, die ihre Reisekontingente optimieren und den Fluggesellschaften, die ihre Flugzeugkapazitäten sowie Sitzladefaktoren maximieren wollen.

Nicht veräußerte Kontingente werden zunehmend von den Fluggesellschaften selbst auf dem Markt angeboten. Dieser Trend hat sich in den letzten Jahren gefestigt, so daß inzwischen der Selbstvertrieb von Flügen zwischen 5% bis 10% der Gesamtkapazität der Fluggesellschaften beträgt.

Die Vertriebskanäle sind weitestgehend durch die Reisebüros erschlossen, die sowohl die Pauschalreisen der Reiseveranstalter als auch einzelne Flüge vermitteln. Vorteile dieser Vertriebswege sind die Kundennähe und persönliche Fachberatung durch qualifizierte und nicht selten weitgereiste Angestellte in den Reisebüros.

Allerdings sind Veränderungen der etablierten Vertriebsstrukturen durch die Internet-Euphorie sowie den kontinuierlichen Ausbau von Onlinediensten wie

z. B. T-Online, Compuserve und AOL-Bertelsmann in Deutschland zu beobachten. Zumindest die großen Ferienflieger sind im Internet mit ihren World-Wide-Web Homepages vertreten. Bei Condor können bereits Optionsbuchungen durch den auf ihrer Internet-Homepage vorhandenen interaktiven Flugplan getätigt werden. Der Nachteil dieses Vertriebsweges ist, daß keine Fachberatung möglich ist und daß die Flugscheine weiterhin vom Reisebüro ausgestellt werden müssen. Noch ist dieser Vertriebskanal ohne Bedeutung, seine Nutzung zeigt aber die Innovationsfreudigkeit der Ferienflieger beim Erschließen neuer Vertriebskanäle.

Anders als bei den klassischen Fluglinien sind die meisten Passagiere der heutigen Ferienflieger nicht die direkten Kunden. Die direkten Kunden sind, abgesehen von den Passagieren, die ihre Tickets direkt bei den Ferienfliegern beziehen, die Reiseveranstalter. Der Ferienflug ist daher im Sinne des Systemgedankens ein Bestandteil der Urlaubsreise, der von Reiseveranstaltern den Endverbrauchern angeboten wird. Insofern müssen alle Qualitätsüberlegungen, die Kundenzufriedenheit innehaben, diesen besonderen Aspekt berücksichtigen.

9.2.3 Qualitätspolitik als Wettbewerbsvorteil

Als einer der wichtigsten Strategien, um in der inzwischen aus Wettbewerbsgründen sensibel gewordenen Tourismusbranche nachhaltig und erfolgreich zu überleben, ist das kontinuierliche Streben nach Qualität.

Wenn Qualität die Erfüllung der Kundenwünsche durch den Dienstleister darstellt, wird die Qualität des Flugerlebnisses zum Konkurrenzvorteil: Einhalten, was wir (die Airline) versprochen haben; erfüllen, was der Passagier als Qualität begründet erwartet. Diese Passagierabhängigkeit einerseits und die Identität von Leistungsabsicht und Erstellung andererseits sind die großen Herausforderungen an das Qualitätsmanagement der Airline (*vgl. Klein 1995, S. 376*).

Ein erfolgreich implementiertes Qualitätsmanagement bietet zudem konkrete Wettbewerbsvorteile durch z. B. Kostensenkung. So fallen bei einem zuverlässig funktionierenden Flugoperationssystem die Kosten bei erheblichen Verspätungen weg. Diese Kosten umfassen u. a. Überführungskosten für Ersatzflugzeuge, Flughafengebühren, Ersatzbeförderungen, Überstunden der Crew, Übernachtungs- und Verpflegungskosten der Passagiere sowie Imageverlust.

Gelingt es, eine wirtschaftlich attraktive Spirale in Bewegung zu setzen, kann eine höhere Rentabilität der eingesetzten Mittel und Güter erreicht werden: Steigt die Qualität, dann steigt die Kundenzufriedenheit; steigt die Kundenzufriedenheit, dann steigt der Marktanteil (Mund-zu-Mund-Werbung); steigt der Marktanteil, dann steigen die Chancen, den Gewinn zu erhöhen. Zudem: steigt die Qualität, dann steigt auch die Produktivität (wesentlich bessere Motivation, weil die Leistung anerkannt wird); steigt die Produktivität, dann verbessert sich die Kostenstruktur und es erhöht sich der Gewinn (*vgl. Sembowsky 1995*). Es ist bisher nicht möglich, das wirtschaftliche Potential dieser Spirale exakt zu quantifizieren. Dazu benötigen die Unternehmen umfangreiche Kenntnisse über ihre Flugdurchführungsprozesse sowie den Komplexitätsgrad ihrer Organisationen. Eine Zertifizierung nach z. B. ISO 9000 ff. würde aber die bis dahin verborgenen Prozeßmängel offenlegen und eine effektive Problembeseitigung begünstigen.

Die Grundvoraussetzung für eine konsequente Umsetzung dieser Strategie ist das lückenlose Bekenntnis der Geschäftsführung zum Qualitätsmanagement. Dabei sind klare Qualitätsziele seitens der Geschäftsführung nicht nur zu definieren, sondern auch kontinuierlich vorzuleben.

9.3 Qualität im Ferienflugverkehr

9.3.1 Definition

Die Definition der Qualität ist in der ISO 8402 Norm festgeschrieben. Diese Norm stammt ursprünglich von dem "International Office of Standardization" mit Hauptsitz in Genf. Dieses Office übernahm die Richtlinien von dem British Standards Institut (BSI) in 1987 und veröffentlichte die resultierenden Normen zur Qualitätssicherung als ISO 9000. Die formale Definition von Qualität nach ISO 8402 wird wie folgt festgeschrieben:

Die Gesamtheit von Merkmalen einer Einheit bezüglich ihrer Eignung, festgelegte und vorausgesetzte Erfordernisse zu erfüllen.

Eine Übertragung dieser Definition im Rahmen eines ganzheitlichen Ansatzes zeigt die im Ferienflug relevanten Qualitätsbereiche auf, die in Anlehnung an Bruhn/Stauss (*vgl. Bruhn/Stauss 1991, S. 30 ff.*) in Abb. III.16 dargestellt werden.

Grönroos (*1984*) differenziert Qualität im Dienstleistungssektor in zwei Komponenten, die

- technische Qualität und die
- funktionelle Qualität.

Abbildung III.16:

Qualitätsfaktoren im Ferienflugverkehr

Aus Reiseveranstaltersicht	Aus Passagiersicht	Aus Wettbewerbssicht	Aus Fluggesellschaftsicht
• Eignung der Fluggesellschaft	• Erstkontakt	• Qualitätsniveau des Flugprozesses und -Produktes der Hauptkonkurrenten	• Bedeutung der Qualitätspolitik für die Fluggesellschaft
• Zuverlässigkeit der Fluggesellschaft	• Zuverlässigkeit der Fluggesellschaft	• Qualitätsposition der Mitbewerber	• Fachliche Qualifikation und Motivation der Mitarbeiter
• Bereitschaft der Mitarbeiter zur individuellen Problemlösung	• Bereitschaft der Linie zur individuellen Problemlösung	• Angestrebte Qualitätsstrategie	• Kommunikationskompetenz der beim Passagierkontakt beteiligten Mitarbeiter
• Verkaufskompetenz der Mitarbeiter	• Kommunikationsfähigkeit der Mitarbeiter	• Qualitätsschwächen der Mitbewerber	• Dienstleistungsmentalität der Mitarbeiter
• Vertragsgerechte Leistungserbringung	• Fähigkeit kritische Situationen zu meistern	• Angebot qualitätsstarker Zusatzleistungen	• Stärken- Schwächenprofil der bisher erbrachten Leistung
• Angebotene Zusatzleistungen	• Angebotene Zusatzleistungen	• Fähigkeit und Bereitschaft der Mitbewerber zur Verbesserung der Qualität	• Erwartungshaltung der Passagiere durch Werbung und Kommunikation
	• Das Flugergebnis		

Die technische Qualität in diesem Feld ist der sichere und pünktliche Transport von Personen und ggf. Fracht von A nach B. Die funktionelle Qualität oder Prozeß-/Kredenzqualität ist z. B. die Freundlichkeit des Stationspersonals sowie der Flugbegleiter. Beide Arten der Qualität sollten miteinander harmonieren. Wenn z. B. eine Verspätung verursacht wird, so liegt es an der Servicekompetenz des Personals diesen technischen Qualitätseinbruch durch Zuwendung, Informations weitergabe und individuelle Hilfestellung auszugleichen. Die funktionelle Qualität füllt dann die so entstandene technische Qualitätslücke, so daß die Fluggäste wieder zufrieden sind. Diese "recovery"

Systematik ist eines der wichtigsten Bestandteile im Dienstleistungsmanagement.

Es liegt in der Natur der Dienstleistung, daß Passagiere eher die Kredenzqualität wahrnehmen und kritisch bewerten als die technische Qualität. Die technische Qualität wird als generell gegeben vorausgesetzt, ist also heute kein besonderer Wettbewerbsvorteil mehr.

Wird eine Dienstleistung geliefert, fassen dies sowohl der Dienstleistungsverbraucher als auch der -lieferant in unterschiedlicher und individueller Weise auf. Es gilt, diese "Variabilität" der vier in Abb. III.16 dargestellten Felder zu untersuchen, zu quantifizieren und mit festgelegten Zielwerten zu vergleichen.

9.3.2 Kundenorientierte Qualitätsziele

Die Formulierung der Qualitätsziele orientiert sich bei den Ferienfluggesellschaften weitestgehend an den Passagierbedürfnissen. Die Bedürfnisse der Geschäftsreisende sind in einigen Zusammenhängen anders gelagert (*vgl. Pompl 1991, S. 86 - 98*). Vier **Kernbedürfnisse** von Pauschalreisenden wurden im Rahmen einer Studie der TUI (*vgl. TUI-Studie 1990*) ermittelt. Dies sind:

- Hoher Sicherheitsstandard
- Zuverlässige Fluggesellschaft
- Direktflug
- Neues, modernes Fluggerät.

Ergänzend zu den Kernbedürfnissen der Passagiere lassen sich folgende **Nebenbedürfnisse** identifizieren:

- Pünktlichkeit
- Umfassende Informationen zum Flugverlauf
- Freundlichkeit und Aufmerksamkeit an Bord
- Sitzkomfort
- Saubere Kabine
- Auswahl an Mahlzeiten und Getränke
- Funktionierende Inneneinrichtung
- Unterhaltung an Bord.

Unter Berücksichtigung der Tatsache, daß die unmittelbaren Kunden der Ferienfluggesellschaften im wesentlichen die Reiseveranstalter sind, müssen die Bedürfnisse dieser Unternehmen ebenfalls Berücksichtigung finden. Grundsätzlich sind die Bedürfnisse der Urlaubsgäste auch ein wichtiges Anliegen der Reiseveranstalter gegenüber den Fluggesellschaften. Ergänzend hierzu lassen sich die Kernbedürfnisse der Reiseveranstalter aus ihren rechtlichen Pflichten ableiten. Die Pflichten umfassen (*vgl. Strangfeld 1993, S. 119 f.*):

- gewissenhafte Vorbereitung der Reise (des Fluges)
- Auswahl und Überwachung der Leistungsträger (der Fluggesellschaft)
- Informationspflicht (der Fluggesellschaft).

Die Kernbedürfnisse der Reiseveranstalter leiteten sich wie folgt aus den Pflichten ab:

- Geeignete Fluggesellschaft
- Zuverlässige Fluggesellschaft
- Vertragsgerechte Leistungserbringung der Fluggesellschaft.

Ergänzend zu den Kernbedürfnissen der Reiseveranstalter lassen sich auch dort folgende Nebenbedürfnisse identifizieren:

- Bereitschaft der (Vertriebs-) Mitarbeiter zur individuellen Problemlösung, z. B. flexible Umdisponierung von Sitzplatzkontingenten.
- Verkaufskompetenz der Mitarbeiter
- Angebotene Zusatzleistungen wie z. B. spezielles Catering bei Sonderflügen.

9.3.3 Qualitätskritische Punkte und Prozesse

Problematische Qualitätszusammenhänge im Ferienflugverkehr sind mannigfaltig. Auf der einen Seite ist die Flugerwartung variabel, d. h. der Passagier trifft an seinem Abflughafen mit seinen ganz persönlichen Erwartungen, Hoffnungen und Ängsten ein. Die Stationsmitarbeiter sowie Flugbegleiter beginnen ihren Dienst ebenfalls mit ihren persönlichen Einstellungen. Beide Einstellungen werden aller menschlicher Voraussicht nach nicht miteinander übereinstimmen bzw. sich nicht ergänzen. Die Mitarbeiter sind dann hochqualifiziert, wenn sie sich doch auf die Passagiere einstellen können.

Auf der anderen Seite gibt es viele operationelle Einflüsse, die von den Fluggesellschaften nicht beeinflußbar sind. Wetter, überfüllte Flughäfen, überlastete Luftraüme oder gar Fluglotsenstreik stellen solche Faktoren dar.

Darüber hinaus liegt es in der Qualifikation der Kundenkontakt-Mitarbeiter, Lücken in der technischen Qualität durch funktionelle Qualität zu schließen. Wenn der Fluggast außerdem den Eindruck gewinnt, am Lieferprozeß teilzunehmen, dann steigt seine Zufriedenheit, obwohl die Lieferleistung Qualitätsmängel aufweist.

Beispiel: In 1995 sollte ein Condor Flug von Paderborn nach Palma de Mallorca starten. Die Triebwerke, so schrieb der Fluggast, konnten nicht gestartet werden, da das zum Starten der Triebwerke benötigte Druckluftgerät des Flugzeuges nicht funktionierte. Der Flughafen jedoch war nicht mit einem entsprechenden Bodenaggregat ausgestattet. Der Kapitän des Fluges informierte die Gäste umfassend und erklärte die Situation sowie seine sich daraus ergebende Entscheidung, ein Ersatzflugzeug anzufordern. Die Passagiere nahmen dadurch an seiner Entscheidungsfindung teil. Darüber hinaus wurden Getränke angeboten und wer mochte, konnte die Piloten im Cockpit besuchen. So wurde die mehrstündige Wartezeit für den Fluggast und seine Familie nicht nur überbrückt, sondern auch interessant gestaltet. Die Familie trat ihren Urlaub zwar verspätet an, aber der Sohn, so schrieb der Gast, erzählte noch lange von dem beeindruckenden Cockpitbesuch.

Die Qualitätskompetenz einer Fluggesellschaft zeigt sich in der Fähigkeit, die unterschiedlichen Erwartungshaltungen ihrer Reiseveranstalter, Passagiere, Kundenkontakt-Mitarbeiter und der unterstützenden Prozesse zuverlässig zu regeln bzw. zu harmonisieren.

Allerdings beeinflussen auch die wirtschaftlichen Rahmenbedingungen der Ferienfluggesellschaften die Möglichkeiten, den Erwartungen der Urlaubsgäste gerecht zu werden. Um die Kapazitäten optimal nutzen zu können, werden z. B. Flüge gelegentlich zusammengelegt sowie Drehkreuze betrieben. Diese im Gegensatz zu den Passagiererbedürfnissen stehenden Praktiken sind durch fundierte wirtschaftliche Überlegungen begründet und u.U. notwendig, um den Kostenvorteil der Ferienfliegerei gegenüber der klassischen Linie zu wahren.

Qualitätspolitik muß eines der Unternehmensziele sein. Die Aufbau- und Ablauforganisation muß dann so gestaltet werden, damit das Ziel auch erreicht wird.

9.3.4 Zertifizierung nach DIN ISO

Kritisch gesehen stellt eine Zertifizierung nach ISO 9000 ff. keine Garantie verbesserter Qualität dar. Sprenger lamentiert: "In Zeiten zunehmender Flexibilisierung, in denen Eigenverantwortlichkeit propagiert und Kreativität als einziges Überlebenskonzept ausgewiesen wird ... fallen Betriebe zurück ... zu Arbeitsanweisungen, Checklisten und Einzigrichtigkeiten" (*vgl. Sprenger, 1995*). Der stellvertretende Obmann der Sektion Tourismus und Freizeitwirtschaft in der Wirtschaftskammer Österreich, Walter Ender, wies auf einem

Symposium über Qualitätsmanagement darauf hin, daß ISO 9000 lediglich ein Instrument sei, das den Unternehmen "Hilfestellung auf dem Weg zu einem kontinuierlichen Leistungsstandard über ein Qualitäts-Sicherungs-System liefert." Das Zertifikat bestätigt dem Unternehmen die Qualitätsfähigkeit. Es trifft jedoch keinerlei Aussage über die tatsächliche Qualität des Endproduktes bzw. der Dienstleistung (*vgl. Marketing Journal 2/95*).

Last but not least spielen z. B. bei der Zertifizierung nach ISO 9000 ff. auch für Produktionsbetriebe marketingtechnische Erwägungen nicht selten eine Rolle (*vgl. Seitz 1995, S. 341*). Es kann werbewirksam mit dem erhaltenen Zertifikat als Gütesiegel geworben werden.

Von den Ferienfliegern erlangte lediglich Hapag Lloyd eine Zertifizierung nach DIN ISO 9002 für ihren technischen Betrieb (Wartung und Instandhaltung der Flugzeuge). Den Luftfahrtunternehmen in Deutschland, die Ferienflieger darin eingeschlossen, bleiben jedoch keine Wahl als eine Zertifizierung nach JAR-145 zu erlangen. Ab 1.4.1998 tritt die entsprechende JAR-OPS Regelung in Kraft.[2]

9.4 Qualitätsmessung

Ungeachtet in welche Richtung, ob Qualitätscarrier oder "low cost" Carrier, sich die einzelnen Gesellschaften weiter entwickeln bzw. positionieren, ist es naheliegend, daß Qualitätsmessungen angestellt werden müssen. Denn nur was gemessen wird, erhält Aufmerksamkeit, deckt Defizite im Lieferprozeß auf und fördert die Erhaltung der Wirtschaftlichkeit des Unternehmens.

Die Aufstellung einer Qualitätsmeßsystematik kann dabei grundsätzlich unabhängig von den Qualitätszielen geschehen. Nach einer genauen Betrachtung bzw. primären Erhebung der jetzigen Lieferleistungsfähigkeit sind oftmals weitere Qualitätsziele leichter zu identifizieren.

9.4.1 Anforderungen an die Messung der Service Qualität

Die Messung der Service Qualität muß bestimmten Anforderungen genügen, um langfristige Wettbewerbsvorteile zu ermöglichen. Diese Anforderungen umfassen z. B. (*vgl. Bednarczuk 1992*):

---

[2] Joint Aviation Regulations-Operations der Joint Aviation Authority, einer EU Luftfahrtbehörde, die ähnliche Aufgaben wie die U.S. Amerikanische Federal Aviation Authority (FAA) wahrnimmt. Diese JAR-OPS Regelung fordert u. a. die Einrichtung eines Qualitätsmanagements für die fliegerischen und technischen Bereiche. Die Qualitätssysteme der JAR-OPS Zulassung sind auf der ISO 9000 aufgebaut, so daß der organisatorische Aufwand einer Zulassung nach ISO 9000 verhältnismäßig gering erscheint.

- **Informationswert:** Fähigkeit der Meßsysteme, Informationen über mögliche Serviceverbesserungen zu liefern.
- **Schnelligkeit:** Die Reaktionszeit auf die Meßergebnisse muß kurz sein. Schnelle Datenauswertung sowie schnelle interne Kommunikation sind entscheidend, damit unverzüglich auf Passagier-/Kundenprobleme reagiert werden kann. Kleinere Änderungen wie z. B. ein Umstellen der Hauptmahlzeiten können dann innerhalb von ein paar Tagen bewerkstelligt werden. Größere Anliegen wie z. B. das Anpassen von Drehkreuzen und die damit verbundenen Flughafen-Infrastrukturen bedürfen meist längerer Genehmigungsprozesse über die Geschäftsführung und die Flughäfen. Dies kann dann, je nach Komplexität, bis zu einer Feriensaison dauern.
- **Prozeß Monitoring:** Meßsysteme müssen auch Daten über Service Prozesse wie z. B. Catering, Check-in und Service an Bord, liefern, um als Frühwarnsystem nützlich zu sein, anstatt sich auf nur ein Ergebnis, z. B. Bordbefragungsbogen, zu konzentrieren.
- **Konkurrenzbezug, Benchmarking:** Die erhobenen Daten müssen auch im Vergleich zu der Konkurrenz bewertet werden können.

Geeignet ist demnach nicht nur eine Meßsystematik, sondern ein Qualitätsdiagnostik-Portfolio. Dieses Portfolio kann z. B. Bordbefragung, Imagemonitor, IATA Erhebungen, Dezentrale Meßsysteme, Mystery-Shopping, Telefon Befragung, Key Customer Interviews sowie firmeninterne Service Audits umfassen und muß die Qualitätsfelder in Abb. III.16 abdecken (*vgl. dazu den Beitrag von Scharitzer, Teil 1, Kap. 3*).

9.4.2 Qualitätsmessung am Beispiel Condor

Die Condor Flugdienst GmbH gestaltet ihr Meßverfahren u. a. durch die regelmäßige Auswertung folgender Datenquellen:

- **Flight-Reports:** Alle außergewöhnlichen Flugvorkommnisse wie z. B. Verspätungen, besondere Passagierbelange, Flugbegleitereinsatz werden in einem Formblatt festgehalten. Sie sind für das unmittelbare Feedback an Mitarbeiter und Dienststellen von übergeordneter Bedeutung.
- **Catering-Reports**. Die Flugbegleiter checken die Bordküchen vor dem jeweiligen Start und notieren Abweichungen vom festgelegten Standard. Diese Reports dienen auch als Feedback für die Borddienst-Fachbereiche, in dem Angaben zu Qualität und Menge von z. B. Mahlzeiten, Getränken und Zeitschriften festgehalten und den betroffenen Fachbereichen mitgeteilt werden.

- **Stationsberichte:** Die Stationen notieren Abweichungen z. B. in der Passagier- und Flugzeugabfertigung sowie der Gepäckhandhabung.
- **Akquisitionsberichte:** In diesen Berichten werden u. a. die Wünsche und Erfahrungen der Reisebüros durch die Vertriebsmitarbeiter in Gesprächen mit Reisebüroangestellten festgehalten.
- **Konkurrenzbeobachtung**: Hier werden Erfahrungen und Beobachtungen durch Flüge mit Konkurrenz-Fluggesellschaften strukturiert festgehalten und mit der eigenen wahrgenommenen Leistung verglichen. So lassen sich Merkmale wie z. B. Pünktlichkeit, Freundlichkeit der Flugbegleiter, Qualität der Speisen und Getränke sachlich vergleichen.
- **Passagierschreiben**: Die schriftlichen Äußerungen der Passagiere stellen ein wichtiges und zugleich sehr wertvolles und preiswertes Feedback-System dar. Allein die schriftliche Form deutet auf eine den Passagier stark berührende Meinungsmitteilung an die Fluggesellschaft hin.
- **Fluggastbefragung**: Das wohl wichtigste und verbreiteste Meßinstrument ist die Bordbefragung. Sie wird alle 3 Monate wiederholt und stellt eine repräsentative Datenbasis zur Qualitätssicherung dar.

Die Daten, die aus diesen Informationsquellen gewonnen werden, können dann noch mit Daten aus anderen Touristikstatistiken ergänzt und verglichen werden. Zu einem Qualitätsbericht zusammengefasst, wird dieses Werk an die Geschäftsführung und die Hauptabteilungen im Unternehmen verteilt. Es liegt dann an dem Produktmanagement, die Situation gemeinsam mit den operativen Bereichen zu analysieren und ggf. Verbesserungen einzuleiten. So ist der Grundstein für den Weg zu einer "lernenden" Fluggesellschaft gelegt.

9.5 Fazit

Umfassende Qualitätsmanagement Systeme bei den Ferienfliegern stellen eine wichtige Säule der Wettbewerbssicherung dar.

Der Qualitätsgedanke muß von allen Bereichen einer Fluggesellschaft beherzigt und gelebt werden, allen voran von der Geschäftsführung.

Hohe Kunden-, Passagier- und Mitarbeiterloyalität als Erfolgsfaktor des Qualitätsmanagements sichert den langfristigen Verkaufserfolg und reduziert gleichzeitig Kosten.

Die Umsetzung eines Qualitätsmanagements ist daher nicht nur die Aufgabe eines dafür eigens geschaffenen Dienststelle, sondern auch die von allen Mitarbeitern der Gesellschaft. Es ist daher auch eine Mentalitätsfrage oder besser noch einer Unternehmenskultur.

Qualitätsmanagement richtet sich deshalb nicht nur nach den Kunden (Reiseveranstaltern), den Passagieren, sondern auch nach den Mitarbeitern. Darüber hinaus richtet sich Qualitätsmanagement auch an fast alle Prozesse des Unternehmens wie z. B. Personaldienst, funktionelle Fachbereiche, strategische Planung, Organisationsplanung, Marktforschung und Vertrieb.

Die Positionierung des erstrebten Qualitäts-Niveaus richtet sich nach den Unternehmenszielen (Quality carrier oder low cost carrier).

10 Qualitätsmanagement im Bereich Reiseleitung

von Dr. Werner Müller, Geschäftsführer des transfer e.V. (Köln), und Heike Mönch-Kowalewski, ehemalige Personalleiterin bei Hetzel-Reisen (Stuttgart)

10.1 Stellenwert der Reiseleitung im Gesamtkonzept

Die Tätigkeit des Reiseleiters ist eine Dienstleistung. Sie ist in erster Linie Service am Kunden, umfaßt aber ebenso die Kooperation mit dem Veranstalter und seinen Vertragspartnern, den Leistungsträgern.

Oftmals ist die Reiseleitung der einzige persönliche Kontakt, den ein Kunde mit seinem Reiseunternehmen hat. Sie prägt sein Bild von der Qualität des Veranstalters - neben den konkreten Serviceleistungen - maßgeblich. Besonders in Konfliktsituationen ist sie als "Krisenmanager" gefragt. Leistet die Reiseleitung gute Arbeit, dann besteht eine berechtigte Chance dafür, daß der Kunde wieder bei diesem Unternehmen bucht; ansonsten kehrt er ihm gegebenenfalls den Rücken, ohne jemals mit einem anderen Mitarbeiter des Unternehmens Kontakt gehabt zu haben. Für die Strategien des Qualitätsmanagements von Reiseunternehmen muß dem Faktor 'Reiseleitung' daher eine hohe Priorität eingeräumt und durch zahlreiche Maßnahmen des Personalmanagements abgestützt werden.

10.2 Zur Situation von Reiseleiter/innen in Deutschland

Die aktuelle Lage von Reiseleiter/innen in Deutschland kann vor allem durch folgende Aspekte beschrieben werden:

1. In Deutschland gibt es kein staatlich geregeltes Berufsbild für Reiseleiter/innen.
2. Trotz der Dienstleistungsfreiheit in der Europäischen Union werden deutsche Reiseleiter/innen in anderen europäischen Ländern bei ihrer Tätigkeit behindert.
3. Geregelte Bildungsmaßnahmen für Reiseleiter/innen stehen noch aus.

Bemühungen zur offiziell geregelten Ausbildung von Reiseleiter/innen inklusive eines entsprechenden anerkannten Berufsabschlusses gibt es hierzulande seit geraumer Zeit. In der letzten Dekade engagierte sich besonders das **Bundesinstitut für Berufsbildung** (BIBB) in Berlin für die Entwicklung einer staatlich anerkannten Ausbildung (*vgl. Noack 1993*). Derzeit diskutiert darüber hinaus der **Deutsche Industrie- und Handelstag** (DIHT) einen Vorschlag im Rahmen des dualen Berufsbildungssystems, der über drei Jahre angelegt ist.

Umfangreiche Konzepte für Modellversuche der Reiseleiterqualifikation liegen bereits vor (*vgl. Steinecke/Müller 1993*). In deren Mittelpunkt stehen zum Beispiel:

- weiterführende Seminare
- Hospitationen/Praktika bei Veranstaltern
- Hospitationen/Praktika bei Fortbildungsinstituten und Verbänden, die sich mit Reiseleiterqualifikation beschäftigen.

Um das Defizit einer nicht anerkannten Ausbildung und daraus folgende Benachteiligungen für deutsche Reiseleiter/innen im Ausland abzumildern, entwickelten die hiesigen Tourismusverbände - zusammengefaßt im **Präsidium der Deutschen Tourismuswirtschaft** - 1991 ihr sogenanntes **"Reiseleiter-Zertifikat"** (*vgl. Müllenmeister 1993*). Um eine staatlich anerkannte Lizenz handelt es sich dabei allerdings auch nicht.

Anders als in Deutschland vertreten mediterrane Nationen wie Frankreich, Spanien, Italien oder Griechenland den Standpunkt, daß der Staat für eine professionelle Betreuung von Touristen zu sorgen hat. Umfassende oder lokale Lizenzvergaben, die zum Beispiel über Qualifikationen an Fremdenführerschulen erworben werden, operationalisieren diese Haltung (*vgl. Kölnsperger 1993*).

Demzufolge ist bei uns ein klares Berufsbild 'Reiseleiter' bis heute nicht auszumachen. Den hohen Ansprüchen der Unternehmen und der Reisepädagog/innen (s. o., Konzept Modellversuch) stehen ungenügende Rahmenbedingungen bei der sozialen Absicherung und Bezahlung gegenüber (*vgl. Ölmüller 1993*). In Relation zum Anforderungsprofil ist die Entlohnung gering. Studienreiseleiter/innen kommen gelegentlich auf über DM 200,- pro Tag; Jugendreiseleiter/innen mit mehrmonatigen Einsätzen selten über DM 50,-.

Oftmals bevorzugt die Unternehmenspolitik der Veranstalter möglichst wenige feste Arbeitsverhältnisse, um keine Probleme bei schlechter Buchungslage zu bekommen. Freelancer (freiberufliche, nicht fest angestellte Reiseleiter/innen) müssen für sämtliche Versicherungen selbst aufkommen, was sich besonders bei Arbeitslosigkeit negativ auswirkt, da man sich hier nicht freiwillig versichern kann.

Neben der mangelnden arbeits- und sozialversicherungsrechtliche Absicherung ist die Reiseleitertätigkeit durch weitere, überdurchschnittlich große Belastungen gekennzeichnet. Dazu zählen unter anderem:

- der permanente Kundenkontakt
- das oft fehlende soziale Umfeld mit stabilen persönlichen Beziehungen
- das hohe Potential für Rollenkonflikte zwischen Arbeitgebern, Kunden, Partnern vor Ort.

Vom Hintergrund her können Reiseleiter/innen "Professor sein oder Absolvent einer Sonderschule" (*Müllenmeister 1993*). Auf die Art des Anstellungsverhältnisses wirkt sich das jedenfalls nicht aus.

10.3 Tätigkeitsprofile und Typologien

Die **Tätigkeiten** von Reiseleiter/innen können in sechs Kategorien eingeteilt werden:

- Leiten und Betreuen
- Vermitteln von Inhalten
- Beurteilen von Umständen und Leistungsträgern
- Beraten, Kommunizieren, Ratschläge zur Urlaubsgestaltung
- Innovieren
- Verwalten und Organisieren

(*vgl. Schmeer-Sturm 1990 und 1993, sowie van Hees 1981*).

Zu den **Fähigkeiten und Voraussetzungen** sagt *Schmeer-Sturm* (*1990, S. 43*):

> "Der ideale Reiseleiter verfügt über eine gepflegte, der Situation angemessene Erscheinung (...), umfassendes Allgemeinwissen, gesellschaftliche Umgangsformen, Durchsetzungsvermögen, Hilfsbereitschaft, körperliche und geistige Belastbarkeit, Organisationstalent, Kontaktfähigkeit, Einfühlungsvermögen, geistige Aufgewecktheit, rhetorisches Talent und Fähigkeit in der Gesprächsführung, Gabe der Improvisation, Orientierungssinn, Fremdsprachenkenntnisse, landeskundliche und kunstgeschichtliche Kenntnisse".

Ölmüller (*1993, S. 46*) resümiert:

> "Die Anforderungen an den Reiseleiter erfordern in den Grundlagen nicht vorrangig hochkarätiges theoretisches Wissen, sondern praktisches Können in den Feldern Rhetorik, Gruppendynamik, soziale Rollenspiele...."

Zur **Typologie** von Reiseleitertätigkeiten finden sich in der einschlägigen Literatur folgende generellen Unterscheidungen:

- Standortreiseleiter
- Rund- und Studienreiseleiter

- Reiseleiter für Abenteuer- und Erlebnisreisen
- Fremden- bzw. Gästeführer

Die Zugehörigkeit der 'Animateur/innen' - zum Beispiel in Ferienclubs, aber auch als Länderkunde-Spezialisten (*vgl. Müllenmeister und Braun 1982*) - wird unterschiedlich gewertet. Manche Expert/innen ordnen sie in die Oberkategorie der Reiseleiter/innen ein, andere wiederum sehen ihre Tätigkeit spezieller und als nicht so anspruchsvoll. Darüber hinaus kommen Differenzierungen vor (zum Beispiel im Bereich Rundreiseleitung als Incoming-, Outgoing-, Zug- oder Omnibusspezialisten). Auch Unterscheidungen nach dem Status - haupt- und nebenberufliche Reiseleiter/innen - werden bisweilen gemacht (*vgl. Fink 1983*).

10.4 Elemente des Qualitätsmanagements

10.4.1 Personalbeschaffung

Die Arbeit im Dienstleistungs- bzw. Servicebereich ist eine extrem persönlichkeitsbezogene. Es ist daher entscheidend, die "passenden" Mitarbeiter/innen zu finden und ihren Tätigkeiten auch innerhalb des Unternehmens einen angemessenen Stellenwert zuzuweisen.

Die **Personalsuche** erfolgt in der Regel über einschlägige Fachzeitschriften (*z. B. FVW, Touristik aktuell*) oder über regionale und überregionale Zeitungen. Das geforderte Anforderungsprofil ist je nach Bedarf und Anstellungsdauer relativ vage oder sehr konkret formuliert:

Beispiele:

"Wir (...) suchen für die Betreuung ab/bis Deutschland **Reisebegleiter**. Wenn Sie gut mit Menschen umgehen und organisieren können, sind Sie als Freelance genau der/die Richtige." (*SCHWINGS-Reisen, FVW 1/96, S. 102*)

"Zur Verstärkung unseres Teams an Bord suchen wir **Reiseleiter/innen und Animateur/innen.** Sie sollten Organisations-, Improvisationstalent und ein sicheres und gewinnendes Auftreten haben. Länderkenntnisse, Reiseerfahrung und sicherer Umgang mit erlebnisorientierten Gästen werden vorausgesetzt. Wenn Sie dann auch noch sicher in der englischen Sprache und Spanisch oder Französisch sind, stellen Sie sich der anspruchsvollen Herausforderung." (*Deutsche Seetouristik GmbH, FVW 2/96, S. 89*)

Menschen mit einer positiven Ausstrahlung und überdurchschnittlicher Kommunikationsfähigkeit sollten demnach vor denen berücksichtigt werden, die zwar gute Fach- oder Länderkenntnisse besitzen, denen aber die erstgenannten Kriterien fehlen. *HETZEL-Reisen* bemerkt dazu in einer Informationsschrift für angehende Touristiker und Reiseleiter/innen:

> "Nur wenn einem der Umgang mit Menschen Freude bereitet, wird man sich in seiner Arbeit wohlfühlen. Das beste Fachwissen ist sinnlos, wenn die Arbeit keinen Spaß macht." (*vgl. Kowalewski 1993, S. 32*).

Die Einstellung zur Arbeit überträgt sich auf den Kunden. Kunden verzeihen Fehler, wenn man bereit ist, sie zu beheben; sie verzeihen Unwissen, wenn man bereit ist, das Gewünschte in Erfahrung zu bringen. Aber sie verzeihen nicht, wenn sie unfreundlich behandelt, schroff zurechtgewiesen oder ihre Probleme desinteressiert übergangen werden. Denn sie wollen vor allem als Person ernst genommen werden.

Vor allem bei größeren und bekannteren Veranstaltern bewerben sich die angehenden Reiseleiter/innen auch direkt, so daß sich die Schaltung einer Anzeige oftmals auf Spezialziele oder -tätigkeiten beschränkt.

Die einzelnen Veranstalter haben in der Regel einen Leitfaden zur **Mitarbeiterauswahl**, der es der Personal- oder Fachabteilung ermöglicht, gezielt konkrete Fähigkeiten abzufragen und die Persönlichkeit des Bewerbers zu beurteilen. Ein solcher Leitfaden ist besonders hilfreich, wenn "fachfremde" Mitarbeiter/innen vor dem Problem der Personalsuche stehen. Ein "geschultes Auge" - vor allem mit Blick auf die geforderte Persönlichkeit eines Bewerbers - kann darüber aber nur zum Teil kompensiert werden.

Es gibt Unternehmen, die ihre Mitarbeiter/innen erst während der Schulung endgültig auswählen und dazu mehr Bewerber/innen einladen als später eingestellt werden. Dadurch entstehen für den Veranstalter zwar mehr Kosten, aber auch größere Spielräume bei der Auswahl. Unter den Bewerber/innen wird der Konkurrenzdruck erhöht, was manche Personalverantwortliche begrüßen, andere wiederum eher vermeiden möchten. Es muß demnach genau überlegt werden, welches Schulungsmodell - in Abstimmung mit der Personalsuche - das jeweils geeignete ist.

Größere Tourismusunternehmen können sich eine differenzierte Personalauswahl und -schulung leisten (*vgl. Hemmer/Jung, 1989, S. 21 - 23*).

> Beispiel: Der Studienreiseveranstalter *STUDIOSUS* gilt dabei in Fachkreisen als führend. Er geht folgendermaßen vor:
>
> - Erstauswahl über einen Bewerbungsbogen
> - Persönliches Gespräch
> - Auswahlseminar mit schriftlichen Tests, Sprachtest, Praxisübungen
> - Viertägiges Praxisseminar
> - Einweisungsfahrt unter der Leitung eines erfahrenen Kollegen.

Ist ein Unternehmen aus verschiedensten Gründen selbst nicht in der Lage, die Einstellungsverfahren durchzuführen, dann stehen externe Agenturen bereit, die ein maßgeschneidertes System unter Einbeziehung des Veranstalters anbieten (*vgl. u. a. transfer, Casting-Konzept, 1995*).

10.4.2 Personalschulung

Obwohl die Bedeutung der qualifizierten Reiseleitung von Veranstaltern in der Regel anerkannt wird, sind die wenigsten in der Lage, darauf adäquat mit eigenen Schulungskonzepten zu reagieren. Die meisten beschränken ihre Instruktionen auf individuelle Einweisungsbesprechungen, die überwiegend organisatorische Fragen behandeln (*vgl. Hemmer/Jung, 1989*).

Schulungsexpert/innen weisen jedoch vehement daraufhin, daß nur über geeignete Aus- und Fortbildungen die hohen Ansprüche an die Reiseleitertätigkeit erreicht werden können. *Steinecke/Müller* (*1993*) formulieren für ihren bereits erwähnten Modellversuch folgende inhaltlichen Ausbildungsziele:

- Inhaltliche Kompetenz (Kenntnisse über zentrale Bereiche von Reiseleitung)
- Didaktisch-pädagogische Kompetenz (Umgang mit Reisegruppen)
- Soziale Kompetenz (Begleitung von Gruppenprozessen, Konfliktlösungsstrategien)
- Organisatorische Kompetenz
- Vermittlung von Tourismuskunde

Zur Umsetzung der Schulungsinhalte wird an gleicher Stelle dieses Methodenspektrum aufgelistet:

- "Training on the job": Stadtführungen, Exkursionen (Bus), Museumsbesuche, Mikrofonarbeit (Video mit Reflektion, Skilltraining)
- Besuche vor Ort: Hospitationen von touristischen Einrichtungen, Gespräche und Interviews mit Experten, Recherchegruppen, anschließendes Protokoll
- Lehreinheiten zu touristischen Standardinhalten: Reiserecht, Reklamationsbearbeitung, Länderkunde etc. (variable Didaktik mit Medieneinsatz, Projektgruppenarbeit)
- Planspiele/Simulationsspiele zu komplexen Themen: "Tourismus 2000", Tourismus und Ethik, touristische Infrastrukturen
- Analyse und Übungen zum persönlichen Auftreten: Videotraining, Feedback unter Kollegen etc.

- Workshops: Programmgestaltung, Animation, Länderkunde, Präsentation, grafische Gestaltung/Design etc.
- Begleitendes Literaturstudium
- Einzelgespräche mit den Ausbilder/innen zur individuellen Beratung.

In den letzten Jahren wurden auch im Schulungsbereich zunehmend Einflüsse des Qualitätsmanagements im Sinne einer umfassenden Kundenzufriedenheit in den Mittelpunkt gerückt. Denn, so *Romeiß-Stracke 1995* (*S. 102*):

> "Nur Mitarbeiter, die mit Kopf und Herz begriffen haben, was eigentlich der Sinn ihrer Arbeit ist, sind auch in der Lage, gute Arbeit zu machen. Ein Service-Geist-Leitbild, das Management und Mitarbeiter verinnerlicht haben, ist hier eine gute Hilfestellung. Es dient als Ansporn und als Selbstverpflichtung."

Demzufolge finden Techniken der Gesprächsführung - z. B. zur Konfliktvermeidung bzw. -lösung - zunehmend Eingang in Schulungskonzepte.

10.4.3 Personalführung

Der besonderen Bedeutung und Verantwortung der Reiseleitung muß auch während des Einsatzes von seiten des Unternehmens Rechnung getragen werden. Bei der Arbeit mit immer neuen Gästen und sich teilweise verändernden Bedingungen vor Ort tauchen Schwierigkeiten auf, die die Reiseleitung vor beachtliche Probleme stellen. Um sich bei ihrer Bewältigung sicher zu fühlen, benötigt sie den Rückhalt im Unternehmen, sei es durch konkrete Unterstützung oder durch die Anerkennung der Leistung.

Für die Bewältigung dieser Situation spielt die Qualität der Zusammenarbeit aller Abteilungen eines Unternehmens eine große Rolle. Auf die Reiseleitung fokussiert bedeutet das für die Veranstalter:

- Ein verantwortlicher Ansprechpartner für die Reiseleiter/innen in der Zentrale des Unternehmens, der alle Anliegen adäquat weiterleitet oder selbst unterstützend eingreift, gegebenenfalls auch Zielgebietsbesuche durchführt (Reiseleiter-Koordination, Zielgebiets-Beauftragte)
- Sicherung des Informations- und Materialflusses ins Zielgebiet durch klar strukturierte Arbeitsabläufe und persönliches Kennenlernen der beteiligten Mitarbeiter/innen
- Einholung von Rückmeldungen der Reiseleitungen (Reiseleiterberichte) und sofortige Auswertung als eine Form der Qualitätskontrolle
- Umgehende Information an die Reiseleitung über sie betreffende Aktivitäten des Unternehmens

- Unterstützung der Reiseleiterarbeit durch ein umfassendes und praxisnahes Handbuch.

Weitere Erwähnung verdienen die mehr psychologischen Aspekte der Personalführung. Es besteht die Gefahr, daß durch die Ferne des Arbeitgebers mit der Zeit sowohl die Motivation der Mitarbeiter/innen im Zielgebiet wie auch deren Serviceorientierung sinkt. Materielle Orientierungen (z. B. Provisionen und Nebengeschäfte) gewinnen dann die Oberhand. Einer zu „eigenständigen“ Arbeit vor Ort wirken manche Unternehmen mit häufigen Wechseln der Einsatzgebiete entgegen. Neben der dadurch erzeugten Unzufriedenheit bei den Reiseleiter/innen wird auch deren inhaltliche Kompetenz geschmälert, zumindest auf die jeweilige Landeskenntnis bezogen.

Solche Probleme haben Veranstalter, die ihre Reiseleiter/innen gezielt für konkrete Gebiete suchen, nicht. Insgesamt überwiegen die Vorteile einer solchen Politik, da einerseits der Vertrauensbeweis den Reiseleiter/innen Auftrieb gibt und zudem die Möglichkeit besteht, sich auf Dauer ein soziales Umfeld aufzubauen. Eine Steuerung dieser Mitarbeiter/innen setzt jedoch einen funktionierenden Informationsfluß und eine hohe Identität aller Beteiligten mit ihrem Unternehmen voraus.

10.4.4 Qualitätsoptimierung während des Einsatzes

Der konkrete Ablauf für eine qualitätsorientierte Gästebetreuuung am Beispiel einer Standortreiseleitung könnte folgendermaßen aussehen:

- Freundlicher Empfang am Flughafen, Bahnhof etc. (schriftliche Informationen zum Urlaubsgebiet)
- Persönliche Begleitung zur Unterkunft
- Sofortige Kontrolle der gebuchten Leistungen nach Ankunft im Hotel
- Frühzeitiges Informationsgespräch ("Empfangscocktail")
- Regelmäßige Sprechstunden bzw. Serviceschalter (Information, Beratung, Reklamationsbearbeitung)
- Ansprechend gestaltete und stets aktuelle Informationstafel
- Stetiges Vergewissern über die Zufriedenheit der Kunden durch Nachfragen
- Tägliche Notizen für den wöchentlichen Reiseleiterbericht
- Kleine Aufmerksamkeiten für die Gäste zu gegebenen Anlässen (Geburtstag, Abreise)
- Frühzeitige Bekanntgabe der Daten für die Rückfahrt

- Angemessen plazierter Gästefragebogen zur unmittelbaren Rückmeldung.

Neben diesen Standards hat die **Qualität der Reklamationsbearbeitung** vor Ort einen außerordentlich hohen Stellenwert für den Veranstalter, i.B. zur Förderung der Kundenzufriedenheit und Kundenbindung (*vgl. dazu den Beitrag von Pompl, Teil 2, Kap. 5; ebenso Schuster/Müller 1990, S. 207 f.*). Dabei ist es das Ziel, Beschwerden so umfassend wie möglich auf dem Kulanzwege bereits am Urlaubsort zu regeln.

> Beispiel: „Ein kostenloser zusätzlicher Drink bei unvorhergesehener Wartezeit, ein gutes Stück Seife, wenn das Badezimmer nicht ganz in Ordnung war, ein extra Landkarten-Set, wenn der reservierte Autotyp nicht verfügbar war - kleine Gesten, die zusammen mit entschuldigenden Worten, aufkommenden Ärger und Enttäuschung sofort im Keime ersticken und sogar Verständnis für Fehler wecken können." (*Romeiß-Stracke 1995, S. 105*)

Das erspart dem Unternehmen Zeit, Geld und Nerven. So entfallen Telefonate, zusätzliche Beanspruchungen von Mitarbeiter/innen in der Zentrale und Wartezeiten für den Kunden. Voraussetzung für ein erfolgreiches Qualitätsmanagement in dieser Hinsicht ist die Übertragung von Entscheidungskompetenz und Verantwortung an die zuständige Stelle vor Ort - nämlich die Reiseleitung!

10.4.5 Personalentwicklung

Mit der Arbeit im Zielgebiet ist die Saison für den Reiseleiter/innen im Sinne eines umfassenden Qualitätsmanagements noch nicht abgeschlossen.

Die **Saisonauswertung** kann u. a. über ein persönliches Gespräch in der Unternehmenszentrale Schwach- und Pluspunkte sowohl vor Ort als auch in Bezug auf die Zusammenarbeit mit den einzelnen Abteilungen herausarbeiten. Hierbei wird auch der zusätzliche Schulungsbedarf geklärt und der Reiseleitung abschließende Gästebeschwerden und -lob zugänglich gemacht. Zudem wird eine allgemeine Arbeitsbewertung vorgenommen. In der Regel werden hier bereits die Wünsche der Reiseleitung für die nächste Saison besprochen und die ersten Schritte für deren Vorbereitung eingeleitet. Einige Veranstalter organisieren auch gemeinsame Saisonauswertungen - zum Beispiel über ein Wochenende - zu denen alle Reiseleiter/innen eingeladen werden.

Allgemeine Fortbildungsmaßnahmen - zum Beispiel Serviceschulungen - sollten den Reiseleiter/innen auch nach ihrem Einsatz offenstehen. Das fördert das Zugehörigkeitsgefühl und über die Arbeit in einer "Hausabteilung" kann ihnen zudem eine Möglichkeit gegeben werden, sich intensiver mit dem Unternehmen auseinanderzusetzen. Über diesen Weg ist zudem eine "Karriereplanung" für Reiseleiter/innen umsetzbar, die nicht auf Dauer im Außendienst tätig sein wollen und eine Perspektive benötigen (*vgl. Fink, 1983*).

10.5 Einbindung der Reiseleiterarbeit in das gesamte Unternehmenskonzept

In allen bisher genannten Bereichen gibt es in der Praxis der neuesten Reiseveranstalter Schwachstellen. Zum einen, weil die Personalauswahl oft dem Zufall überlassen wird oder anderen Kriterien als den auf die Persönlichkeit des Bewerbers gerichteten folgt. Zum anderen wird in vielen Schulungen zu viel Wert auf einen effektiven Ausflugsverkauf und die damit einhergehenden Provisionen gelegt statt auf die kundenorientierte Ausrichtung der Reiseleiter/innen.

Firmenintern als notwendig erscheinende Praktiken, die mit einer Qualitätsförderung wenig zu tun haben, wie z. B. vordergründige Kürzungen im Schulungsbereich, die nur auf den ersten Blick Kosten sparen, oder der Einsatz von Reiseleitungen in Zielgebieten, in die sie nie freiwillig gehen würden, gewinnen oft die Oberhand. Die Fluktuation der Mitarbeiter/innen ist daher oftmals extrem hoch. Kosten, die für die erneute Personalsuche, -einstellung und -schulung entstehen, werden vielfach als "branchenüblich" betrachtet und ohne weitere Überlegungen akzeptiert.

Über eine gelungene Personalauswahl und eine ausgezeichnete Vorbereitung der Reiseleiter/innen auf ihre Tätigkeit, sowie deren laufende Unterstützung vonseiten des Unternehmens, können verschiedene wettbewerbswirksame Vorteile erwachsen (*vgl. Pompl, 1996, S. 122 - 126*), die sich im folgenden so zusammenfassen und beschreiben lassen:

Kundenwünsche und Erwartungen kennenlernen: Wer die Erwartungen seiner Kunden kennt, kann sie auch befriedigen und - für Wettbewerbsvorteile bedeutend - übertreffen. Die Reiseleitung ist hier neben dem Verkaufspersonal der beste Auskunftgeber.

Produktoptimierung: Durch die Rückmeldung der direkten Erfahrungen der Reiseleitung vor Ort kann ein Unternehmen sein Produkt den Erwartungen der Kunden umgehend - also noch während der Saison - anpassen. Das erklärte Ziel ist die Null-Fehler-Quote, das sich auf **alle** Serviceelemente erstrecken muß, besonders aber auf die, die das Qualitätsversprechen nicht erfüllen.

Kundenzufriedenheit und Kundenbindung: Die materielle Seite des Reiseprodukts ist die Mindestvoraussetzung für das Gelingen einer Urlaubsreise, aber noch kein Garant für den Erfolg. Mindestens gleichbedeutend - obwohl oft eher unbewußt - ist die Erwartung an die Menschen im Umfeld: die freundliche Stewardess, der zuvorkommende Kellner, die hilfsbereite Reiseleitung, kurz: an den persönlichen Service!

Die angestrebten Qualitätsziele wie z. B. die Erhöhung der Kundenzufriedenheit durch Erfüllen bzw. Übertreffen der Kundenerwartungen, die Produktkontrolle und -verbesserung direkt vor Ort, unbürokratische Soforthilfe u.ä. sind extrem personengebundene Tätigkeiten. Hier machen sich wieder die richtige Personenauswahl und eine gute Schulung bezahlt, andererseits kann aber gerade hier die entscheidende Schwachstelle bei der Umsetzung der Qualitätsziele liegen.

Die **Meßbarkeit** der geforderten Qualität erfolgt vor allem über vier Bereiche:

- Persönliche Kundenbefragungen vor Ort bzw. nach Reiseende
- Kundenbefragungen durch Fragebögen
- Reklamationsquote und Referenzschreiben
- Quote der Wiederholer

In der Regel muß ein Qualitätsprozeß in einem Unternehmen kontinuierlich stattfinden, um die oben beschriebenen Wirkungen zu erzielen. Vergleiche über die Jahre hinweg belegen dann, ob positive Ergebnisse erreicht wurden. Die Einbindung der Reiseleiter/innen in diese Entwicklung sollte daher durch ihre Mitwirkung am gesamten Unternehmenskonzept - und nicht nur an einzelnen Produktkonzepten - manifestiert werden.

11 Qualitätsmanagement in der Animation

von Dipl. Soz. M.A. Klaus Finger, Animation Consult

11.1 Animation als touristische Dienstleistung

Menschen in einer medienorientierten und - im Sinne von *Riesmann* (*1964*) - „außengeleiteten“ Gesellschaft orientieren ihr Verhalten an Impulsen ihrer sozialen Umwelt. Das führt im Freizeitbereich dazu, daß besonders im Urlaub viele Menschen geradezu auf Anregungen von außen warten und einer zusätzlichen Angebotskomponente, einer sozialkommunikativen “Dienstleistung der Anregung” zum Erfolg verhalfen, der Animation. Den unterschiedlichen Animationskonzepten ist gemeinsam, daß sie im Urlaub „den Menschen die Anonymität der Umgebung nehmen, ihnen Mut machen, Kommunikationsbarrieren, Kontaktschwellen und Hemmungen zu überwinden und ihnen (im Idealfall) ein Gefühl emotionaler Geborgenheit und Sicherheit geben“ wollen (*Finger 1993, S. 245*).

Animation ist die Anregung zum gemeinsamen Tun. Dies bedeutet im einzelnen:

Anregung: Animation ist ein aktiver Vorgang der Anregung, Ermunterung, Ermutigung und freundlichen Aufforderung. Animation ist also mehr als Information, ist mehr als Angebot, ist mehr als zur Verfügungstellung von Infrastruktur.

Gemeinsames Handeln: Animation ist immer nur innerhalb von Gruppen von Menschen vorstellbar. Die Interaktion ist der Kern der Animation, die aktive Teilnahme an der gemeinsamen Aktion ihre eigentliche Wesensart. Hier zeigt sich deutlich, daß sich Animation von Entertainment und bloßer Unterhaltung unterscheidet.

Tun: Animation fordert stets zu einer aktiven Handlung auf, im Gegensatz zum passiven Konsum oder dem nach innen gerichteten Leben. Daraus folgt, daß sich Inhalte und Methoden der Animation an den aktiven Bedürfnissen der Urlaubsgäste zu orientieren haben.

Animation erstreckt sich auf alle denkbaren **Bereiche** der Urlaubsgestaltung. Dazu gehören Geselligkeit, Bewegung und Sport, aber auch Bildung, Entdekken und Erleben, kreatives Tun, Abenteuer und selbstverständlich auch die Ruhe und das Zu-sich-selbst-finden. Zentrale Elemente von Animation sind Spiel und Erlebnis.

Als **Ziele** der Animation können aufgeführt werden:

- Der Gast erlebt insgesamt einen besseren, erfüllteren Urlaub, weil er mehr Erlebnisse, Spaß, Abwechslung, Kontakte zu anderen Gästen und zu den Menschen der Umgebung findet, kurz: zufriedener ist. Damit erhöht sich seine Bereitschaft, wiederzukommen und Stammgast zu werden und durch Mundwerbung für eine Weitergabe des Angebotes zu sorgen.
- Die Unternehmen - das Hotel, der Club, die Ferienanlage, das Bungalowdorf- verzeichnen gesteigerte Nebenumsätze in der Bar und im Restaurant und können mittelfristig auch höhere Arrangementpreise durchsetzen, weil die Gäste bereit sind, für eine gute Leistung auch einen höheren Preis zu bezahlen. Ein weiterer Vorteil ergibt sich aus der Erfahrung, daß Betriebe dieses Angebotstyps weniger von Schlechtwetterperioden abhängig sind und zum großen Teil auch ihre Saisonzeiten deutlich verlängern können.
- Im Bereich der mittelständischen Ferienhotellerie wurde ein partizipatives Konzept von Gästeprogrammen entwickelt, bei dem die hauseigenen Mitarbeiter einen Teil ihrer Arbeitszeit verwenden, um ihre eigenen Interessen und Initiativen an den Gast weiterzugeben. Ihre Beziehung zum Gast ist nicht mehr nur durch ihre ursprüngliche Servicefunktion geprägt. Die Arbeitsqualität in diesen Betrieben oder Ferienorten verbessert sich eindeutig.

11.2 Konzepte der Animation

11.2.1 Clubanimation

Die Urlaubsanimation kommt aus dem Cluburlaub. Dort wird die Animation als integrierter Leistungsbestandteil des Produktes verstanden und praktiziert. Typisch für Ferienclubs und All-Inclusive-Anlagen sind

- Animationsteams, deren Größe sich je nach Konzept zwischen fünf und 150 Animateuren bewegt. Entsprechend liegt die Relation zwischen Gästen und Animateuren zwischen 10:1 und 50:1.
- aktive Gäste mit einem hohen Maß an Eigeninitiative, kommunikationsfähig und kommunikationsbereit. Die dort praktizierte Animation ist daher kein Angebot für Kontaktarme und kein Problemlöser für private Krisen.
- spezifische, animationsfördernde Serviceformen wie ein konsequent reduzierter Service mit Selbstbedienung oder Essen an kommunikationsfördernden 8er-Tischen,
- zudem Bezahlung von Extras mit Perlengeld, Kreditkarten oder farbigen Getränkebons, Symptome von scheinbarem Überfluß (z. B. durch ausla-

dende Buffets inklusive Tischwein), ein durch Essenszeiten und Programmangebote stark strukturierter Tagesablauf mit charakteristischen Abendprogrammen wie Shows, Ausstattungsrevuen und Entertainment in großen, auch technisch erstklassig ausgestatteten Amphitheatern.

11.2.2 Integrative Animation

Da das Modell der Clubanimation offensichtlich nicht auf andere Tourismusbetriebe übertragbar ist, hat sich dort eine konzeptionelle Variante der Animation entwickelt, die sich ganz besonders für kleinstrukturierte und eher mittelständische Beherbergungsunternehmen und Fremdenverkehrsorganisationen eignet und eine Anzahl von erheblichen Vorteilen bietet: Die partizipative Arbeitsweise bezieht den Gast, aber auch den Mitarbeiter mit seinen Hobbys und Interessen, auch den Unternehmer selbst als Gastgeber und nicht zuletzt die Einheimischen, deren Kulturgeschichte, Tradition, aber auch Natur und Umwelt, also das gesamte Umfeld des Urlaubs, in die Animationsangebote ein. Der Gast erhält Anregungen und Impulse von den partnerschaftlich agierenden Mitarbeitern, sie sind keine Untergebenen mehr, sondern Partner. Er erfährt mehr und anderes über seinen Urlaubsort, die Umgebung und das Umfeld.

11.3 Qualität der Animation

11.3.1 Qualitätskriterien

Überlegungen zur Qualität der Animation und zur Qualität der Arbeit des Animateurs wurden bereits in den 70er Jahren angestellt (vgl. die damals formulierten "10 Gebote" des Animateurs bei *Finger/Gayler 1990, S. 205)*. Die folgenden Standards und Leitlinien für die Gästebetreuung *(Zoll 1995, S. 2)* zeigen, daß qualitätsorientiert konzipierte Animation bestimmten sozialen Normen und pädagogischen Grundsätzen folgt, die durch das jeweilige Unternehmen im Rahmen eines eigenen Animationskonzepts zu präzisieren und in konkrete Aktivitäten umzusetzen sind.

1. Wir unterstützen das Unternehmen im Bemühen, den Gästen einen optimalen Service zu bieten.
2. Wir treten unseren Gästen freundlich und aufgeschlossen gegenüber und zeigen uns bei Problemen verständnisvoll und hilfsbereit.
3. Wir zeigen Verantwortungsbewußtsein und verzichten in Ausübung unserer Tätigkeit auf Alkohol.
4. Wir organisieren unsere Veranstaltungen so, daß sie pünktlich beginnen und ein reibungsloser Ablauf gewährleistet ist.

5. Wir sprechen stets respektvoll und positiv von Kollegen und Gästen und vermeiden Gerüchte und Intrigen.
6. Wir gestalten unsere Angebote unter umweltverträglichen Aspekten und hinterlassen in der Natur keine Spuren.
7. Wir holen jeden Teilnehmer bei seinen Neigungen, Interessen und Fähigkeiten ab und helfen ihm, seine Bedürfnisse und Interessen zu erkennen und dazu, daß er sie später allein verwirklichen kann.
8. Wir sorgen bei unseren Aktivitäten für eine kommunikative, unterhaltsame Atmosphäre.
9. Wir wählen unsere Aktionen und Spiele so aus, daß niemand bloßgestellt oder wegen körperlicher Unzulänglichkeiten blamiert wird.
10. Wir sorgen für ein qualitatives Umfeld, das es uns ermöglicht, gemeinsam mit unseren Gästen in deren Sinne und im Hinblick auf unsere eigenen Qualitätsvorstellungen tätig zu werden.

Von kulturkritischer und sozialpädagogischer Seite wird die Qualität der Urlaubsanimation mit folgenden Thesen generell angezweifelt (vgl. zusammenfassend *Pompl 1993, S. 286 f.*):

- Die Individualität der Urlaubsgestaltung wird eher verhindert als gefördert, weil das Verhalten durch Beschäftigungstherapien fremdbestimmt wird.
- An die Stelle der propagierten Freiwilligkeit der Teilnahme an den verschiedenen Aktivitäten tritt ein indirekter Beteiligungszwang durch die Tatsache, daß der Gast für die Aktivitäten schon bezahlt hat und sie daher auch möglichst intensiv nutzen will.
- Die Animation kreiert besonders in Ferienclubs eine Scheinwelt auf Zeit, manipuliert durch künstliche Fröhlichkeit und führt zu bloß oberflächlichen Kontakten zwischen den Urlaubern.

Obwohl diese Behauptungen so pauschal sicher nicht zutreffend sind, bilden sie dennoch Kriterien, anhand derer die Qualität eines Animationskonzepts geprüft werden kann.

11.3.2 Determinanten der Qualität

Die wichtigsten Bestimmungsgründe für die Qualität in der Animation sind: Konzept, Unternehmensintegration, Infrastruktur und Equipment, besondere Mitarbeiter.

Konzept: Ein Animationsprogramm kann entweder in der eher willkürlichen Aneinanderreihung von sportlichen, musischen und kulturellen Angeboten bestehen und damit Zufallsqualität entstehen lassen, oder im Sinne eines Qualitätsmanagements auf einem klar definierten Konzept (mit Zielen, Methoden, Instrumenten, Personalplan und Budget) beruhen, das der Unternehmensphilosophie entspricht.

Unternehmensintegration: Da Animation nur ein Element des Gesamtprodukts eines Ferienclubs oder einer Fremdenverkehrsorganisation ist, kann sie nur erfolgreich sein, wenn sie in das Produktkonzept integriert und ihr Stellenwert festgelegt ist. Entscheidend ist, daß die Qualitätsverpflichtung bei der Unternehmensleitung liegt.

Infrastruktur und Equipment: Die Dienstleistung Animation benötigt materielle Hilfsmittel. Das bedeutet etwa bei der Animation im Hotel, daß das Gebäude und die Anlagen dafür geeignet sein müssen (z. B. soll durch die abendliche Show nicht der Wohntrakt beschallt werden). Das bedeutet auch, daß Räume, Flächen, Material und Geräte in ausreichender Zahl und Qualität bereitgestellt werden müssen.

Besondere Mitarbeiter: Die entscheidende Qualitätsdeterminante für diese persönliche Dienstleistung aber sind die Animateure. Ein Animateur in diesem Sinne kann jederzeit auch ein bereits vorhandener, geeigneter, motivierter und gastorientierter Mitarbeiter sein, ein Hoteldirektor genauso wie eine Rezeptionistin, eine Sekretärin des Verkehrsbüros oder ein pensionierter Förster, eine Hobbygärtnerin oder ein Kneipenwirt. Je größer aber das Animationsteam wird, desto weniger wird man sich auf solche Glücksfunde verlassen können. Daher rücken mitarbeiterorientierte Qualitätsstrategien ins Zentrum des Qualitätsmanagements.

11.4 Mitarbeiterorientierte Qualitätsstrategien

11.4.1 Strategische Bedeutung des Animateurs als Mitarbeiter

Animation ist eine persönliche, individuelle und im Regelfall emotionale Dienstleistung; sie wird erst im Augenblick der Durchführung des Programms durch den Animateur selbst erstellt.

Insofern zählen die Animateure nach modernem Marketingverständnis als Mitarbeiter im Bereich des Produktmarketing. Denn die Wahrnehmung des Produktes Urlaubserlebnis hängt in erster Linie von der Beziehung zwischen dem Animateur und dem Gast ab. Im Augenblick der Leistungserstellung entscheidet das Verhalten des Animateurs über die Qualität des Produktes und zwar einmal darüber, daß der Gast die im Prospekt versprochene Leistung vollständig und mängelfrei erhält und zum anderen darüber, wie diese Leistung erbracht wurde. Es geht also nicht nur um fachliche Kenntnisse und Fertigkeiten, die verlangt werden, sondern zusätzlich auch um Interaktionskompetenz, im weitesten Sinne um soziale Kompetenz und Serviceorientierung.

11.4.2 Personalauswahl

Animation ist im Laufe der letzten 25 Jahre zum Berufsfeld für Menschen geworden, die im Bereich der Freizeit eine spezielle und in ihrer umfassenden Funktion nach wie vor neuartige Dienstleistungsaufgabe wahrnehmen. Qualifikation und Qualität haben einen engen Zusammenhang, deswegen soll hier auf die wesentlichen Qualifikations- und Anforderungsprofile eingegangen werden.

Abbildung III.17:

Anforderungsprofil des Animateurs

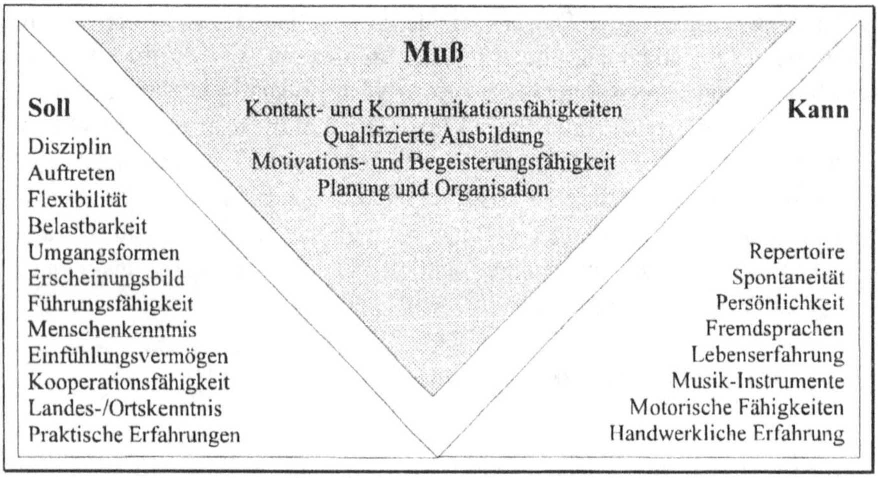

Quelle: Finger/Gayler 1990, S. 203

Generell werden vier Grundbereiche definiert:

1. Grundeigenschaften, die in der Person vorhanden sein müssen: Interesse und Sympathie für Menschen, Kontaktfreudigkeit, Erlebnisfähigkeit, Heiterkeit
2. Intaraktionskompetenz: Fähigkeiten, auf unterschiedliche Charaktere eingehen zu können, auch in Stress-Situationen abgeklärt zu reagieren, ausgeprägte soziale Wahrnehmung
3. Fachkompetenz: Fertigkeiten, verschiedene inhaltliche Bereiche der Animation zu beherrschen: Sport, Geschichte, Landeskunde, Kreativität, Geselligkeit oder ähnliche Tätigkeitsfelder sind hier möglich. Die fortdauern-

de Ausdifferenzierung der animativen Tätigkeiten hat z. B. in den Robinson-Clubs mehr als 20 einzelne „Fachbereiche“ entstehen lassen.

4. Teamfähigkeit: Die Spezialisierung der animativen Fachbereiche und die Veränderungen der Anforderungsprofile führte dazu, daß sich auch die Persönlichkeitsstrukturen innerhalb eines Animationsteams deutlich erkennbar auseinanderentwickelten. Künstler, Sportler, Pädagogen, Techniker und Tänzer müssen in einem Team zusammengehalten und über sechs Monate zu gemeinsamer, erfolgreicher Aktion motiviert werden. Das erfordert vor allen Dingen vom Chefanimateur ausgeprägte Führungsqualitäten.

Die Personalauswahl begann in den 70er Jahren mit intuitiv geführten Einzel-Interviews und wurde über führerlose Gruppengespräche als Teilverfahren der aufkommenden Assessment Center im Verlaufe der 80er Jahre weiterentwickelt. In Zusammenarbeit mit Fachinstituten wurden zusätzliche Persönlichkeitsmerkmale als Auswahlparameter herausgearbeitet. Nicht mehr Tätigkeitsdauer, d. h. Zugehörigkeit zum Unternehmen oder Ausprägung der Extroversion waren ausschlaggebende Merkmale, sondern Potentiale wie Persönlichkeitsstabilität, Führungsaktivität, Motivierungsfähigkeit, soziale Kompetenz, Organisationsfähigkeit und Kreativität wurden als Grundlagen betrachtet. Zumindest bei den großen Clubreiseveranstaltern wurden zunehmend konsequente Personalauswahl-, Schulungs- und Entwicklungsprogramme für Führungskräfte mit Hilfe von erfahrenen Managementtrainern eingeführt.

11.4.3 Personalschulung

Trotz einiger Modellversuche (u.a. durch die Bundesanstalt für Arbeit in Berlin, Bonn und Rostock) ist ein verbindliches Ausbildungsmodell selbst in der zweiten Hälfte der 90er Jahre in Deutschland noch nicht absehbar. Grundsätzlich scheint nach *Agricola (in Finger/Gayler 1990, S. 205)* zu gelten: „Man kann mit vielen Formen qualifizierter Berufsausbildung im Freizeitbereich tätig sein, denn Freizeit ist ein „Querschnittsbereich.“

Das generelle Angebotsdefizit an Ausbildungsgängen hat dazu geführt, daß seit vielen Jahren die internen Schulungen und Praxisangebote der großen Reiseorganisationen eine entscheidende Rolle spielen. Deren meist zwei- bis dreiwöchige Ausbildungskurse (“Trainings” genannt) verstehen sich als Vermittlung von Arbeitsgrundlagen, aufbauend auf einer qualifizierten Primär-Ausbildung der Teilnehmer, die zumindest für die erste Saison eine tragfähige Basis bilden, um praktische Erfahrungen und Know-how zu sammeln. Diesem Training on the job kommt auch insofern Bedeutung zu, als die vorhandenen Fähigkeiten und Fertigkeiten auf ein neues Praxisfeld mit urlaubs-, unternehmens- und länderspezifischen Besonderheiten übertragen werden müssen.

Im Rahmen eines Internationalen Animatoren-Kongresses im Juli 1988 in Gmunden/Österreich entwickelte eine Expertengruppe folgende acht Grundpfeiler für die theoretischen und praktischen Inhalte der Animateursausbildung:

1. Kommunikation
2. Information und Präsentation
3. Kreativität (Show-Elemente)
4. Organisation und Koordination
5. Führungsverhalten
6. Freizeitkultur
7. Berufsethos („Humane Werte")
8. Praxis, Supervision, Feed-back.

11.4.4 Personalführung

Die besondere Arbeitssituation der Animateure - hohe Dauerbelastung, wechselnde Einsatzorte und nahezu permanenter Gästekontakt - stellen die Personalführung vor die besonderen Aufgaben, die Kontinuität der Programmqualität nicht nur durch Organisationshilfsmittel (Qualitätshandbuch), sondern auch durch Förderung von Motivation und Psychohygiene zu gewährleisten.

Animationshandbuch als Qualitätshandbuch

Im Sinne der klassischen Qualitätssicherung dient ein dokumentiertes Animationshandbuch der Sicherstellung und Einhaltung der Qualitätsanforderungen an die einzelnen Animationsprogramme. Im Rahmen der Personalführung ist es gleichzeitig ein wichtiges Instrument zur Arbeitsanleitung. Der einzelne Mitarbeiter kann daraus entnehmen, wie die einzelnen Aktivitäten in der vom Unternehmen festgelegten Art zu organisieren und durchzuführen sind.

Ein Qualitätshandbuch enthält die systematische Beschreibung der Programme unter Berücksichtigung aller Details, von den räumlichen und zeitlichen Voraussetzungen über die Planung, das Material, die Durchführung, die zu erwartenden Schwierigkeiten, die zu erwartenden Gästereaktionen, die Ziele der Veranstaltung und letzten Endes die abschließende Kontrolle, Auswertung und Erarbeitung von Verbesserungsvorschlägen. Für die Dokumentation gelten die etablierten Standards des Qualitätsmanagements: alle Seiten werden überprüft und „freigegeben", die Verantwortung für inhaltliche Richtigkeit liegt beim Chefanimateur, der dafür sorgt, daß es ständig auf dem neuesten Stand gehalten wird. Auch wenn in den Unternehmen noch nicht nach umfassenden Qualitätsmanagementsytemen gearbeitet wird, die Animationshandbücher enthalten Verfahrensbeschreibungen, wie sie etwa von den DIN EU ISO-Normen gefordert werden.

Die Normierung von Animationsabläufen und Arbeitsvorgängen muß nicht zu einer „Technokratisierung statt Gästeorientierung" führen. Wenn die wesentlichen Strukturen und Abläufe von Animationsprogrammen nicht feststehen, resultiert daraus nicht zwangsläufig eine erhöhte Flexibilität. Die Folge ist vielmehr eine verstärkte Unsicherheit des Animationsteams, die auch die Qualität des Programmes in der Wahrnehmung des Gastes beeinflußt. Allerdings werden Qualitätssteigerungen nicht automatisch durch Regelwerke erzielt. Wichtig ist, daß das Unternehmen, und zwar beginnend mit dem obersten Management, dem Clubchef, dem Hoteldirektor, wirklich zu Veränderungen bereit ist und die Normierung als Instrument begreift, um einen Qualifizierungsprozeß im Bereich der Gästeorientierung in Gang zu bringen.

Motivation

Qualitätsmangement ist auch Motivationsmanagement. Trotz noch so ausgefeilter Managementtechniken läßt sich eine durchgehende Qualitätsphilosopie nur teilweise über organisatorische, normengerechte und strukturelle Maßnahmen erreichen. Es ist daher für eine Ferienhotelgesellschaft oder Cluborganisation, die die Animation als Leistungsbestandteil in ihrem Programm hat, besonders wichtig, auf allen Unternehmensebenen und auf allen Führungsstufen die notwendigen Grundlagen für eine qualitativ einwandfreie Animation zu schaffen.

Motivationsprogramme müssen vor allen Dingen erreichen, daß die vorhandene serviceorientierte und gastorientierte Einstellung, die Freude an der Tätigkeit, die Freude am beständigen Kontakt mit den Gästen, aufrecht erhalten bleiben und nicht von einer Abfertigungsmentalität überlagert werden. Diese Desensibilisierung ist eine der größten Gefahren für den Animateur (*vgl. Finger/Gayler 1990, S. 212 ff.*).

Psychohygiene

Der Animateur lebt und arbeitet in seinem Ferienort/Hotel, sein Arbeitsplatz ist der Urlaubsort der Gäste, seine Tätigkeit verrichtet er ausschließlich mit und unter den Gästen. Das hat zur Konsequenz, daß für ihn ein Rückzug ins Private kaum noch möglich ist. Der kontinuierliche Wechsel der Gäste erlaubt keine tiefergehenden persönlichen Beziehungen, der Einsatz an wechselnden Orten verhindert den Aufbau eines vertrauten Freundeskreises. Kommunikationsdefizite, innere Abkapselung und Vereinsamung können zu psychischen Spannungen, psychosomatischen Erkrankungen und Leistungsabbau führen. Immer gleichbleibend freundlich sein zu müssen, fördert die Tendenz zur Schablonenhaftigkeit des persönlichen Verhaltens. Die Gefahr, daß der Animateur hinter seiner äußeren Maske dabei in Zynismus abgleitet, ist erheblich. Daher ist auf der Managementebene eine entsprechende Fürsorge für die Psychohygiene der Mitarbeiter unabdingbar.

Zur Normalisierung der Arbeitssituation von Animateuren gehört nicht nur die arbeitsrechtliche Absicherung, dazu gehören auch eine gewisse Kontinuität am Einsatzort, eine adäquate Unterbringung, die notwendige Freizeit und auch Freiräume für das Privatleben. Nicht zuletzt zählen dazu auch berufliche Aufstiegschancen innerhalb der Hierachie von Tourismusunternehmen, Chancen der Weiterbildung und auch Perspektiven für den „Lebensabschnitt nach der Animation". *Bleistein* schrieb dazu schon 1987 *(zitiert nach Finger/Gayler 1990, S. 219):*

> „... die Verantwortlichen sollten das Problem der „glücklosen Glücksbringer" kennen und deshalb durch Praxisberatung sowie durch die Zusammensetzung der Teams Möglichkeiten zur Bewältigung der menschlichen und beruflichen Probleme schaffen. In Hotelerie, Gastronomie, Tourismus ist ein regelmäßiger Ausgleich für unübliche Arbeitszeiten erforderlich, um Kontakte mit Menschen mit „normalen" Arbeitsrhythmen zu gewährleisten. Man muß Urlauber auf ihre Verantwortung als Verbraucher und Mitmenschen ansprechen: Auch Geld begründet keinen Anspruch auf unbegrenzte Dienstleistung und Verfügbarkeit".

11.5 Qualitätskontrolle

Die Messung von Dienstleistungsqualität im Sinne der Urlaubsanimation muß vom Gästeerlebnis als Ansatzpunkt zur Diagnose von Qualitätsvorteilen und Qualitätsproblemen ausgehen. Dennoch entzieht sich die Erfassung der Ergebnisse, der Wirkungen, der Stimmungen, der Atmosphäre, die durch Animation erst überhaupt entstehen, weitgehend objektiven Meßverfahren. In der Praxis werden als kundenorientierte Methoden neben der Ermittlung der Teilnehmerzahlen Gästebefragungen, Gästeparlamente und Mystery-Guests eingesetzt. Daneben erfolgt eine laufende interne Qualitätskontrolle.

Teilnehmerzahl: Die zunächst simpelste Meßmethode ist die systematische Erfassung der Teilnehmerzahlen an den einzelnen Animationsprogrammen. Damit werden objektive Ergebnisse über den Zuspruch, den "Erfolg" eines Programmes, zumindest über seine äußerliche Attraktion, gewonnen.

Gästebefragungen: Regelmäßig oder periodisch mit Hilfe von Fragebögen durchgeführte Gästebefragungen führen zu weitergehenden Qualitätshinweisen, wenn nicht nur der Grad der Zufriedenheit, sondern auch die Gründe für den Erfolg/Mißerfolg der einzelnen Programme ermittelt werden (*vgl. dazu auch die Studie von Oltrogge 1990*).

Gästeparlament: Zur Ermittlung detailierter Kundenerwartungen werden Expertengruppen eingerichtet, die die einzelnen Aktivitäten bewerten. So existierte bei Robinson in den 80er Jahren eine Arbeitsgruppe aus Stammgästen und Abteilungsleitern, die wichtige Impulse für die Qualitätskriterien der Programme, für Innovationen und zukünftige Perspektiven der Animation gab.

Mystery-Guest: Im Rahmen dieser Art der teilnehmenden Beobachtung verbringt eine (möglichst fachlich versierter) Person mit einer detaillierten Checkliste nach einer vorbereitenden Besprechung („briefing") inkognito eine bestimmte Zeit im Hotel/Club oder am Ferienort und macht dort genaue Aufzeichnungen. Dabei werden insbesondere Servicestandards und Detailqualitäten (wie Sauberkeit, Sorgfalt, Pünktlichkeit, vollständige Leistungserbringung etc.) geprüft.

Interne Qualitätskontrolle: Im Rahmen laufenden Qualitätskontrolle stellt ein Beauftragter der Managementebene sicher, daß die im Qualitätshandbuch vorgegebenen Normen eingehalten werden. Im Normalfall ist dies der Chefanimateur, der insbesondere die Schnittstellen definiert, an denen bestimmte Abläufe in der Animation ineinander greifen und wo fremde Mitarbeiter oder andere Abteilungen (in der Hotelanimation z. B. Küche, Food & Beverage, Technik etc.) den Prozeß der Leistungserstellung mitgestalten. Er hat damit vor allen Dingen die Punkte zu identifizieren, an denen sich Fehler einschleichen und die das Risiko erhöhen, daß die Programme schlecht oder unzureichend durchgeführt werden.

Zur systematischen Auswertung und Überprüfung des Animationsprogramms zu festgelegten Terminen während der Saison und am Saisonende müssen die Arbeitsabläufe analysiert und und die Gästereaktionen ausgewertet werden. Ausgangspunkt sind dabei wiederum die im Qualitätshandbuch festgelegten Kriterien.

Beispiel: Programmcheckliste
Als Arbeitsunterlage, aber gleichzeitig auch als Überprüfungsinstrumentarium gedacht, um die möglichst vollständige Vorbereitung, Durchführung und Kontrolle eines Programmes zu ermöglichen.

Abbildung III.18:

Programmcheckliste

1. Programm • Name • Bereich **2. Charakterisierung** • Improvisiert bzw. organisiert • Für wen? • Regelmäßig bzw. als Höhepunkt? **3. Anzahl** • Teilnehmerzahl Minimum/Maximum **4. Attraktion** • Mitmachen bzw. zuschauen **5. Zeit** • Zeitpunkt der Vorbereitung • Zeitpunkt der Durchführung • Dauer **6. Ort/Örtlichkeit** **7. Information** • Wann (wie lange vorher)? • Wie (Informationstechnik)? • Wen (alle Gäste, nur die Kinder)?	**8. Vorbereitung** • Material, Geräte, Anlagen • Ausrüstung, Kleidung, usw. • Personal • Kosten **9. Alternativen** • Wetterabhängigkeit **10. Ablauf** • Timing • Gesichtspunkte der Gestaltung • Atmosphäre **11. Wirkung** • Was wird durch dieses Programm erreicht bzw. bezweckt? **12. Überprüfung** • Änderungsvorschläge? • Verbesserungsvorschläge? • Bewertung des Gesamtprogrammes

11.6 Resümee

Animation ist ein Teilelement des Gesamtproduktes, sie muß daher mit der Unternehmensphilosophie konform gehen und organisatorisch in das Unternehmen integriert sein. Qualitätsmanagement in der Animation bezieht sich auf die materiellen Voraussetzungen und Hilfsmittel, vor allem aber auf die Person des Animateurs. Damit er seine persönliche Dienstleistung in hoher Qualität erbringen kann, muß er einem speziellen Anforderungsprofil genügen, mit dem Animationskonzept des Unternehmens vertraut gemacht werden, durch angeleitetes Training on the job Praxiserfahrung erwerben können und berufliche Perspektiven angeboten bekommen. Die besondere Arbeitssituation des Animateurs erfordert, daß sich das Unternehmen verstärkt um Motivation und Psychohygiene dieser Mitarbeiter kümmert und deren soziale Situation so gestaltet, daß sie neben ihrer beruflichen Tätigkeit ein normales Privatleben entwickeln können.

12 Qualitätsmanagement bei Gästeführungen

Dr. Marie-Louise Schmeer-Sturm, Geschäftsführerin der Reisen und Bildung GmbH in München

Gästeführer/innen sind Fachkräfte in Fremdenverkehrsorten, die vom Reiseveranstalter für Stadt-, Kirchen- und Museumsführungen sowie für Tagesausflüge stunden- oder tageweise beschäftigt werden. An einigen Orten (z. B. in manchen Sonderausstellungen, Kirchen, Schlössern) muß man örtliche Führer engagieren, da der Reiseleiter dort nicht erklären darf. Diese sind, wenn ein Reiseleiter die Gruppe begleitet, für die fachkundige Stadt- oder Objektführung zuständig bzw. übernehmen in Zusammenarbeit mit dem Fahrer z. T. auch Reiseleiteraufgaben. Insofern gibt es, insbesondere was Ausflüge anbelangt, zahlreiche Überschneidungen zum Bereich Reiseleitung, weshalb im folgenden der Schwerpunkt auf die Einzelführung gelegt wird.

Als Gemeinsamkeit mit den Standortreiseleitern haben die Gästeführer oder local guides die Konzentration und Spezialisierung auf einen Ort, längere Reisetätigkeit entfällt im allgemeinen, dafür wird jedoch eine sehr hohe Anpassungsfähigkeit (Zielgruppenorientierung) an unterschiedliche, stets wechselnde Gruppen erwartet. Ausbildung und inhaltliches Niveau können stark differieren: So gibt es z. B. den Hausmeister, der als Schloßführer ein vorgefertigtes Manuskript referiert, aber auch den Museumsführer, der sich aus dem wissenschaftlichen Personal eines Museums rekrutiert und dort eine feste Anstellung hat. Angestellte Ortsführer finden sich bisweilen auch in Fremdenverkehrsämtern, wo sie z. T. kaufmännische und beratende Tätigkeit haben, z. T. Führungen übernehmen.

Abgesehen von diesem festbeschäftigten Typ des örtlichen Führers arbeiten Gästeführer/innen - häufig Hausfrauen oder Rentner - im allgemeinen freiberuflich gegen ein Stunden- bzw. Tageshonorar, in kleinen Gemeinden vielfach sogar ehrenamtlich (*vgl. DSF 1993, S. 55*). Freiberuflich arbeiten auch Kunsthistoriker und (kunst)historisch engagierte Autodidakten, die Museums- und Ausstellungsführungen, allerdings zumeist ohne direkte Verbindung mit dem jeweiligen Fremdenverkehrsamt (bei höherem Stundenhonorar), für einen eigenen Kundenkreis oder für eine Kultureinrichtung anbieten, wie z. B. Volkshochschulen oder Bildungswerke der Kirchen und Gewerkschaften.

12.1 Wettbewerbsvorteile durch Qualitätspolitik

Aus den dargestellten Arten der Gästeführung können sich je nach Auftraggeber und Kundenkreis unterschiedliche Schwerpunkte und Wettbewerbsvorteile in der Qualitätspolitik ergeben (z. B. weltanschauliche, politische Ausrichtung). Im folgenden soll auf die traditionelle Gästeführung einer Fremdenverkehrsstelle eingegangen werden, die in erster Linie einen Überblick über die verschiedenen Attraktionen des Fremdenverkehrsortes (Monumente, Freizeit-, Verkehrs- und Erholungseinrichtungen) vermittelt.

Neben der Aufgabe, dem Gast die Orientierung im Urlaubsort zu erleichtern, ist der Ortsführer in seiner Funktion als Sympathieträger für das Fremdenverkehrsamt nicht zu unterschätzen. Eine gelungene, freundliche Führung vermittelt ein positives Verhältnis zum Urlaubsort und ermöglicht dem Gast die Identifikation mit "seinem" Ferienziel. Allerdings wird der Beruf des Gästeführers bisher noch zu wenig in seiner Bedeutung für die Öffentlichkeitsarbeit der Urlaubsregion erkannt.

Für den **Fremdenverkehrsort** haben Gästeführungen folgende Vorteile (*nach Bartl u. a. 1986, S. 16*):

- Steigerung des Bekanntheitsgrades des Ortes
- Verbesserung des örtlichen Images
- Korrektur von Vorurteilen
- Sicherung des Gästepotentials
- Gewinnung neuer Gäste
- Gäste werden zu Stammgästen
- Gäste, die mit einer Gästeführung zufrieden sind, sind anderen evtl. bestehenden Mängeln gegenüber toleranter
- Gäste werden zu eigenen Unternehmungen motiviert.

Auch für den **Reiseveranstalter** ist der/die qualifizierte Gästeführer/in ein vielfach unterschätzer Repräsentant vor Ort.

Der **Reisegast** möchte sich über das Angebot des Fremdenverkehrsortes informieren, aber nicht in langweilig-belehrender Form, nicht in einem endlosen Schwall von Namen, Daten und Fakten, sondern in unterhaltsamer Art. Für ihn kann der Ortsführer Mittler zum bereisten Land, Moderator der Kommunikation zwischen den Gästen und Animateur zu selbstbestimmter Eigenaktivität sein. Gelegentlich nehmen auch **Einheimische** an Führungen teil; ihre positive Identifikation mit dem Heimatsort kann sich auch auf die Touristen günstig auswirken.

12.2 Qualitätskritische Punkte und Prozesse

Qualitätsverbesserungen sind in folgenden Bereichen möglich:

- Inhaltliche Verbesserung und Ausdifferenzierung von Führungen
  Bei Führungen dominiert noch häufig der alte, auf Vollständigkeit bedachte Vortragsstil, es fehlen der Mut zur Lücke und das exemplarische Lernen. Die Qualität einer guten Gästeführung besteht u. a. darin, daß die Vielzahl der vorhandenen Informationen über das Führungsobjekt vom Gästeführer nach Art und Interesse der Gruppenteilnehmer, nach der zur Verfügung stehenden Zeit, nach äußeren Bedingungen (z. B. Regenwetter) in ihrer Bedeutsamkeit geordnet und eine sinnvolle Auswahl daraus getroffen wird. Trotz unterschiedlicher Besichtigungsobjekte wird so ein "roter Faden" in der Erklärung deutlich.
  Wird dagegen nur ein einmal auswendig gelernter Text referiert, so ist der Ortsführer zumeist unflexibel in der Reaktion auf Gästewünsche und wenig bereit, seine Zeitstruktur und seine Inhalte den Bedürfnissen der Gruppe anzupassen. Auf Dauer ist er dann durch Medien wie Führungen auf Tonband oder Video ersetzbar.

- Verbesserung der Darbietungsmethoden
  Häufig überwiegt eine faktenorientierte Darbietung. Neben den intellektuellen Aspekten sollte aber auch Atmospährisches, Emotionalität und sinnenhaftes Erleben berücksichtigt werden. Spielerische, unterhaltungs- und erlebnisorientierte, offene und teilnehmerorientierte Tätigkeitsformen im Sinne von Animation werden in Zukunft auch für das bisher zumeist rein historisch ausgerichtete Tätigkeitsfeld der Gästeführung bedeutsam. Zu überlegen ist hierbei auch, ob das Angebot durch technische Hilfsmittel wie Video, Tonband und Kassette, Dias, Mediashow oder, bei vielbesuchten Führungsobjekten, durch Führung über Kopfhörer verbessert bzw. an Stellen, an denen kein geeignetes Personal zur Verfügung steht, entsprechend ersetzt werden kann.

- Schaffung eines Berufsbildes sowie Auswahl, Schulung und Fortbildung von Gästeführern

- Infrastruktur
  Die mit der Gästeführung verbundene touristische Infrastruktur in den häufig angesteuerten Besichtigungsobjekten und in den Städten kann auf vielen Ebenen verbessert werden. Beispiele dafür sind: Busparkplätze, Aus- und Zusteigemöglichkeiten für Reisegäste, Einrichtung öffentlicher Toiletten, bei großem Andrang zu Sonderveranstaltungen Vorverkaufsmöglichkeiten von Tickets, Gaststättenangebot und Busqualität bei Ausflügen.

- Überlegungen zu sozial- und umweltverträglichen Formen der Gästeführung
  Viele historische Stadtzentren sind für Busse inzwischen gesperrt; es wäre wünschenswert, daß die Fremdenverkehrsämter attraktive Stadtwanderungen zu Fuß oder mit dem Rad anbieten bzw. Pauschalangebote mit Benutzung öffentlicher Verkehrsmittel entwickeln.

Die folgenden Ausführungen beschränken sich auf die ersten drei Gesichtspunkte.

12.3 Welche konkreten Qualitätsziele werden verfolgt?

12.3.1 Inhaltliche Ausdifferenzierung

Traditionelle Führungsthemen sind Geschichte und Kultur, Landschaftskunde/Geologie, das örtliche Handwerk und die Industrie sowie ortsspezifische Veranstaltungen. Mit dem kunstgeschichtlich-vergangenheitsorientierten Aspekt wird nur ein kleiner Bereich der bereisten Region und ihrer heutigen Realität erfaßt. Ein Kanon von "bildenden" Einrichtungen und Denkmälern (*vgl. Schmeer-Sturm 1996, S. 34 ff.*) kann Verkehrsämtern und Gästeführern Anregungen für eine abwechslungsreiche und zeitgemäße Programmgestaltung geben.

Gelegentlich bieten Fremdenverkehrsorte oder Museen neben einer Standard-Überblickführung auch explizit **Schwerpunktführungen zu verschiedenen Themen** an, wodurch die Gäste zum Wiederkommen und Besuch unter neuen Gesichtspunkten motiviert werden. Hier bietet sich eine Fülle von Ansatzpunkten, z. B.: Botanik, Geologie, Ornitologie, Land-, Forst- und Weidewirtschaft, Stadt-Sanierungsprojekte, literarische Rundgänge und -fahrten, Rundgänge auf den Spuren eines Künstlers oder einer historischen Persönlichkeit ("Auf Luthers Spuren" in Wittenberg), Rundgänge zu wirtschaftlichen oder Umwelt-Aspekten, "alternative" oder "antifaschistische" Stadtrundgänge.

Das **Ansprechen verschiedener Zielgruppen** kann erfolgen durch: Fotoführung, Stadterkundungsspiele, Kinderführungen, Führungen für Familien mit Kindern, Führungen für Frauen, Führungen für bestimmte Berufsgruppen, Mundartführungen, Führungen auf Lateinisch (Trier), Führungen unter kulinarischem Aspekt, "Abenteuer"-Führungen, Führungen unter geselligem Aspekt (z. B. abendlicher Rundgang mit anschließendem Dämmerschoppen).

Bei **unterschiedlichen Formen der Fortbewegung/Einstiegsart** kann ein Großteil des Reizes bereits in dem mehr oder weniger ungewöhnlichen Fortbewegungsmittel liegen, z. B.: Fahrt mit dem Doppeldeckerbus, Radrundfahrt, Fahrrad-Rallye, Erlebniswanderungen, Fahrt mit einer (historischen) Eisenbahn, einer Dampflok, einer historischen Kleinbahn, Stadtrundfahrt mit einer Straßenbahn oder mit öffentlichen Verkehrsmitteln, Schiffahrt, Fahrt mit Geländewagen, Pferdekutsche, Schlitten, unterwegs per Esel oder Pferd, Rundflug mit Flugzeug oder Ballon.

12.3.2 Methoden der Darbietung

Der Reisegast, insbesondere wenn er sich längere Zeit an einem Urlaubsort aufhält, sucht neben der Orientierung und der Information auch Anschluß an andere Touristen. Dieses kommunikative Motiv wird allerdings nicht immer offen eingestanden.

Als Negativbeispiel steht der Gästeführer zwischen Betrachter und Besichtigungsobjekt und der Reisegast wird von ihm "beschallt". Der Führer sollte also von seinem "Podest" heruntersteigen und sich in gleicher Ebene mit den Gästen einreihen, den Kontakt mit der Gruppe suchen und deren rein rezeptives Verhalten abbauen. Die **kommunikative Führung** ist auf eine Auseinandersetzung des Betrachters mit dem Kunst- oder Führungsobjekt angelegt, wodurch auch Assoziationen, Vermutungen und Vorwissen der Betrachter zur Sprache kommen können. Die Zentrierung auf die Person des Gästeführers wird verringert, er kommt mit den Gästen (aber auch die Gäste untereinander) ins Gespräch und wird somit zum "Gesprächsleiter", zum "Moderator", der im Hinblick auf die Struktur und das Programm die Gesprächsanteile wieder zusammenführt und zum nächsten Gesichts- und Besichtigungspunkt überleitet.

Methoden, um von der "Einwegkommunikation" wegzukommen, sind Impulse und Fragen an das Publikum. Allerdings ist hierbei auf einen unterhaltsamen lockeren Stil der Präsentation zu achten, da die Fragen sonst streng und lehrhaft wirken und die erzielte Wirkung - mehr Kommunikation zwischen Gästeführer und Gästen - ausbleibt. Ungünstig sind reine Wissensfragen, günstig solche, die sich auf die Alltagskompetenz der Teilnehmer oder auf schon besprochene Inhalte beziehen.

Vielfältige Anregungen für animative Gästeführungen geben die Methoden, die von der **Museumspädagogik für Kinder** entwickelt wurden (vgl. Abb. III.19).

Wenn Verkehrsämter und Reiseveranstalter solche spielerischen, animativen Formen der Stadt- und Objekterkundung durchführen wollen, sind sie zu einer stärkeren Zusammenarbeit mit entsprechenden pädagogischen Initiativen aufgerufen. Da man diesbezüglich noch viel zu wenig voneinander weiß, wäre es ein weiteres Ziel, voneinander zu lernen, um Angebote gemeinsam besser an den Mann, die Frau oder das Kind zu bringen.

Abbildung III.19:

Anregungen für animative Gästeführungen

- Detektivspiele
- Such- und Forscheraufgaben, die im Museum oder in der Stadt zu lösen sind (z. B. Stadtrallye)
- Befragungen anderer Kinder, von Erwachsenen, des Museumspersonals über das Museum oder Interviews mit Menschen, die in dem besuchten Stadtteil wohnen
- Statistikspiele
- Sammeln und Zusammenstellen eigener Mini-Museen
- Kinder führen Kinder im Museum und erzählen, was sie wissen oder sich ausdenken
- Nachstellen von Bildern und Plastiken, von historischen Szenen
- Medien im Museum (Foto, Tonband, Film Video) und Herstellung kleiner Produktionen
- Museumszeitung, von Kindern geschrieben und gedruckt
- Theaterspiele (Szenen aus der Stadtgeschichte, Talk-Show, Quiz, Kunst-Jury, Antiquitätenmarkt, Atelier, Museumsgründung usw.)
- Malatelier und kreative Eigentätigkeit der Kinder
- Musik und Tanz zum Zuhören, Anschauen, Selbermachen
- Kochen in althergebrachter Art nach überlieferten Rezepten (z. B. Brotbacken im Freilichtmuseum)
- Verrichten von Tätigkeiten, wie sie früher üblich waren mit alten Geräten aus dem Heimatmuseum (z. B. Waschen und Bügeln)
- Werkstätten und Möglichkeit zur Bearbeitung von Materialien, die ähnlich auch im Museum zu sehen sind
- Puppentheater, in dem historische Szenen gespielt werden.

Quelle: Nach Weschenfelder 1981, S. 105 f.

12.3.3 Berufsbild, Auswahl, Schulung und Fortbildung

Um die genannten Schwierigkeiten zu beheben, sind folgende Maßnahmen sinnvoll: Verbesserung der Aus- und Weiterbildung von local guides, Ausbildung von regionalen Gästeführern, Unterscheidung verschiedener Niveaustufen (Standortreiseleiter, Reisebegleiter und Reiseführer, Ausbildung und Lizensierung von europäischen Studienreiseleitern, die auch Ortsführungen machen).

Für den Beruf des Gästeführers bzw. der Gästeführerin gibt es in Deutschland bisher, im Vergleich zu anderen Ländern der EU, wie z. B. Griechenland, Spanien oder Frankreich, weder eine verbindliche Ausbildung und eine damit verbundene Lizenz noch ein klares Berufsbild (*vgl. Schmeer-Sturm 1993c*). Es existieren aber an verschiedenen Stellen Bemühungen, ein solches Berufsbild zu schaffen, z. B. beim Deutschen Volkshochschulverband e.V. in Zusammenwirken mit dem Deutschen Seminar für Fremdenverkehr e.V. (DSF) und dem Deutschen Fremdenverkehrsverband e.V. (DFV), die eine von der Industrie- und Handelskammer abzulegende Qualifizierung befürworten.

In diesem Zusammenhang ist auch der 1994 gegründete **Bundesverband der Gästeführer in Deutschland e.V. (BVGD)** zu nennen, der sich folgende Ziele gesetzt hat:

- Pflege von Kontakten und Austausch von Erfahrungen zwischen allen in Deutschland tätigen Gästeführern
- Vertretung der beruflichen Interessen seiner Mitglieder
- Sicherung des Qualitätsstandards der Gästeführer durch ein bundesweit einheitliches Qualifizierungskonzept
- Erteilung eines Zertifikates für Qualifizierungsmaßnahmen entsprechend den Richtlinien des BVGD e.V.
- Schaffung und Durchsetzung eines eigenständigen Berufsbildes als Voraussetzung der rechtlichen und sozialen Absicherung der Gästeführer
- Mitarbeit in allen mit dem Tourismus befaßten Gremien in Deutschland
- Vertretung seiner Mitglieder auf internationaler Ebene und Zusammenarbeit mit europäischen Berufsverbänden wie der FEG (Fédération Européenne des Associations des Guides Touristiques).

Allerdings ist man sich in den Fremdenverkehrsorten nicht über die Bedeutsamkeit eines Berufsbildes einig; vielmehr sind noch 93,2 % der befragten Arbeitgeber in deutschen Fremdenverkehrsorten (*vgl. DSF 1993, S. 74*) gegen ein Berufsbild als Zugangsvoraussetzung zur Tätigkeit als Gästeführer. Es sollten deshalb im ersten Schritt fundamentale Qualitätsmerkmale für die Tätigkeit der Gästeführung erarbeitet werden, die entweder im Selbststudium oder durch Kurse der Fremdenverkehrsämter, der Volkshochschulen u. a. Institutionen der Erwachsenenbildung vermittelt werden können.

Folgende Kompetenzen sind bei der Auswahl als erstem und besonders wichtigen Kontrollinstrument des Qualitätsmanagements zu berücksichtigen und bei Ausbildung und Weiterbildung von Gästeführern zu trainieren: sympathisches Erscheinungsbild, Sachkompetenz (Objekt- und Ortskenntnisse),

Fähigkeit zu Einfühlung und Kommunikation, organisatorische und planerische Kompetenz, Führungskompetenz und Durchsetzungsfähigkeit.

Zu üben sind pädagogische Prinzipien, z. B. Zielorientierung, Strukturierung, Motivierung, Aktivierung, Anpassung, Differenzierung und Prinzipien der Geschichtsdidaktik, wie Bezüge zur Gegenwart, Anschaulichkeit, Darstellung gegensätzlicher Standpunkte, exemplarisches Vorgehen, Personalisierung, Quellenbefragung, Elementarisierung (*vgl. ausführlich Schmeer-Sturm 1996*).

12.4 Qualitätsmessung und -kontrolle

Im folgenden sollen Maßstäbe zur Bewertung der Qualität von Gästeführungen vorgestellt werden. Diese können gemessen werden durch Gästebefragungen und den Abbau von Beschwerdebarrieren ("Meckerkasten"), durch Beobachtungen des Gästeführers mit oder ohne sein Wissen durch Vorgesetzte/Testpersonen/Kollegen/Supervisoren sowie durch Eigenbeobachtungen der Gästeführer.

Organisation im Vorfeld durch das Fremdenverkehrsamt

- rasche Beantwortung von Anfragen nach Gästeführungen
- Angebotsspektrum zur Auswahl für die Veranstalter
- professionelle Abwicklung der Anmeldung/Bestätigung/Zahlungsmodalitäten
- Zuverlässigkeit der Weitergabe von speziellen Wünschen der Auftraggeber und gute Kenntnisse der Stärken und Schwächen der einzelnen Gästeführer zur optimalen zielgruppenspezifischen Vermittlung

Äußeres Erscheinungsbild der Gästeführer

- gepflegte, dem Tagesprogramm und der Gruppe entsprechende Erscheinung (Kleidung, professionelle Ausstrahlung, äußere Formen des guten Benehmens, Ordnung der Unterlagen, Gästeführer-Ausweis als Qualitätszeugnis)
- ruhige, den Teilnehmern zugewandte Haltung (Blickkontakt)

Sprache/Rhetorik

- angenehme Stimme
- Artikulation (Verständlichkeit, gemäßigter Dialekt)
- logischer Aufbau des Vortrags

- flüssiger Vortrag (sinnvolle Gliederungspausen, Variation im Sprechtempo, freie Sprache, keine "Füllwörter")
- überschaubarer Satzbau
- aufgelockerte, engagierte Präsentation
- positive Argumentationen und Formulierungen (nicht: "leider nur ganz wenig Zeit")
- Einbezug des Publikums in der Wortwahl (nicht: "man sieht").
- Wortwahl und Plastizität der Erläuterungen
- ggf. Fremdsprachen bzw. Ausgewogenheit der Führung in zwei oder drei Sprachen
- freundliche, geduldige, sichere, unterstreichende Gestik und Mimik

Vorbereitung/Planung

Inhaltliches

- Eindeutigkeit und Angemessenheit der Zielsetzungen ("roter Faden") und Aufbau der Führung (Konzeption erkennbar, nicht nur Aneinanderreihung von Informationen ohne Zusammenhang) (*vgl. dazu Schmeer-Sturm 1991*)
- Auswahl der Führungsinhalte: nicht zu viele ortsgeschichtliche Details, Einbezug von Alltagsgeschichte, zielgruppenspezifische Auswahl und Aufbereitung
- Auswahl des Anschauungsmaterials: Synchronisation, insbesondere bei Stadtrundfahrten, von Informationen und den passenden Anschauungsobjekten
- dramaturgische Planung auf einen Höhepunkt zu (nicht darüber hinaus gehen)

Organisatorisches

- Kenntnis der genauen Öffnungszeiten bei Besichtigungen (auch Feiertagsregelungen)
- Kenntnis technischer Einrichtungen (z. B. Beleuchtungsmöglichkeiten)
- Rücksicht auf den Biorhythmus (keine schwere geistige Kost nach dem Mittagessen)
- Bedürfnisse der Gäste und die Strecke gut kennen (z. B. Photostops an geeigneten Stellen)

- Antizipation von Problemen, das ausgeschriebene Reiseprogramm zu erfüllen (Reiserecht); im Notfall ein Objekt, das ausfallen mußte, durch ein möglichst gleichwertiges ersetzen
- bei größeren Gruppen oder wenig disponibler Zeit rechtzeitige Planung des Mittagessens (z. B. 2-3 Menüvorschläge bereits im Bus auswählen lassen, vormittags telefonisch an Lokal durchgeben)
- rechtzeitige Planung eines Schlechtwetter-Programms
- rechtzeitige Einplanung von sinnvollen Pausen, die möglichst vielfältig nutzbar sind (Toilette, Café, Einkäufe)

Ausführung

Inhaltliche Aspekte der Führung

- Beginn der Führung: Das Interesse der Teilnehmer wird schnell geweckt
- Übersichtlichkeit der Darbietung
- Tempowahl in der Führung: Der Gästeführer hält Kontakt mit der Gruppe und stellt sich auf ihr Lerntempo, ihre Wünsche und Fragen ein
- Mitarbeit und Aufmerksamkeit der Teilnehmer
- Abschluß der Führung mit einer bewußten Zusammenfassung und in Beziehung-Setzen als "Transfer" (z. B. mit folgenden Führungen im Kontext einer Reise)

Organisation

- überlegte Standortwahl; Erklärung mit Blickkontakt zum Publikum, nicht zum Gebäude oder Gemälde
- rechtzeitige und klare Angabe gut zu findender Treffpunkte; eindeutige Absprachen
- Vorträge und Informationen zum richtigen Zeitpunkt und Einschätzung, welche Art von Vorträgen für den Bus, welche für die Führung vor Ort geeignet sind
- flexibler Umgang mit dem Standardprogramm (ggf. Straffung, Umstellung)
- ordentlicher und gewandter Umgang mit den eigenen Unterlagen
- bei Kreuzungen, Ampeln, überraschendem Einbiegen in Seitenstraßen auf alle Mitglieder der Gruppe warten

- Erzeugen von Ruhe trotz straffer Zeitplanung (nicht von Hetze, z. B. durch ständigen Blick auf die Uhr oder Erklärungen im Gehen, sehr schnellen Gang; lieber ein weniger wichtiges Objekt auslassen, Zeitpolster einplanen), gutes, durchdachtes Timing
- wenn möglich bei längeren Erklärungen Sitzgelegenheiten anbieten
- sinnvolle Überbrückung von Wartesituationen
- Überprüfen der Vollzähligkeit
- auf guten Platz im Restaurant (Aussicht, Belüftung, nicht neben dem Service-Eingang) und gute Essensqualität für die Gruppe bestehen
- geschickter und zielorientierter Umgang mit Leistungsträgern (z. B. Ober rechtzeitig zum Kassieren auffordern)
- Hinweis auf notwendige Kleidung (z. B. kalte Kirchen und Schlösser) und auf Gefahren (Schuhwerk bei Wanderungen oder Bergtouren)

Umgang mit der Gruppe

- Beziehungen zwischen Gästeführer und Teilnehmern harmonisch
- Kontaktbereitschaft, Einfühlungsvermögen und Servicementalität erkennbar
- bei organisatorischen Änderungen: Problematisch ist das Anbieten mehrerer Alternativen, da Gefahr der Gruppenspaltung. In den meisten Fällen ist es günstiger, die Maßnahme, für die man sich entschieden hat, bekanntzugeben und positiv zu begründen
- Berücksichtigung auch der weniger dominanten Teilnehmer
- Rücksicht auf körperbehinderte Teilnehmer
- Umgang mit Leuten, die sich ungefragt anschließen (bei kostenpflichtigen Führungen)

Gästeführer und Fremdenverkehrsort

- Interesse zeigen für Berufsanforderungen und für Zunahme der Effektivität (z. B. durch Besuch von Fortbildungen)
- gute Beziehungen zu den Kollegen
- Interesse für das gesamte Programm des Fremdenverkehrsortes
- konstruktive Teilnahme an gemeinschaftlichen Aufgaben des Fremdenverkehrsortes.

12.5 Qualitätsmanagement in der Branche

Es gibt in zahlreichen Fremdenverkehrsorten Ansätze, durch ausführliche Schulungen die Qualität der Gästeführungen zu verbessern. Zunehmend greift hier auch das Bewußtsein, daß neben den ortsspezifischen Inhalten die "Kunst des Führens" Thema von Aus- und Fortbildung sein sollte. In Würzburg wurde deshalb z. B. neben Fachvorträgen auch der praktischen videokontrollierten Führung vor Ort und den pädagogisch-psychologischen Inhalten breiter Raum gewährt.

Ansonsten verläßt man sich bisher auf die Kontrolle durch unaufgeforderte Gästereaktionen wie Beschwerde und Lob sowie auf gelegentliche Gästebefragungen mittels Fragebögen. Auch die zeitlich beschränkte Zulassung wird neben der überlegten Auswahl geeigneter Personen, ihrer Schulung und Prüfung und der Ausstellung eines Gästeführer-Ausweises oder einer Sichtkarte als Qualitätszeugnis genannt (*vgl. DSF 1993, S. 99*).

Um die Wettbewerbschancen touristischer Regionen einerseits und der Reiseunternehmen andererseits im europäischen Markt zu erhöhen, gibt es ein dreistufiges Qualifizierungsmodell, das der DIHT (Deutscher Industrie- und Handelstag) gemeinsam mit den Industrie- und Handelskammern erarbeitet hat. Es soll den Teilnehmern ermöglichen, sich entsprechend den persönlichen und regionalspezifischen Bedingungen stufenweise zu qualifizieren und damit einen bundesweit anerkannten Abschluß zu erlangen, der auch in anderen EU-Ländern als Qualifikationsnachweis gilt. Der Lehrgang Reise-/Gästebetreuer, der mit einem bundesweit anerkannten IHK-Zertifikat endet, soll 160 Studen umfassen und sowohl allgemeingültiges Grundlagenwissen (Basisqualifikation) als auch regionale Spezialisierung (Spezialqualifikation) vermitteln. Der darauf aufbauende Fachberater Reise-/Gästebetreuung vertieft die Kenntnisse der 1. Stufe in nochmals 160 Std., während die 3. Stufe die Qualfzierung zum Touristikfachwirt bildet.

Ein einheitliches Qualifizierungskonzept wird derzeit auch durch den BVGD e.V. erarbeitet. Zertifizierungen nach DIN-ISO oder Awards haben bisher keine Bedeutung. Der erste Schritt in diese Richtung ist zunächst die Schaffung eines Berufsbildes.

13 Qualitätsmanagement in Fremdenverkehrseinrichtungen

von Karl Großmann, Verkehrsdirektor i. R.

13.1 Definition und Entwicklung

Mit Fremdenverkehrseinrichtungen sind hier - dem gewohnten Sprachgebrauch folgend - in erster Linie Institutionen gemeint, die der Tourismusförderung einer Stadt, einer Gemeinde, eines Landkreises, einer Region etc. dienen, also Fremdenverkehrsstellen, Verkehrsämter, Verkehrsvereine, Kurverwaltungen u. ä., aber auch die regionalen und überregionalen Verbände.

Der Begriff "Fremdenverkehr" und alle mit ihm gebildeten Wortzusammensetzungen sind heute durchaus noch üblich, werden aber immer mehr durch den Terminus "Tourismus" ersetzt. Touristen sind willkommene Besucher, Gäste, Bürger auf Zeit. Um den hier angesprochenen Bereich von den mit dem allgemein üblich gewordenen Begriff Touristik bezeichneten Erscheinungen wie Reisewirtschaft, Hotellerie usw. auch sprachlich unterscheiden zu können, wird der Begriff "Fremdenverkehr" weiterhin benutzt, wobei es in diesem Beitrag um die Einrichtungen des "öffentlichen" Fremdenverkehrs der Gemeinden und Städte geht.

Die kommunalen Fremdenverkehrsinstitutionen haben in der Vergangenheit sowohl als Verwaltungs- wie als touristische Serviceeinrichtungen für den lokalen bzw. regionalen Bereich agiert, und sie tun es überwiegend auch heute noch. Die Fremdenverkehrsförderung, ursprünglich aus privater Initiative hervorgegangen, ist im Laufe der Zeit immer mehr eine Angelegenheit und Aufgabe der Gemeinden und ihrer Verwaltungen geworden, die sich finanziell engagierten und als Geldgeber auch den entscheidenden Einfluß auf die Gestaltung des Fremdenverkehrsangebots gewannen. Dies war sicher eine für den Aufbau der touristischen Infrastruktur notwendige Entwicklung. Andererseits geriet der Fremdenverkehr mit seiner Verankerung in der Kommunalverwaltung in das Korsett des Verwaltungshandelns und der bürokratischen Entscheidungsprozeduren einschließlich der haushalts-, laufbahn- und besoldungsrechtlichen Mechanismen. Vielfach wurde der Fremdenverkehrsbetrieb innerhalb der Kommunalverwaltung als Fremdkörper angesehen, seine personelle Ausstattung blieb unzulänglich, nicht selten diente er als Abstellgleis. Für ein leistungsfähiges, marktorientiertes Tourismus-Management fehlten in der Regel die notwendigen Freiräume und Kompetenzen. Eine fruchtbare Zusammenarbeit von kommunalem Fremdenverkehr und Reisewirtschaft konnte sich unter diesen Voraussetzungen kaum entwickeln.

Inzwischen befindet sich vieles im Umbruch. Die Notwendigkeit struktureller Veränderungen mit dem Ziel einer nachhaltigen Qualitätsverbesserung des touristischen Produkt wird vielerorts erkannt. Neue Organisationsformen für die lokale Tourismusarbeit werden etabliert, auch verstärkt Fachpersonal herangezogen. Es beginnt sich die Erkenntnis durchzusetzen, daß kommerzielle, marktorientierte touristische Aktivitäten in Kooperation mit der Reisewirtschaft nicht von der öffentlichen Hand verwaltungsmäßig abgewickelt werden können, sondern daß hier ein unternehmerisch denkendes und handelndes Management sowie die entsprechenden Organisationsstrukturen eine unabdingbare Voraussetzung sind. Unbestritten ist auch, daß Qualitätsmanagement der Fremdenverkehrseinrichtungen versierte Tourismus-Fachleute erfordert, die die touristischen Märkte und Strukturen kennen und in der Lage sind, den Leistungsträgern ebenso wie den Politikern kompetente Entscheidungshilfen zu leisten.

13.2 Qualitätskritische Punkte

13.2.1 Stärken und Schwächen

Im Bereich der infrastrukturellen Ausstattung - z. B. Verkehrserschließung, Hotellerie und Gastronomie, Kultur-, Freizeit- und Sporteinrichtungen - haben die deutschen Fremdenverkehrsorte und -gebiete ein sehr hohes Niveau erreicht, und auch das deutsche Kur- und Bäderwesen gilt als hochentwickelt und sehr leistungsfähig. Um die Qualität ihres touristischen Angebots zu verbessern, haben viele Orte und Regionen Tourismusentwicklungskonzepte erarbeitet oder erarbeiten lassen, die dem Tourismusmanagement in der Praxis bei der Bestimmung und Verwirklichung konkreter Ziele als Richtschnur oder Maßstab dienen. Besonders weit sind in den letzten Jahren in Deutschland auch die Qualitätsmaßstäbe in Form von Umwelt-Gütesiegeln für einen umweltverträglichen Tourismus gediehen. Nicht unerwähnt bleiben dürfen auch die fast überall mit Nachdruck betriebene Schaffung von behindertengerechten Einrichtungen sowie die Förderung familienfreundlicher Angebote der Fremdenverkehrsorte. Die touristischen Informations- und Reservierungssysteme haben die Vertriebskommunikation wesentlich verbessert.

Weit weniger entwickelt ist indessen die Service-Qualität der Fremdenverkehrsstellen, worüber auch immer wieder in den Medien Klage geführt wird. Häufig scheitern kompetente Informations- und Betreuungsdienstleistungen noch an unzureichender personeller Ausstattung der Betriebe. So entsprechen z. B. die Öffnungszeiten der Tourist-Informationen vielfach nicht dem tatsächlichen Informationsbedarf der Gäste und Besucher. Nicht selten fehlen der Blick oder das Gespür für die speziellen Dienstleistungserfordernisse des Fremdenverkehrs. Tourismuswerbung fängt bei den Kleinigkeiten des Alltags an: dem aktuellen Plakat, dem neuesten Ortsplan, den ständig zu aktualisierenden Daten im Informationssystem usw.

Als defizitär und unprofessionell wird seitens der Reisewirtschaft die für eine aktive Verkaufs- und Vertriebspolitik des Fremdenverkehrsbetriebs notwendige Zusammenarbeit und Abstimmung zwischen Fremdenverkehrsbetrieben und Reiseveranstaltern (verkaufsfähige, reisebürogerechte Offerten, Provisionen, Vertriebskanäle usw.) beklagt.

Das Fremdenverkehrsmanagement leidet heute auch darunter, daß technokratisches Denken und ein Zwang zu kurzfristigen Erfolgsbilanzen langfristige Perspektiven und Konzepte blockieren. Daß hierbei die gerade im Fremdenverkehr wichtigen menschlichen Komponenten verlorengehen, wird übersehen oder in Kauf genommen.

Dem öffentlichen Fremdenverkehr fehlt es vielfach an Qualitäts- und wirtschaftlicher Erfolgskontrolle. Dies liegt allerdings auch daran, daß viele Maßnahmen und Aktivitäten ihre Wirksamkeit nur längerfristig entfalten können und sich daher nicht kurzfristig als effektiv oder ineffektiv qualifizieren lassen. Meist geben nur Übernachtungs- und Vermittlungsstatistiken einen vagen Hinweis auf den Erfolg eines kommunalen Fremdenverkehrsbetriebs. Selbst im Tagungs- und Kongreßbereich fehlt es oft an überprüfbaren Daten. Hier existiert zweifellos ein großes Defizit an Meßinstrumenten sowohl für die Produktgestalter und Vermarkter als auch für die Serviceeinrichtungen einer Gemeinde.

Grundsätzlich kommt man um die Feststellung nicht herum, daß generell von Qualitätsmanagement im kommunalen Fremdenverkehr noch nicht die Rede sein kann. Der Fremdenverkehr wird nach wie vor mehr verwaltet als gestaltet - eine Folge seiner Einbindung in die kommunalen Verwaltungsstrukturen und einer mangelnder Professionalität. Mag es auch zahlreiche Beispiele für gut funktionierende Verkehrsämter geben, so zeigt doch ein kritischer Blick auf den öffentlichen Fremdenverkehr als Institution die tendenziellen Schwächen, die aus der Integration in kommunale Behördenstrukturen resultieren. Dies führt mehr oder weniger zwangsläufig zu Schwerfälligkeit und Inflexibilität, z. B. bei Öffnungszeiten, Personaleinstellungen, Dienstreisen, Messebeteiligungen, im Rechnungswesen, um nur einiges zu nennen.

13.2.2 Funktionen und Aufgaben des Fremdenverkehrsmanagers

Das Aufgabenspektrum des Tourismusmanagements einer Stadt, einer Gemeinde oder eines Kurorts enthält sicher zunächst einmal einen eminent politischen Aspekt. Fremdenverkehr ist ein wirtschaftlicher und kultureller Faktor, der alle Bereiche des kommunalen Lebens tangiert, er stellt einen Teil der Wirtschaftsförderung einer Gemeinde dar. Es versteht sich, daß hier ein starker, selbstbewußter Manager gefragt ist, der das Gewicht des örtlichen oder regionalen Tourismus gegenüber den politischen Entscheidungsträgern zur Geltung bringt und die richtigen, zukunftsweisenden Akzente setzt; der ein schlüssiges, realistisches Tourismusentwicklungskonzept erarbeitet und umsetzt und dabei - wie es die Sache erfordert - als Koordinator fungiert. Ihm obliegt ferner die Gestaltung der Tourismus-Werbung und Öffentlichkeitsarbeit. Eine Koordinierungsaufgabe ist sodann der Aufbau eines effizienten Innenmarketing mit dem Ziel der Schaffung einer positiven, fördernden Einstellung der Allgemeinheit gegenüber dem Fremdenverkehr. Schließlich sei als Aufgabe des Fremdenverkehrsmanagers noch die Mitarbeit und Interessenvertretung in den regionalen und nationalen Vereinigungen des Tourismus erwähnt.

Den zweiten großen Aufgabenbereich des Fremdenverkehrsmanagers bildet die Führung einer Serviceeinrichtung, die die Gästeinformation- und betreuung, die touristische Produktgestaltung, die Verkaufsförderung und den Vertrieb auf allen Ebenen - über die Reisewirtschaft, im Direktvertrieb - betreibt. Hierher gehören auch die entgeltlichen Dienste wie Stadtführungen und Stadtrundfahrten, Ausflugs- und Kunstfahrten, Weinproben u. ä., bei größeren Fremdenverkehrsstellen auch der Betrieb von Kongreß- und Tagungshäusern, die Organisation von Kongressen, Tagungen, Konferenzen und Seminaren, der Betrieb von Bäder- und Kureinrichtungen, von Verkehrseinrichtungen, Campingplätzen usw.

Die Leitung eines kommunalen Fremdenverkehrsbetriebs erfordert neben fundierten Fachkenntnissen und der Fähigkeit zur Mitarbeiterführung insbesondere Kreativität, Kontaktfähigkeit, Überzeugungskraft und die Sensibilität, sich abzeichnende strukturelle Änderungen im Tourismus frühzeitig zu erkennen und in Zusammenarbeit mit den örtlichen Fremdenverkehrseinrichtungen darauf zu reagieren. Die alles unter dem Apekt des Engagements für den Gast, den Kunden.

Die zur Zeit "amtierenden" Manager im öffentlichen Fremdenverkehr kommen aus den verschiedensten beruflichen Richtungen. Wir finden den Verwaltungsfachmann, den Juristen, den Journalisten und neuerdings immer mehr den Betriebswirt mit Fachhochschul- oder Universitätsausbildung. In kleineren Fremdenverkehrsstellen dominieren nach wie vor Verwaltungsangestellte, die irgendwann zum Fremdenverkehr gestoßen sind; vereinzelt finden sich auch Reiseverkehrs- oder Hotelkaufleute.

13.3 Ansatzpunkte des Qualitätsmanagements

13.3.1 Zukünftige Qualitätsanforderungen

Fragen wir zunächst nach den Herausforderungen, denen sich der kommunale Fremdenverkehr des Jahres 2000 gegenübersieht. Wie sieht der Markt aus, auf den sich das Fremdenverkehrsmanagement einstellen muß?

Aller Voraussicht nach werden die Tourismusströme weiter anwachsen. Dem einzelnen steht immer mehr Freizeit zur Verfügung. Damit ist die Freizeit zu einem wesentlichen Lebensbestandteil geworden, und die zunehmende Freizeitorientierung, die sich wandelnden Freizeit- und Konsumgewohnheiten werden zu neuen Ansprüchen an den Tourismus führen. Freizeitforscher haben prognostiziert, daß im Jahre 2000 etwa ein Viertel der deutschen Bevölkerung ständig irgendwo Kurzurlaub oder Wochenendfahrten macht. Der Trend zur Verkürzung der Reisedauer und zur steigenden Reisehäufigkeit ist schon seit längerer Zeit offenkundig. Mittlerweile machen Kurzurlaube bereits ein Viertel aller Urlaubsreisen aus. Von diesem Kurzreiseboom profitieren vor allem die Fremdenverkehrsstädte, denn bei derartigen Tapetenwechseln für wenige Tage werden Städtereisen besonders geschätzt. Die zunehmende Reiseerfahrung der Bürger wird nicht ohne Auswirkungen auf den Reisemarkt bleiben. Die gestiegenen Ansprüche und Forderungen der Kunden werden die Zukunft ebenso bestimmen wie das Vorhandensein von mehr Freizeit und mehr frei verfügbarem Einkommen. Die reiseerfahrenen und wohlhabenden Touristen werden noch anspruchsvoller, wählerischer, kritischer, individualistischer, sensibler, als sie es heute schon sind.

Veränderte Urlaubswünsche erfordern andere als die bisherigen Urlaubsangebote. Vor allem muß sich das touristische Angebot auf die verschiedenen Lebensstilgruppen einstellen und sich in einer Vielzahl unterschiedlicher Erscheinungsformen ausprägen. Abwechslung, Erlebnis und Spaß, Fitneß und gesteigertes Gesundheitsbewußtsein, verstärktes Kommunikationsbedürfnis, Umweltsensibilität, aktives Leben überhaupt. Auf diese dominanten Merkmale und Elemente des Nachfrageverhaltens muß sich auch der kommunale Fremdenverkehr mit bedarfs- und kundengerechten Angeboten und einem flexiblen Marketing einrichten, will er in der Zukunft erfolgreich sein.

Ein konsequent auf Zielgruppen zugeschnittener öffentlicher Fremdenverkehr erfordert, daß Marketing und Werbung professionell in Zusammenarbeit mit den Partnern der Reisewirtschaft - Reiseveranstalter, Reisemittler, Hotellerie, Verkehrsunternehmen werden. Sonst verpuffen die eingesetzten Mittel in braver, hausbackener Werbung. Jeder Teilmarkt gestaltet sich aus der Mentalität und den spezifischen Bedürfnisse der Nachfrager heraus anders und ist daher mit einer für alle Märkte einheitlichen Klischeewerbung nicht zu erreichen.

Die Hauptziele des Qualitätsmanagements im Fremdenverkehr sind:

1. Nachfragegerechte Gestaltung der materiellen Infrastruktur, wobei dem Aspekt der Umweltverträglichkeit Priorität zukommt.
2. Die Dienstleistungsqualität der Fremdenverkehrsstellen erfordert optimale Erreichbarkeit, kundengerechte Öffnungszeiten, einen von fachlich qualifiziertem Personal betriebenen Informations- und Buchungsservice, Engagement für die Wünsche und Belange des Gastes, reisebürogerechte Angebote und deren effizienten Vertrieb.

13.3.2 Aufgabenspektrum eines kommunalen Fremdenverkehrsbetriebs

Es ist kaum möglich, für die örtlichen Tourismusstellen einen erschöpfenden Aufgabenkatalog mit dem Anspruch auf Allgemeingültigkeit zu formulieren. Dafür sind die jeweiligen Ausgangssituationen, Bedürfnisse und Erfordernisse zu unterschiedlich. Es läßt sich allerdings ein Bündel von in jedem Fremdenverkehrsort nahezu obligatorischen Kerndienstleistungen angeben, die in wünschenswerte und ergänzende Funktionen einzuteilen sind. Für den Gast ist wichtig,

- daß die Leistung erbracht wird,
- daß sie zu den Zeiten und an den Orten erbracht wird, wo sie benötigt wird,
- daß sie höchsten qualitativen Ansprüchen genügt,
- daß sie kostengünstig erbracht wird.

Als **Kernfunktionen** können gelten:

- Tourist-Information
- Zimmervermittlung/-reservierung
- Marketing/Werbung
- Innenmarketing

Für die **Effizienz der Arbeit** der Tourismusstelle sind darüber hinaus folgende Bereiche wichtig:

- Führungen, Rundgänge, Rundfahrten
- Beratung der touristischen Anbieter
- Produktgestaltung

- Veranstaltungskalender/Veranstaltungsorganisation/Kartenvorverkauf

Ergänzende Funktion haben die Bereiche

- Kongreßwesen (Akquisition, Organisation, Betreuung)
- Messewesen
- Kurmittelbereich (in Kurorten)
- Nebenbetriebe (Hallen, Veranstaltungshäuser, Campingplätze, Bäder etc.).

Ob kommunale Tourismusstellen Pauschalarrangements anbieten sollen, die am Ort auch von Reisebüros oder Incomingagenturen bereitgestellt werden können, bleibt ebenso zu diskutieren wie die Zimmerreservierungsfunktion, für die gleichfalls private Organisationsformen denkbar sind. Wenn die Fremdenverkehrsbetriebe profilierte touristische Angebote gestalten und vermarkten wollen, dann sollte dies in Kooperation mit der Reisewirtschaft geschehen. Außer der imagepflegenden Werbung müssen sie dann auch verkaufsfördernde Werbemaßnahmen übernehmen.

13.3.3 Geeignete Unternehmensorganisation

Die Frage nach der optimalen Organisationsstruktur der lokalen Tourismusstellen beschäftigt seit geraumer Zeit sowohl die Tourismuswissenschaft als auch die kommunale Fremdenverkehrspolitik. Seitdem sich gezeigt hat, daß die Einbindung der Tourismusstellen in die kommunalen Verwaltungsstrukturen und deren Entscheidungsabläufe, wie sie sich in den allermeisten Fremdenverkehrsgemeinden eingebürgert hat, den Gestaltungsmöglichkeiten des Managements (allzu) enge Grenzen setzt, Kreativität und Flexibilität in der Regel eher hemmt als fördert und damit den Ansprüchen, die an Qualitätstourismus heute gestellt werden, nicht mehr gerecht werden kann, hat man vielerorts versucht, dem kommunalen Fremdenverkehrsbetrieb eine neue Organisationsform zu geben.

Es geht dabei sowohl um eine qualitative Verbesserung der touristischen Dienstleistungen als auch um ein stärkeres finanzielles Engagement aller am Tourismus partizipierenden und von im profitierenden Unternehmen und Einrichtungen. In zahlreichen Gemeinden hat man eine kommunale (Tourismus-) GmbH gegründet, die an die Stelle des bisherigen Verkehrsamts bzw. der Kurverwaltung getreten ist. Ob mit dieser Änderung der Rechtsform auch die angestrebten Effekte erzielt worden sind bzw. überhaupt erzielt werden können, muß bezweifelt werden. In aller Regel handelt es sich nicht um faktische Privatisierungen und die von den Gemeinden gegründeten Tourismus-Gesellschaften sind meistens keineswegs unabhängiger von Politik und Verwaltung oder flexibler als die früheren kommunalen Ämter oder Eigenbetriebe.

Entscheidende Voraussetzungen für eine faktische Änderung mit dem Ziel einer Leistungs- und Qualitätssteigerung sind einerseits die Einbindung der Leistungsträger der Tourismuswirtschaft und der touristisch relevanten Institutionen in eine solche Gesellschaft, andererseits die Sicherung der unternehmerischen Freiräume für das Management der Gesellschaft. Umgründungen und Organisationsreformen müssen dem Zweck dienen, dem Tourismusmanagement des Ortes entschieden mehr Kompetenzen und Gestaltungsmöglichkeiten zu verschaffen, als dies in den traditionellen Verwaltungsformen der Fall ist.

Alle Erfahrungen zeigen, daß es die einzig "richtige" Organisationsform für den öffentlichen Fremdenverkehr nicht gibt. Diese ist nicht in Schablonen zu fassen, sondern jeweils nach den örtlichen Gegebenheiten und Möglichkeiten einzurichten, jedoch so, daß die Marktorientierung gewährleistet ist. Jede Stadt, jede Gemeinde, jede Region muß ihr eigenes Konzept und ihre eigene "Philosophie" entwickeln. Wo die Voraussetzungen gegeben sind, sollte eine Verselbständigung der kommunalen Fremdenverkehrseinrichtungen in privatrechtlichen Organisationsformen mit unternehmerischer Handlungsfreiheit und Verantwortung eines professionellen Tourismusmanagements und eigenständigem Finanz- und Rechnungswesen erfolgen. Alle fremdenverkehrsrelevanten Einrichtungen einer Gemeinde sollten von einem Profitcenter betrieben werden, sich sozusagen unter einem Dach befinden. In dieser Form kann der öffentliche Fremdenverkehr zu einem leistungsfähigen Partner der Tourismuswirtschaft werden und seinen Beitrag zum Erfolg des gesamten Wirtschaftszweiges leisten.

13.3.4 Personalmanagement

Qualifiziertes Personal gehört zu den elementaren Voraussetzugen erfolgreicher Tourismusarbeit. In den Kommunalverwaltungen herrschte vielfach die Ansicht, touristische Dienstleistungen könnten quasi von jedem erledigt werden. Daher wurden die Verkehrsämter bzw. Tourismusstellen auch als Auffanglager oder Abstellgleis für anderswo entbehrlich oder unbrauchbar gewordene Verwaltungsbeamte und -angestellte angesehen. Heute gilt indessen unbestritten: Wer Qualitätstourismus will, kommt um den Einsatz von Fachpersonal, das über das Know-how modernen Dienstleistungsmarketings verfügt, nicht herum. Allerdings darf darüber nicht in Vergessenheit geraten, daß im Dienstleistungsbereich gerade die menschliche Komponente - unabhängig von der Ausbildung - entscheidendes Gewicht hat. Beide Komponenten, die fachliche wie die menschliche, sollten Bestandteil des Anforderungsprofils bei Einstellungen, Beförderungen usw. sein. Auf jeden Fall muß das Management eigenständig die Personalauswahl treffen und eine leistungsbezogene Vergütung bieten können. Die Gewährleistung hoher Qualität, die auch im Tourismus ihren Preis hat, erfordert ein adäquates, leistungsorientiertes Entlohnungssystem, das die starre Einbindung in den Bundesangestelltentarif (BAT) ablöst.

Für modernes Personalmanagement im Fremdenverkehrsbetrieb muß die ständige Personalschulung und -weiterbildung eine Selbstverständlichkeit sein. Vor allem das Counterpersonal, das in der Regel nicht nur Informations- und Beratungsfunktionen ausübt, sondern dem auch der Verkauf touristischer Produkte obliegt, bedarf eines gründlichen Trainings seines Beratungs- und Verkaufsverhaltens, um in hohem Maße kommunikationsfähig, einfühlungsvermögend und flexibel agieren und reagieren zu können. Dies gilt natürlich auch für andere erlernbare Fähigkeiten und deren Umsetzung am jeweiligen Arbeitsplatz. Leistungsmotivierend ist wie in jedem Unternehmen so auch im Fremdenverkehrsbetrieb nicht zuletzt ein gutes Betriebsklima.

13.3.5 Produkt

Bei der Produktgestaltung muß man sich heute von der Vorstellung freimachen, Bett und Essen seien immer noch die Grundlage eines touristischen Qualitätsangebots. Natürlich müssen die entsprechenden Einrichtungen und Leistungen eines Fremdenverkehrsortes jeder Kritik standhalten. Doch ebenso wichtig, wenn nicht wichtiger als das Beherbergungs- und Beköstigungsangebot ist heute das Umfeld. Hier sind die Aktivitäten des kommunalen Fremdenverkehrsbetriebs mehr denn je gefragt, wobei es sich - der Natur und Struktur der touristischen Produktgestaltung entsprechend - primär um Anregung, Empfehlung, Beratung, Koordination, Kritik handelt. Wie steht es etwa mit der Kultur? Gibt es einen Konsens in der Gemeinde, der eine touristische Vermarktung des kulturellen Angebots gewährleistet? Was nützt die beste Oper, das originellste Museum, wenn in der Hauptreisezeit das Schild "Geschlossen" am Eingang hängt! Die attraktivste Kulturmeile vermittelt dem Gast kein Stadterlebnis, wenn nicht Cafés, Restaurants u. ä. die Kultur ergänzen. Das gleiche gilt für eine Vielzahl von Veranstaltungen und Einrichtungen, für die Verkehrserschließung (Verkehrsleitsystem) und Verkehrsberuhigung ebenso wie für die Schaffung und Erhaltung eines unverwechselbaren Ortsbildes oder das Streben nach ökologischer Balance (evtl. notwendige Maßnahmen der Besucher- oder Kapazitätslenkung). Produktgestaltung im Fremdenverkehr kann nur auf der Basis intensiver Kooperation und Koordination funktionieren.

Der drohende Verkehrsinfarkt in ihren Zentren zwingt beispielweise die Städte, Produkte aufzulegen, die den Gast animieren, öffentliche Verkehrsmittel zu benutzen. Die Zahl der Städte, die aus ökologischen Gründen das Autofahren in ihren Zentren zunehmend erschweren, wird immer größer. Sie müssen mit Verbesserungen im Öffentlichen Personennahverkehr neue Wege gehen und damit auch ihre Attraktivität für Urlaubsgäste erhalten oder verbessern.

Die Automation im Reisegeschäft wird weitere Fortschritte machen und auch zu Veränderungen bei den Reisemittlern führen. Computergesteuerte Reservierungs- und Informationssysteme werden zur Selbstverständlichkeit. Auch der kommunale Fremdenverkehr muß sich auf die neuen Vertriebs-, Buchungs- und Zahlungswege einstellen und dem sich ändernden Buchungsverhalten der Gäste (Kurzfristigkeit des Reiseentschlusses, Bezahlung mit Kreditkarten usw.) Rechnung tragen. Vor allem müssen seine Produkte so verprovisioniert werden und im Handling so einfach sein, daß das Reisebüro, das schließlich gewinnorientiert arbeiten muß, sich auf eine Vermarktung überhaupt einlassen kann.

Ein Fremdenverkehrsort ist in der Regel Mitglied in "seinem" touristischen Regionalverband, in Gemeinschaften und Organisationen, deren Hauptzweck es ist, Gäste für die Region zu akquirieren. "Gemeinsames Handeln" - z. B. die Gestaltung von Pauschalprogrammen, die mehrere Städte miteinander verbinden (Rundreisen), oder Produktion und Vertrieb gemeinsamer Werbemittel, gemeinsame Präsentationen auf nationalen und internationalen Messen - kann nur dann die gewünschten Effekte haben, wenn seitens der Nachfrage tatsächlich ein Interesse an Verbundlösungen existiert, Gemeinsamkeiten also nicht erst künstlich geschaffen werden müssen.

13.3.6 Innenmarketing

Nachhaltige Erfolge eines Fremdenverkehrortes im heutigen Tourismusgeschäft erfordern gemeinsames Handeln der Verantwortlichen vor Ort. Deshalb besteht eine zentrale Aufgabe des öffentlichen Fremdenverkehrsbetriebs darin, durch Innenmarketing einen Ort oder ein Gebiet für den Tourismus "aufzubereiten", d. h. Leistungsträger, Bürger und Institutionen zu beraten, zu beeinflussen, zu überzeugen und damit zur Produktverbesserung beizutragen. Ein touristisches Produkt wird sich nur dann mit Erfolg und auf Dauer verkaufen lassen, wenn es auch "nach innen" stimmt. Touristisches Innenmarketing bedeutet zunächst einmal und vor allem viel Kleinarbeit auf den Feldern Information, Motivation, Kommunikation, Kooperation etc. Es setzt sich im einzelnen aus folgenden Bausteinen zusammen:

Pflege der innerörtlichen Kommunikation und Zusammenarbeit

Hier ist eine Vielzahl von Maßnahmen ohne großen Aufwand denkbar, die die Kommunikation verbessern können. Als sehr nützliche Einrichtung kann die regelmäßige Veranstaltung eines "Touristischen Stammtisches" oder "Touristischen Forums" gelten, bei dem alle am Tourismus beteiligten Institutionen, Vereine, Unternehmer, Leistungsträger usw. zusammentreffen. Sein Hauptzweck besteht darin, eine positive Grundstimmung unter allen am lokalen Tourismus Partizipierenden herzustellen und generell ein tourismusfreundliches Klima im Ort zu schaffen.

Aktive Informationspolitik

Es gehört zu den Aufgaben einer kommunalen Fremdenverkehrsstelle, die lokale Öffentlichkeit über ihr Wirken zu informieren. Bei Politik, Verwaltung und Bürgern kann sich nur dann das Bewußtsein entwickeln, daß die kommunale Fremdenverkehrsorganisation für den Ort unverzichtbar ist, wenn diese ihre Aktivitäten und Leistungen mittels aktiver Informationspolitik der Öffentlichkeit präsentieren. Voraussetzung für eine positive Berichterstattung ist ein "guter Draht" zur Lokalpresse. Die Pflege vielfältiger Pressekontakte ist daher eine Pflichtaufgabe des Fremdenverkehrsmanagers.

Motivation

Zu einem guten Innenmarketing einer kommunalen Fremdenverkehrsstelle gehören nicht zuletzt jene Aktivitäten, die darauf abzielen, alle an der touristischen Leistungserstellung Beteiligten ständig zu engagiertem Handeln zu motivieren, also nicht nur die eigenen Mitarbeiter, sondern auch die Leistungsträger im Tourismusgewerbe, die Entscheidungsträger in Politik und Verwaltung, aber auch die Bürger der Gemeinde, deren positive Einstellung zu den Gästen von nicht zu überschätzender Bedeutung für eine erfolgreiche Fremdenverkehrsarbeit ist. Durch gezielte Lobbyarbeit und Einbindung der politischen Entscheidungsträger in die Willensbildungsprozesse können der Stellenwert des Fremdenverkehrs in der Gemeinde gefestigt und seine qualitätsvolle Gestaltung gefördert werden.

Beratung der Leistungsträger über Fördermöglichkeiten

Die für das touristische Marketing so wichtige Kooperation mit den Leistungsträgern kann auch dadurch gefördert und effektiv gestaltet werden, daß das kommunale Tourismusmanagement es als seine Aufgabe betrachtet, diese Unternehmen bei Investitionsvorhaben kompetent über die diversen staatlichen Förderprogamme zu informieren und Hilfestellung bei der Projektbeantragung zu gewähren.

13.4 Fazit

Die Skizzierung des Ist-Zustands und der Ansätze eines Qualitätsmanagements im Fremdenverkehr hat gezeigt, wie die Rahmenbedingungen beschaffen sein müssen, die Qualitätsmangement ermöglichen. Die Merkmale des Qualitätsmanagements im Fremdenverkehrsbetrieb lassen sich nur schwer abstrakt erfassen und darstellen. Qualitätsmanagementsysteme wie Zertifizierung nach DIN ISO 9000 ff. etc. sind wegen der besonderen Stellung der öffentlichen Fremdenverkehrsbetriebe nicht sinnvoll anwendbar. Die Entwicklung spezieller QM-Systeme bleibt eine Zukunftsaufgabe von Wissenschaft und Praxis.

Der moderne Fremdenverkehrsmanager muß vor allen Dingen die Fähigkeit besitzen, die touristisch relevanten Entwicklungen und Trends - das Freizeit- und Urlaubsverhalten ebenso wie die Strukturwandlungen in der Reisewirtschaft, im Verkehrswesen oder in der Hotellerie - zu erfassen und sie in seine Analysen, Konzepte und Strategien einzubeziehen. Fundierte volks- und betriebswirtschaftliche Kenntnisse und praktische Erfahrungen sind erforderlich. Das wichtigste Kapital eines Fremdenverkehrsmanagers ist seine Fähigkeit zur Menschen- und Personalführung. Auch seine Verbindungen zur Reisewirtschaft, zur Hotellerie und Gastronomie, zum Einzelhandel, zu den Institutionen der Politik, Kultur, der Wissenschaft, des Sports, zu den Journalisten und sonstigen Multiplikatoren, zu den örtlichen Vereinen stellen ein bedeutendes Kapital dar. Tourismusarbeit ist weder jahres- noch tageszeitlich zu begrenzen, sie hört nicht am Freitag um 14 Uhr auf, um erst am Montagmorgen um 8 Uhr wieder zu beginnen.

Es wird auch in Zukunft keinen institutionalisierten Ausbildungsgang "Fremdenverkehrsmanager" geben, dessen erfolgreiche Absolvierung die einzige Schiene in die Führungspostionenen wäre. Nach wie vor werden der Betriebswirt oder der Jurist, aber auch der praktisch ausgebildete Reiseverkehrs- oder Hotelkaufmann mit entsprechenden Führungsqualitäten die Managementfunktionen im Fremdenverkehrsbetrieb wahrnehmen können. Charakteristisch für das Anforderungsprofil von Führungskräften im Fremdenverkehr ist, daß hier nicht so sehr Spezialisten, sondern eher Generalisten gefragt sind, zu deren Qualifikationen unbedingt auch soziale Kompetenz gehört.

14 Qualitätsmanagement im Landtourismus

von Norbert Haart und Dipl.-Geogr. Peter Herrmann, Europäisches Tourismus Institut GmbH an der Universität Trier

14.1 Wandel des Marktes als Herausforderung

Urlaubszeit in Europa bedeutet vor allem Reisezeit: Im Jahr 1995 wurde mit 1,5 Milliarden Reisen (mind. eine Übernachtung) ins In- oder Ausland von den 540 Millionen Europäern (über 14 Jahre) ein neuer Rekord aufgestellt. Mehr als ein Viertel (27%) aller Auslandsübernachtungen der Europäer kommen aus dem deutschen Quellmarkt, der damit die Spitzenposition einnimmt (*vgl. IPK 1996*).

Nicht alle Reiseziele profitieren gleichermaßen von der gewaltigen Nachfrage. Am beliebtesten bei den Europäern ist nach wie vor der "Sonne-Strand-Wasser-Urlaub". Jeder dritte Auslandsurlaub führte 1995 an die europäischen Küsten. Ein Plus von 9% bei den Ankünften am Mittelmeer (1995 gegenüber dem Vorjahr) und die herausragende Position Spaniens als europäisches Auslandsreiseziel Nr. 1 belegen die ungebrochene touristische Attraktivität der "Badewanne Europas" (*vgl. IPK 1996*).

Deshalb sehen die großen internationalen Reiseveranstalter vor allem in Ländern mit hoher Wirtschaftskraft und wenig Sonne die größten Nachfragepotentiale (*vgl. Corsten 1996*). Die kaum noch überschaubare Angebotsvielfalt in den Urlaubskatalogen der Veranstalter und der Preisverfall bei Fernreisen eröffnen auch dem Durchschnittsverdiener Destinationen auf allen Kontinenten (*vgl. Steinecke/Brysch/Haart/Herrmann 1996*).

Diese Multioptionaliät bei der Wahl des Reiseziels hat für manch traditionelle Urlaubsregion weitreichende Folgen und so geraten vor dem Hintergrund globaler Veränderungen im Freizeit- und Reiseverhalten die verschiedenen touristischen Destinationen zunehmend unter Druck. Speziell die ländlichen Regionen, die in der Regel keine herausragenden touristischen Attraktionen wie Hochgebirge, die Küste und die Städte aufweisen, müssen große Anstrengungen unternehmen, um in dieser Konkurrenzsituation nicht zurückzufallen.

Der Tourismus, der gerade in ländlichen Regionen zu einem wichtigen Wirtschaftsfaktor geworden ist, braucht neue Impulse und Strategien, um im Wettbewerb bestehen zu können, denn Urlaub auf dem Land ist kein Selbstläufer. Alleinstellungsmerkmale wie spektakuläre Landschaftselemente sind mit wenigen Ausnahmen nicht gegeben. Hinzu kommt die klimatische Benachteiligung - besonders im Vergleich zu den Mittelmeerdestinationen.

Angesichts dieser Situation - aber auch im Hinblick auf ein verändertes gesellschaftliches Wertesystem - hat sich im Landtourismus die Erkenntnis durchgesetzt, daß weniger ein ruinöser Preiswettbewerb die Antwort auf die Herausforderungen des Marktes sein kann, sondern vielmehr Qualitätsstrategien verfolgt werden müssen. Die Anpassung an die veränderten Marktbedingungen muß von den Anbietern auf dem Land vollzogen werden: Unternehmerisches Denken und betriebliche Veränderungen, die den gestiegenen Qualitätsansprüchen der Gäste entgegenkommen, sind gefordert (*vgl. Meier-Gresshoff 1995, S. 37*).

Wie aber kann man nun den Begriff "Landtourismus" näher definieren: "Rural tourism is a concept which covers tourist activity devised and managed by local people and based on strength of natural and human environment" (*Davidson 1992, S. 141*). Nach dieser Definition sind unter dem Oberbegriff "Landtourismus" diejenigen Angebotsformen und Unterkunftsarten zu verstehen, die von Urlaubsgästen nachgefragt werden, bei denen das Landschaftserleben und naturnahe Freizeitaktivitäten die zentralen Motive bei der Reiseentscheidung darstellen:

- Urlaub/Camping auf einem Bauern- oder Winzerhof,
- Urlaub in einem Feriendorf, Ferienhaus, Ferienwohnung oder Privatquartier in ländlicher Umgebung,
- Urlaub in familiär geführten Hotels, Gasthöfen oder Pensionen.

Großhotels, Hotelketten und Ferienzentren mit komplexen Freizeiteinrichtungen und Indoorangeboten werden folglich nicht unter dem Oberbegriff Landtourismus subsumiert, da bei diesen Unterkunftsarten das landschaftliche Umfeld lediglich den Rahmen bzw. die Kulisse bildet und die regionale Verankerung des Angebotes nur punktuell gegeben ist.

Der Landtourismus basiert demnach auf gewachsenen Strukturen und der Nutzung des **endogenen touristischen Potentials**. Die Einbeziehung des landschaftlichen Charakters, ihrer Kultur, Geschichte und Bevölkerung sind die wichtigsten Bestandteile einer nachhaltigen Tourismusentwicklung auf dem Land (*vgl. Haart/Steinecke 1995, S. 50*).

Die **Urlaubszufriedenheit** des Touristen resultiert aus einer Vielzahl von Erfahrungen und Wahrnehmungen, die er während seines Urlaubsaufenthaltes macht. Qualitätsstrategien müssen daher möglichst alle Erlebnisräume des Gastes erfassen:

- Qualität des Kernprodukts ⇨ Unterkunft, Infrastrukturen,
- Qualität der Dienstleistung ⇨ persönliche Betreuung, Tourismusorganisation, Marketing,
- Qualität der (gebauten) Umwelt ⇨ Kulturlandschaft, Dorfcharakter,
- Qualität des sozialen Umfelds ⇨ öffentliches Tourismusbewußtsein, gastfreundliche Bevölkerung.

Abbildung III.20:

Die Erfolgsfaktoren im Landtourismus

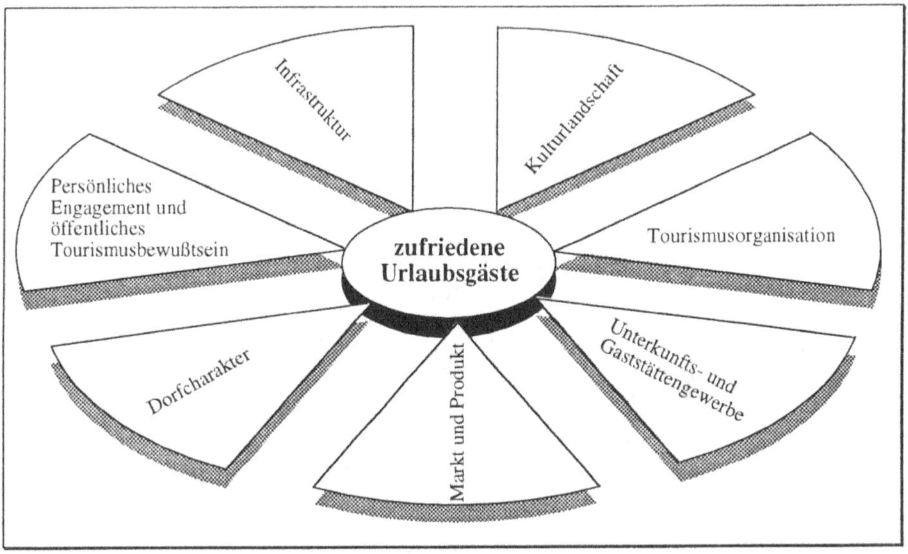

Quelle: In Anlehnung an Haart/Steinecke 1995, S. 47

Dieser umfassende Anspruch verdeutlicht den Querschnittscharakter des Landtourismus. Die Vielzahl privater und kommunaler Akteure mit teilweise unterschiedlichen Interessen spiegelt die schwierige Aufgabe wider, in allen Bereichen zielkonforme Strategien des Qualitätsmanagements zu implementieren. Neben diesem notwendigerweise erhöhten Koordinierungsaufwand spielt die Professionalität eine entscheidende Rolle.

Während bei großen Unternehmen (z. B. CenterParcs) von der Kundenakquisition über die Vertriebskanäle, die Leistungserstellung, das Controlling bis hin zur Kundenpflege und Produktinnovation nach modernen betriebswirtschaftlichen Erkenntnissen gearbeitet wird, erschweren die dargestellten Strukturmerkmale des Landtourismus eine solche Unternehmensstrategie.

Abbildung III.21:

Die Qualitätskette im Landtourismus

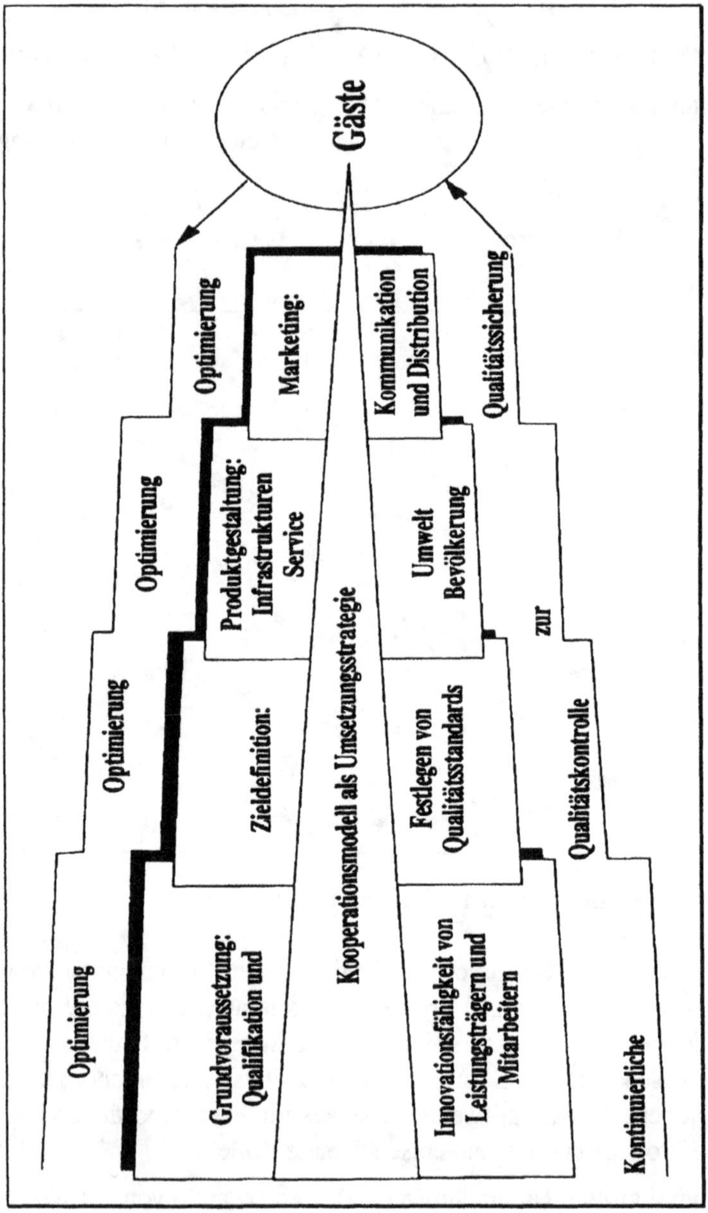

Qualitätsmanagement bedeutet demnach für den Landtourismus die Herausforderung, eine kundenorientierte, systematisch aufeinander aufgebaute Qualitätskette der Erfolgsfaktoren zu entwickeln, die kontinuierlich auf Schwachstellen überprüft und optimiert wird.

14.2 Problemfelder bei der Implementierung eines Qualitätsmanagements im Landtourismus

Geht man davon aus, daß das Kernprodukt des Landurlaubs durch die Art der Unterkunft und den Service der Leistungsträger definiert ist, muß zunächst der Beherbergungsbereich in die Überlegungen zur Qualitätssicherung einbezogen werden. Die Erfahrungen aus der Beratungspraxis des EUROPÄISCHEN TOURISMUS INSTITUTS haben gezeigt, daß bei der Planung und Umsetzung von Qualitätssicherungsmaßnahmen einige strukturelle Problembereiche auftauchen.

Die Leistungsträger im Landtourismus weisen eine sehr **heterogene Anbieterstruktur** auf, die von gewerblichen Beherbergungsunternehmern bis hin zu nichtgewerblichen, ursprünglich branchenfremden Anbietern reicht (Privatpersonen, Landwirte).

Entsprechend vielfältig und anbieterspezifisch sind die Probleme, die bei einer Professionalisierung und Qualifizierung der Leistungsträger und ihrer Angebote auftauchen. Die Erfahrung hat gezeigt, daß die Umsetzung von Qualitätsstrategien im Landtourismus in diesem Zusammenhang oftmals auf grundsätzliche **Hemmfaktoren** trifft:

- fehlende Motivation,
- geringe Veränderungsbereitschaft,
- mangelnde Innovationsfähigkeit,
- unzureichende Qualifikation (fehlendes Know-how),
- ungenügende finanzielle Ressourcen.

Diese endogenen Problembereiche sowie exogene Einflußfaktoren (Veränderungen im Urlaubs- und Freizeitverhalten, Globalisierung der Märkte) müssen in einem ganzheitlichen Qualitätsmanagement Berücksichtigung finden.

Im gewerblichen Bereich bestimmen klein- und mittelständisch strukturierte Familienbetriebe (Hotels, Gasthöfe, Pensionen) das Bild der Beherbergungsbranche in den ländlichen Regionen. In dieser Struktur liegen sowohl die Stärken als auch Schwächen dieser Betriebe, ihrer Inhaber und ihrer Mitarbeiter begründet.

Bei kleineren Betrieben zeigt sich häufig die Diskrepanz zwischen steigendem Anspruchsniveau der Urlauber (Qualitätsbewußtsein) und den begrenzten Möglichkeiten kleiner Beherbergungsbetriebe, auf diese Veränderungen des Marktes adäquat zu reagieren. Aufgrund der charakteristischen Betriebsstruktur ist die **Innenfinanzierungskraft** in den meisten Fällen so **gering**, daß der Cash flow nur einen eingeschränkten Spielraum für Privatentnahmen, (Re-)Investitionen und Kapitaldienst bietet.

Das infrastrukturelle Freizeitangebot dieser kleinen Betriebe ist in der Regel dementsprechend gering. Kostenintensive Einrichtungen für Tennis, Sauna, Squash und Fitness etc. können aus betriebswirtschaftlichen Gründen nicht bereitgestellt werden. Selbst Maßnahmen zur Qualitätsverbesserung des Standards (Komfortzimmer) scheitern häufig an der Finanzierung, da entsprechende Rücklagen nicht gebildet wurden (bzw. nicht gebildet werden konnten).

Ein weiteres Problem liegt in saisonalen Schwankungen der Nachfrage - die traditionellen Ferienregionen der Mittelgebirge sind durch einsaisonale Auslastungsspitzen während der Sommermonate gekennzeichnet. Kleinere Betriebe können es sich in der Regel nicht leisten, Dauerarbeitsplätze außerhalb des Familienverbunds einzurichten. Durch die Beschäftigung von **Teilzeit- und Saisonkräften mit niedrigem Ausbildungsniveau** und der Folge einer hohen Fluktuation sind **Qualitätsverluste im Servicebereich** oft unvermeidlich.

Die unzureichende Ertragskraft vieler Betriebe in Zusammenwirken mit Investitionslücken und hoher familiärer Arbeitsbelastung führt - ähnlich wie in der Landwirtschaft - häufig zu **Nachfolgeproblemen**, die die betriebliche Entwicklung zusätzlich belasten.

Die **Stärke der kleineren und mittleren Betriebe** liegt - ebenso wie ihre Schwächen - in der Betriebstruktur begründet. Familiär geführte Hotels und Gasthöfe können ihre **Gäste individuell und persönlich betreuen** und damit stärker emotional an sich binden, als dies Großhotels tun können. Dies trifft in gleicher Weise auf die nichtgewerblichen Leistungsanbieter zu.

Im nichtgewerblichen Bereich agieren Privatpersonen, Landwirte und Winzer als Leistungsträger, die Ferienzimmer, Ferienwohnungen oder Ferienhäuser vermieten. Bei diesem Personenkreis handelt es sich verständlicherweise nicht um professionelle touristische Leistungsanbieter, sondern um Personen, die den Tourismus als zweites Standbein bzw. zusätzliche Einkommensquelle nutzen wollen. Der Umgang mit dem Gast und bestimmte touristische Grundkenntnisse müssen deshalb häufig erst erlernt werden.

Die bereits am Markt befindlichen Angebote zeichnen sich durch sehr große Unterschiede in Ausstattungsstandard, Servicequalität und Vermarktungsstrategien aus. Die **Transparenz** des Gesamtangebots und die **Produktsicherheit** für den Urlauber sind in der Regel nicht vorhanden.

Anhand von drei modellhaften Ansätzen soll exemplarisch verdeutlicht werden, wie versucht wird, die für den Landtourismus typischen Problembereiche durch gezielte Maßnahmen und Initiativen aufzubrechen und Qualitätsstrategien zu implementieren. Allen drei Modellprojekten ist gemeinsam, daß sie auf Interessengemeinschaften bzw. Kooperationen zwischen kleinen Einzelanbietern beruhen.

14.3 Modellhafte Ansätze für ein Qualitätsmanagement im Landtourismus

14.3.1 Modellprojekt: Standardisierung des ländlichen Beherbergungsangebotes im Großherzogtum Luxemburg

Seit 1991 existiert im Großherzogtum Luxemburg die Interessenvereinigung "Association pour la promotion du Tourisme Rural au Grand-Duché de Luxembourg". Diese Vereinigung hat sich u. a. zum Ziel gesetzt, "Ferien auf dem Land" zu einem Qualitätsprodukt auszubauen. Dem bislang zersplitterten, nichtgewerblichen Angebot an Privatquartieren und Ferienwohnungen wollte man durch geeignete Maßnahmen bessere Marktchancen einräumen.

Die Ziele für eine dauerhafte Entwicklung dieses Angebotssegments wurden folgendermaßen definiert:

- **Angebotstransparenz:** Vergleichbarkeit des Angebots für den Gast auf (inter-)nationaler Ebene, kritische Auseinandersetzung des Anbieters mit dem eigenen Angebot.
- **Produktsicherheit:** Entscheidungssicherheit des Gastes durch glaubwürdiges Angebot.
- **Qualitätsverbesserung:** Anreiz für den Vermieter, durch qualitätsverbessernde Maßnahmen in die angestrebte Qualitätsstufe eingeordnet zu werden.
- **Preispolitik:** transparentes Preis-Leistungs-Verhältnis, d. h. für den Gast nachvollziehbare Preisgestaltung, für den Anbieter Bestimmung der eigenen Wettbewerbssituation.

- **Unternehmerbewußtsein:** Anreiz für den Vermieter, sich intensiv und kontinuierlich mit der Weiterentwicklung seines Angebots zu befassen.

Als Instrument zur Operationalisierung dieser Zielvorgaben wurde 1993 vom EUROPÄISCHEN TOURISMUS INSTITUT im Auftrag der GROUPE LEADER GRAND DUCHÉ DE LUXEMBOURG und in Zusammenarbeit mit dem Landwirtschaftsministerium, dem Tourismusministerium sowie der "Association pour la promotion du Tourisme Rural" ein **Kategorisierungs- und Klassifizierungssystem** entwickelt (*vgl. ETI 1993, S. 1*).

In Anlehnung an das französische und österreichische System wurde das Standardisierungssystem speziell auf die Bedürfnisse und Rahmenbedingungen des luxemburgischenn Landtourismus abgestimmt. Dieses System wurde vor seiner Einführung 1994 in mehreren Tests auf seine Praxistauglichkeit hin überprüft und verbessert.

Kategorisierung

Die Kategorisierung des Angebots dient der Differenzierung innerhalb des nichtgewerblichen Beherbergungsangebots im ländlichen Raum einerseits und der Abgrenzung gegenüber gewerblichen Beherbergungsformen anderseits. Sie definiert die formalen Kriterien, die erfüllt sein müssen, um in die jeweilige Kategorie eingeordnet zu werden. Die räumliche Lage in einer ländlichen Region ist selbstverständlich. So wird unterschieden zwischen folgenden Kategorien:

- **gîte à la ferme**: möblierte, voll ausgestattete Wohnungen in Gebäuden von landwirtschaftlichen Voll- oder Nebenerwerbsbetrieben in typisch ländlicher Architektur.
- **gîte rural:** möblierte, voll ausgestattete Wohnungen in Gebäuden in typisch ländlicher Architektur.
- **meublé de tourisme:** möblierte, voll ausgestattete Wohnungen in Gebäuden in ländlicher Umgebung.
- **chambres d'hôtes:** möblierte Zimmer in Gebäuden in ländlicher Umgebung.

Klassifizierung

Die eigentliche Bewertung der Qualität der Unterkünfte und des direkten Wohnumfeldes erfolgt im zweiten Schritt mittels einer Klassifizierung, die auf einem Kriterienkatalog und einem Punktesystem beruht. Die Entwicklung des Kriterienkatalogs erfolgte unter Aspekten wie Handhabbarkeit, Meßbarkeit und Differenzierung zwischen den einzelnen Kategorien. Zunächst wird unterschieden zwischen Basiskriterien (ungewichtete Mindestkriterien zur Qualitätseinstufung) und Bewertungskriterien (gewichtete Qualitätskriterien), wobei drei Bereiche in die Bewertung eingehen:

- **Außenbereich** (Lage/Erreichbarkeit, Gebäudezustand, Außengestaltung/ Garten, Abfallentsorgung)
- **Innenbereich** (gesamte Wohnung, Verpflegung, Küche, Wohn-/Eßbereich, Schlafbereich, Sanitärbereich)
- **Service** (Gästeinformation, Animation/Erlebnisqualität, Pauschalpreise)

Bei der Punkteverteilung wird für objektiv feststellbare Kriterien eine bestimmte Punktzahl vergeben. Der subjektive Gesamteindruck einzelner Bereiche (z. B. Sanitärbereich) fließt in die Bewertung durch die Vergabe von einem bis maximal acht Punkten ein. Insgesamt werden - je nach Kategorie - zwischen 80 und 120 Einzelkriterien (Basis- und Bewertungskriterien) bewertet.

Der Schwerpunkt der Bewertung wird in allen Kategorien auf den Innenbereich gelegt, da erfahrungsgemäß an den Wohnbereich die höchsten Qualitätsansprüche im Urlaub gestellt werden.

Abbildung III.22:

Punkteverteilung (max.) nach Kategorien

	gîte à la ferme	gîte rural	meublé de tourisme	chambre d'hôtel
Außenbereich	34	29	29	26
Innenbereich	98	97	97	62
Service	28	25	25	20
Gesamtpunktzahl	160	151	151	108

Quelle: Ministère du Tourisme, Luxemburg 1996

Die Qualitätseinstufung beruht auf der erreichten Punktzahl bei den Bewertungskriterien. Analog zum Klassifizierungssystem in der Hotellerie werden 1 bis 4 Ähren vergeben. Zur Abgrenzung der einzelnen Qualitätsstufen wird eine prozentuale Aufteilung der maximal erreichbaren Bewertungspunkte vorgenommen (*vgl. Association pour la promotion du Tourisme Rural au Grand-Duché de Luxembourg 1996*):

- 26-40% der maximal erreichbaren Punkte = 1 Ähre
- 41-55% der maximal erreichbaren Punkte = 2 Ähren

- 56-74% der maximal erreichbaren Punkte = 3 Ähren
- 75-100% der maximal erreichbaren Punkte = 4 Ähren

Anbieter, die lediglich die Basiskriterien und weniger als 25% der Bewertungskriterien erfüllen, werden nur gelistet.

Die Qualitätseinstufung erfolgt für jede Wohneinheit, so daß ein Anbieter mehrerer bzw. verschiedener Wohneinheiten durchaus unterschiedliche Qualitätsstufen erreichen kann.

Die Klassifizierung wird durchgeführt von einer Prüfungskommission, die aus mindestens drei Personen unterschiedlicher Interessengruppen oder Gremien besteht. Aufgabe dieser Kommission ist darüber hinaus die Kontrolle (periodisch und nach Bedarf) sowie die Beratung der Anbieter.

14.3.2 Modellprojekt: UaBW - Urlaub auf Bauern- und Winzerhöfen

Der Beitrag der Land- und Forstwirtschaft zur Bruttowertschöpfung in der BRD lag 1960 bei 5,9%, 1995 nur noch bei 1,1% (vorläufiges Ergebnis). Im Vergleich dazu ist der Beitrag des Dienstleistungssektors, zu dem auch das Gastgewerbe zählt, im gleichen Zeitraum von 13,6% auf 36,1% gestiegen (*vgl. Institut der Deutschen Wirtschaft 1996, Tab. 25*). Diese Daten verdeutlichen den wirtschaftlichen Strukturwandel, von dem die ländlichen Räume und damit vor allem die von der Landwirtschaft lebende Bevölkerung betroffen ist.

Der Tourismus hat sich in den vergangenen Jahren für eine zunehmende Anzahl von Voll- und Nebenerwerbsbetrieben in Landwirtschaft und Weinbau zu einer alternativen Einkommensquelle entwickelt, wenngleich der Anteil der landwirtschaftlichen Betriebe mit dem Betriebszweig "Tourismus" im Verhältnis zur Gesamtzahl der Voll- und Nebenerwerbsbetriebe relativ gering ausfällt: In den rheinland-pfälzischen Landkreisen Bitburg-Prüm und Daun liegt dieser Anteil bei rund 3% (*vgl. ETI 1995, S. 14*).

Angebotsgestaltung und Vermarktung der Urlaubsform "Urlaub auf dem Bauernhof" haben sich in der Vergangenheit mehr oder weniger professionell und unsystematisch entwickelt.

Mit dem Modellprojekt "Urlaub auf Bauern- und Winzerhöfen", das mit Unterstützung des Landes Rheinland-Pfalz und der EU in den 5b-Zielgebieten Bitburg-Prüm, Daun, Trier-Saarburg, Kusel und Donnersbergkreis realisiert wurde, sollte eine Qualifizierung der Anbieter und eine professionelle Vermarktung dieses speziellen Urlaubsangebots erreicht werden (*vgl. Hammes 1995, S. 19*).

Da diese Leistungsträger als Einzelanbieter über zu geringe Bettenkapazitäten verfügen und nicht in ausreichendem Maße Zusatzleistungen anbieten können, haben sich die Projektmitglieder zu regionalen Interessengemeinschaften (IG) zusammengeschlossen. Durch diesen Zusammenschluß konnten Pauschalangebote und Animationsprogramme konzipiert werden, die ein einzelner Anbieter nicht hätte durchführen können.

Im Mittelpunkt des Modellprojekts standen standen aber zunächst ein Qualifizierungs- und ein Kommunikationskonzept, um die Basis für ein vermarktungsfähiges Angebot zu schaffen.

Das Qualifizierungskonzept

Konzipiert wurde die Qualifizierungsmaßnahme vom Bezirksverband des Vereins für landwirtschaftliche Fachschulabsolventen Trier (VLF) e.V. in Zusammenarbeit mit dem rheinland-pfälzischen Ministerium für Landwirtschaft, Weinbau und Forsten und den nachgeordneten ländlich-hauswirtschaftlichen Beratungsstellen.

Zielgruppe für die Qualifizierungsmaßnahme waren Landwirte und Winzer, die Ferienzimmer oder -wohnungen anbieten. Bei der Suche nach interessierten Anbietern wurde deutlich, "daß das Führen eines landwirtschaftlichen Unternehmens unter heutigen Bedingungen nicht notwendigerweise Unternehmerpersönlichkeiten hervorgebracht hat" (*VLF 1994, S. 4*). Die **Ziele des Qualifizierungskonzepts** lauteten daher:

- unternehmerisches Denken und Handeln wecken,
- Ansätze zur Kooperation und zum vernetzten Handeln vertiefen,
- Anregungen, Tips und Hilfestellungen für die Betriebsführung geben.

Zunächst wurden in einem Start- und Planungsworkshop gemeinsam mit Vertretern der Interessengemeinschaften die Lehrgangsinhalte und Teilnahmemodalitäten abgestimmt.

Das Qualifizierungsangebot umfaßte schließlich 12 Themen, die von betriebswirtschaftlichen und steuerlichen Fragestellungen über Verhaltensregeln zum Umgang mit dem Gast bis zur Analyse der eigenen Unternehmerpersönlichkeit reichten (*vgl. VLF 1994, S. 17*). Die Vermittlung der Lehrgangsinhalte fand in mehrtägigen Seminaren und Workshops statt, wobei - je nach Themenstellung - unterschiedliche didaktische Methoden zur Anwendung kamen (Referate, Planspiele, Rollenspiele, Gruppen und Einzelarbeit u. a.).

Das Kommunikationskonzept

Die Marktchancen der am Modellprojekt beteiligten Leistungsträger sollen durch ein gemeinsames Kommunikationskonzept deutlich verbessert werden. Eigenständiger Marktauftritt und klare Abgrenzung zu den Wettbewerbern sind die erklärten Ziele dieses Konzepts, die Entwicklung eines einheitlichen optischen Erscheinungsbildes (Corporate Design) eine Voraussetzung.

Abbildung III.23:

UaBW-Logo

URLAUB AUF BAUERN- UND WINZERHÖFEN

Auf die Formel "Qualität + Erlebnis = Erlebnisqualität" gebracht, sollen den potentiellen Gästen folgende Vorstellungen eines Urlaubs auf dem Bauern- oder Winzerhof vermittelt werden:

- Bauern- und Winzerhof-Ambiente,
- Genuß mit Maß,
- familiäre Freundlichkeit,
- Erholung und Aktivität,
- Dorfcharakter,
- Ruhe,
- Natur.

Als Positionierungsslogan wurde das Idiom "NAT**URLAUB** BEI FREUNDEN" eingeführt, das wiederkehrend in Verbindung mit dem Logo auf den Printmedien auftaucht. Das Logo als gestalterisches, visuelles Mittel zur Abgrenzung gegenüber den Mitbewerbern soll gleichzeitig Emotionen wecken, Vertrauen schaffen und einen Imagetransfer bewirken. Um eine hohe Wiedererkennbarkeit zu erzielen, wird das gemeinsame Logo an allen Kundenkontaktstellen und in folgenden Printmedien eingesetzt:

- Hofbeschilderung,
- Geschäftsausstattung,
- Hofprospekte,
- Imagebroschüre und
- Ferienkarte.

Nach Festlegung der Produkt- und Kommunikationsstrategie wurde zur Markteinführung eine zielgruppenspezifische Medienkampagne gestartet (PR, Anzeigen und Mailings). Inzwischen haben die Anbieter einen zentralen Marketing-Service eingerichtet, der die laufenden Maßnahmen koordiniert.

14.3.3 Modellprojekt: Dorfurlaub in Österreich

Im November 1991 wurde der gemeinnützige Verein "Dorfurlaub in Österreich" gegründet. Im Gegensatz zu den beiden bereits beschriebenen Modellprojekten war die Zielgruppe für dieses Projekt nicht der einzelne Leistungsanbieter bzw. Anbietergruppe, sondern das touristische Angebot und Umfeld ganzer Ortschaften.

"Dorfurlaub in Österreich" ist eine Kooperation von 36 typisch österreichischen Dörfern (Stand: August 1996), die einen regionalbezogenen Urlaub in einer intakten Naturlandschaft offerieren. Die ökologische Qualitätskomponente ist zentraler Bestandteil der Vereinsphilosophie und entsprechend in den Statuten des Vereins verankert.

Leitbild und Ziele

Leitidee und Zielsetzung des Modellprojekts können folgendermaßen beschrieben werden (*vgl. TAO 1996*):

- Für Österreich typische Ortschaften und Orte mit ökologisch und ökonomisch ausgewogenem touristischem Angebot zusammenzuführen und die Förderung der Tourismusentwicklung unter Berücksichtigung der ökologischen sowie kulturellen Belastungsgrenzen durch einen Kriterienkatalog mit festgelegten Belastungsgrenzen sowie durch Musterbetriebe und Dorfbeirat.

- Entwicklung eines touristischen Pilot- und Modellprojekts zur langfristigen Sicherung der österreichischen Landschaft als Lebens-, Wirtschafts-, Erholungs- und Naturraum und speziell durch den Aufbau von Kooperationen

(z. B. Urlaub auf dem Bauernhof), Direktvermarktungsorganisationen für landwirtschaftliche Produkte, die 'Österreich Werbung' und die Industrie.

- Aktiver Informations- und Erfahrungsaustausch gleichgelagerter Dörfer in Österreich.
- Professionelle Entwicklung und Vermarktung des Markenprodukts "Dorfurlaub in Österreich".
- Erschließung neuer Finanzierungsmöglichkeiten wie Förderungen der öffentlichen Hand, Sponsoren u. a.

Umfangreiche Selbstbeschränkungen, Richtlinien und Mindestanforderungen sollen gewährleisten, daß diese Ziele nachprüfbar und dauerhaft umgesetzt werden. Kernstück der selbstauferlegten Qualitätskontrolle ist ein **standardisierter Kriterienkatalog**.

Kriterienkatalog

Der Kriterienkatalog soll garantieren, daß nur Dörfer in die Gemeinschaft aufgenommen werden, die überprüfbare, mit den Zielen des Vereins übereinstimmende Aufnahmekriterien erfüllen. Er umfaßt zahlreiche Einzelkriterien, die in drei Bereiche zusammengefaßt sind und nach einem festgelegten Punktesystem bewertet werden:

- landestypischer Ortsbildcharakter (Dorfcharakter, baulich-gestalterischer Bereich, Kulturlandschaft, Einwohnerzahl),
- ökologische Belastungsgrenzen und Mindestmaßnahmen (Gewässer, Verkehr, Entsorgung u. a.),
- soziale und touristische Belastungsgrenzen (touristische Infrastruktur), Bürgerbeteiligung bei tourismusrelevanten Entscheidungen, funktionierende Dorfgemeinschaft.

Für die jeweiligen Bereiche gelten Mußkriterien, bei deren Nichterfüllung die Aufnahme in den Verein verweigert wird, z. B.:

- Vorhandensein eines beschlossenen Dorfleitbildes,
- dorftypische Infrastruktur und dörfliche Verkehrswege,
- max. Einwohnerzahl: im Hauptdorf 1.000, in der Gemeinde 2.500,
- Trinkwasserqualität der Güteklasse 1,
- Autobahn mindestens 5 km entfernt,
- max. Hotelgröße: 100 Betten,
- Verhältnis Gästebetten zu Einwohner 1:1,

- Unterkunftsmix: mindestens drei Unterkunftsarten,
- Vorhandensein von erlebbaren Bauernhöfen,
- gut ausgebautes Wanderwegenetz,
- Touristinformation im Dorf,
- Anteil der Zweitwohnsitze unter 25%.

Als Kontrollorgan und unabhängige Instanz wurde ein **Dorfbeirat** gegründet, in dem Experten des Bundesministeriums für Land- und Forstwirtschaft, der Österreich Werbung, der Wirtschaftskammer, des Bundesministeriums für Umwelt, Jugend und Familie und des World Wide Fund of Nature vertreten sind. Nach einer dreimontigen Probephase findet alle drei Jahre eine Nachprüfung über die Einhaltung der Aufnahmekriterien statt.

Internationale Auszeichnungen wie der **"Tourism For Tomorrow-Award Europe"** (1994) für umweltfreundliche Tourismusinitiativen oder der erste Preis beim Umweltkongreß "Envirotour Vienna 93" im Wettbewerb für innovative Lösungen und Modelle unterstreichen die ökologisch orientierte Qualitätsstrategie dieses Projekts.

14.4 Resümee

Der Tourismus ist für viele ländliche Regionen zu einem der wenigen wirtschaftlichen Hoffnungsträger geworden. Der Funktionswandel der ländlichen Regionen vom Agrarraum zum Erholungsraum eröffnet einer Vielzahl von Akteuren neue Einkommenschancen durch touristische Dienstleistungen.

Ländliche Ferienregionen sind aber keine Selbstläufer. Insbesondere die Mittelgebirge haben aufgrund ihrer klimatischen Benachteiligung (Einsaisonalität) und mangels spektakulärer Landschaftelemente gegenüber den Hochgebirgen und Küstenregionen natürliche Wettbewerbsnachteile. Hinzu kommt eine verschärfte Konkurrenzsituation durch die zunehmende Globalisierung des internationalen Tourismusmarktes.

"Landtourismus" wird nicht von *einem* Unternehmen produziert, sondern entsteht durch das Zusammenwirken vieler Akteure und Faktoren. Häufig zu beobachtende Folgen dieser Konstellation sind ein zersplittertes Angebot, ein unprofessioneller Marktauftritt sowie ein unzureichendes Qualifikationsniveau der Anbieter.

Vor diesem Hintergrund hat sich bei den Akteuren in den ländlichen Regionen die Erkenntnis durchgesetzt, daß sich insbesondere durch Kooperationen interessensgleicher Anbietergruppen problemorientierte Qualitätsstrategien implementieren lassen, die in modellhaften Ansätzen und Maßnahmen umgesetzt werden:

- Qualifizierungsangebote und Weiterbildungsmaßnahmen für Leistungsanbieter,
- Qualitätsverbesserung des Angebots durch Standardisierung und Klassifizierung (Kriterienkataloge, Bewertungssysteme)
- Qualitätskontrolle durch Einrichtung unabhängiger Kontrollorgane (Kommissionen, Dorfbeirat),
- Professionalisierung des Marketing durch Markenbildung und Kommunikationskonzepte (Corporate Design/Corporate Identity).

In den dargestellten Modellprojekten werden Lösungsansätze eines Qualitätsmanagements beschrieben. Diese Beispiele dürfen jedoch nicht darüber hinwegtäuschen, daß es für viele Regionen und Anbieter noch einen erheblichen Nachholbedarf in puncto Qualitätstourismus gibt. Es gilt als erstes, diese strategische Lücke zu schießen, um zu den Wettbewerbern aufzuschließen.

Die Umwelt, das soziale Umfeld sowie das touristische Dienstleistungsangebot müssen in einem umfassenden, kundenorientierten Qualitätsmanagement zusammengeführt und weiterentwickelt werden, um die Erfolgsfaktoren des Landtourismus nachhaltig zu sichern.

15 Qualitätsmanagement im öffentlichen Verkehr

von Dr. Heiner Monheim, Professor für Angewandte Geographie/Raumentwicklung

15.1 Freizeitverkehr: Strukturen und Probleme

Der Freizeitverkehr entwickelt sich seit Jahren zu einem gravierenden Problemverursacher. Die langen Staus auf den europäischen Autobahnen in der Hauptferiensaison sind nur die „Spitze des Eisbergs“. Denn längst gehören lawinenartig anschwellende Autoverkehrsströme mit lokalen, regionalen und überregionalen Stauproblemen zum normalen Alltag des Freizeitverkehrs.

Bei allen größeren Kultur-, Sport- und Freizeitveranstaltungen, Festen etc. sind überfüllte Parkplätze und Straßen im Umfeld der Standorte die Regel. An Wochenenden und Feiertagen herrscht, zumal bei schönem Wetter, auf allen Zufahrten zu beliebten Ausflugszielen Dauerstau. Ein Grund hierfür ist der starke Anstieg des Freizeitverkehrs, dessen Kilometervolumen von 1960 bis 1990 um 250% zugenommen hat. 1970 verreisten 42% aller Bundesbürger mindestens 1x im Jahr, 1995 waren es 78%. Pro Jahr werden in Deutschland insgesamt 21,4 Mrd Freizeitwege und -fahrten gemacht. 1960 wurden noch 23% aller Fahrten im Freizeitverkehr mit öffentlichen Verkehrsmitteln durchgeführt, 1989 waren es nur noch 11%; umgekehrt stieg der Anteil des Autoverkehrs von 77% auf 89% (Zahlen ohne Fußgänger- und Fahrradverkehr). Unter den Freizeitwegen in Deutschland sind 43% kürzer als 2 km, 67% kürzer als 5 km und 82% kürzer als 10 km. 68% aller Fahrten und Wege im Freizeitverkehr dauern weniger als eine halbe Stunde.

Der größte Teil der Freizeitmobilität entfällt also auf die Naherholung. Allein bei den Tagesausflügen wurden insgesamt 147 Mrd km zurückgelegt. Die durchschnittliche Entfernung eines Tagesausflugs beträgt 70 km. Deshalb kommt trotz der eigentlichen Dominanz der Naherholung insgesamt eine beachtliche Fahrleistung im Freizeitverkehr zusammen. Der öffentliche Verkehr spielt z. Z. nur eine kleine Rolle im Freizeitmarkt: In der Naherholung kommt er nur auf 4% gegenüber 48% Autoanteil, bei den Tagesausflügen immerhin auf 16% gegenüber 78% Autoanteil (Rest jeweils Fuß/Fahrrad).

Das Volumen des Freizeitautoverkehrs übersteigt nach der Zahl der Fahrten und der dabei erbrachten Fahrleistung alle anderen Verkehrszwecke erheblich. 53% der Autofahrleistung werden im Freizeit- und Urlaubsverkehr erbracht. Auch am Gesamtfahrtenaufkommen hat der Freizeitverkehr den höchsten Anteil, mit 35%. Damit ist der Freizeitverkehr Hauptverursacher der autobedingten Umweltprobleme geworden. Er trägt wegen der überdurchschnittlichen Fahrtweiten überproportional zu den Luftschadstoff-, Lärm- und Klimabelastungen durch den Autoverkehr bei und wird in Verbindung mit dem freizeitorientierten Straßen- und Parkplatzbau zum größten Landschaftszerstörer. Dadurch gefährdet er in wachsendem Maße die eigenen Grundlagen. Auto-überlastete Freizeitregionen und Orte verlieren wichtige, anspruchsvolle Kundengruppen mit langer Aufenthaltsdauer und hohen Ausgaben und behaupten sich zunehmend schlechter in der Konkurrenz mit weniger belasteten Orten und Regionen.

Die massiven Mengen- und Umweltprobleme zwingen heute zu wesentlich gezielteren Anstrengungen zur Verkehrsvermeidung und Umlenkung des Freizeitverkehrs auf besser umweltverträgliche Verkehrsarten. Dies wird nicht gehen, ohne auch die Rolle des öffentlichen Verkehrs in der Freizeit völlig neu zu definieren und ihn durch ein systematisch verbessertes Angebot wieder zur Nr. 1 im motorisierten Freizeitverkehr zu machen. Mit welchen Mitteln dies möglich wird, soll der folgende Beitrag klären. Dabei muß weiter ausgeholt werden, weil es auch um das verkehrspolitische Umfeld und die infrastrukturellen Voraussetzungen geht. Allein mit einem verbesserten, internen Qualitätsmanagement der Verkehrunternehmen ist die Verkehrswende im Freizeitbereich nicht erreichbar (*Zahlen in diesem Kapitel nach DIW 1995, Statistisches Bundesamt 1995, Emnid 1991*).

15.2 Ausgangsüberlegung: Vom Autosystem lernen

Für mehr Erfolg im Freizeitbereich muß der öffentliche Verkehr die Bedingungen des Konkurrenten kennen: Warum wird das Auto im Freizeit- und Urlaubsreiseverkehr bevorzugt, worin liegen seine spezifischen Attraktivitätsvorteile, was kann bei entsprechenden Anstrengungen auch oder sogar besser im öffentlichen Verkehr geboten werden?

Die Erlebnis- und Transportbedürfnisse der Freizeit und des Urlaubs (Familie, Freunde, Koffer, Sportgeräte) definieren auch oft die Überlegungen zum Fahrzeugkauf (Platzzahl, Kofferraumgröße, Zubehör, Fahrzeugtyp wie z. B. Kombi, Geländewagen, „Spaß- oder Sportwagen"). Seit Jahren sind Bilder aus dem Freizeitbereich die gängigsten Werbemotive der Autofirmen. Wenn öffentlicher Verkehr im Freizeitmarkt besser bestehen will, muß er ähnliche Motivbündel für sich reklamieren, sein Angebot optimieren und sich bewußt sein, daß der Freizeitmarkt der wichtigste verkehrliche Wachstumsmarkt ist. Wenn er sich statt dessen in seiner Kommunikation und Selbstdarstellung immer nur auf den Berufs- und Geschäftsverkehr konzentriert, wird kaum eine Motivation für die Freizeitnutzung erzielt.

Dem Auto wird unterstellt, es garantiere eine flächendeckende, jederzeitige Erreichbarkeit von Haus zu Haus. Man könne Zeitpunkt, Ablauf und Fahrweg beliebig bestimmen. Es garantiere ferner eine hohe Individualität. Schließlich sei das Auto sehr bequem und biete großen Komfort. Zweierlei müssen die Strategen des öffentlichen Verkehrs daraus folgern. Erstens können auch sie eine Menge spezifischer Reisevorteile bieten, die sie nur viel selbstbewußter ausspielen und als ihre spezifische Stärke auch angemessen kultivieren müßten, so wie das in der Blütezeit des öffentlichen Verkehrs in vielen Bahnen (z. B. Orient-Express), auf vielen Bahnhöfen und selbst im kommunalen Verkehr üblich war. Denn in vielen Situation machen Busse und Bahnen unabhängig. Sie befreien vom Zwang zum anstrengenden Pilotieren, sie machen unabhängig von Parkplatzsorgen und dem Zwang, am Ende eines Weges wieder zum Auto zurückzukehren, man kann an einer Stelle aussteigen und einer anderen wieder einsteigen. Man hat keine Stauprobleme. Man muß nicht stundenlang fest angeschnallt in einer engen „Zelle“ sitzen. Man hat viel Beinfreiheit und kann sich bewegen, kann lesen, dösen, schlafen, im Bistro oder Speisewagen essen, das WC benutzen, die Landschaft genießen und die Reisezeit aktiv nutzen. Und man kann last not least mit gutem Gewissen reisen, denn man schadet Umwelt und Landschaft, Menschen und Städten weit weniger als mit dem Auto. Alle diese spezifischen Stärken des öffentlichen Verkehrs gilt es bewußter zu pflegen, zu kommunizieren und stärker in den Freizeitkontext zu stellen.

Natürlich haben öffentliche Verkehrsmittel als sog. Linienverkehr systembedingte Besonderheiten, wie einen festgelegten Fahrweg und Fahrplan, d. h. sie sind nicht jederzeit und überall einsatzbereit. Ob dieser Nachteil aber wirklich gravierend ist, hängt von der konkreten Qualität des Angebotes ab. Bei dichtem Linien- und Haltestellennetz, funktionierendem Verbund mit dem Taxi und dichtem Fahrplan wird hohe Kundennähe garantiert. Gute Systeme integrieren das Fahrrad und das Taxi, Anrufsammeltaxi, Train-Taxi oder den Rufbus für den Vor- und Nachtransport. Gute Systeme bieten ein hohes Serviceniveau im Gepäcktransport, machen die Mitnahme von Fahrrädern, Surfbrettern und schweren Koffern möglich. Es gibt Gepäckträger, Reisegepäck wird zu Hause abgeholt und am Ziel angeliefert. Die neuen Niederflurfahrzeuge machen das Ein- und Aussteigen mit Gepäck leichter. Die Gepäckförderbänder auf den Treppen bzw. die Aufzüge und Rolltreppen erleichtern den Zu- und Abgang mit Gepäck.

Der Rückzug der Bahn aus dem reisebegleitenden Gepäcktransport dagegen ist kontraproduktiv, die Preise für den an eine Privatfirma vergebenen Gepäcktransport sind prohibitiv. Ein freizeitgerechter öffentlicher Verkehr muß hier wieder mehr bieten. Mit breiteren Türen und Gängen in den Fahrzeugen, besseren Unterbringungs- und Befestigungsmöglichkeiten für sperriges Gepäck (z. B. in modernen Gepäckabteilen) und vor allem einem durchgängigen System von leicht manövrierbaren Gepäckwagen die Selbstmitnahme ebenso optimieren wie den Versand. Gute Systeme bieten einen integralen Taktfahrplan und optimierten Umsteigebeziehungen. Dann kann Umsteigen auch als willkommene Abwechslung und Pause im Reiseverlauf empfunden werden. Gute Systeme bieten attraktive tarifliche Vergünstigungen wie z. B. die BahnCard, das Schönes-Wochenende-Ticket oder ein Ferienabonnement und machen die Nutzung von Bussen und Bahnen in der Freizeit, wo oft in Gruppen gereist wird, besonders günstig.

Gute Systeme brauchen sich auch hinsichtlich der Reisezeit nicht vor dem Autoverkehr zu verstecken. Sie optimieren die Zeitabläufe durch integrale Taktfahrpläne, vermeiden Verspätungen und ersparen Wartezeiten durch Staus. Sie kommunizieren die Reisezeit in Bussen und Bahnen als „gewonnene“ Zeit, weil sie während des Fahrens aktiv genutzt werden kann. Allerdings ist solch eine differenzierte Betrachtungsweise heute noch bei vielen Verkehrsteilnehmern und auch Verkehrspolitikern unüblich. Sie neigen dazu, die angeblichen Systemvorteile des Autos herauszustellen und bewerten den öffentlichen Verkehr eher schlecht und kritisch. Das bedeutet, daß der öffentliche Verkehr sich doppelt anstrengen muß, wenn er subjektiv ernst genommen werden will.

15.3 Die Entwicklung der Verkehrsinfrastruktur

Der Freizeitverkehr hat auch in hohem Maße die letzten Jahrzehnte stürmischen Straßenbaus in Deutschland motiviert. Es galt, auch die letzten Zipfel des Landes autogerecht zu erschließen. Da viele typische Fremdenverkehrsregionen peripher liegen, sollte das Netz der Autobahnen, Bundes- und Landesstraßen die dicht besiedelten Ballungsräume optimal und auf kurzem Wege mit den Peripherregionen verbinden. So wuchs das Netz der sog. klassifizierten Straßen in den letzten 30 Jahren um 145.000 km, das Netz der ergänzenden innerörtlichen Hauptverkehrsstraßen um 83.000 km. Parallel dazu wurde das Parkraumangebot in vielen Fremdenverkehrsorten massiv erweitert, in den Ortskernen und an allen wichtigen Freizeitzielen.

Früher verfügten alle wichtigen Feriengebiete und Ausflugsziele über einen guten Anschluß an die Eisenbahn. Die ländlichen Ferien- und Ausflugsgebiete wurden außerdem durch das dichte Netz von Post- und Bahnbus erschlossen. Die vielen kommunalen und regionalen Straßenbahnen bzw. Kreisbahnen sowie Busdienste fuhren alle wichtigen Ausflugslokale, Schwimmbäder, Spaziergebiete etc. an. Doch statt auf die dynamische Entwicklung des Freizeitverkehrs mit einer weiteren Angebotsexpansion im öffentlichen Verkehr zu reagieren, erfolgte ein massiver Angebotsabbau. 12.500 km Schienenstrecken verschwanden aus den Netzen der Fern-, Regional- und Kommunalbahnen. Das Bundesbahnnetz schrumpfte um 30%, das Netz der Regionalbahnen (ehemalige Kreisbahnen und Privatbahnen) reduzierte sich um 60%, das Netz der Straßenbahnen um 62%. Die Zahl der Bahnhöfe verkleinerte sich um 43%, es verschwanden 6000 Bahnhöfe und Haltepunkte. Gleichzeitig wurden die in den 50er Jahren noch nahezu flächendeckenden regionalen Netze der Post- und Bahnbusse schrittweise ausgedünnt, das bundesweit einheitliche und vernetzte Busangebot wurde zerschlagen, in immer mehr Regionen bediente der öffentliche Verkehr nur noch wenige Hauptkorridore und den hochsubventionierten Schülerverkehr. Besonders betroffen von diesem Rückzug waren viele Freizeit- und Fremdenverkehrsregionen, weil sie typischerweise weniger in den dicht besiedelten Ballungsräumen sondern vor allem in den dünn besiedelten Gebirgs- und Küstenlandschaften lagen.

15.4 Fremdenverkehrswirtschaft und öffentlicher Verkehr

Auf diese Negativentwicklung im Angebot des öffentlichen Verkehrs in Deutschland reagierte allmählich auch die Fremdenverkehrswirtschaft. Der öffentliche Verkehr wurde von den touristischen Anbietern mental zunehmend ausgeblendet. Das Prospektmaterial vieler Fremdenverkehrsorte beschränkt sich auf die gute Erreichbarkeit im Straßennetz, Hinweise auf die Erreichbarkeit der Region oder des Ortes mit öffentlichen Verkehrsmitteln fehlen. Das Problem setzt sich fort in vielen „Hausprospekten“ von Hotels, Pensionen, Freizeitanlagen, Privatquartieren, Campingplätzen etc. Auch hier gehören Erreichbarkeitshinweise auf den öffentlichen Verkehr zur großen Seltenheit. Auf den touristischen Landkarten fehlen meist die Netze des öffentlichen Verkehr oder sie sind so unscheinbar eingezeichnet, daß man sie mit der Lupe suchen muß. Groß und auffällig in Form und Farbe sind dagegen Straßen und Parkplätze vermerkt. Und auch viele Reisebüros verzichten auf Hinweise auf den öffentlichen Verkehr als geeignetes Verkehrsmittel für An- und Abreise und Mobilität in der Urlaubsregion. Kunden, die gerne mit Bus und Bahn anreisen würden, wird davon oft dezidiert abgeraten, mit dem Hinweis auf komplizierte Umsteigezwänge, schlechte Reisezeiten und hohe Preise.

Eine Änderung wird nur möglich sein, wenn alle Beteiligten wieder den Ehrgeiz entwickeln, durch ein überzeugendes Qualitätsangebot Kunden für den öffentlichen Verkehr zurückzugewinnen, um auch im Freizeitverkehr eine „Verkehrswende“ weg vom Auto, hin zum öffentlichen Verkehr zu schaffen.

- In erster Linie sind zunächst Bund, Länder, Kreise und Gemeinden mit ihrer Verantwortlichkeit für Verkehrspolitik und Planung sowie die Verkehrsfinanzierung angesprochen. Sie müssen die Infrastrukturvoraussetzungen und ordnungspolitischen Rahmensetzungen für ein neues Investitions-, Planungs-, Angebots- und Verkehrsverhalten im Freizeitbereich schaffen.
- Die auf den verschiedenen Ebenen operierenden Verkehrsunternehmen müssen durch eine Angebots- und Qualitätsoffensive in Betrieb und Service sowie eine vernünftige Preis- und Tarifpolitik die durch eine veränderte Infrastrukturpolitik und -Planung gebotenen Spielräume ausschöpfen.
- Die Fremdenverkehrswirtschaft muß durch eine Informations- und Motivationsoffensive und den Abbau der mentalen Blockaden gegen den öffentlichen Verkehr ihren Beitrag leisten.

15.5 Die Schweiz als Modell

Bislang hat am ehesten die Schweiz als europäisches „Musterländle" des öffentlichen Verkehrs Maßstäbe für eine solche Verkehrswende zu einem qualitativ hochstehenden Gesamtsystem im öffentlichen Verkehr und seiner optimalen Nutzung im Freizeitverkehr gesetzt.

- Dort sind Erreichbarkeitshinweise für Bus- und Bahn die Regel in allen Haus- und Orts- bzw. Regionalprospekten. Das gilt auch für die Prospekte von Museen, Theatern, Sportstätten, Lifts, Werbegemeinschaften etc. Da wird auf die wichtigsten Linien verwiesen, die Entfernung zum nächsten Eisenbahnhof genannt, das örtliche und regionale Angebotssystem des öffentlichen Verkehrs geschildert, oft sogar noch für ausländische Gäste auf besondere Tarifangebote (wie z. B. den Swiss Paß) verwiesen. Oft wird durch faszinierende Bilder, z. B. von einer der vielen farbenfrohen Privatbahnen oder einer der kühnen Brückenkonstruktionen das Bahnangebot schmackhaft gemacht. Auf vielen touristisch interessanten Postkarten ist „beiläufig" auch der öffentliche Verkehr abgebildet, z. B. eine Straßenbahn oder Privatbahn, das Postauto oder der Ortsbus.
- Das ganze Land wird mit einem engen Netz von Postbuslinien durchzogen, die sämtliche Bahnhöfe der SBB (Schweizerische Bundesbahn) und der Regionalbahnen einbinden. Es gibt kaum einen Ort in der Schweiz, der nicht mit öffentlichen Verkehrsmitteln erreichbar ist. Dafür sorgt eine landesweite, systematische Verkehrsplanung, die übrigens trotz des ohnehin schon europaweit einzigartigen Satus quo weitere Verbesserungen an-

strebt, mit dem Konzept Bus und Bahn 2000, dessen Finanzvolumen in einer erfolgreichen Volksabstimmung gebilligt wurde.

- Die Idee des integralen Taktfahrplans, der für optimale Verknüpfung aller Teilverkehrsmittel des öffentlichen Verkehrs sorgt, wurde in der Schweiz erfunden und weitgehend umgesetzt. Das Bahnnetz ist mit Abstand das dichteste und meistfrequentierteste Europas und hat keine dramatischen Stillegungswellen wie das deutsche Netz verkraften müssen.
- Das ganze Land ist „durchtarifiert", d. h. man kann überall Fahrkarten nach überall erwerben, quer durch alle Teilsysteme.
- Viele Verkehrsunternehmen bieten eigene, ausgearbeitete Reisevorschläge mit Routenbeschreibungen und integriertem Angebot der Hotellerie, Gastronomie und sonstigen lokalen und regionalen touristischen Angebote und werben auf ihren Bahnhöfen und Haltestellen hierfür.
- Viele Fremdenverkehrsorte verfügen über eigene, spezielle Freizeitbussysteme, die alle Freizeitziele (Lifts, Bäder, Museen, Hotels) miteinander verbinden, teilweise sogar für Gäste unentgeltlich verkehren oder mit universellen Touristenpässen für die Nutzung touristischer Angebote kombiniert sind. Oder es gibt für die Benutzung kommunaler und touristischer Einrichtungen für die Inhaber von ÖPNV-Pässen Preisnachlässe (ÖPNV = Öffentlicher Personennahverkehr).
- Fast jede Kleinstadt verfügt außerdem über ein eigenes, kommunales ÖPNV-Angebot, meist aus sog. Orts- oder Stadtbussen, manchmal auch noch ergänzt durch Straßen- oder Kleinbahnen.

Auch die Idee autofreier bzw. autoarmer Fremdenverkehrsorte und Regionen wurde erstmals in der Schweiz entwickelt. Dort entstand die europaweit erste überkommunale Arbeitsgemeinschaft autofreier Orte, mit Gemeinschaftswerbung. Maßstäbe für ein engagiertes Qualitätsmanagement im touristisch relevanten öffentlichen Verkehr können daher vor allem aus der Schweiz gewonnen werden.

15.6 Ein Zielsystem für den öffentlichen Verkehr

Was nötig wäre, um eine ähnliche Systemqualität auch wieder in Deutschland zu erreichen, wurde in einer Flächenbahnstudie ermittelt (*Schallaböck/Hesse 1995*). Danach läßt sich der Autoverkehr durch eine Angebotsoffensive im Bahnbereich halbieren. Jährlich sollen 600 km neue Bahnstrecken gebaut und 2400 km bestehende Bahnstrecken ausgebaut werden, für jeweils 10 Mrd. DM pro Jahr. 20.000 neue Triebwagen und Zuggarnituren sollen für insgesamt 30 Mrd DM neu angeschafft bzw. modern umgerüstet werden.

Der Autor hat dieses Konzept in Teilbereichen weiter konkretisiert (*Monheim 1995*). Danach soll das Interregionetz stark verdichtet werden, insgesamt soll es 950 Interregio-Bahnhöfe geben. Damit können alle Kurorte und größeren Fremdenverkehrsorte in das IR-System integriert werden. Auch das Intercity-Netz soll verdichtet werden, auf insgesamt 160 IC-Bahnhöfe. Schließlich soll die Bundesrepublik flächendeckend mit einem System von 250 Regionalbahnen erschlossen werden, die mit S-bahnartigem Taktverkehr die Fläche für attraktiven Bahnverkehr erschließen. Im ersten Schritt sollen mit der Flächenbahn 6000 neue Bahnhöfe bedient werden, später kommen vor allem bei den Regionalbahnen und Kommunalbahnen weitere Haltepunkte hinzu. Mit dieser Flächenbahn kann die Bahn ihre Fahrgastzahlen vervierfachen. Lediglich 5% der Einwohner wären dann nicht an das Bahnnetz angeschlossen, weil sie in extremen Streusiedlungslagen wohnen.

Ein solches Flächenbahnsystem würde infrastrukturseitig eine Revolution im Freizeitverkehr ermöglichen; die übergewichtige Fixierung auf das Auto könnte abgebaut werden, der öffentliche Verkehr wieder zum ernst zu nehmenden Erreichbarkeitsgarant aller Fremdenverkehrsgebiete werden. Allerdings reicht die Flächenbahn alleine für einen attraktiven öffentlichen Verkehr in den Freizeit- und Fremdenverkehrsgebieten nicht aus. Sie braucht die Ergänzung durch den Flächenbus, ein ähnlich differenziertes, konsequent modernisiertes Bussystem in Stadt und Land, das natürlich vielfältig mit der Flächenbahn verknüpft ist. Die Systeme stützen sich gegenseitig. In Kleinstädten werden 1300 neue Ortsbussysteme eingesetzt, mit 13.000 neuen Niederflurbussen und 130.000 neuen Haltestellen. Hotels, Pensionen, Museen, Theater, Kinos, Schwimmbäder etc. sind in das Netz intetgriert, das Zentrum ist feinmaschig erschlossen. Ortsbussysteme setzen komfortable Niederflurbusse mit 3 großen Türen ein, bieten im Schnitt jeweils ca. 60 Haltestellen und 4 Linien je 10.000 Einwohner, bedienen mindestens im Halbstundentakt, meist Viertelstundentakt, haben klar strukturierte Durchmesserlinien und eine attraktive, zentrale Rendezvoushaltestelle. Sie betreiben eine fulminante Werbung (*Lüers/Schmechtig 1996*). Diese neuen Systeme schaffen es, die vorher meist minimale Nachfrage von 2 - 3% auf Marktanteile zwischen 20 und 30% zu heben. Man verkauft dort mehr Jahresnetzkarten als neue Autos. Man schafft es, trotz ländlichem Umfeld und kleinstädtischer Stadtstruktur zwischen 30 und 50% aller neuen Fahrgäste aus dem Segment der bisherigen Autofahrer zu gewinnen.

Da sich Ortsbusse auf die lokale Versorgungsaufgabe konzentrieren, bedarf es für die anschließenden Streusiedlungslagen am Ortsrand sowie für das zersiedelte Umland mit ihren spezifischen Freizeitzielen (Wanderwege, Seen, Sportanlagen, Ausflugslokale) ergänzender ÖPNV-Systeme. Hier sind attraktive Regionalbusnetze gefragt, die im Liniennetz wieder eine ähnlich gute Erschließung bieten wie früher Post- und Bahnbusnetze. Die Streusiedlungslagen erschließen insgesamt ca. 1300 Rufbus- und Anrufsammeltaxi-Systeme, die nach dem Vorbild der bereits bestehenden, ca. 90 Anrufsysteme in einem festgelegten Gebiet mit definierten Linien bzw. Richtungsbändern und definiertem Fahrplan (meist ½-Stundentakt) verkehren, so lange eine Nachfrage telefonisch angemeldet wurde. Haltestellen ohne Fahrtwunsch werden übersprungen, Kurse ohne Fahrtwunsch werden ausgelassen. Durch diese Bedarfssteuerung können diese Systeme auch in Räumen und Zeiten geringer Nachfragedichte rationell und kostengünstig operieren und dennoch ein hohes Niveau an Bedienungsqualität im öffentlichen Verkehr sichern. Neben dieser feinerschließenden Regionalbedienung muß für alle anderen Gemeinde- und Städteverbindungen, die nicht von der Schiene abgedeckt werden (können), ein System von Regionalschnellbussen aufgebaut werden.

15.7 Qualitätssicherung im Detail

So wichtig gute Infrastrukturqualität ist, so sehr bedarf es für ihren Markterfolg flankierender Maßnahmen der Qualitätssicherung, die im Wechselspiel von Verkehrsunternehmen, Gebietskörperschaften und Fremdenverkehrswirtschaft konzipiert und organisiert werden müssen (*Monheim/Monheim-Dahndorfer 1991*). Sie betreffen vor allem die sog. Soft Policies, die kommunikativen und motivierenden Maßnahmen, den Verkauf sowie die Vorkehrungen für einen reibungslosen, attraktiven Betrieb mit hohem Serviceniveau.

15.7.1 Professionelle Werbung

Die Verkehrsbetriebe müssen für mehr Erfolg im Freizeitmarkt moderne Werbemethoden mit Eloquenz und Esprit einsetzen und den Freizeitkontext offensiv nutzen. Bus und Bahn können positive Emotionen aber nur binden, wenn sie mehr bieten als den rein technischen Transport von Personen, wenn ihre kulturelle Dimension herausgestellt und ihre Erlebnis- und Lustqualität angesprochen wird. Der Kunde muß deshalb wieder vom Beförderungsfall zum Fahr-Gast im buchstäblichen Sinne avancieren. Und der öffentliche Verkehr braucht ein Image, mit dem man sich identifizieren kann, ein Selbstverständnis, in dem Individualität, Dynamik, Freiheit, Fortschritt, Genuß, Service, Kultur betont werden, statt mit makabren Knittelversen wie "Oma fährt mit Bus und Kuchen ihre Enkel zu besuchen" das alte Vorurteil zu zementieren, der öffentliche Verkehr bediene mit Vorliebe arme, autolose Alte.

15.7.2 Engagierter Service für eine neue Verkehrskultur

Die spezifischen Qualitäten von Bussen und Bahnen müssen viel offensiver entwickelt und "vermarktet" werden. Man muß wie beim ICE im gesamten öffentlichen Verkehr die Service-Qualität entscheidend verbessern, weg vom schlechten Quick-Pick-Fast-Food-Stil und vom "Geruch" des ungepflegten "Massenverkehrs". Warum sollen Abteilservice und gute Restaurant-Qualität bei der Bahn Privileg des IC bleiben. Warum nicht auch im Regional- und Nahverkehr ein Buffet oder eine Cafeteria einsetzen, wie das in den 30er Jahren oft üblich war? Warum nicht die Bahnhöfe zum kulinarischen Treffpunkt machen, wie es das in rühmenswerten Einzelfällen (z. B. in Cham am Pendolinobahnhof) schon gibt? Natürlich erfordert das Investitionen. Denn nur eine gepflegte Innenausstatung und eine signifikante Außenausstattung, ein gutes Design und einladende Haltestellen garantieren Markterfolg.

15.7.3 Fremdenverkehrswirtschaft motivieren

Verkehrunternehmen in Fremdenverkehrsorten müssen aktiv auf die touristischen Anbieter und ihr Personal zugehen, Gesprächsrunden führen, um Verbesserungsvorschläge für das Angebot zu erörtern, jeden Betrieb persönlich ansprechen. Hotellerie, Gastronomie sowie alle sonstigen touristischen Anbieter müssen als Multiplikatoren und potentielle Verkäufer motiviert werden. Man sollte sie für eine beiderseits gewinnbringende Symbiose nutzen: die Betriebe werben für den öffentlichen Verkehr, informieren über ihn, verkaufen für ihn Verkehrsleistungen (Tickets). Und der öffentliche Verkehr wirbt für die Fremdenverkehrsbetriebe.

15.7.4 Spezielle Freizeitangebote

Für den Freizeitmarkt lohnt es sich, spezielle Angebote und ggf. Prospekte und Routennamen auszuarbeiten. Im Bereich des Fahrradtourismus boomt derzeit das Geschäft mit speziellen Routen, die oft durch Themen bzw. Verläufe (Flüsse, Burgen, Schlösser oder Produkte/Aktivitäten) gekennzeichnet sind und durch entsprechende (Pauschal)Angebote, Reportagen und Routenbeschreibungen vermarktet werden. Vergleichbares gibt es für den öffentlichen Verkehr in Deutschland nur selten (wenn überhaupt, meist in Verbindung mit speziellen Museumsbahnen), obwohl es im Ausland hiermit gute Erfahrungen gibt. In Großbritannien bietet z. B. der Automobilclub (!) zahlreiche landschaftlich hervorgehobene Bahnreisen an und verkauft hierzu dann entsprechende Routenliteratur. Das deutsche Bahnnetz hätte für solche Routen viele Reize zu bieten, und auch viele regionale und kommunale Verkehrsunternehmen könnten sich den Freizeitmarkt sehr viel besser erschließen, wenn sie ihn auch spezifisch bedienen würden.

15.7.5 Kundengerechtes Fahrplanmaterial

Fehlender Fahrplanbesitz verhindert motivierte Nutzung. Zunächst sind hier die Reisebüros und die Herausgeber örtlicher und regionaler Fremdenverkehrsprospekte sowie der Hausprospekte gefragt. Die Verkehrsunternehmen müssen ihnen ein professionelles Informationsangebot machen, mit einem Baukastensystem geeigneter Zahlen- und Kartengrundlagen und grafisch ansprechend aufgemachter Druckvorlagen. Den touristischen Anbietern müssen die verschiedensten Arten von Fahrplaninformationen in ausreichender Höhe zugestellt werden, damit sie diese ihrem Informationsmaterial beifügen können. Solche Informationsaktivität ist eine Bringschuld der Verkehrsunternehmen. Allerdings muß dabei auf die notwendige Systemqualität geachtet werden, die durch enge Abstimmung aller Verkehrunternehmen gesichert wird. So wie bei der Fahrplanerstellung ein abgestimmter, integraler Taktfahrplan ein „unabdingbares Muß“ ist, so muß auch bei der Information verfahren werden. Anstelle eines unübersichtlichen Informationschaos muß eine hochentwickelte Verzahnung der Informationen erreicht werden.

Mit hohem Informationskomfort kann man den öffentlichen Verkehr wieder „zum Schlüssel“ für eine Stadt oder Region machen. Ein Quartiers- und Stadtplan, ein Liniennetzplan und Linienfahrplan müssen zur regelmäßigen Basisinformation jeder Haltestelle gehören. Jede Region sollte sogenannte „Fahrplankarten“ herausgeben, die in grafisch gut gemachter Form alle wichtigen Informationen zum öffentlichen Verkehr enthalten, mit Liniennetz und allen Haltestellen. Der Takt wird durch die Strichstärken der Linien symbolisiert. Die Fahrzeiten zwischen einzelnen Punkten werden analog zur Kilometrierung der Autokarten dargestellt. Hier sind also Fahrplan und Liniennetz grafisch integriert.

15.7.6 Public-Awareness für Busse und Bahnen

Public-Awareness nennen die Werbestrategen die positive Verankerung einer Aufgabe im öffentlichen Bewußtsein als gut, notwendig, wichtig und nützlich. Da liegt momentan noch vieles im Argen. Die Stimmung bei den Verkehrsbetrieben ist eher resigniert, weinerlich, frustriert. Mangels Glauben an das eigene Produkt finden es viele Verkehrsbetriebe weder nötig noch aussichtsreich, gegenüber den Medien und der Politik die Leistungen von Bussen und Bahnen hervorzuheben. Selbstbewußtsein und Zukunfstperspektive zu entwickeln ist deshalb die erste Initialaufgabe der Verkehrsbetriebe. Hierfür muß zunächst im "eigenen Laden", in den Führungsetagen, bei den Betriebsräten, beim eigenen Personal der Glaube an das Produkt "öffentlicher Verkehr" und seine Zukunftschancen wiederhergestellt werden, um damit die Voraussetzung und Motivation für offensives Handeln am Verkehrsmarkt zu schaffen.

15.7.7 Lokale Identität: Nahverkehrskultur

Zu einer offensiven Angebotsphilosophie gehört auch ein bewußt gefördertes Wir-Gefühl, das alle Bürger und Unternehmen in einer Stadt oder Gemeinde anspricht und deutlich macht, daß hier anstelle eines anspruchslosen „Allerweltsangebots“ etwas besonderes geboten wird, mit dem man sich identifizieren kann, das Lokalcolorit besitzt. Dies ist das Erfolgsgeheimnis vieler schweizer Privatbahnen, die sich als unverzichtbarer Bestandteil des örtlichen Lebens und der Landschaft präsentieren. Dieser lokalen Identifikation hat die Entkommunalisierung des öffentlichen Verkehrs im Zuge der Verbundbildung sehr geschadet. Im ländlichen Raum haben die Kommunen selber kaum mehr etwas mit der Abwicklung des öffentlichen Verkehrs zu tun. Zwar wurde im Rahmen der Bahnregionalisierung und der Nahverkehrsgesetze der Länder die Zuständigkeit der Kreise bzw. Zweckverbände klarer definiert, doch blieben die kreisangehörigen, kleineren Gemeinden weitgehend „außen vor“. Um so mehr müssen die Verkehrsbetriebe ihre Marketingstrategien ausreichend dezentralisieren und regionalisieren. Für jede Gemeinde muß ein verantwortlicher Multiplikator gefunden werden, der für ortsnahe Präsenz sorgt und Ansprechpartner für lokale Wünsche und Probleme ist. Weiter gilt es, für die Unternehmen und ihre Linien volksnahe und klingende Namen zu finden. Der „Seehaas“ oder „die Geißbockbahn“ sind solche signifikanten Regionalnamen, der „Bocholter“ oder „die Lemgocard“ auch. Dagegen verhindert der Abkürzungsfimmel mit seinen nichtssagenden Kürzeln wie EVAG oder MVV jede Signifikanz und emotionale Identifikation.

15.7.8 Zeitgemäßer Kommunikationsstil

Viele Verkehrsunternehmen pflegen in ihrer schriftlichen und mündlichen Kommunikation noch ein „hoheitliches“ Gebahren. Kunden haben „die Beförderungsbestimmungen zu beachten", "keinen Anspruch auf...", "die Fahrkarten zu entwerten...", "...die Bahnsteigkante zu räumen...", "... Vorschriften zu befolgen...". Von oben herab wird im amtlichen Behördenton instruiert, ermahnt, gewarnt, belehrt. Das alles ist das Gegenteil von marktgerechtem, freundlichem Service. Dabei hängt die Nachfrage nach öffentlichem Verkehr mindestens so sehr von der "sozialen Qualität" ab wie von technischen und organisatorischen Voraussetzungen. Der Aufbruch zu einer neuen Markt- und Kundenorientierung erfordert die Bereitschaft zur "Entrümpelung" der langjährigen, kundenunfreundlichen Alltagsroutine, der Überbürokratisierung, der für die Kunden unübersichtlichen Aufsplitterung der Zuständigkeiten und Verantwortlichkeiten und der "Entmündigung" der Mitarbeiter, deren Interesse am Betriebserfolg, am Kunden und an Eigeninitiative kaum geweckt wird. Wie soziale Qualität des Service gestaltet werden kann, beweist der Luftverkehr. Dort sind Bodenpersonal und fliegendes Personal auf betont freundlichen, engagierten Umgang geschult und sorgen dafür, daß selbst in Stresssituationen Geduld, Charme und Erfolg bewahrt werden.

15.7.9 Freundliches, kundengerechtes Design

Auch Design und Ausstattung der Fahrzeuge und Haltestellen brauchen mehr Qualität, sollen sie das Vorurteil des ungepflegten, unfreundlichen "Massenverkehrs" entkräften und ein Gefühl von Komfort und Exklusivität vermitteln. Wo immer neue, gut designte Fahrzeuge auftauchen, werden sie bewundert und dann auch verstärkt genutzt. Die Industrie bietet heute eine Fülle brauchbarer Produkte, die endlich die alten „Rostlauben“ ablösen müssen. Zumal diese oft nicht nur häßlich, sondern auch disfunktional sind und damit unnötig hohe Betriebskosten verursachen. Niederflurfahrzeuge mit breiten Türen und hohem Glasanteil wirken leicht und transparent. Runde, „schnittige“ Formen signalisieren Modernität. Großzügige Innenraumgestaltung vermeidet den Eindruck von „Ölsardinenbeförderung“ und sichert hohe Bein- und Bewegungsfreiheit. Lieblosigkeit und mangelnde Pflege ziehen schnell Vandalismus an und erzeugen einen Teufelskreis von Qualitätsverlusten. Daher sind in der Pflege, Unterhaltung und Sauberkeit engagierte Anstrengungen erforderlich.

15.7.10 Attraktive Tarife

Eine kundenfreundliche Tarifpolitik ist ein zentrales Mittel der Attraktivitätssteigerung. Dabei geht es nicht nur um mögliche Preisnachlässe. Viel wichtiger ist die Einfachheit der Benutzung, auch und gerade im Freizeitverkehr, wo ja meist außerhalb „gewohnter Pfade“ verkehrt wird und jedes komplizierte Tarifsystem zum Nutzungshemmnis wird. Die Angst, beim Fahrkartenerwerb Fehler zu machen, weil man beim Studium von Tarifbestimmungen und komplizierten Automaten versagt und nachher als „Schwarzfahrer“ belangt wird, schreckt viele von vorn herein vom öffentlichen Verkehr ab. Deshalb ist zunächst einmal für längere An- und Abreisen die Durchtarifierung von großer Bedeutung. Egal wie kompliziert die Transportkette sein mag, egal, wie viel Tarifsysteme man durchfährt, man muß mit einem einzigen Fahrschein zurechtkommen und den leicht erwerben können. Im Zeitalter moderner, elektronisch gesteuerter Transportlogistik muß bundesweite Durchtarifierung überall zum Alltag werden.

Hierzu gehört auch die Auflage eines nationalen Universalabonnements, das alle Teilsysteme des öffentlichen Verkehrs einschließt. Ein solches Angebot garantiert durchgehende Mobilität im öffentlichen Verkehr und erspart vielfaches Schlangestehen an Schaltern. Solche Abos müssen preislich attraktiv gestaltet und offensiv beworben werden. Ein Verkauf über die Beherbergungsbetriebe und Vorverkauf durch Reisbüros sollte die Regel sein. Ein zusätzliches „Schmankerl" solcher Abos sollte ein Rabatt bei allen relevanten kommunalen oder regionalen Einrichtungen der öffentlichen Hand und Fremdenverkehrswirtschaft (Museen, Theater, Schwimmbäder, Lifts, Leihfahrräder, Büchereien) sein. Umweltbewußte Hotels sollten für Aboinhaber bei ihren Übernachtungs- und Pensionspreisen Nachlässe bieten. Schließlich sparen sie so Vorhaltekosten für Parkraum, sichern eine bessere Umweltqualität und gewinnen einen neuen Trumpf in der kommunikativen Profilierung.

15.8 Gesamtverantwortung nach „innen" richten

Zu einem kundenorientiertem Marketing gehört also eine klare Gesamtverantwortung für das Produkt, wie es vom Kunden gesehen wird. Der Kunde beschränkt sich in seiner Wahrnehmung nicht nur auf Einzelaspekte. Für ihn gehört alles zusammen, die An- und Abmarschwege, die Haltestellen, das Liniennetz, der Takt, die Fahrpläne, die Fahrzeuge, die Tarife, das Informationsmaterial, die Verkaufsorganisation, die Beratung, das Servicepersonal. Die neue Kundenorientierung darf deshalb nicht eine separate, isolierte Aufgabe einer Werbe- und Marketingabteilung sein. Wenn die Verkehrsbetriebe sich nicht mit entsprechendem Engagement und Verantwortung ganzheitlich bei allen Aspekten um Qualität und Service bemühen, riskieren sie, daß keine gut abgestimmte Gesamtpräsentation des Systems möglich wird und daß dann immer wieder einzelne Negativaspekte die Attraktivität und Effizienz des gesamten Systems beeinträchtigen. Dies verdeutlicht, daß der Wechsel zu einer offensiven Marktstrategie nicht mit ein paar Federstrichen und symbolischer Tünche auf alten Produkten erledigt ist. Nur eine Vielzahl parallel gerichteter und konzeptionell integrierter Anstrengungen, die das gesamte Angebotssystem in einem angemessenen Zeitrahmen "auf Vordermann bringen", vermag den öffentlichen Verkehr auf stetigen Erfolgskurs zu bringen.

Autorenverzeichnis

Dreyer, Axel, Prof. Dr. rer. pol., Professor für Tourismuswirtschaft und Betriebswirtschaftslehre mit Schwerpunkt Marketing an der Fachhochschule Harz sowie Honorarprofessor für Sportmanagement an der Universität Göttingen.

Studium der Betriebswirtschaftslehre sowie der Publizistik- und Kommunikationswissenschaften in Göttingen (Abschluß als Diplomkaufmann), Promotion im Fachbereich Wirtschaftswissenschaften zum Themenbereich Sponsoring. Danach Geschäftsführer einer Mediengesellschaft und eines Dienstleistungsunternehmens.

Forschungsschwerpunkte: Marketing- und Kommunikationsmanagement von Dienstleistungsunternehmen, insbesondere in den Bereichen Tourismus und Sport; Servicequalität und Kunden- bzw. Gästezufriedenheit; Institutionenlehre im Tourismus.

Fidlschuster, Klaus, seit 1991 Projektmanager im Bereich Hotelplanung- und Entwicklung bei Steigenberger Consulting GmbH, Frankfurt.

Ausbildung an der Hotelfachschule, Bad Gleichenberg, Österreich. Praxiserfahrung (u. a. als Oberkellner, Chief Steward, F & B Controller/Manager, Direktionsassistent, langjähriger Direktor) auf internationaler Ebene in allen Bereichen eines Hotels.

Schwerpunkte der derzeitigen Tätigkeit: Planungs- und baubegleitende Beratung aus hotelfachlicher Sicht, Konzeptionsentwicklung mit detaillierten Raum- und Funktionsprogrammen und Wirtschaftlichkeitsberechnungen.

Finger, Klaus, Dipl. Soz. und M.A., Inhaber der Beratungsinstitute Animation Consult und Institut für Animation und Kommunikation in Heusenstamm.

Nach dem Studium der Fächer Anglistik, Amerikanistik, Geographie und Soziologie Pädagogischer Referent des Deutschen Studentenreisedienstes, Aufbau von Twen-Tours (TUI- Jugendreiseprodukt), Chefanimateur der Robinson-Clubs (14 Jahre). Lehraufträge an den Universitäten Innsbruck und Klagenfurt. Tourismusberater und Personaltrainer für Hotellerie, Tourismusinstitutionen, internationale Organisationen und Dienstleistungsunternehmen.

Freyer, Walter, Prof. Dr. rer. pol., Professor für Tourismuswirtschaft an der Technischen Universität Dresden.

Studium der Volkswirtschaftslehre und Promotion an der Universität Regensburg. Wissenschaftlicher Assistent im Fachbereich Wirtschaftswissenschaften der Technischen Universität Berlin. Danach Geschäftsführer eines Reiseveranstalters und -mittlers in Berlin, anschließend Geschäftsführer des FIT-Forschungsinstituts für Tourismus Berlin und Bonn. 1991 Berufung zum Professor für Fremdenverkehrswirtschaft und Volkswirtschaftslehre an die Fachhochschule Heilbronn, 1993 Berufung zum Universitätsprofessor für Tourismuswirtschaft an die Technische Universität Dresden. Forschungsschwerpunkte: Marketing und gesamtwirtschaftliche Aspekte in den Bereichen Tourismus, Freizeit, Sport.

Grossmann Karl, Verkehrsdirektor i. R.

Ausbildung zum Hotelkaufmann; nach dem Krieg Wiederaufbau und Leitung der elterlichen Hotelbetriebe in Bad Honnef; seit 1950 in der Reisebranche tätig; Gründung und Leitung einer Reiseagentur, 1952 Mitgründer und Geschäftsführer der "Rheintours Europareise GmbH" in Brüssel, Vorstandsmitglied der Reisebüro- und Reiseverkehrsgenossenschaft; 1971-77 Verkehrsdirektor der Stadt Cochem und Sprecher der Verkehrsdirektoren Mosel/Saar; 1977-92 Verkehrsdirektor der Stadt Freiburg und (seit 1989) Geschäftsführer der Freiburg Wirtschaft und Touristik GmbH; seit 1992 Touristikberater und Studienleiter der Akademie für Touristik Freiburg. Ehrenamtliche Funktionen in Toursimusorganisationen und Bildungseinrichtungen. Langjähriges Engagement in der Kommunalpolitik.

Haart, Norbert, wissenschaftlicher Mitarbeiter und Projektleiter am Europäischen Tourismus Institut GmbH an der Universität Trier (ETI).

Studium der Geographie und Politikwissenschaft an der Universität Trier, seit 1991 als Berater am ETI tätig. Arbeitsschwerpunkte: Landtourismus und europäische Regionalentwicklung.

Herrmann, Peter, Diplom-Geograph, wissenschaftlicher Mitarbeiter und Projektleiter am Europäischen Tourismus Institut GmbH an der Universität Trier (ETI).

Studium der Fremdenverkehrsgeographie an der Universität Trier, seit 1991 als Berater am ETI tätig. Arbeitsschwerpunkte: Regionale Entwicklungskonzepte, Standort- und Wirtschaftlichkeitsanalysen, Wertschöpfungsrechnungen.

Haug, Axel W., Dipl.-Ing., MBA, Leiter der Produktentwicklung und -betreuung, Condor Flugdienst GmbH in Kelsterbach.

Studium des Maschinenbaues (Betriebs- und Fertigungstechnik) in Konstanz. Anschließend Mitarbeiter bei Messerschmidt Bölkow Blohm (heute Deutsche Airbus, DASA) sowie Deutsche Lufthansa AG im Kabinen-Engineering. Nebenberufliches Aufbaustudium in Business Administration an der City University, Bellevue, W.A. Seattle, USA, Frankfurt Chapter.

Huber, Reinhold, Dr. rer. pol., Leiter Marketing und Vertrieb Reiseveranstaltung bei DERTOUR in Frankfurt/Main.

Studium der Betriebswirtschaftslehre in Nürnberg, Assistententätigkeit und Promotion an der Fakultät für Wirtschafts- und Sozialwissenschaften der Universität Erlangen-Nürnberg. Forschungsschwerpunkte Dienstleistungsmarketing, Internationales Marketing; Vorlesungen in Dresden und in der Erwachsenenbildung. Danach Leiter Marketing Reisebüros bei der Deutsches Reisebüro GmbH (DER), Frankfurt; verantwortlicher Projektleiter Qualitätsmanagement gem. DIN EN ISO 9001 bei DERTOUR.

Hurst, Gerhard J., Dipl.-Betriebswirt (FH), Lehrbeauftragter für das Fach Messe- und Kongreßwesen am Fachbereich Tourismusbetriebswirtschaft der Fachhochschule Heilbronn.

Versicherungslehre in Karlsruhe, Studium der Betriebswirtschaftslehre in Pforzheim. Geschäftsführer der Karlsruher Kongreß- und Ausstellungsgesellschaft mbH -KKA-. Mitglied des Verwaltungsrates des German Convention Bureaus -GCB-. Geschäftsführendes Vorstandsmitglied der Internationalen Congress Akademie, Karlsruhe, Geschäftsführer der Internationalen Multimedia Akademie, Karlsruhe.

Kamm-Essig, Barbara, Dipl.-Betriebswirtin (FH), Assistentin der Geschäftleitung beim WBO - Verband Baden-Württembergischer Omnibusunternehmer e.V.

Studium an der Fachhochschule Heilbronn, Fachbereich Verkehrsbetriebswirtschaft, Tätigkeitsschwerpunkt beim WBO: Touristik, Mitgliederinformation und -beratung, Qualitätsmanagement, EDV-Systeme.

Mönch-Kowalewski, Heike, MA., Tourismustrainerin und Seminarleiterin.

Studium der Ethnologie in Bonn und Barcelona, mit anschließendem Forschungsprojekt der Carl-Duisberg-Gesellschaft zum Tourismus in Thailand. Während des Studiums Tätigkeiten als Reiseleitung und Schulungsleitung für Reiseleiter. Danach Reiseleiterkoordinatorin, Ausbildungsleiterin und Personalleiterin bei verschiedenen Reiseveranstaltern.

Monheim, Heiner, Prof. Dr. phil., Professor der Angewandten Geographie/ Raumentwicklung im Fachbereich Geowissenschaften der Universität Trier.

Studium der Geographie, Soziologie, Stadt- und Regionalplanung an den Universitäten Bonn und München (Universität und TU), Promotion über die Attraktivität deutscher Städte. Danach 1 Jahr freiberufliche Planungsarbeit in München, 15 Jahre Leiter des Infrastrukturreferates der Bundesforschungsanstalt für Landeskunde und Raumordnung in Bonn-Bad Godesberg, 10 Jahre Ministerialrat im Ministerium für Stadtentwicklung und Verkehr Nordrhein-Westfalen. Seit 1995 im Fachbereich Geowissenschaften an der Universität Trier.

Müllenmeister, Horst Martin, Dr., Journalist, Dozent beim Weiterbildenden Studium Tourismuswissenschaft an der Universität Bielefeld.

Ethnologisches und kulturwissenschaftliches Studium in Köln. Praxis als Reiseleiter und Reisejournalist. Langjährige Tätigkeit bei der Touristik Union International. Arbeitsschwerpunkte: Kulturanalyse und Länderkunde, Didaktik der Reiseleitung, Servicequalität im Tourismus.

Müller, Werner, Dr. phil., Geschäftsführer und Projektkoordinator des transfer e.V. in Köln; Seminarleiter und Berater für Modellprojekte im Tourismus und der Internationalen Begegnung.

Studium der Soziologie, Wirtschaftsgeschichte und Freizeitpädagogik in Hamburg, Promotion über internationalen Jugendaustausch. Reise- und Begegnungsleiter, danach Ausbilder und Berater von diversen Veranstaltern. Bildungsreferent im Auftrag des Bundesjugendministeriums. Referatsleiter beim Studienkreis für Tourismus, Starnberg, für Modellseminare und Reiseleiter-Modellversuche in Zusammenarbeit mit dem Bundesinstitut für Berufliche Bildung (Berlin).

Nagel, Rüdiger, Prof. Dr. rer. pol., Professor für Betriebswirtschaftslehre im Fachbereich Marketing, Personal- und Ausbildungswesen der Fachhochschule Mainz.

Studium der Soziologie an der Universität Bielefeld, Promotion an der Fakultät für Betriebswirtschaftslehre der Universität Mannheim im Jahr 1987 zu einem Thema aus dem Dienstleistungsbereich. Anschließend mehrjährige Tätigkeit in verschiedenen internationalen Großunternehmen. Schwerpunkte: Personalmanagement, Organisation, Dienstleistungsbereich.

Platz-Waury, Elke, Prof. Dr. phil., Professorin für Angewandte Sprach- und Kulturwissenschaften an der Fachhochschule Heilbronn.

Studium der Anglistik und Romanistik in Erlangen, Edinburgh und Paris, Promotion an der Fakultät für Philosophie der Universität Erlangen. Danach Mitarbeiterin an der University of Nottingham, der Universität Mannheim und der Universität Tübingen sowie bei BBC in Mannheim. Forschungsschwerpunkte: Sprachreisen, Probleme der Interkulturalität, methodisch-didaktische Innovationen.

Pompl, Wilhelm, Prof. Dr. rer. pol., Professor für Touristikbetriebswirtschaft an der Fachhochschule Heilbronn.

Studium der Soziologie und Wirtschaftswissenschaften in München, Berlin und Wien (Dipl. Soz. 1970); Promotion mit einer Arbeit über Ferntourismus in Entwicklungsländer. 10 Jahre berufliche Tätigkeit bei Touristikunternehmen (Paneuropa, TUI, BJR) im In- und Ausland. Seit 1979 Professor im Fachbereich Tourismusbetriebswirtschaft an der Fachhochschule Heilbronn. Forschungsschwerpunkte: Touristikmanagement, Luftverkehrspolitik.

Scharitzer, Dieter, Mag., Dr., seit 1990 Universitätsassistent und Lehrbeauftragter am Institut für Absatzwirtschaft (Marketing, Ordinarius Prof. Scheuch) an der Wirtschaftsuniversität in Wien.

Dissertation 1994 zum Thema "Dienstleistungsqualität - Kundenzufriedenheit". Lehrbeauftragter für "Dienstleistungsmarketing" an der Johannes Kepler Universität Linz und für "Praxismanagement" an der Veterinärmedizinischen Universität in Wien. Schwerpunkte in Lehre und Forschung sind Marketing für Dienstleistungen (Dienstleistungsqualität und Kundenzufriedenheitsforschung), Marketing für Freie Berufe und instrumentelles Marketing-Controlling.

Schellhoss, Ortrud S., Leiterin der Stabsstelle Qualität im Personenverkehr der Deutschen Bahn AG.

Nach einer kaufmännischen Lehre (Groß- und Außenhandelskaufmann) Studium der angew. Betriebswirtschaft, Fachrichtung Organisation und EDV. Anschließende Berufspraxis in verschiedenen Unternehmen in Dienstleistung und Industrie: Organisatorin (GfO), Kundendienst, Vertrieb, Organisation/EDV, Revision, Qualitätssicherung, Controlling, Qualitätsmanagement

Schmeer-Sturm, Marie-Louise, Dr. phil., Geschäftsführerin von Reisen und Bildung GmbH in München.

1984-1991 Wissenschaftliche Mitarbeiterin am Lehrstuhl für Pädagogik an der Universität München. Studienreiseleiterin, Trainerin für Gästeführer und Reiseleiter. Forschungsgebiete: Ausbildung von Reiseleitern, Gästeführern, Museumsführern in Theorie und Praxis sowie im europäischen Vergleich.

Literaturverzeichnis

Aktion Bildungsinformation e.V. - ABI (Hrsg.) (1996): Alles über Sprachreisen, 6. Aufl., Stuttgart

Albrecht, K. (1993): Total Quality Service, Düsseldorf

Association pour la promotion du Tourisme Rural au Grand-Duché de Luxembourg (1996): Qualitätseinstufung kategorisierter, nichtgewerblicher Beherbergungsbetriebe nach Anzahl der erreichten Punkte, Luxemburg

Ausstellungs- und Messe-Ausschuß der deutschen Wirtschaft e. V. - AUMA (1995): Tätigkeitsbericht für das Jahr 1994, Köln

Barg, C.-D. (1990): Markenbildung bei Reiseveranstaltern: Vom diffusen Universalisten zum kompetenten Spezialisten, in: touristik management, Heft 6, S. 13 - 19

Bartl, H.; Schöpp, U.; Wittpohl, A. (1986): Gästeführung in der Fremdenverkehrspraxis. Leitfaden für die Ausbildung von Gästeführern in Fremdenverkehrsorten, München

Becker, J. (1992): Markenartikel und Verbraucher, in: Dichtl, E.; Eggers, W., Marke und Markenartikel, München, S. 97 - 128

Becker, J. (1993): Marketing-Konzeption, 5. Aufl., München

Becker, J. (1994): Typen von Markenstrategien, in: Bruhn, M., Handbuch Markenartikel, Stuttgart, S. 63 - 498

Becker, W.S.; Wellins, R.S (1990): Customer-Service Perceptions and Reality, in: Training and Development Journal, Bd. 4, Nr. 3, S. 49 - 51

Bednarczuk, P. (1992): Messung der Service Qualität, ein Diskussionspapier. Lufthansa-interne Schrift

Belau, K. (1996): Ente und Elch bitten zur Club-Party, in: werben & verkaufen, Heft 18, S. 190 - 199

Benölken, H.; Greipel, P (1990): Dienstleistungsmanagment. Service als strategische Erfolgsposition, Wiesbaden

Berekoven, L. (1983): Der Dienstleistungsmarkt in der Bundesrepublik Deutschland, Band I, Göttingen

Berekoven, L. (1992): Von der Markierung zur Marke, in: Dichtl, E.; Eggers, W., Marke und Markenartikel, München, S. 25 - 46

Berekoven, L.; Eckert, W.; Ellenrieder, P. (1993): Marktforschung - Methodische Grundlagen und praktische Anwendung, 6. Aufl., Wiesbaden

Bernkopf, G. (1983): Marktbild Touristikbranche, in: Absatzwirtschaft, Sonderausgabe Nr. 10, S. 10

Berry, L. (1986): Big Ideas in Services Marketing, in: The Journal of Consumer Marketing, Vol. 3, No. 2, S. 47 -58

Berry, L.; Parasuraman, A. (1992): Service-Marketing, Frankfurt/M.

Beyer, H.-T. (1990): Personallexikon, 2. Aufl., München

Bieberstein, I.(1995): Dienstleistungs-Marketing, Ludwigshafen/Rhein

Bieger, T. (1996): Management von Destinationen und Tourismusorganisationen, München, Wien

Bierfreund, H. (1994): Jede Leistung hat ihren Preis. Neue Lohnsysteme als Voraussetzung für Gruppenarbeit, in: Personalführung 5, S. 418 - 425

Birkelbach, R. (1993): Qualitätsmanagement in Dienstleistungscentern: Konzeption und typenspezifische Ausgestaltung unter besonderer Berücksichtigung von Verkehrsflughäfen, Frankfurt

Bitner, M.J. (1990): Evaluating Service Encounters: The Effects of Physical Surroundings and Employee Responses, in: Journal of Marketing, Vol. 54, pp. 69 - 82

Bitner, M.J.; Booms, B.H.; Tetrault, M.S. (1989): Critical Incidents in Service Encounters, in: Bitner, M.; Crosby, L., Designing A Winning Service Strategy, AMA Proceeding Series, Chicago, pp. 98 - 99

Bitner, M.J.; Booms B.H.; Tetreault, M.S. (1990): The Service Encounter: Diagnosing Favorable and Unfavorable Incidents, in: Journal of Marketing, Vol. 54, pp. 71 - 84

Bottler, S. (1995): Flughafen-Marketing. Fertigmachen zur Landung. In: werben & verkaufen, Heft 19, S. 64 - 67

Brandt, U. (1995): Aktiver Telefonverkauf: Kein Hexenwerk, in: touristik management, Heft 3, S. 28 - 34

Braun, K.H.; Lawrence, C. (1993): TQM I - ohne gemeinsame Werte wird es nichts, in: Harvard Business Manager, Heft 2, S. 77 - 85

Bretz, H.; Maassen, H. (1989): Anreizsysteme - Von der Mitarbeitererhaltung zur Strategischen Mobilisierung der operativen Führung, in: Zeitschrift für Personalforschung, Heft 3; S. 139 - 152

Bretzke, W.-R. (1995): Zertifizierung von Qualitätsmanagementsystemen in Dienstleistungsunternehmen, in: Bruhn, M.; Stauss, B. (Hrsg.), Dienstleistungsqualität, S. 401 - 428

Bruhn, M. (1982): Konsumentenzufriedenheit und Beschwerden, Frankfurt, Bern

Bruhn, M. (1991): Qualitätssicherung im Dienstleistungsmarketing - eine Einführung in die theoretischen und praktischen Probleme, in: Bruhn, M.; Stauss, B. (Hrsg.), Dienstleistungsqualität, Wiesbaden, S. 19 - 48

Bruhn, M. (1994b): Begriffsabgrenzungen und Erscheinungsformen von Marken, in: Bruhn, M., Handbuch Markenartikel, Stuttgart, S. 3 - 42

Bruhn, M. (1994c): Markenpolitik, in: Diller, M. (Hrsg.), Vahlens Großes Marketing Lexikon, München, S. 643 - 645

Bruhn, M. (1995): Internes Marketing als Forschungsgebiet der Marketingwissenschaft, in: Bruhn, M. (Hrsg.), Internes Marketing, Wiesbaden, S. 13 - 61

Bruhn, M. (1995a): Qualitätssicherung im Dienstleistungsmarketing - eine Einführung in die theoretischen und praktischen Probleme, in: Bruhn, M.; Stauss, B. (Hrsg.), Dienstleistungsqualität, Wiesbaden, S. 19 - 46

Bruhn, M. (Hrsg.) (1994a): Handbuch Markenartikel, Stuttgart

Bruhn, M. (Hrsg.) (1995): Internes Marketing - Integration der Kunden- und Mitarbeiterorientierung, Wiesbaden

Bruhn, M.; Bunge, B. (1995): Fallstudie AVIS Deutschland GmbH, in: Meffert, H.; Bruhn, M., Dienstleistungsmarketing, Wiesbaden, S. 403 - 441

Bruhn, M.; Stauss, B. (Hrsg.) (1995): Dienstleistungsqualität: Konzepte - Methoden - Erfahrungen, 2. Aufl., Wiesbaden

Bühner, R. (1994): Personalmanagement, Landsberg/Lech

Buzzel, R.D.; Gale, B.T. (1989): Das PIMS-Programm. Strategien und Unternehmenserfolg, Wiesbaden

Carlzon, J. (1988): Alles für den Kunden, Frankfurt/New York

Clausing, D.; Hauser, J.R. (1988): The House of Quality, in: Harvard Business Review, May-June, S. 63 - 73

Clemmer, J. (1991): Firing on all cylinders, Toronto

Collins, J.C.; Lazier W.C. (1992): Beyond Entrepreneurship: Turning Your Business into an Enduring Great Company, Englewood Cliffs, N.J.

Conference & Incentive Management - CIM (1995): The European magazine for the incentive and meeting industry, Hamburg, Heft 5, S. 161 ff.

Corsten, H. (1985): Die Produktion von Dienstleistungen, Berlin

Corsten, H. (1995): Externalisierung und Internalisierung als strategische Option von Dienstleistungsunternehmungen, in: Bruhn, M.; Stauss, B. (Hrsg.), Dienstleistungsqualität, 2. Aufl., Wiesbaden, S. 189 - 206

Corsten, R. (1996): Der Reisemarkt ist von einer Sättigung weit entfernt, in: Handelsblatt vom 15.5., S. B54

Craven, J.; Yeomans, M. (1992): Mystery Shopping - Total Quality Throughout, MRS Conference Paper, March

Crosby, P.B. (1979): Quality is free. The Art of Making Quality Certain, New York

Crosby, P.B. (1990): Qualität ist machbar, Hamburg

Curth, M. A. (1990): Management der Personalbeurteilung, 1. Aufl., Oldenburg

Czinkota, M.R.; Ronkainen I.A.; Moffet, M.H. (1994): International Business, Forth Worth

Davidson, R. (1992): Tourism in Europe, London.

Dehmer, S. (1996): Die Kur als Markenartikel: Angebotsprofilierung und Markenbildung im Kurwesen, Dresden

Deutsche Gesellschaft für Qualität e. V. - DGQ (Hrsg.) (1990): TQM Total Quality Management - eine unternehmensweite Verpflichtung, 5. Aufl., Berlin

Deutsche Gesellschaft für Qualität e. V. - DGQ (Hrsg.) (1993): Begriffe zum Qualitätsmanagement, 5. Aufl., Berlin

Deutscher Bäderverband - DBV (1996): Qualitätssteigerung und Qualitätssicherung für Kuren, in: Heilbad und Kurort, Heft 5, S. 106 - 108

Deutscher Fremdenverkehrsverband - DFV (Hrsg.) (1994): „Verraten oder verkauft" - der kommunale Fremdenverkehr zwischen der Wahrnehmung hoheitlicher Aufgaben, kommerziellen Eiertänzen und Privatisierungssucht, Heft 3, Bonn

Deutscher Fremdenverkehrsverband - DFV (Hrsg.) (1995): „Stadt, Land, Fluß ..." Mit Ideen und Visionen die Zukunft des deutschen Fremdenverkehrs gestalten, Dokumentation des Deutschen Fremdenverkehrstags 1995, Heft 6, Bonn

Deutscher Fremdenverkehrsverband- DFV (Hrsg.) (1995): Städtetourismus in Deutschland, Heft 7, Bonn.

Deutscher Hotel- und Gaststättenverband e. V. - DEHOGA, Österreichischer Hotelier-Verein - ÖHV, Schweizer Hotelier-Verein - SHV, Schweizer Wirteverband - SWV (1992): Marketing der Gastfreundschaft, Handbuch des Marketings, Bonn

Deutsches Institut für Normung e.V. - DIN (1990): DIN ISO 9001, Qualitätssicherungssysteme, Modell zur Darlegung der Qualitätssicherung in Entwicklung, Montage und Kundendienst, Berlin

Deutsches Institut für Normung e.V. - DIN (1990a): DIN ISO 9001, Qualitätsmanagement und Elemente eines Qualitätssicherungssystems, Leitfaden, Berlin

Deutsches Institut für Normung e. V. - DIN (1992): DIN ISO 8402

Deutsches Institut für Wirtschaftsforschung - DIW (1995): Verkehr in Zahlen 1995, Berlin

Deutsches Seminar für Fremdenverkehr - DSF (Hrsg.) (1993): Praktischer Leitfaden für Gästeführungen in deutschen Fremdenverkehrsorten, Berlin

Dichtl, E. (1992): Grundidee, Varianten und Funktionen der Markierung von Waren und Dienstleistungen, in: Dichtl, E.; Eggers, W., Marke und Markenartikel als Instrument des Wettbewerbs, S. 1 - 23

Dichtl, E.; Eggers, W. (1992): Marke und Markenartikel als Instrument des Wettbewerbs, München

Dichtl, E.; Müller, S. (1986): Anspruchsinflation und Nivellierungstendenzen als meßtechnische Probleme in der Absatzforschung, in: Marketing-ZFP, Heft 4, S. 223 - 236

Dietsch, K. (1996): Studienreisen: in Dreyer, A. (Hrsg.), Kulturtourismus, München, S. 71 - 99

Domizlaff, H. (1982): Die Gewinnung des öffentlichen Vertrauens - Ein Lehrbuch der Markentechnik, 3. Aufl., Hamburg

Donabedian, A. (1980): The Definition of Quality and Approaches to its Assessment and Monitoring, Vol. I, Ann Arbor

Dreyer, A. (1994): Die Auswahl der richtigen Sponsoring-Maßnahmen, in: Krüger, A.; Damm-Volk, C. (Hrsg.), Sportsponsoring, Berlin, S. 70 - 81

Dreyer, A. (1996): Marketing-Management im Tourismus, in: Dreyer, A. (Hrsg.), Kulturtourismus, München, Wien, S. 153 - 209

Dreyer, A. (1996a): Marketing-Management im Tourismus, in: Dreyer, A. (Hrsg.), Kulturtourismus, München, S. 153 - 210

Dreyer, A. (1996b): Events als Aufhänger der Kommunikation von Destinationen, in: Bieger (Hrsg.), Management von Destinationen und Tourismusorganisationen, München, S. 246 - 262

Drommert, J. (1996): Wenn der Schüleraustausch zum Alptraum wird, in: Die Welt, „Aus Aller Welt“, 20. Mai

Dyer, J.H. (1996): How Chrysler Created an American Keiretsu, in: Harvard Business Review, July-August, S. 42 - 56

Ellis, V. (1994): Der European Quality Award, in: Stauss, B. (Hrsg.), Qualitätsmanagement und Zertifizierung - Von DIN ISO 9000 zum Total Quality Management, Wiesbaden, S. 277 - 302

EMNID (1991): Kontiv 89, Tabellenteil und Anlageband, Bielefeld

EN 29000-29004 (1987): Europäisches Komitee für Normung - CEN, verlautbart als DIN ISO 9000-9004 nach Genehmigung durch das CEN

Ender, W. (Hrsg.) (1992): Die Kur - ein Markenartikel, Wien

Enzensberger, H.M. (1992): Die Große Wanderung, Frankfurt/M.

Europäisches Tourismus Institut (1993): Standardisation des produits du tourisme rural, Beratungsprojekt im Auftrag der Groupe Leader Grand Duché de Luxembourg, Trier

Europäisches Tourismus Institut (1995): Touristisches Entwicklungs- und Handlungskonzept für die Eifel, Beratungsprojekt im Auftrag der Landkreise Bitburg-Prüm, Daun und Bernkastel-Wittlich, Trier

European Foundation for Quality Management - EFQM (1993): The European Quality Award 1994, Application Broschure, Brüssel

Fachverband Deutscher Sprachreise-Veranstalter - FDSV (Hrsg.) (1996): Sprachreisen für Schüler und Erwachsene. Ratgeber, 3. aktualisierte Auflage, Stockstadt

Fachverbandes Messe- und Ausstellungsbau e.V. - FAMAB (1996): Jahresbericht 1995, Rheda-Wiedenbrück

Ferner, F.-K. (1996): Markenpolitik im Tourismus, in: Bundesministerium für wirtschaftliche Angelegenheiten (Hrsg.), Tourismus mit Zukunft, Nachtrag 1996, Wien

Finger, K. (1993): Animation im Urlaub, in: Hahn, H.; Kagelmann, H. J. (Hrsg.), Tourismuspsychologie und Tourismussoziologie, München, S. 245 - 252

Finger, K.; Gayler, B. (1990): Animation im Urlaub, Starnberg

Flanagan, J.C. (1954): The Critical Incident Technique, in: Psychological Bulletin, Vol. 51, No. 4, pp. 327 - 357

Fornell, C. (1982): Verbraucherabteilungen in Unternehmen - Ein kommunikationsorientierter Ansatz, in: Hansen, U.; Stauss, B.; Riemer, M. (Hrsg.), Marketing und Verbraucherpolitik, Stuttgart, S. 473 - 487.

Fornell, C. (1992): A National Customer Satisfaction Barometer: The Swedish Experience, in: Journal of Marketing, Vol. 56, pp. 6 - 21

Freund, F.; Knoblauch, R.; Racke, G. (1990): Praxisorientierte Personalwirtschaftslehre, 3. Aufl., Stuttgart

Freyer, W. (1995): Tourismus: Einführung in die Fremdenverkehrsökonomie, 5. Aufl., München, Wien

Freyer, W. (1996): Eventmanagement im Tourismus, in: Dreyer, A. (Hrsg.), Kulturtourismus, München, S. 211 - 242

Freyer, W. (1996): Tourismus-Marketing, München, Wien (im Druck)

Freyer, W.; Tödter, N. (1993): Kurortgesetzgebung in den Neuen Bundesländern, 2. Aufl., Bonn, Rügen

Friedrich, W. (1995): Klassifikation: Sterne als Qualitätsaussage, in: Hotelmanager, Heft 12, S. 6 - 9

Fritz, P.; Huber, J.; Levi, H.W. (Hrsg.) (1995): Nachhaltigkeit in naturwissenschaftlicher und sozialwissenschaftlicher Perspektive, Stuttgart

Früh, W. (1991): Inhaltsanalyse. Theorie und Praxis. 3. Aufl., München

Führich, E. (1995): Handbuch des Reisevertrags-, Reiseversicherungs- und Individualreiserechts Heidelberg.

Garre, K.H.; Müller, J. (1991): Das Qualitätssicherungssystem Personenverkehr der DB, in: Die Bundesbahn, S. 849 - 857

Garvin, D.A. (1984): What Does „Product Quality" Really Mean?, in: Sloan Management Review, Vol. 25, Fall, S. 25 - 43

Garvin, D.A. (1991): How the Baldrige Award Really Works, in: Harvard Business Review, November-December, S. 80 - 95

Gaugler, E.; Weber, A. (1995): Perspektiven des Human Resources Mangements, in: Personal, Heft 1, S. 4 - 9

Gayler, B. (1989): Sprachtourismus: Ferienkurse für Schüler in: Die Neueren Sprachen, Band 88, Heft 2, S. 139 - 152

Geiger, W. (1994): Qualitätslehre, Braunschweig, Wiesbaden

George, S. (1992): The Baldrige Quality System, New York

Gesellschaft zur freiwilligen Kontrolle von Messe- und Ausstellungszahlen - FKM (1995): Bericht, Köln

Gottschling, S.; Rechenauer, H.O. (1994): Direktmarketing, München

Götz, S. (1992): Option auf einen festen Platz im Himmel: Corporate Identity als Differenzierungsstrategie bei Fluggesellschaften, in: touristik management, Heft 11, S. 24 - 30

Graumann, J. (1983): Die Dienstleistungsmarke, München

Grimm, M. (1995): Markentreue oder Kauf verbilligter Sonderangebote?, in: Markenartikel, Heft 9, S. 441 - 442

Grönroos, C. (1982): Strategic Management and Marketing in the Service Sector, Research Report No. 8 of the Swedish School of Economics and Business Administartion, Helsingfors

Grönroos, C. (1983): Innovative Marketing Strategies and Organization Structures for Service Firms, in: Berry; Leonard, L.; Shostack, G.; Lynn; Upah; Gregory, D. (eds.), Emerging Perspectives on Services Marketing, AMA Proceeding Series, Chicago, pp. 9 - 21

Grönroos, C. (1984): A Service Qualiy Model and Its Marketing Implications, in: European Journal of Marketing, 18, No. 4

Grönroos, C. (1990): Service Management an Marketing: Managing the Moments of Truth in Service Competition, Lexington/Mass.

Groth, C., Lentz, J. (1993): Die Messe als Dreh- und Angelpunkt, Landsberg/Lech

Gundlach, C. (1995): Ein Schuljahr in den USA, 51 Organisationen auf dem Prüfstand, Hamburg

Günter, B. (1995): Beschwerdemanagement, in: Simon, H.; Homburg, C. (Hrsg.), Kundenzufriedenheit, Wiesbaden, S. 275 - 291

Günter, B. (1996): „Werter Kunde - beraten Sie uns doch öfter!", in Absatzwirtschaft, Heft 6, Düsseldorf, S. 96 - 102

Gütegemeinschaft Buskomfort - gbk (Hrsg.) (1993): Reisearten im Überblick, Böblingen

Gütegemeinschaft Buskomfort - gbk (Hrsg.) (1995): RAL-Busreisequalität, Arbeitstitel für ein RAL-Gütezeichen, Bewertungskriterien, Böblingen

Haart, N.; Steinecke, A. (1995): Erfolgsfaktoren des umweltschonenden Tourismus im ländlichen Raum, in: Haart, N.; Steinecke, A.; Treinen, M. (Hrsg.), Qualitätsmanagement im Landtourismus in Europa - Erfahrungen, Beispiele, Herausforderungen, Trier, S. 47 - 64

Haedrich, G.; Tomczak, T. (1990): Strategische Markenführung, Bern, Stuttgart

Haist, F.; Fromm H. (1991): Qualität im Unternehmen, Prinzipien-Methoden-Techniken, 2. Aufl., München

Haller, S. (1995): Beurteilung von Dienstleistungsqualität, Wiesbaden

Hammes, L. (1995): Landtourismus in der Eifel - Entwicklungschancen für eine Region im Umbruch, in: Haart, N.; Steinecke, A.; Treinen, M. (Hrsg.), Qualitätsmanagement im Landtourismus in Europa - Erfahrungen, Beispiele, Herausforderungen, Trier, S. 16 - 21

Hansen, U. (1990): Absatz- und Beschaffungsmarketing des Einzelhandels, 2. Aufl., Göttingen

Hansen, U.; Jeschke, J.; Schöber, P. (1995): Beschwerdemanagement - Die Karriere einer kundenorientierten Unternehmensstrategie im Konsumgütersektor, in: Marketing-ZFP, Heft 2, S. 77 - 87

Hansen, U.; Jeschke, K. (1995): Beschwerdemanagement für Dienstleistungsunternehmen - Beispiel des Kfz-Handels, in: Bruhn, M.; Stauss, B. (Hrsg.), Dienstleistungsqualität: Konzepte, Methoden, Erfahrungen, 2. Aufl., Wiesbaden, S. 525 - 550

Hansen, U.; Leitherer, E. (1984): Produktpolitik, 2. Aufl., Stuttgart

Hart, C.W. L.; Heskett, J.L.; Sasser, W.E. Jr. (1993): Dienstleistungsfehler zur Kundenbindung nutzen, in: Simon, H. (Hrsg.), Industrielle Dienstleistungen, Stuttgart, S. 233 - 246

Hart, C.W.L.; Heskett, J.L.; Sasser W. E. Jr. (1990): The Profitable Art of Service Recovery, in: Harvard Business Review, July - August, S. 148 - 156

Hartmann, V. (1983): Markentechnik für ein touristisches Produkt: Das „Urlaubs-zu-Hause" des Sport-Hotel Predigtstuhl, in: Marketing Journal, Heft 6, S. 468 - 471

Haury, S. (1989): Laterale Kooperation zwischen Unternehmen: Erfolgskriterien und Klippen, Grüsch (CH)

Hentschel, B. (1990): Die Messung der wahrgenommenen Dienstleistungsqualität mit SERVQUAL, in: Marketing-ZFP Heft 4, IV. Quartal, S. 230 - 240

Hentschel, B. (1992): Dienstleistungsqualität aus Kundensicht. Vom merkmals- zum ereignisorientierten Ansatz, Wiesbaden

Hentschel, B. (1995): Multiattributive Messung von Dienstleistungsqualität, in: Bruhn, M.; Stauss, B. (Hrsg.), Dienstleistungsqualität, 2. Aufl., Wiesbaden, S. 347 - 378

Hentze, J. (1994): Personalwirtschaftslehre 1, 6. Aufl., Stuttgart

Héron, U. (1994): Fremdsprachen: Was verlangen Personalchefs?, in: Forum, 10. Jg., August/September, Heft 6 D, S. 15

Herreiner, T. (1994): Der „Wert" der Marke - Darstellung und kritische Würdigung von Verfahren der Markenevaluierung, Arbeitspapiere zur Schriftenreihe Schwerpunkt Marketing, 2. Aufl., Augsburg

Hersey, P.; Blanchard, K. H. (1982): Management of Organizational Behavior: Utilizing Human Resources, 4. Aufl., Englewood Cliffs, N.J.

Heskett, J.L.; Jones, T.O.; Loveman, G.W.; Sasser, E.W.; Schlesinger, L.A. (1994): Putting the Service-Profit Chain to Work, in: Harvard Business Review, March-April, S. 164 - 174

Heskett, J.L.; Sasser, E.W.; Hart, C.W.L. (1990): Service Breakthroughs: Changing the Rules of the Game, New York

Hoffmann, A. (1991): Die Erfolgskontrolle von Beschwerdemanagement-Systemen, Frankfurt/M.

Hofstede, G. (1993): Interkulturelle Zusammenarbeit, Wiesbaden

Homburg, C. (1995): Kundennähe von Industriegüterunternehmen - Konzeption-Erfolgsauswirkungen-Determinanten, Wiesbaden

Homburg, C., Rudolph, B. (1995): Theoretische Perspektiven der Kundenzufriedenheit, in: Simon, H.; Homburg, C. (Hrsg.), Kundenzufriedenheit, S. 29 - 49

Horny, T. (1996): Sprachkurse in England und Frankreich, in: Uni Nr. 3, S. 6 - 10

Horovitz, J. (1992): Service entscheidet, 4. Aufl., Frankfurt/M.

Hout, T.M., Carter J.C., (1996): Es liegt beim Firmenchef, ob der Wandel gelingt, in: Harvard Business Manager, Heft 2, S. 59 - 68

Huckemann, M., ter Weiler, D. (1995): Messen Meßbar Machen, Neuwied, Kriftel, Berlin

Hujer, M. (1996): Wieso ISO?, in: Süddeutsche Zeitung, 14. Febr., S. 24

Imai, M. (1992): Kaizen, Der Schlüssel zum Erfolg der Japaner im Wettbewerb, 7. Aufl., München

Infratest (1995): Der deutsche Tagungsmarkt 1994/1995, München

Inglehart, R. (1979): Wertewandel in den westlichen Gesellschaften. Politische Konsequenzen von materialistischen und postmaterialistischen Prioritäten, in: Klages, H.; Kmieciak, P. (Hrsg.), Wertewandel und gesellschaftlicher Wandel, Frankfurt, New York, S. 279 - 316

Institut der Deutschen Wirtschaft (Hrsg.) (1996): Zahlen zur wirtschaftlichen Entwicklung der Bundesrepublik Deutschland, Ausgabe 1996, Köln

IPK International (Hrsg.) (1996): Europäischer Reisemonitor 1995 - So reisten die Europäer 1995, München

Jäger, R.; Petermann, F. (1992): Psychologische Diagnostik, 2. Aufl., Weinheim

Jeschke, K. (1994): Nachkaufmarketing. Kundenbindung und Kundenzufriedenheit auf Konsumgütermärkten, Frankfurt/M.

Johnston, R.; Lawrence P.R. (1989): Vertikale Integration II: Wertschöpfungs-Partnerschaften leisten mehr, in: Harvard Manager, Heft 1, S. 81 - 88

Johnston, R.; Lyth, D. (1991): Implementing the Integration of Customer Expectatins and Operational Capability, in: Brown, S.W.; Gummesson, E.; Edvardsson, B.; Gustavsson, B. (Hrsg.), Service Quality: Multidicisplinary and Multinational Perspectives, New York, S. 179 - 190

Juran, J.M. (1989): Handbuch der Qualitätsplanung, Landsberg/Lech

Kaminske, G.F., Brauer J.P. (1993): Qualitätsmanagement von A bis Z, Erläuterungen moderner Begriffe, München, Wien

Kanter, R.M. (1994): Collaborative Advantage: The Art of Alliances, in: Harvard Business Review, July-August, S. 96 - 108

Kanter, R.M. (1995): World Class, New York, N.Y.

Kapferer, J.-N. (1992): Die Marke - Kapital des Unternehmens, Landsberg

Kaspar, C. (1990): Einführung in das touristische Management, Bern, Stuttgart

Kaspar, C.; Kunz, B.R. (1982): Unternehmensführung im Fremdenverkehr, Bern, Stuttgart

Kieser, A.; Kubiceck, H. (1992): Organisation, 3. Aufl., Walter de Gruyter, Berlin, New York

Kinnebrock, W. (1993): Integriertes Eventmarketing, Wiesbaden

Kirstges, T. (1994): Management von Tourismusunternehmen, München

Kirstges, T. (1994): Sanfter Tourismus, 2. Aufl., München

Klages, H.; Kmieciak, P. (Hrsg.) (1979): Wertewandel und gesellschaftlicher Wandel, Frankfurt, New York

Klatt, H.; Wahl, F. (Hrsg.): Recht der Touristik, Loseblattsammlung, Kriftel/Ts.

Klein, H. (1995): Management von Kundenzufriedenheit bei der Deutschen Lufthansa AG, in: Simon H., Homburg, Ch. (Hrsg.), Kundenzufriedenheit, Wiesbaden, S. 367 - 385

Klein, H. (1995): Qualitätsmanagement der Deutschen Lufthansa AG, in: Bruhn, M.; Stauss, B. (Hrsg.), Dienstleistungsqualität, 2. Aufl., Wiesbaden, S. 477 - 493

Kocher, H. (1989): Marktgerechte Qualität, Bern, Stuttgart

Köhler, R. (1995): Kundenfeedback mit System, in: Absatzwirtschaft, Sondernummer Oktober, S. 214 - 220

Kordupleski, R.E.; Rust, R.T.; Zahorik, A.J. (1994): Qualitätsmanager vergessen zu oft den Kunden, in: Harvard Business Manager, Heft 1, S. 65 - 72

Kratz, R. (1996): Das Reisebüro als Qualitätsgarant, in: FVW International Nr. 14, S. 27

Kroeber-Riel, W. (1992): Konsumentenverhalten, 5. Aufl., München.

Lanzendorf, M. (1995): Quantitative Aspekte des Freizeitverkehrs, hrsg. von: Institut für Klima, Umwelt und Energie, Wuppertal

Lehmann, A. (1993): Dienstleistungsmanagement: Strategien zur Schaffung von Servicequalität, Stuttgart

Lehnig, B. (1995): Steuerliche Absetzbarkeit von Sprachreisen, in: Handelsblatt vom 21.9., abgedruckt in: FDSV (Hrsg.), Ratgeber (1996), S. 18 - 19

Leibfried, K.H.J.; McNair, C.J. (1993): Benchmarking, Freiburg

Lettl-Schröder, M. (1996): Sprachreisen - Mit neuen Produkten neue Zielgruppen ansprechen, in: FVW International Nr. 14, S. 25 - 26

Lettl-Schröder, M. (1996a): Know-how und Einsatz lohnen sich, in: FVW International Nr. 14, S. 27

Lewis, R.C.; Booms, B.H. (1983): The Marketing Aspects of Service Quality, in: Berry; Leonard, L.; Shostack, G. Lynn; Upah, Gregory D. (eds.), Emerging Perspectives on Services Marketing, AMA Proceeding Series, Chicago, p. 99 - 104

Lewis, R.D. (1996): When Cultures Collide, London

Lieb, M. (1986): Organisationstruktur und Bildungssystem, Frankfurt

Lüers, A.; Schmechtig, M. (1996): Stadtbus- Systeme in kleinen und mittelgroßen Städten, hrsg. vom Öko-Institut, Freiburg

Lukull-Kurier (1995): HACCP? Europas Küchen sind für reine Westen. Aktuelle Tips und Informationen aus dem Lukull-Kochinstitut, Nr. 84, Bremen

Maleri, R. (1991): Grundlagen der Dienstleistungsproduktion, 2. Aufl., Berlin, Heidelberg

Matt, A. (1995): Rufer in der Wüste, in: touristik management, Heft 3, S. 36 - 38

Matt, D.v. (1988): Markenpolitik in der schweizerischen Markenartikelindustrie, Bern, Stuttgart

Matthes, F. (1992): Mehr Speed durch Qualität, in: Hirzel, Lederer & Partner (Hrsg.), Speed-Management, Wiesbaden, S. 211 - 220

Mayo, E.J.; Jarvis, L.P. (1981): The Psychology of Leisure Travel, Boston/Mass.

Meffert, H. (1992): Strategien zur Profilierung von Marken, in: Dichtl, E.; Eggers, W. (Hrsg.), Marke und Markenartikel als Instrument des Wettbewerbs, München, S. 129 - 156

Meffert, H.; Bruhn, M. (1981): Beschwerdeverhalten und Zufriedenheit von Konsumenten, in: DBW 41, S. 597 - 613

Meffert, H.; Bruhn, M. (1995): Dienstleistungsmarketing: Grundlagen, Konzepte, Methoden, Wiesbaden

Meier-Gresshoff, M. (1995): Qualitätsstandards im Landtourismus - eine europäische Herausforderung, in: Haart, N.; Steinecke, A.; Treinen, M. (Hrsg.), Qualitätsmanagement im Landtourismus in Europa - Erfahrungen, Beispiele, Herausforderungen, Trier, S. 36 - 46

Mentzel, W. (1989): Unternehmenssicherung durch Personalentwicklung, 4. Aufl., Freiburg

Meyer, A. (1990): Dienstleistungsmarketing: Erkenntnisse und praktische Beispiele, 4. Aufl., Augsburg

Meyer, A.; Dornach, F. (1995): Jahrbuch der Kundenzufriedenheit in Deutschland 1995: Das Deutsche Kundenbarometer 1995 - Qualität und Zufriedenheit, München

Meyer, A.; Mattmüller, R. (1987): Qualität von Dienstleistungen - Entwurf eines praxisorientierten Qualitätsmodells, in: Marketing-ZFP, Heft 3, S. 187 - 195

Meyer, A.; Westerbarkey, P. (1995): Bedeutung der Kundenbeteiligung für die Qualitätspolitik von Dienstleistungsunternehmen, in: Bruhn, M.; Stauss, B. (Hrsg.), Dienstleistungsqualität, 2. Aufl., Wiesbaden, S. 81 - 103

Meyer, J. (1992): Wie Qualität den Unternehmenserfolg fördert - Erfahrungen von PIMS, in: A. D. Little (Hrsg.), Management von Spitzenqualität, Wiesbaden, S. 37 - 48

Ministère du Tourisme (1996): Bewertungsbögen mit Punkteverteilung für die einzelnen Unterkunftskategorien, Luxemburg

MLS (1996): Sprachen lernen mit Spaß, in: FVW International Nr. 14, S. 26

Mollenhauer, A.; Ring, K. (1992): Der Kunde im Zentrum der Unternehmensqualität, in: A. D. Little (Hrsg.), Management von Spitzenqualitäten, Wiesbaden, S. 51 - 61

Mollenhauer, M. (1994): Total Quality Management und Markenführung, in: Bruhn, M. (1994a), S. 1403 - 1429

Monheim, H. (1995): Flächenbahn oder Schrumpfbahn? in: Bündnis 90/Die Grünen (Hrsg.), Flächenbahn statt Tempowahn, Bonn

Monheim, H.; Monheim-Dandorfer, R. (1991): Straßen für alle. Analysen und Konzepte zum Stadtverkehr der Zukunft, Hamburg

Much, S. (1995): Markenforschung: Magisches Viereck, in: touristik management, Heft 9, S. 82 - 85

Murphy, J. (1994): Dienstleistungsqualität in der Praxis, München, Wien

National Institute of Standards and Technology - NIST (1994): Malcom Baldrige National Quality Award 1994, o. O.

Nefidow, L. A. (1991): Der fünfte Kondratieff: Strategien zum Stukturwandel in Wirtschaft und Gesellschaft, 2. Aufl., Frankfurt, Wiesbaden

Noelle-Neumann, E.; Strümpel, B. (1985): Macht Arbeit krank? Macht Arbeit glücklich?, 2. Aufl., München

Nommensen, J. (1990): Die Prägnanz von Markenbildern, Heidelberg 1990

Normann, R. (1990): Service Management: Strategy and Leadership in Service Businesses, 6. Aufl., Chichester

o. V. (1988): Markenpolitik bei den Hotelketten: Schlafhütten und Luxustempel aus einer Hand, in: touristik management, Heft 5, S. 23 - 28

o. V. (1994): Jetten und pauken, in: Globo, Nr. 5, S. 142 - 145

o. V. (1995): Messemarkt, in: Fachmagazin für Messen und Kongresse, Wien, Heft 4, S. 5

o. V. (1995): Nachfragedruck macht die Zertifizierung erforderlich, in: FVW International, 29. Jg., Nr. 16, S. 9 - 11

o. V. (1995): Neue Dimensionen, in: Touristik Report, Heft 19, S. 56

o. V. (1996): FVW Sprachreisen, in: Nr. 14 vom 21. Juni, S. 26

o. V. (1996): Lernen wird zum Abenteuer, in: Rheinischer Merkur, Nr. 17 vom 26. April, S. 18

o. V. (1996): TÜV: Japanische Autos sind am wenigsten anfällig, in: Süddeutsche Zeitung, Nr. 37 vom 14. Febr., S. 24

o. V. (1996): He's a language student ... at the age of five!, in: Brighton and Hove Leader, 25th July, S. 1

Obermann, M. (1992): Assessmentcenter: Entwicklung, Durchführung, Trends, Checklisten, Wiesbaden

Okoroafo, S.C. (1994): Branding, in: Witt, S.F.; Moutinho, L. (Hrsg.), Tourism Marketing and Management Handbook, 2. Aufl., New York, S. 346 - 349

Oltrogge, A. (1990): „Der Animationsgesteuerte Cluburlaub“, Empirische Studie über Entstehung, Zusammenhang und Entwicklung einer modernen Urlaubsform. Unveröffentliche Dissertation der Universität Zürich.

Opaschowski, H.W. (1989): Wie arbeiten wir nach dem Jahr 2000? Freizeitimpulse für die Arbeitswelt von morgen. Eine Projektstudie zur Freizeitforsdchung vom B.A.T. Freizeitforschungsinstitut, Hamburg

Öss, A. (1993): Total Quality Management. Die ganzheitliche Qualitätsstrategie, 3. Aufl., Wiesbaden

Osterkorn, Th. (1996): „Ich habe ein reines Gewissen“, Interview mit Günther Jauch, in: Stern, Heft 6, S. 128 - 129

Parasuraman, A.; Zeithaml, V.A.; Berry, L.L. (1985): A Conceptual Model of Service Quality and Its Implications for Future Research, in: Journal of Marketing, Vol. 49, pp. 41 - 50

Parasuraman, A.; Zeithaml, V.A.; Berry, L.L. (1986): SERVQUAL. A Conceptual Model of Service Quality and Its Implications for Future Research, Cambridge/Mass.

Parasuraman, A.; Zeithaml, V.A.; Berry, L.L. (1988): SERVQUAL: A Multiple Item Scale for Measuring Consumer Perceptions of Service Quality, in: Journal of Retailing, Vol. 64, No.1, S. 12 - 40

Pepels, W. (1995): Einführung in das Dienstleistungsmarketing, München

Peters, M. (1991): Besonderheiten des Dienstleistungsmarketing - Planung und Durchsetzung der Qualitätspolitik im Markt, in: Bruhn, M.; Stauss, B. (Hrsg.), Dienstleistungsqualität - Konzepte, Methoden, Erfahrungen, Wiesbaden, S. 49 - 65

Peters, M. (1995): Besonderheiten des Dienstleistungsmarketing - Planung und Durchsetzung der Qualitätspolitik im Markt, in: Bruhn, M.; Stauss, B. (Hrsg.), Dienstleistungsqualität - Konzepte, Methoden, Erfahrungen, Wiesbaden, S. 47 - 63

Peters, T.J.; Waterman, R.M. (1983): Auf der Suche nach Spitzenleistungen, Landsberg/Lech

Pfeiffer, T. (1993): Qualitätsmanagement: Strategien, Methoden, Techniken, München

Pille, K. (1995): Neue Medien - Geeignet als Vertriebsweg?, in: Absatzwirtschaft, Heft 3, Düsseldorf, S. 108 - 111

Platz-Waury, E. (1989): Sprachreisen und Erwachsenenbildung, in: Die Neueren Sprachen, Band 88, Heft 2, S. 153 - 164

Pompl, W. (1994): Das Produkt Pauschalreise - Konzept und Elemente, in: Mundt, J.W. (Hrsg.), Reiseveranstaltung, 2. Aufl., München, Wien

Pompl, W. (1994): Touristikmanagement 1: Beschaffungsmanagement, Berlin, Heidelberg, New York

Pompl, W. (1996): Touristikmanagement 2: Qualitäts-, Produkt-, Preismanagement, Berlin, Heidelberg, New York

Porter, M. (1990): Nationale Wettbewerbsvorteile, München

Porter, M. (1992): Wettbewerbsstrategie, Frankfurt, New York

Przybilski, R. (1994): Convenience-Food: Die Sache hat Zukunft! In den Küchen der Steigenberger Hotels sind Fertigprodukte kein Tabu, in: Top Hotel, Heft 9, S. 96 - 101

Quartapelle, A. O.; Larsen, G. (1996): Kundenzufriedenheit: Wie Kundentreue im Dienstleistungsbereich die Rentabilität steigert, Berlin, Heidelberg

Raffeé, H. (1974): Grundprobleme der Betriebswirtschaftslehre, Göttingen

Rapp, R. (1993): Umsetzungsorientiertes Marketing für industrielle Dienstleistungen, in: Simon, H. (Hrsg.), Industrielle Dienstleistungen, Stuttgart, S. 135 - 159

Rat der Europäischen Union (1991): Verordnung (EWG) Nr. 295 des Rates vom 4.2.1991 über eine gemeinsame Regelung für ein System von Ausgleichsleistungen bei Nichtbeförderung im Linienflugverkehr, Abl. EG Nr. Luftverkehr 36 vom 8.2.1991, S. 5 ff.

Rath, K.P. (1994): Die genormte Fabrik, in: Die Zeit, 25. Febr.

Reichheld, F.F.; Sasser, W.E. (1990): Zero-Defections: Quality comes to Service, in: Harvard Business Review, September-October, S. 105 - 111

Riemer, M. (1986): Beschwerdemanagement, Frankfurt/M., New York

Riesenbeck, H. (1994): Globale Marken - wie global sind sie wirklich?, in: Markenartikel, Heft 7, S. 328 - 334

Riesman, D. (1964): Die einsame Masse, Darmstadt

Romeiß-Stracke, F. (1995): Service-Qualität im Tourismus, ADAC (Hrsg.), München

Rosenstil von, L.; Ewald, G. (1979): Marktpsychologie, Band 2, Stuttgart

Rössger, E.; Hünermann, K. (1965): Einführung in die Luftverkehrspolitik, Zürich

Roth, P. (1995): Grundlagen des Touristikmarketing, in: Roth, P.; Schrand, A. (Hrsg.), Touristik-Marketing, München, 2. Aufl., S. 27 - 144

Sasser, W.E.; Olsen, R.P.; Wychhoff, D.D. (1978): Management of Service Operations - Text and Cases, Boston/Mass.

Schallaböck, K. O.; Hesse, M. (1995): Konzept für eine Neue Bahn, Deutscher Naturschutzring (Hrsg.), Bonn

Scharf, A.; Schubert, B. (1995): Marketing, Stuttgart

Scharitzer, D. (1994): Dienstleistungsqualität - Kundenzufriedenheit, Schriftenreihe Forschungsergebnisse der Wirtschaftsuniversität Wien, Wien

Scherm, E. (1995): Internationales Personalmanagement, München

Scheuch, F. (1982): Dienstleistungsmarketing, München

Scheytt, O. (1990): Stadtmarketing und Kultursponsoring in: Der Städtetag, 43. Jg. Heft 3

Schicker, I. (1991): Sprachreisen: Kompass durchs Sprachgewühl, in: touristik management, Heft 10, S. 50 - 53

Schlotmann, R. (1992): Das Reisevertragsgesetz - Theorie und Praxis, Bochum

Schmeer-Sturm, M.-L. (1991): Stadtbesichtigungen, in: Günter, W., Handbuch für Studienreiseleiter. Pädagogischer, psychologischer und organisatorischer Leitfaden für Exkursionen und Studienreisen. Starnberg, 2. Aufl., S. 387 - 399

Schmeer-Sturm, M.-L. (1993a): Ziele und Aufgaben der Gästeführung und -betreuung, in: Haedrich, G.; Kaspar, C.; Klemm, K.; Kreilkamp, E. (Hrsg.), Tourismus-Management. Tourismus-Marketing und Fremdenverkehrsplanung, 2. Aufl., Berlin, S. 469 - 481

Schmeer-Sturm, M.-L. (1993b): Gäste- und Museumsführung im Kulturtourismus, in: Becker, C.; Steinecke, A. (Hrsg.), Kulturtourismus in Europa: Wachstum ohne Grenzen? Trier, S. 185 - 211

Schmeer-Sturm, M.-L. (1993c): Reiseleitung und Gästeführung: Reisepädagogische Berufe in Europa unter besonderer Berücksichtigung der Ausbildung und des Berufsbildes in Griechenland, der Tschechoslowakei und in Spanien in: Schmidt, M.; Nahrstedt, W. (Hrsg.), Der Reiseleiter im Europa '93. Arbeitsfeld - Berufsbild - Ausbildung. Dokumentation des 3. Bielefelder Tourismustages. Bielefeld, S. 153-189

Schmeer-Sturm, M.-L. (1996): Gästeführung, 3. Aufl.

Schmeer-Sturm, M.-L.; Müller, W.; Ude, G. u. a. (1992): Theorie und Praxis der Reiseleitung. 2. Aufl., Darmstadt

Schmidt, D.; Hackner, R. (1990): Markenprofilierung mit Dienstleistungen, in: Marktforschung & Analyse, 34. Jg., Nr. 3, S. 61 - 64

Schmieder, F. (1991): Vom Einzelmarken- zum Dachmarkenkonzept: Markenpolitik am Beispiel der TUI, in: Seitz, E.; Wolf, J. (Hrsg.), Tourismus-Management und -Marketing, Landsberg, S. 507 - 516

Scholl, G.; Hinterdingen, A. (1996): Darstellung und Bewertung umwelt- und sozialbezogener Kennzeichen für Produkte und Dienstleistungen, hrsg. vom Bundesverband für Umweltberatung, Heidelberg

Scholz, C. (1995): Grundlagen eines marktorientierten Personalmanagements, in: Bruhn, M. (Hrsg.), Internes Marketing - Integration der Kunden- und Mitarbeiterorientierung, Wiesbaden, S. 257 - 276

Scholz, C. (1995): Personalmanagement, 4. Aufl., München

Schörcher, U.; Buchholz, R. (1994): Qualitätsmanagement in der Luftfahrt, in: Masing, W. (Hrsg.), Handbuch Qualitätsmanagement, München, Wien

Schröder, K. (1989): Schüler-Sprachreisen. Versuch einer Analyse des Phänomens, in: Die Neueren Sprachen, Band 88, Heft 2, S. 126 - 139

Seghezzi, H.D. (1992): A Structured Approach to Total Quality Management, in: H. D. Seghezzi (Hrsg.), Top Management and Quality, München, S. 1 - 48

Seitz, E. (1995): Tourismusmarktforschung: ein praxisorientierter Leitfaden für Touristik und Fremdenverkehr, München

Selinski, H.; Sperling U. A. (1995): Marketingsinstrument Messe: Arbeitsbuch für Studium und Praxis, Bachem

Sembowsky, R. (1995): ISO 9000-Normen und die Qualität, in: Marketing Journal, Heft 2, Hamburg

Seytter, J. (1989): Sprachbarrieren als Funktionsbarrieren für die internationalen Aktivitäten von Wirtschaftsunternehmen und Institutionen, in: Die Neueren Sprachen, Band 88, Heft 2, S. 185 - 193

Sherif, C.W.; Hovland, C. F. (1961): Social judgement, New Haven

Shostack, G.L. (1984): Designing Services that Deliver, in: Harvard Business Review, Jan-Feb, pp. 133 - 139

Siegwart, H.; Overlack, J. (1986): Langfristiger Erfolg durch Qualitätsstrategien, in: Harvard Manager, Heft 3, S. 64 -79

Simanowski, H. (1995): Qualitätsmanagement für Busunternehmen im Reise- und Linienverkehr, SZQ-Nachrichten, Heft 2

Simon, H. (1993): Industrielle Dienstleistung und Wettbewerbsstrategie, in: Simon, H. (Hrsg.), Industrielle Dienstleistungen, Stuttgart, S. 3 - 22

Simon, H.; Homburg, C. (1995): Kundenzufriedenheit als strategischer Erfolgsfaktor - Einführende Überlegungen, in: Simon, H.; Homburg, C. (Hrsg.), Kundenzufriedenheit, Wiesbaden, S. 15 - 27

Simon, H.; Homburg, C. (1995): Kundenzufriedenheit, Wiesbaden

Singh, J.; Widing, R.E.II (1991): What Occurs Once Consumers Complain?, in: European Journal of Marketing, Vol. 25, No. 5, pp. 30 - 46

Sprenger, R. (1995): Der große Bluff, in: Manager Magazin, Heft August

Stafford, M.R.; Stafford, T.F. (1993): Participant observation and the pursuit of truth: Methodological and ethical considerations, in: Journal of the Market Research Society, Vol. 35, No. 1, pp. 63 - 76

Statistisches Bundesamt (1995): Tourismus in Zahlen, Wiesbaden

Stauss, B. (1989): Beschwerdepolitik als Instrument des Dienstleistungsmarketing, in: GfK, Jahrbuch der Absatz- und Verbrauchsforschung, 35. Jg., Nr. 1, S. 41 - 62

Stauss, B. (1991): Augenblicke der Wahrheit, in: Absatzwirtschaft, Heft 6, S. 96 - 105

Stauss, B. (1994): Dienstleistungsmarken, in: Bruhn, M. (Hrsg.), Handbuch Markenartikel, Stuttgart, S. 79 - 104

Stauss, B. (1995): „Augenblicke der Wahrheit“ in der Dienstleistungserstellung, in: Bruhn, M., Stauss, B. (Hrsg.), Dienstleistungsqualität, 2. Aufl., Wiesbaden, S. 379 - 399

Stauss, B. (1995): Internes Marketing als personalorientierte Qualitätspolitik, in: Bruhn, M.; Stauss, B. (Hrsg.), Dienstleistungsqualität, 2. Aufl., Wiesbaden, S. 257 - 276

Stauss, B.; Friege, C., (1996): Zehn Lektionen in TQM, in: Harvard Business Manager, Heft 2, S. 20 - 32

Stauss, B.; Hentschel, B. (1990): Verfahren der Problementdeckung und -analyse im Qualitätsmanagement von Dienstleistungsunternehmen, in: GfK Jahrbuch der Absatz- und Verbrauchsforschung, Heft 3, S. 232 - 259

Stauss, B.; Neuhaus, P. (1995): Interne Kundenzufriedenheit als Zielgröße des Total Quality Managments: Dargestellt am Beispiel einer Abteilung Personalmanagement, in: Bruhn, M. (Hrsg.), Internes Marketing - Integration der Kunden- und Mitarbeiterorientierung, Wiesbaden, S. 575 - 610

Stauss, B.; Scheuing, E.E. (1994): Der Malcom Baldrige National Quality Award und seine Bedeutung als Managementkonzept, in: Stauss, B. (Hrsg.), Qualitätsmanagement und Zertifizierung, Wiesbaden, S. 303 - 332

Stauss, B.; Seidel, W. (1996): Beschwerdemanagement, München, Wien.

Stauss, B.; Weinlich, B. (1995): Process-oriented Measurement of Service Quality by Applying the Sequential Incident Method, in: EIASM proceedings - Workshop on Quality Management in Services V, Tilburg 1995, pp. 447 - 473

Steinecke, A.; Brysch, A.; Haart, N.; Herrmann, P. (1996): Tourismusstandort Deutschland - Hemmnisse, Chancen, Herausforderungen, in: Stadt und Gemeinde 51, 7, S. 260 - 265

Steinmann, H.; Schreyögg, G. (1990): Management, Wiesbaden

Stern TV (1995), Sendung am 26.07. mit Filmausschnitten von Michael Mayr (in etwas geänderter Fassung wiederholt z. B. in Pro Sieben „Hautnah“ am 14.08.1995)

Stiftung Warentest (1980): Nicht alle erreichen das Klassenziel, in: Test, Heft 2, S. 63 - 72

Stiftung Warentest (1985): Schlechte Noten für den Größten, in: Test, Heft 2, S. 75 - 83

Stiftung Warentest (1989): Hier spricht man (zuviel) deutsch, in: Test, Heft 2, S. 54 - 61

Stiftung Warentest (1995): Schuljahr in den USA. Falsche Erwartungen, in: Test, Heft 10, S. 94 - 95

Stiftung Warentest (1996): Leseraufruf Sprachferien in Großbritannien in: Test, Heft 8, S. 8

Strangfeld, R.P. (1993:) Rechtliche Rahmenbedingngen, in: Haedich, G.; Kasper, C.; Klemm, K.; Kreilkamp, E. (Hrsg.), Tourismus-Management, 2. Aufl., Berlin, S. 105 - 131

Studienkreis für Tourismus (Hrsg.) (1976): Richtlinien für qualifizierte Feriensprachkurs-Aufenthalte junger Leute, Starnberg

Swift, J. (1989): Das Thema Qualitätskontrolle in der Sprachreise-Branche, in: Die Neueren Sprachen, Band 88, Heft 2, S. 175 - 184

TAO (1996): Projektbeschreibung, Informationsmaterialien, Kriterienkatalog und Vereinsstatuten „Dorfurlaub in Österreich", Villach

The Ritz-Carlton Hotel Company (1994), - Zusammenfassung der Bewerbungsunterlagen in Stauss, B. (Hrsg.), Qualitätsmanagement und Zertifizierung, Wiesbaden, S. 365 - 395

Thomas, A. (1989): Interkulturelles Handlungstraining in der Managerausbildung, in: WiSt, Heft 6, S. 281- 287

Töpfer, A. (1996): Self Assessment für höhere Kundenzufriedenheit und bessere Geschäftsergebnisse, in: Praxiserprobter Leitfaden für den Unternehmenserfolg, Köln, S. ?

Touristik Union International GmbH & Co. KG - TUI (1990): TUI Studie 1990 - Entscheidungskriterien für die Wahl der Luftverkehrsgesellschaften von Charter-Urlaubsreisenden, Hannover

TÜV Südwest (1994): Dienstleistungen des Fachbereiches Qualitätsmanagement des TÜV Südwest, Mannheim

Umweltbundesamt (Hrsg.) (1996): Das Buch der Sieben Siegel: Umweltauszeichnungen im Tourismus, 2. Aufl., Berlin

Usunier, J.C. (1993): International Marketing, New York

van Ham, K.J. (1992): European Quality Management in Perspective, in: H.D. Seghezzi (Hrsg.), Top Management and Quality, München, S. 151 - 163

Verband Baden-Württembergischer Omnibusunternehmer e. V. - WBO (Hrsg.) (1994): WBO-Musterhandbuch und Leitfaden zur Einführung eines Qualitätsmanagement-Systems nach der DIN ISO 9002 in Unternehmen der Omnibusbranche, Böblingen

Verband landeswirtschaftlicher Fachschulabsolventen - VLF (Hrsg.) (1994): Unternehmerisches Vermögen - Teamvermögen - eine Qualifizierungsmaßnahme im Rahmen des Angebots „Urlaub auf

Bauern- und Winzerhöfen", Dokumentation des Verbandes landwirtschaftlicher Fachschulabsoventen - Bezirksverband Trier e.V., Daun

Vester, H.-G. (1993): Tourismussoziologie, in: Hahn, H.; Kagelmann, H.J. (Hrsg.), Tourismuspsychologie und Tourismussoziologie, München, S. 36-42

Volz, G. (1991): Vortrag Intelligente Busreiseprogramme, CMT, Stuttgart

Waltermann, B. (1989): Internationale Markenpolitik und Produktpositionierung, Wien

Watson, G.H. (1993): Benchmarking - vom Besten lernen, Landsberg/Lech

Wehrli, H.P.; Jüttner, U. (1996): Beziehungsmarketing in Wertsystemen, in: Marketing, Heft 1, S. 33 - 43

Weil, A. (1994): Umweltorientiertes Management in Hotellerie und Gastronomie, Stuttgart

Weschenfelder, K. (1981): Animation im Museum, in: Opaschowski, H.W. (Hrsg.), Methoden der Animation, Praxisbeispiele, Bad Heilbrunn, S. 102 - 111

Wheatcroft, S.F. (1964): Air Transport Policy, London

Wimmer, F. (1985): Beschwerdepolitik als Marketinginstrument, in: Hansen, U.; Schoenheit, I. (Hrsg.), Verbraucherabteilungen in privaten und öffentlichen Unternehmen, Frankfurt, New York, S. 225 - 254

Wolf, C. (1993): Variable Vergütung in Form eines Cafeteria-Plans, in: Betriebsberater, Heft 13, S. 928 - 936

World Tourism Organization - WTO (1993): Yearbook of Tourism Statistics, Madrid

Wunderer, R. (1995): Von der Personaladministration zum Wertschöpfungscenter, in: Bruhn, M. (Hrsg.), Internes Marketing - Integration der Kunden- und Mitarbeiterorientierung, Wiesbaden, S. 277 - 302

Wunderer, R.; Schlangenhaufer, P. (1994): Personalcontrolling. Funktionen-Instrumente-Praxisbeispiele, Stuttgart

Yip, G.S. (1992): Total Global Strategy, Englewood Cliffs, N.J.

Zeithaml, V.A. (1981): How consumer evaluation processes differ between goods and services, in: Donelly, H.J.; George, W.R. (eds.), Marketing of Services, AMA Proceeding Series, Chicago, S. 186 - 190

Zeithaml, V.A.; Berry, L.L.; Parasuraman, A. (1992): Qualitätsservice: Was Ihre Kunden erwarten - was Sie leisten müssen, Frankfurt

Zeithaml, V.A.; Berry, L.L.; Parasuraman, A. (1995): Kommunikations- und Kontrollprozesse bei der Erstellung von Dienstleistungsqualität, in: Bruhn, M.; Stauss, B. (Hrsg.), Dienstleistungsqualität, 2. Aufl., Wiesbaden, S. 131 - 160

Zeithaml, V.A.; Berry, L.L.; Parasuraman, A. (1996): The Behavioral Consequences of Servic Quality, in: Journal of Marketing, Vol. 60, S. 31 - 46

Zink, K.J. (1992): Total Quality Management, in Zink, K.J.: Qualität als Managementaufgabe, Total Quality Management, 2. Aufl., Landsberg, S. 9 - 52

Zink, K.J. (1996): Total Quality Management: Das Europäische Modell, in: Personalführung, Heft 1, S. 8 - 14

Zoll, A. (1995): Qualitätssicherung für die Gästebetreuung und Animation, in: Deutsches Institut für Freizeitberatung und Animation e.V. (Hrsg.), Freizeitpraxis, Nr. 1, Petersberg/Fulda, S. 1 - 2

Stichwortverzeichnis

www.ingramcontent.com/pod-product-compliance
Lightning Source LLC
La Vergne TN
LVHW010654300926
849161LV00005B/1120

* 9 7 8 3 4 8 6 2 3 7 0 4 7 *